Prozess- und controllingorientiertes Projektmanagement
für komplexe Projektfertigung

CONTROLLING UND MANAGEMENT

Herausgegeben von
Prof. Dr. Thomas Reichmann
und Prof. Dr. Martin K. Welge

Band 27

PETER LANG
Frankfurt am Main · Berlin · Bern · Bruxelles · New York · Oxford · Wien

KLAUS WIENHOLD

PROZESS- UND CONTROLLINGORIENTIERTES PROJEKTMANAGEMENT FÜR KOMPLEXE PROJEKTFERTIGUNG

PETER LANG

Europäischer Verlag der Wissenschaften

Bibliografische Information Der Deutschen Bibliothek
Die Deutsche Bibliothek verzeichnet diese Publikation in der
Deutschen Nationalbibliografie; detaillierte bibliografische
Daten sind im Internet über <http://dnb.ddb.de> abrufbar.

Zugl.: Dortmund, Univ., Diss., 2003

Gedruckt auf alterungsbeständigem,
säurefreiem Papier.

D 290
ISSN 1610-160X
ISBN 3-631-52230-4

© Peter Lang GmbH
Europäischer Verlag der Wissenschaften
Frankfurt am Main 2004
Alle Rechte vorbehalten.

Printed in Germany 1 2 4 5 6 7

www.peterlang.de

Vorwort des Herausgebers

Im Gegensatz zu Unternehmen mit Serien- und Auftragsfertigung existieren für Unternehmen mit komplexer Projektfertigung keine umfassenden Controlling-Konzeptionen mit leistungsfähigen Planungs-, Kontroll- und Steuerungssystemen. Besonders deutlich wird dieser Mangel an der Situation, dass zwar viele Instrumente und Methoden für das Einzelprojektcontrolling, wie z.b. die Erstellung von Projektstruktur- und Terminplänen existieren, hingegen phasenübergreifende Methoden zum Projektcontrolling nur vereinzelt zu finden sind.

Klaus Wienhold stellt in seiner Arbeit deshalb mit dem Aufbau eines modularen, prozessphasenbezogenen und controllingorientierten Projektmanagementsystems einen umfassenden Lösungsansatz für komplexe Projektfertiger dar, der von der betriebswirtschaftlichen Konzeption bis hin zu einer praxistauglichen DV-technischen Umsetzung reicht.

Das Buch befasst sich konstruktiv kritisch mit allen wichtigen Themen des Projektmanagements und –controlling, wie z.B. dem Multiprojekt-Controlling, dem Claim- und Konfigurationsmanagement. Die Arbeit besticht durch ihre Vollständigkeit der Prozessbetrachtung, da sowohl Haupt- als auch Querschnittsprozesse eines Projektfertigers, angefangen bei der Kundenanfrage bis hin zum Projektabschluss und dem After Sales Services analysiert und optimiert werden. Abgerundet wird die Untersuchung mit der Entwicklung einer ganzheitlichen modernen DV-technischen Systemumsetzung, die unter anderem die Ausgestaltung eines Frühwarninformationssystems, die Einbindung in einem leistungsfähigen ERP-System sowie die Integration in einem modernen intranetgestützten Informationssystem vorsieht.

Das Buch ist mit seinem umfassenden konzeptionellen Ansatz sowie den zahlreichen pragmatischen und innovativen Umsetzungsvorschlägen für die anwendungsorientierte Wissenschaft und Praxis gleichermaßen interessant.

Dortmund, im Dezember 2003   Prof. Dr. Thomas Reichmann

Inhaltsverzeichnis

Abbildungsverzeichnis XIII

1 Einleitung 1

2 Grundlagen des Projektmanagements 5

2.1 Der Projektbegriff 5

2.2 Komplexe Projektfertigung 8

2.3 Projektmanagement 11

2.4 Projekt-Controlling 13

2.5 Projektorganisation 18

2.5.1 Einfluss- oder Stabs-Projektmanagement 20

2.5.2 Reines Projektmanagement 21

2.5.3 Matrix-Projektmanagement 22

2.6 Prozesse und Phasen im Projektgeschäft 23

2.6.1 Projektvorbereitungsphase 29

2.6.2 Projektabwicklungsphase 33

2.6.3 Projektnachbereitungsphase 37

3 Konzeption eines prozess- und controllingorientierten Projektmanagementsystems 41

3.1 Prozessphasenübergreifende Controlling-Konzeption 42

3.1.1 Konzeption der Projekt- und Ergebnisrechnung im Unternehmens-Controlling 43

3.1.1.1 Zielsetzung der Projekt- und Ergebnisrechnung 43

3.1.1.2 Ausgestaltung der Projekt- und Ergebnisrechnung 45

3.1.2 Informations- und Berichtswesen 57

3.1.3 Kennzahlengestütztes Frühwarninstrumentarium   61

3.1.3.1 Projektphasenbezogene Kennzahlenbereiche   63

3.1.3.2 Unternehmensbezogene Kennzahlenbereiche   68

3.1.4 Multiprojekt-Controlling   77

3.1.5 Konfigurations- und Änderungsmanagement   80

3.1.6 Qualitätsmanagement   91

3.1.7 Vertragsmanagement   107

3.1.8 Claimmanagement   109

3.1.9 Risikomanagement   115

3.2 Prozessphasenbezogene Controlling-Konzeption   142

3.2.1 Grundlegende Methoden der Prozessgestaltung und -
       optimierung   143

3.2.1.1 Business Process Reengineering   143

3.2.1.1.1 Ansatz und Ursprung   143

3.2.1.1.2 Wesensmerkmale und Zielvorstellungen im BPR   143

3.2.1.1.3 Prozess- vs. Funktionsorientierung   146

3.2.1.1.4 Redesign und Workflows   151

3.2.1.2 Die Modell-Architektur integrierter Informationssysteme   153

3.2.1.2.1 Die Konzeption der Modell-Architektur integrierter
          Informationssysteme   154

3.2.1.2.2 Funktions- und Steuerungssicht der Fachkonzeptebene 157

3.2.1.2.2.1 Funktionsbäume   158

3.2.1.2.2.2 Die eEPK zur Workflow-Modellierung   159

3.2.1.3 Controllingorientiertes Workflow-Management   164

3.2.2 Prozessphasenbezogene Controlling-Instrumente   165

3.2.2.1 Projekt-Controlling in der Projektvorbereitungsphase   167

3.2.2.1.1 Projekt-Controlling in der Projektfindungsphase   167

3.2.2.1.2 Projekt-Controlling in der Akquisitionsphase 174

3.2.2.1.3 Projekt-Controlling in der Phase der
Angebotsbearbeitung 177

3.2.2.1.3.1 Anfrageaufnahme, -prüfung und -weiterleitung 178

3.2.2.1.3.2 Angebotsplanung 189

3.2.2.1.3.3 Festlegung der Projektorganisation 197

3.2.2.1.3.4 Projektziele 203

3.2.2.1.3.5 Projektstrukturierung und Projektstrukturplan 205

3.2.2.1.3.6 Ablauf- und Terminplanung 218

3.2.2.1.3.6.1 Terminliste 220

3.2.2.1.3.6.2 Balkenplantechnik 221

3.2.2.1.3.6.3 Netzplantechnik 223

3.2.2.1.3.6.4 Meilensteinplantechnik 233

3.2.2.1.3.6.5 Transplantechnik 234

3.2.2.1.3.6.6 Beurteilung der Terminplanungsinstrumente 235

3.2.2.1.3.6.7 Vorgehensweise der Ablaufplanung 237

3.2.2.1.3.6.8 Terminplanung 241

3.2.2.1.3.6.9 Zeitoptimierung 245

3.2.2.1.3.7 Kapazitätsplanung 246

3.2.2.1.3.7.1 Vorgehen bei der Kapazitätsplanung 247

3.2.2.1.3.7.2 Berichtswesen im Rahmen der Kapazitätsplanung 255

3.2.2.1.3.8 Kosten- und Erfolgsplanung 257

3.2.2.1.3.8.1 Ablauf der Kostenplanung 262

3.2.2.1.3.8.2 Kostenstrukturierung 264

3.2.2.1.3.8.3 Kalkulation 271

3.2.2.1.3.8.3.1 Ermittlungen zur Kalkulation 271

3.2.2.1.3.8.3.2 Vorgehensweise und Verfahren der Kalkulation 277

3.2.2.1.3.8.4 Betriebswirtschaftliche Analysen 281

3.2.2.1.3.8.4.1 Storno-Risiko-Rechnungen   281

3.2.2.1.3.8.4.2 Deckungsbeitragsanalysen   282

3.2.2.1.3.8.4.3 Make or buy- und Beschaffungsanalysen   283

3.2.2.1.3.8.5 Preisgestaltung und -festlegung   286

3.2.2.1.3.8.6 Budgetzuteilung   289

3.2.2.1.3.9 Finanzplanung und Cash-Flow-Rechnung   290

3.2.2.1.3.10 Angebotsversendung, -verfolgung und

Vertragsverhandlung   300

3.2.2.2 Projekt-Controlling in der Projektabwicklungsphase   306

3.2.2.2.1 Projektauftakt   309

3.2.2.2.2 Planung, Kontrolle und Steuerung   315

3.2.2.2.2.1 Leistungskontrolle und -steuerung   322

3.2.2.2.2.2 Terminkontrolle und -steuerung   324

3.2.2.2.2.3 Kontrolle und Steuerung der Ressourcen und

Kapazitäten   334

3.2.2.2.2.4 Kontrolle und Steuerung von Kosten und Erfolg   337

3.2.2.2.2.5 Integrierte Projektsteuerung und -kontrolle von

Kosten, Leistungen und Terminen   345

3.2.2.2.2.5.1 Earned-Value-Analyse   346

3.2.2.2.2.5.2 Kosten-Meilenstein-Trendanalyse   348

3.2.2.2.2.5.3 Projekt-Status-Analyse   350

3.2.2.2.2.6 Finanzkontrolle und -steuerung   351

3.2.2.2.2.7 Dokumentation und Berichterstattung   354

3.2.2.2.2.7.1 Dokumentation   354

3.2.2.2.2.7.2 Berichterstattung   359

3.2.2.2.2.8 Projektabnahme   366

3.2.2.2.2.8.1 Projektabnahme im engeren Sinne   366

3.2.2.2.2.8.2 Projektfakturierung und Übergabe   369

3.2.2.3 Projekt-Controlling in der Projektnachbereitungsphase   369

3.2.2.3.1 Projektabschlussbericht 371

3.2.2.3.2 Projektreflektion und -auswertung 374

3.2.2.3.3 Entlastung der Projektleitung 376

3.2.2.3.4 Serviceleistungen und Wartungsvereinbarungen 376

4 DV-Implementierung des Projektmanagementsystems 378

3.1 EDV-Gesamtkonzeption 386

4.1 Kalkulationssystem 392

4.1.1 Kalkulation in der Phase Angebotsbearbeitung 394

4.1.2 Kalkulation in der Phase Projektabwicklung 397

4.2 Daten- und Informationsflusskonzept 401

4.3 DV-gestützte Kosten- und Erfolgsplanung 408

4.3.1 Pflege der Stammdaten und Ressourcenplanung 410

4.3.2 Differenzierungsmerkmale für die Projektplanung 412

4.3.3 Geschäftsfeldbezogene Projektplanung 413

4.3.4 Kapazitätsauslastungsgradplanung der Ressourcen 418

4.3.5 Gemeinkostenplanung und Auftragsentwicklungsplanung 419

4.3.6 Ergebnis- und Kennzahlenplanung 420

4.3.7 Planverdichtung und Planungsintegration 421

4.3.8 Bewertung der DV-gestützten Kosten- und Erfolgsplanung 421

4.4 Frühwarninformationssystem 422

4.4.1 Datenhaltungs- und Steuerungssystem 424

4.4.2 Front End-System 427

4.4.3 Bewertung des Frühwarninformationssystems 434

4.5 Internetgestütztes Informations- und Kommunikationssystem 435

4.5.1 Zielsetzung 438

4.5.2 Intranetgestützte Implementierung 441

4.5.3 Integrative Implementierung 443

4.5.4 Bewertung des Informations- und Kommunikationssystems 449

5 Zusammenfassung und Ausblick 451

6 Abkürzungsverzeichnis 457

7 Anhang 463

8 Literaturverzeichnis 483

Abbildungsverzeichnis

Abbildung 1: Projektmanagementregelkreis 3

Abbildung 2: Projektgröße 10

Abbildung 3: Zentrale Stellung des Projektleiters in der Projektorganisation 18

Abbildung 4: Stabs- oder Einflussmanagement 21

Abbildung 5: Reines Projektmanagement 22

Abbildung 6: Matrix-Projektmanagement 23

Abbildung 7: Übersicht Phasenmodelle 24

Abbildung 8: Prozessorientierte Betrachtung eines Projekteinzelfertigers 26

Abbildung 9: Die Geschäftsprozesskette mit den dazugehörigen Aufgaben des Projektmanagements und -Controlling 27

Abbildung 10: Aufgaben des Projektmanagements und -Controlling mit den entsprechend einsetzbaren Instrumenten 29

Abbildung 11: Modell der Projektsteuerung 37

Abbildung 12: Controlling-Konzeption für Unternehmen mit komplexer Projektfertigung 41

Abbildung 13: Ergebnishierarchiestufen der Projekt- und Ergebnisrechnung 46

Abbildung 14: Deckungsbeitragsschema der montagestundensatzorientierten Projekt- und Ergebnisrechnung 48

Abbildung 15: Projekt- und Ergebnisrechnung des Projektstatusberichts 53

Abbildung 16: Dimensionen der Projekt- und Ergebnisrechnung 53

Abbildung 17: Kenngrößen der Projekt-Stundensatzrechnung 55

Abbildung 18: Organisation eines Profit-Centers 56

Abbildung 19: Phasenorientiertes Projekt-Controlling und übergeordnetes Unternehmens-Controlling 62

Abbildung 20: Spitzenkennzahlen im Projekt-Controlling 64

Abbildung 21: Risiko-Netz 65

Abbildung 22: Spitzenkennzahlen Unternehmens-Controlling 69

Abbildung 23: Strategie-Portfolio 70

Abbildung 24: Strategie-Abgleich mit Hilfe der Projektstatusanalyse 70

Abbildung 25: Zeitliche Abgrenzung 78

Abbildung 26: Multiprojekt-Übersichtstafel 79

Abbildung 27: Konfigurationsmanagement, Referenzkonfiguration
und Änderungsdienst im systematischen, phasenbezogenen Projektablauf 82

Abbildung 28: Allgemeingültiger Schlüssel für ein Dokument 83

Abbildung 29: Generelles Ablaufschema eines Änderungsprozesses 85

Abbildung 30: Formularblatt für eine Änderungsmitteilung 86

Abbildung 31: Einsatz von Konfigurationsmanagement-Maßnahmen 90

Abbildung 32: Aufteilung der Qualitätssicherungsarbeiten auf die
Projektphasen 92

Abbildung 33: Qualitätsregelkreis nach DIN/ISO 9004 93

Abbildung 34: Qualitätskreislauf bei einem Projektfertiger 94

Abbildung 35: Aufbau des Qualitätsmanagement-Systems 98

Abbildung 36: Organisation des Qualitätsmanagement-Systems 99

Abbildung 37: Traditionelle Sichtweise von Qualitätskosten 100

Abbildung 38: Wertschöpfungsorientierte Qualitätskostengliederung 101

Abbildung 39: House of Quality 105

Abbildung 40: Ishikawa-Diagramm 106

Abbildung 41: Claimmanagement 113

Abbildung 42: Kalkulationsschema zur „Erfolgskontrolle" des Claimmanagements 114

Abbildung 43: Aufteilung der verschiedenen Projektrisiken auf die
Projektbeteiligten 120

Abbildung 44: Risikoanalyse in den einzelnen Projektphasen 122

Abbildung 45: Risikomanagementprozess 124

Abbildung 46: Risikodimensionen 125

Abbildung 47: Mindestinhalte einer sachlogisch-gegliederten Risiko-checkliste 127

Abbildung 48: Mindestanforderungen an eine funktional-gegliederte Risikocheckliste 128

Abbildung 49: Risikoidentifikation und -analyse der Arbeitspakete 130

Abbildung 50: Möglichkeit zur Ermittlung des politischen Risikos im Kundenland 132

Abbildung 51: Risk-Map 135

Abbildung 52: Formblatt zur Risikobeurteilung 138

Abbildung 53: Dynamische Risikomatrix 140

Abbildung 54: Strategie für Prozessinnovationen 145

Abbildung 55: Anforderungen im neuen Jahrtausend unter Organi-sationsstrukturen der 50er Jahre 147

Abbildung 56: Merkmale zur Kategorisierung von Prozessen 149

Abbildung 57: Kernprozess über organisatorische Grenzen hinweg 150

Abbildung 58: Elemente des Reverse Engineering 152

Abbildung 59: ARIS-Beschreibungsebenen 156

Abbildung 60: Das ARIS-Haus 157

Abbildung 61: Beispiel für einen Funktionsbaum 159

Abbildung 62: Prinzip der Ereignisteuerung im EPK-Modell 160

Abbildung 63: Beispiel zur Verwendung von Konnektoren in EPK 162

Abbildung 64: Symbole für die Workflow-Modellierung mit EPK 162

Abbildung 65: Beispiel für eine eEPK 163

Abbildung 66: Einsatz verschiedener Instrumente im Projektablauf 166

Abbildung 67: Abgrenzung von Kreativität und Routine 168

Abbildung 68: Beispiel für das Brainwriting nach der Methode 635 171

Abbildung 69: Morphologische Matrix 173

Abbildung 70: Grundstruktur eines Relevanzbaums 174

Abbildung 71: Beispiel für ein Informationsblatt 176

Abbildung 72: Übersicht über Anfragen und Angebote 176

Abbildung 73: Funktionsbaum für die Phase der Angebotsbearbeitung 178

Abbildung 74: Workflow Anfrageaufnahme, -prüfung und -weiterleitung 179

Abbildung 75: Checkliste zur Entscheidung über die Erstellung eines Angebots 181

Abbildung 76: Beispiel für eine Checkliste zur Angebotserstellung 184

Abbildung 77: Beurteilungstabelle für Projekte 186

Abbildung 78: Bewertung Projekt A 187

Abbildung 79: Bewertung Projekt B 188

Abbildung 80: Workflow Angebotsplanung, Teil 1 192

Abbildung 81: Workflow Angebotsplanung, Teil 2 193

Abbildung 82: Projektangebotsblatt 194

Abbildung 83: Aufgabenverteilung Projektteam und Fachbereiche 200

Abbildung 84: Organigramm für die Projektleitung 201

Abbildung 85: Gliederung eines Lastenhefts 206

Abbildung 86: Gliederung eines Pflichtenhefts 207

Abbildung 87: Aufbau des Projektstrukturplans 208

Abbildung 88: Objektorientierter Projektstrukturplan 209

Abbildung 89: Funktionsorientierter Projektstrukturplan 211

Abbildung 90: Gemischtorientierter Projektstrukturplan 212

Abbildung 91: Arbeitspaketformular 214

Abbildung 92: Gemischtorientierter Projektstrukturplan mit Schlüsselung 216

Abbildung 93: Projekttermine als Balkenplan 221

Abbildung 94: Graphische Darstellung eines Netzplans 225

Abbildung 95: Übersicht über verschiedene Netzplanarten   226

Abbildung 96: Ereignisknoten im Ereignisknotennetzplan   226

Abbildung 97: Graphische und tabellarische Darstellung eines
Ereignisknotennetzplans   227

Abbildung 98: Vorgangspfeil im Vorgangspfeilnetzplan   228

Abbildung 99: Graphische und tabellarische Darstellung eines
Vorgangspfeilnetzplans   229

Abbildung 100: Vorgangsknoten im Vorgangsknotennetzplan   230

Abbildung 101: Graphische und tabellarische Darstellung eines
Vorgangsknotennetzplans   232

Abbildung 102: Meilensteinplan   234

Abbildung 103: Transplan für das Projekt Maschinenhallenbau   235

Abbildung 104: Entstehung eines detaillierten Ablaufplans   239

Abbildung 105: Darstellung der übergeordneten Zusammenhänge
beim Bau einer Industrieanlage   240

Abbildung 106: Auszug aus dem Terminbericht eines Netzplans für
ein Bauprojekt   244

Abbildung 107: Kapazitätsdiagramm eines Vorgangs   247

Abbildung 108: Kapazitätsangebot mit der Dimension Zeit   248

Abbildung 109: Netzplan zur Kapazitätsauslastung   250

Abbildung 110: Kapazitätsbedarf in frühester Lage   251

Abbildung 111: Kapazitätsbedarf in spätester Lage   251

Abbildung 112: Kapazitätsauslastung unter Angabe von Über- und
Unterdeckungen   252

Abbildung 113: Kapazitätsdiagramm nach Optimierung   254

Abbildung 114: Kapazitätsdiagramm nach Vorgangsdaueranpassung 255

Abbildung 115: Kombiniertes Transplan- und Kapazitätsdiagramm   256

Abbildung 116: Phasenbezogene Planungsmethoden   259

Abbildung 117: Schritte der Kostenplanung   263

Abbildung 118: Zusammenhang zwischen Projektgröße und Größe
der Kostenpakete   265

Abbildung 119: Checkliste zur Überprüfung der Vollständigkeit der
Kostenstruktur   266

Abbildung 120: Kostenstellen mit dazugehörigen
Verrechnungssätzen   270

Abbildung 121: Kostenträgergliederung   271

Abbildung 122: Beispiel für die normierte Erfassung von
Kalkulationsgrundlagen   273

Abbildung 123: Schema zur Mittellohnberechnung   274

Abbildung 124: Kalkulationsformular nach KLR Bau   276

Abbildung 125: Kalkulationsstadien der Einzelauftrags- bzw.
Projektfertigung   278

Abbildung 126: Auftragseingangs-Controlling   280

Abbildung 127: Storno-Kosten-Rechnung   282

Abbildung 128: Profilanalyse   285

Abbildung 129: ABC-Analyse   286

Abbildung 130: Cash-Flow-Rechnung   293

Abbildung 131: Zahlungsströme eines Bauprojekts   296

Abbildung 132: Angebotserstellung und -versendung   301

Abbildung 133: Angebotsverfolgung und -auswertung   302

Abbildung 134: Workflow Angebotsverfolgung und
Vertragsverhandlungen   305

Abbildung 135: Workflow Zusammenstellung und Weitergabe der
Auftragsdokumente   306

Abbildung 136: Meldeblatt für das Berichtswesen   308

Abbildung 137: Funktionsbaum Projektabwicklung   309

Abbildung 138: Workflow Projektauftakt   310

Abbildung 139: Checkliste – Voraussetzungen für den Projektstart 312

Abbildung 140: Projektorganigramm   313

Abbildung 141: Ablauf des Überwachungsvorgangs 325

Abbildung 142: Fortschrittsüberwachung 328

Abbildung 143: Termin-Trend-Analyse 329

Abbildung 144: Integrierte, mitlaufende Kontrolle von Kosten, Leistungen und Terminen 332

Abbildung 145: Kapazitätsabweichungs-Diagramm 336

Abbildung 146: Aufbau der MIKA 338

Abbildung 147: Formular für die MIKA 338

Abbildung 148: Grundschema der MIKA 341

Abbildung 149: Kosten-Balkendiagramm 342

Abbildung 150: Aktualisierungsanlässe der MIKA 343

Abbildung 151: Verrechnungsmöglichkeiten von Änderungen 345

Abbildung 152: Kosten-Kurvendiagramm 346

Abbildung 153: Kombinierte Kosten-/Meilenstein-Trendanalyse 349

Abbildung 154: Projekt-Status-Analyse innerhalb einer zweidimensionalen Matrix 351

Abbildung 155: Maßnahmen der Liquiditätssteuerung 354

Abbildung 156: Projektsonderbericht 361

Abbildung 157: Exemplarischer Projektkurzbericht 362

Abbildung 158: Exemplarischer Teil eines Projektstatusberichts 363

Abbildung 159: Checkliste zur Abnahme 367

Abbildung 160: Zielgruppen der Projektauswertung 374

Abbildung 161: Prozess- und entscheidungsebenenbezogene EDV-Gesamtkonzeption 387

Abbildung 162: Komponentensicht der EDV-Gesamtkonzeption 388

Abbildung 163: EDV-Gesamtkonzeption aus der Sicht der zentralen Standardsoftware 389

Abbildung 164: Aufgaben und Ablauf des Kalkulationssystem 393

Abbildung 165: Daten- und Informationsflusskonzept in der EDV-
Gesamtkonzeption   402

Abbildung 166: Startmaske des Planungssystems   409

Abbildung 167: Ausschnitt aus der Personalliste   410

Abbildung 168: Ausschnitt aus den Gerätestammdaten   411

Abbildung 169: Ausschnitt aus der Projektplanung der Top-Ten-
Projekte   413

Abbildung 170: Ressourcenbedarfs- und -kostenplanung am Beispiel
Personal   414

Abbildung 171: Gesamtleistungs-, Umsatz- und Bestandsplanung
sowie Deckungsbeitragsrechnung   416

Abbildung 172: Planung der erwarteten Projekte mit Hilfe der
Kostenstrukturvorgabe   418

Abbildung 173: Kapazitätsauslastungsgradplanung Personal   419

Abbildung 174: Ergebnisplanung   420

Abbildung 175: Startseite des Frühwarninformationssystems (Front
End)   423

Abbildung 176: DV-Konzeption des Frühwarninformationssystems   423

Abbildung 177: Steuerstand der Vorsysteme   425

Abbildung 178: Pflege der Daten im Steuerstand   426

Abbildung 179: Datenzuführung im Steuerstand   426

Abbildung 180: Selektionskriterien   429

Abbildung 181: Color Coding der Kennzahlenberichte   430

Abbildung 182: Zuordnungsmatrix   431

Abbildung 183: Trendindikatorbetrachtungen   432

Abbildung 184: Entwicklung der Gewichtungsfaktoren
unterschiedlicher Alpha bei 20 Betrachtungsperioden 433

Abbildung 185: Vorgehensweise bei der Zertifizierung von QM-
Systemen   436

Abbildung 186: Qualitätsmanagement als homogener Bestandteil der
Controlling-Konzeption   437

Abbildung 187: Anwendungskonzepte für Intranet und Extranet 443

Abbildung 188: Integrationskonzept zur Projektaufgabe 444

Abbildung 189: Eingangsbildschirm des IMS-H 445

Abbildung 190: Prozessablauftabelle 446

Abbildung 191: Systemintegration in der EDV-Gesamtkonzeption 447

Abbildung 192: Hinweise zur Projektabwicklung 448

Abbildung 193: Fenster mit Informationen über die für die Organisationseinheiten verwendeten Abkürzungen 448

Abbildung 194: Einbindung von PDF-Dokumenten 449

Abbildung 195: Symbole für die Workflowdarstellung 463

Abbildung 196: Workflow AB - Anfrageannahme 464

Abbildung 197: Workflow AB - Anfrageabwicklung 465

Abbildung 198: Workflow AB - Angebotserstellung und -versendung 466

Abbildung 199: Workflow AB - Angebotsverfolgung und Vergabeverhandlung 467

Abbildung 200: Workflow AB - Zusammenstellung der kompletten Unterlagen 468

Abbildung 201: Workflow PA - Projektauftakt 469

Abbildung 202: Workflow PA - Datentransfer Kalkulationsprogramm - SAP 470

Abbildung 203: Workflow PA - Projektablauf 471

Abbildung 204: Workflow PA - Arbeitspakete und Bestellvorgang 472

Abbildung 205: Workflow PA - Baustellenorganisation 473

Abbildung 206: Workflow PA - Montageablauf 474

Abbildung 207: Workflow PA - Materialdisposition 475

Abbildung 208: Workflow PA - Aufmaßerfassung 476

Abbildung 209: Workflow PA - Projektabnahme und -abschluss 477

Abbildung 210: Workflow BS - Materialinformationsliste 478

Abbildung 211: Workflow BS - Beschaffungsprozess durchführen,
            Teil I   479

Abbildung 212: Workflow BS - Beschaffungsprozess durchführen,
            Teil II   480

Abbildung 213: Workflow BS - Preisanfrage/-verhandlung   481

Abbildung 214: Workflow BS - Materialstammanlage   482

1 Einleitung

Der starke Wettbewerb und das hohe wertmäßige Risiko im Geschäft komplexer Projekte verdeutlicht die Notwendigkeit und Dringlichkeit des Einsatzes moderner und leistungsfähiger Planungs-, Kontroll- und Steuerungssysteme. Für das Projektgeschäft lassen sich insbesondere für das Einzelprojektmanagement in der betriebswirtschaftlichen und ingenieurwissenschaftlichen Literatur zahlreiche Quellen finden, die sich sehr intensiv mit der Organisation sowie Teilbausteinen und einzelnen Instrumenten des Projektmanagements, wie z.b. der Erstellung von Projektstruktur- und Netzplänen, Bauzeiten- und Ablaufplänen sowie Kosten- und Zahlungsplänen, befassen.[1] Nur ansatzweise zu finden sind hingegen prozess- und controllingorientierte Projektmanagementkonzeptionen, die neben dem Einzelprojektmanagement auch projektübergreifende und hierarchische Projektmanagemententscheidungen berücksichtigen.[2]

Die Zielsetzung der Arbeit liegt deshalb in dem Aufbau eines modularen, prozess- und controllingorientierten Projektmanagementsystems für komplexe Projektfertiger, das sämtliche projektrelevanten Teilaufgaben

---

[1] Vgl. *Müller, D.*: Methoden der Ablauf- und Terminplanung von Projekten, in: *Reschke, H.; Schelle, H.; Schnopp, R.* (Hrsg.): Handbuch Projektmanagement, Bd. 1, Köln 1989, S. 263-312; *Groh, H.; Gutsch, R.W.*: Netzplantechnik – Eine Anleitung zum Projektmanagement für Studium und Praxis, 3. Aufl., Düsseldorf 1982; *Madauss, B.J.*: Handbuch Projektmanagement, 6. Aufl., Stuttgart 2000, S. 251-300; *Steinbuch, P.A.*: Projektorganisation und Projektmanagement, 2. Aufl., Ludwigshafen 2000, S. 154ff.; *Burmeister, H.; Knoll, P.*: Parametrische Kostenschätzverfahren, in: *Reschke, H.; Schelle, H.; Schnopp, R.* (Hrsg.): Handbuch Projektmanagement, Bd. 1, Köln 1989, S. 367-380; *Bartel, S.; Pannenbäcker, K.*: Produkt- und Projektdokumentation, in: *Reschke, H.; Schelle, H.; Schnopp, R.* (Hrsg.): Handbuch Projektmanagement, Bd. 2, Köln 1989, S. 591-607; *Hauptverband der Deutschen Bauindustrie e.V.; Zentralverband des Deutschen Baugewerbes e.V.* (Hrsg.): Kosten- und Leistungsrechnung der Bauunternehmen - KLR Bau, 6. Aufl., Wiesbaden et al. 1995; *Drees, G.; Bahner, A.*: Kalkulation von Baupreisen, 4. Aufl., Wiesbaden 1996; *Prange, H.; Leimböck, E.; Klaus, U.R.*: Baukalkulation unter Berücksichtigung der KLR Bau und VOB, 9. Aufl., Wiesbaden 1995; *Litke, H.-D.*: Projektmanagement: Methoden, Techniken, Verhaltensweisen, 3. Aufl., München, Wien 1995; *Mörsdorf, M.*: Konzeption und Aufgaben des Projektcontrolling, Wiesbaden 1998; *Wehler, Th.*: Angebotserstellung und Angebotskalkulation im Anlagenbau, in: *Reschke, H.; Schelle, H.; Schnopp, R.* (Hrsg.): Handbuch Projektmanagement, Bd. 1, Köln 1989, S. 199-228; *Schmitz, H.; Windhausen, P.M.*: Projektplanung und Projektcontrolling: Planung und Überwachung von besonderen Vorhaben, 3. Aufl., Düsseldorf 1986.

[2] Vgl. *Lachnit, L.*: Controllingkonzeption für Unternehmen mit Projektleistungstätigkeit, München 1994.

einschließt. Das entworfene System ist multiprojektfähig und umfasst sämtliche unternehmensinternen projektrelevanten Aufgaben, von der ersten Kundenanfrage bis zum Projektabschluss und der Kurzbeschreibung des Nachgeschäftes (After Sales Services). Es ist ebenso periodenübergreifend und somit mehrjahresfähig. Im Gegensatz zu den zumeist funktional orientierten betriebwirtschaftlichen Konzepten für Projekteinzelfertiger wird ein prozessorientiertes Management-Informationssystem für die komplexe Projektfertigung aufgebaut, das sukzessive alle Hauptgeschäftsprozesse und die wichtigsten Querschnittsprozesse unterstützt. Die Konzeption und Gestaltung basiert dabei auf dem Einsatz von Workflow-Management-Systemen und moderner Intranettechnologie.

Die Idee zu einem DV-gestützten, prozess- und controllingorientierten Projektmanagement-System ist im Rahmen eines Sanierungsprojekts bei einem Anlagenbauer entstanden.[3] Diese Gesellschaft akquirierte Projekte ohne angemessene Kalkulation; die Projektleiter der Gesellschaft wickelten die Projekte wenig planvoll mittels sog. Praktikermethoden ab. Die wirtschaftlichen Ergebnisse der einzelnen Projekte entstanden folglich mehr oder weniger zufällig. Ein regelmäßiges, planvolles Herangehen an die Projekte war nicht erkennbar. Hohe betriebswirtschaftliche und bilanzielle Verluste waren die Folge.

Aus den Erfahrungen in Unternehmen der seriellen Fertigung wurde schließlich für diese Arbeit die Vorstellung abgeleitet, dass es möglich sein müsse, das Projektgeschäft betriebswirtschaftlich ähnlich zu begleiten, wie es in der seriellen Fertigung schon seit Jahrzehnten üblich ist.[4] Hierfür wurden die theoretischen Grundlagen geschaffen, die als Basis für die Konzeption des Management-Informationssystems für komplexe Projektfertiger und deren praktische DV-Umsetzung dienen.[5] In Anlehnung an die serielle Fertigung wird hierbei durch gründliche Arbeitsvorbereitung und kontinuierliche Erfassung von produktionsprozessbegleitenden Ist-Daten und Vergleich mit den Plan-Daten die Möglichkeit geschaffen via „Rückkopplung" eine Steuerung der Projektleistung zu erreichen, mit dem Ziel Abweichungen vom Plan möglichst gering zu halten bzw. gänzlich zu vermeiden (z.B. Null-Fehler-Qualität). Auf das Projekt-

---

[3] Der Autor hat das beschriebene System in diesem Unternehmen selbst eingeführt. Er war dort Sanierungsgeschäftsführer, wobei das Unternehmen mit ca. 3500 Mitarbeitern 750 Mio. DM Umsatz generierte.

[4] Vgl. *Rinza, P.*: Projektmanagement. Planung, Überwachung und Steuerung von technischen und nichttechnischen Vorhaben, 3. Aufl., Düsseldorf 1994, S. 1.

[5] Zum Begriff Management-Informationssystem vgl. *Michel, R.M.*: Projektcontrolling und Reporting, 2. Aufl., Heidelberg 1996, S. 251ff.

geschäft übertragen heißt dies, durch gründliche Arbeitsvorbereitung (Projektplanung, Projektstrukturierung, Ablaufplanung usw.) und regelmäßige Erfassung von Ist-Daten im Verlauf der Projektrealisierung die Möglichkeit zu schaffen, bei technischen und betriebswirtschaftlichen Abweichungen steuernd in das Projektgeschehen einzugreifen.

Hierdurch entsteht Transparenz analog zu einem technischen Regelkreis.[6]

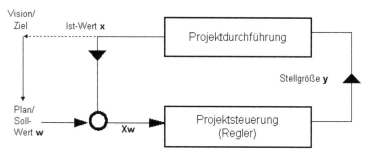

Abbildung 1: Projektmanagementregelkreis

In der seriellen Fertigung werden aus den Teilplänen für einzelne Produkte bzw. Produktlinien zzgl. der Zentralbereichspläne die Gesamtpläne des Unternehmens zusammengesetzt.

Beim Projektfertiger besteht der Gesamtplan aus der Summe der Einzelprojektpläne zzgl. der Niederlassungs-, Hauptniederlassungs- und Gesamtunternehmensdaten. Es entstehen **Profit-Center-Rechnungen,** für die bei Planabweichungen über die Detailwerte der Projekte und der Aufbauorganisation ein gezieltes Gegensteuern im Sinne eines Regelkreises möglich ist.[7] Zu beachten bleibt im Projektgeschäft, dass im Regelfall die Abwicklungszeit der Projekte nicht an Bilanzierungsstichtagen orientiert ist, sondern stichtagsübergreifend ist. Folglich ergibt sich hier eine besondere Periodisierungs- und Ausweisproblematik bezüglich der wertmäßigen Darstellung der Projekte.

Die Vorstellung des neu entwickelten Management-Informationssystems für die komplexe Projektfertigung erfolgt in folgenden Schritten: Ausgehend von den Grundlagen des Managements und der Organisation bei

---

[6] Vgl. *Schmitz, H.; Windhausen, P.M.*: Projektplanung und Projektcontrolling: Planung und Überwachung von besonderen Vorhaben, 3. Aufl., Düsseldorf 1986, S. 22-26.

[7] Vgl. *Kaestner, R.*: Systemdenken und Projektmanagement, in: *RKW* (Hrsg.): Projektmanagement Fachmann, Bd. 1, 5. Aufl., Eschborn 1998, S. 89-117, hier: S. 94.

einem Projektfertiger wird zunächst die Prozessstruktur des Projektgeschäfts im Hinblick auf seine Planungs-, Steuerungs- und Kontrollphasen des Management-Regelkreises analysiert und strukturiert.[8] Gemeinsam mit den prozessphasenübergreifenden Grundstrukturen des Controlling bilden diese das theoretische Fundament für das aufzubauende Management-Informationssystem für die komplexe Projektfertigung.

Mit Hilfe der Techniken des Workflow-Managements und der Prozessmodellierung erfolgt schließlich, angelehnt an das ARIS-Modell von *Scheer*,[9] die Modellierung der für das Projektmanagement wichtigsten Kern-Geschäftsprozesse sowie der begleitenden Querschnittsprozesse. Neu an dem Modell ist dabei die Integration eines modularen, integrierten controllingorientierten Rechenwerks, das flankierend zu den Entscheidungssituationen der Prozessstruktur eines Projektfertigers wirkt.

Im Hauptteil der Arbeit werden schließlich die einzelnen Module des Management-Informationssystems sowie die geeigneten, eingebauten Controlling-Instrumente für jede Phase des Projektgeschäfts vorgestellt; angefangen von der Kundenanfrage über die Projektbearbeitung bis hin zur Projektnachbereitungsphase. Einen wichtigen Bestandteil für die Steuerung der Projekte bildet hierbei die hierfür entwickelte Montagestundensatzorientierte Projekt- und Ergebnisrechnung, die als zentrales Steuerungswerk der Projekte dient.[10] Ergänzt wird diese Einzelbetrachtung schließlich um die konzipierte Multiprojekt-Ergebnisrechnung, die für ein projektübergreifendes und unternehmensweites Management eines Projektfertigers zwingend erforderlich ist. Ergänzt wird das zentrale Rechenwerk um ein Frühwarn- und Risikomanagement, das für die Unternehmensführung Chancen und Risiken in Form eines Executive Cockpits zur Analyse anzeigt und sich per Drill-down-Technik auf die Basisinformationen auflösen lässt.

Nach der konzeptionellen und betriebswirtschaftlichen Entwicklung des Management-Informationssystems für die komplexe Projektfertigung wird im abschließenden Teil die entwickelte DV-Umsetzung in ihrer modularen und integrativen Art für das System vorgestellt.

---

[8]   Vgl. *Madauss, B.J.:* Handbuch Projektmanagement, 6. Aufl., Stuttgart 2000, S. 69.

[9]   Vgl. *Scheer, A.-W.:* Wirtschaftsinformatik - Referenzmodelle für industrielle Geschäftsprozesse, 6. Aufl., Berlin u.a. 1995, S. 6ff.

[10] Vgl. *Wienhold, K.; Schön, D.:* Montagestundensatzorientierte Projekt- und Ergebnisrechnung im Bau- und Baunebengewerbe, in: *Gesellschaft für Controlling* e.V.; *Reichmann Th.* (Hrsg.): Beiträge zum Controlling Nr. 60, 1997, S. 1-15.

2 Grundlagen des Projektmanagements

2.1 Der Projektbegriff

Zunächst sollen nun kurz die Begriffe Projekt, Projektmanagement und Projekt-Controlling definiert werden, so dass im Weiteren von einem einheitlichen Verständnis ausgegangen werden kann.

Unter einem Projekt wird gemäß DIN 69901 ein Vorhaben verstanden, das gekennzeichnet ist durch die Einmaligkeit der Bedingungen in ihrer Gesamtheit, z.B.

- Zielvorgabe,

- zeitliche, finanzielle, personelle oder andere Begrenzungen,

- Abgrenzung gegenüber anderen Vorhaben,

- projektspezifische Organisation.[11]

In dieser Arbeit soll der Projektbegriff[12] allerdings etwas weiter gefasst werden, da ein Projekt noch durch andere Merkmale bestimmt ist:

Unter einem Projekt versteht man ein zeitlich begrenztes, einmaliges, im Regelfall nicht wiederholtes, komplexes, wirtschaftlich bedeutendes und risikobehaftetes Vorhaben, das aus einer Vielzahl abhängiger, aufeinanderfolgender Teilprozesse besteht, die zum Erreichen der gesetzten projektbezogenen und projektübergreifenden Ziele (z.B. Ertrag, Rendite, Termine, Kosten, Finanzen, Qualität) notwendig sind. Es umfasst alle Maßnahmen und Aktivitäten (Projektaufgaben), die darauf abzielen, eine ganz bestimmte, wohldefinierte Leistung (Projektleistung) innerhalb einer festgelegten Zeit-

---

[11] Vgl. DIN-Norm 69901: Projektmanagement, Begriffe, in: DIN Taschenbuch 166, Informationsverarbeitung 4, Berlin, Köln 1981, S. 311ff.

[12] Zu anderen Projektdefinitionen und Merkmalen zum Begriff Projekt vgl. z.B. *Madauss, B.J.*: Handbuch Projektmanagement, 6. Aufl., Stuttgart 2000, S. 519; *Pinkenburg, H.F.W.*: Projektmanagement als Führungskonzeption in Prozessen tiefgreifenden organisatorischen Wandels, München 1980, S. 99ff.; *Mörsdorf, M.*: Konzeption und Aufgaben des Projektcontrolling, Wiesbaden 1998, S. 55ff.; *Steinbuch, P.A.*: Projektorganisation und Projektmanagement, Ludwigshafen 1998, S. 25; *Schelle, H.*: Projekte und Projektmanagement, in: *RKW (Hrsg.)*: Projektmanagement Fachmann, Bd. 1, 6. Aufl., Eschborn 2001, S. 25-58, hier: S. 28; *Burghardt, M.*: Projektmanagement, 2. Aufl., Berlin, München 1993, S. 17; *Pietsch, W.*: Methodik des betrieblichen Software-Projektmanagements, Berlin, New York 1992, S. 5; *Offermann, A.*: Projekt-Controlling bei der Entwicklung neuer Produkte, Frankfurt a.M. 1985, S. 68.

spanne (Projektdauer) mit Hilfe einer Aufbau- und Ablauforganisation (Projektorganisation) unter Verwendung geeigneter Hilfsmittel (Projektinstrumente) und des Einsatzes von Personen und Stellen (Projektträger) zu erreichen.[13]

Die Bandbreite von Projekten reicht von großen Projekten des Anlagenbaus (Flugzeuge, Schiffe, Großmaschinen, Fabrikanlagen, Kraftwerke etc.) und der Bauwirtschaft (Hochhäuser, Kläranlagen, Staudämme, Tunnel, Brücken, Straßen etc.) über Projekte zur Abwicklung von komplexen Kundenaufträgen im Sach- und Dienstleistungsbereich (z.b. Beratungs-, IT-Einführungs-, Sanierungs- und Instandhaltungsprojekte) bis zu internen wirtschaftlich bedeutenden Projekten eines Unternehmens (z.B. Forschungs- und Entwicklungsprojekte, (Re-)Organisationsprojekte, Marketingprojekte, DV-Projekte, Investitions- und Instandhaltungsprojekte).[14]

In der Unternehmenspraxis lässt sich zahlenmäßig ein starker Anstieg von Projekten feststellen. Dies ist vor allem auf folgende Ursachen zurückzuführen:

- Zunehmende Komplexität von Technik, Informatik usw.

- Internationalisierung und Globalisierung der Aufgabenstellungen.

- Immer schnellerer Wandel in vielen Bereichen der Wirtschaft.

- Ablösung des bisher statischen Denkens durch ein dynamisches Prozessdenken.

- Kürzere Produktlebenszyklen und Zunahme des Innovationsdrucks.[15]

---

[13] In Anlehnung an *Lachnit, L.*: Controllingkonzeption für Unternehmen mit Projektleistungstätigkeit, München 1994, S. 22.

[14] Zu weiteren Gliederungsmöglichkeiten vgl. z.B. *Brandenberger, J.; Ruosch, E.*: Projektmanagement im Bauwesen, 1. Aufl., Köln 1974, S. 11f.; *Sommer, H.*: Projektmanagement im Hochbau, Berlin u.a. 1994, S. 5f. Hier werden Projekte nach elf Kategorien unterschieden. *Dreger, W.*: Projekt-Management. Planung und Abwicklung von Projekten, Wiesbaden, Berlin 1975, S. 8f.; *Frese, E.*: Projekte in Unternehmungen als organisatorisches Problem, in: *Frese, E.* (Hrsg.): Projektorganisation. Theoretische Grundlagen und praktische Gestaltung, Dortmund 1980, S. 6f.; *Rinza, P.*: Projektmanagement. Planung, Überwachung und Steuerung von technischen und nichttechnischen Vorhaben, 3. Aufl., Düsseldorf 1994, S. 6ff.

[15] Vgl. *Steinle, C.; Bruch, H.; Lawa, D.*: Projekt Management, 2. Aufl., Frankfurt a.M. 1998, S. 13; *Burghardt, M.*: Projektmanagement, 2. Aufl., Berlin, München 1993, S. 10.

Projekte werden mithin durch ihre Zielorientierung, Einmaligkeit, Komplexität, den häufig großen Umfang sowie die Interdisziplinarität der Projektbeteiligten bestimmt.[16]

Ein Projekt muss für ein Unternehmen von großer Bedeutung sein. Für das Unternehmen in seiner Gesamtheit sollte von einem Projekt ein erkennbarer Einfluss auf die Erreichung der Unternehmensziele vorhanden sein. Aufgabenstellungen, die dies nicht erfüllen, sollten nicht als Projekt bezeichnet werden. Erst wenn eine Aufgabenstellung einen Schwierigkeitsgrad und einen gewissen Umfang erreicht, der nicht im Rahmen des normalen Tagesgeschäftes zu bewältigen ist, sollte von einem Projekt gesprochen werden. Kennzeichnend für Projekte ist zudem, dass zumeist mehrere Fachgebiete sowie weitere interne und externe Beteiligte an der Aufgabenstellung mitarbeiten. I.d.R. macht die Interdisziplinarität und Komplexität eines Projekts den Einsatz einer Projekt-/Arbeitsgruppe im Rahmen einer Projektorganisation zur Erarbeitung des Projektergebnisses erforderlich.

In zeitlicher Hinsicht ist ein Projekt immer begrenzt, d.h. es gibt ein definiertes Projektende und damit auch einen Endtermin. Hierdurch wird fälschlicherweise häufig auch die Einzigartigkeit von Projekten mit der Nicht-Planbarkeit verwechselt.[17] Es ist zwar richtig, dass ein Gesamtprojekt in der anstehenden Festlegung nicht wiederkehrt. Realistisch und deshalb für das Projekt-Controlling wichtig ist aber die Tatsache, dass zumindest größere Teile bzw. Bausteine wiederholt gefertigt werden. Für das Projektmanagement bedeutet dies als Zielvorgabe, möglichst viele einzelne Projektteile und -komponenten aus Wirtschaftlichkeitsgründen zu standardisieren. Hierdurch können analog zu Serienfertigern Degressions- und Erfahrungseffekte ausgenutzt werden.

Da ein angestrebtes Projektergebnis nie mit absoluter Sicherheit geplant und realisiert werden kann, ist die Ausführung der Projektaufgaben i.d.R. mit Unsicherheiten und Risiken, wie z.B. noch unbekannten Techniken und Veränderungen im Zeitablauf, verbunden. Diese Risiken stellen neben den harten, bewertbaren Faktoren (Ertrag, Aufwand, Liquidität, Termine etc.) im Projektgeschäft eine wichtige Größe im Rahmen des Projektplanungs- und Steuerungsprozesses dar.

---

[16] Zu den Merkmalen eines Projekts vgl. u.a. *Michel, R.M.*: Projektcontrolling und Reporting, 2. Aufl., Heidelberg 1996, S. 133; *Steinbuch, P.A.*: Projektorganisation und Projektmanagement, Ludwigshafen 1998, S. 24f.

[17] Vgl. *Kosiol, E.*: Organisation der Unternehmung, 1. Aufl., Wiesbaden 1962, S. 31.

2.2 Komplexe Projektfertigung

Komplexität ist ein wichtiges Merkmal eines Projekts. Es wird in der Literatur unterschiedlich definiert.[18] Die Gemeinsamkeit dieser Definitionen liegt darin, dass in einer systemorientierten Betrachtungsweise Elemente und Relationen die Komplexität bestimmen. Das bedeutet, dass man unter Komplexität die Anzahl und Vielfalt der Elemente und deren Beziehungen untereinander in einem System verstehen kann. Die Komplexität eines Projektes zeigt sich darin, dass es „eine Vielzahl von schwer vorausbestimmbaren Teilaktivitäten und Interdependenzen [enthält], deren Wirkungen die Grenzen eines Unternehmungsbereiches überschreiten."[19] Somit werden verschiedene Fach- und Wissensgebiete bei der Lösung einer Aufgabe relevant und das Zusammenwirken von verschiedenen Spezialisten in einer interdisziplinären Gruppe wird erforderlich. Außer diesem Aspekt müssen auch noch die folgenden Kriterien überprüft werden:

- Wie umfassend ist das Projekt insgesamt?

- Wie viele unterschiedliche Leistungsmerkmale, Komponenten, technische Besonderheiten, Produktfunktionen usw. sind zu erbringen?

- Wie viele unterschiedliche Personen, Funktionsbereiche usw. arbeiten am Projekt mit?

- Wie stark unterscheiden sich diese jeweils?[20]

Rinza fasst die Kriterien zur Beurteilung der Komplexität noch etwas weiter. Er nennt die folgenden Punkte:[21]

- Wissenschaftlicher Neuheitsgrad des Projekts,

- Risiko, das Projektziel nicht zu erreichen,

- spezifische Projektgröße,

---

[18] Vgl. *Adam, D.*: Produktions-Management, 9. Aufl., Wiesbaden 1998, S. 30ff.; *Bronner, R.*: Komplexität, in: *Frese E.* (Hrsg.): Handwörterbuch der Organisation, 3. Aufl., Stuttgart 1992, Sp. 1121-1130, hier: Sp. 1121; *Pinkenburg, H.F.W.*: Projektmanagement als Führungskonzeption in Prozessen tiefgreifenden organisatorischen Wandels, München 1980, S. 114ff. und S. 194ff.

[19] *Frese, E.*: Grundlagen der Organisation. Konzept - Prinzipien - Strukturen, 7. Aufl., Wiesbaden 1998, S. 472.

[20] Vgl. *Krüger, A.; Schmolke, G.; Vaupel, R.*: Projektmanagement als kundenorientierte Führungskonzeption, Stuttgart 1999, S. 220.

[21] Vgl. *Rinza, P.*: Projektmanagement. Planung, Überwachung und Steuerung von technischen und nichttechnischen Vorhaben, 3. Aufl., Düsseldorf 1994, S. 9ff.

- Anzahl der beteiligten Organisationseinheiten und Fremdfirmen,

- starke Abhängigkeit und viele Querverbindungen zwischen den einzelnen Arbeitspaketen.

Dabei müssen nicht alle diese Punkte erfüllt sein, um ein Projekt komplex zu nennen. Ein einziger Punkt genügt, wenn er entsprechend ausgeprägt ist.

Klare Abgrenzungen oder Richtwerte für die Bestimmung der Komplexität eines Projekts existieren in der Literatur jedoch nicht. Es gibt allerdings je nach Projektart Kennzahlen zur Bestimmung der Komplexität. Bei einem Software-Projekt ist eine solche z.b. definiert als Anzahl der Schnittstellen dividiert durch die Produktteile.[22] Mit dieser Kennzahl ist dann ein Vergleich möglich, welches Software-Projekt komplexer ist als ein anderes. Ab wann ein Projekt generell als komplex zu bezeichnen ist, bleibt weiter unklar.

Eine weitere Möglichkeit, eine Kennzahl zur Messung der Projektkomplexität zu erstellen, ist eine Vorgehensweise, die sich an die Nutzwertmethode anlehnt. Dazu müssen zunächst Kriterien erstellt werden, die zur Komplexität eines Projektes beitragen, z.b. die Anzahl beteiligter Fachbereiche oder die Anzahl zu erstellender Produktkomponenten. Diese Kriterien werden dann mit einem Gewichtungsfaktor versehen und zusätzlich wird für jedes Kriterium eine maximale Bandbreite festgelegt, mit der die Einordnung einzelner Projekte vorgenommen werden kann, z.b.: Mitarbeiter im Projekt zwischen 1 und 100 => 100 Mitarbeiter in einem Projekt = 100%.[23] In diesen Kriterienkatalog ist dann jedes Projekt einzuordnen. Wenn z.b. 50 Mitarbeiter an einem Projekt beteiligt waren (entspricht 50%) und das Gewicht des Kriteriums 30% beträgt, so ergibt sich ein Komplexitätsbeitrag von 15%. Summiert man alle diese Nutzenwerte über alle Kriterien, erhält man die Komplexität des Projekts (in %).

Oft wird die Projektgröße als ein Indikator für Komplexität herangezogen.[24] Dabei entwickelt sich die Komplexität analog zur Projektgröße, d.h. große Projekte sind auch komplexer als kleine. Eine Möglichkeit zur Einteilung von Projekten nach ihrer Größe zeigt die Abbildung 2. Hier wird die Größe eines Projekts anhand der Zahl der Mitarbeiter, der Projektlaufzeit und dem Aufwand bzw. der Gesamtleistung gemessen.

---

[22] Vgl. *Burghardt, M.*: Projektmanagement, 2. Aufl., Berlin, München 1993, S. 401.

[23] Vgl. *Krüger, A.; Schmolke, G.; Vaupel, R.*: Projektmanagement als kundenorientierte Führungskonzeption, Stuttgart 1999, S. 221.

[24] Vgl. *Platz, J.; Schmelzer, H.J.*: Projektmanagement in der industriellen Forschung und Entwicklung, Berlin, Heidelberg 1986, S. 4.

Die Projektgröße bzw. die Projektkomplexität bestimmt den Grad der Organisation, Planung, Überwachung und Steuerung.[25] Ein großes Projekt mit hundert Mitarbeitern und einer Laufzeit von über zwei Jahren erfordert ein umfassendes Planungs-, Überwachungs- und Steuerungssystem, eine formalisierte projektinterne Auftragsvergabe und den Einsatz eines Konfigurationsmanagements, während bei einem Projekt mit fünf Mitarbeitern die Planung, Überwachung, Steuerung, Arbeitsverteilung und das Änderungswesen vom Projektleiter durch sehr viel einfachere Methoden gelöst werden können.[26]

Projektgröße	Anzahl MA	MJ	Mio. €
Sehr klein	< 3	< 0,4	< 0,1
Klein	3 – 10	0,4 – 5	0,1 – 1
Mittel	10 – 50	5 – 50	1 – 10
Groß	50 – 150	50 – 500	10 – 100
Sehr groß	> 150	> 500	> 100

Abbildung 2: Projektgröße[27]

Ob die Einteilung, die in der Abbildung 2 vorgenommen wird, sinnvoll ist, bleibt allerdings fraglich, da die Projektgröße und -komplexität natürlich relativ sind. Für ein Unternehmen, das nur etwa 20 Mitarbeiter beschäftigt, ist ein Projekt, in dem drei Mitarbeiter gebunden sind z.B. schon ein großes Projekt. Diese Werte sollten also nur als ungefähre Richtschnur gesehen und es sollte immer auch die Größe des Unternehmens mit betrachtet werden. Im Verlauf der vorliegenden Arbeit werden Controlling-Instrumente vorgestellt, deren Einsatz von der Komplexität des Projektes abhängt. Darunter gibt es Instrumente, die nur für weniger komplexe Projekte geeignet und sinnvoll sind, wie z.B. die Erstellung eines Ablaufplans in Form einer Liste oder eines Balkendiagramms. Für die Netzplantechnik oder das Konfigurationsmanagement sind dagegen sehr komplexe Projekte die Voraussetzung. Bei kleinen Projekten ist i.d.R. der hierfür notwendige Aufwand zu hoch.

---

[25] Vgl. *Litke, H.-D.*: Projektmanagement: Methoden, Techniken, Verhaltensweisen, 3. Aufl., München, Wien 1995, S. 85.

[26] Vgl. *Platz, J.; Schmelzer, H.J.*: Projektmanagement in der industriellen Forschung und Entwicklung, Berlin, Heidelberg 1986, S. 45.

[27] Entnommen aus *Burghardt, M.*: Projektmanagement, 2. Aufl., Berlin, München 1993, S. 18.

2.3 Projektmanagement

Projektmanagement ist gemäß DIN 66901 definiert als:

„Gesamtheit von Führungsaufgaben, -organisation, -techniken und -mitteln für die Abwicklung eines Projektes."[28]

In der betrieblichen Praxis versteht man unter Projektmanagement üblicherweise die direkte, fachübergreifende Leitung aller Projektprozesse zur Lösung komplexer Aufgaben.[29]

Die wichtigsten Funktionen des Projektmanagements sind:[30]

- Definition und/oder Koordination der Festlegung der Projektziele

- Inhaltliche Abgrenzung, Strukturierung und Ablaufplanung des Projekts

- Ressourcenplanung (Personalkapazität, Fremdleistung, Material, Betriebs- und Finanzmittel)

- Aufbau und Weiterentwicklung der Projektorganisation

- Festlegung des Projektinformations- und Dokumentationssystems

- Planung, Steuerung und Kontrolle des Gesamtprojektes und von Projektteilen hinsichtlich Verantwortlichkeit, Chancen und Risiken, Termineinhaltung, Ressourceneinsatz, Kosten, Qualität, Finanzen und Ergebnis

- Berichterstattung und Durchführung von Projektreviews

- Claimmanagement (Nachtrags- und Änderungsmanagement)

---

[28]   DIN-Norm 69901: Projektmanagement, Begriffe, in: DIN Taschenbuch 166, Informationsverarbeitung 4, Berlin, Köln 1981, S. 311ff.

[29]   Vgl. u.a. *Hügler, G.L.*: Controlling in Projektorganisationen, München 1988, S. 136.

[30]   Zu den verschiedenen Funktionen vgl. u.a. *Franke, A.*: Risiko-Controlling bei Projekten des Industrieanlagenbaus, in: ZfC, 1997, H. 3, S. 170-179, hier: S. 171; *Steinbuch, P.A.*: Projektorganisation und Projektmanagement, Ludwigshafen 1998, S. 27f.; *Mörsdorf, M.*: Konzeption und Aufgaben des Projektcontrolling, Wiesbaden 1998, S. 69-110; *Reschke, H.; Svoboda, M.*: Projektmanagement - Konzeptionelle Grundlagen, Beiträge der Artikelreihe, in: Frankfurter Allgemeine Zeitung (Hrsg.): Blick durch die Wirtschaft, Juni und Juli, 1983, S. 58; *Guserl, R.*: Controllingsystem und Risiko-Management bei projektorientierten Unternehmen, in: ZfC, 11.Jg (1999), H. 8/9, S. 425-430.

Demnach umfasst das Projektmanagement das gesamte Aufgaben-spektrum des Führungssystems bezogen auf spezielle Prozesse der Leistungserstellung in der Projektfertigung. Um diese projektorientierte Führungsfunktion durchführen zu können, hat sich als Unterstützungs-funktion das Projekt-Controlling herausgebildet.[31] Wird das Projektma-nagement als Führungskonzept einer ganzen Unternehmung über Pro-jekt- und Projektnetzwerke aufgefasst, so spricht man von „management by projects".[32] Projektmanagement ist ein umfassendes Führungskon-zept zur Abwicklung von Projektaufgaben, welches in enger Wechselwir-kung mit den anderen Führungskonzepten der Unternehmung steht. Aufgrund der zum Teil langen Projektdauer, z.B. über mehrere Jahre, ist das Projektmanagement nicht nur dispositiv ausgerichtet, sondern hat auch Beziehungen zur operativen und strategischen Planung, Steuerung und Kontrolle des Unternehmens.

Erweitert sich das Aufgabenspektrum von der reinen Projektgenerierung und Projektabwicklung um die vor- und nachgelagerten Wertschöp-fungsphasen, ausgehend von der Projektidee bis hin zur Betreibung, Vermarktung und Stillegung des Projektes, handelt es sich nicht mehr um ein traditionelles Projektgeschäft, sondern um eine Projektentwick-lung.[33]

Zu der Frage, ob Projektmanagement überhaupt positive Auswirkungen hat, wurden in der Vergangenheit diverse Studien durchgeführt. In einer Untersuchung über den Nutzen von Produktentwicklungsprojekten fand *Platz* heraus, dass bei der Einführung von Projektmanagement die Ter-minverzögerungen um ca. 60% zurückgingen und die Herstellkosten der Produkte um ca. 11% reduziert werden konnten.[34] *Gemünden* untersuch-te den technischen und wirtschaftlichen Erfolg von unterschiedlichen Projektarten aus verschiedenen Branchen und fand heraus, dass u.a. die wichtigsten Erfolgsfaktoren die Projektorganisation und die fachliche

---

[31]   Vgl. *Schmelzer, H.J.*: Organisation und Controlling der Entwicklung von Serien-produkten, Diss. Karlsruhe 1991, S. 282; *VDMA* (Hrsg.): Projekt-Controlling bei Anlagengeschäften, 4. Aufl., Frankfurt a.M. 1985, S. 33. Hier findet sich die tref-fende Formulierung „Kein Projektmanagement ohne Projekt-Controlling."

[32]   Vgl. *Mörsdorf, M.*: Konzeption und Aufgaben des Projektcontrolling, Wiesbaden 1998, S. 89.

[33]   Vgl. *Diederichs, C.J.*: Grundlagen der Projektentwicklung, in: *Schulte, K.-W.* (Hrsg.): Handbuch Immobilien-Projektentwicklung, Köln 1996, S. 17-80; *Alfen, H.W.*: Projektentwicklung Infrastruktur als Geschäftsfeld der Baudustrie (Teil 1), in: Management/Baubetriebswirtschaft, 1999, H. 4, S. 16-18.

[34]   Vgl. *Platz, J.*: Projektmanagement erfolgreich einführen, in: Projektmanagement, 1992, H. 2, S. 6-12.

Qualifikation des Teams und des Projektleiters sind.[35] Diese Untersuchungen stützen somit die These, dass Projektmanagement ein sehr sinnvolles Instrument für den wirtschaftlichen Erfolg eines Unternehmens darstellt.

An das Projektmanagement lassen sich innerbetrieblich folgende Anforderungen richten:

- Fachliche Anforderungen

  Das Erreichen einer möglichst guten Problemlösung.

- Wirtschaftliche Anforderungen

  Möglichst geringer Ressourcenverbrauch (Personal, Sachmittel, Zeit usw.)

- Soziale Anforderungen

  Weitgehende Berücksichtigung der Belange aller Projektbeteiligten.

Die Schwerpunkte des Projektmanagements liegen in der Projektplanung, -durchführung und -kontrolle. Im Gegensatz dazu findet die Projektorganisation eher im Vorfeld eines Projektes statt. Hierbei ist es üblich, dass das Projektmanagement auch die Projektorganisation durchführt oder zumindest an ihr beteiligt ist. Dies ist deshalb notwendig, weil der Planung und Gestaltung von komplexen Projekten in den frühen Projektphasen eine große Bedeutung zukommt.[36]

2.4 Projekt-Controlling

Vor allem die langen, aperiodischen Erstellungszyklen, die hohe Wertigkeit sowie die Komplexität und Heterogenität von Projekten werfen zahlreiche Probleme im Hinblick auf die Planung, Steuerung und Kontrolle eines einzelnen Projekts, der Gesamtheit der Projekte sowie der allgemeinen unternehmerischen Tätigkeiten im betrieblichen Gesamtzusammenhang auf.[37] Aus der Sicht des Projekt-Controlling werden demnach Planungs-, Steuerungs- und Kontrollsysteme gefordert, die, ausgehend von dem Einzelprojekt, systematisch projektbezogene, projektübergrei-

---

[35] Vgl. *Gemünden, H. G.*: Erfolgsfaktoren des Projektmanagements - eine kritische Bestandsaufnahme der empirischen Untersuchungen, in: Projektmanagement, 1990, H. 1&2, S. 4-15.

[36] Vgl. *Hügler, G.L.*: Controlling in Projektorganisationen, München 1988, S. 136ff.; *Mörsdorf, M.*: Konzeption und Aufgaben des Projektcontrolling, Wiesbaden 1998, S. 80f.

[37] Vgl. *Madauss, B.J.*: Handbuch Projektmanagement, 5. Aufl., Stuttgart 1994, S. 9.

fende und unternehmensbezogene, erfolgs-, bilanz- und finanzbezogene Ziele abstimmen und koordinieren.[38] Hierbei sind sowohl die Einflüsse der Gesamtunternehmung auf die einzelnen Projekte, z.B. hinsichtlich der Finanzierung und des Einsatzes der Ressourcen als auch die Einflüsse der Einzelprojekte auf das Unternehmen, wie z.B. die Terminierung, zu beachten.[39]

Ein solches umfassendes Projekt-Controlling ist insbesondere in Unternehmen zu implementieren, für die die Projektarbeit das Kerngeschäft darstellt. Zu diesen zählen bspw. Unternehmen der Baubranche und des baunahen Gewerbes sowie Software- und IT-Entwicklungs- oder Beratungsunternehmen. Aber auch in Betrieben, die keine sog. Projekteinzelfertiger sind, kommen Projekte, wie z.B. die Entwicklung neuer Produkte, die Installation komplexer Software oder die Durchführung von Restrukturierungsmaßnahmen immer stärker zum Einsatz. Das im Unternehmens-Controlling eingebettete Einzelprojekt-Controlling erhält somit auch in Branchen, in denen das Kerngeschäft lediglich mittelbar mit dem Projektgeschäft zusammenhängt, erhöhte Aufmerksamkeit.

Controlling wird von *Reichmann* definiert als „die zielbezogene Unterstützung von Führungsaufgaben, die der systemgestützten Informationsbeschaffung und Informationsverarbeitung zur Planerstellung, Koordination und Kontrolle dient", es sei „mithin eine Systematik zur Verbesserung der Entscheidungsqualität auf allen Führungsebenen der Unternehmung."[40] Gemäß dieser allgemeingültigen Controlling-Definition ist Projekt-Controlling nach *Offermann* die Informationsbeschaffung und -verarbeitung zur Planerstellung, Koordination und Kontrolle von Projekten.[41] Aus dieser kurzen Definition lassen sich spezielle Merkmale für die Definition des Projekt-Controlling ableiten.

Betrachtet man zunächst nur das einzelne Projekt, so umfasst das **Projekt-Controlling i.e.S.** alle Aktivitäten und Maßnahmen konzeptioneller, informatorischer, koordinatorischer und methodentechnischer Art zur Un-

---

[38] Vgl. *Lachnit, L.*: Controllingkonzeption für Unternehmen mit Projektleistungstätigkeit, München 1994, S. 19f.

[39] Vgl. *Schmelzer, H.J.*: Organisation und Controlling der Entwicklung von Serienprodukten, Diss. Karlsruhe 1991, S. 282; *VDMA* (Hrsg.): Projekt-Controlling bei Anlagengeschäften, 4. Aufl., Frankfurt a.M. 1985, S. 33.

[40] Vgl. *Reichmann, Th.*: Controlling mit Kennzahlen und Managementberichten. Grundlagen einer systemgestützten Controllingkonzeption, 5. Aufl., München 1997, S. 12f.

[41] Vgl. *Offermann, A.*: Projekt-Controlling bei der Entwicklung neuer Produkte, Frankfurt a.M. 1985, S. 35. Manche Autoren beschränken das Projekt-Controlling nur auf die Planung, Steuerung und Kontrolle der Kosten und Erlöse. Vgl. z.B. *Buch, J.*: Entscheidungsorientierte Projektrechnung, Frankfurt a.M. 1991, S. 5.

terstützung der Planung, Steuerung und Kontrolle der Einzelprojekte in allen Projektphasen hinsichtlich ihrer technischen, organisatorischen und wirtschaftlichen Sachverhalte (**Einzelprojekt-Controlling**).

Für Unternehmen mit Projektfertigung muss die Definition des Projekt-Controlling jedoch erweitert werden, da neben den Projektaufgaben und der Ergebnisverantwortlichkeit der einzelnen Projekte auch die projektübergreifenden, koordinierenden und abstimmenden Maßnahmen der Einzelprojekte innerhalb von Projektgruppen, Geschäftsbereichen, Profit-Centern und schließlich der Gesamtunternehmung einbezogen werden müssen (Multiprojekt-Controlling).[42] Hierzu zählen z.B. die Sicherung der Beschäftigung durch Auftragsbestand und Auftragseingänge, die Abstimmung und Koordination von Finanzmitteln, Kapazitäten und Ressourcen im Hinblick auf die Termin- und Ablaufplanung sowie die Erfolgs- und Liquiditätsauswirkungen. Zudem muss das übergreifende Projekt-Controlling in das Controlling anderer projektfremder Unternehmensbereiche und das Gesamtunternehmens-Controlling integriert werden, was neben Projekteinzelfertigern insbesondere für Unternehmen gilt, die im Kernleistungsspektrum keine Projektfertiger sind.

Das **Projekt-Controlling i.w.S.** umfasst demnach alle Aktivitäten und Maßnahmen konzeptioneller, informatorischer, koordinatorischer und methodentechnischer Art zur Unterstützung der Planung, Steuerung und Kontrolle der Einzelprojekte in allen Projektphasen hinsichtlich ihrer technischen, organisatorischen und wirtschaftlichen Sachverhalte sowie der projektübergreifenden und gesamtunternehmensintegrativen Führungsaufgaben, die zur Verbesserung der projektbezogenen und projektübergreifenden Entscheidungsqualität beitragen.[43] In Verbindung mit dem Projektmanagement, das die Führungsaufgaben und Leitungsfunktionen im Projekt übernimmt, liefert das Projekt-Controlling entscheidungsunterstützende Informationen, problembezogene Auswertungen, stellt Methoden-Know-how und geeignete DV-Instrumente zur Verfügung und koordiniert und unterstützt Planungs-, Steuerungs- und Kontrollvorgänge.[44]

---

[42] *Krüger/Schmolke/Vaupel* unterscheiden das Projekt-Controlling in Einzel- und Multiprojekt-Controlling. Vgl. *Krüger, A.; Schmolke, G.; Vaupel, R.*: Projektmanagement als kundenorientierte Führungskonzeption, Stuttgart 1999, S. 214ff. Vgl. hierzu auch *Grau, N.*: Projektziele, in: *RKW* (Hrsg.): Projektmanagement Fachmann, Bd. 1, 6. Aufl., Eschborn 2001, S. 151-184, hier: S. 126f.

[43] Vgl. *Schmitz, H.; Windhausen, P.M.*: Projektplanung und Projektcontrolling: Planung und Überwachung von besonderen Vorhaben, 3. Aufl., Düsseldorf 1986, S. 114ff.

[44] Zur Notwendigkeit der DV-Instrumente vgl. *Michel, R.M.*: Projektcontrolling und Reporting, 2. Aufl., Heidelberg 1996, S. 251ff.

Die Aufgaben des Projekt-Controlling i.w.S. lassen sich wie folgt differenzieren:

- Phasenbezogene Aufgaben[45]
    - Projekt-Controlling in der Projektvorbereitungsphase
    - Projekt-Controlling in der Projektabwicklungsphase
    - Projekt-Controlling in der Projektnachbereitungsphase
- Inhaltliche Aufgaben
    - Projekttechnische Controllingaufgaben
    - Projektorganisatorische Controllingaufgaben
    - Projektwirtschaftliche Controllingaufgaben
- Hierarchiebezogene Aufgaben
    - Einzelprojektbezogene Controllingaufgaben
    - Projektgruppenbezogene Controllingaufgaben
    - Geschäfts-/Funktionsbereichsbezogene integrative Aufgaben des Projekt-Controlling
    - Gesamtunternehmensbezogene integrative Aufgaben des Projekt-Controlling

Aufgrund der zum Teil sehr langen Projektdauern ist eine Verzahnung der operativen Planung mit der strategischen Planung der Gesamtunternehmung notwendig. Während das Einzelprojekt-Controlling projektlaufzeitbezogen strukturiert ist und die periodenübergreifende Gesamtbetrachtung des Projekts im Fokus der Betrachtung steht, muss das projektübergreifende und unternehmensintegrierte Projekt-Controlling sich am Rechnungswesen und den Wirtschaftsperioden des Geschäftsjahrs der Unternehmung ausrichten. Erschwert wird die Integration dadurch, dass für periodenbezogene Rechnungen Projektdaten erforderlich sind, die in der Praxis nicht ohne weiteres in der zeitlich richtigen Dimension vorhanden sind. Verschobene Aufmaße und falsche Einschätzungen des Projektfortschritts führen bspw. zu falschen periodischen Wertabgrenzungen der Leistung.

---

[45]   Zur phasenbezogenen Einteilung vgl. auch *Hoehne, J.*: Projektphasen und -lebenszyklus, in: *RKW* (Hrsg.): Projektmanagement Fachmann, Bd. 1, 5. Aufl., Eschborn 1998, S. 217-248, hier: S. 221ff.

Die Einbindung eines integrierten Einzelprojekt-Controlling in ein umfassendes Unternehmens-Controlling ist ab einer gewissen Unternehmensgröße aufgrund seiner Komplexität als Netzwerk nur in DV-gestützter Form zu verwirklichen. Eine einheitliche Struktur in der Projekt-Ergebnis- und Deckungsbeitragsrechnung lässt hierbei sowohl projektbezogene als auch projektübergreifende Ergebnisbetrachtungen zu.[46]

Verantwortlich für das Projekt-Controlling können alle Führungskräfte sein, die an einem Projekt mitwirken. Daraus ergibt sich, dass Projekt-Controlling nicht nur als Aufgabe des Projekt-Controllers verstanden werden, sondern innerhalb eines Unternehmens eine breite Trägerschaft und Akzeptanz haben sollte, um seine Durchführung und Effektivität zu sichern. Es gilt der Leitsatz: alle Mitarbeiter im Unternehmen erfüllen Controller-Aufgaben.

Insbesondere die Projektphasen sind für die Ausgestaltung des Projekt-Controlling von besonderer Bedeutung, da ausgehend von der Projektvorbereitungsphase (Anfragephase, Initiierung, Vorstudie, Akquisitions- und Angebotsphase, Vertragsphase etc.) über die Projektabwicklung (Auftragserteilung, Projektbewilligung, Beschaffung, Realisierung, Abnahme, Projektübergabe und -abrechnung) bis hin zur Projektnachbereitung (Gewährleistungen, Projektabschlussbericht, Abweichungskontrollen, Projektreflektion, After Sales Services etc.) unterschiedliche Informationen aus unterschiedlichsten Quellen für Entscheidungen und Berichte verdichtet werden müssen.[47] Das Projektgeschäft zeichnet sich dadurch aus, dass bereits in den ersten Phasen eines Projekts grundlegende Parameter für die Leistungserstellung und somit auch für die Kostenverursachung gelegt werden, die in späteren Phasen nur mit größerem Aufwand korrigiert werden können. Aufgrund der Vernachlässigung des gesamten Wertschöpfungsprozesses im Controlling des Projektgeschäfts fehlt oft ein Frühwarninstrumentarium, das vor allem die wertschöpfungsübergreifenden Indikatoren der ersten Projektphasen meldet, so dass ein rechtzeitiges und zielgerichtetes Projektmanagement bezüglich erkannter Störfaktoren sowie Chancen und Risiken ermöglicht wird. Aus diesen Gründen wird das Management-Informationssystem mit seinen Controlling-Komponenten für komplexe Projektfertiger auch prozessphasenbezogen aufgebaut.[48] Im Gegensatz zu den zumeist funktio-

---

[46]   Vgl. *Wischnewski, E.*: Modernes Projektmanagement, 7. Aufl., Braunschweig, Wiesbaden 2001, S. 241ff.

[47]   Vgl. *Michel, R.M.*: Projektcontrolling und Reporting, 2. Aufl., Heidelberg 1996, S. 189f.

[48]   Vgl. *Wischnewski, E.*: Modernes Projektmanagement, 7. Aufl., Braunschweig, Wiesbaden 2001, S. 173ff.

nal orientierten Controlling-Ansätzen weist diese Vorgehensweise den fundamentalen Vorteil auf, dass sich nicht das Projekt an die Instrumente der verschiedenen Bereiche anpassen muss, sondern das Projekt mit seiner Wertschöpfungskette im Mittelpunkt der Betrachtung steht. Dies erspart Reibungsverluste vor allem bei den Informations- und Koordinationsaufgaben des Controlling, so dass zu jeder Phase die Transparenz über den Projektfortschritt gegeben ist.

2.5 Projektorganisation

Zur Eingliederung des Projektmanagements in die Gesamtunternehmung existieren mehrere Modelle. Diese verschiedenen Organisationsformen unterscheiden sich in starkem Maße durch das Weisungsrecht des jeweiligen Projektleiters. Dieser ist in die jeweilige Organisationsform eingebunden.

Da der Projektleiter i.d.R. mit verschiedenen Abteilungen und Unternehmensbereichen im Rahmen seiner Projektarbeit in Berührung kommt, stellt er ein wichtiges Bindeglied zwischen den interdisziplinären Ausrichtungen eines Projekts dar.[49] Wie vielschichtig eine Projektorganisation und die Stellung des Projektleiters sein kann, zeigt Abbildung 3.

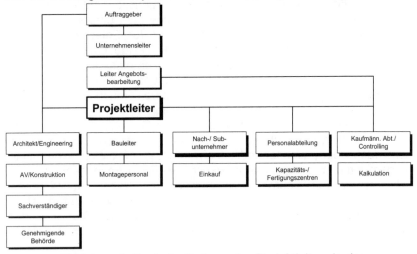

Abbildung 3: Zentrale Stellung des Projektleiters in der Projektorganisation

---

[49] Vgl. *Madauss, B.J.*: Handbuch Projektmanagement, 6. Aufl., Stuttgart 2000, S. 88.

Da er sowohl mit technischen als auch mit wirtschaftlichen Fragestellungen befasst ist, müssen ihm umfangreiche Kompetenzen eingeräumt werden. Entsprechend seiner Position ist der Projektleiter für die Erreichung des Projektziels im Rahmen der Projektplanung für Kosten, Leistungen, Finanzen, Termine etc. verantwortlich.[50]

Der Projektleiter muss sowohl wirtschaftliche, wie auch technische Kenntnisse besitzen. Er muss gleichzeitig Führer, Motivator, Trainer, Psychologe und Konfliktmanager sein.

Von größter Wichtigkeit ist, dass der Projektleiter über einen Führungsstil verfügt, der für alle Projektbeteiligten, insbesondere das Projektteam, akzeptabel ist.[51]

Die Aufgaben des Projektleiters sind:[52]

- Formulierung der Projektziele, Festschreibung der vereinbarten Ziele in einem Projektauftrag und Einholen einer Genehmigung der vereinbarten Ziele vom Auftraggeber

- Festlegung der Aufbau- und Ablauforganisation des Projekts

- Bestimmung und Strukturierung des Projektteams sowie Führung von Mitarbeitern

- Termin- und Ablaufplanung sowie Projekt-Kosten- und Leistungsplanung

- Beschaffung der erforderlichen Ressourcen

- Installation eines dem Projektgegenstand und der Projektgröße angepassten Planungs-, Überwachungs- und Steuerungssystems, z.B. in Form eines Projektberichtwesens

- Planung, Überwachung und Steuerung des Gesamtprojekts

- Vorbereitung und Herbeiführung von Entscheidungen

- Berücksichtigung von Änderungen

- Koordination aller am Projekt beteiligten Mitarbeiter und Stellen

---

[50] Vgl. *Grau, N.*: Projektziele, in: *RKW* (Hrsg.): Projektmanagement Fachmann, Bd. 1, 5. Aufl., Eschborn 1998, S. 151-184, hier: S. 151ff.

[51] Vgl. *Madauss, B.J.*: Handbuch Projektmanagement, 6. Aufl., Stuttgart 2000, S. 94.

[52] Vgl. zu den Aufgaben eines Projektleiters auch *Kraus, G.; Westermann, R.*: Projektmanagement mit System, 3. Aufl., Wiesbaden 1998, S. 35.

Es haben sich für projektorientierte Unternehmen das Einfluss- oder Stabs-Projektmanagement, das Matrix-Projektmanagement und das reine Projektmanagement als geeignete Organisationsformen erwiesen,[53] wobei dem Matrix-Projektmanagement trotz der bekannten Nachteile der Matrixorganisation in jüngster Vergangenheit verstärkte Aufmerksamkeit gewidmet wurde.[54] Dies liegt vor allem daran, dass hier eine ständige Kommunikation der Projektbeteiligten unabdingbar ist. Diese Kommunikationsbereitschaft sollte aber bei den Projektmitarbeitern durch geeignete Schulungen aufgebaut werden können.

Wie die folgenden Ausführungen zeigen, ist die Auswahl der Projektorganisation abhängig vom Projekt und den individuellen Rahmenbedingungen des Unternehmens. Aus diesem Grunde wird die Konzeption des Projektmanagements für komplexe Projektfertiger so gestaltet, dass beliebige Organisationsstrukturen zum Einsatz kommen können.

2.5.1 Einfluss- oder Stabs-Projektmanagement

Bei dieser Organisationsform wird das Projektmanagement weitgehend in die bestehenden Strukturen des Unternehmens eingeordnet. Zur Koordination des Projektes wird eine Stabsstelle eingerichtet, die aber keine besondere Weisungskompetenz erhält. Sie dient lediglich zur Informationssammlung und Vorbereitung der Entscheidungen in den einzelnen Linieninstanzen. Um verschiedene Interessen der einzelnen involvierten Unternehmensbereiche zu kontrollieren, ist es ratsam, die Stabsstelle der Unternehmensleitung zu unterstellen. Vorteil dieser Organisationsform ist, dass sie relativ leicht in eine bestehende Struktur eingegliedert werden kann. Als Nachteil müssen sowohl die Gefahr von Differenzen zwischen den einzelnen Linieninstanzen und dem Projektstab sowie Motivationshindernisse durch eine fehlende Identifizierung mit dem eigentlichen Projekt gesehen werden. Dadurch wird die Gefahr, dass das Projekt nicht das gewünschte Ergebnis erzielt, relativ hoch. Eine solche Organisationsform findet daher zumeist Anwendung bei Projekten, deren prägende Merkmale am unteren Ende der Werteskala liegen.[55]

---

[53] Vgl. *Kraus, G.; Westermann, R.*: Projektmanagement mit System, 3. Aufl., Wiesbaden 1998, S. 30ff.; *Brandenberger, J.; Ruosch, E.*: Projektmanagement im Bauwesen, 1. Aufl., Köln 1974, S. 5ff.

[54] Vgl. *Wischnewski, E.*: Modernes Projektmanagement, 7. Aufl., Braunschweig, Wiesbaden 2001, S. 53.

[55] Vgl. *Hügler, G.L.*: Controlling in Projektorganisationen, München 1988, S. 144.

Abbildung 4: Stabs- oder Einflussmanagement[56]

2.5.2 Reines Projektmanagement

Beim reinen Projektmanagement werden völlig eigenständige Projektsysteme aufgebaut. Einige Projektmitarbeiter werden aus den Unternehmensbereichen direkt in den Projektbereich ausgegliedert, während andere Mitarbeiter nur zur Projektbearbeitung eingestellt werden. Nach Beendigung des Projekts wird das Team wieder aufgelöst. Die Teammitglieder werden entweder wieder an ihren alten Wirkungsstätten eingesetzt, oder für ein neues Projekt weiter beschäftigt. Ein Teil der Projektmitarbeiter scheidet aber auch wieder aus dem Unternehmen aus. Diese Art des Projektmanagements wird bspw. von weltweit operierenden Unternehmensberatungen bevorzugt. Bei diesen ist es zudem üblich, im Rahmen eines unternehmensweiten Wissensmanagements eine Mitarbeiterdatenbank zu führen, in der die Qualifikation der Mitarbeiter gespeichert ist, so dass auf diese Weise mit wenig Aufwand Projektteams mit für das Projektziel notwendigen Qualifikationen zusammengestellt werden können.

Ein Vorteil dieser Organisationsform liegt in der direkten und ungeteilten Dispositionsmöglichkeit der Ressourcen durch die Projektorgane.[57] Ein weiterer Vorteil ist, dass die Projektbelegschaft besonders motiviert ist, da sich durch einen erfolgreichen Projektabschluss günstige Möglichkeiten im Gesamtunternehmen für die Zukunft ergeben können. Das gleiche Argument kann aber auch andersherum interpretiert werden. Durch die Tätigkeit im Projektbereich kann die Wiedereingliederung in den Unternehmensbereich durchaus problematisch werden, da Kompetenzen wieder abgegeben werden müssen. Die ausschließliche Betrachtung eines einzelnen Projekts hat auch noch weitere Nachteile. So ist z.B. eine aus-

---

[56] Entnommen aus *Lachnit, L.*: Controllingkonzeption für Unternehmen mit Projektleistungstätigkeit, München 1994, S. 23.
[57] Vgl. *Hügler, G.L.*: Controlling in Projektorganisationen, München 1988, S. 145.

gewogene Verteilung und Ausnutzung der Ressourcen innerhalb der Gesamtunternehmung schwierig.[58]

Durch den großen Aufwand, der bei dieser Organisationsform anfällt, ist es sinnvoll, sie insbesondere bei Projekten mit relativ hoher Wertigkeit einzusetzen.

Abbildung 5: Reines Projektmanagement[59]

2.5.3 Matrix-Projektmanagement

Eine Mischform aus den beiden Alternativen reines Projektmanagement und Stabs-Projektmanagement stellt das Matrix-Projektmanagement dar. Hierbei werden jedem Projekt aus den Unternehmensbereichen Mitarbeiter zugeteilt. Den einzelnen funktionalen Bereichen übergeordnet ist die Projektleitung. Sie koordiniert den zeitlichen und inhaltlichen Ablauf eines Projekts, während die einzelnen Funktionsbereiche die Art und Weise der Aufgabendurchführung bestimmen. Die Projektleitung ist nach außen für das Projekt verantwortlich.

Diese Form vereint die jeweiligen Vorteile der anderen Organisationsformen, bietet aber durch ihre etwas schwierige Kompetenzverteilung einen großen Raum für Konflikte. Dies muss allerdings nicht unbedingt ein Nachteil sein, da aus Konflikten auch positive Erkenntnisse gezogen werden können.[60]

---

[58]   Vgl. *Kraus, G.; Westermann, R.*: Projektmanagement mit System, 3. Aufl., Wiesbaden 1998, S. 30.ff.

[59]   Entnommen aus *Lachnit, L.*: Controllingkonzeption für Unternehmen mit Projektleistungstätigkeit, München 1994, S. 23.

[60]   Vgl. *Hügler, G.L.*: Controlling in Projektorganisationen, München 1988, S. 147.

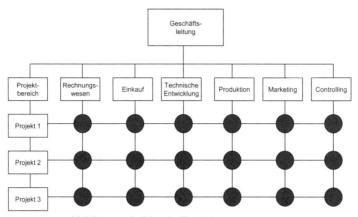

Abbildung 6: Matrix-Projektmanagement

2.6 Prozesse und Phasen im Projektgeschäft

Da viele Projekte eine Laufzeit von mehreren Monaten oder auch Jahren besitzen, ist es notwendig, sie in einzelne Phasen zu untergliedern. Der Begriff Projektphase wird in der DIN 69900 als „zeitlicher Abschnitt eines Projektablaufs, der sachlich gegenüber anderen Abschnitten getrennt ist" definiert.[61] Für die Phaseneinteilung existiert in der Literatur eine Fülle von verschiedenen Möglichkeiten, wobei meistens nur der Phasenablauf für bestimmte Projekte beschrieben wird (z.B. für Softwareentwicklungs- oder Bauprojekte).[62] Eine Übersicht über unterschiedliche Phasenkonzepte, sortiert nach Projektarten, bietet die Abbildung 7.

Versucht man nun, aus diesen verschiedenen Konzepten ein allgemeines Schema abzuleiten, stellt man fest, dass ein Projekt immer mit einer Projektvorbereitungsphase beginnt. Zu dieser würde in der Baubranche nach HOAI die Grundlagenermittlung, die Vorplanung, die Entwurfsplanung, die Genehmigungsplanung, die Ausführungsplanung und die Ausschreibung bzw. Vergabe zählen.[63]

---

[61] Vgl. *Hoehne, J.*: Projektphasen und -lebenszyklus, in: RKW (Hrsg.): Projektmanagement Fachmann, Bd. 1, 6. Aufl., Eschborn 2001, S. 217-248, hier: S. 219.

[62] Vgl. z.B. *Riedl, J.E.*: Projekt-Controlling in Forschung und Entwicklung, Berlin 1990, S. 50; *Sommer, H.*: Projektmanagement im Hochbau, Berlin u.a. 1994, S. 20.

[63] Vgl. *Sommer, H.*: Projektmanagement im Hochbau, Berlin u.a. 1994, S. 20f.

Typ 1 Investitionsprojekte		Typ2 Entw.-Proj.	Typ 3 Organisationsprojekte	
Anlagenbau Bauwirtschaft	Einzelprodukt	Produktentwickl. für Serienproduktion	Verwaltungsprojekt	EDV-Projekt
Grundlagenermittlung	Ideenfindung	Problemanalyse	Vorstudie	Problemanalyse
Vorplanung	Konzeption	Konzeptfindung	Konzeption	Systemplanung
	Durchführbarkeitsstudie			
Entwurfsplanung		Produktdefinition		
Genehmigungsplanung	Entwurf		Detailplanung	Detailorganisation
Ausführungsplanung	Ausführungsplanung	Produktentwicklung		
Ausschreibung, Vergabe				
			Realisierung	Realisierung
Bauausführung	Herstellung	Realisierung		
			Einführung	Installation
Objekt-Verwaltung	Service, Betreuung	Produktion		
			Abnahme	Abnahme
		Außerdienststellung		Pflege

Abbildung 7: Übersicht Phasenmodelle[64]

---

[64]   Entnommen aus *Hoehne, J.*: Projektphasen und -lebenszyklus, in: RKW (Hrsg.): Projektmanagement Fachmann, Bd. 1, 6. Aufl., Eschborn 2001, S. 217-248, hier: S. 222.

Oftmals wird die Projektvorbereitungsphase auch noch in weitere Phasen unterteilt, die dann aber abhängig von der Projektart sind (vgl. Abbildung 7). Im Anschluss an die Projektvorbereitungsphase folgt die Realisationsphase, in der die in der ersten Phase erstellten Pläne in die Tat umgesetzt werden.[65] Äußerst wichtig ist die dritte Phase, der Projektabschluss, denn dieser entscheidet über Erfolg oder Misserfolg eines Projekts. Um die Phaseneinteilung möglichst allgemein zu halten, beschränkt sich diese Arbeit auf die drei genannten Phasen, die im Folgenden genauer analysiert werden.

Innerhalb der drei genannten, übergeordneten Phasen läuft eine Vielzahl von Prozessen ab.[66] Prozesse sind funktionsübergreifende Abläufe, die das Erreichen der Projektziele ermöglichen sollen. Bei einem Projekteinzelfertiger lassen sich diese in Kern- und Dienstleistungsprozesse untergliedern. Die erstgenannten beziehen sich auf externe Kunden (z.B. Auftraggeber) oder interne Kunden (z.B. in der Wertschöpfungskette), während die Dienstleistungsprozesse die entsprechenden Kernprozesse unterstützen.

Abbildung 8 zeigt einen Überblick über die projektspezifischen Prozesse bei einem Projekteinzelfertiger.

Die genannten Prozesse lassen sich in weitere Teilprozesse und Aktivitäten untergliedern. Die Prozesse der einzelnen Projektphasen lassen sich so verbinden, dass im Endeffekt eine Prozesskette von der Kundenanfrage über die Ausführung bis zur Rechnungsstellung und Nachkalkulation existiert.

Entsprechend den Aufgaben des Einzelprojekt-Controlling (Planung und Überwachung der Abläufe, Termine, Ressourcen, Kosten, Leistungen und Finanzen sowie Informationsversorgung der am Projekt beteiligten Personen) ist es möglich, eine aufgabenorientierte Vorgehensweise bei der Gestaltung des Projekt-Controlling zu wählen. Dies würde bedeuten, dass eine Unterteilung in die drei Aufgabengebiete Planung, Steuerung und Kontrolle sowie Aufbau eines Informationssystems vorzunehmen ist.[67]

---

[65] Vgl. *Saynisch, M.*: Grundlagen des phasenweisen Projektablaufes, in: *Saynisch, M.; Schelle, H.; Schub, A.* (Hrsg.): Projektmanagement, München 1979, S. 33-58, hier: S. 42.

[66] Synonym für den Begriff Prozess werden auch die Begriffe Aktivität und Teilaufgabe verwandt.

[67] Vgl. *Schmitz, H.; Windhausen, P.M.*: Projektplanung und Projektcontrolling: Planung und Überwachung von besonderen Vorhaben, 3. Aufl., Düsseldorf 1986.

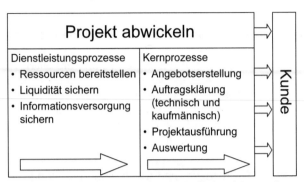

Abbildung 8: Prozessorientierte Betrachtung eines Projekteinzelfertigers[68]

Für den Aufbau der Konzeption des Projekt-Controlling für komplexe Projektfertigung ist eine aufgaben- bzw. funktionsorientierte Strukturierung (z.b. Finanzplanung, Kostenplanung, Terminplanung etc.) allerdings wenig geeignet, da die Chancen und Risiken des Projektgeschäfts zum jeweiligen Betrachtungszeitpunkt immer für alle relevanten Aufgabenbereiche im Gesamtkontext betrachten werden müssen.

Da die Zuordnung der Projekt-Controllingaufgaben direkt mit den entsprechenden Projektphasen, wie z.b. den drei Hauptphasen (Vorbereitungs-, Realisations- und Nachbereitungsphase)[69] zusammenhängt, ist die phasenbezogene Gestaltung des Projekt-Controlling am sinnvollsten. Diese Vorgehensweise bietet gegenüber der aufgabenorientierten Sichtweise den Vorteil, dass sich die Handlungs- und Entscheidungssituationen am jeweiligen Status des Projektes orientieren. Aus diesem Grunde wird die Konzeption des Projekt-Controlling für komplexe Projektfertiger prozessorientiert aufgebaut.

Für die mit den Prozessen zusammen hängenden Aufgaben sind entsprechende Instrumente herauszuarbeiten. Zur Unterscheidung zwischen Aufgaben und Prozessen sei gesagt, dass sich Aufgaben i.d.R. aus den Prozessen ableiten. Es kann jedoch auch sein, dass Prozess und Aufgabe identisch sind. Dieser Fall tritt z.B. bei der Projektstrukturplanung auf, wenn einzelne Prozesse nicht mehrere Aufgaben beinhalten.

---

[68] In Anlehnung an *Diederichs, C.J.; Ziegler, F.*: Prozeßorientierte Managementsysteme im Bauwesen, in: Bauwirtschaft, 1997, H. 5, S. 23-27, hier: S. 23; *Gaitanides, M.; Scholz, R.; Vrohlings, A.; Raster, M.*: Prozeßmanagement. Konzepte, Umsetzungen und Erfahrungen des Reengineering, München 1994, S. 17.

[69] Zu alternativen Phaseneinteilungen im Rahmen von Projekten vgl. *Madauss, B.J.*: Handbuch Projektmanagement, 6. Aufl., Stuttgart 2000, S. 63ff.

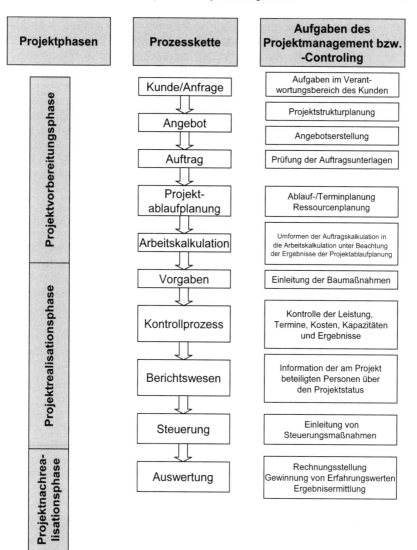

Abbildung 9: Die Geschäftsprozesskette mit den dazugehörigen Aufgaben des Projektmanagements und -Controlling

Die Abbildung 9 zeigt den Zusammenhang zwischen Prozess und Aufgabe. Die Prozesskette weicht von den gerade genannten Kern- und Dienstleistungsprozessen ab. Während Dienstleistungsprozesse gänzlich außer Acht gelassen werden, findet sich bspw. die technische und kaufmännische Angebotsklärung in der Projektablaufplanung und der Arbeitskalkulation wieder. In den folgenden Kapiteln wird auf die einzelnen Aufgaben, soweit sie relevant erscheinen, näher eingegangen. Die Abbildung 10 zeigt die Aufgaben des Projektmanagements bzw. - Controlling sowie die dazugehörigen Instrumente. Diese Übersicht umfasst nicht alle prinzipiell einsetzbaren Instrumente; sie erhebt keinen Anspruch auf Vollständigkeit. Es fehlen bspw. die im Rahmen der integrierten Kontrolle zu nutzenden Instrumente der Earned-Value-Analyse sowie der Projekt-Status-Analyse. Zudem zeigt sich, dass hinsichtlich der Aufgabenzuteilung auf einzelne Instanzen keine klare Abgrenzung existiert. Vor diesem Hintergrund ist auch Abbildung 9 zu sehen. Dabei sollen im Folgenden hinter dem Projektmanagement zumeist der Projektleiter und die Arbeitsvorbereitung stehen.

Für die technischen und betriebswirtschaftlichen Instrumente existieren entsprechende DV-technische Lösungen. Der Informations- und Datenfluss innerhalb eines Unternehmens hat in diesem Zusammenhang der Prozesskette entsprechend zu verlaufen.[70] Mit Unterstützung modernster Informations- und Kommunikationstechnik wird eine ganzheitliche Lösung angestrebt. Diese beinhaltet, dass keinerlei Trennungen mehr zwischen den einzelnen Phasen existieren.[71] Um die einzelnen funktionsübergreifenden Abläufe zu optimieren, ist somit ein integriertes DV-Konzept unabdingbar.

Insbesondere für die Dienstleitungsprozesse im Rahmen eines Projekts wäre die Durchführung eines Prozess-Controlling denkbar.[72] Dieses würde die Prozessplanung, -steuerung und -kontrolle umfassen. Während die Prozessplanung die Aktivitätsanalyse mit einschließt, bezieht sich die Prozesskontrolle auf Soll-Ist-, Plan-Wird- und Kennzahlenvergleiche von Prozessen. Soll-Ist-Vergleiche implizieren die Gegenüberstellung von stichtagsbezogenen Plan-Daten und Ist-Daten aus dem betrieblichen Rechnungswesen. Plan-Wird-Vergleiche hingegen setzen alte Plan-Daten in Relation zu neuen Plan-Daten. Die Prozesssteuerung initiiert Maßnahmen vor allem dann, wenn im Zuge der Prozesskontrolle Abweichungen auftreten.

Im Folgenden werden nun die drei genannten größeren Phasen des Projektgeschäfts dargestellt. Sie bilden die Grundlage für die Konzeption des prozess- und controllingorientierten Projektmanagementsystems.

---

[70] Vgl. *Olschowy, R.C.*: Der Hebel zur Kostenreduktion, in: Baugewerbe, 1996, H. 20, S. 58-64, hier: S. 64.

[71] Vgl. *Nagel, M.*: Strategisches Wettbewerbsinstrument, in: Bauwirtschaft, 1998, H. 12, S. 51-52, hier: S. 51.

[72] Vgl. *Wedemeier, T.*: Unternehmen mit unterschiedlicher Auftragsstruktur, Wiesbaden 1994, S. 295-300.

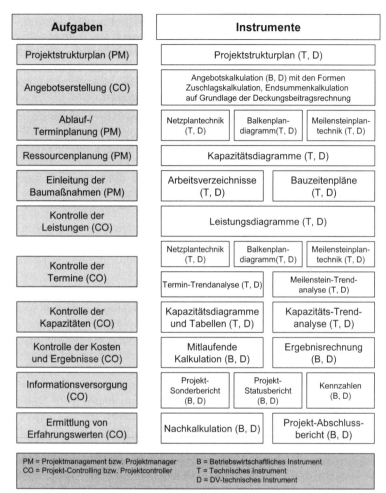

Aufgaben	Instrumente		
Projektstrukturplan (PM)	Projektstrukturplan (T, D)		
Angebotserstellung (CO)	Angebotskalkulation (B, D) mit den Formen Zuschlagskalkulation, Endsummenkalkulation auf Grundlage der Deckungsbeitragsrechnung		
Ablauf-/ Terminplanung (PM)	Netzplantechnik (T, D)	Balkenplandiagramm(T, D)	Meilensteinplantechnik (T, D)
Ressourcenplanung (PM)	Kapazitätsdiagramme (T, D)		
Einleitung der Baumaßnahmen (PM)	Arbeitsverzeichnisse (T, D)		Bauzeitenpläne (T, D)
Kontrolle der Leistungen (CO)	Leistungsdiagramme (T, D)		
Kontrolle der Termine (CO)	Netzplantechnik (T, D)	Balkenplandiagramm(T, D)	Meilensteinplantechnik (T, D)
	Termin-Trendanalyse (T, D)		Meilenstein-Trendanalyse (T, D)
Kontrolle der Kapazitäten (CO)	Kapazitätsdiagramme und Tabellen (T, D)		Kapazitäts-Trendanalyse (T, D)
Kontrolle der Kosten und Ergebnisse (CO)	Mitlaufende Kalkulation (B, D)		Ergebnisrechnung (B, D)
Informationsversorgung (CO)	Projekt-Sonderbericht (B, D)	Projekt-Statusbericht (B, D)	Kennzahlen (B, D)
Ermittlung von Erfahrungswerten (CO)	Nachkalkulation (B, D)		Projekt-Abschlussbericht (B, D)

PM = Projektmanagement bzw. Projektmanager
CO = Projekt-Controlling bzw. Projektcontroller
B = Betriebswirtschaftliches Instrument
T = Technisches Instrument
D = DV-technisches Instrument

Abbildung 10: Aufgaben des Projektmanagements und -Controlling mit den entsprechend einsetzbaren Instrumenten

2.6.1 Projektvorbereitungsphase

Diese Phase beginnt mit der Anfrage des Kunden bzw. der Projektinitiierung durch interne oder externe Stellen und endet mit dem damit verbundenen, möglichen Projektbeginn. Sie umfasst im Wesentlichen die Akquisitionsphase, die Anfragebearbeitung sowie die Angebotsstellung und -verfolgung. In Anlehnung an *Lachnit* kann diese Phase auch nur bis

zur evtl. Auftragserteilung durch den Kunden betrachtet werden.[73] Je
nachdem ob die Abgrenzung zur Realisierungsphase auftragsbezogen
oder planungsbezogen betrachtet wird, kann bei Letzterem auch die Zeit
zwischen Auftragserteilung und Projektbeginn mit einbezogen werden. In
diesem Fall fällt bspw. die primär von der Arbeitsvorbereitung zu leistende Ablauf- und Terminplanung mit in diesen Zeitraum.

Ist noch keine konkrete Projektvorgabe vorhanden, beginnt die informelle
Phase mit der Ideenfindung, die z.b. durch Gespräche mit Mitarbeitern
konkretere Vorstellungen weckt. Evtl. werden Voruntersuchungen in
Form von Machbarkeitsstudien durchgeführt, um sicherzugehen, dass
die Projektidee tatsächlich umsetzbar ist.[74] Ist dies der Fall, kann ein
Projekt beantragt (internes Projekt) oder ein Unternehmen mit der Aus-
arbeitung beauftragt (externes Projekt) werden.

Betrachtet man z.B. als Projekt eine Baumaßnahme, so hat der Bauherr,
bevor er eine Anfrage an den Bauunternehmer herausgibt, eine Vielzahl
von Aufgaben zu erledigen. Dazu benötigt er die Unterstützung von spe-
zialisierten Planern, wie bspw. von Architekten.

Insgesamt können die Aufgaben auf Seiten des Auftraggebers in die
Konzeptions-, Konstruktions- und Vorbereitungsphase unterteilt werden.
Während die Konzeptionsphase, die Bedarfsermittlung, die Analyse der
baulichen Maßnahmen, die Nutzenrechnung sowie die deterministische
Entscheidung über die durchzuführende Baumaßnahme an einem speziellen Standort beinhaltet, schließt die Konstruktionsphase den Entwurf
alternativer Konstruktionsprinzipien und die verbindliche Wahl der ferti-
gungsgerechten Konstruktion mit ein. Geht man bspw. vom Bau einer
Plattenbalkenbrücke aus, so benötigt man für deren Herstellung Funda-
mente, Pfeiler sowie die Fahrbahnplatte aus Beton. Bei der sich anschließenden Untersuchung kann z.B. festgestellt werden, dass für einen
der Pfeiler eine Pfahlgründung als sinnvoll erachtet werden kann. Mit
dieser Entscheidung endet die Konstruktionsphase auf Seiten des Bauherrn.[75]

In der anschließenden Vorbereitungsphase, die mit der Anfrage bzw. bei
öffentlichen Bauangelegenheiten mit der Ausschreibung endet, hat der
Bauherr die folgenden Leistungen zu erbringen:

---

[73] Vgl. *Lachnit, L.*: Controllingkonzeption für Unternehmen mit Projektleistungstätigkeit, München 1994, S. 28.

[74] Vgl. *Madauss, B.J.*: Handbuch Projektmanagement, 6. Aufl., Stuttgart 2000, S.
71.

[75] Vgl. *Schub, A.*: Phasenweiser Projektablauf bei Bauvorhaben, in: *Saynisch, M.;
Schelle, H.; Schub, A.* (Hrsg.): Projektmanagement, München 1979, S. 59-83,
hier: S. 61ff.

• Baugenehmigung beantragen und nachhalten,

• Finanzierung planen und sichern,

• Baugrund bereitstellen,

• geforderte Bauleistung definieren,

• Bauablauf vorplanen.[76]

Inwieweit der Auftraggeber den Bauablauf vorzuplanen hat, hängt letztendlich davon ab, ob der Bauunternehmer als Einzelunternehmer oder als Generalunternehmer auftritt. Verglichen mit dem Einzelunternehmer, der zumeist nur einzelne Gewerke nach den Ausschreibungsunterlagen erstellt, kann das Leistungsvolumen des Generalunternehmers als größer bezeichnet werden. Diese Form des Bauunternehmers ist die Konsequenz eines Strukturwandels im Bauwesen, der aus dem Kundenwunsch nach mehr Kosten- und Terminsicherheit bei gleichzeitiger Reduzierung des Aufwands resultiert.[77] Der Generalunternehmer stellt die Koordination auf der Baustelle sicher und übernimmt die Durchführung der kompletten Bauausführung zu fixierten Qualitätsanforderungen,[78] Terminen und im Fall des Schlüsselfertigbaus zu fixierten Kosten. Des Weiteren steht er für die notwendigen Versicherungen und die Gewährleistung ein.

Insgesamt ist es sinnvoll, den Generalunternehmer so früh wie möglich innerhalb der Vorbereitungsphase in die Planungen mit einzubeziehen.[79] Denn mit seiner Erfahrung in der praktischen Durchführung von Baumaßnahmen kann er unterstützend auf die Planungen des Auftraggebers einwirken. In der Literatur findet man bspw. die drei folgenden Varianten, hinsichtlich der vom Generalunternehmer (GU) zu übernehmenden Planungsaufgaben:

---

[76] Vgl. *Schub, A.*: Phasenweiser Projektablauf bei Bauvorhaben, in: *Saynisch, M.; Schelle, H.; Schub, A.* (Hrsg.): Projektmanagement, München 1979, S. 59-83, hier: S. 65f.; *Bühring, R.*: Der Generalunternehmer als Projektmanager und Garant für die Vetragserfüllung bei komplexen Bauvorhaben, in: *VDI-Gesellschaft Bautechnik* (Hrsg.): Projektmanagement beim Bauen. Für Industrie, Gewerbe, Kommune, Düsseldorf 1992, S. 93-122, hier: S. 99.

[77] Vgl. *Sommer, H.*: Projektmanagement im Hochbau, Berlin u.a. 1994, S. 10.

[78] Ein mögliches Qualitäts-Controlling innerhalb des Projekt-Controlling soll außer Acht gelassen werden. Vielmehr erfolgt die Annahme, dass ein bestimmtes Qualitätsniveau geplant und auch erreicht wird.

[79] Vgl. *Bühring, R.*: Der Generalunternehmer als Projektmanager und Garant für die Vetragserfüllung bei komplexen Bauvorhaben, in: *VDI-Gesellschaft Bautechnik* (Hrsg.): Projektmanagement beim Bauen. Für Industrie, Gewerbe, Kommune, Düsseldorf 1992, S. 93-122, hier: S. 107.

(a) Die Rahmenplanung beinhaltet, dass der GU, abgesehen von der gegebenen Leistungsbeschreibung, alle weiterführenden Planungen durchzuführen hat.

(b) Die Entwurfsplanung impliziert, dass der GU die vollständige Ausführungsplanung zu erstellen hat.

(c) Bei der fertigen Planung erhält der GU vom Planer des Kunden die Ausführungsplanung.[80]

Dabei wird ersichtlich, dass der Planungsspielraum des Auftragnehmers in der Reihenfolge der Möglichkeiten abnimmt. In diesem Zusammenhang seien noch zwei mit dem GU zusammenhängende Aspekte angemerkt. Zum einen gibt es auf der Bauherrenseite, ergänzend zu dem vom GU durchzuführenden Projektmanagement, ebenfalls einen Projektmanager, der die Qualität, die Zahlungspläne und mögliche Nachträge zu verfolgen hat.[81] Zum anderen sei angeführt, dass der GU, der über ein umfassendes Projektmanagement verfügt, als Bauunternehmen nicht alle Leistungen selbst erbringt. Vielmehr gibt er noch zu erfüllende Bauleistungen an sog. Nachunternehmer weiter, wobei er seinerseits dem Kunden gegenüber für die ordnungsgemäße Erfüllung, sei es in preislicher oder terminlicher Hinsicht, verantwortlich ist.

Die Ausführungen über den Generalunternehmer im Baugeschäft lassen exemplarisch erkennen, dass die Phasenlänge und die Prozess- und Aufgabentiefe der Phasen, je nach Projektsituation unterschiedlich gelagert sind. Im extremsten Fall der Projektentwicklung, bspw. bei einem Infrastrukturprojekt (z.B. Tunnelbau), übernimmt der Projektnehmer sehr viele vorgelagerte Analyse- und Planungsaufgaben, begonnen bei der Ideenfindung, über die Marktanalyse und Machbarkeitsstudie bis hin zur Wirtschaftlichkeitsrechnung und Risikobetrachtung,[82] wobei selbst die Abgrenzung der Tätigkeitstiefe in der Angebots- und Auftragsphase schwierig ist.[83] Aus diesem Grunde kann eine standardisierte Prozess-

---

[80] Vgl. *Bühring, R.*: Der Generalunternehmer als Projektmanager und Garant für die Vetragserfüllung bei komplexen Bauvorhaben, in: *VDI-Gesellschaft Bautechnik* (Hrsg.): Projektmanagement beim Bauen. Für Industrie, Gewerbe, Kommune, Düsseldorf 1992, S. 93-122, hier: S. 114; *Sommer, H.*: Projektmanagement im Hochbau, Berlin u.a. 1994, S. 17ff.

[81] Vgl. *Sommer, H.*: Projektmanagement im Hochbau, Berlin u.a. 1994, S. 15f.

[82] Zur Risikoprüfung vgl. z.B. *VDMA* (Hrsg.): Projekt-Controlling bei Anlagengeschäften, 4. Aufl., Frankfurt a.M. 1985, S. 48f.

[83] *Schilling/Kessler/Winkelhofer* gliedern die Projektvorbereitungsphase z.B. in die folgenden Phasen: Informelle Phase, Definitionsphase, Planungsphase. Vgl. *Schilling, G.*: Projektmanagement, Berlin 1999, S. 28ff. sowie *Kessler, H.; Winkelhofer, G.*: Projektmanagement, 3. Aufl., Berlin, Heidelberg 2002, S. 126.

struktur nicht Ziel der Arbeit sein. Vielmehr soll der Vorschlag der Pha-
sengliederung und Prozessstrukturierung in dieser Arbeit Anregung geben, aus der Zielsetzung und Situation der jeweiligen Unternehmen individuell die Phasen und Prozesse zu modellieren.

Die Bedeutung der Projektvorbereitungsphase ist unstrittig sehr hoch, da
hier viele der weitreichenden Pläne, Vorgaben und Entscheidungen für
das Gesamtprojekt getroffen werden und somit auch die Beeinflussbar-
keit z.b. der Kosten, der Termineinhaltung und des Risikos in dieser
Phase am größten ist.[84]

Eine differenzierte Ausgestaltung der Aufgaben der Projektvorbereitungsphase erfolgt im Kapitel 3.2.2.1.

2.6.2 Projektabwicklungsphase

Die Phase der Projektabwicklung bzw. Projektrealisation beginnt, wie im
vorigen Kapitel erwähnt, je nach Abgrenzung der Phasen entweder mit
der Auftragsplanung oder dem Beginn der Projektrealisierung und endet
mit der Fertigstellung sowie der damit verbundenen Übergabe und Abnahme des Auftraggebers.[85] Wichtige Aktivitäten und Prozesse in der
Projektabwicklungsphase sind das Projektauftaktgespräch, die Auftrags-
planung- und Arbeitskalkulation, die Subprozesse der Beschaffung (Materialdisposition, Lieferantenauswahl, Bestellwesen, Wareneingangsprü-
fung etc.) die unmittelbare Projektorganisation, -planung, -realisierung
und -kontrolle sowie die Leistungserfassung und Projektabnahme. Der
Übergang zur Projektnachbereitungsphase ist wiederum fließend, da Tätigkeiten wie Rechnungsstellung und Projektabschlussgespräche sowie
die Aufstellung von Projektauswertungen zeitlich nachgelagert sein können.

Im Mittelpunkt der Projektabwicklungsphase steht die Kontrolle sowie die
Steuerung der Kosten, der Leistungen, der Ergebnisse, der Finanzen,
der Termine und der eingesetzten Kapazitäten. Des Weiteren ist die Errichtung eines Informationssystems und die daraus resultierende Informationsversorgung der am Projekt beteiligten Personen durch das Controlling als ein weiterer Aspekt zu nennen. Die Planungsaktivitäten hinsichtlich der genannten Größen, die eine optimale Projektabwicklung
ermöglichen sollen,[86] erweisen sich nur dann als sinnvoll, wenn die Wer-

---

[84] Vgl. *Platz, J.*: Projektstart, in: *RKW* (Hrsg.): Projektmanagement Fachmann, Bd.
2, 6. Aufl., Eschborn 2001, S. 1053-1080, hier: S. 1055.

[85] Vgl. *Kraus, G.; Westermann, R.*: Projektmanagement mit System, 3. Aufl., Wiesbaden 1998, S. 121ff.

[86] Vgl. *Sommer, H.*: Projektmanagement im Hochbau, Berlin u.a. 1994, S. 151.

te ständig kontrolliert werden. Nur auf diese Weise kann die zielgerichtete Steuerung des Projektablaufs garantiert werden. Planung, Kontrolle und Steuerung müssen entsprechend koordiniert werden, und zwar in dem Sinne, dass für die geplanten Größen auch zugehörige Ist-Werte ermittelt werden können. Diese Daten werden im Zuge der Kontrolle verglichen, auftretende Abweichungen analysiert und darauf basierend Steuerungsmaßnahmen entwickelt. Die Kontrolle beinhaltet die laufende Prüfung und Gegenüberstellung der Projektparameter. Das Ziel besteht letzten Endes darin, zu überprüfen, ob Planungsziele eingehalten oder über- bzw. unterschritten werden. Die Steuerung als eigentlicher Kern des Projekt-Controlling[87] beinhaltet alle Maßnahmen, die der erfolgreichen Durchführung dienlich sein können. Dazu gehören Anweisungen an die im Projekt tätigen Mitarbeiter aufgrund von Vorgaben genauso wie Entscheidungen des Projektleiters oder der Geschäftsführung, die als Maßnahmen zum Zwecke der Steuerung umgesetzt werden.[88]

Es wäre an dieser Stelle falsch, anzunehmen, dass in der Phase der Projektabwicklung neben Kontroll- und Steuerungsaktivitäten Planungshandlungen keinerlei Rolle mehr spielen würden. Während der Durchführung eines Projekts treten immer häufiger diverse, den Ablauf störende Umstände und Ereignisse auf, die entweder der Auftraggeber, der Auftragnehmer oder Dritte (z.B. die Subunternehmer, die ARGE-Partner oder die öffentliche Hand) zu vertreten haben. Dazu gehören auf Seiten des Kunden Veränderungen der vertraglichen Leistung oder Behinderungen, wie z.B. fehlende Baugenehmigungen. Dagegen ist die Unternehmung bspw. für fehlende Kapazitäten, die zu Terminverschiebungen führen können, verantwortlich.[89] Ereignisse, wie die exemplarisch angesprochenen, können wiederholt zu Veränderungen innerhalb der Projektablauf- und Ressourcenplanungen führen und dementsprechend die Arbeitskalkulation und die damit verbundene Auftragssumme sowie die Herstellkosten verändern. Dabei ist insbesondere die Weiterentwicklung der Arbeitskalkulation interessant. Während die ursprüngliche Arbeits-

---

[87] Vgl. *Allgeier, G.*: Controlling als Führungsinstrument im Bauindustrieunternehmen, in: *Refisch, B.* (Hrsg.): Planung, Steuerung und Kontrolle im Bauunternehmen, Düsseldorf 1987, S. 73-94, hier: S. 83; *Blecken, U.; Oepen, R.*: Zielgerichtete Steuerung der Prozesse zur Vermeidung von Fehlern, in: Bauwirtschaft, 1994, H. 11, S. 34-39, hier: S. 35.

[88] Vgl. *Schmitz, H.; Windhausen, P.M.*: Projektplanung und Projektcontrolling: Planung und Überwachung von besonderen Vorhaben, 3. Aufl., Düsseldorf 1986, S. 137.

[89] Vgl. hierzu *Kuhne, V.; Mitschein, A.*: Bauablaufstörungen und ihre Konsequenzen. Was ist dem Bauunternehmer zuzumuten?, in: Bauwirtschaft, 1999, H. 3, S. 22-24.

kalkulation auf der Vertragskalkulation beruht, stellt die, aufgrund von Änderungen, dynamisch fortgeschriebene Arbeitskalkulation[90] die Grundlage für die Arbeitsvorgabe, die Leistungsbewertung sowie sich anschließende Vergleiche dar. Damit bleibt festzustellen, dass im Weiteren nicht mehr die Plan-Daten die Basis für die diversen Projektparametervergleiche innerhalb der Projektabwicklungsphase darstellen. Vielmehr verkörpern die Soll-Daten (fortgeschriebene Plan-Daten), die aus Planungsänderungen resultieren, die entsprechende Grundlage für die sog. Soll-Ist-Vergleiche. Die ermittelten Plan-Daten, die zwar ebenfalls das Fundament für Vergleiche darstellen können,[91] sollen hingegen bei den weiteren Betrachtungen eine untergeordnete Rolle spielen. Sie werden allenfalls bei der primär in der Nachbereitungsphase stattfindenden Prüfung der Plan-Daten von Interesse sein. Dabei wird kontrolliert, inwieweit die Plan-Daten mit den tatsächlich realisierten Zahlen übereinstimmen.[92] Dieses Vorgehen ist mit dem Ziel verbunden, für zukünftig durchzuführende Projekte bessere Planzahlen und somit Kalkulationen zu generieren.

Weitere Aufgaben des Projekt-Controlling bestehen in der Konzeption und Realisierung eines Informationssystems und Berichtswesens sowie der damit verbundenen Informationsversorgung der am Projekt beteiligten Personen.[93] Die effektive Steuerung des Projektablaufes ist ohne die Implementierung eines Informationssystems nicht möglich.[94] Nur wenn die Informationsempfänger, welche sowohl Entscheidungs- als auch Ausführungsinstanzen sein können, alle zur Erfüllung ihrer Aufgaben notwendigen Informationen möglichst rasch zur Verfügung gestellt bekommen, kann dieses Vorhaben gelingen. Innerhalb des Informationssystems besteht die Aufgabe des Controlling allerdings nicht allein darin, die diversen Instanzen mit Informationen zu versorgen. Die Generierung

---

[90] Vgl. *Oepen, R.*: Die drei Sichtweisen der Arbeitskalkulation im Projekt-Controlling, in: *Betriebswirtschaftliches Institut der Bauindustrie* (Hrsg.): Bauwirtschaftliche Informationen, 1997, S. 22-27, hier: S. 24. Diese Form der Arbeitskalkulation wird als Ausführungssicht bezeichnet.

[91] Vgl. *Steinbuch, P.A.*: Projektorganisation und Projektmanagement, Ludwigshafen 1998, S. 182f.

[92] Vgl. *Buch, J.*: Entscheidungsorientierte Projektrechnung, Frankfurt a.M. 1991, S. 131.

[93] Vgl. *Schmitz, H.; Windhausen, P.M.*: Projektplanung und Projektcontrolling: Planung und Überwachung von besonderen Vorhaben, 3. Aufl., Düsseldorf 1986, S. 137; *VDMA* (Hrsg.): Projekt-Controlling bei Anlagengeschäften, 4. Aufl., Frankfurt a.M. 1985, S. 59.

[94] Vgl. *Schmitz, H.; Windhausen, P.M.*: Projektplanung und Projektcontrolling: Planung und Überwachung von besonderen Vorhaben, 3. Aufl., Düsseldorf 1986, S. 157.

von Informationen sowie deren anschließende Verarbeitung ist ebenfalls zu bewerkstelligen. Der Projekt-Controller bezieht bzw. sucht die relevanten Informationen entweder aus internen Quellen (z.B. direkt vor Ort auf der Baustelle oder im betrieblichen Rechnungswesen) oder aus externen Quellen (z.B. Branchen-Vergleichszahlen). Im nächsten Schritt erfolgt, abhängig von den einzelnen Verdichtungsstufen, die Verarbeitung zu unterschiedlichen Berichtsformen. Für die Übertragung von Informationen, die in der Hierarchie des Projektes top-down, bottom-up, auf einer Ebene oder in Verbindung mit Stabsstellen durchgeführt werden kann, besteht die Möglichkeit diverse Informationsträger, wie Arbeitsverzeichnisse oder Berichte einzusetzen.[95] Welche Stellen im Unternehmen schließlich welche Informationen in welcher Form erhalten, hängt von der Projektaufbauorganisation und -ablauforganisation ab.[96]

Dem Managementregelkreis folgend, der sich in Planung, Entscheidung, Ausführung und Kontrolle unterteilen lässt, können Projektinformationen in gleicher Weise klassifiziert werden.[97]

Abbildung 11 macht noch einmal das Zusammenspiel von Planung, Kontrolle und Steuerung deutlich. Ausgehend von den Planungen nach Auftragsfreigabe werden Zielvorgaben für ein Projekt entwickelt und definiert, die i.d.R. als Meilensteinziele genutzt werden können, um den Projektfortschritt zu kontrollieren und somit den weiteren Projektablauf zu steuern.[98] Im Zuge der Überwachung werden die durch die Projektdurchführung sich ergebenden Ist-Daten ermittelt und in Form von verschiedenartigen Berichten dargestellt. Soll-Ist-Vergleiche der Projektparameter zeigen mögliche Abweichungen auf, auf deren Basis zweckdienliche Entscheidungen für ein Projekt hinsichtlich aller Entscheidungsbereiche (vor allem Kosten, Termine, Finanzen, Risiken, Ressourcen und Kapazitäten) getroffen werden können.[99]

---

[95] Zu Übersichten möglicher Informationsmittel *Brandenberger, J.; Ruosch, E.*: Projektmanagement im Bauwesen, 1. Aufl., Köln 1974, S. 88ff.; *Madauss, B.J.*: Handbuch Projektmanagement, 5. Aufl., Stuttgart 1994, S. 304f.

[96] Vgl. *Hügler, G.L.*: Controlling in Projektorganisationen, München 1988, S. 199.

[97] Zum Managementregelkreis vgl. *Madauss, B.J.*: Handbuch Projektmanagement, 5. Aufl., Stuttgart 1994, S. 223ff.

[98] Vgl. *Buch, J.*: Entscheidungsorientierte Projektrechnung, Frankfurt a.M. 1991, S. 131.

[99] Vgl. *Lachnit, L.*: Controllingkonzeption für Unternehmen mit Projektleistungstätigkeit, München 1994, S. 44; *Buch, J.*: Entscheidungsorientierte Projektrechnung, Frankfurt a.M. 1991, S. 158f.

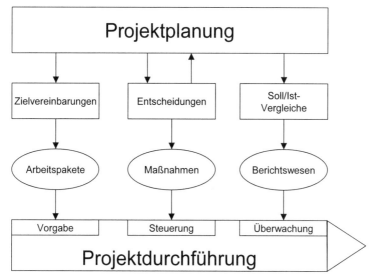

Abbildung 11: Modell der Projektsteuerung

Eine differenzierte Ausgestaltung der Aufgaben der Projektabwicklung erfolgt im Kapitel 3.2.2.2.

2.6.3 Projektnachbereitungsphase

Die Nachbereitungsphase beinhaltet alle Aufgaben, die vom Projekt-Controlling nach der Projektabnahme erfolgen. Wie bereits im vorigen Kapitel erwähnt, lässt sich aufgrund der zeitlichen Verschiebung einiger Tätigkeiten (z.B. Rechnungsstellung, Entlastung der Projektleitung oder Aufstellung des Projektabschlussberichts) keine exakte Phasenabgrenzung aufstellen. Im Vordergrund der Projektnachbereitungsphase steht die Gewinnung von Erfahrungswerten für zukünftige Projekte, auf deren Basis z.B. Standard-Formulare und Checklisten für zukünftige Projektabwicklungen entwickelt werden können.[100] Dies gilt für die Kalkulation genauso wie für die Projektorganisation und die Ablaufplanung. Zentrales Instrument hierfür ist die Aufstellung und Analyse des Projektabschlussberichts.[101] Weitere Aufgaben der Projektnachbereitungsphase sind zudem die Aufdeckung von notwendigen Nacharbeiten sowie Service-, Garantie- und Wartungsleistungen.

---

[100] Vgl. *Lachnit, L.*: Controllingkonzeption für Unternehmen mit Projektleistungstätigkeit, München 1994, S. 49.

[101] Vgl. *VDMA* (Hrsg.): Projekt-Controlling bei Anlagengeschäften, 4. Aufl., Frankfurt a.M. 1985, S. 94.

Die Rechnungsstellung erfolgt basierend auf der Leistungsdefinition mit den tatsächlich geleisteten Mengen. Die Ergebnisermittlung zum Projektende erfolgt ebenfalls anhand der Leistungsvereinbarung. Die dazugehörigen Soll-Kosten werden aus der fortgeschriebenen Arbeitskalkulation entnommen. Die Ist-Kosten resultieren wie bereits bei der Ergebnisermittlung per Stichtag aus der Projekt- und Betriebsrechnung. Die Ursachen der Ergebnisabweichungen liegen zumeist in Kosten- und Leistungsabweichungen, die tiefergehend analysiert werden müssen.

Soll-Ist-Vergleiche der Arbeits-, Gerätestunden und Materialmengen oder der daraus abgeleiteten Kostenarten werden nicht nur mit dem Ziel durchgeführt, mögliche Abweichungen und Unwirtschaftlichkeiten aufzudecken und Gegensteuerungsmaßnahmen zu initiieren. Bei der Kontrolle geht es ebenfalls darum, die sich ergebenden Unterschiede mit ihren Konsequenzen in die darauffolgenden Planungen neuer Projekte mit einfließen zu lassen.[102] Dieser Vorgang wird als Nachkalkulation bezeichnet.[103] Er beinhaltet das Ziel, Mengen- und Wertansätze von bestimmten Löhnen, Geräten oder Materialien als Erfahrungswerte für zukünftige Kalkulationen zu nutzen. Die Vorgehensweise bei der Durchführung der Nachkalkulation entspricht den im Rahmen der Kapazitätskontrolle vorgenommenen Soll-Ist-Vergleichen der Arbeits- und Gerätestunden. Diese Form der Nachkalkulation mit Stunden oder Mengen wird als technische Nachkalkulation bezeichnet.[104] Ein weiterer Aspekt innerhalb der mengenmäßigen Nachkalkulation ist die Kontrolle der gemessenen Mengen und Leistungen (z.B. Aufmaße im Baugewerbe), die positionsweise (z.B. je Leistungsverzeichnisposition) oder verdichtet analysiert werden können. Somit werden Erfahrungsdaten hinsichtlich der zukünftigen Mengen und Leistungen ermittelt. Daneben existiert die kaufmännische Nachkalkulation, die wie ihr Pendant während der Projektlaufzeit durchgeführt wird. Dadurch werden die geplanten und die sich tatsächlich im Fertigungsprozess ergebenden Löhne, Geräte- und Materialkosten wertmäßig miteinander verglichen.

Für die Generierung von Erfahrungswerten aus der Nachkalkulation für zukünftige gleichartige oder ähnliche Projektleistungen werden zumeist

---

[102] Vgl. *Prange, H.; Leimböck, E.; Klaus, U.R.*: Baukalkulation unter Berücksichtigung der KLR Bau und VOB, 9. Aufl., Wiesbaden 1995, S. 155.

[103] Vgl. *Schelle, H.*: Projektabschluss und -auswertung, in: *RKW* (Hrsg.): Projektmanagement Fachmann, Bd. 2, 6. Aufl., Eschborn 2001, S. 1185-1206, hier: S. 1192.

[104] Vgl. *Bauer, H.*: Baubetrieb, 2. Aufl., Berlin 1995, S. 601f.

Eckwerte bzw. Kennzahlen ermittelt.[105] Darunter fallen bspw. für den Bereich der Arbeitsstunden:

- Gesamte Arbeitsstunden/Geleistete Menge (Aufmaß)

- Lohnkosten/Gesamte Arbeitsstunden[106]

Diese Relationen werden konsequenterweise für gleiche oder ähnliche Tätigkeiten, gebildet. Während die erste Relation der mengenmäßigen (technischen) Nachkalkulation entspricht, verkörpert die zweite die wertmäßige (kaufmännische) Nachkalkulation. Teilweise wird in der Literatur bezweifelt, dass sich die in der Nachkalkulation ergebenden Werte als nützliche Erfahrungswerte erweisen. Vielfach wird auf den vorteilhaften Einsatz von Arbeitszeitstudien verwiesen, deren Ergebnisse eine positivere Basis für eine stammdatengestützte Kalkulation bieten.[107]

Die Gewinnung von Erfahrungswerten geht aber über die Kalkulation hinaus. Der Projekt-Abschlussbericht,[108] der auch als Projektstatusbericht bezogen auf das Projektende angesehen wird,[109] dokumentiert die bei der Durchführung gemachten Erfahrungen und die Ergebnisse in umfassender Form. Er enthält die nachfolgenden Informationen:

- Angaben über die Projektstruktur.

- Informationen über die Projektablaufplanung.

- Resultate des Projekts im Hinblick auf die realisierten Termine, Kosten, Leistungen, Ergebnisse und Finanzen.

- Fakten zur Beschaffung und Logistik.

- Schilderung des Projektablaufs, insbesondere der aufgetretenen Störungen, Änderungen etc.[110]

---

[105] Zu Kenngrößen vgl. bspw. *Bauer, H.*: Baubetrieb, 2. Aufl., Berlin 1995, S. 601f.; *Ebert, Ch.; Dumke, R.*: Software-Metriken in der Praxis. Einführung und Anwendung von Software-Metriken in der industriellen Praxis. Berlin u.a. 1996, S. 6ff.

[106] Vgl. *Drees, G.; Bahner, A.*: Kalkulation von Baupreisen, 4. Aufl., Wiesbaden 1996, S. 275.

[107] Vgl. *Prange, H.; Leimböck, E.; Klaus, U.R.*: Baukalkulation unter Berücksichtigung der KLR Bau und VOB, 9. Aufl., Wiesbaden 1995, S. 155.

[108] Vgl. *VDMA* (Hrsg.): Projekt-Controlling bei Anlagengeschäften, 4. Aufl., Frankfurt a.M. 1985, S. 94.

[109] Vgl. *Lachnit, L.*: Controllingkonzeption für Unternehmen mit Projektleistungstätigkeit, München 1994, S. 44.

[110] Vgl. *Lachnit, L.*: Controllingkonzeption für Unternehmen mit Projektleistungstätigkeit, München 1994, S. 49; *Schmitz, H.; Windhausen, P.M.*: Projektplanung und

Beim Erstellen des Projekt-Abschlussberichts ist der Versuch zu unternehmen, die Informationen an den einzelnen Projektphasen zu orientieren. Zudem ist die Option aufrecht zu erhalten, den vorliegenden Bericht informationstechnisch zu verdichten. Der Grund für dieses Vorgehen liegt darin, ein Management-Informationssystem für mehrere bzw. alle Projekte zu entwerfen. Dieses trägt dazu bei, einzelne Projekte auf der Basis einiger ausgewählter Parameter zu vergleichen. Für solche Vergleiche ist insbesondere der Einsatz von Kennzahlensystemen nützlich.[111]

Um ein Projekt formell korrekt abzuschließen, bedarf es weiterhin organisatorischer Überlegungen. Projektmitglieder sind mit dem Abschluss eines Projekts in die „normale" Linienorganisation zu integrieren bzw. werden für neue Projekte eingesetzt.[112]

Des Weiteren sind in der Projektnachbereitungsphase über das Projekt hinausgehende Geschäftsbeziehungen mit dem Kunden in Betracht zu ziehen, wie z.B. die Service-, Wartungs-, Instandhaltungs- und Garantieleistungen.

Eine differenzierte Ausgestaltung der Aufgaben der Projektnachbereitungsphase erfolgt im Kapitel 3.2.2.3.

Die Darstellung der drei Haupt-Phasen sowie die Beschreibung der wichtigsten Teilprozesse dieser Phasen verdeutlicht die Bedeutung der Phasenorientierung im Projektgeschäft. Eine reine funktions- bzw. bereichsorientierte Steuerung, z.B. der Einkaufs-, Finanz- und Kalkulationstätigkeiten macht hinsichtlich der Führungs- und Leitungsunterstützung des Projektgeschäfts wenig Sinn, da Projekte hinsichtlich ihrer Stati und Erwartungen gesteuert werden. Aus diesem Grunde kommt den Prozessen und Phasen eines Projekts hinsichtlich der Steuerung ein höherer Stellenwert zu, der im Rahmen der nun folgenden Konzeption des prozess- und controllingorientierten Projektmanagementsystems im Vordergrund steht.

Projektcontrolling: Planung und Überwachung von besonderen Vorhaben, 3. Aufl., Düsseldorf 1986, S. 157.

[111] Vgl. *Lachnit, L.*: Controllingkonzeption für Unternehmen mit Projektleistungstätigkeit, München 1994, S. 49.

[112] Vgl. *Doujak, A.; Rattay, G.*: Phasenbezogenes Personalmanagement in Projekten, in: *Gareis, R.* (Hrsg.): Projekte und Personal. Projektmanagementtag 1990, Wien 1991, S. 109-116, hier: S. 109ff.

3 Konzeption eines prozess- und controllingorientierten Projektmanagementsystems

Verbesserungspotential für das Projektmanagement und somit für die Planung, Steuerung und Kontrolle von Projekten und Unternehmen mit komplexer Projektfertigung ist die Optimierung der Entscheidungsqualität entlang der Wertschöpfung der Einzelprojekte sowie der Steuerung der übergeordneten Organisationseinheiten. Aus diesem Grunde legt die Konzeption eines prozess- und controllingorientierten Projektmanagementsystems ihren Schwerpunkt auf

- die Entwicklung eines modularen, integrierten, controllingorientierten Rechenwerks, das **parallel** zu den Entscheidungssituationen der Einzelprojekte auf übergeordneter Hierarchieebene eingesetzt werden kann

- sowie die Gestaltung und Optimierung von Prozessen und deren controllingorientierten Informationsstrukturen in den einzelnen Phasen des Projektgeschäfts.

Controlling-Konzeption für Unternehmen mit komplexer Projektfertigung	
Prozessphasenübergreifende Controlling-Konzeption	Unternehmens-Controlling Multiprojekt-Controlling
Prozessphasenbezogene Controlling-Konzeption	Einzelprojekt-Controlling

Abbildung 12: Controlling-Konzeption für Unternehmen mit komplexer Projektfertigung

Im Folgenden wird nun zunächst die prozessphasenübergreifende Controlling-Konzeption für Unternehmen mit komplexer Projektfertigung entwickelt. Sie wird unterteilt in die Bereiche Unternehmens-Controlling und Multiprojekt-Controlling.[113] Im Gegensatz zu anderen Projekt-Controlling-

---

[113] Vgl. *Schmitz, H.; Windhausen, P.M.*: Projektplanung und Projektcontrolling: Planung und Überwachung von besonderen Vorhaben, 3. Aufl., Düsseldorf 1986, S. 41.

Konzepten steht hier der ganzheitliche Controllingansatz für Unternehmen mit komplexer Projektfertigung in Verbindung zum Einzelprojekt-Controlling im Vordergrund. Im Mittelpunkt des Einzelprojekt-Controlling steht die Gestaltung und Optimierung von Prozessen sowie die Entwicklung von controllingorientierten Informationsstrukturen im Wertschöpfungsprozess eines Projekts. Hierfür werden die Technik des Business Reengineering, das ARIS-Modell und das Workflow-Management hinsichtlich ihrer Eignung für die Prozessgestaltung und -optimierung analysiert und beurteilt. Im Kapitel 3.2.2 wird schließlich eine Controlling-Konzeption für eine ausgewählte Prozessstruktur eines Projektfertigers entwickelt, die sich der vorgestellten Methoden bedient.

Dieser neue Ansatz aus prozessphasenbezogenen und prozessphasenübergreifenden Controlling-Komponenten verdeutlicht den notwendigen Gesamtzusammenhang zwischen der Planung, Steuerung und Kontrolle von einzelnen Projekt-Geschäftsprozessen und einem übergeordneten Rechenwerk mit integrierten Informationsstrukturen als Führungsanforderungen eines modernen Projektmanagements und Projekt-Controlling für Unternehmen mit komplexer Projektfertigung.

3.1   Prozessphasenübergreifende Controlling-Konzeption

Im Mittelpunkt der prozessphasenübergreifenden Controlling-Konzeption steht die Konzeption des Unternehmens-Controlling mit einer zentralen, einheitlichen Projekt- und Ergebnisrechnung, die ergänzt wird um ein kennzahlengestütztes Frühwarninstrumentarium in allen Entscheidungsbereichen eines Unternehmens mit komplexer Projektfertigung. Aufgrund der zentralen Bedeutung der projektübergreifenden Betrachtung von Einzelprojekten kommt zudem dem Multiprojekt-Controlling eine besondere Rolle zu.[114]

Weitere Systembausteine der prozessphasenübergreifenden Controlling-Konzeption sind das Konfigurations- und Änderungsmanagement, das Qualitätsmanagement, das Vertragsmanagement, das Claimmanagement und das Risikomanagement.

---

[114]   Vgl. *Madauss, B.J.*: Handbuch Projektmanagement, 6. Aufl., Stuttgart 2000, S. 473. Die konzeptionellen Besonderheiten der Berichtsgenerierung werden in einem späteren Kapitel hervorgehoben.

3.1.1 Konzeption der Projekt- und Ergebnisrechnung im Unternehmens-Controlling

3.1.1.1 Zielsetzung der Projekt- und Ergebnisrechnung

Unternehmen mit komplexer Projektfertigung sind zumeist mittlere und größere Unternehmen mit mehreren Standorten, die i.d.r. in einer stufenförmigen hierarchischen Unternehmensstruktur eingebunden sind. Der Leistungserstellungsprozess und somit die Ergebnishierarchie dieser Unternehmen strukturiert sich, angefangen von den einzelnen Projekten, hinweg über die einzelnen Organisationseinheiten (z.b. Niederlassungen, Montagestützpunkte), denen die Projekte jeweils zugeordnet sind, bis hin zu aggregierten Unternehmensbereichen und schließlich der Gesamtunternehmung. Die Hauptzielsetzung der Projekt- und Ergebnisrechnung besteht nunmehr darin, für diese Ergebnishierarchiestruktur ein aussagefähiges und gleichzeitig einheitliches Ergebnissteuerungsinstrumentarium bereitzustellen, das sowohl für die Darstellung und Analyse der Projektergebnisse als auch für die Ergebnisse der einzelnen Organisationseinheiten bis hin zum Gesamtunternehmensergebnis eingesetzt werden kann.

In diesem Sinne soll ein einheitlich strukturiertes Informations- und Berichtswesen innerhalb der Projekt- und Ergebnisrechnung entwickelt werden,[115] so dass, ausgehend von den entsprechenden kosten- und leistungsorientierten Projektinformationen der einzelnen internen und externen Projekte, hierarchisch die jeweiligen Organisationsstufen der Unternehmung bottom-up bis hin zum Kosten- und Erfolgs-Controlling der Gesamtunternehmung zusammengeführt werden können. Hierdurch soll ermöglicht werden, dass für jedes Betrachtungsobjekt (Projekt, Niederlassung, Geschäftsfeld etc.) entsprechende Deckungsbeiträge ermittelt werden können, die zur Deckung der jeweiligen Gemeinkosten (Deckungsbedarf) der Unternehmensbereiche benötigt werden. Durch die inhaltliche Einheitlichkeit des Berichtswesens wird die systemkonforme Vergleichbarkeit und Analyse der Leistungs- und Ertragskraft der verschiedenen Betrachtungsobjekte ermöglicht.

Aufgrund der größtenteils selbständig operierenden Organisationseinheiten der Unternehmen sollte zudem durch die Verschiebung der Ergebnisverantwortung in die unmittelbare Nähe des Leistungsprozesses die ökonomische Steuerungsqualität erhöht werden,[116] indem vor Ort zunehmend Anstrengungen unternommen werden, Verbesserungsmög-

---

[115] Vgl. *Burghardt, M.*: Projektmanagement, 2. Aufl., Berlin, München 1993, S. 198ff.

[116] Vgl. *Madauss, B.J.*: Handbuch Projektmanagement, 6. Aufl., Stuttgart 2000, S. 444ff.

lichkeiten herauszukristallisieren und Rationalisierungspotentiale aufzudecken.

Um den Ergebnisverantwortlichen der jeweiligen Organisationseinheiten entsprechende kosten- und leistungsbezogene Kapazitätsaufbau bzw. Kapazitätsabbau- oder Substitutionsentscheidungen zu erleichtern, müssen die vorhandenen Informationssysteme so ausgestaltet werden, dass die Entscheidungsträger, angefangen von den jeweiligen Projektleitern bis hin zur Unternehmensführung, eingeführte Steuerungsgrößen zur Verfügung gestellt bekommen, die sowohl vom Projektleiter als auch vom Niederlassungsleiter bis hin zur Geschäftsführung verstanden und interpretiert werden können.[117] Zentrales datenlieferndes Instrument ist dabei die angestrebte Projekt- und Ergebnisrechnung, die von der groben Unternehmenszielsetzung her so gestaltet sein muss, dass ökonomische Transparenz in den jeweiligen Projekten und Organisationseinheiten vorliegt, spezifische Projektkosten vollständig ermittelt und Deckungsbeiträge und Deckungsbedarfe projekt- oder hierarchiebezogen ausgewiesen werden können.[118]

Weitere spezielle Ziele der Projekt- und Ergebnisrechnung sind im Folgenden aufgeführt.

- Für den während der Projektdurchführung am stärksten beeinflussbaren Kostenfaktor „Personal-, Geräte- und Projektmanagementleistung" werden Informationen verlangt, die eine bedarfsgerechte und flexible Einsatzmöglichkeit der verfügbaren eigenen Mitarbeiter und Anlagen sowie deren Substitution durch externe Leasingkräfte, Subunternehmerleistungen bzw. Fremdanlagen gewährleisten. Hierzu ist vor allem Transparenz über die projektbezogenen Leistungen und die nicht projektbezogenen Leistungsstunden erforderlich.

- Differenzierte Analysefähigkeit des Unternehmensergebnisses im Hinblick auf erbrachte Eigenleistungen (Wertschöpfung der Unternehmung) und Fremdleistungen (Material, Subunternehmermontage etc.).

- Verursachungsgerechte Zuordnung und Verrechnung möglichst vieler Kosten und Leistungen zu den einzelnen Projektleistungen sowie stufenweise Zurechnung einzelner Gemeinkostenblöcke

---

[117] Vgl. *Schmitz, H.; Windhausen, P.M.*: Projektplanung und Projektcontrolling: Planung und Überwachung von besonderen Vorhaben, 3. Aufl., Düsseldorf 1986, S. 144ff.

[118] Vgl. *Madauss, B.J.*: Handbuch Projektmanagement, 6. Aufl., Stuttgart 2000, S. 235ff.

indirekter Leistungsbereiche (z.B. Lager, Bauhöfe, technische Büros, Verwaltung etc.).

• Differenzierte Ermittlung des Kosten- und Erfolgsbeitrages der einzelnen Projekte, Geschäftsfelder und Organisationseinheiten.

• Differenzierte handelsrechtliche und kostenrechnerische Bestandsermittlung für erbrachte, aber noch nicht abgerechnete Projektleistungen, wobei Letztere maßgeblich für die Ermittlung der Gesamtleistung im Rahmen des Kosten- und Erfolgs-Controlling ist.

3.1.1.2 Ausgestaltung der Projekt- und Ergebnisrechnung

Im Mittelpunkt der Projekt- und Ergebnisrechnung in Unternehmen mit komplexer Projektfertigung steht vor allem die Kosten- und Leistungstransparenz der erzeugten Projektleistungen, die projekt- und standortbezogene Wirtschaftlichkeitskontrolle sowie die Periodenerfolgsermittlung. Vordringliches Ziel der Projekt- und Ergebnisrechnung ist der Ausweis der Kosten und Leistungen auf dem Ergebnisobjekt, dem sie direkt zuzurechnen sind. Hierzu müssen zunächst die Ergebnishierarchiestufen der Unternehmung herausgebildet werden, die als zentrales Plan-, Kontroll- und Steuerungsobjekt dienen und somit das Herzstück des Berichtswesens der Ergebnisrechnung darstellen.[119] Die Projektebene bzw. deren Teilprojekte als Dreh- und Angelpunkt des Leistungsprozesses im Projektgeschäft sind dabei die kleinsten Ergebniseinheiten der Unternehmung und stellen somit die grundlegende Ergebnisstufe dar. Hierauf folgt die Aggregation der Ergebnisstufen der Organisationsstruktur (vgl. Abbildung 13) , angefangen bei Montagestützpunkten, über Niederlassungen und Hauptniederlassungen bis hin zum Gesamtunternehmensergebnis (Zentralebene).

Aufgrund der Beziehung zwischen Geschäftsbereich und gebildeten Ergebnisobjekten (Niederlassung bzw. Montagestützpunkt) lassen sich weiterhin Ergebnisberichte[120] nach den jeweiligen Geschäftsbereichen (z.B. Großanlagenbau, Schlüsselfertigbau etc.) erzeugen.

---

[119] Vgl. *Kessler, H.; Winkelhofer, G.*: Projektmanagement, 3. Aufl., Berlin, Heidelberg 2002, S. 266.

[120] Vgl. *Schmitz, H.; Windhausen, P.M.*: Projektplanung und Projektcontrolling: Planung und Überwachung von besonderen Vorhaben, 3. Aufl., Düsseldorf 1986, S. 146ff.

Ergebnishierarchiestufen

Abbildung 13: Ergebnishierarchiestufen der Projekt- und Ergebnisrechnung

Werden entsprechende Eigenschaften bzw. Attribute für jedes Ergebnisobjekt systemtechnisch gepflegt, so lassen sich weitere Ergebnisauswertungen nach unternehmensspezifischen Kriterien, wie z.B.

- Auftraggebertyp (Generalunternehmer, produzierende Industrie, Handel, öffentliche Auftraggeber, private Auftraggeber etc.),
- Region (Ausland, Inland, Nord-, Süd-, West-, Ostdeutschland),
- Bautyp (Sportanlage, Verwaltungsgebäude, Produktionsstätte, Schule, Hotel etc.) und
- Kommissionstyp (Projekt, Liefergeschäft, Wartungsauftrag, Dauerauftrag etc.),

aufstellen.

Um dem Ziel einer verursachungsgerechten Kostenverrechnung gerecht zu werden, sollte angestrebt werden, möglichst viele direkte Kosten der niedrigsten Ergebnisstufe, in erster Linie den einzelnen Projekten, zuzuordnen. Hierbei sollten nicht nur die direkten Materialkosten, Subunternehmerleistungen, Leasingkosten, Lohn- und Gehaltskosten der Monteure und Montagenebenkosten auf einem Projekt ausgewiesen werden, sondern zusätzlich die Sozial- und Personalnebenkosten der am Projekt tätigen Mitarbeiter, die anteiligen Lohn- und Gehaltskosten der Projekt- und Bauleitung sowie die Kosten für nach- und vorgelagerte Projekttätigkeiten (Projektkalkulation, Garantieleistungen etc.), die direkt einem Projekt zugeordnet werden können. Letztere werden häufig im traditionellen Rechenwerk der Projektfertiger über die Gemeinkostenumlagen der Einzelpositionen geschlüsselt, da in vielen Unternehmen versucht wird, das betriebliche Geschehen ausschließlich über handelsbilanzielle Monats-

bzw. Quartalsabschlüsse zu steuern.[121] Da aber sowohl für die Wirtschaftlichkeitskontrolle der Projekte als auch für die Preisuntergrenzenbestimmung der Projektangebote insbesondere der richtige Ausweis der Projekteinzelkosten maßgeblich ist, sollten alle Anstrengungen unternommen werden, die projektbezogenen Einzelkosten aus Sicht der Kostenrechnung genau zu planen und zeitnah zu erfassen.

Grundlage für die korrekte Bewertung des Mengengerüstes der Projekteinzelkosten ist dabei das zeitnahe Aufmessen der einzelnen Projektleistungen (Materialverbräuche, Montagezeiten etc.) sowie eine am Leistungserstellungsprozess orientierte Kostenstellenbildung und -abrechnung (z.B. für die differenzierte Kostensatzermittlung der eingesetzten Monteure und Leitungskräfte).

Für die ergebnisorientierte Beurteilung der Projekte sowie der einzelnen Organisationseinheiten der Unternehmung ist weiterhin die Planung und der Ausweis der erzielten Umsätze sowie der erbrachten aber noch nicht fakturierten Projektleistungen in Form von Bestandsveränderungen wichtig. Typisch für das Projektgeschäft und deswegen wichtig für die Bestandsermittlung der erbrachten Leistungen ist die zeitverschobene Erbringung (Kosten- und Leistungsentstehung) und Fakturierung (Umsatzerzielung) der Projektleistungen.[122]

Die Ergebnisberichtsdarstellung der Projekt- und Ergebnisrechnung ist über die Ergebnishierarchiestufen hinweg einheitlich in Form einer Deckungsbeitragsrechnung aufgebaut (vgl. Abbildung 14), was den Vorteil mit sich bringt, dass unternehmensweit mit dem gleichen Berichtsschema und der gleichen Berichtssyntax gearbeitet werden kann. Sie ist exemplarisch für die Projektfertigung entwickelt und bedarf der unternehmens- und branchenspezifischen Anpassung.

Je höher die Ergebnishierarchiestufe ausgewählt wird, z.B. Niederlassungs- oder Hauptniederlassungsebene, desto größer wird der Anteil der direkt zurechenbaren Einzelkosten der Hierarchiestufe. Der über den Deckungsbedarf zu deckende Gemeinkostenblock der nächsthöheren Hierarchiestufen (z.B. Kosten der Hauptniederlassung oder Zentrale) nimmt dagegen ab, je größer die Ergebnishierarchiestufe gewählt wird.

---

[121] Vgl. *Wienhold, K.*: Aufgaben, Instrumente, Ergebnisse und Wirkung des Produktions-Controlling am Beispiel der Produktionsbetriebe eines Industrieunternehmens, in: *Reichmann, Th.* (Hrsg.): Controlling-Praxis. Erfolgsorientierte Unternehmenssteuerung, München 1988, S. 171-188, hier: S. 172f.

[122] Vgl. *Rinza, P.*: Projektmanagement. Planung, Überwachung und Steuerung von technischen und nichttechnischen Vorhaben, 3. Aufl., Düsseldorf 1994, S. 34.

	Projekt-Ebene	Niederlassungsebene	Hauptniederlassungsebene
1	Umsatz	Umsatz	Umsatz
2	+ Bestandsveränderung	+ Bestandsveränderung	+ Bestandsveränderung
3	= Gesamtleistung	= Gesamtleistung	= Gesamtleistung
4	- Material	- Material	- Material
5	- sonstige direkte Kosten	- sonstige direkte Kosten	- sonstige direkte Kosten
6	- Subunternehmermontage	- Subunternehmermontage	- Subunternehmermontage
7	= Eigenleistung	= Eigenleistung	= Eigenleistung
8	- Leasingkosten	- Leasingkosten	- Leasingkosten
9	- direkte Personalkosten (davon)	- direkte Personalkosten (davon)	- direkte Personalkosten (davon)
10	direkte Lohnkosten	direkte Lohnkosten	direkte Lohnkosten
11	direkte Gehaltskosten	direkte Gehaltskosten	direkte Gehaltskosten
12	direkte Sozial- und Personalnebenkosten	direkte Sozial- und Personalnebenkosten	direkte Sozial- und Personalnebenkosten
13	direkte Montagenebenkosten	direkte Montagenebenkosten	direkte Montagenebenkosten
14	= Projektdeckungsbeitrag 1	= Projektdeckungsbeitrag 1	= Projektdeckungsbeitrag 1
15	+/- Projekt-Chancen/Risiken*	+/- Projekt-Chancen/Risiken*	+/- Projekt-Chancen/Risiken*
16	- zusätzliche Verpflichtungen	- zusätzliche Verpflichtungen	- zusätzliche Verpflichtungen
17	- Forderungswertberichtigungen	- Forderungswertberichtigungen	- Forderungswertberichtigungen
18	- kalk. Zinsen Projekt	- kalk. Zinsen Projekt	- kalk. Zinsen Projekt
19	= Projektdeckungsbeitrag 2	= Projektdeckungsbeitrag 2	= Projektdeckungsbeitrag 2
20		- indirekte Personalkosten d. NL	- indirekte Personalkosten d NL
21		- sonstige Gemeinkosten der NL	- sonstige Gemeinkosten der NL
22		= NL-Deckungsbeitrag	= NL-Deckungsbeitrag
23			- indirekte Personalkosten der HNL
24			- sonst. Gemeinkosten der HNL
25			= HNL-Deckungsbeitrag
26	- Deckungsbedarf NL		
27	- Deckungsbedarf HNL	- Deckungsbedarf HNL	
28	- Deckungsbedarf Zentrale	- Deckungsbedarf Zentrale	- Deckungsbedarf Zentrale
29	= Projektergebnis 1	= NL-Ergebnis 1	= HNL-Ergebnis 1
30	- Abgrenzungsergebnis	- Abgrenzungsergebnis	- Abgrenzungsergebnis
31	= Projektergebnis 2	= NL-Ergebnis 2	= HNL-Ergebnis 2

* Nur als Plan-/Prognosewert

Abbildung 14: Deckungsbeitragsschema der montagestundensatzorientierten Projekt- und Ergebnisrechnung

Der Aufbau des Deckungsbeitragsschemas orientiert sich strikt an den vorher definierten Ergebnishierarchiestufen. Der Projektdeckungsbeitrag 1 ist definiert als Gesamtleistung abzüglich aller Kosten (Einzelkosten), die direkt einem Projekt zugerechnet werden können. Aufgrund der starken Projektabhängigkeit des Unternehmens ist der Projektdeckungsbeitrag 1 die wichtigste Kenngröße für die Unternehmenssteuerung. Die Gesamtleistung ergibt sich als Summe der Umsatzerlöse und der Bestandsveränderungen für erbrachte aber noch nicht abgerechnete Projektleistungen. Betrachtet man das Projektergebnis nicht als Periodenergebnis, sondern als periodenübergreifendes Projektergebnis, so muss die Bestandsveränderung als die bisher erbrachte periodenübergreifende Projektleistung verstanden werden, die noch nicht durch Umsatz abgegolten worden ist.

Für die Ermittlung aussagekräftiger Deckungsbeiträge und Ergebnisse im Rahmen des Kosten- und Erfolgs-Controlling ist die Bewertung der noch nicht abgerechneten Projektleistungen mit (unvollständigen) Herstellkosten problematisch, da diese in der betrieblichen Praxis häufig nur die direkt erfassten Einzelkosten und ggf. geringe Anteile an zurechenbaren Gemeinkosten enthalten und somit erhebliche Verzerrungen der Kosten- und Leistungstransparenz entstehen. Um aber ein Projektergebnis zu einem beliebigen Stichtag ermitteln zu können, sind den angefallenen Ist-Kosten auch die Leistungen der Einzelprojekte und hier insbesondere die Bestandsveränderungen noch nicht abgerechneter Projektleistungen gegenüberzustellen. Bilanzpolitische Handhabung und handelsrechtliche Vorschriften für die Bewertung der unfertigen Bestände sollten hierbei allerdings nicht Maßstab für die Kosten- und Leistungsrechnung sein.[123]

Eine Verbesserung der Bewertung unfertiger Bestände aus kostenrechnerischer Sicht erhält man, wenn die einzelnen noch nicht abgerechneten Projektleistungen mit ihren Einheits- bzw. Absatzpreisen bewertet werden, was jedoch den Nachteil mit sich bringt, dass die Ergebnisse zu den einzelnen Stichtagen i.d.R. starken Schwankungen unterliegen,[124] da z.B. Gemeinkosten des Projekts, die gerade zu Beginn des Projektes anfallen (z.B. Baustelleneinrichtungskosten), oftmals willkürlich auf die Einheitspreise der einzelnen Leistungen umgelegt werden. Weiterhin kommt es oft vor, dass in der Angebotsphase einige Leistungspositionen aus angebotstaktischen Gründen niedriger oder höher ausgewiesen werden, indem eine differenzierte angebotspolitische Zuschlagssatzbil-

---

[123] Vgl. *Wienhold, K.*: Aufgaben, Instrumente, Ergebnisse und Wirkung des Produktions-Controlling am Beispiel der Produktionsbetriebe eines Industrieunternehmens, in: *Reichmann, Th.* (Hrsg.): Controlling-Praxis. Erfolgsorientierte Unternehmenssteuerung, München 1988, S. 171-188, hier: S. 172ff.

[124] Vgl. *Wiemers, B.*: Kosten- und Leistungskontrolle durch Soll/Ist-Vergleich im bauindustriellen Großbetrieb, in: *Refisch, B.* (Hrsg.): Praktische Kosten- und Leistungskontrolle im Baubetrieb, Düsseldorf 1980, S. 35-67, hier: S. 45.

dung für Umlagen der Baustellengemeinkosten, allgemeinen Geschäftskosten und Gewinne erfolgt.

Eine verbesserte Lösung zur Bewertung nicht abgerechneter Projektleistungen, ohne die oben genannten Schwankungen bei der Ergebnisanalyse, kann erfolgen, indem auf die Herstellkosten der noch nicht abgerechneten Projektleistungen stichtagsbezogen Soll-Deckungsbeiträge aufgeschlagen werden,[125] die sich als Anteil der Differenz der Nettoangebotssumme abzüglich der Herstellkosten, zu den Herstellkosten auf Basis der aktuellsten Arbeitskalkulation eines Projektvorhabens ergeben. Somit deckt die Bewertung der bereits erbrachten, aber noch nicht fakturierten Projektleistungen, noch nicht berücksichtigte Gewinne und anteilige allgemeine Geschäfts- und Wagniskosten.

Die Bewertung noch nicht abgerechneter Projektleistungen zu Absatzpreisen oder zu modifizierten Herstellkosten zzgl. Soll-Deckungsbeiträgen ist im Gegensatz zu Industriebetrieben bei Einzelauftragsfertigern zu rechtfertigen, da sie nicht für einen anonymen Markt produzieren, sondern sich während der Produktion in der Phase der Vertragserfüllung befinden und Anspruch auf Vergütung der Leistungen zu Absatzpreisen (Einheitspreisen) und ggf. gemäß § 16 Nr. 1 VOB/B auf Abschlagszahlungen in angemessener Höhe des Projektfortschritts besitzen.

Neutrale Ergebnisbestandteile, wie z.B. Erlöse aus Anlageverkäufen oder Auflösungen aus Rückstellungen, sollten nicht unter der Gesamtleistung, sondern unter dem Abgrenzungsergebnis ausgewiesen werden.

Zu den Einzelkosten zählen die Materialkosten, die sonstigen direkten Kosten, die Subunternehmerkosten, die Leasingkosten, die direkten projektzurechenbaren Löhne und Gehälter inklusive direkter Sozial- und Personalnebenkosten sowie die Montagenebenkosten. Aufgrund der Zielsetzung einer differenzierten Ergebnisanalyse sollte in einer Nebenrechnung (Beschaffungsergebnis-Controlling) der montagestundensatzorientierten Projekt- und Ergebnisrechnung der kalkulierte Fremdkostenanteil (Material, Subunternehmermontageleistungen etc.) regelmäßig mit den angefallenen Ist-Kosten verglichen werden, um hieraus Schlüsse für das Beschaffungs-Controlling zu gewinnen.

Die Zeile Eigenleistung definiert den Teil der Gesamtleistung, die allein von der Leistungserstellung (Wertschöpfung) der Unternehmung abhängt und somit als steuerbare Regulierungsgröße dient. Neben dem differenzierten Einzelkostenausweis im Personalbereich (Leasingkosten, direkte Lohn- und Gehaltskosten, direkte Sozial- und Personalnebenkos-

---

[125] Vgl. *Prange, H.; Leimböck, E.; Klaus, U.R.*: Baukalkulation unter Berücksichtigung der KLR Bau und VOB, 9. Aufl., Wiesbaden 1995, S. 83.

ten, direkte Montagenebenkosten) ist vor allem die Substitutionsmöglichkeit und somit die Kostenverschiebung von den eigenen Montagekräften zu den fremden Montageleistungen (Leasingkräfte, Subunternehmermontageleistungen) und umgekehrt für die Wirtschaftlichkeitsanalyse und Steuerung interessant.

Der Projektdeckungsbeitrag 2 ergibt sich als Korrektur des Projektdeckungsbeitrags 1 um solche Positionen, die zwar den Projekten direkt zugeordnet werden können, jedoch bisher nicht bei der Ermittlung des Projekterfolgs berücksichtigt wurden. Bei den Projektchancen bzw. -risiken handelt es sich um eine Korrekturzeile zum aufgestellten Plan- oder Prognosewert des Projekts, der sich z.B. dann ergibt, wenn Preis- bzw. Leistungsabweichungen von der aufgestellten Planung laut Leistungsverzeichnis zu erwarten sind. Projektchancen und -risiken ergeben sich meist dadurch, dass in der Angebotsphase bezüglich der auszuführenden Leistungen und einzusetzenden Ressourcen taktiert wurde. Zusätzliche Verpflichtungen sind entsprechend für feststehende oder erwartete Vertragsstrafen bzw. Garantieleistungen genauso zu berücksichtigen wie erwartete bzw. feststehende Forderungswertberichtigungen. Weiterhin ist das Projektergebnis um die direkten kalkulatorischen Zinsen des Projekts zu korrigieren, die für projektnotwendige Betriebsmittel und das projektgebundene Umlaufvermögen (vorfinanzierte Projektleistungen, für die noch keine Zahlungen erfolgt sind) anfallen. Letzteres sollte zu Anzahlungen aufgrund einer entsprechenden Vertragsgestaltung sowie zu einer zügigen Leistungsaufmessung und Rechnungsstellung der verantwortlichen Mitarbeiter führen, da ansonsten die nicht abgerechneten Leistungen der Projekte mit kalkulatorischen Zinsen belegt werden. Erfolgt eine erfolgs- bzw. deckungsbeitragsorientierte Vergütung des Projekt- bzw. Bauverantwortlichen, so wird dieser ein starkes Eigeninteresse entwickeln, die Projektmitarbeiter zu zeitnahen Aufmaßen und Abrechnungen zu bewegen.

Die nicht direkt den Projekten zurechenbaren Gemeinkosten der Zentrale, Hauptniederlassungen und Niederlassungen werden als Deckungsbedarf der jeweils niedrigeren Ergebnishierarchiestufe bezeichnet. Im Gegensatz zum Ansatz der relativen Einzel- und Deckungsbeitragsrechnung von *Riebel* verzichtet die montagestundensatzorientierte Projekt- und Ergebnisrechnung allerdings auf die strikte Vermeidung der Kostenschlüsselung der Gemeinkosten.[126] Gemeinkosten der höheren Ergebnishierarchiestufen (z.B. Zentral- oder Hauptniederlassungsgemeinkosten) sollen in Form von differenzierten Deckungsbedarfen durch

---

[126] Vgl. *Riebel, P.*: Einzelkosten- und Deckungsbeitragsrechnung, 6. Aufl., Wiesbaden 1991, S. 75ff.

die erzielten Deckungsbeiträge der jeweils niedrigeren Ergebnishierarchiestufen (z.b. Niederlassung, Montagestützpunkt oder Projekt) gedeckt
werden. Analysiert man das Ergebnis einer höheren Ergebnishierarchiestufe, so lassen sich die bisher nicht berücksichtigten indirekten Kosten
dieser Hierarchiestufe (indirekte Personalkosten und sonstige Gemeinkosten), die zwar nicht direkt dem Projekt zugerechnet werden können,
von der Summe der Projektergebnisse der jeweiligen Ergebnishiera-
chiestufe (Niederlassung, Hauptniederlassung oder Zentrale) stufenweise abziehen, um zum jeweiligen Deckungsbeitrag zu gelangen. Zieht
man vom jeweiligen Deckungsbeitrag den jeweiligen Deckungsbedarf
der höheren Ergebnishierarchiestufe ab, so ergibt sich das entsprechende Projekt-, Niederlassungs-, Hauptniederlassungs- und Zentralergebnis,
das ggf. noch um das Abgrenzungsergebnis aus betriebs-, perioden-
fremden und außerordentlichen Aufwands- und Ertragspositionen (z.B.
Auflösungen und Zuweisungen zu Rückstellungen für drohende Verluste) ergänzt werden kann.

Die Projekt- und Ergebnisrechnung ist als Plan-, Soll- und Istrechnung
mit entsprechenden Abweichungsrechnungen konzipiert. Die Planungsrechnung erfolgt als periodisierte Jahresplanung für die Organisationseinheiten der Unternehmung und als periodenübergreifende Planung für
die einzelnen Projekte, was entsprechend für die Ergebnisverdichtung
die Abgrenzung der periodisch anfallenden Kosten- und Leistungswerte
voraussetzt. Die vorgestellte Erfolgsinformationsstruktur in der Zeilen-
sicht wird dabei ergänzt um eine typische Sichtweise der Ergebnisanalyse im Projektgeschäft. Ausgehend von der Startkalkulation, die einer ersten Arbeitskalkulation entspricht, führen Projektänderungen über Nachträge zu einem angepassten Soll-Wert (Revised Budget). Mit Hilfe der
Restkostenerwartung ergibt sich eine Vorausschau (Forecast) des Projekts, die neben dem Status (kumuliertes Ist) und den Abweichungen als
wesentliche Kenngröße für die Steuerung herangezogen wird (vgl.
Abbildung 15).

Die Planungsrechnung wird weiterhin ergänzt um eine rollierende Prog-
noserechnung, die für einen Einzelauftragsfertiger unabdingbar ist, da im
Zeitablauf veränderte Leistungsanforderungen und neue Gegebenheiten
in der Projektplanung berücksichtigt werden müssen. Mehrjährige Vergleichsrechnungen sowie Vorjahres-, Quartals- und Monatsvergleiche
lassen sich ebenso darstellen wie Berichte zurückliegender Zeitabschnit-
te und zukünftiger Prognosezeiträume.

Projekt-Nr.: PC: geplanter Start: Ausmeldung: kum. Beauftr. Leist. (akt.):		Projektname: Projektleiter: geplantes Ende: Auftraggebertyp:		Projektkaufm.: progn. Ende: Bautyp:		Angelegt: Fertigstellungsgrad: Risikovorsorge: Finanzierungskosten:		
	Start- kalku- lation	Nach- träge	Revised Budget	kum. Ist	Abw. zum kum. Ist	Rest- kosten	Forecast	Abw. FC
1 Umsatz								
2 + Bestandsveränderungen								
3 = **Gesamtleistung**								
4 - Material								
5 - sonstige direkte Kosten								
6 - Subunternehmermontage								
7 = **Eigenleistung**								
8 - Leasingkosten								
9 - prod. Personalkosten								
14 = **Deckungsbeitrag1**								
15 +/- Chancen/Risiken								
16 - zusätzliche Verpflichtungen								
17 - Forderungswertberichtigung								
18 - kalk. Zinsen Projekt								
19 = **Projektergebnis**								
20 - Deckungsbedarf Projekt								
21 = Ergebnis des Projektes zu VK								

Abbildung 15: Projekt- und Ergebnisrechnung des Projektstatusberichts

Neben den Vergleichsrechnungen für einzelne Projekte, Niederlassungen und Hauptniederlassungen können aufgrund der oben erwähnten eindeutigen Beziehung zwischen Geschäftsfeld und Organisationseinheit auch Vergleichsrechnungen für Geschäftsbereiche und andere Attribute wie Region, Auftraggebertyp etc. aufgestellt werden, soweit diese im DV-System gepflegt werden (vgl. Abbildung 16).

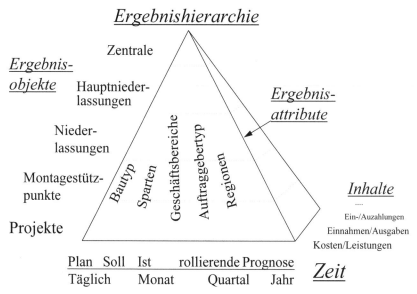

Abbildung 16: Dimensionen der Projekt- und Ergebnisrechnung

Um die Verbesserung der Unternehmenssteuerung durch eine stärkere Ergebnisverantwortlichkeit zu unterstützen, bietet es sich zudem an, die einzelnen Deckungsbeitragsstufen für die Vergütung oder Prämienzahlung der jeweiligen Ergebnisstufenverantwortlichen zu nutzen. So wird z.B. der Projektdeckungsbeitrag 2 als Berechnungsgrundlage für die Prämienzahlung eines Projektleiters herangezogen, während der Niederlassungs- bzw. Hauptniederlassungsdeckungsbeitrag für die Vergütung der Niederlassungs- bzw. Hauptniederlassungsleiter maßgeblich ist.

Neben der Ergebnis- und Deckungsbeitragsrechnung stellt die Projekt-Stundensatzrechnung ein zentrales Analyse- und Steuerungsinstrument für Projekteinzelfertiger dar. Voraussetzung für die Ermittlung steuernder Projekt-Stundensatzkenngrößen ist die Erfassung, Planung und Bewertung differenzierter Stundenleistungen (z.B. Montagezeiten für eigene Mitarbeiter je Dienstart und für Leasingkräfte). Insbesondere für die eigenen Einsatzkräfte empfiehlt sich eine differenzierte Kostenstellenbildung, so dass je Mitarbeiterkategorie ein Mitarbeiterpool (Kostenstelle) zur Verfügung steht, der zur differenzierten Verrechnung von Stundensätzen und zur Steuerung der Auslastung der jeweiligen Mitarbeitergruppen herangezogen werden kann. Wichtig ist hierbei vor allem die Trennung der projektbezogenen, geleisteten Leistungsstunden von den **nicht** projektbezogenen Leistungsstunden der jeweiligen Kategorien (vgl. Abbildung 17). Mit Hilfe dieser Trennung ist es möglich, Stundensatzkenngrößen für jedes Ergebnisobjekt (Projekt, Niederlassung, Hauptniederlassung, Geschäftsbereich etc.) zu erhalten, die für Vergleichsanalysen und Maßnahmenentscheidungen der Unternehmensführung zur Verfügung stehen.

Liegen alle Informationen der Projekt- und Ergebnisrechnung vor, so lassen sich für die Führungspositionen Kenngrößen ableiten, die einer gezielten Unternehmenssteuerung dienen (vgl. Abbildung 17).

Bei der Auswertung der Kennzahlenberichte erfolgt der erste Blick auf die Kenngröße Eigenleistung pro Leistungsstunde. Diese wird verglichen mit der auf dem freien Markt bezahlten Arbeitsstunde im Hinblick auf evtl. Hebelwirkungen durch den Leasing- und Subunternehmersatz. Anschließend erfolgt die Analyse der Gesamtkosten je Leistungsstunde als branchenbezogener Eckwert für Zeitreihen- und Vergleichsanalysen. Setzt man die Gesamt- bzw. Eigenleistung, die spezifischen Deckungsbeiträge oder das Ergebnis ins Verhältnis zu den projektbezogen geleisteten Leistungsstunden, so erhält man differenzierte Leistungsmaßstäbe des jeweils betrachteten Ergebnisobjektes. Der Vergleich der Größen „Eigenleistung/projektbezogene Leistungsstunden" zu „Kosten der Eigenleistung/projektbezogene Leistungsstunden" beantwortet transparent und einfach die Frage, die sowohl Projektleiter als auch Niederlassungsleiter und Geschäftsführung verstehen: „Was kostet eine

leiter und Geschäftsführung verstehen: „Was kostet eine eigene Leistungsstunde und was gibt mir der Markt dafür?"

Projektbezogene geleistete Leistungsstunden	Nicht projektbezogene Leistungsstunden
Leasingstunden	
Eigene Montagestunden	Eigene nicht verrechnete Anwesenheitszeiten
davon Monteure	davon Monteure
davon Auszubildende	davon Auszubildende
davon Bauleiter	davon Bauleiter
davon sonstige eigene Mitarbeiter	davon sonstige eigene Mitarbeiter
= Summe geleistete Montagestunden	= Summe nicht projektbezogener Leistungsstd.
Projekt-Stundensatzkenngrößen	
• Eigenleistung/projektbezogene geleistete Leistungsstunden	
• Kosten der Eigenleistung/projektbezogene geleistete Leistungsstunden	
• Gesamtleistung/projektbezogene geleistete Leistungsstunden	
• Gesamtkosten/projektbezogene geleistete Leistungsstunden	
• Leasingkosten/Leasingstunde	
• Direkte (eigene) Personalkosten/projektbezogene geleistete Leistungsstunden	
• Nicht verrechnete indirekte (eigene) Personalkosten/nicht-projektbezogene Leistungsstunden	
• (Spezifischer) Deckungsbeitrag/projektbezogene geleistete Leistungsstunden	
• Projekt-, NL-, HNL-Ergebnis/projektbezogene geleistete Leistungsstunden	
• Projekt-Stundenauslastungsquote	
= (projektbezogene eigene Leistungsstunden/gesamte eigene Leistungsstunden)	
• Wertschöpfungsquote = Eigenleistung/Gesamtleistung	
• Gesamtleistungsrendite = Ergebnis/Gesamtleistung	
• Gemeinkostenanteil = Gemeinkosten/Gesamtkosten	

Abbildung 17: Kenngrößen der Projekt-Stundensatzrechnung

Die Projekt-Stundenauslastungsquote zeigt z.B. die Beschäftigungsauslastung der eigenen Einsatzkräfte an, die bei Auslastungsspitzen oder Auslastungseinbrüchen durch die Substitution von Leasingkräften oder kompletter Fremdvergabe an Subunternehmer auf ein gewünschtes Maß zurückgeführt oder aufgebaut werden kann.

Die Wertschöpfungsquote stellt weiterhin einen Maßstab für die erbrachte Eigenleistung am Gesamtleistungsprozess dar. Die Gesamtleistungsrendite spiegelt das erzielte Ergebnis zur Gesamtleistung wieder, und dürfte vor allem im internen Zeitvergleich von besonderem Interesse sein.

Weitere Kennzahlen, wie z.b. der wert- und stundenmäßige Auftragsvorrat und die sich daraus ergebende Auftragsreichweite sollten das Berichtswesen ergänzen. Zudem ist die Kenntnis bestimmter Liquiditätsgrößen und -kennzahlen, wie z.b. die geforderten und erhaltenen Anzahlungen, offene Rechnungen und der Finanzierungsgrad für die Steuerung der Projekte und Ergebnisobjekte im Projektgeschäft unabdingbar.

Die vorgestellte Projekt- und Ergebnisrechnung wird eingesetzt in einer Profit-Center-Organisation der oben genannten exemplarischen Unternehmenshierarchien. Ein Profit-Center unterscheidet sich von einem Cost-Center durch die Kosten- und Erfolgs-Verantwortlichkeit der Profit-Center-Leiter. Eine exemplarische Struktur der Organisation eines Profit-Centers, das sich zumeist an der Niederlassungsebene aufhängt, zeigt die nachfolgende Abbildung.

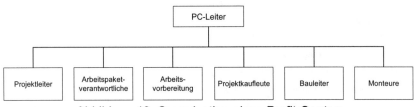

Abbildung 18: Organisation eines Profit-Centers

An der Organisation eines Profit-Centers ist die Führungs- und Ergebnisverantwortlichkeit hervorzuheben, da hier der Ort ist, an dem der Erfolg auch beeinflusst werden kann. Zentrale verantwortliche Mitarbeiter im Profit-Center sind die Projektleiter, da sie maßgeblich für den Erfolg bzw. Misserfolg eines Projekts verantwortlich sind. Unterstützt werden die Projektleiter durch die Arbeitspaketverantwortlichen (ggf. die Teilprojektleiter), die Arbeitsvorbereitung, die Projektkaufleute, die Bauleiter und die Monteure.

Ein Arbeitspaketverantwortlicher ist zuständig für die ihm zugeordnete Projektaufgabe bzw. das ihm zugeordnete Arbeitspaket und erfüllt hierfür Funktionen wie Budgetierung, Ausführungsplanung, Messungen, Prognosen, Bestellungen, Inbetriebnahmen, Aufmaße, Lieferungsüberwachung, Revision, Abrechnung, Montage- und Terminüberwachung sowie Abnahme.

Im Gegensatz zu herkömmlichen Organisationsstrukturen im Projektgeschäft wird aufgrund der in der Praxis häufig fehlenden erfahrenden Projektleiter, eine Arbeitsvorbereitung eingeführt, die ähnlich wie in der seriellen Fertigung, die Aufgabe hat, die Aufträge zu planen und vorzubereiten. Hierbei werden erfahrene Projektleiter aus dem Projektgeschäft teilweise oder ganz herausgegliedert, damit sie die nicht so erfahrenen

Projektleiter bezüglich der Planung und Vorbereitung zweckdienlich unterstützen können.

Aufgaben der Arbeitsvorbereitung sind die Strukturierung eines Projekts in Arbeitspakete, die Erstellung eines Terminplans, die Projektierung bzw. Optimierung, die Kalkulation sowie die Erstellung von Montage- und speziellen Ausführungsplänen.[127] Die Arbeiten erfolgen aus Trainings- und Informationskoordinationsgründen immer in Zusammenarbeit mit den nicht so erfahrenen Projektleitern. Die Arbeitsteilung zwischen Arbeitsvorbereitung und Projektleitung erweist sich in der Praxis als wirtschaftlich und organisatorisch sinnvoll. Ein Mitarbeiter der Arbeitsvorbereitung sollte breite Erfahrung als Projektleiter sowie fundierte Kenntnisse in den Bereichen CAD, technische Berechnungen und Planungen mitbringen. Er sollte zudem Spezialist in der Anwendung von Projektplanungs- und Kalkulationssoftware sein.

Vorteil der vorgestellten Projekt- und Ergebnisrechnung ist vor allem die Einfachheit und die auf Projektfertiger betriebswirtschaftlich zugeschnittene Indikatorqualität des Rechenwerks, das einheitlich von jeder Leitungsebene im Planungs-, Steuerungs- und Kontrollprozess eingesetzt werden kann.

3.1.2 Informations- und Berichtswesen

Um Projekte zielgerichtet steuern zu können, ist die Versorgung der Projektbeteiligten mit den richtigen Informationen sehr wichtig. Hierbei nimmt das Projekt-Controlling eine zentrale Stelle ein, da es für die Entwicklung und Pflege des Informations- und Berichtssystem maßgeblich die Verantwortung trägt. Das Problem liegt dabei in der Abstimmung des Informationsangebotes mit dem Informationsbedarf. Deshalb wird zur besseren Abwicklung eines Projekts ein formalisiertes Berichtswesen errichtet, das den wesentlichen Teil des Informationssystems bildet und aufgrund des hohen Datenaufkommens heute nur noch DV-technisch implementiert werden kann.[128] Hierdurch erhofft man sich einen besseren Überblick über das Projekt. Es werden insbesondere Berichte erstellt, die Informationen über Budgets, Kosten, Erlöse, Finanzen, Ressourcen, Termine, Struktur- und Fortschrittsanalyse enthalten, die hier nicht zentral sondern an den jeweiligen Stellen dieser Arbeit entweder im Rahmen der phasenübergreifenden oder phasenbezogenen Controllinginstrumente entwickelt bzw. aufgezeigt wurden. Diese Daten stehen zur Information derjenigen Mitarbeiter zur Verfügung, die diese zur Ent-

---

[127] Vgl. *Heeg, F.-J.; Frieß, P.M.*: Projektstrukturierung, in: *RKW* (Hrsg.): Projektmanagement Fachmann, Bd. 1, 5. Aufl., Eschborn 1998, S. 493-518, hier: S. 495ff.

[128] Vgl. *Heuer, G.C.*: Projektmanagement, Würzburg 1979, S. 50f.

scheidung und Handlung in einem Projekt oder im Unternehmen benöti-
gen.[129]

Das Informationssystem ist insofern ein phasenübergreifendes Control-
linginstrument, als es Informationen für die Planung, Steuerung und Kontrolle ausgehend von der Projektvorbereitungs- über die Projektabwicklungsphase bis hin zur Projektnachbereitungsphase enthalten sollte. Die
Aufgabe des Controlling liegt darin, den Informationsbedarf, die Informa-
tionserzeugung und -bereitstellung zu koordinieren. Dabei sollte das
System die Informationen sowohl für die Mitarbeiter, als auch für das
Management entsprechend aufbereiten, d.h. eine geeignete Verdichtung
nach oben und eine Analysefunktion (Drill-down) nach unten ist einzurichten.[130] Um eine optimale Informationsversorgung zu gewährleisten,
wird oft auf Standardberichte zurückgegriffen. Deren äußere Form ist
genau vorgegeben, und die entsprechenden Informationen sind nur noch
einzutragen. Diese Berichte haben den Vorteil, dass sie sich auf die
wichtigsten Informationen beschränken und besser vergleichbar sind.
Außerdem ist der Verfasser gezwungen, möglichst kurz zu berichten. Als
zentraler Bericht im Projekt-Controlling wurde bereits die Projekt- und
Ergebnisrechnung vorgestellt, die im Rahmen dieser Arbeit entwickelt
wurde (vgl. Kapitel 3.1.1.2).

Bei der Gestaltung des Berichtswesens sind Inhalt und Form, Berichter-
statter, Empfängerkreis, Berichtszyklus und Berichtsablauf festzulegen.
Das Ziel der Berichterstattung sollte darin liegen, die Termin-, Kosten-
und Leistungserreichung zu unterstützen und die Entscheidungen durch
Bereitstellung der notwendigen Informationen zu erleichtern.[131] Dadurch
ergeben sich folgende Anforderungen, die an ein Berichtswesen gestellt
werden:[132]

- Rechtzeitige und pünktliche Bereitstellung der Informationen.

- Vollständige und wahre Informationsübermittlung.

---

[129] Vgl. *Dräger, E.*: Projektmanagement mit SAP R/3, Bonn 1998, S. 52ff.

[130] Vgl. *Lachnit, L.*: Controllingkonzeption für Unternehmen mit Projektleistungstätigkeit, München 1994, S. 14f.

[131] Vgl. *Rinza, P.*: Projektmanagement. Planung, Überwachung und Steuerung von
technischen und nichttechnischen Vorhaben, 3. Aufl., Düsseldorf 1994, S. 108ff.

[132] Vgl. *Dörrenberg, F.E.*: Informations- und Berichtswesen, in: *RKW* (Hrsg.): Projektmanagement Fachmann, Bd. 2, 6. Aufl., Eschborn 2001, S. 1117-1151, hier:
S. 1126; *Rinza, P.*: Projektmanagement. Planung, Überwachung und Steuerung
von technischen und nichttechnischen Vorhaben, 3. Aufl., Düsseldorf 1994, S.
109.

- Einheitliche Vergleichbarkeit und klare Formulierung sowie Übersichtlichkeit und Verständlichkeit der Informationen.

- Hierarchische Gliederung.

- Wenige, standardisierte Dokumente für jeden Benutzer.

- Projektstatus auf einen Blick.

- Aufzeigen von Risiken und Problemen.

Der Berichtsfluss hängt ab von der Organisationsstruktur eines Projekts. In dieser wird klar geregelt, wer wem zu berichten hat. I.d.R. geht der Informationsfluss von unten nach oben (bottom-up).[133] Die Berichtsinhalte richten sich nach dem Aufgabengebiet des einzelnen Mitarbeiters. Jeder muss die anderen über seine Tätigkeiten informieren. Die Berichtshäufigkeit hängt von der Art eines Projekts, den Vertragsbedingungen sowie der Informationsart und -bedeutung ab.[134]

Eine sehr große Bedeutung hat die rasche Informationsweitergabe für den Fortgang eines Projekts. Deshalb werden neben dem regelmäßigen Erstellen der Berichte auch Projektbesprechungen durchgeführt. Hier können Informationen durch persönlichen Kontakt direkt ausgetauscht werden und eine sofortige Reaktion ist möglich. Natürlich müssen auch hier die Ergebnisse der Besprechung schriftlich in Verlaufs- oder Ergebnisprotokollen fixiert werden.[135] Im Berichtswesen ist also zwischen Berichten und Protokollen zu unterscheiden.

Um einen Überblick über die Vielzahl der zu erstellenden Berichte zu bewahren, sollte man einen Berichtsplan entwerfen, in dem alle Berichte mit ihrer Form, ihrem Erscheinungstermin, ihrem Umfang sowie ihrem Ersteller und ihrem Empfänger vermerkt sind.[136] Grundsätzlich können Berichte in die zwei Kategorien Standardberichte und Ad-hoc-Abweichungsberichte eingeteilt werden. Standardberichte werden regelmäßig erstellt (z.B. wöchentlich oder monatlich), während Ad-hoc-

---

[133] Vgl. *Brandenberger, J.; Ruosch, E.*: Projektmanagement im Bauwesen, 1. Aufl., Köln 1974, S. 85.

[134] Vgl. *Madauss, B.J.*: Handbuch Projektmanagement, 6. Aufl., Stuttgart 2000, S. 306ff.

[135] Vgl. *Dörrenberg, F.E.*: Informations- und Berichtswesen, in: *RKW* (Hrsg.): Projektmanagement Fachmann, Bd. 2, 6. Aufl., Eschborn 2001, S. 1117-1151, hier: S. 1142ff.

[136] Vgl. *Burghardt, M.*: Projektmanagement, 2. Aufl., Berlin, München 1993, S. 365.

Abweichungsberichte bei Eintreten bestimmter Ereignisse erstellt werden (z.B. bei Planabweichungen).[137] Berichte können sehr viele Erscheinungsbilder besitzen. Man kann auf der einen Seite unterscheiden nach dem Inhalt der Berichte (z.B. Terminbericht, Kostenbericht, Kostenterminbericht) und zum anderen nach der verwendeten Methode der Datenerhebung (z.B. Plan-/Ist-Vergleich, Trendanalyse).[138] Die genaue Ausgestaltung und Anzahl der Berichte hängt von der Art und Größe des Projektes ab. Um die Informationen zu präsentieren, kann man sie graphisch oder tabellarisch aufarbeiten. Neben der formellen Berichterstattung existiert immer auch eine informelle Berichterstattung. Diese kann direkt und formlos an die betroffenen Stellen weitergegeben werden (z.B. über persönliche Gespräche). Wenn wichtige Informationen allerdings ausschließlich informell ausgetauscht werden, ist dies für das Berichtswesen eines Projekts negativ zu beurteilen.

Aufgrund der intensiven Steuerungs- und Kontrollunterstützung des Informations- und Berichtswesen werden spezielle Rahmenbedingungen, Voraussetzungen und Inhalte der Dokumentation und Berichterstattung in der Projektabwicklungsphase entwickelt (vgl. Kapitel 3.2.2.2.2.7).

Die Errichtung von Frühwarnsystemen ist von entscheidender Bedeutung für die Steuerung von Prozessen, da diese mögliche Gefahren frühzeitig anzeigen und eine schnelle Reaktion von Seiten des Projektmanagements ermöglichen.[139] Die Aufgabe von Frühwarnsystemen besteht darin, sog. „schwache Signale" aufzunehmen. Dies geschieht mit der Errichtung von Frühwarnindikatoren, die alle risikobehafteten Bereiche abdecken sollten (z.B. technologische, soziale und politische Frühwarnindikatoren).[140] Eine Überschreitung definierter Abweichungsgrenzen oder Toleranzschwellen zeigt an, dass Anpassungsmaßnahmen erforderlich sind. Im anschließenden Kapitel 3.1.3 wird eine solches frühwarnorientiertes Kennzahlensystem entwickelt, das sowohl zur Steuerung einzel-

---

[137] Vgl. *Krüger, A.; Schmolke, G.; Vaupel, R.*: Projektmanagement als kundenorientierte Führungskonzeption, Stuttgart 1999, S. 121ff.

[138] Vgl. *Rinza, P.*: Projektmanagement. Planung, Überwachung und Steuerung von technischen und nichttechnischen Vorhaben, 3. Aufl., Düsseldorf 1994, S. 109ff.; *Burghardt, M.*: Projektmanagement, 2. Aufl., Berlin, München 1993, S. 367ff.

[139] *Krüger/Schmolke/Vaupel* sehen Frühwarninformationen häufig nur auf informeller Basis. (Vgl. *Krüger, A.; Schmolke, G.; Vaupel, R.*: Projektmanagement als kundenorientierte Führungskonzeption, Stuttgart 1999, S. 128.) M.E. sollten sie jedoch im Berichtswesen verankert werden.

[140] Vgl. *Reichmann, Th.*: Controlling mit Kennzahlen und Managementberichten. Grundlagen einer systemgestützten Controllingkonzeption, 6. Aufl., München 2001, S. 523.

ner Projekte als auch für die Unternehmung insgesamt herangezogen werden kann.

Das Berichtswesen wird sehr häufig durch entsprechende Software gesteuert, die aus allen Berichten eine gemeinsame Datenbasis erstellt. Diese ist auch für den Aufbau einer Erfahrungsdatenbank zu nutzen, die insbesondere für die Planung, Steuerung und Kontrolle zukünftiger Projekte nützlich ist.[141]

3.1.3 Kennzahlengestütztes Frühwarninstrumentarium

Das Kennzahlensystem im Bereich des Unternehmens-Controlling soll es den Verantwortlichen in den Organisationseinheiten neben dem Projekt-Controlling ermöglichen, quantitative und qualitative Aspekte ihres Geschäftsfelds oder ihrer Einzelgesellschaft effizient zu steuern.

Die erforderlichen Daten werden der Organisationsstruktur folgend nach Strukturbereichen bzw. Hierarchieebenen getrennt durch das System bereitgestellt. Die Gliederung orientiert sich an den bereichsübergreifenden Unternehmenskennzahlen. Zweck ist es, Ziele, Maßnahmen und mögliche Abweichungsursachen zu eruieren sowie Steuerungsgrößen abzubilden, die für das spezifische Einzelunternehmen, das Geschäftsfeld und die Gesamtunternehmung relevant sind. Darüber hinaus gilt es, Frühwarnindikatoren zu erfassen, die gerade auch für den Verantwortlichen des jeweiligen Geschäftsfeldes einen Hinweis auf die Ergreifung rechtzeitiger Steuerungsmaßnahmen liefern.

Die Konzeption soll die Abbildung aller wesentlichen Aspekte einer führungsebenenbezogenen Informationsversorgung eines Unternehmens mit komplexer Projektfertigung aufzeigen. Verbunden mit der als Business Intelligence bezeichneten, flexiblen Analyse von Berichtsobjekten, die ein Berichtswesen auf Papier nicht erlaubt, erfolgt die Umsetzung mit Hilfe eines Executive Cockpits und entsprechender Analysepfade, die im Kapitel 4.4 erläutert werden. Hier soll die inhaltliche Konzeption im Vordergrund stehen.

Im Controlling des Projektgeschäfts wird ein Frühwarninstrumentarium benötigt, das vor allem die wertschöpfungsphasenbezogenen Indikatoren des Projektgeschäfts rechtzeitig signalisiert, so dass ein zielgerichtetes Projektmanagement bezüglich identifizierter Störpotentiale sowie Chancen und Risiken möglich wird. Die Zielsetzung ist, ein interdisziplinäres, unternehmensweit übergreifendes Planungs-, Steuerungs- und Kontrollkonzept in Abstimmung von Management und Controlling sowie DV zu etablieren, das die Bereitstellung frühzeitiger Informationen über

---

[141] Vgl. *Burghardt, M.*: Projektmanagement, 2. Aufl., Berlin, München 1993, S. 380.

Erfolg und Misserfolg, Stärken und Schwächen sowie Chancen und Risiken der jeweiligen rechtlichen Einheiten und Unternehmensbereiche sowie der zugeordneten Projekte und Projektgruppen erlaubt. Die Hauptzielsetzung besteht darin, für die vorliegende Ergebnishierarchie ein aussagefähiges Instrumentarium bereitzustellen, das sowohl für die Darstellung und Analyse der Projektergebnisse (Projekt-Controlling) als auch für die Ergebnisse der einzelnen Organisationseinheiten (z.B. Zentrale, SGE, Niederlassungen etc.) über die jeweiligen Projekte bis hin zum Gesamtunternehmensergebnis (Unternehmens-Controlling) (vgl. Abbildung 19) eingesetzt werden kann. Eine weitere Kennzahleneinteilung nach der generellen und der projektspezifischen Umwelt sowie spezifischen Projektkennzahlen, wie sie z.B. *George* vorschlägt, ist prinzipiell auch möglich, jedoch praxisbezogen nicht erforderlich.[142]

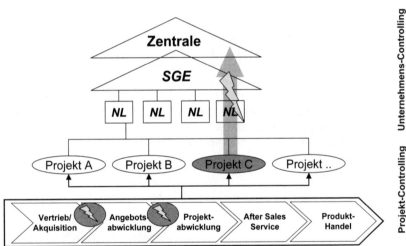

Abbildung 19: Phasenorientiertes Projekt-Controlling und übergeordnetes Unternehmens-Controlling

Innerhalb des Projekt- und Unternehmens-Controlling gibt eine Kennzahlenübersicht einen ersten Überblick über die Geschäftsfelder, Niederlassungen und Projekte.

Die Kennzahlenübersicht enthält wichtige Eckwerte wie den Projektgesamtwert und die Projekt-Wertschöpfung im Projekt-Controlling oder den Auftragseingang und das operative Ergebnis im Unternehmens-

---

[142] Vgl. *George, G.*: Kennzahlen für das Projektmanagement, Frankfurt a.M. 1999, S. 123ff.

Controlling. Mit Hilfe der Drill-Down-Analyse ist es möglich, tiefergehend zu analysieren, indem z.b. in die Auswahl einzelner Gesellschaften innerhalb der jeweiligen Geschäftsfeldstruktur verzweigt wird. Neben quantitativen Kennzahlen werden auch qualitative Größen in Strategieportfolios bzw. Risikoprofilen signalisiert.

Ergänzend zu den Spitzenkennzahlen werden mit Hilfe von gesetzten Schwellenwerte Alarmsignale in Form von Ampeln gesetzt, die dem Analysten helfen frühzeitig auch negative Abweichungen und Entwicklungen tieferliegender Kennzahlen zu entdecken und zu verfolgen.

Die spezifische Ausgestaltung der Analysebereiche im Projekt- und Unternehmens-Controlling ist unternehmensindividuell zu modellieren und somit als richtungsweisendes Exempel für Erweiterungen zu verstehen. Im Rahmen dieser Arbeit sollen nicht alle möglichen und durchaus sinnvollen Kennzahlen dargestellt werden, die bereits in vielfältiger Weise in der betriebswirtschaftlichen Literatur nachzulesen sind.[143] Kennzahlen, die allgemeingültig über Branchen hinweg für Rentabilitäts- und Liquiditätsanalysen und Vermögensbetrachtungen zu nutzen sind, bleiben hier ausgeklammert. Im Folgenden werden Kennzahlenbereiche und Kennzahlen systematisiert, die für die komplexe Projektfertigung als neuralgisch bezeichnet werden können.

3.1.3.1 Projektphasenbezogene Kennzahlenbereiche

Die innerhalb des Projekt-Controlling vorgesehenen Kennzahlenbereiche sollten sich auf den gesamten Wertschöpfungsprozess eines Projekts beziehen. Besonderes Augenmerk liegt vor allem auf den frühen Projektphasen (Vertriebsphase, Angebots- und Projektabwicklung), da in

---

[143] Vgl. z.B. das **RL-Kennzahlensystem** (dargestellt bei *Reichmann, Th.*: Controlling mit Kennzahlen und Managementberichten. Grundlagen einer systemgestützten Controllingkonzeption, 6. Aufl., München 2001 und *Reichmann, Th.; Lachnit, L.*: Planung, Steuerung und Kontrolle mit Hilfe von Kennzahlen, in: ZfbF, 1976, S. 705-723), das **DU-Pont-Kennzahlensystem** (dargestellt z.B. bei *Coenenberg, A.G.*: Jahresabschluß und Jahresabschlußanalyse, 13. Aufl., Landsberg a.L. 1992, S. 1027), das **ROI-Cash-Flow-Kennzahlensystem** (dargestellt bei *Hahn, D.*: Zum Inhalt und Umfang der Unternehmensanalyse als bisheriges und zukünftiges Aufgabengebiet des Wirtschaftsprüfers, in: *Bernd Aschfalk u.a.* (Hrsg): Unternehmensprüfung und –beratung. Festschrift zum 60. Geburtstag von Bernhard Hartmann, Freiburg i.Br. 1976, S. 31-53) und das **Kennzahlensystem des Zentralverbandes der Elektrotechnischen Industrie (ZVEI)** (dargestellt bei *Betriebswirtschaftlicher Ausschuß des Zentralverbandes Elektrotechnik und Elektronikindustrie (ZVEI) e.V.* (Hrsg.): ZVEI-Kennzahlensystem. Ein Instrument zur Unternehmenssteuerung, 4. Aufl., Frankfurt a.M. 1989; *Küting, K.*: Kennzahlensysteme in der betrieblichen Praxis, in: WiSt, 1983, S. 291-296, hier: S. 292ff.)

diesen Phasen maßgebliche Einflussfaktoren für den gesamten Projektverlauf, die Projektkosten und den Projekterfolg festgelegt werden.

Die Berichtsfelder werden neben den zentralen Projekteckwerten, wie Projektwert (Prognose) bzw. Projektergebnis (Prognose), anhand einer ausgewählten Spitzenkennzahl auf der Übersichtsmaske (Executive Cockpit) angezeigt. Mit Hilfe der oben beschriebenen Ampelfunktion werden kritische Risiko- und Erfolgsbereiche visualisiert.

	Eckwerte		Angebotsphase		Projektphase					
			Frühindikatoren		Auftrags-erfolg	Finanzen	Wert-schöpfung	Fremd-leistung	Chance/Risiko	Projekt-fortschritt
1999/2000 ▼ **April** ▼	Projektwert (Prog.)	Projekt-ergebnis (Prog.)	Soft-Facts	DB / AW (AK)	DB / PW (Prog.)	Cash-Flow (Ist)	ΔELK (Prog.-ArK)	ΔFLK (Prog.-ArK)	ΔRisiko-vorsorge (Prog.-ArK)	Termin-verz. ges. (Prog.)
Projekt Sensortechnik Malmö	13.684 T€	-1.850 T€	•	0,00%	-13,52%	-125 T€	832 T€	1.582 T€	-227 T€	30 Tg
Projekt Gerüstbau Aue	2.236 T€	286 T€	•	3,86%	12,79%	969 T€	-141 T€	-97 T€	47 T€	119 Tg
Projekt Anlagenbau Hoyerswerda	39.774 T€	-23.291 T€	•	-18,58%	-58,56%	-4.711 T€	12.776 T€	4.832 T€	3.753 T€	100 Tg
Projekt Verschaltung Sydney	10.292 T€	849 T€	•	5,03%	8,25%	2.673 T€	-649 T€	-48 T€	0 T€	60 Tg
Projekt Netzwerktechnik Lima	63.725 T€	703 T€	•	1,85%	1,10%	1.954 T€	-9.088 T€	465 T€	0 T€	0 Tg

Abbildung 20: Spitzenkennzahlen im Projekt-Controlling

Durch eine weitere Option erhält der User je nach Bedarf weitere projektbeschreibende Informationen (sog. Projektprofildaten). Hier werden Daten bereit gehalten, die z.B. Projektmeilensteine sowie Verantwortlichkeiten näher spezifizieren.

Über einen projekt- sowie berichtsfeldbezogenen Drill-down innerhalb der Analysebereiche bzw. Spitzenkennzahlen wird der User in ein erläuterndes Kennzahlensystem geführt, das mit der ausgewählten Spitzenkennzahl in einem sachlogischen Zusammenhang steht. Für jedes Berichtsfeld hält das System eine entsprechend detaillierte Kennzahlenübersicht vor. Die Hierarchisierung der Kennzahlenstruktur führt dazu, dass kritische, bisher nur schwer identifizierbare Projektfaktoren zu lokalisieren sind und somit drohenden Ergebnisabweichungen rechtzeitig entgegen zu steuern ist.

• Angebotsphase

Das Projekt-Controlling wird durch den Bereich der Frühindikatoren eingeleitet. Tendenziell haben die hier einfließenden Sachverhalte einen weiten Vorlaufcharakter, d.h. sie besitzen eine Indikatorfunktion. Zur Umsetzung dieses Anspruches ist es notwendig, neben den quantitativ zu ermittelnden Hard Facts in Form von aussagekräftigen Vorsteuergrößen (Werte und Differenzen aus den Projektfrühphasen), für den Projekterfolg auch weiche Faktoren (sog. Soft Facts), die die Chancen und Risiken eines Projekts determinieren, zu berücksichtigen.

Im Bereich der Soft Facts erhält der User einen Überblick über die wichtigsten weichen Einflussfaktoren, die den Projekterfolg maßgeblich beeinflussen. Unter den Soft Facts werden also Erfolgs- und Risikogrößen verstanden, die einen erheblichen Einfluss auf die Höhe des Risikos und somit auf den Projekterfolg in den Geschäftsfeldern haben. Diese ausgewählten Informationen zeigen sodann das Chancen- und Risikoprofil der betrachteten Unternehmensbereiche bzw. Projekte, bspw. die Realisierungswahrscheinlichkeit und die Auftragswahrscheinlichkeit des Projektes. Die Identifizierung und geeignete Strukturierung des Risikoprofils ist im Rahmen des Risikomanagements vorzunehmen (vgl. Kapitel 3.1.9). Die Identifikation des Risikos kann anhand von Checklisten und Scoring-Modellen erfolgen.

Im darauffolgenden Schritt werden die verifizierten Risiken analysiert und bewertet. Die Risiken werden anhand ihrer Ereigniswahrscheinlichkeit sowie der Intensität ihrer Auswirkung beurteilt.

Eine übersichtliche Bewertung des Chancen- und Risiko-Profils der einzelnen Projekte erfolgt z.B. mit Hilfe der Risk-Map (vgl. Kapitel 3.1.9) oder eines Risiko-Netzes. Beim Risiko-Netz werden einzelne Risiken gewichtet und mit Punkten bewertet. Je größer die Fläche des Risikonetzes ist, desto größer ist das Risikopotential eines Projekts.

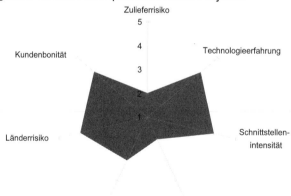

Abbildung 21: Risiko-Netz

Im Segment Hard Facts wird auf wesentliche Indikatoren für den Projekterfolg zurückgegriffen, die bereits in frühen Projektphasen verfügbar sind. Sie basieren im Wesentlichen auf der Entwicklung der fortschreitenden Planung und Angebotskalkulation. Mit Hilfe von Abweichungen lassen sich in der Angebotsphase Veränderungen im Zeitablauf oder im Vergleich zu Vorgabewerten analysieren. Abweichungen im Zeitablauf zeigen Veränderungen und Trends hinsichtlich der Erfolgswahrscheinlichkeit eines Projekts an. So kann bspw. in der Angebotsphase festgestellt werden, wie stark eine erste Angebotskalkulation von der letzten Angebotskalkulation abweicht, was z.b. auf den Preisdruck des Auftraggebers zurückzuführen ist.

- Projektphase

Wichtige Kennzahlen-Analysefelder und Spitzenkennzahlen für das Einzelprojekt-Controlling sind:

- Projekterfolg (Absoluter und relativer Deckungsbeitrag)

  Die Kennzahlen im Bereich des Projekterfolgs setzen die Ergebnisgröße Deckungsbeitrag zum Projektgesamtwert in Beziehung. Es sind Indikatoren für die relative und die absolute Ertragskraft eines bestehenden Projekts. Sie dienen zur Beurteilung der Ertragskraft eines Projekts über die direkt zurechenbaren Einzelkosten hinaus.

  Darüber hinaus werden weitere Renditegrößen sowie Ergebniswerte aus einzelnen Projektkomponenten visualisiert. Weitere Kennzahlen dieses Bereichs sind der Projektwert, die Wertschöpfung und das Projektergebnis bzw. die Projektdeckungsbeiträge.

- Finanzen (Projekt Cash Flow)

  Die Spezifikation dieses Analysebereichs zielt auf die mit einem Projekt verbundenen finanziellen Auswirkungen. Hier sind sowohl die entsprechenden Zahlungsgrößen in Form des Projekt Cash Flows als auch Ertragswerte wie das Zinsergebnis berücksichtigt.

  Die Kennzahl Projekt Cash Flow gibt Auskunft über die Höhe der vom Kunden erhaltenen finanziellen Mittel, die über die bereits geleisteten Auszahlungen hinausgehen und für weitere Maßnahmen zur Verfügung stehen. Der Projekt Cash Flow sollte zur Stärkung der Verhandlungsposition gegenüber dem Auftraggeber stets positiv sein.

  Weitere Kennzahlen dieses Bereichs sind die projektbezogene Anzahlungsquote (erhaltene Abschlagszahlungen zum Bestand der unfertigen Projektleistung) und die kalkulatorischen Zinsen eines Projekts.

- Eigene Wertschöpfung (Eigenleistung pro Stunde)

  Der Analysebereich Wertschöpfung splittet den abgebildeten Wertebereich in Qualitäts-, Wert- und Stundengrößen. Weiterhin erfolgt der Ausweis der gebundenen Ressourcen hinsichtlich ihrer Verteilung in den jeweiligen Projektphasen.

Die Kennzahl Eigenleistung definiert den Teil der Gesamtleistung, die allein von der Leistungserstellung (Wertschöpfung) der Unternehmung abhängt und somit als steuerbare Regulierungsgröße dient.

Bei der Auswertung der Kennzahlenberichte erfolgt der erste Blick auf die Kenngröße Eigenleistung pro Stunde. Diese wird verglichen mit der auf dem freien Markt bezahlten Arbeitsstunde im Hinblick auf evtl. Hebelwirkungen durch den Fremd- bzw. Subunternehmereinsatz.

- Fremdleistung (Abweichung der Fremdleistung)

In der Kennzahlenstruktur der Fremdleistung werden die Material- und Fremdleistungskosten, die durch Dritte entstehen, in strukturierten Kostenblöcken je Projektphase und für das Gesamtprojekt ausgewiesen. Abweichungen der Fremdkosten weisen auf Mehr- oder Minderverbräuche hin, die das Projektergebnis beeinflussen. Zusätzlich werden währungstechnische Aspekte, wie Kursdifferenzen, berücksichtigt.

- Chancen und Risiken (Risikovorsorge)

Die Analysestruktur im Bereich Chance/Risiko gibt Auskunft über die mit dem Auftrag verbundenen Chancen- und Risikopotentiale, die nach Aspekten hinsichtlich ihrer Herkunft und Ursache differenziert werden.

Die Risikovorsorge stellt z.B. das in Geldeinheiten bemessene, risikoträchtige Potenzial eines Projekts dar, das kalkulatorisch im Sinne einer Eigenversicherung für den Eintritt des Risikofalls zurückzustellen ist.

- Projektfortschritt (Terminverzug und Fertigstellungsgrad)

Der Kennzahlenbereich des Auftragsfortschritts verdeutlicht den Fertigstellungsgrad und die Terminverzüge des Projektes sowie seiner Teilabschnitte. Aggregiert wird der Gesamtzeitverzug des Projektes zum aktuellen Zeitpunkt angegeben, wobei Kompensationseffekte der Terminverzüge zwischen den einzelnen Projektabschnitten zu berücksichtigen sind. Der Gesamtterminverzug gibt den Terminverzug nach Ausschöpfung der freien Puffer an.

Die Kennzahl Progress-Cost-Ratio (Kosten-Fortschritts-Relation) setzt den erzielten Projektfortschritt in Beziehung zu der damit verbundenen Budgetausschöpfung. Bei einer Ausprägung >1 ist tendenziell ein ausreichendes Budget für den weiteren Auftragsverlauf zu erwarten.

Ein Erfolgsfaktor für Projekte ist z.B. auch eine möglichst geringe Entwicklungs- und Anlaufzeit. Daher ist die Kennzahl Time to Market auch besonders interessant. Sie setzt sich aus der Entwicklungs- und der Anlaufzeit absolut zusammen.[144]

Weitere Kennzahlen, die auf eine Termingefährdung hindeuten, sind folgende:[145]

$$- \quad \frac{\text{Anzahl zeitkritischer Vorgänge}}{\text{Gesamtanzahl Vorgänge}} * 100$$

$$- \quad \frac{\text{Dauer zeitkritischer Vorgänge}}{\text{Gesamtdauer Vorgänge}} * 100$$

Neben den quantifizierbaren Projektleistungskennzahlen sind Kennzahlen, die die Qualität der Projektleistungen messen, ein ausschlaggebender Faktor. Mögliche Kennzahlen hierfür sind:[146]

-   Anzahl gefundener Fehler je Arbeitspaket

-   Stillstandszeit(en) bei Testläufen

-   Stillstandszeit(en) nach Abnahme durch den Auftraggeber

$$- \quad \text{Verfügbarkeit} = \frac{\text{Gesamtbetriebszeit des Systems - gesamte Ausfallzeit}}{\text{Gesamtbetriebszeit des Systems}} * 100$$

-   Anzahl der Reklamationen durch den Auftraggeber

-   Anzahl der Reparaturen nach Abnahme durch den Auftraggeber

3.1.3.2 Unternehmensbezogene Kennzahlenbereiche

Das Kennzahlensystem im Bereich des Unternehmens-Controlling soll den Verantwortlichen in den Organisationseinheiten neben dem Projekt-Controlling ermöglichen, quantitative und qualitative Aspekte ihres Geschäftsfeldes oder ihrer Einzelgesellschaft effizient zu steuern.

Die erforderlichen Daten werden, der Organisationsstruktur folgend, nach Strukturbereichen bzw. Hierarchieebenen getrennt durch das System bereitgestellt. Die Gliederung orientiert sich an den bereichsübergreifenden Unternehmenskennzahlen. Zweck ist es, Ziele, Maßnahmen

---

[144] Vgl. *Gentner, A.*: Entwurf eines Kennzahlensystems zur Effektivitäts- und Effizienzsteigerung von Entwicklungsprojekten, München 1994, S. 128.

[145] Vgl. *Burghardt, M.*: Projektmanagement, 2. Aufl., Berlin, München 1993, S. 403.

[146] Vgl. *George, G.*: Kennzahlen für das Projektmanagement, Frankfurt a.M. 1999, S. 167f.

und mögliche Abweichungsursachen zu eruieren sowie Steuerungsgrößen abzubilden, die für die spezifische Niederlassung, das Geschäftsfeld und die Gesamtunternehmung relevant sind. Darüber hinaus gilt es, Frühwarnindikatoren zu erfassen, die gerade auch für die Verantwortlichen in den SGE einen Hinweis auf die Ergreifung rechtzeitiger Steuerungsmaßnahmen liefern.

Die Berichtsfelder werden neben zentralen Unternehmenseckdaten, wie Auftragsbestand, Auftragseingang, Auftragsreichweite bzw. Umsatzrentabilität (ROS) und operatives Ergebnis vor Steuern (EBT), wie im Projekt-Controlling anhand einer ausgewählten Spitzenkennzahl auf der Übersichtsmaske dargestellt.

Mit Hilfe der Drill-Down-Analyse ist es möglich, tiefergehend zu analysieren, indem z.B. in die Auswahl einzelner Niederlassungen innerhalb der jeweiligen SGE-Struktur verzweigt wird.

1999/2000 ▼	Eckdaten		Strategie	Rentabilität	Schlüssel-indikatoren	Liquidität	Mitarbeiter	F & E
April ▼ FRS AG / SGE	Auftrags-eingang (△ Prog.-Ark.) Mio €	Operatives Ergebnis (△ Prog.-Ark.) Mio €	Portfolios	ROCE (Prog.)	Wertsch./ h (Prog.) € / h	CF / Wertsch. (Prog.) %	Wertsch. / Mitarbeiter (Prog.) € / MA	F & E - Intensität (Prog.) %
FRS AG	**-100,9**	**9,7**		**-1,89**	**200,2**	**9,70**	**157,9**	**1,44**
Blechverarbeitung	33,1	10,7		2,79	181,0	14,11	150,0	1,86
Anlagenbau	-199,0	1,5		-2,16	195,0	17,96	155,9	1,36
Netzwerktechnik	-34,7	-15,6		1,99	215,6	19,72	213,6	1,01
Datenverarbeitung	-35,3	-1,4		5,69	220,1	16,30	199,7	2,10
Industriegase	9,7	-14,0		1,50	155,6	7,60	201,5	1,56
Verschaltung	43,1	-5,7		5,01	165,5	10,99	99,6	1,90
Fördertechnik	143,1	-11,3		1,96	214,5	7,10	215,6	1,37
Sensortechnik	-106,9	0,7		1,92	199,6	13,00	199,1	0,96
Hydraulik	-155,0	-6,4		1,05	147,5	9,60	117,9	1,40
Meßtechnik	64,2	5,7		5,20	179,6	17,96	156,3	0,50
Werkzeugmaschinen	141,1	-19,3		1,79	169,5	5,50	215,4	2,10
Service	-40,5	-4,1		-1,59	240,3	19,60	222,6	1,15

Abbildung 22: Spitzenkennzahlen Unternehmens-Controlling

Die spezifische Ausgestaltung der Analysebereiche im Unternehmens-Controlling ist wie im Projekt-Controlling unternehmensindividuell zu modellieren. Das Unternehmens-Controlling kann bspw. in die in Abbildung 22 dargestellten Betrachtungsebenen aufgegliedert werden. Mit Ausnahme des Segments Strategie sind für jeden der Bereiche Schlüsselkennzahlen definiert. Die exemplarischen Analyse- und Kennzahlenbereiche sind im Folgenden dargestellt.

• Analysebereich Strategie

In der Strategiebetrachtung wird ein geschäftsfeld- bzw. produktbereichsorientiertes Marktattraktivitäts- und Wettbewerbsstärken-Portfolio aufgestellt. Kriterien für die Marktattraktivität sind u.a. die Wachstumsrate, das Marktpotenzial, die Anzahl der Wettbewerber, die Stabilität der Marktanteile, die Kundentreue und die Eintrittsmöglichkeiten bzw. -

barrieren im Markt. Kriterien für die Wettbewerbsstärke stellen u.a. der Bekanntheitsgrad, der Technologievorsprung, die Abwicklungserfahrung, die Mitarbeiterqualifikation, die Innovationskraft und die Engineeringqualität dar.

In einem Diagramm sind die Positionen der unterschiedlichen Projektgruppen für die betrachtete SGE anzuzeigen. Der Umfang der Kreise spiegelt dabei die Summe der Auftragswerte des Geschäftsfelds wider.

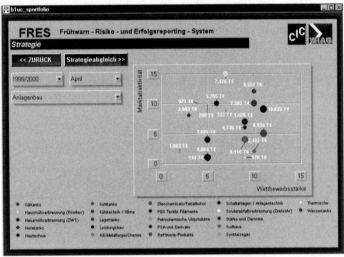

Abbildung 23: Strategie-Portfolio

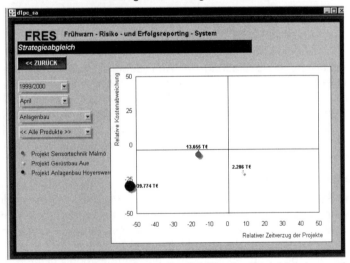

Abbildung 24: Strategie-Abgleich mit Hilfe der Projektstatusanalyse

Das Strategieportfolio lässt sich mit Hilfe der Projektstatusanalyse gezielt abgleichen. Die Projektstatusanalyse bietet die Möglichkeit, Termin- und Ergebnis- bzw. Kostenabweichungen der betrachteten Projekte eines Geschäftsbereiches in einer zweidimensionalen Matrix abzubilden und zu kontrollieren. Je nachdem in welchem Quadranten sich ein Projekt bzw. die Vielzahl der Projekte befindet, ist eine Deckung bzw. Abweichung von der Strategie zu erkennen.

Des Weiteren sind innerhalb der eingesetzten Matrix auch die entsprechenden Trends der Projekte abzubilden. Diese Trends werden bspw. über sog. Trendpfeile dargestellt. Die Richtung und die Länge dieser Pfeile zeigen die zu erwartende Entwicklung eines Projekts an.

Im strategischen Umfeld können die gezeigten Portfolioanalysen durch gezielte Kennzahlenanalysen erweitert werden. Im Fokus stehen hier die Anspruchsgruppen (Stakeholder), die in einem direkten Zusammenhang mit dem Projekt stehen. Dies sind z.B. die Auftraggeber, die Lieferanten und die Konkurrenten.[147] Besonders wichtig bei einem Projekt ist die Beziehung zwischen dem Auftraggeber und dem ausführenden Unternehmen, denn diese Beziehung ist ausschlaggebend für evtl. weitere Aufträge. Um diese Beziehung formal durch Kennzahlen darzustellen, gibt es einige Möglichkeiten. Man kann z.B. die Anzahl an Wiederholungsaufträgen innerhalb einer bestimmten Periode oder die Anzahl an verlorenen Auftraggebern innerhalb einer bestimmten Periode ermitteln. Eine mögliche Kennzahl, die zur Messung der Kundenzufriedenheit genutzt werden kann, ist die Anzahl an Reklamationen innerhalb einer bestimmten Periode.[148] Allerdings ist zu dieser Kennzahl zu bemerken, dass ihre Eignung umstritten ist, da die Kundenzufriedenheit nicht unbedingt anhand der Anzahl der Reklamationen zu messen ist. Ein Kunde kann trotz einiger Reklamationen zufrieden sein, wenn das Endergebnis seinen Wünschen entspricht.

Eine andere mögliche Kennzahl ist z.B. der Marktanteil:[149]

$$Marktanteil = \frac{Umsatz\ des\ Unternehmens}{Umsatz\ des\ Marktes} * 100$$

(ggf. gegliedert nach Projektarten oder Branchen)

---

[147] Vgl. *Abresch, J.-P.*: Projektumfeld und Stakeholder, in: *RKW* (Hrsg.): Projektmanagement Fachmann, Bd. 1, 6. Aufl., Eschborn 2001, S. 59-86, hier: S. 64ff.

[148] Vgl. *George, G.*: Kennzahlen für das Projektmanagement, Frankfurt a.M. 1999, S. 137.

[149] Vgl. *George, G.*: Kennzahlen für das Projektmanagement, Frankfurt a.M. 1999, S. 137.

Die zweite wichtige Anspruchsgruppe beim Projektmanagement sind die Lieferanten. Hier ist besonders eine Bewertung der Lieferanten von Interesse, da eine termingerechte Anlieferung und die Qualität der gelieferten Produkte von erheblicher Bedeutung für das Projektergebnis sind. Mögliche Kennzahlen sind hier:[150]

- Anzahl verspäteter Lieferungen im Verhältnis zur Anzahl aller Lieferungen innerhalb einer Periode gegliedert nach Lieferanten (sog. Verzugsquote)

- Anzahl verspäteter Lieferungen innerhalb der letzten Periode im Verhältnis zur Anzahl verspäteter Lieferungen der Vorperiode gegliedert nach Lieferanten

Die zweite Kennzahl liefert zusätzlich Informationen über die Entwicklung der Lieferpünktlichkeit im Zeitablauf. Um die Qualität der gelieferten Produkte zu messen, können z.B. die Anzahl an Reklamationen innerhalb einer Periode gegliedert nach Lieferanten oder die Anzahl an Annahmeverweigerungen im Verhältnis zu der Gesamtzahl der Lieferungen innerhalb einer Periode gegliedert nach Lieferanten herangezogen werden. Vergleicht man die Kennzahlen der unterschiedlichen Lieferanten miteinander, kann man sich ein Bild von der Qualität der Leistungen bzw. der Lieferzuverlässigkeit machen.[151]

Die dritte Anspruchsgruppe sind die Konkurrenten. Diese sind besonders bei Entwicklungsprojekten von großer Bedeutung für das Projektergebnis, denn der erfolgreiche Absatz des fertigen Produktes hängt u.a. von den Preisen und der Anzahl der Konkurrenz ab.

Die folgenden Kennzahlen können Hinweise auf die Konkurrenzsituation geben:

- Anzahl direkter Konkurrenten

- Eigener Angebotspreis im Verhältnis zum Angebotspreis des nächsten Konkurrenten

- Marktanteil der direkten Konkurrenten gegliedert nach Konkurrenten

- Eigener Marktanteil im Verhältnis zum Marktanteil der direkten Konkurrenten gegliedert nach Konkurrenten

---

[150]   Vgl. *George, G.*: Kennzahlen für das Projektmanagement, Frankfurt a.M. 1999, S. 139.

[151]   Vgl. *George, G.*: Kennzahlen für das Projektmanagement, Frankfurt a.M. 1999, S. 142.

- Anzahl der Mitarbeiter der direkten Konkurrenten gegliedert nach Konkurrenten

- Eigene Mitarbeiteranzahl im Verhältnis zur Anzahl der Mitarbeiter der direkten Konkurrenten gegliedert nach Konkurrenten[152]

Die Erfassung von Kennzahlen allgemeiner Unternehmensrisiken und - chancen, die sich aus der Projektumwelt ergeben runden die Analyse ab. Der Begriff Projektumwelt ist sehr komplex und lässt sich nach unterschiedlichen Gesichtspunkten untergliedern. Es können z.b. folgende sechs Einflussfaktoren unterschieden werden: Infrastruktur, Natur, Politik/Gesetzgebung, Wirtschaft/Geldwesen, Bevölkerung/Kultur und Technologie.[153] Diese Einteilung hängt natürlich von der Art des Projektgeschäfts ab und kann daher variieren.

Infrastrukturkennzahlen, wie Straßenanbindung, Einkaufskraft etc., sind z.b. besonders wichtig für Bauprojekte.

Mit dem Bereich Natur ist die physisch-ökologische Umwelt gemeint, die unter Umständen auch einen erheblichen Einfluss auf ein Projekt ausüben kann. Kennzahlen für die rechtlich-politische Umwelt können bspw. die Anzahl der Regierungswechsel in den letzten 25 Jahren oder die Anzahl der Änderungen projektrelevanter Steuervorschriften in den letzten 15 Jahren sein.

Beispiele für Kennzahlen für die ökonomische Umwelt sind die Entwicklung des Bruttoinlandsprodukts, die Arbeitslosenquote, die Zinssätze oder die durchschnittlichen Einkaufspreise von Material oder Betriebsmitteln.

Um den Bereich der sozio-kulturellen Umwelt abzudecken, sind z.b. demographische Kennzahlen interessant, wie die Bevölkerungszahl gegliedert nach bestimmten Kriterien. Genauere Kennzahlen, wie die Anzahl der Personen mit abgeschlossener Berufsausbildung, liefern Informationen über das Bildungsniveau einer Region.[154]

Der letzte Bereich ist die technologische Umwelt, zu der die Forschungsarbeiten und -ergebnisse gehören. Hier ist die Bildung von geeigneten Kennzahlen sehr schwierig. Möglich ist bspw. die Anzahl be-

---

[152] Vgl. *George, G.*: Kennzahlen für das Projektmanagement, Frankfurt a.M. 1999, S. 143.

[153] Vgl. *George, G.*: Kennzahlen für das Projektmanagement, Frankfurt a.M. 1999, S. 123.

[154] Vgl. *George, G.*: Kennzahlen für das Projektmanagement, Frankfurt a.M. 1999, S. 132.

stehender Kooperationen mit Forschungsinstituten oder die Anzahl der besuchten Fachtagungen und Kongresse pro Jahr zu ermitteln.

• Kennzahlenbereich Rentabilität

Dieses Segment des Unternehmens-Controlling deckt in erster Linie die Erfolgskenngrößen eines Unternehmens ab. Alle ausgewiesenen Kennzahlen können Bestandteil des Monatsberichtswesens sein. Dies stellt sicher, dass, neben der Betrachtung projektspezifischer Steuerungsgrößen, unternehmenseinheitliche Zielgrößen nicht außer Acht gelassen werden und eine Integration dieser beiden unterschiedlichen Betrachtungsperspektiven erreicht wird. Die Kennzahl ROCE (Return on Capital Employed) ist der zentrale Indikator für die wertorientierte Steuerung eines Unternehmens. Der ROCE misst die Rendite des im Unternehmen eingesetzten Kapitals unabhängig von der Finanzierungsstruktur und den Ertragsteuern.

Weitere Kennzahlen dieses Bereichs sind Umsatz- und Kostenkennzahlen in Form von Anteilen, Veränderungen und Abweichungen, z.B. der Anteil der Leistungen mit Argen und Sparten, der Änderungskostenanteil oder der Qualitätssicherungskostenanteil, die Gesamtkostenentwicklung bzw. spezielle Material- und Personalkostenabweichungen. Hierbei muss wieder zwischen bereits beendeten Projekten und noch nicht beendeten Projekten unterschieden werden. Ist ein Projekt bereits abgeschlossen kann man die Ist-Kosten im Verhältnis zu den ursprünglich geplanten Kosten (Plan-Kosten) und die Differenz zwischen den Ist-Kosten und den Plan-Kosten betrachten. Diese Kennzahl gibt die Kostenabweichung gegenüber dem Plan wieder. Bei laufenden Projekten müssen die Kennzahlen dahingehend abgeändert werden, dass man die bisher angefallenen Kosten zzgl. der geschätzten restlichen Kosten bis zur Beendigung des Bezugsobjekts ins Verhältnis zu den Plan-Kosten setzt und die Differenz zwischen den bisher angefallenen Ist-Kosten zzgl. geschätzter restlicher Kosten bis zur Beendigung des Bezugsobjekts und den Plan-Kosten erhebt.[155]

• Schlüsselindikatoren des Projektgeschäfts

Im Gegensatz zu den unternehmensweiten Kennzahlen im Segment Rentabilität sind an dieser Stelle ausschließlich jene Kennzahlen eingebunden, die besonderen Aussagegehalt für das Multiprojekt-Controlling innerhalb eines Unternehmens besitzen. Spitzenkennzahl sind der Deckungsbeitrag und die Wertschöpfung im Projektgeschäft. Die stufenorientierten Deckungsbeitragskennzahlen sowie die Wertschöpfungskenn-

---

[155] Vgl. *George, G.*: Kennzahlen für das Projektmanagement, Frankfurt a.M. 1999, S. 159.

zahl wurden bereits im Rahmen der Projekt- und Ergebnisrechnung (vgl. Kapitel 3.1.1) detailliert berechnet.

Weitere Kennzahlen dieses Bereichs sind das Angebotsvolumen, die Hitrate (Auftragstrefferquote), die Stundensätze, der Auftragsbestand, der Auftragseingang und die Auftragsreichweite in Monaten.

- Kennzahlenbereich Liquidität

Die Relation von Projekt Cash Flow zu Wertschöpfung ist ein Indikator für die aus der Wertschöpfung gewonnene Finanzierungskraft. Die Kennzahl Projekt Cash Flow als Element der Finanzplanung umfasst eine Gegenüberstellung der Zahlungseingänge des Kunden und der Zahlungsausgänge an Dritte sowie der Zahlungsausgänge für Eigenleistungen.

Weitere Kennzahlen dieses Bereichs sind die Anzahlungsquote (erhaltene Abschlagszahlungen zum Bestand der unfertigen Projektleistung), vorhandene Kreditlinien, offene Posten und die Debitorenlaufzeit (Forderungen aus Projektleistungen/gesamte Projektleistung).

- Kennzahlenbereich Mitarbeiter und andere Ressourcen

Dem Stellenwert des Personals im Unternehmen entsprechend ist ein Kennzahlenbereich Mitarbeiter mit einer Spitzenkennzahl Wertschöpfung pro Mitarbeiter einzuführen. Die Kennzahl Wertschöpfung pro Mitarbeiter ist ein Indikator für die durchschnittliche Wertschöpfung eines Mitarbeiters und wird zur Interpretation der Leistungsfähigkeit einer betrachteten Einheit sowie für eine vergleichende Betrachtung der Gesamtorganisation ermittelt.

Zur Beurteilung der Personalkosten sind Kennzahlen bezogen auf die Personalhaupt- (durchschnittlicher Mittellohn) und -nebenkosten je Mitarbeiterklasse zu bilden.

Weitere Kennzahlen zur Beurteilung der personellen Kapazitäten sind:[156]

$$\text{Fluktuationsquote} = \frac{\text{Anzahl der Ab - und Zugänge}}{\text{Durchschnittlicher Mitarbeiterstand}} * 100$$

$$\text{Qualifikationsstand} = \frac{\text{Summe aller Ausbildungszeiten}}{\text{Gesamtanzahl Mitarbeiter}} * 100$$

$$\text{Erfahrungsstand} = \frac{\text{Summe aller Praxiszeiten}}{\text{Gesamtanzahl Mitarbeiter}} * 100$$

- Anzahl und Entwicklung der Mitarbeiter

---

[156] Vgl. *Burghardt, M.*: Projektmanagement, 2. Aufl., Berlin, München 1993, S. 402.

Außerdem können weitere mitarbeiterbezogene Kennzahlen gebildet werden:

- $$\frac{\text{Anzahl der Mitarbeiterzugänge während der Berichtsperiode}}{\text{Bestand an Projektmitarbeitern zu Beginn der Berichtsperiode}}$$

- Krankenquote bzw. Fehlzeit(en) der Projektmitarbeiter und

- $$\text{Fehlzeitkoeffizient} = \frac{\text{Fehlzeit}}{\text{Normalarbeitszeit}} * 100$$

Für die Anlagen bieten sich Kennzahlen wie die Anlagenintensität, der Auslastungsgrad, die Anzahl der Betriebsmittel gegliedert nach Betriebsmittelarten bzw. Arbeitspaketen und der Instandhaltungskostenanteil als Abweichungs-, Status- und Entwicklungsgröße an.

Zur Abbildung der weiteren Ressourcen können bspw. die folgenden Kennzahlen gebildet werden:[157]

- Materialbestand in Mengen und Werten differenziert nach Materialarten oder Gruppen von Materialarten (als Stichtags- oder Durchschnittswert)

- Materialverbrauch in Mengen und Werten differenziert nach Materialarten oder Gruppen von Materialarten und Verbrauchsstellen

- Materialverlust in Mengen und Werten differenziert nach Materialarten oder Gruppen von Materialarten und Verlustursachen (z.B. Verderb oder Diebstahl)

Anhand der vorgestellten Kennzahlen zur Ressourcensituation lassen sich, bei einer hohen festgestellten Qualität bzw. Quantität der Ressourcen, Rückschlüsse auf eine gute Leistungserstellung ziehen.

- Forschung und Entwicklung

Die nachhaltige Leistungsfähigkeit eines Unternehmens wird wesentlich durch Forschungs- und Entwicklungsprojekte determiniert. Die F&E-Quote als Relation von Forschungs- und Entwicklungskosten zum Umsatz stellt ein Maß für die Intensität dar, mit der an der Erschließung neuer Absatzpotenziale gearbeitet wird. Die Kennzahl korreliert positiv mit dem Innovationspotenzial der Gesellschaften. Sie dient zudem zur

---

[157] Vgl. *George, G.*: Kennzahlen für das Projektmanagement, Frankfurt a.M. 1999, S. 176.

Feststellung des Umfangs, in dem die Kosten des F&E-Bereichs sowie Lizenzkosten aus den Umsatzerlösen (vor)zufinanzieren sind. Weitere Kennzahlen dieses Bereichs sind die F&E-Kosten und -Stunden.

3.1.4 Multiprojekt-Controlling

Während das Einzelprojekt-Controlling die ständige inhaltlich-technische, terminliche und wirtschaftliche Analyse eines Einzelprojekts ermöglicht und somit dem Projektleiter zur Steuerung und Kontrolle der Projekte dient, unterstützt das Multiprojekt-Controlling das Management bei der ergebnisverantwortlichen Steuerung der Projektvielfalt im Hinblick auf die Geschäftsfelder und Hierarchiestufen der Gesamtunternehmung. Das Multiprojekt-Controlling ist Teil des Projekt-Controlling i.w.S. (vgl. Kapitel 2.4).

Im Gegensatz zur kalenderunabhängigen Projekteinzelbetrachtung sind beim Multiprojekt-Controlling terminliche Koordinations- und Kapazitätsabstimmungsprobleme aufgrund der unterschiedlichen Fertigstellungsgrade und Phasen der Projekte in einer Periode zu lösen. Das Multiprojekt-Controlling stellt somit das Bindeglied zwischen dem Einzelprojekt-Controlling, dem projektübergreifenden Ressourcencontrolling und dem periodischen Erfolgs- und Finanz-Controlling der Organisationseinheit dar. Darüber hinaus hilft das Multiprojekt-Controlling bei der Sicherung der Beschäftigungssituation im Zusammenspiel mit dem Vertriebs-Controlling durch Planung, Steuerung und Kontrolle der Auftragsbestände und Auftragseingänge.

Da der Ressourcenbedarf der Organisationseinheit vom vorliegenden und erwarteten Auftragsbestand der Projekte in der Planungsperiode abhängt, kommt es im Rahmen der Planungsphase vor allem darauf an, die phasenübergreifenden Projekte im Rahmen des Multiprojekt-Controlling periodenbezogen wert- und mengenmäßig zu planen und mit den vorhandenen geplanten Ressourcen (Anlagen, Geräte und Personal) abzustimmen.

Der Ausgangspunkt der multiprojektorientierten Kosten- und Leistungsplanung liegt bei einem Projekteinzelfertiger generell bei der Aufstellung des Projektabsatzplans. Als Planungsgrundlage für die Projektplanung wird in erster Linie auf die Projekte des momentanen Auftragsvorrates zurückgegriffen. Darüber hinaus sind die erwarteten Projekte zu planen. Im Gegensatz zum klassischen Serien- und Massenfertiger lassen sich beim Projekteinzelauftragsfertiger die zu erbringenden Leistungen (abgeleitet aus Stücklisten und Arbeitsplänen) für die erwarteten Projekte nicht mit genügender Genauigkeit planen, da Mengengerüste zum Planungszeitpunkt nicht vorhanden sind.

Während die Informationen für die Projektplanung sowie die Projektsteuerung und -kontrolle für vorhandene Projekte mit den Instrumenten des Projekt-Controlling erhoben werden, ist es bei den zu erwartenden Projekten wichtig, schlüssige Prognosemodelle aufzubauen.

Bei der Multiprojektplanung und -steuerung sind deshalb folgende zeitliche, volumenmäßige, repräsentative und inhaltliche Abgrenzungen zu berücksichtigen:

- Zeitliche Abgrenzung

  Projekte können geschäftsjahresübergreifend laufen, d.h. nur Anteile der an der gesamten Projektlaufzeit orientierten Projektgrößen fallen in das Geschäftsjahr. Hierdurch wird eine Abgrenzung der nicht in die Geschäftsperiode gehörenden Projektwert- und Projektmengengrößen erforderlich (vgl.

  Abbildung 25).

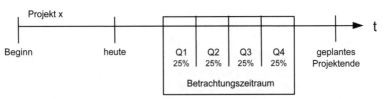

Abbildung 25: Zeitliche Abgrenzung

- Volumenmäßige und repräsentative Abgrenzung

  Eine auf der Projektebene ansetzende praktikable Planung, Steuerung und Kontrolle der Projekte muss das Volumen der genauer zu betrachtenden Projekte reduzieren. Dieses kann über die Berücksichtigung der volumen- und wertmäßig größten bzw. der repräsentativsten Projekte erfolgen. Mit Hilfe einer ABC-Klassifizierung der Projekte im Hinblick auf die zu erstellende Projektgesamtleistung werden die volumen- und wertmäßig größten Projekte ermittelt. Dabei ist jedoch nicht die Projektgesamtleistung, sondern die im Betrachtungszeitraum anfallende Leistung als Ausgangsbasis zu verwenden. Das Multiprojekt-Controlling wird dadurch praktikabel, dass Projekte, die für den Betrachtungszeitraum wichtig sind, detailliert und einzeln geplant, gesteuert und kontrolliert werden, während Projekte, die von untergeordneter Bedeutung sind, verdichtet und weniger intensiv betrachtet werden. Darüber hinaus sind neben den vorhandenen Projekten auch solche unsicheren und erwarteten Projekte zu berücksichtigen, die sich noch in der Ausschreibungs- bzw. Angebotsphase befinden bzw. über zukünftige Ausschreibungen für den Betrachtungszeitraum relevant werden. Als Planungsgrundlage für die Kosten- und Leistungsstruktur der sonstigen und erwarteten Projekte kann die Kosten- und Leistungsstruktur der typischen und signifikanten Projekte herangezogen werden. Untypische und nicht signifikante Projekte (Ausreißerprojekte) sind entsprechend nicht zu berücksichtigen.

- Abgrenzung nach inhaltlichen Unterschieden

Zur Strukturierung und zum gezieltem Einsatz der Controlling-Instrumente ist es wichtig, die unterschiedlichen Geschäftsfelder differenziert zu betrachten. Unterschiedliche Projektaufgabenstellungen, wie z.B. Hoch- und Tiefbau, Wohnungsbau, Installations- sowie Daten- und Kommunikationstechnik, stellen unterschiedliche Anforderungen an das Einzelprojekt-Controlling. Weiterhin existieren neben dem Kernleistungsgeschäft der Projektabwicklung eine Reihe von Nebengeschäften und Dienstleistungen, wie Wartungs-, Instandhaltungs- und Serviceleistungen. Die einzelnen Geschäftsfelder sind beim Multiprojekt-Controlling in unterschiedlichen Kategorien abzubilden.

Zusammengefasst werden die Informationen des Multiprojekt-Controlling im übergreifenden Projektberichtswesen. Ein Schwerpunkt der Berichte im Multiprojekt-Controlling sollte darauf ausgelegt sein, kritische und wirtschaftlich bedeutsame Projekte bzw. Projektgruppen darzustellen, da hier Entscheidungen über Stützungsmaßnahmen bzw. über den Abbruch erforderlich sind. Eine Multiprojekt-Übersichtstafel zeigt Abbildung 26.

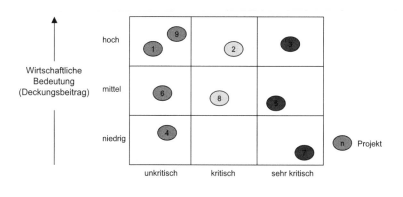

Abbildung 26: Multiprojekt-Übersichtstafel

3.1.5 Konfigurations- und Änderungsmanagement

In der Realisationsphase geht es um die Umsetzung der Projektpläne. Allerdings wird diese niemals genau den Plänen entsprechen, da Änderungen auftreten, die aus dem Umfeld (z.b. veränderte Risiken, gesetzliche Regelungen), aus geänderten Vorstellungen des Auftraggebers (z.b. inhaltlich, terminlich) oder aus der Unternehmung selbst (z.b. neue Mitarbeiter, Störungen, Planungsfehler) resultieren. Diese Änderungen gehen mit vertraglichen Anpassungen einher und müssen auf ihre Konsequenzen hin geprüft werden.[158] Mit dieser Thematik befasst sich das Konfigurations- und Änderungsmanagement. Die Grundidee des Konfigurationsmanagements ist, den Prozess der Projekterstellung als eine Abfolge von Änderungen gegenüber ursprünglich erstellten Vorgaben aufzufassen.[159] Es umschließt alle Aufgaben der Bestimmung, Steuerung, Überwachung und Dokumentation von Konfigurationsveränderungen und ist somit wichtiger Bestandteil eines konsequenten Projekt-Controlling für das ein DV-gestütztes Informationssystem eine notwendige Voraussetzung ist.[160] Das Konfigurationsmanagement ist nur dann wirksam, wenn die Projekte ergebnisorientiert abgewickelt werden. Das bedeutet, dass alle Arbeitsschritte zu definierten und eindeutig verantwortbaren Ergebnissen führen müssen.[161] Eine Konfiguration ist ein bestimmter, definierter Zustand einer Betrachtungseinheit und zwar bezüglich ihrer physischen und funktionellen Eigenschaften. Sie lässt sich durch die Kontrolle der diese Konfiguration beschreibenden „Konfigurationsdokumente" kontrollieren, steuern und nachweisen.[162] Solche Konfigurationsdokumente sind Anforderungsdokumente (z.B. Pflichtenheft), Konstruktions- und Designdokumente (z.B. Zeichnungen, Stücklisten), Herstell- und Abnahmedokumente (z.B. Fertigungsunterlagen oder Prüfvorschriften) sowie Betriebsunterlagen (z.B. Handbücher und Kataloge).

Das Konfigurationsmanagement unterwirft Änderungen einem formalen Genehmigungsprozess, der die Auswirkungen rechtzeitig transparent

---

[158] Vgl. *Corsten, H.*: Projektmanagement, München 2000, S. 21.
[159] Vgl. *Saynisch, M.*: Konfigurationsmanagement: Konzepte, Methoden, Anwendungen und Trends, in: *Schelle, H.; Reschke, H.; Schnopp, R.* (Hrsg.): Projekte erfolgreich managen, Köln 1994, S. 11.
[160] Vgl. *Litke, H.-D.*: Projektmanagement: Methoden, Techniken, Verhaltensweisen, 3. Aufl., München, Wien 1995, S. 67.
[161] Vgl. *Burghardt, M.*: Projektmanagement, 2. Aufl., Berlin, München 1993, S. 421.
[162] Vgl. *Saynisch, M.; Bürgers, H.*: Konfigurations- und Änderungsmanagement, in: *RKW* (Hrsg.): Projektmanagement Fachmann, Bd. 2, 6. Aufl., Eschborn 2001, S. 1001-1028, hier: S. 1004.

machen soll. Dadurch erfüllt es die Funktion eines Frühwarnsystems.[163] Es sichert ab, dass die zur Endabnahme kommende Konfiguration bekannt und dokumentiert ist, und dass nur unvermeidliche Änderungen genehmigt werden. Außerdem kennt der Projektleiter immer den Zeitpunkt, den Grund und die Art der technischen Änderung und weiß, welchen Einfluss sie auf Kosten und Termine des Gesamtprojekts hat. Des Weiteren kann sichergestellt werden, dass einheitliche Konstruktionsnormen und -praktiken eingehalten werden, Mängel und fehlerhafte Teile bis zum Hersteller zurückverfolgt werden können und der derzeitige Konstruktionsstand dem Projektleiter bekannt ist.[164]

Das Konfigurationsmanagement lässt sich in vier Grundfunktionen unterteilen:

- Bestimmen von Konfigurationen

- Änderungssteuerung

- Änderungsüberwachung

- Dokumentation und Berichterstattung

Zunächst muss eine Konfiguration eindeutig bestimmt werden. Hierzu ist jede Konfiguration mit einem eindeutigen Namen zu benennen, ihr Inhalt und ihre Eigenschaften müssen beschrieben werden und die vorhandenen oder zu erwartenden Arbeitsergebnisse müssen aufgelistet werden.[165] Dies ist von entscheidender Bedeutung, da diese Referenzkonfiguration die Basis für spätere Änderungen bildet. Sie besteht aus der Gesamtheit der technischen Unterlagen, die den Reifungszustand des betreffenden Systems zu einem bestimmten Zeitpunkt darlegen. Außerdem bilden diese den Bezugspunkt, z.B. für die Projektkosten und Terminpläne. Konfigurationen stehen nicht isoliert, sie wirken zusammen und bilden eine Konfigurationsstruktur.[166] Die Aufgabe der Bestimmung von Konfigurationen ist keine einmalige Angelegenheit, sondern sie muss während des Projektprozesses laufend wiederholt werden. Dies geschieht an sog. technischen Überprüfungspunkten (Design Reviews). Die folgende Abbildung zeigt den Zeitablauf und die Überprüfungspunk-

163 Vgl. *Saynisch, M.; Bürgers, H.*: Konfigurations- und Änderungsmanagement, in: *RKW* (Hrsg.): Projektmanagement Fachmann, Bd. 2, 6. Aufl., Eschborn 2001, S. 1001-1028, hier: S. 1005.

164 Vgl. *Saynisch, M.*: Konfigurationsmanagement, in: *Reschke, H.; Schelle, H.; Schnopp, R.* (Hrsg.): Handbuch Projektmanagement, Bd. 2, Köln 1989, S. 561-589, hier: S. 566.

165 Vgl. *Burghardt, M.*: Projektmanagement, 2. Aufl., Berlin, München 1993, S. 423.

166 Vgl. *Burghardt, M.*: Projektmanagement, 2. Aufl., Berlin, München 1993, S. 423.

te. Die Intensität des Konfigurationsmanagements steigt vor allem in der Entwicklungsphase bis zu ihrem Höhepunkt an und nimmt in der Herstellungsphase ab. Bei größeren Projekten ist es sinnvoll, die Konfigurationssysteme in Gruppen, sog. Konfigurations-Teile, zu untergliedern.[167]

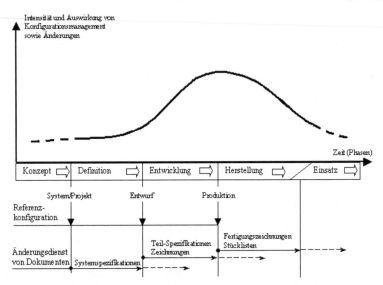

Abbildung 27: Konfigurationsmanagement, Referenzkonfiguration und Änderungsdienst im systematischen, phasenbezogenen Projektablauf[168]

Ein Konfigurations-Teil ist eine Zusammenfassung von Hardware-/Software-Teilen, welche eine definierte Funktion als Teil der gesamten System-Funktion ausführt (bei einem Auto ist diese Teilfunktion z.b. die Fortbewegung, die vom Teil-System des Antriebs wahrgenommen wird). Als Gliederungskriterium bietet sich der Projektstrukturplan an (vgl. Kapitel 3.2.2.1.3.4). Weiterhin sind Bedingungen für die Auswahl der Konfigurations-Teile festzulegen. Bedingungen für die Aufnahme als Konfigurations-Teil sind bspw. die verantwortliche oder vertragliche Zuordnungsmöglichkeit. Zusätzlich muss geklärt werden, ob die Einheit einer besonderen Überwachung zu unterwerfen ist, weil sie kritische Eigenschaften

---

[167] Vgl. *Saynisch, M.*: Konfigurationsmanagement, Köln 1984, S. 100.

[168] Entnommen aus *Saynisch, M.*: Konfigurationsmanagement, in: *Reschke, H.; Schelle, H.; Schnopp, R.* (Hrsg.): Handbuch Projektmanagement, Bd. 2, Köln 1989, S. 561-589, hier: S. 569.

besitzt (z.B. bzgl. Kosten, Terminen oder Sicherheit).[169] Zur formalen Identifikation der Konfiguration gehört auch die Produktdokumentation. Diese setzt sich zusammen aus der Definition der Anforderungen (Pflichten und Lastenhefte), der Definition der Auslegung und Ausführung (Design), der Beschreibung der Herstellung (Produktionsunterlagen), der Beschreibung zum Nachweis der Qualität (Prüfvorschriften) und der Unterstützung des Betriebs und der Erhaltung der Funktionsbereitschaft (Anleitungen, Handbücher). Diese Dokumente sollen das Projekt bzw. das Produkt so genau beschreiben, dass es danach reproduzierbar hergestellt, geprüft und qualifiziert werden kann.[170] Für die Nummerierung zur Identifikation von Dokumenten und Teilen existieren die folgenden Voraussetzungen:

- Das Teil bzw. Dokument sollte eindeutig identifizierbar sein,

- der Status sollte gekennzeichnet sein und

- ein Ordnungswesen für die spätere Suche sollte erstellt werden.

Die Abbildung 28 zeigt einen allgemeingültigen Schlüssel für ein Dokument.

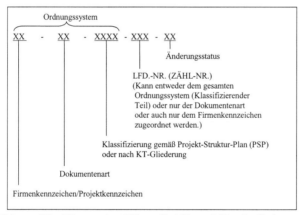

Abbildung 28: Allgemeingültiger Schlüssel für ein Dokument[171]

---

[169] Vgl. *Saynisch, M.; Bürgers, H.*: Konfigurations- und Änderungsmanagement, in: *RKW* (Hrsg.): Projektmanagement Fachmann, Bd. 2, 6. Aufl., Eschborn 2001, S. 1001-1028, hier: S. 1008.

[170] Vgl. *Saynisch, M.; Bürgers, H.*: Konfigurations- und Änderungsmanagement, in: *RKW* (Hrsg.): Projektmanagement Fachmann, Bd. 2, 6. Aufl., Eschborn 2001, S. 1001-1028, hier: S. 1008.

[171] Entnommen aus *Saynisch, M.*: Konfigurationsmanagement, Köln 1984, S. 105.

Die Änderungssteuerung ist das zentrale Element des Konfigurationsmanagements. Sie regelt das Einbringen von Meldungen in den Entwicklungsprozess, sorgt für die Entscheidungsfindung und steuert deren Bearbeitungsablauf.[172]

Änderungen sind Modifikationen an Geräten, Produkten oder Teilen, die nach der Festlegung der Referenzkonfiguration durchgeführt werden. Gründe für Änderungen können in normale Änderungen, zu verantwortende Änderungen und unverschuldete Änderungen unterteilt werden.

Normale Änderungen können wegen auftretender technischer Probleme oder aufgrund neuer Erkenntnisse notwendig werden, zu verantwortende Änderungen können durch Planungsfehler oder unzureichende Voruntersuchungen entstehen und unverschuldete Änderungen können aufgrund von Gesetzesänderungen, nachträglichen Kundenwünschen oder unpräzisen Vorgaben des Auftraggebers auftreten.[173]

Änderungen sind allerdings nicht nur negativ zu bewerten, sondern sie dienen oftmals auch der Leistungsverbesserung. Konsequenzen, die Änderungen nach sich ziehen, können Qualitätseinbußen, Terminverschiebungen oder Zusatzkosten sein. Diese negativen Folgen gilt es durch gezielte Maßnahmen zu verringern oder auszuschalten.

Das Verfahren des Änderungsmanagements läuft generell folgendermaßen ab (vgl. Abbildung 29).

Zuerst muss ein Änderungsantrag erstellt werden. Diesen kann jede beteiligte Stelle im Unternehmen verfassen.[174] Hierfür sollte ein standardisiertes Formular verwendet werden, in welchem die vorgeschlagenen Änderungen beschrieben, begründet und die Auswirkungen erklärt werden (vgl. Abbildung 30).[175]

---

[172] Vgl. *Platz, J.; Schmelzer, H.J.*: Projektmanagement in der industriellen Forschung und Entwicklung, Berlin, Heidelberg 1986, S. 262.

[173] Vgl. *Saynisch, M.; Bürgers, H.*: Konfigurations- und Änderungsmanagement, in: *RKW* (Hrsg.): Projektmanagement Fachmann, Bd. 2, 6. Aufl., Eschborn 2001, S. 1001-1028, hier: S. 1008.

[174] Vgl. *Saynisch, M.*: Konfigurationsmanagement, Köln 1984, S. 113.

[175] Vgl. *Madauss, B.J.*: Handbuch Projektmanagement, 6. Aufl., Stuttgart 2000, S. 331.

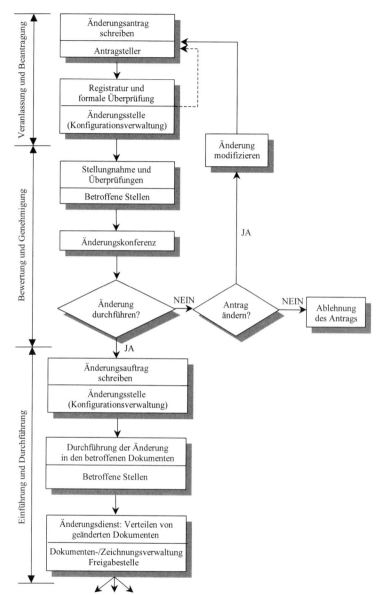

Abbildung 29: Generelles Ablaufschema eines Änderungsprozesses[176]

---

[176] Vgl. *Saynisch, M.*: Konfigurationsmanagement, Köln 1984, S. 119.

Änderungsantrag				Antrags-Nr.	
Sach-gebiet	Projektbezeich-nung	Pha-se	Ver-fasser	Da-tum	Seite
Verantwortlich		Unterschrift			

Zielsetzung:

Beschreibung:

Begründung:

Betroffene Abteilungen/Personenkreise:

Betroffene Unterlagen:

Auswirkungen auf Termine, Kosten

Stellungnahme des Projektleiters:

Entscheidung: Entscheidung getroffen von:

____angenommen   _____

____abgelehnt   Datum: Unterschrift:

Abbildung 30: Formularblatt für eine Änderungsmitteilung[177]

---

[177] Vgl. *Litke, H.-D.*: Projektmanagement: Methoden, Techniken, Verhaltensweisen, 3. Aufl., München, Wien 1995, S. 274; *Saynisch, M.*: Konfigurationsmanagement, Köln 1984, S. 117.

Jeder Änderungswunsch oder -vorschlag sollte folgende Punkte enthalten:

- Was soll geändert werden und warum?
- Wer ist der Auslöser?
- Welche Projektbeteiligten werden von dieser Änderung berührt und sind vorab zu informieren?
- Welche Unterlagen werden angesprochen?
- Welche physischen Leistungen werden angesprochen?
- Welche Auswirkungen wird die beantragte Änderung voraussichtlich haben (terminlich, kostenmäßig, ergebnismäßig etc.)?

Der Änderungsauftrag wird dann von der Änderungsstelle entgegengenommen, überprüft, mit einer Nummer versehen und für die Änderungskonferenz vorbereitet. Diese entscheidet letztendlich darüber, ob die Änderung durchgeführt wird. Sie setzt sich zusammen aus dem Projektleiter und den Vertretern der betroffenen Fachabteilungen.[178] Ihre Aufgabe besteht darin, die Bewertungen zu überprüfen, die Priorität und Änderungsklasse festzulegen, Durchführungsbestimmungen zu erlassen und den Antrag zu genehmigen. Die Klassifizierung von Änderungen erfolgt nach der Dringlichkeit und nach dem Grad der Auswirkungen. Nach der Genehmigung der Änderung wird eine Änderungsanweisung ausgestellt oder der Änderungsantrag den betroffenen Stellen zugesandt.[179] Die Durchführung wird dann von den Fachabteilungen veranlasst. Die Dokumentenänderung, deren Überprüfung und Freigabe wird von der Änderungsstelle überwacht.

Die Änderungskonferenz achtet außerdem darauf, dass die alten Dokumente eingezogen, die neuen verteilt und die Lieferanten benachrichtigt werden.[180] Natürlich ist es auch möglich, dass eine Änderung des Änderungsvorschlages notwendig wird. Gründe dafür können aus der langen Dauer des Änderungsprozesses oder dadurch resultieren, dass die Änderungskonferenz ggf. eine kostengünstigere Möglichkeit vorgeschlagen hat. Die Änderung des Änderungsvorschlages ist ein eigenständiges Dokument, welches den ursprünglichen Vorschlag ersetzt.[181] Dieses sollte

---

[178] Vgl. *Saynisch, M.*: Konfigurationsmanagement, Köln 1984, S. 115.

[179] Vgl. *Saynisch, M.; Bürgers, H.*: Konfigurations- und Änderungsmanagement, in: *RKW* (Hrsg.): Projektmanagement Fachmann, Bd. 2, 6. Aufl., Eschborn 2001, S. 1001-1028, hier: S. 1015.

[180] Vgl. *Saynisch, M.*: Konfigurationsmanagement, Köln 1984, S. 118.

[181] Vgl. *Saynisch, M.*: Konfigurationsmanagement, Köln 1984, S. 118.

sich auch durch die Nummernvergabe für den neuen Vorschlag erkennen lassen, denn hier ist eine entsprechende Änderungskennzeichnung vorzunehmen. Ein weiterer wichtiger Punkt beim Konfigurationsmanagement ist die Dokumentation und Berichterstattung. Diese soll eine eindeutig gesicherte Objekt- und Informationsbasis für alle Projektfunktionen schaffen.[182] Hauptsächlich soll sie zwei Funktionen erfüllen. Zum einen sollen alle Objekte des Konfigurationsmanagements mit ihren Eigenschaften archiviert werden. Zum anderen sollen Aussagen über den Stand des Änderungsprozesses gewonnen und bereitgestellt werden können.[183] Somit kann der Änderungsprozess jederzeit nachvollzogen werden. Dafür ist ein monatlicher Bericht zu erstellen, der über den Zustand der Konfiguration zu diesem Zeitpunkt Auskunft gibt. Gleichzeitig ist auch ein Vergleichsbericht zu erstellen, in welchem die Daten des Konfigurationsstandes der Konzept-Definition dem Konfigurationsstand der Ausführung gegenübergestellt werden und die Unterschiede zwischen beiden begründet werden.[184] Aufgrund der Datenintensität der Dokumentation und Berichterstattung ist hier der Einsatz von EDV angebracht.

Zur Überprüfung der Einhaltung und Verwirklichung der Vorgaben und Definitionen aus den Dokumenten sind sog. Konfigurationsaudits durchzuführen. Diese stellen also eine Verifizierung dar.[185] Hierbei spielt bereits die Qualitätssicherung eine Rolle, da bei den Audits der reale Ausführungsstand mit dem vorgegebenen Stand in den Dokumenten überprüft wird.

Um den Wirkungsbereich und die inhaltlichen Ausprägungen, die Zusammenarbeit von Auftraggeber und Auftragnehmer sowie die organisatorischen Festlegungen und Einführungsstrategien festzuschreiben, ist ein Konfigurationsmanagement-Plan aufzustellen.[186] Dieser ist meist Bestandteil des Vertrags und sollte unter Zuhilfenahme einer Checkliste auf Vollständigkeit geprüft werden.

---

[182] Vgl. *Platz, J.; Schmelzer, H.J.*: Projektmanagement in der industriellen Forschung und Entwicklung, Berlin, Heidelberg 1986, S. 263.

[183] Vgl. *Madauss, B.J.*: Handbuch Projektmanagement, 6. Aufl., Stuttgart 2000, S. 333.

[184] Vgl. *Saynisch, M.*: Konfigurationsmanagement, Köln 1984, S. 132.

[185] Vgl. *Saynisch, M.; Bürgers, H.*: Konfigurations- und Änderungsmanagement, in: *RKW* (Hrsg.): Projektmanagement Fachmann, Bd. 2, 6. Aufl., Eschborn 2001, S. 1001-1028, hier: S. 1017.

[186] Vgl. *Saynisch, M.*: Konfigurationsmanagement, in: *Reschke, H.; Schelle, H.; Schnopp, R.* (Hrsg.): Handbuch Projektmanagement, Bd. 2, Köln 1989, S. 561-589, hier: S. 574.

Die Aufbauorganisation umfasst die folgenden Stellen:

- Die Änderungsmanagement-Stelle,

- den Konfigurationsausschuss und

- einige Untergremien.

Die Änderungsmanagement-Stelle hat die Aufgaben, alle Änderungen zu sammeln, die Änderungsanträge entgegenzunehmen und zu überprüfen, die Änderungsklassen festzulegen und für die technische und terminliche Abstimmung zu sorgen.[187] Außerdem bereitet sie die Sitzungen des Änderungsausschusses vor, informiert über die Entscheidungen und schließt die Änderung nach ihrer Verifizierung ab. Der Konfigurationsausschuss hat die ihm zugewiesenen Entscheidungen zu treffen.

Die Einführung eines Konfigurationsmanagements umfasst sehr viele Maßnahmen und ist dadurch sehr zeit- und kostenaufwendig.[188] Daher ist genau zu überprüfen, ob die positiven Auswirkungen des Konfigurationsmanagements diesen Aufwand überkompensieren. Die Abbildung 31 zeigt die verschiedenen Maßnahmen und macht deutlich, bei welcher Projektgröße und bei welchem Projekttyp welche Maßnahmen sinnvoll sind. Vor allem bei Unternehmen mit komplexer Projektfertigung ist ein Konfigurationsmanagement demnach zu empfehlen.

Wie bereits an einigen Stellen erwähnt wurde, hat das Konfigurationsmanagement sehr viele Berührungspunkte mit anderen Methoden, Funktionen und Situationen.[189] Zu nennen wären hier z.B. das Dokumentationsmanagement, die Qualitätssicherung das Claim- und Vertragsmanagement. Ziel des Dokumentationsmanagements ist die Erstellung, Verteilung und Archivierung von Dokumenten (Unterlagen jeglicher Art). Das Konfigurationsmanagement befasst sich demgegenüber nur mit einer Untermenge, nämlich mit den Dokumenten, die sich auf die Konfiguration beziehen.[190] Hier existieren also Schnittpunkte zwischen den beiden Disziplinen, die es zu koordinieren gilt. Auch mit der Qualitätssicherung gibt es Überschneidungen. Unter Qualitätssicherung versteht man alle Maßnahmen zur Erzielung einer geforderten Qualität. Die Qualitätssiche-

---

[187] Vgl. *Saynisch, M.; Bürgers, H.*: Konfigurations- und Änderungsmanagement, in: *RKW* (Hrsg.): Projektmanagement Fachmann, Bd. 2, 6. Aufl., Eschborn 2001, S. 1001-1028, hier: S. 1019.

[188] Vgl. *Burghardt, M.*: Projektmanagement, 2. Aufl., Berlin, München 1993, S. 432f.

[189] Vgl. *Saynisch, M.*: Konfigurationsmanagement, Köln 1984, S. 141ff.

[190] Vgl. *Saynisch, M.*: Konfigurationsmanagement, in: *Reschke, H.; Schelle, H.; Schnopp, R.* (Hrsg.): Handbuch Projektmanagement, Bd. 2, Köln 1989, S. 561-589, hier: S. 574f.

rung greift auf Unterlagen zurück, die das Projekt definieren. Dies sind aber gerade die technischen Unterlagen, die von der Konfigurationsverwaltung erstellt werden.[191] Deshalb ist bei technischen Überprüfungen die Qualitätssicherung genauso zu beteiligen wie das Konfigurationsmanagement.

Projektklasse	1	2	3	4	5
Projektgröße → Projekttyp ↓	Sehr klein (<3MA)	Klein (3bis10MA)	Mittel (10bis50MA)	Groß (50bis150MA)	Sehr groß (>150MA)
A Grundlagenentwicklung	☐	◨	◧	◪	
B Entwicklung von Mustern	☐	◨	◧		
C Entwicklung von Produkten	▦	◧	◪	▨	
D Entwicklung von Systemen	▦	◧	◪	▨	▨
E Betreuung von Verfahren	▦	◧	◪		
F Modifikationsentwicklung	▦	◧	◪	▨	▨

☐ Einführen Objektbibliothek

◩ Zusätzlich Einführen von Konfigurationen

◧ Zusätzlich Melde- und Berichtswesen

◨ Zusätzlich Auftragssteuerung und –überwachung

▨ Vollständiges Konfigurationsmanagement

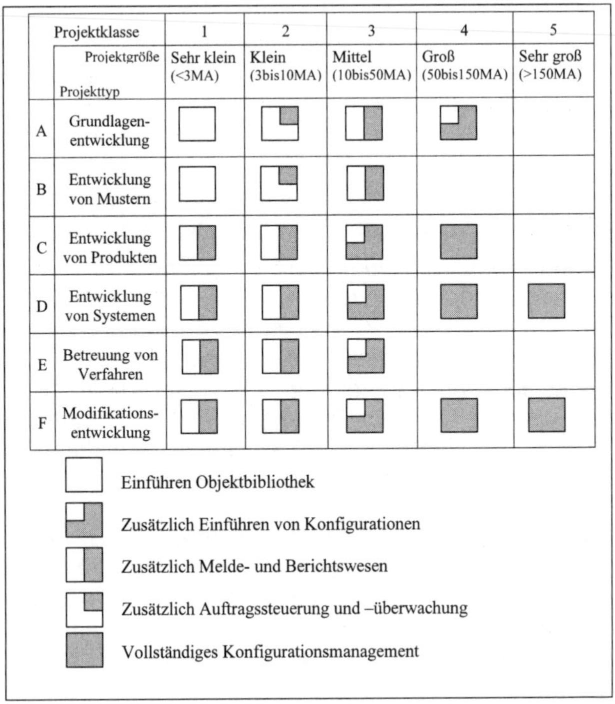

Abbildung 31: Einsatz von Konfigurationsmanagement-Maßnahmen[192]

Auch zwischen dem Vertragsmanagement und dem Konfigurationsmanagement gibt es enge Beziehungen. Die Änderungen, die im Rahmen des Konfigurationsmanagements überwacht werden, beeinflussen oft auch vertragliche Regelungen und werden damit vertragswirksam.[193] Aufgabe des Vertragsmanagements ist also, auf Basis der Konfigurationsbuchführung die Verträge zu ändern oder anzupassen.

---

[191] Vgl. *Saynisch, M.*: Konfigurationsmanagement, Köln 1984, S. 150.

[192] Entnommen aus *Burghardt, M.*: Projektmanagement, 2. Aufl., Berlin, München 1993, S. 433.

[193] Vgl. *Saynisch, M.; Bürgers, H.*: Konfigurations- und Änderungsmanagement, in: *RKW* (Hrsg.): Projektmanagement Fachmann, Bd. 2, 6. Aufl., Eschborn 2001, S. 1001-1028, hier: S. 1020.

Das Claimmanagement greift sehr intensiv auf das Konfigurationsmanagement zurück, indem es Änderungsdaten aus der Konfigurationsbuchführung entnimmt und analysiert. Dazu gehört die sorgfältige Bearbeitung folgender Analysefragen:

• Warum ist die Änderung überhaupt eingetreten?
• Wer hatte sie zu vertreten (Vor allem: Lag die Ursache evtl. bei Vertragspartnern oder im Unternehmen)?
• Welche Kosten sind als Folge von Änderungen angefallen und können sie auf den Verursacher übertragen werden?
• Welche Erkenntnisse für zukünftige Projekte lassen sich aus diesen Analysen gewinnen?[194]

3.1.6 Qualitätsmanagement

Eine hohe Produktqualität ist die Grundlage für eine erfolgreiche Geschäftstätigkeit. Qualität wird definiert als „Gesamtheit der Eigenschaften und Merkmalswerte einer Einheit bezüglich ihrer Eignung, festgelegte und vorausgesetzte Erfordernisse zu erfüllen."[195] Sie ist ein wichtiges Kriterium für die Kaufentscheidung und bildet ein zuverlässiges Band zwischen dem Unternehmen und seinen Kunden.[196] Daher ist die Qualitätssicherung sehr wichtig für das Projektmanagement. Sie hat die Aufgabe, die Übereinstimmung der Projektergebnisse mit den Projektanforderungen (im Wesentlichen Kundenwünsche und gesetzliche Vorschriften) zu überprüfen.

Das Qualitätsmanagement ist ein phasenübergreifendes Instrument. In der Projektvorbereitungsphase muss die Qualitätsplanung, bei der die Qualitätsmerkmale für das Produkt festgelegt werden, durchgeführt werden und während der Projektdurchführung und -verwendung muss die Qualität gelenkt und überprüft werden. Dazu sind die Vorbeugungs-, Überwachungs- und Korrekturmaßnahmen ständig zu überprüfen und das Produkt oder die Dienstleistung ist einer Prüfung der festgelegten Qualität zu unterziehen.[197] Abbildung 32 zeigt die Aufteilung der Qualitätssicherungsarbeiten auf die unterschiedlichen Projektphasen.

---

[194] Vgl. *Andreas, D.; Rademacher, G.; Sauter, B.*: Projekt-Controlling und Projekt-Management im Anlagen- und Systemgeschäft, 5. Aufl., Frankfurt a.M. 1992, S. 92.

[195] DIN 55350 Teil 11, Begriffe der Qualitätssicherung und Statistik, S. 2.

[196] Vgl. *Riedl, J.E.*: Projekt-Controlling in Forschung und Entwicklung, Berlin 1990, S. 141.

[197] Vgl. *Litke, H.-D.*: Projektmanagement: Methoden, Techniken, Verhaltensweisen, 3. Aufl., München, Wien 1995, S. 150.

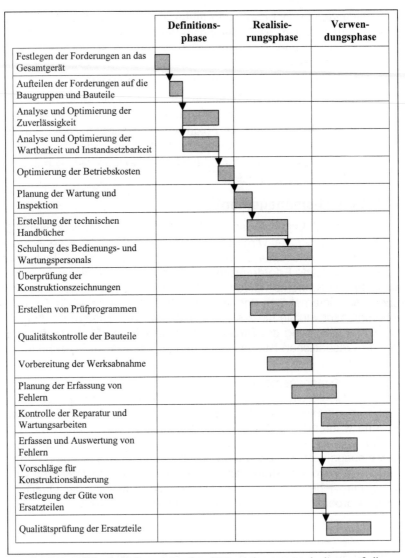

Abbildung 32: Aufteilung der Qualitätssicherungsarbeiten auf die Projektphasen[198]

---

[198] Entnommen aus *Rinza, P.*: Projektmanagement. Planung, Überwachung und Steuerung von technischen und nichttechnischen Vorhaben, 3. Aufl., Düsseldorf 1994, S. 106.

Qualitätsmerkmale für technische Produkte sind z.B. Zuverlässigkeit, Funktionserfüllung, Benutzungsfreundlichkeit, Wartungsfreundlichkeit, Übertragbarkeit und Effizienz. Mit der Überprüfung dieser Qualitätsmerkmale hinsichtlich der vorgegebenen Ausprägung wird die Qualität gesichert. Dabei sind zwei Punkte zu berücksichtigen:

- Wird die richtige Projektleistung entwickelt (Validation) und

- wird die Projektleistung richtig entwickelt (Verifikation)?[199]

Das bedeutet, dass zum einen die Festlegungen und der Entwurf in ihren Zielen bestätigt werden müssen, zum anderen muss die Vollständigkeit der Ziele geprüft werden. Die Bedeutung der Planungs- und Ausführungsqualität macht der Qualitätskreis (vgl. Abbildung 33) deutlich. Er zeigt, dass in den Folgephasen maximal die Qualität erreicht werden kann, die in den vorausgegangenen Phasen erzielt worden ist.

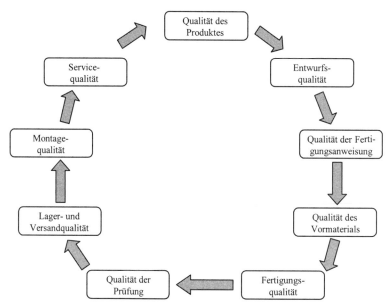

Abbildung 33: Qualitätsregelkreis nach DIN/ISO 9004[200]

---

[199] Vgl. *Burghardt, M.*: Projektmanagement, 2. Aufl., Berlin, München 1993, S. 327.

[200] Entnommen aus *Rinza, P.*: Projektmanagement. Planung, Überwachung und Steuerung von technischen und nichttechnischen Vorhaben, 3. Aufl., Düsseldorf 1994, S. 95.

Aus Sicht des Projektfertigers ergibt sich folgender Kreislauf der Qualitätssicherung:

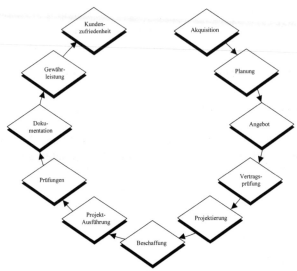

Abbildung 34: Qualitätskreislauf bei einem Projektfertiger

Alle Maßnahmen, die in einem Unternehmen zur Qualitätssicherung und -verbesserung eingeführt werden, bilden zusammengefasst ein Qualitätsmanagement-System (QMS), dessen Abbildung in einem Qualitätsmanagement-Handbuch (QMH) erfolgt.

Die Qualitätssicherung lässt sich in die Bestandteile Qualitätsplanung, Qualitätslenkung und Qualitätsprüfung unterteilen.[201]

Bei der **Qualitätsplanung** werden die Qualitätsmerkmale für das Produkt oder das Projekt festgelegt.

Hierfür gibt es verschiedene Möglichkeiten:

- Vom Besteller vorgegebene, zentrale Qualitätsmerkmale und deren Merkmalswerte, denen zugestimmt werden kann.

- Zielwerte aus Erkenntnissen von Versuch und Konstruktion.

- Zielwerte bezüglich Qualität und Zuverlässigkeit aus den äußeren, am Objekt mess- oder beurteilbaren Eigenschaften.

---

[201] Vgl. *Litke, H.-D.*: Projektmanagement: Methoden, Techniken, Verhaltensweisen, 3. Aufl., München, Wien 1995, S. 150.

- Werte, die aus Erfahrungen mit vergleichbaren Projekten gewonnen worden sind, und zwar vorwiegend aus negativen Erfahrungen (z.B. Mängel, Reklamationen).[202]

Die Qualitätsmerkmale sind mit ihren Ausprägungen im Pflichtenheft zusammen mit den Anforderungsdefinitionen des Produkts aufzuführen. Die Qualitätsziele sind quantitativ festzuhalten. Wenn dies nicht möglich ist, müssen qualitative Erläuterungen gegeben werden.

Die **Qualitätslenkung** befasst sich mit den organisatorischen Festlegungen für das Erreichen qualitativ hochwertiger Produkte. Dazu gehören die drei Schritte Ausführungsplanung, Ausführungsüberwachung und Ausführungskorrektur.[203] Im Rahmen der Ausführungsplanung werden die Maßnahmen zur Erzielung der Qualitätsmerkmale festgelegt. Dazu gehören z.B. Inspektionen (Reviews) und Audits. Bei der Ausführungsüberwachung der Qualitätsprüfung sind folgende Punkte zu berücksichtigen:

- Sind die qualitätssichernden Maßnahmen durchgeführt worden?

- Sind bei der Durchführung der Qualitätssicherungsmaßnahmen Probleme entstanden, die noch eine Leitungsentscheidung erfordern?

- Haben sich in der Durchführung der qualitätssichernden Maßnahmen Schwächen gezeigt, die für die Zukunft beseitigt werden sollen?[204]

Werden durch die Überprüfung dieser Punkte Schwachstellen erkannt, sollten diese durch korrigierende Maßnahmen behoben werden (Ausführungskorrektur).

Im Rahmen der **Qualitätsprüfung** können unterschiedliche Maßnahmen ergriffen werden. Bekannte Methoden sind Projekt-Reviews und Audits. Das Projekt-Review ist ein Prüfverfahren, welches den Status eines Projekts bezogen auf Leistung, Termine und Kosten feststellt.[205] Hierbei werden die erreichten Sachergebnisse analysiert, der Projektverlauf wird bewertet und Einflussfaktoren und Probleme werden diskutiert. Projekt-Reviews finden immer zu klar festgelegten Terminen statt (bspw. einmal

---

[202] Vgl. *Schönbach, G.*: Projektbegleitende Qualitätssicherung, in: *Reschke, H.; Schelle, H.; Schnopp, R.* (Hrsg.): Handbuch Projektmanagement, Bd. 2, Köln 1989, S. 473-492, hier: S. 482.

[203] Vgl. *Burghardt, M.*: Projektmanagement, 2. Aufl., Berlin, München 1993, S. 328.

[204] Vgl. *Burghardt, M.*: Projektmanagement, 2. Aufl., Berlin, München 1993, S. 330.

[205] Vgl. *Ottmann, R.*: Qualitätsmanagement, in: *RKW* (Hrsg.): Projektmanagement Fachmann, Bd. 2, 6. Aufl., Eschborn 2001, S. 917-960, hier: S. 945.

im Monat oder einmal in der Woche). Außerdem sollten bei den Phasenübergängen Reviews durchgeführt werden.

Projektmanagement-Audits sind dafür da, die Wirksamkeit des Projektmanagement-Systems nachzuweisen und Verbesserungspotentiale zu erkennen.[206] Unter einem Audit versteht man eine systematische und unabhängige Untersuchung. Sie soll von Personen ausgeführt werden, die nicht direkt an der Durchführung des Projekts beteiligt sind. Dies kann zum einen durch eine höher angesiedelte Qualitätssicherungseinheit (internes Audit), zum anderen durch eine fremde Organisation durchgeführt werden (externes Audit). Bei externen Audits kann das Unternehmen bzw. Projekt eine Zertifizierung erwerben (z.B. DIN ISO 9001).[207] Die Aufgabe eines Audits ist der Vergleich der tatsächlichen Vorgehensweise mit den geplanten Abläufen und die Überprüfung der geplanten Abläufe hinsichtlich der Zielerreichung. Grundlage für den Vergleich ist das Projektmanagement-Handbuch. Dieses ist Teil der Qualitätssicherungsdokumentation und enthält die Beschreibung der einzelnen Qualitätssicherungsmaßnahmen.[208] Die Durchführung eines Projekt-Audits beginnt mit einem Einführungsgespräch, in dem der Zweck und die Vorgehensweise erläutert wird. Dann wird ein Zeitplan festgelegt und die benötigten Mitarbeiter werden informiert. Das Auditorenteam prüft die Projektunterlagen und vergleicht diese mit dem Handbuch. Abweichungen werden festgehalten und Befragungen vor Ort dienen dazu, Nachweise zu sammeln und Problembereiche herauszuarbeiten.[209] Es wird ein Auditprotokoll erstellt, in dem Abweichungen aufgeführt werden. Die Mängel werden abschließend bewertet. In einem Ab-

---

[206] Vgl. *Ottmann, R.*: Qualitätsmanagement, in: *RKW* (Hrsg.): Projektmanagement Fachmann, Bd. 2, 6. Aufl., Eschborn 2001, S. 917-960, hier: S. 941.

[207] ISO steht für International Organization for Standardization, Internationale Organisation für Normung, Sitz in Genf. Gegründet Februar 1947. ISO-9000-Regeln bilden ein branchen- und produktabhängiges System der Qualitätssicherung von Gütern und Dienstleistungen. Der 9000er Normenkatalog ist wie folgt unterteilt. ISO 9000: allgemeine Zielsetzungen der Regeln; ISO 9001: Qualitätssicherungsnachweis für Entwicklung, Konstruktion, Fertigung, Montage, Dienste; ISO 9002: Qualitätssicherung für den Herstellungsprozess; ISO 9003: Qualitätssicherungsstandards für die Funktions- und Produktendprüfung der Güter; ISO 9004: verschiedene Vorschriften, insbesondere zur Verbesserung betrieblicher Strukturen, Abläufe und Systeme. Die Normen beinhalten konkrete Nachweisstufen zur Erfüllung der Anforderungen.

[208] Vgl. *Frühauf, K.; Ludewig, J.; Sandmayr, H.*: Software-Projektmanagement und -Qualitätssicherung, Stuttgart 1988, S. 61.

[209] Vgl. *Ottmann, R.*: Qualitätsmanagement, in: *RKW* (Hrsg.): Projektmanagement Fachmann, Bd. 2, 6. Aufl., Eschborn 2001, S. 917-960, hier: S. 942.

schlussgespräch werden dann die Ergebnisse mitgeteilt und gemeinsam mit dem Projektleiter Verbesserungsmaßnahmen erarbeitet.

Diese herkömmliche Vorgehensweise des Qualitätsmanagements und Berichtswesens in Anlehnung an die ISO-Normen greift nach Ansicht des Verfassers zu kurz. Während die herkömmlichen Zertifizierungs- und Qualitätssicherungssysteme lediglich die entwickelte Ablaufstruktur auf Einhaltung bzw. Abweichungen überprüfen, wurde im Rahmen dieser Arbeit ein neuer Ansatz eines Qualitätsmanagement-Handbuchs für die Ausgestaltung eines Qualitätsmanagement-Systems für Projektfertiger entwickelt, das bereits bei der Erstellung der Projektmanagement-Dokumentation sowohl Qualitäts- als auch Wirtschaftlichkeitsanforderungen an die Gestaltung der einzelnen Projektphasen und Prozesse stellt. Hierbei handelt es sich um ein intranetgestütztes Qualitätsmanagement-System, welches DV-technisch detailliert im Kapitel 4.5.2 vorgestellt wird.

Kernaufgaben dieses Qualitätsmanagement-Systems sind:

- Strukturierung der Unternehmens- und Projektprozesse im Hinblick auf inhaltliche und betriebswirtschaftliche Verbesserungen mit Hilfe des Business Process Reengineering (vgl. Kapitel 3.2.1.1) und einer workflow-orientierten Prozessmodellierung (vgl. Kapitel 3.2.1.3).

- Tabellarisch strukturierte Erfassung der Haupt-, Teil- und Unterprozesse des Projektfertigers.

- Festlegung der zugehörigen Controllinginstrumente mit Hilfe von Verfahrens- und Arbeitsanweisungen zu den jeweiligen Prozessen.

- Festlegung der DV-technischen Bedienungsanweisungen zu den jeweiligen Prozessen.

Vorteile dieses Qualitätsmanagement-Systems liegen in:

- Der Flexibilität und Erweiterungsfähigkeit der Prozesse (Konsequente Verwendung von einheitlichen Ereignisgesteuerten Prozessketten-Modellen).

- Der qualitativen Verbesserung und Ergänzung der vorhandenen Workflows.

- Der Verbindung von Qualitätssicherungssystemen mit umfassendem BWL- und Controlling-Wissen in Verbindung mit DV-Know-how in einer durchgängigen Dokumentation (Verschmelzung der Informations- und Kommunikationsprozesse mit den Funktionalitäten der DV).

- Der Benutzerfreundlichkeit, Übersichtlichkeit, Einheitlichkeit, Richtigkeit und Konsistenz des Qualitätsmanagement-Informationssystems.

- Der gezielten Unterstützung neuer und alter Mitarbeiter hinsichtlich Einarbeitung, Schulung, Recherchen und DV-Unterstützung.

Die Strukturen des Unternehmens und die Verantwortlichkeiten der einzelnen Mitarbeiter werden in Anlehnung an den Projektablauf im Qualitätsmanagement-Handbuch als Dokumentation des Qualitätsmanagement-Systems beschrieben. Dieses Handbuch enthält zugleich Verweise auf die jeweils zugehörigen Verfahrens-, Arbeits- und DV-Anweisungen inklusive der eingesetzten Controllinginstrumente. Die Verfahrensanweisungen regeln die Abläufe für die Durchführung einer Tätigkeit und werden hierbei von den Arbeitsanweisungen und den DV-Anweisungen lediglich unterstützt. Der Einsatz von Controllinginstrumenten spiegelt sich in Arbeits- und DV-Anweisungen wider. Die Verbindung sowohl der Aufbau- als auch der Ablauforganisation mit den eingesetzten Systemen und Instrumenten wird hierbei mit Hilfe von erweiterten Ereignisgesteuerten Prozessketten-Modellen in Form von Workflows vorgenommen, die dem Anhang zu entnehmen sind. Das Qualitätsmanagement-System hat folgende Struktur:

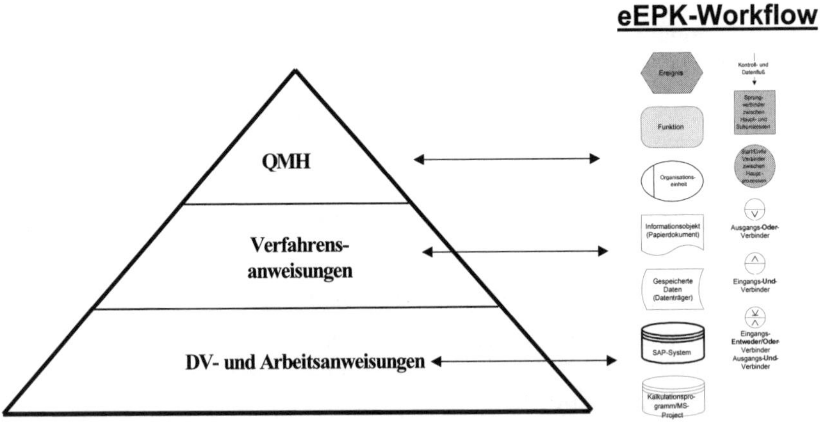

Abbildung 35: Aufbau des Qualitätsmanagement-Systems

Die organisatorische Verankerung des Qualitätsmanagement-Systems erfolgt durch die Verankerung von neutralen Qualitätssicherungsinstanzen (vgl. Abbildung 36).

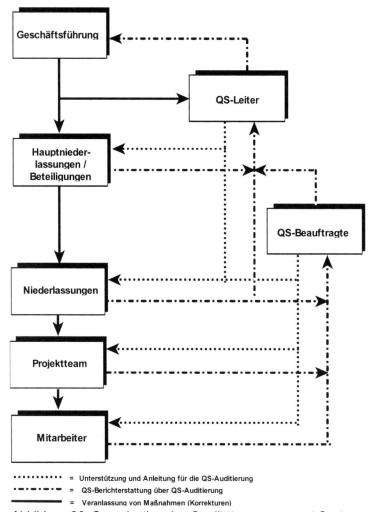

········· = Unterstützung und Anleitung für die QS-Auditierung
·─·─·─·─ = QS-Berichterstattung über QS-Auditierung
▬▬▬▬ = Veranlassung von Maßnahmen (Korrekturen)

Abbildung 36: Organisation des Qualitätsmanagement-Systems

Als Bindeglied zwischen Geschäftsführung, Hauptniederlassungen und Beteiligungen empfiehlt es sich für komplexe Projektfertiger, einen Qualitätssicherungsleiter (QSL) zu berufen. Der Qualitätssicherungsleiter ist verantwortlich für die Planung, Überwachung und Korrektur des QMS der Unternehmung.

Als Bindeglied zwischen Hauptniederlassungsleitungen bzw. Geschäftsführung der Beteiligungen und den Projektleitern und -mitarbeitern werden Qualitätssicherungsbeauftragte (QSB) berufen.

Ein QSB ist verantwortlich für die Überwachung des QMS in seinem zugeordneten Organisationsbereich. Hier ist er befugt und hat die organisatorische Freiheit, Qualitätsprobleme aufzuzeigen, Maßnahmen vorzuschlagen und die Durchführung dieser Maßnahmen zu überwachen. In Kooperation mit dem QSL werden Reviews und Audits durchgeführt. Die Ergebnisse interner Audits und der periodischen Berichterstattung bilden die Grundlage für die Beurteilung des QMS.

Ein weiterer wichtiger Punkt beim Qualitätsmanagement sind die Qualitätskosten, denn ein Unternehmen strebt nach der bestmöglichen Qualität zu minimalen Kosten. Daher ist eine Überwachung der Qualitätskosten nicht zu vernachlässigen. Qualitätskosten setzen sich zusammen aus den Fehlerverhütungskosten, den Prüfkosten und den Fehler- und Ausfallkosten.[210] In der folgenden Abbildung wird die typische traditionelle Sichtweise über den Verlauf dieser Kostenarten dargestellt. Zu den Fehlerverhütungskosten gehören alle fehlerverhütenden und vorbeugenden Maßnahmen. Dies sind z.B. die Kosten für die Qualitätssicherungs-Planung und für Methoden, Hilfsmittel und Richtlinien.[211] Prüfkosten sind alle Aufwendungen für Reviews und Tests. Fehler- und Ausfallkosten entstehen durch Aufwendungen für das Beseitigen von Fehlern, Aufwendungen für Gewährleistungen und Erlösschmälerungen. Das genaue Zuordnen der einzelnen Kostenelemente ist allerdings problematisch, da diese oftmals nicht nur einer der Kategorien angehören.

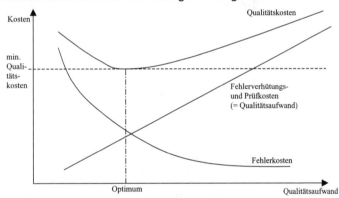

Abbildung 37: Traditionelle Sichtweise von Qualitätskosten[212]

---

[210] Vgl. *Burghardt, M.*: Projektmanagement, 2. Aufl., Berlin, München 1993, S. 351.
[211] Vgl. *Frühauf, K.; Ludewig, J.; Sandmayr, H.*: Software-Projektmanagement und - Qualitätssicherung, Stuttgart 1988, S. 59.
[212] Entnommen aus *Frühauf, K.; Ludewig, J.; Sandmayr, H.*: Software-Projektmanagement und –Qualitätssicherung, Stuttgart 1988, S. 60.

Bei der klassischen, funktionsorientierten Qualitätskostengliederung liegt die kostenoptimale Produktqualität unter 100%, was insbesondere aus einer einseitigen Zuordnung der Prüfkosten (nicht wertschöpfend) zum Block der Fehlerverhütungskosten (wertschöpfend) resultiert. Ordnet man die Prüfkosten nach ihren Wertschöpfungsanteilen jeweils auf die Abweichungs- und Übereinstimmungskosten zu, so ergibt sich eine andere Gesamtkostenfunktion. Die kostenoptimale Qualität liegt nunmehr bei einem Erfüllungsgrad von 100%. Dies ist zum einen durch eine zuordnungsbezogene Erhöhung des Niveaus der Abweichungskosten um eben die Prüfkosten bedingt. Zum anderen liegt dies am steigenden Volumen der Fehlerkosten (nach der sog. Zehner-Regel potenzieren sich die potentiellen Fehlerkosten auf jeder Wertschöpfungsstufe im Unternehmen um den Faktor zehn), die die Aufwendungen für Fehlerverhütung und -prävention überkompensieren. Bezogen auf die Qualitätskosten ist dem Qualitäts-Controlling des Unternehmens somit zu empfehlen, eine Trennung zwischen wertschöpfenden und nicht-wertschöpfenden Kosten vorzunehmen und auszuweisen.

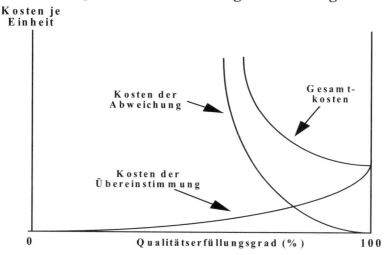

Abbildung 38: Wertschöpfungsorientierte Qualitätskostengliederung[213]

---

[213] Abbildung leicht verändert nach *Wildemann, H.*: Kosten- und Leistungsbeurteilung von Qualitätssicherungssystemen, in: ZfB, 1992, S. 761-782, hier: S. 764.

Die Qualitätskosten müssen genau wie alle anderen Projektkosten mit Hilfe der Kostenarten-, Kostenstellen- und Kostenträgerrechnung erfasst und verrechnet werden. Allerdings können die Qualitätskosten nicht nur Einzel-, sondern auch Gemeinkosten sein. Wenn es sich um Gemeinkosten handelt, müssen sie mit Hilfe eines geeigneten Schlüssels weiterverrechnet werden.[214]

Eine entsprechende Wirtschaftlichkeitskontrolle wird i.d.R. durch eine zweckgerichtete Verdichtung von Kosten- und ggf. Leistungsarten in Form von periodisch erhobenen Standardberichten sowie qualitativen und quantitativen Qualitätskennzahlen erfolgen, z.B. Statistiken über Fehlerzahlen, Systemausfälle und Anzahl der Reklamationen. Auch Qualitätskostenkennzahlen können zur Analyse der Kosten beitragen. Dies sind z.B.:[215]

- Verhältnis von Qualitätskosten und bestimmten Qualitätskostenelementen zum Umsatz

- Verhältnis von Fehlerkosten zu Fertigungskosten

- Verhältnis von Fehlerkosten zu Entwicklungskosten

- Verhältnis von Wareneingangs-Prüfkosten zu Einkaufsvolumen

Die Quantifizierung negativer Ergebniseffekte durch eine unzureichende Qualitätsleistung hat Frühwarn- und somit Signalcharakter, da Qualitätseinbußen vor allem langfristige und nachhaltige negative Ergebniseffekte (z.B. Verlust von Kunden, Verlust von Marktanteilen, Gewährleistungen, Vertragsstrafen etc.) nach sich ziehen.

Um die Qualitätskosten zu optimieren, sind alle qualitätssichernden Maßnahmen auf ihre Wirtschaftlichkeit hin zu überprüfen. Besonders wichtig sind dabei die frühen Entwicklungsphasen eines Projekts, denn dort wird bereits darüber entschieden, in welchem Umfang Qualitätskosten anfallen werden.[216] Die Auswahl des eingesetzten Materials, der Subunternehmer etc. bestimmt nachhaltig die Qualität und die Kosten eines Projekts. Um die Qualitätskosten zu optimieren, sollte man also von Anfang an darauf achten, eine hohe, möglichst eine Null-Fehler-Qualität, anzustreben, die keine Folgekosten entstehen lässt. Diese werden durch Fehler ausgelöst, die erst in nachfolgenden Entwicklungsphasen an Arbeitsergebnissen vorheriger Phasen erkannt werden. Um sie

---

[214] Vgl. *Burghardt, M.*: Projektmanagement, 2. Aufl., Berlin, München 1993, S. 352.

[215] Vgl. *Burghardt, M.*: Projektmanagement, 2. Aufl., Berlin, München 1993, S. 353.

[216] Vgl. *Riedl, J.E.*: Projekt-Controlling in Forschung und Entwicklung, Berlin 1990, S. 145.

möglichst gering zu halten, ist eine ständige Überwachung z.b. mit Hilfe von Plan-/Ist-Vergleichen notwendig.[217]

Im Rahmen des Qualitätsmanagements wurden außerdem noch einige Methoden entwickelt, die auch beim Projektmanagement angewendet werden können. Dabei handelt es sich z.b. um das Benchmarking, das Quality Function Deployment und das Ursachen-Wirkungsdiagramm. Das Ziel des Benchmarkings ist die Verbesserung der Qualität des Projektmanagements mit Hilfe von Vergleichen des eigenen Projektteams mit fremden Teams.[218] Dabei geht es nicht nur um die Unterschiede, sondern auch um die Ergründung des Erfolgs von anderen Unternehmen oder Projektteams. Es sollen also die besten Arbeitsmethoden ermittelt werden. Benchmarking kann sowohl branchenintern als auch branchenextern und innerhalb des eigenen Unternehmens erfolgen.[219] Der Benchmarking-Prozess umfasst folgende Schritte: Zuerst müssen die Benchmarking-Objekte und die Benchmarking-Teams festgelegt werden, dann müssen Benchmarking-Partner gesucht und schließlich müssen Informationen gesammelt und analysiert und Maßnahmen abgeleitet werden. Ein geeignetes Benchmarking-Objekt beim Projektmanagement ist die Ablauforganisation, weil dort Geschäftsprozesse verglichen werden können. Das Benchmarking-Team sollte interdisziplinär besetzt sein und evtl. auch bereichsexterne Personen mit einbeziehen. Besonders wichtig ist die sog. Clearing-Stelle, die als neutrale Instanz zwischen den zu vergleichenden Unternehmen steht und für den gerechten Informationsaustausch zuständig ist.[220] Die Qualität der Ergebnisse des Benchmarkings hängt von der Auswahl der Benchmarking-Partner ab. Hier kann man z.B. das beste Unternehmen hinsichtlich der überprüften Leistung auswählen. Informationen über das fremde Unternehmen oder das andere Projektteam können durch Presseberichte, Empfehlungen von Banken, Kammern und Verbänden oder eigene Kenntnisse erworben werden. Hilfreich ist dabei die Kenntnis von Kennzahlen, die mit den eigenen Kennzahlen verglichen werden können.[221] Bei diesem Kennzahlenvergleich müssen Abweichungen ermittelt und ihre Ursachen analy-

---

[217] Vgl. *Riedl, J.E.*: Projekt-Controlling in Forschung und Entwicklung, Berlin 1990, S. 148.

[218] Vgl. *Ottmann, R.*: Qualitätsmanagement, in: *RKW* (Hrsg.): Projektmanagement Fachmann, Bd. 2, 6. Aufl., Eschborn 2001, S. 917-960, hier: S. 948.

[219] Vgl. *Krüger, A.; Schmolke, G.; Vaupel, R.*: Projektmanagement als kundenorientierte Führungskonzeption, Stuttgart 1999, S. 224ff.

[220] Vgl. *Krüger, A.; Schmolke, G.; Vaupel, R.*: Projektmanagement als kundenorientierte Führungskonzeption, Stuttgart 1999, S. 226.

[221] Vgl. *Steinbuch, P.A.*: Projektorganisation und Projektmanagement, Ludwigshafen 1998, S. 50ff.

siert werden. Zuletzt sollten dann anhand dieser Untersuchungen Maßnahmen entwickelt werden, um die gefundenen Schwachstellen zu beseitigen.

Der Benchmarking-Ansatz bietet die Möglichkeit, Impulse aus anderen Bereichen, Unternehmen oder Branchen zu optimieren und ist eine Unterstützung für unternehmerische Entscheidungen.[222] Allerdings existieren einige Probleme bei der Umsetzung:

- Projekte sind sehr unterschiedlich und können daher nur schwer systematisch verglichen werden.

- Es ist problematisch, Erfolgskriterien für ein Projekt herauszufinden und daher ist es auch schwierig, den Erfolg von Projekten miteinander zu vergleichen.

- Der Zusammenhang von Projektmanagement und Projekterfolg ist nicht immer gegeben. Auch bei einem guten Projektmanagement kann ein Projekt ein Misserfolg werden.[223]

Eine andere Methode ist das Quality Function Deployment (QFD). Dieses bietet die Möglichkeit, die Anforderungen des Kunden genau zu erfassen und in die Sprache des Technikers zu transferieren. Dazu werden zuerst die Kundenanforderungen in messbare Produktmerkmale umgesetzt.[224] Aus diesen Produktmerkmalen werden in den folgenden Phasen Konstruktions- und Prozessmerkmale mit Hilfe eines sog. House of Quality erarbeitet (vgl. Abbildung 39).

Die ermittelten Produktmerkmale werden mit Hilfe von Konkurrenzprodukten bewertet und daraufhin Arbeits- und Prüfpläne erstellt.[225] Die Idee des Quality Function Deployment ist nicht auf einzelne Konstruktionsmerkmale von Komponenten beschränkt, sondern sie kann auf den gesamten Wertschöpfungsprozess ausgeweitet werden. Durch eine Aneinanderreihung verschiedener Houses of Quality können nacheinander verschiedenste projektbezogene und projektübergreifende Prozesse eines Unternehmens untersucht und verbessert werden.

---

[222] Vgl. *Ottmann, R.*: Qualitätsmanagement, in: *RKW* (Hrsg.): Projektmanagement Fachmann, Bd. 2, 6. Aufl., Eschborn 2001, S. 917-960, hier: S. 949.

[223] Vgl. *Krüger, A.; Schmolke, G.; Vaupel, R.*: Projektmanagement als kundenorientierte Führungskonzeption, Stuttgart 1999, S. 224ff.

[224] Vgl. *Ottmann, R.*: Qualitätsmanagement, in: *RKW* (Hrsg.): Projektmanagement Fachmann, Bd. 2, 6. Aufl., Eschborn 2001, S. 917-960, hier: S. 949.

[225] Vgl. *Corsten, H.*: Projektmanagement, München 2000, S. 263f.

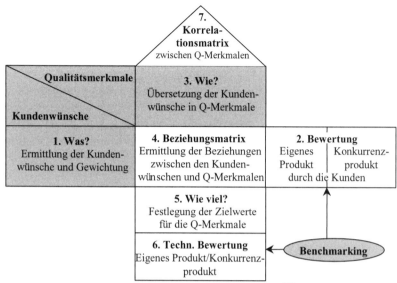

Abbildung 39: House of Quality[226]

Die Anwendung der QFD-Methode bringt wesentliche Qualitätsverbesserungen mit sich, da die Kundenwünsche bereits in frühen Projektphasen mit einbezogen werden. Qualitative Nachbesserungen, vor allem in späteren Projektphasen, lassen sich somit vermeiden. Allerdings ist die Methode auch sehr aufwendig und wird daher in der Praxis nicht oft durchgeführt.[227]

Das Ursachen-Wirkungsdiagramm, auch Ishikawa-Diagramm oder Fischgräten-Diagramm genannt, ist eine weitere Methode zur Qualitätsverbesserung des Projektmanagements. Es ist eine Methode, die zur Problembewältigung während der Projektdurchführung eingesetzt wird. Die Besonderheit dieser Methode liegt darin, dass Ursachengruppen gebildet werden. Dabei werden die fünf M zu Grunde gelegt:

- Mensch,

- Methode,

- Material,

---

[226] Entnommen aus *Ottmann, R.*: Qualitätsmanagement, in: *RKW* (Hrsg.): Projektmanagement Fachmann, Bd. 2, 6. Aufl., Eschborn 2001, S. 917-960, hier: S. 950.

[227] Vgl. *Töpfer, A.*: Schnittstellenmanagement in Projekten, in: *Streich, R.K.; Marquardt, M.; Sanden, H.* (Hrsg.): Projektmanagement, Stuttgart 1996, S. 119-136, hier: S. 134.

- Maschine und

- Mitwelt (Umwelt).[228]

Das Diagramm ähnelt der äußeren Form nach einer Fischgräte, denn es besteht aus einem Hauptpfeil, der für das zu lösende Problem steht, und fünf Nebenpfeilen, die vom Hauptpfeil ausgehen. Diese stehen für die möglichen Ursachengruppen, die wiederum in einzelne mögliche Ursachen unterteilt werden können. Ein Beispiel für ein Ursachen-Wirkungsdiagramm zeigt die folgende Abbildung 40.

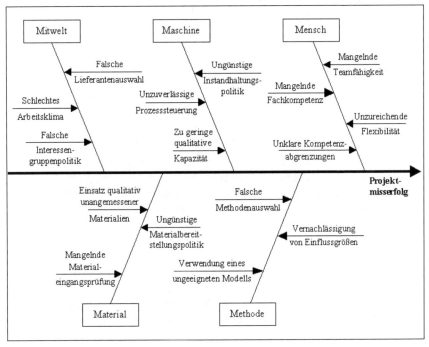

Abbildung 40: Ishikawa-Diagramm[229]

Die möglichen Ursachen können durch den Einsatz von Kreativitätstechniken ermittelt werden (vgl. Kapitel 3.2.2.1.1). Die Erstellung eines solchen Diagramms hilft bei einer umfassenden Problembetrachtung, denn dieses zeigt nicht nur alle möglichen Ursachen eines Problems, sondern

---

[228] Vgl. *Corsten, H.*: Projektmanagement, München 2000, S. 268.
[229] Entnommen aus *Corsten, H.*: Projektmanagement, München 2000, S. 269.

auch Abhängigkeiten zwischen den einzelnen Ursachen.[230] Um die Hauptursache für ein Problem herauszufinden, kann man eine Reihung der Ursachen nach der Komplexität oder der Wichtigkeit vornehmen. Eine andere Möglichkeit ist die Bewertung der Einzelursachen durch ein Team.

3.1.7 Vertragsmanagement

Grundlage für ein Projekt, zumindest mit externen Auftraggebern, ist ein Vertrag. Dieser ist für beide Parteien, Projektauftraggeber und -nehmer, bindend. Es ist daher notwendig, dass dieser Vertrag so geschlossen wird, dass Risiken minimiert werden und die Pflichten beider Seiten genau zu erkennen sind. Aus diesem Grunde ist ein Vertragsmanagement von Vorteil, welches die Vertragsschließung und -abwicklung überwacht. Auch nach Abschluss des Vertrags können Probleme auftreten, z.B. in Form von Zusatzaufträgen oder Terminverschiebungen. Diese werden durch das Nachforderungsmanagement (Claimmanagement) bearbeitet und kontrolliert.[231]

Ein Vertrag beinhaltet die Rechte und Pflichten der Vertragspartner. Dies umfasst die Lieferungen und Leistungen des Auftragnehmers und die entsprechende Vergütung des Auftraggebers. Bei Projekten tritt bereits bei der Ermittlung der Kosten das Problem auf, dass diese nur geschätzt werden können. Daher existiert hier ein sehr hohes Planungsrisiko mit Auswirkungen auf die Preisgestaltung. Bei dieser gibt es zwei Grundformen: Festpreise oder Selbstkostenpreise.[232] Festpreise werden bspw. häufig bei der Vergabe öffentlicher Aufträge gesetzt, während Selbstkostenpreise nur ausnahmsweise vergeben werden können (bei fehlendem Wettbewerb oder mangelnder Feststellbarkeit des Preises). Bei langfristigen Verträgen können Preisgleitklauseln, z.B. unter Berücksichtigung von Tariferhöhungen und der Inflation, vereinbart werden. Die Wahl des Preistyps ist abhängig von der Projektart. Für Projekte mit einem hohen technologischen Risiko ist eine Festpreisregelung nicht zu empfehlen.[233]

---

[230] Vgl. *Ottmann, R.*: Qualitätsmanagement, in: *RKW* (Hrsg.): Projektmanagement Fachmann, Bd. 2, 6. Aufl., Eschborn 2001, S. 917-960, hier: S. 951.

[231] Vgl. *Weber, K.E.*: Vertragsinhalte und -management, in: *RKW* (Hrsg.): Projektmanagement Fachmann, Bd. 2, 6. Aufl., Eschborn 2001, S. 961-1000, hier: S. 961ff.

[232] Vgl. *Madauss, B.J.*: Handbuch Projektmanagement, 6. Aufl., Stuttgart 2000, S. 336ff.

[233] Vgl. *Madauss, B.J.*: Handbuch Projektmanagement, 6. Aufl., Stuttgart 2000, S. 340.

Zusätzlich können auch Leistungsprämien vereinbart werden, die einen besonderen Leistungsanreiz für den Auftragnehmer bieten. Neben der Preisgestaltung sind noch verschiedene andere Fragen zu klären. Dies sind z.b. die Leistungsbeschreibung, der Leistungsinhalt, die Anforderungen an die gelieferten Inhalte, die globalen Fertigstellungstermine, die Abnahmepunkte, die Korrekturen und die Haftungsbedingungen.[234] Gliederungspunkte und Inhalte modularer Projektverträge sind bspw. bei *Madauss* sehr detailliert zu finden.[235]

Ist ein Vertragsentwurf zu erstellen, sollte zuerst die Information eingeholt werden, welche Art von Vertrag zu Grunde gelegt werden soll. Dies ist notwendig, da für die unterschiedlichen Vertragstypen (z.B. Entwicklungsvertrag, Musterbeschaffungsvertrag, Vertrag über Ingenieurleistungen) unterschiedliche Bestimmungen gelten.[236] Sollte es während des Projektverlaufs zu Leistungsstörungen kommen (z.B. verspätete Leistung) oder gar zu einem Projektabbruch, erhält die Vertragsgestaltung eine große Bedeutung.[237]

Das Vertragsmanagement ist ebenfalls ein phasenübergreifendes Instrument. Es hat in allen Phasen eines Projekts bestimmte Aufgaben zu erfüllen. In der Projektvorbereitungsphase ist das Angebot auf Vollständigkeit zu kontrollieren. Hierzu gehört die Überprüfung der Bestimmungen über das Inkrafttreten des Vertrages sowie der Termine, der Zahlungsbedingungen, der Haftung und Gewährleistung, der Rechtswahl und der Wahl eines Schiedsgerichts.[238] Die Erstellung einer Checkliste auf der Basis früherer Verträge ist hier ein gutes Mittel, um die Vollständigkeit zu überprüfen.[239] Bei Abschluss des Vertrags muss das Vertragsmanagement dafür sorgen, dass alle Unstimmigkeiten ausgeräumt und vertragliche Lücken geschlossen werden. In der Projektrealisationsphase hat das Vertragsmanagement die Aufgabe, den Vertrag zu analysieren, die wichtigsten Daten für das Projektteam aufzubereiten, diese

---

[234] Vgl. *Köhler, T.R.*: Internet-Projektmanagement, München 2002, S. 131ff.

[235] Vgl. *Madauss, B.J.*: Handbuch Projektmanagement, 5. Aufl., Stuttgart 1994, S. 343f.; *Madauss, B.J.*: Planung und Überwachung von Forschungs- und Entwicklungsprojekten, Bad Aibling 1982, S. VII 15-16.

[236] Vgl. *Heuer, G.C.*: Projektmanagement, Würzburg 1979, S. 101ff.

[237] Vgl. *Etzel, H.-J.*: IT-Projektmanagement - Fallstricke und Erfolgsfaktoren, Heidelberg 2000, S. 167f.

[238] Vgl. *Weber, K.E.*: Vertragsrechtliche Fragen, in: *Reschke, H.; Schelle, H.; Schnopp, R.* (Hrsg.): Handbuch Projektmanagement, Bd. 2, Köln 1989, S. 945-977, hier: S. 970ff.

[239] Vgl. *VDMA* (Hrsg.): Projekt-Controlling bei Anlagengeschäften, 4. Aufl., Frankfurt a.M. 1985, S. 147ff.

weiterzuverfolgen und Beweise zu sichern.[240] Bei der Vertragsanalyse sollen bestimmte Risikobereiche herausgefiltert und eine Strategie zu Vertragserfüllung entwickelt werden.[241] Die Risiken und die Strategie zur Vertragserfüllung werden dann in einem Handbuch schriftlich festgehalten und allen Projektmitarbeitern zur Verfügung gestellt. Um die wichtigsten Vertragsdaten aufzubereiten, werden Kurzfassungen für den Projektleiter und das Management sowie für die Projektmitarbeiter nach bestimmten Arbeitsabschnitten erstellt. Hier ist eine Gegenüberstellung der Leistungsverpflichtungen mit den Vertragsstrafen bei Nichterfüllung wichtig, damit jeder Mitarbeiter die Konsequenzen seiner Arbeit erkennt.[242] Bei der Weiterverfolgung und Beweissicherung geht es um die Vermeidung von Unstimmigkeiten zwischen den Vertragspartnern und um die Zurückweisung bzw. Stellung von Nachforderungen. Dazu ist eine vollständige Sicherung aller Beweismittel (Schriftverkehr, Protokolle, Fotografien, Genehmigungen etc.) von Nutzen. Hier kommt der Unterstützungsfunktion des Claimmanagements durch das Vertragsmanagement eine hohe Bedeutung zu.

3.1.8 Claimmanagement

Claimmanagement umfasst alle Aktivitäten zur Erstattung aller nicht selbst verschuldeten Mehrkosten sowie zur Generierung von Nachträgen bezüglich Mehrleistungen, die im Zuge der Projektabwicklung identifiziert werden und sich aus den vertraglichen Ansprüchen und den laufenden Änderungen eines Projekts ergeben. Adressaten der Aktivitäten des Claimmanagements sind vor allem Kunden, Lieferanten und interne Projektbeteiligte. Das Claimmanagement hat dabei vier Zielrichtungen:

- Risiken mindern,

- Kosten senken,

- Erlöse erhöhen und

- Gegenforderungen abwehren.

Claimmanagement kann in jeder Phase eines Projekts angesetzt werden. Sowohl in der Angebotsphase als auch in der Vertragsverhand-

---

[240] Vgl. *Weber, K.E.*: Vertragsrechtliche Fragen, in: *Reschke, H.; Schelle, H.; Schnopp, R.* (Hrsg.): Handbuch Projektmanagement, Bd. 2, Köln 1989, S. 945-977, hier: S. 972ff.

[241] Vgl. *Saynisch, M.*: Konfigurationsmanagement, Köln 1984, S. 145ff.

[242] Vgl. *Weber, K.E.*: Vertragsinhalte und -management, in: *RKW* (Hrsg.): Projektmanagement Fachmann, Bd. 2, 6. Aufl., Eschborn 2001, S. 961-1000, hier: S. 981ff.

lungsphase wird versucht, die Risikopotentiale zu identifizieren, zu bewerten, zu vermeiden, zu überwälzen bzw. einzugrenzen. Die Abwicklungsphase und Inbetriebnahme ist i.d.R. durch eine Vielzahl von Änderungen und Behinderungen geprägt, die im Vorfeld der Projektplanung nicht ersichtlich waren. Im Rahmen des Claimmanagements sollten diese von den vertraglichen Leistungen abgegrenzt werden, damit entsprechende Nachträge generiert und zusätzliche Ansprüche gegenüber den Kunden bzw. Lieferanten gestellt werden können.[243]

Insbesondere für die Bearbeitung der Nachforderungen ist ein Claimmanagement zu errichten. Wegen der hohen finanziellen Bedeutung von Nachforderungen - diese machen oft zehn bis zwanzig Prozent des Projektwerts aus - ist das Claimmanagement zu einer bedeutenden Aufgabe im Rahmen der Projektabwicklung geworden.[244] Ziel des Claimmanagements ist die Abwehr von Nachforderungen des Auftraggebers und die Durchsetzung von eigenen Forderungen. Nachforderungen des Auftraggebers können sich dabei ergeben aus einer mangelhaften vertraglichen Erfüllung durch einen Vertragspartner oder aus Vertragsänderungen, die die andere Vertragspartei aufgrund von vertraglichen Regelungen fordert. Eigene Forderungen können Vertragszeitverlängerungen oder zusätzliche Vergütungsansprüche sein.[245] Vertragsänderungen können z.B. aus Zusatzwünschen des Nachfragers, durch neue technische Standards, geänderte gesetzliche Rahmenbedingungen oder unklare Projektdefinitionen resultieren.[246] Deshalb stellt sich für das Claimmanagement die Aufgabe, frühzeitig derartige Nachforderungen zu erkennen und zu verfolgen. Dadurch lässt sich der Gewinn i.d.R. um ca. 3 bis 5 Prozent verbessern, denn die Durchsetzung von eigenen Nachforderungen kostet nur wenig Geld und ist eine Möglichkeit, um zusätzlich aufgelaufene Kosten zu kompensieren.

Das Claimmanagement hängt nicht nur eng mit dem Vertragsmanagement, sondern auch mit den anderen Projektsteuerungsinstrumenten zu-

---

[243] Vgl. *Michel, R.M.*: Projektcontrolling und Reporting, 2. Aufl., Heidelberg 1996, S. 207.

[244] Vgl. *Hamann, M.*: Claimmanagement, in: *Reschke, H.; Schelle, H.; Schnopp, R.* (Hrsg.): Handbuch Projektmanagement, Bd. 2, Köln 1989, S. 979-990, hier: S. 979ff.

[245] Vgl. *Corsten, H.*: Projektmanagement, München 2000, S. 19.

[246] Vgl. *Patzak, G.; Rattay, G.*: Projektmanagement. Leitfaden zum Management von Projekten, Projektportfolios und projektorientierten Unternehmen, Wien 1996, S. 83.

sammen.[247] Bei einer Terminverlängerung muss z.b. immer der kritische Weg analysiert werden. Die Kostenkontrolle wird zur Berechnung der Schadenshöhe herangezogen, wenn Nachforderungen aufgrund eines entstandenen Schadens gestellt werden. Die Daten hierfür werden durch das Berichtswesen bereitgestellt.

Das Claimmanagement sollte spätestens nach dem Vertragsabschluss in Form einer separaten Person oder Institution (z.B. zentrale Claimmanagement-Stabsstelle) für das Projekt errichtet werden. Nachforderungen sollten möglichst zeitnah gestellt werden, damit die Ursachen umfassend belegt werden können. Dazu ist ein sog. Claimschreiben aufzusetzen, in welchem die betroffene Leistung, das Ereignis mit Datum, Sachverhalt und Verursacher, die Beschreibung der ursprünglich vereinbarten Regelung, die Beschreibung der Auswirkungen des Ereignisses und die Forderungen enthalten sein müssen.[248] Wichtig ist auch eine Fristsetzung und die Dokumentation des Ereignisses.

Um Nachforderungen der Gegenseite frühzeitig abzuwehren, sollte man den Vertrag genau kennen, Unklarheiten rechtzeitig beseitigen, das Änderungswesen regeln und die Vertragseinhaltung genau überprüfen. Aus diesem Grunde ist eine enge Verbindung zum Vertragsmanagement unerlässlich. Außerdem sollten besondere Ereignisse dokumentiert und Änderungen genehmigt werden, um Unstimmigkeiten zu vermeiden.[249]

Nachteil eines umfassenden Claimmanagements kann allerdings die Verschlechterung des Verhältnisses zwischen den Vertragsparteien sein. Dies ist wohl auch häufig der Grund, warum keine Nachforderungen gestellt werden. Hierbei handelt es sich aber um ein typisch deutsches Phänomen. Im internationalen Markt ist die Denkweise grundsätzlich anders. Ein Geschäftspartner wird in gewissem Sinne immer auch als Gegner betrachtet.[250] Gute geschäftliche Beziehungen werden hierdurch jedoch im Allgemeinen nicht beeinflusst. Bedeutende Bereiche des Nachforderungsmanagements sind heute vor allem Planungs-, Konstruk-

---

[247] Vgl. *Hamann, M.*: Claimmanagement, in: *Reschke, H.; Schelle, H.; Schnopp, R.* (Hrsg.): Handbuch Projektmanagement, Bd. 2, Köln 1989, S. 979-990, hier: S. 981.

[248] Vgl. *Böker, L.*: Vertragsrecht und Claimmanagement - Leitfaden für Praktiker, Mannheim 1996, S. 7ff.

[249] Vgl. *Patzak, G.; Rattay, G.*: Projektmanagement. Leitfaden zum Management von Projekten, Projektportfolios und projektorientierten Unternehmen, Wien 1996, S. 89.

[250] Vgl. *Weber, K.E.*: Vertragsinhalte und -management, in: *RKW* (Hrsg.): Projektmanagement Fachmann, Bd. 2, 6. Aufl., Eschborn 2001, S. 961-1000, hier: S. 987.

tions- und Ingenieurleistungen, während früher nur die Bauausführung betroffen war.

Die Bearbeitung von Nachforderungen kann nicht nach einem vorgege-benen Muster erfolgen, da jedes Ereignis für sich mit dem entsprechen-den Vertragshintergrund analysiert werden muss.[251] Dennoch lässt sich eine allgemeine Gliederung der Aufgaben des Claimmanagements dar-stellen. Zuerst müssen die Nachforderungsgründe erforscht und ent-sprechende Nachweise gefunden werden. Diese können entweder eine Zeitverlängerung oder eine Kostenerhöhung sein. Sind Nachweise er-bracht, schließen sich Nachforderungsverhandlungen an, die evtl. sogar in ein Schiedsgerichtsverfahren münden können (vgl. Abbildung 41).

Nachforderungen können entweder aufgrund von Abweichungen des Ist-Zustands vom Soll-Zustand oder aufgrund von außervertraglichen Leis-tungen oder Leistungsstörungen gestellt werden. Im zweiten Fall hat sich eine Arbeitssystematik entwickelt, die folgende Schritte umfasst:[252]

- Auflistung der relevanten Ereignisse (außervertragliche Leistun-gen, Leistungsstörungen)

- Bewertung (Soll-Ist-Vergleich)

- Juristische Stellungnahme (zu Einzelfragen)

- Einzelfallbearbeitung und Dokumentation

Besonders wichtig ist die Auflistung aller vertraglich relevanten Ereignis-se, weil diese den Aufbau einer Verteidigungsstrategie ermöglicht, d.h. der Unternehmer wird von seiner Verantwortung für bisher aufgelaufene Verzögerungen freigestellt. Außerdem stellt diese die Grundlage für Ar-gumentationen zur Verlängerung der Vertragszeit und zur Kostenkom-pensation dar.[253]

Bei der Bewertung sind durch einen Soll-Ist-Vergleich die durch die Ab-weichung entstandenen Kosten zu ermitteln. Die juristische Stellung-nahme soll klären, ob sich ein Anspruch aus dem Vertrag herleiten lässt.

---

[251] Vgl. *Hamann, M.*: Claimmanagement, in: *Reschke, H.; Schelle, H.; Schnopp, R.* (Hrsg.): Handbuch Projektmanagement, Bd. 2, Köln 1989, S. 979-990, hier: S. 982.

[252] Vgl. *Weber, K.E.*: Vertragsinhalte und -management, in: *RKW* (Hrsg.): Projekt-management Fachmann, Bd. 2, 6. Aufl., Eschborn 2001, S. 961-1000, hier: S. 988.

[253] Vgl. *Hamann, M.*: Claimmanagement, in: *Reschke, H.; Schelle, H.; Schnopp, R.* (Hrsg.): Handbuch Projektmanagement, Bd. 2, Köln 1989, S. 979-990, hier: S. 986.

Wenn dies nicht der Fall ist, soll sie prüfen, ob aus den vorhandenen Dokumentationen ein Anspruch mit Aussicht auf Erfolg abgeleitet werden kann.[254] Bei der Einzelfallbearbeitung sind detaillierte Bewertungen notwendig und die vorhandenen Dokumentationen sind zu überprüfen. Ziel ist es, die einzelne Abweichung lückenlos nachzuweisen.

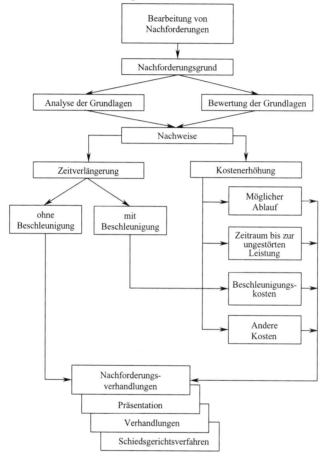

Abbildung 41: Claimmanagement[255]

---

[254] Vgl. *Weber, K.E.*: Vertragsinhalte und -management, in: *RKW* (Hrsg.): Projektmanagement Fachmann, Bd. 2, 6. Aufl., Eschborn 2001, S. 961-1000, hier: S. 989.

[255] Entnommen aus *Hamann, M.*: Claimmanagement, in: *Reschke, H.; Schelle, H.; Schnopp, R.* (Hrsg.): Handbuch Projektmanagement, Bd. 2, Köln 1989, S. 979-990, hier: S. 983.

Für die praktische Ausführung der Nachforderungsbearbeitung empfiehlt sich der Einsatz eines EDV-Systems. Dadurch wird die Möglichkeit geschaffen, allgemeine Formulare einzusetzen.

Der Einsatz eines Claimmanagements verursacht Kosten. Um eine überschlägige Erfolgskontrolle einzuführen, kann folgendes Kalkulationsschema verwendet werden.

Σ erzielte Mehrpreise im Verhältnis zum Vertragspartner
- Σ der akzeptierten Minderpreise bzgl. Vertragspartner
+ Σ erzielte Minderpreise bzgl. Unterauftragnehmer
- Σ akzeptierte Mehrpreise bzgl. Unterauftragnehmer
+ Σ Minderkosten
- Σ Mehrkosten
- Σ Kosten für Claimbearbeitung
= Claimerfolg

Abbildung 42: Kalkulationsschema zur „Erfolgskontrolle" des Claimmanagements[256]

Das Claimmanagement hängt, wie bereits erwähnt, eng mit dem Konfigurations- und Änderungsmanagement und dem Vertragsmanagement zusammen. Wenn das Konfigurationsmanagement-Konzept verfolgt wird, können Vertragsänderungen direkt übernommen werden und müssen nicht vom Nachforderungsmanagement erfasst werden.

Auch das Risikomanagement steht in enger Beziehung zum Claimmanagement, denn bei der Vertragsanalyse werden automatisch auch Risiken mit erfasst. Durch ein geordnetes Vertragsmanagement ist es auch möglich, Risiken zu begrenzen. Andererseits kann ein systematisches Risikomanagement das Vertrags- und Nachforderungsmanagement auch sinnvoll ergänzen.[257]

---

[256] Vgl. *Böker, L.*: Vertragsrecht und Claimmanagement - Leitfaden für Praktiker, Mannheim 1996, S. 8.

[257] Vgl. *Weber, K.E.*: Vertragsinhalte und -management, in: *RKW* (Hrsg.): Projektmanagement Fachmann, Bd. 2, 6. Aufl., Eschborn 2001, S. 961-1000, hier: S. 994f.

3.1.9 Risikomanagement

Wegen der Risikobehaftung insbesondere größerer Projekte kommt dem Risikomanagement auch **ohne** den Erlass des **Gesetzes zur Kontrolle und Transparenz im Unternehmensbereich** (KonTraG),[258] welches zum 1. Mai 1998 in Kraft getreten ist, eine besonders wichtige Analyse- und Steuerungsfunktion zu.

Durch das KonTraG und dessen Begründung ist die allgemeine Leitungsaufgabe und die Sorgfaltspflicht des Vorstandes von publizierenden Aktiengesellschaften erstmals für die Teilbereiche Risikomanagement und -überwachung gesetzlich besonders hervorgehoben worden.[259] Auslöser und Hintergrund des KonTraG waren dabei verschiedene Unternehmenskrisen und Insolvenzen, die nach Auffassung des Gesetzgebers durch fehlendes Risikobewusstsein und nicht ausreichende Kontroll- und Informationsmechanismen verursacht wurden.[260]

Durch das KonTraG sollen vor allem Anteilseigner und Gläubiger eine erhöhte Transparenz des Risikos im Unternehmen bekommen, was durch eine gezielte Verbesserung des Führungs- und Überwachungssystems von Publikumsgesellschaften konkretisiert wurde.[261] Hierdurch ergibt sich die Notwendigkeit zur Einführung bzw. Verbesserung eines zweckentsprechenden Risikomanagements und einer angemessenen internen Revision bzw. Risikomanagementinstitution.[262]

Der Vorstand wird durch § 91 Abs. 2 AktG verpflichtet, „geeignete Maßnahmen zu treffen, insbesondere ein Überwachungssystem einzurichten, damit den Fortbestand der Gesellschaft gefährdende Entwicklungen früh

---

[258] Gesetz zur Kontrolle und Transparenz im Unternehmensbereich (KonTraG) – Gesetz vom 27.04.1998, BGBl I, Jg. 1998, S. 784-794 vom 30.04.1998.

[259] Vgl. *Reichmann, Th.*: Controlling mit Kennzahlen und Managementberichten. Grundlagen einer systemgestützten Controllingkonzeption, 6. Aufl., München 2001, S. 481ff.; *Lück, W.*: Der Umgang mit unternehmerischen Risiken durch ein Risikomanagementsystem und durch ein Überwachungssystem. Anforderungen durch das KonTraG und Umsetzung in der betrieblichen Praxis, in: DB, 1998, S. 1925-1930, hier: S. 1925.

[260] Vgl. *Vogler, M.; Gundert, M.*: Einführung von Risikomanagementsystemen. Hinweise zur praktischen Ausgestaltung, in: DB, 1998, S. 2377-2383, hier: S. 2377.

[261] Vgl. *Lück, W.*: Elemente eines Risiko-Managementsystems. Die Notwendigkeit eines Risiko-Managementsystems durch den Entwurf eines Gesetzes zur Kontrolle und Transparenz im Unternehmensbereich (KonTraG), in: DB, 1998, S. 8-13, hier: S. 8ff.; *Saitz, B.*: Risikomanagement als umfassende Aufgabe der Unternehmensleitung, in: *Saitz, B.; Braun, F.* (Hrsg.): Das Kontroll- und Transparenzgesetz. Herausforderungen und Chancen für das Risikomanagement, Wiesbaden 1999, S. 69-98, hier: S. 71.

[262] Vgl. BT-DrS. 13/9712, S. 15, Begründung zu § 91 II AktG.

erkannt werden."[263] Aus der Begründung zum KonTraG geht ferner hervor, dass das Gesetz nicht nur publizierende Aktiengesellschaften betrifft, sondern auch Ausstrahlungswirkung auf den Pflichtenrahmen der Geschäftsführung einer GmbH besitzt.[264] Im Rahmen der Abschlussprüfung hat der Wirtschaftsprüfer gemäß § 317 Abs. 4 HGB ab dem Geschäftsjahr 1999 zu beurteilen und zu testieren, ob der Vorstand die ihm nach § 91 Abs. 2 AktG obliegenden Maßnahmen in geeigneter Form getroffen hat.[265]

Neben den aufgeführten gesetzlichen Regelungen bedarf es der Implementierung eines leistungsfähigen Risikomanagements und -Controlling vor allem wegen folgender Gründe:

- Wirtschaftliche, politische, technologische, gesellschaftliche und ökologische Entwicklungen und die damit verbundenen Risiken.

---

[263] § 91 Abs. 2 AktG.

[264] Vgl. BT-DrS. 13/9712, S. 15, Begründung zu § 91 II AktG; *Scharpf, P.*: Die Sorgfaltspflichten des Geschäftsführers einer GmbH. Pflicht zur Einrichtung eines Risikomanagement- und Überwachungssystems aufgrund der geplanten Änderung des AktG auch für den GmbH-Geschäftsführer, in: DB, 1997, S. 737-743, hier: S. 737ff.; *Saitz, B.*: Risikomanagement als umfassende Aufgabe der Unternehmensleitung, in: *Saitz, B.; Braun, F.* (Hrsg.): Das Kontroll- und Transparenzgesetz. Herausforderungen und Chancen für das Risikomanagement, Wiesbaden 1999, S. 69-98, hier: S. 73; *Dücker, R.*: Das Gesetz zur Kontrolle und Transparenz im Unternehmensbereich. Weiterentwicklung der deutschen Rechnungslegung und Abschlußprüfung, in: NWB, 1998, H. 21, Fach 18, S. 3593-3600, hier: S. 3595.

[265] Vgl. *Dücker, R.*: Das Gesetz zur Kontrolle und Transparenz im Unternehmensbereich. Weiterentwicklung der deutschen Rechnungslegung und Abschlußprüfung, in: NWB, 1998, H. 21, Fach 18, S. 3593-3600, hier: S. 3596; *Giese, R.*: Die Prüfung des Risikomanagementsystems einer Unternehmung durch den Abschlußprüfer gemäß KonTraG, in: WPg, 1998, S. 451-458, hier: S. 452ff. Vgl. hierzu auch die Checklisten zur Implementierung von Risikomanagementsystemen von *Lück, W.*: Betriebswirtschaftliche Aspekte der Einrichtung eines Überwachungssystems und eines Risikomanagementsystems, in: *Dörner, D.; Menold, D.; Pfitzer, N.*: Reform des Aktienrechts, der Rechnungslegung und Prüfung. KonTraG – KapAEG – EuroEG – StückAG, Stuttgart 1999, S. 139-176, hier: S. 172ff. und *KPMG*: Checkliste zur Erfüllung der Anforderungen durch das KonTraG und das KapAEG, http://www.kpmg.de/library/docs/IRM_neu_checkliste.pdf vom 16.11.1999; Vgl. auch die Auszüge zum Entwurf *IDW* Prüfungsstandard bei *Pfitzer, N.*: Risikomanagement aus Sicht der Wirtschaftsprüfung, in: *Reichmann, Th.* (Hrsg.): Tagungsband 14. Deutscher Controlling Congress, München 1999, S. 161-182, hier: S. 175ff.

- Dynamik und Komplexität der Unternehmensumwelt hinsichtlich zunehmender internationaler Verflechtungen der Weltwirtschaft und der intensivierte Eintritt in das Informationszeitalter.

- Zunehmende Internationalisierung der Kapitalmärkte und verstärkte Zunahme von Börsengängen mittlerer und großer Publikumsgesellschaften. Hierdurch wurde einer breiten Öffentlichkeit der Zugang zum risikobehafteten Unternehmenseigentum ermöglicht.[266]

- Risikobewusste Anteilseigner und Risikokapitalgeber als Stakeholder der Unternehmen.

Die steigenden Anforderungen an Unternehmen mit Projektfertigung resultieren vor allem aus der Internationalisierung der Märkte, wie z.B. im industriellen Anlagenbau, der zunehmenden Komplexität der Projekte, neuer Technologien und Ausrüstungen sowie verschärfter juristischer Rahmenbedingungen. Alle diese Faktoren nehmen erheblichen Einfluss auf die Gestaltung chancen- und risikoabbildender Informationssysteme. Das internationale Projektgeschäft ist mit einem hohen Akquisitionsaufwand verbunden und unterliegt zudem wegen des sehr engen Termin- und Kostenrahmens für die Projektdurchführung einer intensiven Beobachtung des Kunden. Die diesen technischen bzw. kommerziellen Randbedingungen zu Grunde liegende überproportionale Zunahme der Projektrisiken kann bei ungünstigem Projektverlauf das Projekt- und Unternehmensergebnis in hohem Maße gefährden.

Bei vielen Projektfertigern ist das Projekt-Controlling bereits etabliert und wurde in die Führungskonzeption der Unternehmung integriert, jedoch ohne ein notwendiges Risikomanagement einzubinden.[267]

Projekte sind ihrem Wesen nach mit Unsicherheit behaftet. Dies hat zur Folge, dass Unternehmen mit Projektfertigung sich mit den Unsicherheiten künftiger Ereignisse und den damit verbundenen möglichen Schäden und Verlustpotenzialen intensiv beschäftigen müssen.[268] Aus diesem Grunde sind vom Projekt-Controlling Informationssysteme zu entwickeln,

---

[266] Vgl. *Hornung, K.; Reichmann, Th.; Diederichs, M.*: Risikomanagement - Teil I: Konzeptionelle Ansätze zur pragmatischen Realisierung gesetzlicher Anforderungen, in: ZfC, 1999, S. 317-325, hier: S. 317.

[267] Vgl. *Pollanz, M.*: Konzeptionelle Überlegungen zur Einrichtung und Prüfung eines Risikomanagementsystems. Droht eine Mega-Erwartungslücke?, in: DB, 1999, S. 393-399, hier: S. 395.

[268] Vgl. *Rinza, P.*: Projektmanagement. Planung, Überwachung und Steuerung von technischen und nichttechnischen Vorhaben, 3. Aufl., Düsseldorf 1994, S. 56.

die auf Basis ausgewählter Projektdaten eine Risikoplanung, -steuerung und -kontrolle unterstützen.

Kompliziert und aufwendig können die Abwicklungen von großen Projekten auch dann sein, wenn diese, wie üblich, gemeinschaftlich durchgeführt werden. Die entsprechende Zusammenarbeit der einzelnen Contractor-Unternehmen mit Konsortialpartnern und Subcontractoren beinhaltet ein erhöhtes Koordinationsrisiko sowie häufig auch die Pflicht, die Mitverantwortung für die Leistungen dieser Partner gegenüber den Kunden zu tragen.

Des Weiteren müssen die Contractoren die von Seiten der Kunden immer häufiger verlangten „Komplettlösungen" mit integrierter Finanzierung der Projekte berücksichtigen, da die Vermittlung von den Kundenwünschen adäquaten Finanzdienstleistungen ein unabdingbares Kriterium für den Auftragserhalt bildet.

Wie die oben aufgeführten Aspekte des Industrieanlagengeschäfts zeigen, ist besonders in dieser Wirtschaftssparte der Bedarf eines Risiko- und Chancenmanagements gegeben, der sich leicht auf andere Projektfertiger, wie z.B. im Baugewerbe, in der Softwareentwicklung und bei Unternehmen zur Abwicklung von komplexen Kundenaufträgen im Sach- und Dienstleistungsbereich (z.B. Beratungs-, IT-Einführungs-, Sanierungs- und Instandhaltungsprojekte) übertragen lässt. Der Einsatz geeigneter Maßnahmen und Instrumente ist umso lohnender, desto höher der Wettbewerbsdruck angesichts der Ausweitung und Integration der Märkte steigt.

Risikoanalyse und -bewertung sind zentrale Erfolgsfaktoren eines Risikomanagements. Neben dem Einsatz umfangreicher risikoadjustierter Checklisten werden konventionelle Instrumente des Projekt-Controlling mit dem Fokus auf die Risikoidentifikation neu ausgerichtet. So spielen Unsicherheiten identifizierende und reduzierende Methoden bzw. Techniken innerhalb des komplexen Planungs- und Steuerungsprozesses von Projekten eine erhebliche Rolle. Nur die frühzeitige Identifikation von Risiken ermöglicht das Einleiten von Maßnahmen, welche kritischen Entwicklungen von Projekten rechtzeitig entgegenwirken.

Risikobewusstes Projekt-Controlling ist somit wie folgt zu beschreiben: „All devices that insure that the project goes where its leaders want it to go."[269] Projekt-Controlling umfasst demnach die Planungs-, Überwachungs- und Steuerungsprozesse eines Projekts. Eine integrierte Betrachtungsweise von technischer Leistung, Terminen, Qualität, Kosten

---

[269] Vgl. *Anthony, R.N.; Dearden, J.:* Management Control Systems, 3. Aufl., Homewood 1976, S. 3.

und Finanzen ist der Kern der Controlling-Denkweise. Bei industriellen Großprojekten umfasst das Projekt-Controlling folgende Aufgaben:

- Planung und Steuerung von Terminen und Arbeitsfortschritt.

- Planung und Steuerung von Kosten, Leistungen und Qualität.

- Risiko-Analysen und Risikobewertung (proaktives Risikomanagement).

- Maßnahmenempfehlungen.

- Berichtswesen.

Das risikoorientierte Projekt-Controlling muss, um dieser prognostischen Funktion gerecht zu werden, neben dem traditionellen Soll-Ist-Vergleich auch den Vergleich mit alternativen Prognosewerten berücksichtigen, der die ursprünglich geplanten Größen den erwarteten gegenüberstellt. Weiterhin gilt in einem prognostischen, risikobewussten Projekt-Controlling der Grundsatz, dass die Aktualität der Informationen Vorrang hat vor ihrer absoluten Genauigkeit.

Ein Unternehmen der Einzelfertigung wird sich nur dann langfristig gegenüber seiner Konkurrenz durchsetzen können, wenn es besondere Erfolgsfaktoren aufweisen kann. Einer der wesentlichen Erfolgsfaktoren ist der Aufbau eines leistungsfähigen Steuerungs- und Informationssystems zur Unterstützung projekt- und betrieblich relevanter, operativer und strategischer Entscheidungen, das vor allem auf Frühwarninformationen basiert und dem Unternehmen auf allen Entscheidungsebenen zur Verfügung steht. Ein solches Frühwarnsystem ist bereits im Kapitel 3.1.3 vorgestellt worden.

Da mit steigender Komplexität die Anzahl unbekannter Faktoren ebenfalls steigt, ist eine wichtige Aufgabe der Projektleitung, diese Risiken schon im Vorfeld zu erkennen und ggf. entsprechende Maßnahmen zu ergreifen, die entweder das Risiko mindern oder im günstigsten Fall ausschließen.[270]

Der Begriff Risiko wird sowohl in der Literatur als auch in der Praxis nicht einheitlich definiert und hat sich über Jahre hinweg ständig entwickelt.[271] Unter dem Risikobegriff wird z.B. die Gefahr verstanden, dass Ereignisse

---

[270] Vgl. *Wischnewski, E.*: Modernes Projektmanagement, 7. Aufl., Braunschweig, Wiesbaden 2001, S. 171.

[271] Vgl. dazu z.B. *Pritzer, B.*: Risikomanagement als wettbewerbliche Notwendigkeit, in: *Saitz, B.; Braun, F.* (Hrsg.): Das Kontroll- und Transparenzgesetz. Herausforderungen und Chancen für das Risikomanagement, Wiesbaden 1999, S. 145-167, hier: S. 148.

und Handlungen ein Unternehmen daran hindern, seine Ziele zu erreichen bzw. seine Strategien erfolgreich umzusetzen.[272] Aufgrund der stärkeren Konkretisierung der Risikoinhalte empfiehlt sich folgende Definition. Das Risiko wird als „zeitveränderliches Maß der Größe und Wahrscheinlichkeit einer nicht vorhersehbaren Abweichung vom Erwartungswert einer Zielgröße verstanden.“[273] Das Produkt von Eintrittswahrscheinlichkeit und der potentiellen Schadenshöhe gibt eine wichtige Einschätzung über das Risiko an. Die Vermeidung oder das in Kauf nehmen bestimmter Risiken ist eine Kostenfrage und somit Bestandteil der Kalkulation.

Eine erste Überlegung im Zusammenhang mit dem Projektrisiko ist, wer das Risiko zu tragen hat. Zum einen gibt es die Möglichkeit, dass das Risiko erst gar nicht an den Auftragnehmer übergeben wird, sondern von Beginn an vom Auftraggeber getragen wird. Andererseits kann es auch an die Konsortialpartner, soweit vorhanden, weitergegeben werden. Auch auf die Unterlieferanten kann das Risiko durch besondere Verträge abgewälzt werden. Die Abbildung 43 gibt einen Überblick über die verschiedenen Möglichkeiten, wie das Risiko auf die Projektbeteiligten aufgeteilt werden kann.

Projektrisiken			
	Vom Auftragnehmer übernommen		
An den Auftraggeber zurückgewiesen	An Dritte weitergegeben		Beim Auftragnehmer verblieben: „Unter Kontrolle halten“
	An Konsortien und Unterlieferanten durchgestellt	Durch Versicherungen und andere Risikoträger abgesichert	

Abbildung 43: Aufteilung der verschiedenen Projektrisiken auf die Projektbeteiligten[274]

---

[272] Vgl. *KPMG:* Integriertes Risikomanagement, http: // www. kpmg.de/library/docs/ IRM.pdf vom 16.11.1999, S. 5; *Pritzer, B.*: Risikomanagement als wettbewerbliche Notwendigkeit, in: *Saitz, B.; Braun, F.* (Hrsg.): Das Kontroll- und Transparenzgesetz. Herausforderungen und Chancen für das Risikomanagement, Wiesbaden 1999, S. 145-167, hier: S. 149.

[273] *Hupe, M.*: Steuerung und Kontrolle internationaler Projektfinanzierungen, Frankfurt u.a. 1995, S. 44.

[274] Entnommen aus *Andreas, D.; Rademacher, G.; Sauter, B.*: Projekt-Controlling und Projekt-Management im Anlagen- und Systemgeschäft, 5. Aufl., Frankfurt a.M. 1992, S. 102.

Um Risiken vollständig ausschließen zu können, gibt es neben der Strategie der Risikovermeidung (z.b. Auftragsablehnung) häufig nur die vertragliche Lösung.[275] Durch einen geschickt ausgearbeiteten Vertrag lassen sich bereits zu Beginn eines Projekts einige Risiken ausschließen oder auf Dritte (z.b. Lieferanten) ganz oder teilweise abwälzen (vgl. Kap. 3.1.7). Für die verbleibenden Risiken kann man die Möglichkeit einer Versicherung in Betracht ziehen. Hierbei ist eine Kosten-Nutzen-Analyse durchzuführen.[276] Für die übrig bleibenden Risiken, die nicht auszuschließen, zu überwälzen und zu versichern sind, ist ein der Höhe nach angemessener Risikovorsorgebetrag in Form von kalkulatorischen Wagnissen einzuplanen.

Angemessen erscheint die Risikostrategie, wenn sie im Kontext der Unternehmensziele zur Sicherung von Erfolg und Fortbestand der Unternehmung beiträgt. Es geht beim Risikomanagement also darum, die Risiken und Chancen der betrieblichen Geschäftstätigkeit zu identifizieren, die Konsequenzen des Ausmaßes und der Wirkung von Risiken zu erkennen, die potentiell erfolgsgefährdenden Risiken zu vermeiden und eine ausgewogene Mischung aus Chancen und Risiken zu realisieren.[277] Die Zielsetzungen der nachhaltigen Gewinnerzielung, Rentabilitätsoptimierung, Marktwertsteigerung sowie Existenz- und Liquiditätssicherung müssen um eine wirtschaftlich angemessene Risikobegrenzung bei möglichst geringen Risikokosten erweitert werden.[278]

Ist die Weitergabe des Risikos nicht möglich, so ist dieses von der Projektleitung ständig zu kontrollieren. Risikoanalysen sind während der gesamten Projektdauer durchzuführen, lediglich ihr Detaillierungsgrad ändert sich im Projektverlauf. Die Abbildung 44 soll dies verdeutlichen.

---

[275] Vgl. *Franke, A.*: Risikomanagement von Projekten, in: *Reschke, H.; Schelle, H.; Schnopp, R.* (Hrsg.): Handbuch Projektmanagement, Bd. 2, Köln 1989, S. 611-629, hier: S. 613.

[276] Vgl. *Rohrschneider, U.*: Risikomanagement, in: *RKW* (Hrsg.): Projektmanagement Fachmann, Bd. 2, 6. Aufl., Eschborn 2001, S. 1081-1116, hier: S. 1106.

[277] Vgl. *Hornung, K.*: Risk Management auf der Basis von Risk-Reward-Ratios, in: *Lachnit, L.; Lange, C.; Palloks, M.* (Hrsg.): Zukunftsfähiges Controlling. Konzeptionen, Umsetzungen, Praxiserfahrungen, München 1998, S. 275-293, hier: S. 280.

[278] Vgl. *Pollanz, M.*: Konzeptionelle Überlegungen zur Einrichtung und Prüfung eines Risikomanagementsystems. Droht eine Mega-Erwartungslücke?, in: DB, 1999, S. 393-399, hier: S. 394; *Hornung, K.; Reichmann, Th.; Diederichs, M.*: Risikomanagement - Teil I: Konzeptionelle Ansätze zur pragmatischen Realisierung gesetzlicher Anforderungen, in: ZfC, 1999, S. 317-325, hier: S. 319.

Zeitpunkt	Während der Vorklärungsphase	Am Ende der Angebotsphase	Während der Auftragsphase
Zielsetzung	Unterstützung der Entscheidung über die Aufnahme der Angebotserstellung	Unterstützung der Entscheidung über die Angebotsabgabe und Auftragsannahme (insbesondere Preisfindung)	Vermeidung des Eintritts oder der Vergrößerung von Risiken und Unterstützung der Entscheidung über einzuleitende Minderungsmaßnahmen
Detaillierungsgrad des Gesamtrisikos	nach Risikoarten	nach Einzelrisiken	nach Einzelrisiken, ggf. noch weitergehend
Ergebnisdarstellung	Erstellung eines groben Überblicks über das Gesamtrisiko	Erstellung eines detaillierten Überblicks über Gesamt- und Einzelrisiken	Verfolgen der Risikoveränderungen; Verminderung von Eintrittswahrscheinlichkeiten und Auswirkungen
Aufwand für Informationsbeschaffung	gering	hoch	hoch (für jede Risikoanalyse)

Abbildung 44: Risikoanalyse in den einzelnen Projektphasen

Neben dem Phasenbezug sind Risikointerdependenzen zu berücksichtigen, da die Risikosituation in einem Unternehmen aufgrund des Zusammenwirkens verschiedener Faktoren wie Zielerwartungen, Projektpläne und -abläufe sowie beteiligter Gruppen (Fachbereiche, Lieferanten, Behörden etc.) zu einer höchst komplexen Situation führen kann.[279] Außerdem wirken Risiken nicht begrenzt, sondern haben aufgrund ihrer Interdependenzen Ausstrahlungswirkung auf weitere Risikofelder. Terminverzüge führen z.B. zu direkten Mehrkosten (längere Kapitalbindung) und ggf. zu Vertragsstrafen.[280]

Um zu vermeiden, dass Risiken bereits vor ihrer Entdeckung ein Ausmaß annehmen, welches im Nachhinein nur mit großen Anstrengungen bewältigt werden kann, erfordert die nicht vorhandene Transparenz über die Auswirkungen der Risiken eine umfassende Implementierung des

---

[279] Vgl. *Pritzer, B.*: Risikomanagement als wettbewerbliche Notwendigkeit, in: *Saitz, B.; Braun, F.* (Hrsg.): Das Kontroll- und Transparenzgesetz. Herausforderungen und Chancen für das Risikomanagement, Wiesbaden 1999, S. 145-167, hier: S. 150.

[280] Ähnliche Beispiele für die serielle Fertigung findet man bei *Hornung, K.; Reichmann, Th.; Diederichs, M.*: Risikomanagement - Teil I: Konzeptionelle Ansätze zur pragmatischen Realisierung gesetzlicher Anforderungen, in: ZfC, 1999, S. 317-325, hier: S. 318.

Risikomanagements in allen Phasen eines Projekts und in allen Bereichen eines Unternehmens.[281]

Ziel des Risikomanagements ist es, zukünftige risikobehaftete Entwicklungen frühestmöglich zu entdecken, zu untersuchen, zu bewerten, zu steuern und fortlaufend zu kontrollieren.[282] Das Risikomanagement hat in Anlehnung an den im Folgenden dargestellten Risikomanagementprozess die Aufgabe, organisatorische Maßnahmen zu ergreifen und Methoden, Systeme und Instrumente zur Identifikation, Analyse, Bewertung, Steuerung und Überwachung von Risiken bereitzustellen sowie die prozessübergreifende Überwachung und Institutionalisierung des Risikomanagements zu steuern.[283]

Bei Projekteinzelfertigern ist das Risikomanagement keine Einzeldisziplin im Rahmen des Projektmanagements, sondern ein integriertes Führungskonzept der Unternehmung, welches aufgrund der Komplexität der Aufgabenstellung eine ganzheitliche und vernetzte Lösung erfordert. Risikomanagement ist somit eine projektbezogene, projektübergreifende und unternehmensweite Führungsaufgabe aller Bereiche und Führungskräfte. Es wird unterstützt durch das Risiko-Controlling. Das Risiko-Controlling soll die für das Risikomanagement erforderlichen Informationen (Auswertungen, Berichte, Dokumente etc.) und Instrumente (z.B. Messverfahren, Systeme zur Abbildung des Risikomanagementprozesses) zur Verfügung stellen sowie den Risikomanagementprozess koordinieren und unterstützen.

Ziel des Risiko-Controlling ist es, die Reaktions-, die Anpassungs- und die Koordinationsfähigkeit hinsichtlich der Risikosituation zu gewährleisten und somit das Management zu unterstützen.[284]

---

[281] Vgl. *Reichmann, Th.*: Controlling mit Kennzahlen und Managementberichten. Grundlagen einer systemgestützten Controllingkonzeption, 6. Aufl., München 2001, S. 485f.

[282] Vgl. *Hornung, K.; Reichmann, Th.; Diederichs, M.*: Risikomanagement - Teil I: Konzeptionelle Ansätze zur pragmatischen Realisierung gesetzlicher Anforderungen, in: ZfC, 1999, S. 317-325, hier: S. 319.

[283] Vgl. *Fally, M.*: Von der Idee zur Risikopolitik. Der Weg der STEWEAG/Energie STEIERMARK zum angewandten, betrieblichen Risk-Management, in: *Hinterhuber, H.; Sauerwein, E.; Fohler-Norek, C.* (Hrsg.): Betriebliches Risikomanagement, Wien 1998, S. 219-229, hier: S. 220; *Czempirek, K.*: Risikomanagement und Unternehmensführung, in: VR, 1993, S. 177-185, hier: S. 180; *Sauerwein, E.; Thurner, M.*: Der Risiko-Management-Prozeß im Überblick, in: *Hinterhuber, H.; Sauerwein, E.; Fohler-Norek, C.* (Hrsg.): Betriebliches Risikomanagement, Wien 1998, S. 19-39, hier: S. 29.

[284] Vgl. *Lück, W.*: Der Umgang mit unternehmerischen Risiken durch ein Risikomanagementsystem und durch ein Überwachungssystem. Anforderungen durch das

Der Risikomanagementprozess versteht sich als kontinuierlicher Prozess und gliedert sich in bis zu fünf Phasen.[285]

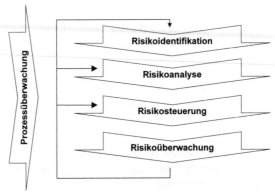

Abbildung 45: Risikomanagementprozess

- **Risikoidentifikation**

Um bei der Risikoidentifikation möglichst systematisch vorgehen zu können, ist es sinnvoll, kontinuierlich eine strukturierte, vollständige und frühzeitige Übersicht über die möglichen Risiken zu erstellen.[286] Der Forderung nach einer frühzeitigen Erfassung der Risiken steht nicht selten ein mangelhaftes Risikobewusstsein der verantwortlichen Mitarbeiter entgegen.[287] Aus diesem Grunde ist die Sensibilität der Verantwortlichen

KonTraG und Umsetzung in der betrieblichen Praxis, in: DB, 1998, S. 1925-1930, hier: S. 1929.

[285] Vgl. zum Risikomanagement-Prozess *Farny, D.:* Grundfragen des Risk Management, in: *Goetzke, W.; Sieben, G.* (Hrsg.): Risk Management - Strategien zur Risikobeherrschung, Köln 1979, S. 11-37, hier: S. 31f.; *Braun, H.:* Risikomanagement, Darmstadt 1984, S. 64f.; *Lück, W.:* Der Umgang mit unternehmerischen Risiken durch ein Risikomanagementsystem und durch ein Überwachungssystem. Anforderungen durch das KonTraG und Umsetzung in der betrieblichen Praxis, in: DB, 1998, S. 1925-1930, hier: S. 1926.

[286] Vgl. *Kromschröder, B.; Lück, W.:* Grundsätze risikoorientierter Unternehmensüberwachung, in: DB, 1998, S. 1573-1576, hier: S. 1574; *Hornung, K.; Reichmann, Th.; Diederichs, M.:* Risikomanagement - Teil I: Konzeptionelle Ansätze zur pragmatischen Realisierung gesetzlicher Anforderungen, in: ZfC, 1999, S. 317-325, hier: S. 320; *Lück, W.:* Der Umgang mit unternehmerischen Risiken durch ein Risikomanagementsystem und durch ein Überwachungssystem. Anforderungen durch das KonTraG und Umsetzung in der betrieblichen Praxis, in: DB, 1998, S. 1925-1930, hier: S. 1926.

[287] Vgl. *Fasse, F.-W.:* Risk-Management im strategischen internationalen Marketing, Hamburg 1995, S. 79.

durch die Schaffung einer weitreichenden Risikomanagement-Philosophie im Unternehmen und im Projektgeschäft zu fördern.

Die Risiken werden unterschiedlichen Risikogruppen zugeordnet.[288] Risiken, die während eines Projekts auftreten können, sind unterschiedlicher Natur. Es wird bspw. in technische, wirtschaftliche und politische sowie soziokulturelle Risiken unterschieden.[289] Bei internationalen Projekten kommen spezielle Länderrisiken hinzu.

Neben der Risikoart, die die rein inhaltliche Klassifizierung der Risiken vornimmt, lassen sich verschiedene andere Risikodimensionen unterscheiden (vgl. Abbildung 46).

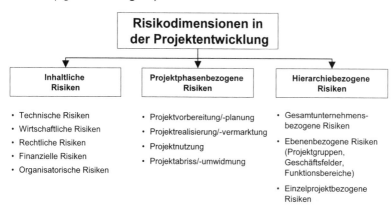

Abbildung 46: Risikodimensionen

Insbesondere die projektphasenbezogene und die hierarchiebezogene Aufteilung der Risiken unterstützt die Planung, Steuerung und Kontrolle der Einzelrisiken hinsichtlich Zeit, Ort und personeller Verantwortung. Anhaltspunkte bei der Analyse der Risikodimension bieten die Projekt-

---

[288] Vgl. *Hupe, M.*: Steuerung und Kontrolle internationaler Projektfinanzierungen, Frankfurt u.a. 1995, S. 50.

[289] Vgl. *Rinza, P.*: Projektmanagement. Planung, Überwachung und Steuerung von technischen und nichttechnischen Vorhaben, 3. Aufl., Düsseldorf 1994, S. 56. Zum Thema Risikosystematisierung vgl. auch *Daube, C.H.*: Neue Regeln für ein modernes Risikomanagement, in: *Reichmann, Th.* (Hrsg.): Tagungsband 13. Deutscher Controlling Congress, München 1998, S. 89-101, hier: S. 92ff.; *Guserl, R.*: Risiko-Management im industriellen Anlagengeschäft, in: ZfB, 1996, S. 519-534, hier: S. 527f.; *Scharpf, P.*: Die Sorgfaltspflichten des Geschäftsführers einer GmbH. Pflicht zur Einrichtung eines Risikomanagement- und Überwachungssystems aufgrund der geplanten Änderung des AktG auch für den GmbH-Geschäftsführer, in: DB, 1997, S. 737-743, hier: S. 740.

struktur und der Projektterminplan (Netzplan). Aufgrund der Projektstruktur ergeben sich Risiken, die für jedes Projekt spezifisch sind. Risiken lassen sich zeitlich den einzelnen Projektphasen zuordnen und werden daher zu einem bestimmten Zeitpunkt relevant oder haben nach Erreichen eines Meilensteins keinen Einfluss mehr.

Ein allgemein übliches Instrument zur Risikoerkennung sind Checklisten.[290] Mit ihnen kann auf systematische Art und Weise auf Risiken aufmerksam gemacht werden. Die Beschaffenheit der Checklisten richtet sich unter anderem danach, welcher Personenkreis mit ihnen arbeiten soll. Ist vorrangig eine Person (z.B. der Projektleiter) mit der Risikoanalyse beschäftigt, so wird eine sachlogische Untergliederung vorzuziehen sein, während bei der Einbeziehung von Projektbeteiligten aus mehreren Funktionsbereichen in die Risikoanalyse die Checklisten eher nach funktionalen Gesichtspunkten gegliedert werden sollten. In der Abbildung 47 werden die Mindestinhalte für eine sachlogisch gegliederte Risikochecksliste aufgezeigt.

Die Mindestanforderungen an eine funktional gegliederte Risikochecksliste zeigt Abbildung 48.

Die Checklisten werden nach Möglichkeit basierend auf den Erfahrungen mit bereits durchgeführten Projekten erstellt. Als Gefahr beim ausschließlichen Vorgehen nach einer Checkliste ist anzumerken, dass der Anwender zu sehr auf das vorgegebene Fragesystem achtet und die notwendigen eigenen Ergänzungen hierzu unterlässt.[291]

Die Spalten der Checklisten sollten mehrere Kriterien und Informationen hinsichtlich der Risiken aufnehmen, z.B. mögliche Absicherungsmaßnahmen, Kosten für die Absicherung, Vertragsgestaltungsmöglichkeiten, Schadenshöhen, Eintrittswahrscheinlichkeiten, Auswirkungen sowie Bemerkungen zu den einzelnen Risiken.[292]

---

[290] Vgl. *Krüger, A.; Schmolke, G.; Vaupel, R.*: Projektmanagement als kundenorientierte Führungskonzeption, Stuttgart 1999, S. 35.

[291] Vgl. *Rinza, P.*: Projektmanagement. Planung, Überwachung und Steuerung von technischen und nichttechnischen Vorhaben, 3. Aufl., Düsseldorf 1994, S. 64.

[292] Vgl. *VDMA* (Hrsg.): Projekt-Controlling bei Anlagengeschäften, 4. Aufl., Frankfurt a.M. 1985, S. 48.

Technische Risiken
- Neuheit als Produkt, Anwendung, Technologie
- Technologieerfahrung
- Zugesicherte Eigenschaften/Leistungen
- Komplexität und Schnittstellen
- Lokale Fertigung
- Qualitätsrisiken
- Transport und Verpackung

Wirtschaftliche Risiken
- In Verbindung mit der technischen Leistung
  - Pönalen
  - Zuliefererrisiko
  - Produkthaftung/Folgeschäden
  - Vertragliche Leistung
- Innere Risiken
  - Hoher Auftragswert
  - Kalkulationsrisiko
  - Finanzierungsrisiko (intern)
  - Gewährleistung
  - Absicherung der Zahlungsverpflichtungen
  - Abnahmebedingungen und -zeitpunkte
  - Kompensationsgeschäfte
  - Dringlichkeit der Termine
  - Lange Projektdauer
  - Innere Schnittstellen (z.B. der Fachbereiche)

Risiken aus dem Umfeld
- Politisches/wirtschaftliches Risiko
- Zins- und Währungsrisiko
- Geltendes Recht
- Schiedsgerichtsklausel
- Behördenrisiko
- Konsortialrisiko
- Finanzierungsrisiko (extern)
- Lokale Steuern und Abgaben
- Höhere Gewalt / Umweltrisiken
- Finanzierungsrisiko (extern)
- Kundenbonität
- Wettbewerb
- Ändernde Wertvorstellungen und Akzeptanzrisiken
- Standortrisiken
- Abhängigkeiten und äußere Schnittstellen (z.B. zum Kunden, Lieferanten, ARGE, Konsortialpartner)

Abbildung 47: Mindestinhalte einer sachlogisch-gegliederten Risikocheckliste[293]

---

[293] In weiterentwickelter Form zu *Andreas, D.; Rademacher, G.; Sauter, B.*: Projekt-Controlling und Projekt-Management im Anlagen- und Systemgeschäft, 5. Aufl.,

---

Konstruktion
- Mehr-/Minderkosten wegen Wiederhol-, Varianten- oder Neukonstruktion
- Gewichtsrisiko
- Funktionsrisiko/Schnittstellenrisiko
- Kapazitätsbedarf an Konstruktionsstunden

Einkauf
- Anteil der durch Angebote abgedeckten Zulieferungen
- Preis für Schwerpunktmaterial
- Haftungs-/Zahlungsbedingungen gegenüber Unterlieferanten und Kunde
- Verzugsrisiko

Fertigung
- Mehr-/Minderkosten wegen Wiederholfertigung/neuer Fertigungsverfahren
- Kapazitätsbedarf an Fertigungs-/Maschinenstunden

Montage
- Einsatz örtlicher Montagegruppe
- Transportrisiken (Transportkosten, Termine)
- Kapazitätsbedarf an Montagepersonal

Projektmanager
- Beratereinsatz (Nicht- oder Schlechterfüllung der Beraterleistung, Status des Beraters)
- Konsortialeinsatz (Preisrisiko, Status der Konsorten)

Vertragsgestaltung
- Definition des elgenen Leistungs-/Haftungsumfangs
- Gestaltung der Haftung aus Terminüberschreitung
- Gestaltung der Gewährleistung
- Gestaltung der Zahlungsverpflichtungen des Kunden
- Vereinbartes Recht/vereinbartes Schiedsgericht

Finanzierung
- Zahlungsbedingungen
- Sicherheiten
- Benötigter kumulativer Kreditbetrag/Tilgungs- und Finanzierungsplan
- Kurssicherungsklausel
- Verpflichtung zu Gegengeschäften

Projektkaufmann
- Kalkulationsansätze bei den Sonderkosten des Vertriebs
- Pönalen für Verpflichtungserklärungen
- Lokale Steuern und Abgaben
- Bauzeitzinsenrechnung

Abbildung 48: Mindestanforderungen an eine funktional-gegliederte Risikocheckliste[294]

Frankfurt a.M. 1992, S. 146. Andere Beispiele sind zu finden bei *Heeg, F.-J.*: Projektmanagement, 2. Aufl., München 1993, S. 252f.

[294] Vgl. *Andreas, D.; Rademacher, G.; Sauter, B.*: Projekt-Controlling und Projekt-Management im Anlagen- und Systemgeschäft, 5. Aufl., Frankfurt a.M. 1992, S. 147.

Checklisten sind nur dann sinnvoll einsetzbar, wenn es sich um wiederkehrende Situationen handelt.[295] Bei völlig neuartigen Problemen kann es keine Checkliste geben, da diese auf Erfahrungswerten aus vergangenen Projekten beruht. Aus diesem Grunde ist für jedes Projekt auch eine individuelle Risikoanalyse durchzuführen, die auf verschiedenen Suchfeldern basieren sollte. Man kann hier selbst Fragen herausarbeiten, die folgende Themenfelder abdecken sollten:[296]

- Allgemeines und Projekt-Übergreifendes

- Technik

- Kaufmännische Aspekte

- Personelle Aspekte

- Umwelt- und Umfeld-Aspekte

- Zulieferungen

- Verträge

Speziell die Projektrisiken können, wie oben bereits erwähnt, mit Hilfe des Projektstrukturplans ermittelt werden.[297] Hierzu ist nach den folgenden Schritten vorzugehen:

- Ermittlung der risikoreichen Arbeitspakete

- Ermittlung möglicher Schwierigkeiten und Quantifizierung des Risikos

Zur Ermittlung der risikoreichen Arbeitspakete werden sämtliche Arbeitspakete eines Projekts aufgelistet und jedes von ihnen auf folgende Fragen hin untersucht:

- Können Schwierigkeiten in Bezug auf die Sachaufgaben auftreten? (sachliches Risiko)

- Können Terminschwierigkeiten auftreten? (terminliches Risiko)

- Sind die finanziellen Mittel besonders knapp? (finanzielles Risiko)

---

[295] Vgl. *Rohrschneider, U.*: Risikomanagement, in: *RKW* (Hrsg.): Projektmanagement Fachmann, Bd. 2, 6. Aufl., Eschborn 2001, S. 1081-1116, hier: S. 1091.

[296] Leicht modifiziert zu *Rohrschneider, U.*: Risikomanagement, in: *RKW* (Hrsg.): Projektmanagement Fachmann, Bd. 2, 6. Aufl., Eschborn 2001, S. 1081-1116, hier: S. 1092f.

[297] Vgl. *Rinza, P.*: Projektmanagement. Planung, Überwachung und Steuerung von technischen und nichttechnischen Vorhaben, 3. Aufl., Düsseldorf 1994, S. 62ff.

Risikoanalyse				
Arbeitspaket	mögliche Schwierigkeiten	Wahrscheinlichkeit	Kosten	wahrscheinliche Kosten
1107: Konstruktion Verdichter	- konstruktiver Mehraufwand	0,8	90 T€	72 T€
1112: Konstruktion Bergewinde	- Umkonstruktion auf ein stufenlos regelbares Getriebe	1,0	150 T€	15 T€
	- geforderte Zugkräfte nicht realisierbar	0,6	80 T€	48 T€
1602: Beschaffung Pumpenantrieb	- Auslegung wird zu spät fertig	0,3	120 T€	36 T€
	- geeigneter Lieferant wird nicht gefunden	0,4	60 T€	24 T€
	- Lieferzeit wird nicht eingehalten	0,3	70 T€	21 T€
1607: Beschaffung Hydraulikanl.	- Anlage wird nicht rechtzeitig geliefert	0,6	80 T€	48 T€
1504: Auslegung Getriebe	- Terminüberschreitung bei Zulieferung der Auslegungsdaten	0,3	40 T€	12 T€
	- Kostenüberschreitung bei der Beschaffung der Zulieferteile	0,4	20 T€	8 T€
1303: Beschaffung Motor	- Spezifikationen werden für die Bestellung zu spät zur Verfügung gestellt	0,3	20 T€	6 T€
1304: Beschaffung Getriebe	- geplante Kosten lassen sich nicht einhalten	0,2	50 T€	10 T€
3402: Fertigung Drehwerk	- geplanter Fertigungstermin kann nicht eingehalten werden	0,4	30 T€	12 T€

Abbildung 49: Risikoidentifikation und -analyse der Arbeitspakete[298]

Sind beim Ermittlungsvorgang Schwierigkeiten aufgetreten, ist zusätzlich die Frage zu stellen:

- Welche Auswirkungen hat dies auf andere Arbeitspakete?[299]

Bei der Ausfalleffektanalyse handelt es sich um eine ähnliche Methode, mit der das qualitative Risiko abgeschätzt werden kann. Hierbei werden die Ausfälle einzelner Bestandteile technischer Komponenten untersucht. Die Ausgangsüberlegung ist dabei, dass sicherheitstechnische Probleme dann auftreten können, wenn es zu Abweichungen von Prozessgrößen (z.B. Menge, Druck, Temperatur) kommt.[300] Die Ausfalleffektanalyse wird folgendermaßen durchgeführt: Eine technische Anlage

---

[298] Entnommen aus *Heeg, F.-J.*: Projektmanagement, 2. Aufl., München 1993, S. 253.

[299] Vgl. *Rinza, P.*: Projektmanagement. Planung, Überwachung und Steuerung von technischen und nichttechnischen Vorhaben, 3. Aufl., Düsseldorf 1994, S. 61f.

[300] Vgl. *Rinza, P.*: Projektmanagement. Planung, Überwachung und Steuerung von technischen und nichttechnischen Vorhaben, 3. Aufl., Düsseldorf 1994, S. 64.

wird in ihre Komponenten unterteilt (z.B. in Apparate, Pumpen, Ventile usw.) und für jede dieser Komponenten wird ein Formblatt angelegt, in welchem alle möglichen Prozessabweichungen, ihre Ursachen und die Auswirkungen vermerkt werden. Dadurch soll eine Einschätzung des Risikos der technischen Anlagen ermöglicht werden.

Eine weitere Methode zur Ermittlung von Risiken ist die Nutzwertanalyse (Scoring-Modell).[301] Hierzu müssen verschiedene Kriterien der Risikobetrachtung herausgearbeitet werden. Zur Bestimmung der Höhe eines Risikos des jeweiligen Kriteriums ist dieses innerhalb einer festgelegten Skala einzuordnen (im Beispiel in Abbildung 50 von 1-5). Ein höheres Risiko bedeutet dabei eine höhere Punktzahl. Zudem werden die Kriterien selbst nach ihrer Bedeutung gewichtet. Durch Multiplikation des Ausprägungsgrads mit dem Gewicht errechnet sich das Teilrisiko jedes Kriteriums und die Addition dieser ergibt das Gesamtrisiko. Oft werden in Unternehmen hierfür Grenzwerte gesetzt, in denen sich das Gesamtrisiko bewegen darf. Bei einer Überschreitung wird das Projekt nicht durchgeführt.[302] Folgende Abbildung zeigt ein solches Scoring-Modell für politische und soziale Risiken.

Sind die für ein Projekt relevanten Risiken identifiziert, ist das Risikopotential zu erfassen. Hierbei wird in qualitative, quantitative sowie eine Mischform der beiden unterschieden. Grundlage sind dabei Vergangenheitsdaten, die entweder aus der eigenen Unternehmung stammen, oder durch externe Quellen, wie z.B. externe Berater, Wirtschaftsinstitute und Botschaften (bei Auslandsprojekten), gewonnen werden.[303]

Die Bewertung des Risikos beschreibt die Auswirkungen, welche die einzelnen Risiken auf das spezielle Projekt haben. Empfehlenswert ist eine Einteilung in A-, B- und C-Risiken, wobei A-Risiken als besonders risikoreich einzustufen sind.[304]

Neben dem einfachen Verfahren mit Hilfe von Checklisten existiert mit der Risikoanalyse mit Hilfe einer Risikomatrix noch ein weiteres Verfah-

---

[301] Vgl. *Rinza, P.*: Projektmanagement. Planung, Überwachung und Steuerung von technischen und nichttechnischen Vorhaben, 3. Aufl., Düsseldorf 1994, S. 67.

[302] Vgl. *Rinza, P.*: Projektmanagement. Planung, Überwachung und Steuerung von technischen und nichttechnischen Vorhaben, 3. Aufl., Düsseldorf 1994, S. 68.

[303] Vgl. *Hupe, M.*: Steuerung und Kontrolle internationaler Projektfinanzierungen, Frankfurt u.a. 1995, S. 59.

[304] Vgl. *Krüger, A.; Schmolke, G.; Vaupel, R.*: Projektmanagement als kundenorientierte Führungskonzeption, Stuttgart 1999, S. 35.

ren zur Risikoerkennung.[305] Dieses bietet den Vorteil, dass die Erfassung des Risikopotentials und die Bewertung des Risikos gleichzeitig durchgeführt werden.

Kriterien		Gewicht	Ausprägung					Länderrisiko	
			1	2	3	4	5	derzeit	bei Projektbeginn
Politische Stabilität	Abhängigkeit von einer feindlichen Großmacht	0,15						0,30	0,45
	Ausmaß der Unterdrück. zur Erhaltung der Macht	0,19						0,95	0,95
	Ausmaß v. Fremdenfeindlichkeit; nation. Tendenzen	0,05						0,10	0,10
	Stärke radikaler Gruppen	0,12						0,48	0,60
	Aufsplitt. der polit. Szene u. Macht einz. Parteien	0,08						0,08	0,08
	Territoriale Tendenzen	0,17						0,17	0,17
Soziale Lage	Allgemeine soziale Bedingungen	0,10						0,40	0,50
	Gegensätze zwischen ethnischen Gruppen	0,07						0,14	0,14
	Spannungen zwischen religiösen Gruppen	0,07						0,21	0,21
		1,00	unkritisch	normal	kritisch			2,83	3,20

——— derzeit   – – – – bei Projektbeginn

Abbildung 50: Möglichkeit zur Ermittlung des politischen Risikos im Kundenland[306]

Bei der analytischen Methode mit Hilfe einer Risikomatrix wird wie folgt vorgegangen:

- Das Projekt wird (entsprechend der Aktivitätenplanung) in seine Sub-Systeme eingeteilt, wobei die Sub-Systeme hier unter dem Aspekt der Risikoanalyse evtl. anders zu definieren sind.

---

[305] Vgl. zu den einzelnen Methoden der Identifikation ausführlich *Schenk, A.:* Techniken der Risikoidentifikation, in: *Hinterhuber, H.; Sauerwein, E.; Fohler-Norek, C.* (Hrsg.): Betriebliches Risikomanagement, Wien 1998, S. 43-62.
[306] Entnommen aus *Rinza, P.:* Projektmanagement. Planung, Überwachung und Steuerung von technischen und nichttechnischen Vorhaben, 3. Aufl., Düsseldorf 1994, S. 67.

- In den Zeilen der Matrix werden die Risiken unter dem Ansatz der Aspekte des Projektmanagements aufgeführt:

  - organisatorisch

  - technisch

  - terminlich

  - kapazitiv

  - kosten-/nutzenorientiert

  - finanziell

  - psychologisch

Bei der Erstellung der Risikomatrix wird der folgende Ablauf empfohlen:

1. Generelle Zuordnung

   Jedes Matrix-Element wird zunächst grob daraufhin untersucht, ob eine bestimmte Risikokategorie für dieses Element zutrifft. Diese Zuordnung kann durch einfaches Ankreuzen erfolgen.

2. Definition der Risiken

   Für jedes ausgewählte Matrix-Element wird eine detaillierte Beschreibung der Risiken erstellt, wobei die Auflistung der Risiken im Sinne eines Brainstormings jeweils mit mehreren Beteiligten (Verantwortlicher für das Matrix-Element und einer oder mehrere Mitarbeiter aus anderen Systemen) durchgeführt werden sollte.

3. Gewichtung der Risiken

   Gemeinsam sollte auch die Bewertung bzw. Gewichtung (= Rang) der Risiken erfolgen. Auch hier wird die Kategorisierung in A-, B- und C-Risiken empfohlen, wobei A wiederum als besonders kritischer Rang zu verstehen ist.[307]

Im Rahmen der Identifikation lassen sich Risiken weiterhin in fünf Kategorien unterteilen, die für die Risikosteuerung genutzt werden:

- Risiken, die sich vermeiden und ausschließen lassen

- Risiken, die sich versichern bzw. überwälzen lassen

- Risiken, die sich vermindern lassen

---

[307] Vgl. *Litke, H.-D.*: Projektmanagement: Methoden, Techniken, Verhaltensweisen, 3. Aufl., München, Wien 1995, S. 156.

- Risiken, die sich kompensieren lassen

- Risiken, für die sich kalkulatorische Risikovorsorgen (Risikoübernahme) treffen lassen[308]

Sind die einzelnen Risiken erst einmal identifiziert, muss festgelegt werden, wer sie zu tragen hat. Hier kommen folgende Möglichkeiten in Betracht:[309]

- Risiko wird an Auftraggeber zurückgewiesen

- Risiko wird vom Auftragnehmer übernommen

- Risiko wird an Dritte übergeben

- Risiko wird an Konsorten und Unterlieferanten durchgestellt

- Risiko wird durch Versicherungen und andere Risikoträger abgesichert

- **Risikoanalyse und -beurteilung**

Häufig in direktem Zusammenhang mit der Risikoidentifikation werden die verifizierten Risiken analysiert und bewertet.[310] Die identifizierten Risiken werden anhand ihrer Ereigniswahrscheinlichkeit sowie der Intensität ihrer Auswirkung beurteilt und bspw. in einer **Risk-Map** visualisiert.[311]

Da eine exakte Bewertung durch präzise Bestimmung der Risikointensität (gemessen in Geldeinheiten) und der entsprechenden Eintrittswahrscheinlichkeit für viele Risiken kaum möglich ist, wird man im Rahmen der Risikoanalyse zudem von subjektiven Einschätzungen der Verantwortlichen ausgehen müssen. Diese werden dann im Rahmen von Scoring-Profilen gewichtet und bewertet. Eine übersichtliche Darstellung des Chancen- und Risiko-Profils der einzelnen Projekte mit Hilfe von Sco-

---

[308] In Anlehnung an *Franke, A.*: Risikomanagement von Projekten, in: *Reschke, H.; Schelle, H.; Schnopp, R.* (Hrsg.): Handbuch Projektmanagement, Bd. 2, Köln 1989, S. 611-629, S. 613.

[309] Vgl. *Andreas, D.; Rademacher, G.; Sauter, B.*: Projekt-Controlling und Projekt-Management im Anlagen- und Systemgeschäft, 5. Aufl., Frankfurt a.M. 1992, S. 102.

[310] Vgl. *Pollanz, M.*: Konzeptionelle Überlegungen zur Einrichtung und Prüfung eines Risikomanagementsystems. Droht eine Mega-Erwartungslücke?, in: DB, 1999, S. 393-399, hier: S. 396.

[311] Vgl. *Hornung, K.; Reichmann, Th.; Diederichs, M.*: Risikomanagement - Teil I: Konzeptionelle Ansätze zur pragmatischen Realisierung gesetzlicher Anforderungen, in: ZfC, 1999, S. 317-325, hier: S. 321f.

ring-Modellen in Form eines Risiko-Netzes wurde bereits im Kapitel 3.1.3.1 vorgestellt.

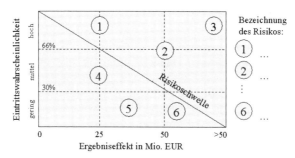

Abbildung 51: Risk-Map

Mit Hilfe projekt- und unternehmensspezifischer Risikoschwellen wird zudem festgelegt, inwieweit ein Risiko noch akzeptiert wird und ab wann Gegenmaßnahmen getroffen werden müssen, insbesondere wenn ein großer oder existenzbedrohender Verlust droht.[312]

- **Risikosteuerung**

Wurde ein Risiko erkannt und entsprechend eingestuft, sind evtl. Maßnahmen zu überlegen. Neben der bereits zu Beginn des Kapitels vorgestellten Überwälzung des Risikos auf Andere ergeben sich noch folgende weitere geeignete Methoden zur Risikosteuerung:[313]

- Risikoüberwälzung

    Die Risikoüberwälzung zeichnet sich dadurch aus, dass das gesamte oder Teile des Risikos auf den Vertragspartner oder Dritte übertragen werden. Diese Überwälzung erfolgt durch eine ent-

---

[312] Vgl. *Saitz, B.*: Risikomanagement als umfassende Aufgabe der Unternehmensleitung, in: *Saitz, B.; Braun, F.* (Hrsg.): Das Kontroll- und Transparenzgesetz. Herausforderungen und Chancen für das Risikomanagement, Wiesbaden 1999, S. 69-98, hier: S. 82ff.; *Lück, W.*: Der Umgang mit unternehmerischen Risiken durch ein Risikomanagementsystem und durch ein Überwachungssystem. Anforderungen durch das KonTraG und Umsetzung in der betrieblichen Praxis, in: DB, 1998, S. 1925-1930, hier: S. 1927.

[313] Vgl. exemplarisch *Haller, M.*: Risiko-Management - Eckpunkte eines integrierten Konzepts, in: *Jacob, H. (Hrsg.)*: Risiko-Management, Wiesbaden 1986, S. 7-43, hier: S. 9f. und S. 31ff.; *Baetge, J.*: Instrumente eines effizienten Risikomanagement und Controlling, in: *Reichmann, Th.* (Hrsg.): Tagungsband 13. Deutscher Controlling Congress, München 1998, S. 63-87, hier: S. 92ff.

sprechende Vertragsgestaltung. Eine Möglichkeit der Risiko-überwälzung auf Dritte ist z.b. der Abschluss einer Versicherung.

- Risikovermeidung

Risikovermeidung bedeutet, die risikobehaftete Tätigkeit von vornherein zu unterlassen. Im Extremfall heißt dies, ein Projekt nicht durchzuführen. Diese Handlungsalternative beinhaltet allerdings auch, auf Chancen, die durch die Durchführung eines Projekts entstehen, zu verzichten. Sinnvoll erscheint diese Alternative nur, wenn die Risiken für die Unternehmung als existenzgefährdend eingestuft werden.

- Risikominderung

Als offensive Risikopolitik kann die Risikominderung bezeichnet werden. Anders als in der zuvor beschriebenen Risikovermeidung versucht man hier durch ursachenbezogene Maßnahmen die Schadenshöhe oder die Eintrittswahrscheinlichkeit von Risiken zu verringern. Zu solchen Maßnahmen zählen z.b. die Erstellung zusätzlicher Gutachten, die Auswahl und Schulung von Mitarbeitern, die Wahl des Rechtssystems und der Vertragspartner sowie die Wahl besonderer Verfahrenstechniken.

- Risikokompensation

Bei der Risikokompensation wird versucht, die negativen Auswirkungen eines Handlungsergebnisses durch das Ergebnis einer zweiten Handlung vollständig oder teilweise auszugleichen. Die Handlungen müssen dazu negativ korreliert sein und neben den Risiken auch Chancen besitzen. Die vollständige Kompensation wird Covering genannt, während die nur teilweise erfolgende Kompensation als Hedging (in Anlehnung an Wechselkurssicherungen) bezeichnet wird.

- Risikoübernahme

Risikoübernahme bedeutet, dass ein Unternehmen ein Risiko selbst trägt. Dies bietet sich bei nicht existenzgefährdenden Risiken an, deren anderweitige Absicherung nicht möglich oder zu teuer ist. Aufgefangen werden diese Risiken durch Reservenbildung mittels eines Kapitalpolsters. Hier kommt der Risikoüberwachung und -kontrolle eine hohe Bedeutung zu. Mittel hierfür sind Risikoberichte, Richtlinien, Verfahrensanweisungen, Limit-

und Genehmigungssysteme sowie spezifische Sicherheitssysteme wie Fire-Walls und Brandschutzanlagen.[314]

Welche Maßnahme zur Steuerung eines Risikos letztlich ergriffen wird, ist von mehreren Faktoren abhängig:

- Die einzelnen Projektbeteiligten besitzen unterschiedliche Möglichkeiten zum Einsatz risikopolitischer Maßnahmen. Manche Instrumente sind nicht allgemein zugänglich, etwa für kleinere Unternehmen. Ihre Verfügbarkeit ist daher begrenzt. Vertragliche Vereinbarungen lassen sich häufig nicht in gewünschter Weise durchsetzen. Die Existenz von Marktmacht bestimmt häufig die vertraglichen Vereinbarungen.

- Der Zeitpunkt und die Phase des Einsatzes determiniert die Verfügbarkeit der Instrumente. So besitzen Risikoüberwälzungen in der Planungsphase Priorität, während Kompensationen vor allem in der Realisations- und in der Betriebsphase eingesetzt werden.

- Der Einsatz vieler Instrumente führt zur Entstehung zusätzlicher Kosten. Zu hohe Kosten können eine Vermeidung oder ein Selbsttragen opportun erscheinen lassen.

- Die Wertigkeit der Instrumente ist im Zusammenhang mit ihren Nebenwirkungen, z.B. in Bezug auf die Liquidität, zu sehen. Prämienauszahlungen verschlechtern diese, Fremdwährungskredite führen dem Unternehmen Finanzmittel zu.

- Standardisierte Instrumente des Kapitalmarkts besitzen eine höhere Zuverlässigkeit als individuelle Vereinbarungen. Werden Vertragsklauseln durch einen Vertragspartner als ungerecht angesehen, wird dieser die Möglichkeit der Nachverhandlung ausloten.

- Viele Instrumente des Kapitalmarkts verfügen über fest definierte, begrenzte Laufzeiten. Im Bereich der langfristigen Absicherung können hier Defizite entstehen. Da sich die Risikoposition eines Projekts im Zeitablauf verändert, müssen die Maßnahmen laufzeitkongruent eingesetzt und angepasst werden können. Dies verlangt nach einer Flexibilität, die sich auch in der Schnel-

---

[314] Weitere Risikosteuerungsmaßnahmen sind z.B. zu finden bei *Saitz, B.*: Risikomanagement als umfassende Aufgabe der Unternehmensleitung, in: *Saitz, B.; Braun, F.* (Hrsg.): Das Kontroll- und Transparenzgesetz. Herausforderungen und Chancen für das Risikomanagement, Wiesbaden 1999, S. 69-98, hier: S. 90.

ligkeit ausdrückt, mit der ein Instrument eingesetzt werden kann.[315]

Auch die Terminierung der jeweiligen Maßnahme ist festzulegen. Das bedeutet, es muss entschieden werden, wer die Maßnahme wann durchführt. Wie alle anderen ein Projekt betreffenden Aktivitäten, muss die Verfolgung der Maßnahme mit in die regelmäßige Berichterstattung aufgenommen werden. Dies kann mittels eines Formblatts geschehen. Die Abbildung 52 zeigt ein solches Formular.

Projekt:		
Kunde:		
Risikobeurteilung angefertigt:		
Bei Auftragsannahme ☐	In Projektphase ☐	Vor Aufnahme der Projektbearbeitung ☐
Unterschrift:	Datum:	
Projektumfang:	Mio. €	
Realisierungschance des Projekts:		
Risikoart	Risikohöhe	Meldepflichten an Geschäftsleitung
1. technisches Risiko		
2. wirtschaftl. Risiko		
3. politisches Risiko		
4. sonstiges Risiko		
Vorschlag: das Projekt - zu verfolgen - weiterzuverfolgen - Auftrag anzunehmen ☐ nein ☐ ja	Entscheidung Geschäftsleitung: Das Projekt - zu verfolgen - weiterzuverfolgen - Auftrag anzunehmen ☐ nein ☐ ja	
Datum:	Datum:	

Abbildung 52: Formblatt zur Risikobeurteilung[316]

- **Risikoüberwachung und Prozessüberwachung**

Die Risikoüberwachung umfasst die Kontrolle der Durchführung zur Risikosteuerung ergriffener Maßnahmen sowie den Abgleich der Einhaltung

---

[315] Vgl. *Hupe, M.*: Steuerung und Kontrolle internationaler Projektfinanzierungen, Frankfurt u.a. 1995, S. 66ff.

[316] Vgl. *Rinza, P.*: Projektmanagement. Planung, Überwachung und Steuerung von technischen und nichttechnischen Vorhaben, 3. Aufl., Düsseldorf 1994, S. 71.

gesetzter risikopolitischer Grundsätze.[317] Kontinuierliche Soll-Ist-Vergleiche signalisieren dabei, ob die tatsächliche Risikosituation eines Unternehmens bzw. Projekts jederzeit den vorgegebenen Schwellenwerten und Limits entspricht oder ob ggf. Korrekturmaßnahmen zu ergreifen sind.

Nach der Vervollständigung, Vereinheitlichung und Implementierung der Risikoinstrumente wird ein Kontroll-, Überwachungs- und Steuerungsgremium in die vorhandene Organisationsstruktur des Unternehmens und in die Projektorganisation integriert.[318] Der Projektleitung und dem zentralen Risiko-Gremium, z.B. in Form eines Risk-Management-Committees, wird ein Risikoinformationssystem zur Seite gestellt, welches eine kontinuierliche Überwachung und Steuerung der Risikopotentiale ermöglicht.[319]

Während des Projektablaufs sollten turnusmäßig Risiko-Neuschätzungen durchgeführt werden, um die zu Beginn eines Projekts analysierten Risiken transparent zu halten und zu vermeiden, dass bestimmte Risikobereiche länger als nötig bestehen bleiben.[320]

In der Kalkulation sollten die über die gesamte Auftragsphase realistisch zu erwartenden Auswirkungen möglicher Risikoeintritte berücksichtigt werden und nicht etwa die Summe der analysierten Risiken. Es ist ein

---

[317] Vgl. *Hornung, K.; Reichmann, Th.; Diederichs, M.*: Risikomanagement - Teil I: Konzeptionelle Ansätze zur pragmatischen Realisierung gesetzlicher Anforderungen, in: ZfC, 1999, S. 317-325, hier: S. 321f.; *KPMG:* Integriertes Risikomanagement, http://www.kpmg.de/library/docs/IRM.pdf vom 16.11.1999, S. 25.

[318] Vgl. zur Integration einer Risikomanagement-Organisation *Wittmann, E.*: Organisatorische Einbindung des Risikomanagements, in: *Saitz, B.; Braun, F.* (Hrsg.): Das Kontroll- und Transparenzgesetz. Herausforderungen und Chancen für das Risikomanagement, Wiesbaden 1999, S. 129-143, hier: S. 130 und *Reichmann, Th.*: Controlling mit Kennzahlen und Managementberichten. Grundlagen einer systemgestützten Controllingkonzeption, 6. Aufl., München 2001, S. 494ff.

[319] Die Risikoüberwachung als übergeordnete Instanz wird durch dritte, nicht risikoauslösende oder davon betroffene Mitarbeiter bzw. Verantwortliche wahrgenommen, wie z.B. externe Berater, Aufsichtsräte oder die interne Revision. Vergleiche zu den Aufgaben der internen Revision im Rahmen des Risikomanagements ausführlich *Lück, W.*: Elemente eines Risiko-Managementsystems. Die Notwendigkeit eines Risiko-Managementsystems durch den Entwurf eines Gesetzes zur Kontrolle und Transparenz im Unternehmensbereich (KonTraG), in: DB, 1998, S. 8-13, hier: S. 10.

[320] Vgl. *Rinza, P.*: Projektmanagement. Planung, Überwachung und Steuerung von technischen und nichttechnischen Vorhaben, 3. Aufl., Düsseldorf 1994, S. 62.

wahrscheinlich erwarteter Mittelwert über die während des Projektverlaufs zu erwartende Schadenshöhe zu ermitteln.[321]

Als Erweiterung zur bereits vorgestellten Risikomatrix dient im Rahmen der Überwachung eine dynamische Risikomatrix. In diese werden neben der Risikoidentifikation und -bewertung der Einzelrisiken auch Instrumente, Verantwortlichkeiten, Revisionszyklen und Maßnahmen der Risikosteuerung aufgenommen.[322]

Risikoidentifikation			Risikoanalyse				Risikosteuerung/ Risikoüberwachung			
Risiko-kategorie	Risiko	Aus-prägung	Ursache-Wirkungs-Beziehung	Risiko-ausmaß (risk exposure)	Eintritts-wahrschein-lichkeit	Risiko-Klasse (Klasse 1-9 Risk-Map)	Steuerungs-Instrument/ Laufzeit - Gültigkeit	Verant-wortlichkeit	Handlungs-bedarf	Organisa-torische Maßnahmen
Leistungs-wirtschaft-liches Risiko	Beschaffung	Qualitätsrisiko	Qualitativ schlechte Ware hat Auswirkungen auf die anderen Primärbereiche	gering max. 100.000,- Euro/Quartal	mittel	Klasse 2	Begutachtung von Warenproben vor der Bestellung; Verschärfte Wareneingangskontrolle	Leiter Beschaffung; Wareneingang	fundierte Lieferanten-auswahl durch verschärfte Lieferanten-analysen	permanente Überwachung durch Risiko-management-Organisation
Finanz-wirtschaft-liches Risiko	Kunde	Zahlungs-moral	Zahlungsmoral hat Auswirkungen auf die eigene Liquidität und das Zinsergebnis	mittel max. 800.000,- Euro/Quartal	gering p = 0,15-0,3	Klasse 4	Mahnwesen, Factoring	Leiter Finanzen; Rechnungswesen	verschärftes Mahnwesen	permanente Überwachung durch Risiko-management-Organisation
...	...	...	...	...	...	...	...	...	...	...
							Risikomatrix Stand Tag/Monat/Jahr nächste Revision: Tag/Monat/Jahr			

Abbildung 53: Dynamische Risikomatrix

Kritisch zu hinterfragen ist bei der dargestellten Systematik, dass sich die einzelnen Instrumente zur Steuerung der identifizierten Risiken nicht isoliert betrachten lassen.

Aufgrund der zahlreichen Überschneidungen hinsichtlich ihrer Wirkungsweise ist eine Umsetzung der Risiko-Maßnahmen im Rahmen eines Risiko-Strategie-Mix zu empfehlen.[323]

---

[321] Vgl. *Andreas, D.; Rademacher, G.; Sauter, B.*: Projekt-Controlling und Projekt-Management im Anlagen- und Systemgeschäft, 5. Aufl., Frankfurt a.M. 1992, S. 106.

[322] Vgl. *Reichmann, Th.*: Controlling mit Kennzahlen und Managementberichten. Grundlagen einer systemgestützten Controllingkonzeption, 6. Aufl., München 2001, S. 493f.; *Helmke, S.; Risse, R.*: Chancen- und Risikomanagement im Konzern *Deutsche Post AG*, in: KRP, 1999, S. 277-283, hier: S. 281ff.

[323] Vgl. *Baetge, J.*: Instrumente eines effizienten Risikomanagement und Controlling, in: *Reichmann, Th.* (Hrsg.): Tagungsband 13. Deutscher Controlling Congress, München 1998, S. 63-87, hier: S. 69; *Baetge, J.; Jerschensky, A.*: Frühwarnsysteme als Instrumente eines effizienten Risikomanagement und -Controlling, in: ZfC, 1999, S. 171-176, hier: S. 173.

In der Praxis wird, insbesondere bei Projektfertigern, ein Risikomanagement bereits vielfach gelebt. Dennoch ist zur Sicherung der Vollständigkeit und Transparenz der Risiken und zur Unterstützung einer adäquaten Planung, Steuerung und Kontrolle häufig eine weitergehende Konkretisierung bzw. Institutionalisierung notwendig.[324]

Die Risikomanagement-Institution ist weiterhin gemeinsam mit der Unternehmensführung dafür verantwortlich, nachhaltig risikopolitische Grundsätze und das Risikoverhalten im Rahmen einer Risikomanagement-Philosophie im Unternehmen zu etablieren, um hierdurch ein Risikobewusstsein auf allen Ebenen des Unternehmens zu schaffen.[325]

Der Zweck risikopolitischer Grundsätze liegt im Aufbau und der Vertiefung des Risikobewusstseins und soll alle Mitarbeiter im Unternehmen zu risikoorientiertem, allerdings nicht zu ängstlichem Handeln beeinflussen.[326] Als risikopolitischer Grundsatz ist z.B. zu verstehen, dass keine Handlung oder Entscheidung eingegangen werden darf, die zu einem existenzgefährdenden Risiko für das Unternehmen führt.[327]

---

[324] Vgl. *Pollanz, M.*: Konzeptionelle Überlegungen zur Einrichtung und Prüfung eines Risikomanagementsystems. Droht eine Mega-Erwartungslücke?, in: DB, 1999, S. 393-399, hier: S. 395.

[325] Vgl. ausführlich *Steinle, C.; Thiem, H.; Bosch, T.*: Chancen- und Risikenmanagement: Konzeption, Ausgestaltungsformen und Umsetzungshinweise, in: ZfP, 1997, S. 359-373, hier: S. 363ff.; *Braun, H.*: Risikomanagement, Darmstadt 1984, S. 58f.; *Fally, M.*: Von der Idee zur Risikopolitik. Der Weg der STEWEAG/Energie STEIERMARK zum angewandten, betrieblichen Risk-Management, in: *Hinterhuber, H.; Sauerwein, E.; Fohler-Norek, C.* (Hrsg.): Betriebliches Risikomanagement, Wien 1998, S. 219-229, hier: S. 227f.

[326] Vgl. z.B. *Kromschröder, B.; Lück, W.*: Grundsätze risikoorientierter Unternehmensüberwachung, in: DB, 1998, S. 1573-1576, hier: S. 1573.

[327] Weitere Beispiele findet man z.B. bei *Hornung, K.; Reichmann, Th.; Diederichs, M.*: Risikomanagement - Teil I: Konzeptionelle Ansätze zur pragmatischen Realisierung gesetzlicher Anforderungen, in: ZfC, 1999, S. 317-325, hier: S. 319. Vgl. *Herrmann, J.*: Risk Management in einem internationalen Konzern, in: *Jacob, H.* (Hrsg.): Risiko-Management, Wiesbaden 1986, S. 45-79, hier: S. 51ff.; *Czempirek, K.*: Risikomanagement und Unternehmensführung, in: VR, 1993, S. 177-185, hier: S. 184f.

Abschließend werden hier die wesentlichen Vor- und Nachteile des Risikomanagements herausgestellt:

Vorteile

- Identifikation und Analyse von Unternehmensrisiken

- Transparenz der Risikosituation und Beurteilung der Risikoauswirkung (Risikosensibilität)

- Bewertungs-, Steuerungs- und Überwachungshilfen für interne und externe Gefahrenpotentiale

- Für Aktiengesellschaften: Erfüllung der Forderungen des § 91 Abs. 2 AktG

- Risikoreduktion

Nachteile

- Problem der Mess- und Bewertbarkeit von Risiken

- Entstehender Aufwand bei der Analyse und Bewertung der Risiken

- Komplexe Abhängigkeiten zwischen einzelnen Risiken

- Instrumenten- und Systemgläubigkeit

3.2 Prozessphasenbezogene Controlling-Konzeption

Aufbauend auf der prozessphasenübergreifenden Controlling-Konzeption für Unternehmen mit komplexer Projektfertigung mit den Schwerpunkten Unternehmens-Controlling und Multiprojekt-Controlling soll für das Projektmanagement und -Controlling von Einzelprojekten die Gestaltung und Optimierung von Prozessen sowie die Entwicklung von controllingorientierten Informationsstrukturen im Wertschöpfungsprozess eines Projekts im Vordergrund stehen.

Hierfür werden zunächst grundlegende Methoden der Prozessgestaltung und -optimierung in Form des Business Reengineerings, des ARIS-Modells (hier insbesondere die Ereignisgesteuerten Prozessketten) und des Workflow-Managements hinsichtlich ihrer Eignung analysiert und beurteilt. Unter Zuhilfenahme der analysierten Methoden wird anschließend ein Controlling-Instrumentarium für eine ausgewählte Prozessstruktur eines Projektfertigers entwickelt.

3.2.1 Grundlegende Methoden der Prozessgestaltung und - optimierung

3.2.1.1 Business Process Reengineering

3.2.1.1.1 Ansatz und Ursprung

Business Process Reengineering (BPR) oder auch kurz Business Reengineering (BR), beschreibt Ideen, Methoden und Konzepte zur ganzheitlichen Neuorganisation von Unternehmensstrukturen mit dem Fokus auf Kunden, Mitarbeitern, Prozessen, Werten und dem Unternehmenszweck insgesamt. Pioniere auf dem Gebiet des BR sind die beiden Amerikaner *Michael Hammer* und *James Champy*, die Anfang der neunziger Jahre durch ihr Werk "Reengineering The Corporation"[328] einen vielzitierten Ansatz zur umfassenden Neugestaltung traditioneller Führungs- und Organisationsstile geschaffen haben. Sie definieren Business Reengineering als „fundamentales Überdenken und radikales Redesign[329] von Unternehmen oder wesentlichen Unternehmensprozessen."[330] Das Resultat seien „Verbesserungen um Größenordnungen in entscheidenden, heute wichtigen und meßbaren Leistungsgrößen in den Bereichen Kosten, Qualität, Service und Zeit."[331]

3.2.1.1.2 Wesensmerkmale und Zielvorstellungen im BPR

Die Analyse des Werks von *Hammer/Champy* lässt die wesentlichen Charakteristika, Aufgaben und Ziele erkennen, die zur Doktrin einer völlig neuen Unternehmenskultur wurden, wie die Autoren an zahlreichen Beispielen verdeutlichen.[332] Zusammengefasst lassen sich insbesondere folgende Punkte identifizieren:

---

[328] Die im weiteren Verlauf verwendete deutschsprachige Übersetzung ist *Hammer, M.; Champy, J.*: Business Reengineering - Die Radikalkur für das Unternehmen, München 1993.

[329] Die beiden Adjektive „fundamental" und „radikal" übertreiben dabei nicht im Geringsten, wie z.B. *Gloger* thesenartig pointiert. Vgl. *Gloger, A.*: Reengineering für unternehmerische Fitneß, in: *Demmer, C.; Gloger, A.; Hoerner, R.* (Hrsg.): Erfolgreiche Reengineering-Praxis in Deutschland - Die Vorbildunternehmen, Düsseldorf, München 1996, S. 25-40, hier: S. 27.

[330] Redesign ist in der Definition als Neugestalten zu verstehen.

[331] *Hammer, M.; Champy, J.*: Business Reengineering - Die Radikalkur für das Unternehmen, München 1993, S. 52.

[332] Vgl. in diesem Zusammenhang auch die Erfahrungen in späteren Werken, z.B. *Hammer, M.*: Das prozesszentrierte Unternehmen - Die Arbeitswelt nach dem Reengineering, Frankfurt, New York 1997.

- Radikales Wesen des BR

  Es muss mit alten Strukturen, Abläufen, Traditionen und Regeln gebrochen werden. BR heißt nicht, bestehende Dinge zu ändern, sondern völlig neue Ideen zu entwickeln.[333]

- Fundamentale Fragestellungen im BR

  Die grundlegenden Fragestellungen im BR lauten: „Warum machen wir das eigentlich?" und „Warum machen wir das so, wie wir es machen?" Ausgehend von diesen Fragestellungen muss sich das Unternehmen beim BR am angestrebten Soll-Zustand orientieren.[334]

- Prozessfokussierung im BR

  BR kann nur erfolgreich sein, wenn der Fokus der Betrachtung und der Anstrengungen über organisatorische Grenzen hinweg gesetzt wird. Ein Unternehmen, das wissen will, wo die Wertschöpfung für seine Kunden entsteht, muss daher seine Prozesse kennen.[335]

- Iterativer Top-Down-Ansatz des BR

  BR bedeutet auch, den Gesamtüberblick zu wahren und Schritt für Schritt Verhaltensänderungen zu antizipieren. Hierzu muss eine Strategie für die Vorgehensweise entwickelt werden, die auf jeder Stufe Ziele und Zielvorgaben auf den Prüfstand stellt. Das kann nur vom Top-Management aus initiiert werden, das die neue Denkweise jedem einzelnen Mitarbeiter nahe bringen muss.[336] Davenport hat zu diesem Zweck eine Vorgehensweise entwickelt, die sich wie folgt darstellt:

---

[333] Vgl. *Hammer, M.; Champy, J.*: Business Reengineering - Die Radikalkur für das Unternehmen, München 1993, S. 53f.

[334] Vgl. *Hammer, M.; Champy, J.*: Business Reengineering - Die Radikalkur für das Unternehmen, München 1993, S. 53.

[335] Vgl. *Hammer, M.; Champy, J.*: Business Reengineering - Die Radikalkur für das Unternehmen, München 1993, S. 56f.

[336] Vgl. *Hammer, M.; Champy, J.*: Business Reengineering - Die Radikalkur für das Unternehmen, München 1993, S. 284f. und als Essenz der Thesen von *Hammer/Champy Gloger, A.*: Reengineering für unternehmerische Fitneß, in: *Demmer, C.; Gloger, A.; Hoerner, R.* (Hrsg.): Erfolgreiche Reengineering-Praxis in Deutschland - Die Vorbildunternehmen, Düsseldorf, München 1996, S. 25-40, hier: S. 36f.

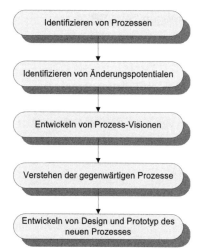

Abbildung 54: Strategie für Prozessinnovationen[337]

- Innovation als Schlüssel zum BR

  BR bietet die Gelegenheit, die Möglichkeiten technischer Innovation für die Neugestaltung von Prozessen auszuschöpfen. Dabei ist es entscheidend, diese technischen Möglichkeiten nicht durch die Linse der bestehenden Prozesse zu betrachten, sondern sie als Chance für eine völlig neue Prozessgestaltung zu sehen.[338]

- Überschreiten von organisatorischen Grenzen im BR

  Im Zuge der Prozessorientierung müssen organisatorische Grenzen überschritten werden. Mitarbeiter sollen dabei nicht übergangen, sondern in die neuen Ideen und Visionen integriert werden. Widerstand muss durch die Überzeugung ersetzt werden, für die richtige Sache zu kämpfen.[339] Nur wenn die Mitarbeiter die neuen Ideen aufnehmen, werden auch die richtigen Entscheidungen gefällt.[340]

---

[337] In Anlehnung an *Davenport, T.H.*: Process Innovation - Reengineering Work through Information Technology, Boston 1993, S. 25.

[338] Vgl. *Hammer, M.; Champy, J.*: Business Reengineering - Die Radikalkur für das Unternehmen, München 1993, S. 121f.

[339] Vgl. Grundsätze und Instrumente zum Umgang mit Widerstand in *Hammer, M.; Stanton, S.A.*: Die Reengineering Revolution - Handbuch für die Praxis, Frankfurt, New York 1995, S. 133 und 136.

[340] Vgl. *Hammer, M.; Champy, J.*: Business Reengineering - Die Radikalkur für das Unternehmen, München 1993, S. 148f. und S. 291.

- Durchhaltevermögen beim BR

Ein erfolgreiches BR verlangt bis zum ersten Anzeichen von Erfolg Durchhaltevermögen. Allerdings sollte die Zeitspanne nicht zu lang sein, da Misstrauen und enttäuschte Erwartungen bei den Mitarbeitern den Erfolg konterkarieren können.[341]

Ein entscheidendes Element stellt - wie oben bereits dargelegt - die Prozessorientierung dar. Was sich dahinter verbirgt, soll im Folgenden erörtert werden.

3.2.1.1.3 Prozess- vs. Funktionsorientierung

Unternehmen stehen heute vielfach veränderten Rahmenbedingungen gegenüber. Globalisierung, Konsolidierung und Dynamisierung von Strukturen bestimmen heute das unternehmerische Umfeld. Das Ziel lautet: Berücksichtigung von Kunden, Wettbewerb und Wandel, indem Produkte schneller mit höherer Qualität zu geringeren Kosten an den Markt gebracht werden. Jedoch ist es zweifelhaft, ob die traditionelle Organisationsform der arbeitsteiligen Funktionsorientierung diesen Anforderungen gerecht werden kann.[342] Nach *Hammer/Champy* muss der Prozess fokussiert werden, um zu ermitteln, wie der Wert für den Kunden entsteht und unter den genannten Zielgrößen optimiert werden kann. Realität in vielen Unternehmen ist jedoch die Verwurzelung in den Grundprinzipien tayloristischer Arbeitsorganisation mit der Bildung von Fachabteilungen für verschiedene Funktionen, wie z.B. F&E, Beschaffung, Produktion, Marketing und Vertrieb.[343] Die Folgen dieser Organisationsform, die sich lange Zeit bewährt hat, werden erst unter den heutigen Bedingungen sichtbar:

- Spezialistentum

- Schnittstellenprobleme

- Unüberschaubarkeit des Gesamtprozesses

---

[341] Vgl. *Hammer, M.; Champy, J.*: Business Reengineering - Die Radikalkur für das Unternehmen, München 1993, S. 282 und S. 291.

[342] Vgl. *Mischak, R.F.*: Business Reengineering - Der Weg vom funktions- zum prozeßorientierten Denken im Unternehmen, in: *Berndt, R.* (Hrsg.): Business Reengineering - Effizientes Neugestalten von Geschäftsprozessen, Berlin u.a 1997, S. 3-18, hier: S. 3.

[343] Vgl. *Hammer, M.*: Das prozesszentrierte Unternehmen - Die Arbeitswelt nach dem Reengineering, Frankfurt, New York 1997, S. 22; *Mischak, R.F.*: Business Reengineering - Der Weg vom funktions- zum prozeßorientierten Denken im Unternehmen, in: *Berndt, R.* (Hrsg.): Business Reengineering - Effizientes Neugestalten von Geschäftsprozessen, Berlin u.a 1997, S. 3-18, hier: S. 4.

Durch Spezialistentum in den Fachabteilungen erhöht sich der Koordinationsbedarf des Managements, doch können Schnittstellenprobleme, z.b. zwischen F&E und Marketing oder zwischen in- und ausländischen Produktionsstandorten, trotzdem nicht immer vermieden werden.[344] Zudem wird für den einzelnen Mitarbeiter einer Abteilung der Gesamtkontext seiner Tätigkeit unüberschaubar.[345] *Nippa* weist in diesem Zusammenhang auf die immer noch vorherrschende vertikale Ausrichtung von Kommunikationswegen, Informationssystemen und EDV-Verfahren hin.[346] Die so entstandenen Strukturen sind alles andere als effizient und flexibel und unter den heutigen Bedingungen in vielen Märkten nicht mehr konkurrenzfähig.

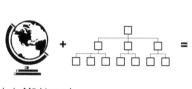

Globale Märkte und
Intensiver
Wettbewerb

♦ Fragmentierte und komplizierte Unternehmensprozesse
♦ Arbeitsteilung (Taylorismus)
♦ Qualität durch Kontrolle
♦ Niedrige Servicementalität
♦ Tunnelvision
♦ Niemand hat die Verantwortung
♦ Große Trägheit bei Marktveränderungen
♦ Geringe Mitarbeiterzufriedenheit

Abbildung 55: Anforderungen im neuen Jahrtausend unter Organisationsstrukturen der 50er Jahre[347]

Für diese Unternehmen heißt der Schlüssel zum Erfolg Prozessorientierung. Schon früh beschäftigten sich Autoren mit der Identifizierung von organisationsübergreifenden Abläufen. *Kosiol* etwa fasste die integrative

---

[344] Vgl. *Servatius, H.-G.*: Reengineering-Programme umsetzen - Von erstarrten Strukturen zu fließenden Prozessen, Stuttgart 1994, S. 44f.; *Davenport, T.H.*: Process Innovation - Reengineering Work through Information Technology, Boston 1993, S. 8.

[345] Vgl. *Mischak, R.F.*: Business Reengineering - Der Weg vom funktions- zum prozeßorientierten Denken im Unternehmen, in: *Berndt, R.* (Hrsg.): Business Reengineering - Effizientes Neugestalten von Geschäftsprozessen, Berlin u.a 1997, S. 3-18, hier: S. 3.

[346] Vgl. *Nippa, M.*: Anforderungen an das Management prozeßorientierter Unternehmen, in: *Nippa, M.; Picot, A.* (Hrsg.): Prozeßmanagement und Reengineering - Die Praxis im deutschsprachigen Raum, 2. Aufl., Frankfurt a.M., New York 1996, S. 39-58, hier: S. 43f.

[347] Entnommen aus *Mischak, R.F.*: Business Reengineering - Der Weg vom funktions- zum prozeßorientierten Denken im Unternehmen, in: *Berndt, R.* (Hrsg.): Business Reengineering - Effizientes Neugestalten von Geschäftsprozessen, Berlin u.a 1997, S. 3-18, hier: S. 6.

Erfüllung von Teilaufgaben zur übergeordneten Zielerreichung unter dem Begriff Ablauforganisation zusammen, der streng zu unterscheiden ist von der Aufbauorganisation.[348] In diesem Zusammenhang fällt auch der Begriff des Arbeitsprozesses als organisatorisches Ganzes, der die viel später entwickelte Mentalität des Business Reengineerings schon vorwegnimmt.[349] Davenport fordert, dass Schnittstellen zwischen funktionalen oder produktorientierten Organisationseinheiten entweder verbessert oder aber eliminiert werden müssen, und dass sog. „Cross-Functional Processes" - auch durch den Einsatz der Informationstechnologie - an Bedeutung gewinnen sollen.[350]

Obgleich sich die Definition des Begriffs Prozess bei vielen Autoren findet,[351] soll hier Prozess in Anlehnung an Davenport definiert werden als „spezielle Anreihung von Arbeitsaktivitäten über Zeit und Ort mit einem Beginn und einem Ende und klar identifizierbaren Inputs und Outputs."[352] Der allgemeine Charakter der Prozessdefinition bedeutet, dass es nicht etwa nur einen betrieblichen Prozess gibt, den es zu betrachten gilt, sondern jeder beliebige Fokus auf das betriebliche Geschehen unter Prozessgesichtspunkten analysiert werden kann. In der Praxis hat sich jedoch eine Kategorisierung von Prozessen bewährt, etwa in Haupt- bzw. Kernprozesse und in Unterstützungs- oder Support- bzw. Subprozesse.[353] Merkmale zur Kategorisierung von Prozessen finden sich bei Heilmann:

---

[348] Vgl. Kosiol, E.: Organisation der Unternehmung, 2. Aufl., Wiesbaden 1976, S. 32f., S. 185 und S. 187.

[349] Vgl. Kosiol, E.: Organisation der Unternehmung, 2. Aufl., Wiesbaden 1976, S. 185.

[350] Vgl. Davenport, T.H.: Process Innovation - Reengineering Work through Information Technology, Boston 1993, S. 8.

[351] Vgl. u.a. die Arbeitsablaufdefinition von Kosiol, E.: Organisation der Unternehmung, 2. Aufl., Wiesbaden 1976, S. 32 sowie die Prozessdefinitionen von Hammer, M.; Champy, J.: Business Reengineering - Die Radikalkur für das Unternehmen, München 1993, S. 56; Berztiss, A.: Software methods for business reengineering, Berlin u.a. 1995, S. 37; Heilmann, M.L.: Geschäftsprozeß-Controlling, Bern u.a. 1996, S. 89f. und die Definition der DIN ISO 8402, in diesem Zusammenhang zu finden bei Binner, H.F.: Organisations- und Unternehmensmanagement - Von der Funktionsorientierung zur Prozeßorientierung, München, Wien 1998, S. 115.

[352] Vgl. Davenport, T.H.: Process Innovation - Reengineering Work through Information Technology, Boston 1993, S. 5.

[353] Vgl. Osterloh, M.; Frost, J.: Prozeßmanagement als Kernkompetenz - Wie Sie Business Reengineering strategisch nutzen können, Wiesbaden 1996, S. 34ff.

Bedeutung	Kerngeschäftsprozess	Geschäftsprozess	
Objektbezug	Materieller Prozess	Informationeller Prozess	
Charakter	Wertschöpfungs-prozess	Unterstützungs-prozess	Management-prozess

Abbildung 56: Merkmale zur Kategorisierung von Prozessen[354]

Andere Autoren, wie z.b. *Binner*, treffen auch Unterscheidungen nach Art der Ausführung, der Komplexität, der Wertschöpfung, der Leistung und des Wissenstransfers.[355] Da sich die Projektaufgabe für die vorliegende Arbeit mit der Identifizierung von Prozessen ihrer Bedeutung und ihres Inhalts nach beschäftigt, soll hier das Augenmerk auf den Charakter von Kern- und Supportprozessen gelegt werden. Kernprozesse zeichnen sich insbesondere durch folgende Eigenschaften aus:[356]

• Wahrnehmbarer Kundennutzen

Die Prozesse müssen für den Kunden einen wahrnehmbaren Nutzen stiften, für den dieser zu zahlen bereit ist.

• Unternehmensspezifität

Die Prozesse müssen durch eine unternehmensspezifische Nutzung von Ressourcen einmalig sein.

• Nicht-Imitierbarkeit

Die Eigenheiten der Prozesse dürfen nicht leicht zu imitieren sein.

• Nicht-Substituierbarkeit

Die Prozesse dürfen nicht durch andere Problemlösungen ersetzbar sein.

Osterloh/Frost gehen sogar noch weiter und sagen, dass Kernprozesse strategische Bedeutung für das Unternehmen haben und von den Lieferanten bis zu den Kunden quer durch die traditionellen Abteilungen reichen, wie z.B. der Produktentwicklungsprozess.[357]

---

[354] Vgl. *Heilmann, M.L.*: Geschäftsprozeß-Controlling, Bern u.a. 1996, S. 99.

[355] Vgl. *Binner, H.F.*: Organisations- und Unternehmensmanagement - Von der Funktionsorientierung zur Prozeßorientierung, München, Wien 1998, S. 116f.

[356] Vgl. *Osterloh, M.; Frost, J.*: Prozeßmanagement als Kernkompetenz - Wie Sie Business Reengineering strategisch nutzen können, Wiesbaden 1996, S. 34.

[357] Vgl. *Osterloh, M.; Frost, J.*: Prozeßmanagement als Kernkompetenz - Wie Sie Business Reengineering strategisch nutzen können, Wiesbaden 1996, S. 36.

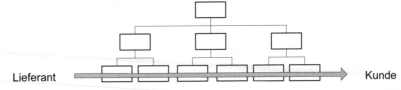

Lieferant   Kunde

Abbildung 57: Kernprozess über organisatorische Grenzen hinweg[358]

Supportprozesse hingegen haben nur Unterstützungscharakter, d.h. sie sind durch Tätigkeiten bestimmt, die keine strategische Bedeutung haben und auch außerhalb des Unternehmens abgewickelt werden können.[359] Beispiele hierfür wären die Instandhaltung oder Wartung, die DV-Administration oder in einzelnen Branchen auch die Beschaffung.[360]

Bei der Frage nach den Neuerungen bzw. Vorteilen der Prozess- oder Geschäftsprozessorientierung ergeben sich unter Bezugnahme auf *Heilmann* und *Binner* insbesondere folgende Punkte:[361]

- Kundenorientierung
- Fokus auf die gesamte Wertschöpfungskette
- Berücksichtigung aller Arten von Prozessen
- Berücksichtigung von Prozessvarianten (Triage-Idee)
- Structure follows Process-Gedanke[362]
- Kontinuierliche Verbesserung der Prozessgestaltung
- Ganzheitliche Optimierungsmaßnahmen sind möglich
- Zielorientierung
- Visualisierung und Darstellung von Prozessen

---

[358] In Anlehnung an *Mischak, R.F.*: Business Reengineering - Der Weg vom funktions- zum prozeßorientierten Denken im Unternehmen, in: *Berndt, R.* (Hrsg.): Business Reengineering - Effizientes Neugestalten von Geschäftsprozessen, Berlin u.a 1997, S. 3-18, hier: S. 5 sowie *Davenport, T.H.*: Process Innovation - Reengineering Work through Information Technology, Boston 1993, S. 9.

[359] Vgl. *Osterloh, M.; Frost, J.*: Prozeßmanagement als Kernkompetenz - Wie Sie Business Reengineering strategisch nutzen können, Wiesbaden 1996, S. 35.

[360] Z.B. in der Chemie-Branche bei Unternehmen mit zentralisierter Beschaffung, wie Hoechst Procurement International.

[361] Vgl. *Heilmann, M.L.*: Geschäftsprozeß-Controlling, Bern u.a. 1996, S. 99; *Binner, H.F.*: Organisations- und Unternehmensmanagement - Von der Funktionsorientierung zur Prozeßorientierung, München, Wien 1998, S. 116f.

[362] Vgl. *Osterloh, M.; Frost, J.*: Prozeßmanagement als Kernkompetenz - Wie Sie Business Reengineering strategisch nutzen können, Wiesbaden 1996, S. 37.

Für diese Arbeit von Relevanz ist insbesondere die Darstellung (Visualisierung und Beschreibung), Analyse, Gestaltung und Optimierung von Prozessen. Schon *Kosiol* entwickelte Ansätze zur Analyse von Arbeitsprozessen, vornehmlich mit Fokus auf Objekten und Verrichtungen in den Prozessen.[363] *Binner* nennt folgende Analysepunkte, die z.B. in Prozess-Audits mit den Mitarbeitern zur Sprache kommen können:[364]

- Welche Kernprozesse existieren im Unternehmen?

- Welche Zielsetzungen besitzt der Kernprozess?

- Wer sind die Kunden im Kernprozess?

- Wer sind die Lieferanten im Kernprozess?

- Welche organisatorischen Zusammenhänge bestehen?

- Analyse aller Informationen (Dokumente und Daten)

- Analyse aller Aktivitäten (Funktionen und Arbeitsschritte)

- Unterscheidung jeder Aktivität in wertschöpfend und nicht wertschöpfend

- Visualisierte Prozessdarstellung

Die Mehrzahl dieser Punkte kann zur Analyse der Ist-Situation der Prozesse in Projektfertigungsunternehmen herangezogen werden. Insbesondere auf die visualisierte Prozessdarstellung soll im folgenden Kapitel eingegangen werden, da sie sich besonders für die Gestaltung und Optimierung der Prozesse eignet. Zuvor jedoch werden kurz der Redesign- und der Workflow-Begriff thematisiert.

3.2.1.1.4 Redesign und Workflows

Beim Redesign im hier verwendeten Sinne handelt es sich im Gegensatz zum Reengineering nicht um das völlige Neukonzipieren eines Arbeitsablaufs, sondern vielmehr um das Neugestalten (Designen) unter Berücksichtigung vorhandener Elemente. Entstanden ist der Begriff Redesign ursprünglich durch die technische Wartung von Informationssystemen. Hier gehört er neben Redocumentation und Respecification zum sog. Reverse Engineering (RE).[365] RE bedeutet die Umkehrung des

---

[363] Vgl. *Kosiol, E.*: Organisation der Unternehmung, 2. Aufl., Wiesbaden 1976, S. 192ff.

[364] Vgl. *Binner, H.F.*: Organisations- und Unternehmensmanagement - Von der Funktionsorientierung zur Prozeßorientierung, München, Wien 1998, S. 129.

[365] Vgl. *Stahlknecht, P.; Hasenkamp, U.*: Einführung in die Wirtschaftsinformatik, 8. Aufl., Berlin u.a. 1997, S. 343.

Entwurf- und Entwicklungsprozesses, i.e. die „Rückführung eines physischen Modells in ein logisches Modell."[366] In unserem Fall ist das betreffende Objekt der Geschäftsprozess des Projekteinzelfertigers. Er wird vom physischen Ist-Zustand in ein logisches System transformiert, dokumentiert und spezifiziert.

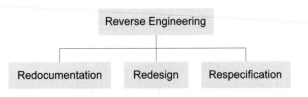

Abbildung 58: Elemente des Reverse Engineering

Ein Entwurf „am Reißbrett" ist dabei ebenso vorstellbar wie das sequentielle Erarbeiten in Prozess-Audits oder -Workshops mit den Mitarbeitern eines Unternehmens. Letzteres ist die Vorgehensweise, die in der vorliegenden Arbeit gewählt wurde. Die Prozessgestaltung und -optimierung basiert auf Workshops, die zum Ziel haben, den realen Ist-Ablauf der Kernprozesse des Projekteinzelfertigers zu erfassen und auf seine Zielausrichtung zu überprüfen. Optimierungsansätze, wie z.B. die Berücksichtigung von Qualitätssicherungsaspekten, der Kundenbezug von Prozessen sowie die Synchronisation der Aktivitäten, führen schließlich zur Entwicklung eines Soll-Konzepts zur Gestaltung und Implementierung der Ablaufprozesse im Unternehmen.

Das kreative Resultat des Reverse Engineerings bzw. des Redesigns ist der sog. Workflow. Der Workflow beschreibt den Arbeitsablauf oder Arbeitsfluss eines (Geschäfts-)Prozesses.[367] *Schäl* definiert ihn als "unit of work generating products or services which are related to, or result in, customer satisfaction."[368] Während hier der Kundenbezug hervorgehoben wird, weist *Österle* vor allem auf die Vorgabe einer detaillierten Prozessbeschreibung auf Mikro-Ebene für Workflow Management Systeme (WFMS) hin.[369] Ein weiterer Definitionsansatz, der insbesondere im Hin-

---

[366] *Heinrich, L.J.; Roithmayr, F.*: Wirtschaftsinformatik-Lexikon, 6. Aufl., München 1998, S. 451.

[367] Vgl. *Schwarze, J.*: Einführung in die Wirtschaftsinformatik, 4. Aufl., Herne, Berlin 1997, S. 362.

[368] *Schäl, T.*: Workflow management technology for process organizations, Berlin u.a. 1996, S. 12f.

[369] Vgl. *Österle, H.*: Business Engineering - Prozeß- und Systementwicklung, Bd. 1, 2. Aufl., Berlin u.a. 1995, S. 49f.

blick auf Kapitel 3.2.1.3 von Bedeutung ist, findet sich bei *Jablonski*.[370] Dieser unterscheidet drei Perspektiven eines Workflows:

- Funktionsorientierte Perspektive

  Definition der Workflows durch Identifizierung von Verarbeitungsschritten für Prozesse.

- Verhaltensorientierte Perspektive

  Beschreibung des Kontrollflusses in den Workflows.

- Informationsbezogene Perspektive

  Beschreibung des Datenflusses in den Workflows.

Alle drei Perspektiven werden durch das Modell der erweiterten Ereignisgesteuerten Prozessketten im Kapitel 3.2.1.2.2.2 in die Dokumentation und Visualisierung der Kernprozesse des Projekteinzelfertigers eingebunden.

3.2.1.2 Die Modell-Architektur integrierter Informationssysteme

Die Abkürzung ARIS steht für **Ar**chitektur integrierter **I**nformations**s**ysteme und bezeichnet ein von *Scheer* entwickeltes Modell.[371] Es handelt sich bei ARIS um ein Metamodell zur Integration von Unternehmensbeschreibungskonzepten in ein Informationssystem.[372] Dabei wird der funktionsübergreifende Prozessgedanke als Grund für die Notwendigkeit der Integration funktionsorientierter computergestützter Informationssysteme angesehen.[373] Die Unterstützung der Geschäftsprozessorientierung macht es modelltheoretisch erforderlich, entsprechende Elemente und Strukturen zu besitzen, die eine hinreichende, im Falle von ARIS ganzheitliche,[374] Beschreibungsqualität gewährleisten.[375] Zu den Beschreibungsmethoden gehören insbesondere halbformale Konzepte, wie z.B.

---

[370] Vgl. *Jablonski, S.*: Workflow-Management, in: *Mertens, P. (Hrsg.)*: Lexikon der Wirtschaftsinformatik, 3. Aufl., Berlin u.a. 1997, S. 444f.

[371] Vgl. *Scheer, A.-W.*: Wirtschaftsinformatik - Referenzmodelle für industrielle Geschäftsprozesse, 6. Aufl., Berlin u.a. 1995, S. 2.

[372] Zu Begriff und Anforderungen der Metamodellierung vgl. *Jablonski, S.; Böhm, M.; Schulze, W. (Hrsg.)*: Workflow Management - Entwicklung von Anwendungen und Systemen - Facetten einer neuen Technologie, Heidelberg 1997, S. 44ff.

[373] Vgl. *Scheer, A.-W.*: Wirtschaftsinformatik - Referenzmodelle für industrielle Geschäftsprozesse, 6. Aufl., Berlin u.a. 1995, S. 6ff.

[374] Ganzheitlich bedeutet hier die Einbeziehung aller zur betrieblichen Diskurswelt gehörigen Elemente, wie z.B. Abläufe, Dokumente, Organisation, Ressourcen, Verfahren, Know-How etc.

[375] Vgl. zu Qualitätsfaktoren von Modellen *Jablonski, S.; Böhm, M.; Schulze, W. (Hrsg.)*: Workflow Management - Entwicklung von Anwendungen und Systemen - Facetten einer neuen Technologie, Heidelberg 1997, S. 42f.

das Organigramm oder das Entity-Relationship-Modell, die einerseits eng an das betriebswirtschaftliche Sachverständnis angelehnt sind, andererseits detailliert genug sind, um als Ausgangspunkt für den Aufbau eines Informationssystems zu dienen.[376]

3.2.1.2.1 Die Konzeption der Modell-Architektur integrierter Informationssysteme

Die Grundgedanken der ARIS-Konzeption unter Berücksichtigung der Prozessorientierung sind das Zerlegungsprinzip und das Life-Cycle-Konzept. Während das Zerlegungsprinzip die Aufteilung eines Prozesses aufgrund seiner Komplexität in verschiedene Sichten (Zusammenfassung von Elementen mit ähnlichem Charakter) kennzeichnet, meint das Life-Cycle-Konzept die Betrachtung des Prozesses und seiner Elemente in Bezug auf die Nähe zur Informationstechnik.[377]

In ARIS sind folgende Sichten definiert:[378]

- Funktionssicht

  Enthält alle Funktionen (Aktivitäten) eines Prozesses und ihre Anordnungsbeziehungen. Zur Messung des Zielerreichungsgrades von Funktionen werden auch entsprechende Unternehmensziele sowie die die Erfüllung von Funktionen unterstützende Anwendungssoftware in die Funktionssicht mit einbezogen.

- Organisationssicht

  Enthält die aufbauorganisatorische Komponente von Geschäftsprozessen. Hiermit sind sowohl Sachbearbeiter als auch Abteilungen gemeint, die mit der Durchführung der betrachteten Prozesse betraut sind.

- Datensicht

  Enthält alle Prozesselemente, die durch Ereignisse, Zustände oder daraus resultierende Daten repräsentiert werden. Implizit ist der Datensicht die Leistungssicht, welche Informationsobjekte definiert, die Input- oder Outputleistungen des Systems darstellen (z.B. Papier-Dokumente, elektronische Daten, Auftragsstatistik etc.).

---

[376] Vgl. *Scheer, A.-W.*: ARIS - Vom Geschäftsprozeß zum Anwendungssystem, 3. Aufl., Berlin u.a. 1998, S. 2.

[377] Vgl. *Scheer, A.-W.*: Wirtschaftsinformatik - Referenzmodelle für industrielle Geschäftsprozesse, 6. Aufl., Berlin u.a. 1995, S. 10.

[378] Vgl. *Scheer, A.-W.*: ARIS - Vom Geschäftsprozeß zum Anwendungssystem, 3. Aufl., Berlin u.a. 1998, S. 36; *Scheer, A.-W.*: Wirtschaftsinformatik - Referenzmodelle für industrielle Geschäftsprozesse, 6. Aufl., Berlin u.a. 1995, S. 13.

- Ressourcensicht

  Enthält die Komponenten der Informationstechnik, die für den betrachteten Prozess relevant sind. Da sie jedoch nur die Rahmenbedingungen für die Beschreibung der anderen Sichten bildet, wird die Ressourcensicht durch das Life-Cycle-Konzept ersetzt (siehe unten).

- Steuerungssicht

  Enthält Elemente zur Beschreibung der Beziehungen zwischen den anderen Sichten, um z.B. bilaterale Zusammenhänge darzustellen (z.B. Beziehung zwischen Funktions- und Organisationssicht eines Geschäftsprozesses).

Während das Sichtenkonzept eher strukturelle Eigenschaften von Geschäftsprozessen und Informationssystemen beleuchtet, verkörpert das Life-Cycle-Konzept einen temporalen Entwicklungsgedanken, ähnlich dem Phasenkonzept für den Informationssystem-Entwurf bei *Stahlknecht/Hasenkamp*.[379] Jedoch handelt es sich dabei nicht um ein Vorgehensmodell, sondern vielmehr um eine Ebenen-Definition aufgrund inhaltlicher Nähe zur Informationstechnik. Dem Life-Cycle-Konzept implizit ist aber doch zumindest ein Vorgehensgedanke, denn nach *Scheer* entspringt jede Informationssystementwicklung einer betriebswirtschaftlichen Problemstellung, die i.d.R. weit von jeder Informationstechnik entfernt ist.[380]

Der betriebswirtschaftlichen Aufgaben- bzw. Problemstellung folgt eine schrittweise Formalisierung in allen Sichten. Von der Fachkonzeptebene bis zur Informations- und Kommunikationstechnik (IuK-Technik) wird dabei detailliert umgesetzt, was zunächst formalisiert beschrieben wurde.

---

[379] Vgl. *Stahlknecht, P.; Hasenkamp, U.*: Einführung in die Wirtschaftsinformatik, 8. Aufl., Berlin u.a. 1997, S. 246ff.

[380] Z.B.:

Problem: Wie kann ich erkennen, wer meine besten Kunden sind, um ihnen einen besseren Service zu bieten?

Lösung: Implementierung einer umfassenden Kundendatenbank im Vertrieb (Database Marketing).

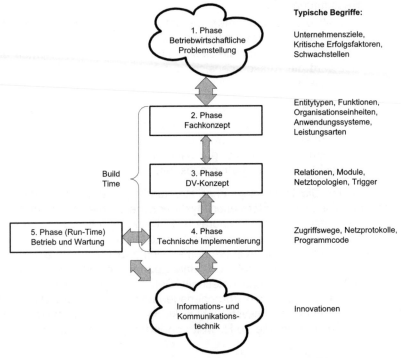

Abbildung 59: ARIS-Beschreibungsebenen[381]

Die Annäherung an die Technologie wird auch in der Abbildung 59 deutlich erkennbar. *Scheer* weist außerdem darauf hin, dass die Änderungsfrequenz von oben nach unten zunimmt, oder mit anderen Worten insbesondere Fachkonzepte von längerer Lebensdauer sein sollten, da gerade sie in besonderer Weise „das betriebswirtschaftliche Gedankengut" des Unternehmens repräsentieren.[382]

Kombiniert man Sichten- und Ebenenkonzept, entsteht das sog. ARIS-Haus.

[381] In Anlehnung an *Scheer, A.-W.*: ARIS - Vom Geschäftsprozeß zum Anwendungssystem, 3. Aufl., Berlin u.a. 1998, S. 39.

[382] Vgl. *Scheer, A.-W.*: Wirtschaftsinformatik - Referenzmodelle für industrielle Geschäftsprozesse, 6. Aufl., Berlin u.a. 1995, S. 16.

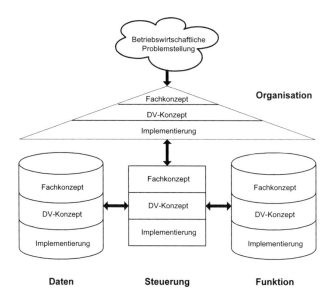

Abbildung 60: Das ARIS-Haus[383]

Auf die Erläuterung aller dem ARIS-Konzept zu Grunde liegenden Beschreibungsmethoden für alle Sichten und Ebenen soll an dieser Stelle verzichtet werden. Für die weitere Vorgehensweise sind insbesondere die Methoden Funktionsbäume und Ereignisgesteuerte Prozessketten relevant, die im Folgenden beschrieben werden.

3.2.1.2.2 Funktions- und Steuerungssicht der Fachkonzeptebene

Funktionsbäume und Ereignisgesteuerte Prozessketten (EPK) sind halbformale Beschreibungsmethoden der Funktions- und Steuerungssicht. Sie dienen der Reduzierung der Komplexität der betrachteten Objekte, seien es nun kleine Geschäftsprozesse oder ganze Informationssysteme.

Andere Fachkonzeptmethoden zur Beschreibung von Funktionen sind bspw. Ablauffolgediagramme und Struktogramme. Ablauffolgediagramme beschreiben einfache Anordnungsbeziehungen zwischen den Funktionen, während Struktogramme Kontrollstrukturen (Reihungen, Verzweigungen und Schleifen) darstellen können. Sie sind ursprünglich für

---

[383] Entnommen aus *Scheer, A.-W.:* Wirtschaftsinformatik - Referenzmodelle für industrielle Geschäftsprozesse, 6. Aufl., Berlin u.a. 1995, S. 16.

den Modulentwurf konzipiert worden und gehören damit auch auf die DV-Konzeptebene.[384]

Durch die besondere Stellung der Steuerungssicht im ARIS-Haus entstehen zweiseitige (bilaterale) Beziehungen. Steuerungsmodelle können für die Beziehungen zwischen Funktionen[385] und Organisation, zwischen Organisation und Daten sowie zwischen Funktionen und Daten etabliert werden.

EPK gehören zu den Steuerungsmodellen zwischen Funktionen und Daten auf der Fachkonzeptebene, da Ereignisse als Datenelemente Auslöser oder Ergebnis von Funktionen sein können (vgl. das Nachrichtenkonzept bei *Scheer*[386]). Beim Konzept der erweiterten EPK (eEPK) werden zusätzliche Elemente aus der System- oder Problemumgebung einer EPK (symbolisch) beigefügt, z.B. Organisationseinheiten, Informationsobjekte und Ressourcen.[387]

3.2.1.2.2.1 Funktionsbäume

Die Funktionsbäume liefern Informationen über die Zusammensetzung von Funktionen. Durch hierarchische Darstellung brechen sie komplexe Funktionen bis auf ihre Elementarfunktionen herunter.[388] Letztere sind Funktionen, die betriebswirtschaftlich nicht mehr sinnvoll zerlegt werden können. Die Funktionen selber werden in den Diagrammen durch gerundete Rechtecke dargestellt.

Funktionsbäume können nach verschiedenen Kriterien gebildet werden, z.B. gleiche Verrichtung, gleiches Informationsobjekt oder gleicher Geschäftsprozess (wie im obigen Beispiel).[389] Sie liefern keine Informationen über Ablauf- oder Anordnungsbeziehungen.

---

[384] Vgl. *Scheer, A.-W.*: Wirtschaftsinformatik - Referenzmodelle für industrielle Geschäftsprozesse, 6. Aufl., Berlin u.a. 1995, S. 19ff.

[385] „Funktionen" wird hier im Plural benutzt, da Steuerung impliziert, dass mindestens zwei (Elementar-)Funktionen vorhanden sein müssen.

[386] Vgl. *Scheer, A.-W.*: Wirtschaftsinformatik - Referenzmodelle für industrielle Geschäftsprozesse, 6. Aufl., Berlin u.a. 1995, S. 57.

[387] Vgl. *Vossen, G.; Becker, J.*: Geschäftsprozeßmodellierung und Workflow-Management - Modelle, Methoden, Werkzeuge, Bonn, Albany 1996, S. 37.

[388] Zur Kritik an der Top-Down-Vorgehensweise vgl. *Scheer, A.-W.*: ARIS - Vom Geschäftsprozeß zum Anwendungssystem, 3. Aufl., Berlin u.a. 1998, S. 25.

[389] Vgl. *Scheer, A.-W.*: ARIS-Modellierungsmethoden - Metamodelle und Anwendungen, 3. Aufl., Berlin u.a. 1998, S. 25; eine detaillierte Analyse von Gliederungskriterien findet sich bei *Lehner, F.; Auer-Rizzi, W.; Bauer R.*: Organisationslehre für Wirtschaftsinformatiker, München, Wien 1991, S. 155ff.

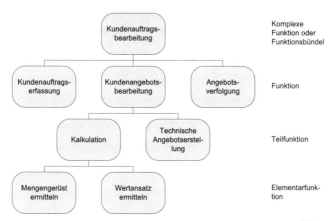

Abbildung 61: Beispiel für einen Funktionsbaum[390]

3.2.1.2.2.2 Die eEPK zur Workflow-Modellierung

Wie bereits vorgestellt, ist die Ereignisgesteuerte Prozesskette (EPK) ein Modellierungskonzept der Steuerungssicht, wobei insbesondere das Zusammenwirken von Daten und Funktionen betrachtet wird.

Entwickelt wurde die EPK-Methode am Institut für Wirtschaftsinformatik (IWi) der Universität des Saarlandes in Zusammenarbeit mit der SAP AG. Letztere benutzt EPK auch zur Darstellung der SAP-eigenen Referenz-Geschäftsprozesse (z.B. für Customizing-Zwecke).[391] Im Vordergrund der Entwicklung stand, eine Technik zu entwickeln, die einerseits komplexe Sachverhalte verständlich abbildet, dabei andererseits aber nicht auf fachliche Realitätstreue verzichtet.[392]

Das Prinzip der Ereignissteuerung besagt, dass Ereignisse Auslöser von Funktionen sein können, die wiederum Ereignisse erzeugen. Damit ist das Ereignis der zentrale Begriff im EPK-Modell. Ereignisse sind dabei

---

[390] Entnommen aus *Scheer, A.-W.*: ARIS-Modellierungsmethoden - Metamodelle und Anwendungen, 3. Aufl., Berlin u.a. 1998, S. 24.

[391] Vgl. *Scheer, A.-W.*: ARIS-Modellierungsmethoden - Metamodelle und Anwendungen, 3. Aufl., Berlin u.a. 1998, S. 125; *Vossen, G.; Becker, J.*: Geschäftsprozeßmodellierung und Workflow-Management - Modelle, Methoden, Werkzeuge, Bonn, Albany 1996, S. 35.

[392] Vgl. *Vossen, G.; Becker, J.*: Geschäftsprozeßmodellierung und Workflow-Management - Modelle, Methoden, Werkzeuge, Bonn, Albany 1996, S. 35.
Zur kritischen Beurteilung von EPK-Modellen vergleiche *Jablonski, S.; Böhm, M.; Schulze, W.* (Hrsg.): Workflow Management - Entwicklung von Anwendungen und Systemen - Facetten einer neuen Technologie, Heidelberg 1997, S. 59.

als zeitpunktbezogene Zustandsänderungen eines Datenobjekts zu verstehen (z.B. Änderung des Auftragsstatus einer Bestellung).

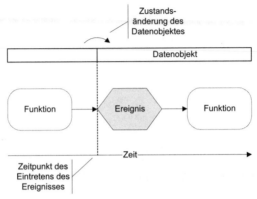

Abbildung 62: Prinzip der Ereignissteuerung im EPK-Modell

Das Hintereinanderschalten von Funktionen und Ereignissen in ihrer Ablauffolge stellt somit den Kontrollfluss von Prozessen dar.[393] Folgende Regeln sind bei der Modellierung einzuhalten:

- Prozesse beginnen und enden immer mit Ereignissen

  Ein Geschäftsprozess findet erst statt, wenn ein auslösendes (zumeist externes) Ereignis aufgetreten ist, bspw. eine Kundenanfrage. Wenn ein fest definierter Zustand in der Datenwelt des Unternehmens eingetreten ist, endet der Geschäftsprozess (z.B. Ware verschickt, Rechnung bezahlt).

- Zwischen zwei Funktionen steht immer ein Ereignis

  Wenn schon eine entsprechende Zerlegung und Abgrenzung zweier Funktionen (die damit aufeinander folgen) getroffen wird, so muss auch die Zustandsänderung definiert werden, welche die zweite Funktion auf die erste folgen lässt.[394]

---

[393] Vgl. *Jablonski, S.; Böhm, M.; Schulze, W.* (Hrsg.): Workflow Management - Entwicklung von Anwendungen und Systemen - Facetten einer neuen Technologie, Heidelberg 1997, S. 58.

[394] Z.B.: Versand besteht aus Verpacken und Verschicken. Erst wenn die Ware verpackt ist (Ereignis: „Ware ist verpackt"), kann sie verschickt werden. Ohne das Ereignis würde formal offen bleiben, welchen Zustand das Verpacken bewirkt und wann das Verschicken beginnt.

- Zwei Ereignisse können nicht hintereinander stehen

Ein Ereignis kann nicht das Ergebnis eines anderen Ereignisses sein. Sollen trotzdem nach einer Funktion zwei verschiedene Zustandsänderungen (Ereignisse) ausgelöst werden, so ist das Konnektoren-Konstrukt (vgl. unten) zu verwenden.

Die Steuerung des Kontrollflusses findet durch die Verwendung von logischen Konnektoren statt. Diese können zwischen Funktionen und Ereignissen stehen und spezifizieren, ob eine Funktion konjunktiv, alternativ oder exklusiv begonnen oder beendet wird. „Konjunktiv" ist mit einem logischen „und" gleichbedeutend, während „alternativ" für ein „oder" steht.[395] „Exklusiv" bedeutet eine ausschließende „entweder-oder"-Verknüpfung. Ein Konnektor ist in zwei Hälften geteilt, den Eingang und den Ausgang. In beiden Hälften kann eine logische Verknüpfung stehen. Steht in keiner Hälfte eine logische Verknüpfung, so kann der Konnektor weggelassen werden. Eine logische Verknüpfung im Eingang gibt an, wie die Ereignisse verknüpft werden, damit die nachfolgende(n) Funktion(en) ausgeführt werden. Die logische Verknüpfung im Ausgang vor einer Funktion zeigt an, dass ggf. noch eine weitere Funktion neben der betrachteten gestartet wird (logisches und). Ein logisches oder vor einer Funktion (also nach einem Ereignis) kann es nicht geben, da ein Ereignis für sich genommen keine oder-Entscheidung treffen kann. Eine logische Verknüpfung im Ausgang nach einer Funktion bedeutet, dass Ereignisse entsprechend der schon oben erläuterten Weise eintreten können (konjunktiv, alternativ, exklusiv).

Das folgende Beispiel aus dem Online-Banking erläutert die Verwendung von Konnektoren in EPK. Nur wenn PIN (Persönliche Identifikationsnummer) **und** TAN (Transaktionsnummer) eingegeben wurden, wird die Transaktion durchgeführt. Diese wiederum kann entweder erfolgreich **oder** nicht erfolgreich sein (aber nur **genau ein Ereignis** von beiden kann bei einem Durchlauf auftreten).[396]

---

[395] Vgl. *Scheer, A.-W.:* Wirtschaftsinformatik - Referenzmodelle für industrielle Geschäftsprozesse, 6. Aufl., Berlin u.a. 1995, S. 49.

[396] Zu weiteren Beispielen vgl. *Scheer, A.-W.:* Wirtschaftsinformatik - Referenzmodelle für industrielle Geschäftsprozesse, 6. Aufl., Berlin u.a. 1995, S. 50ff.

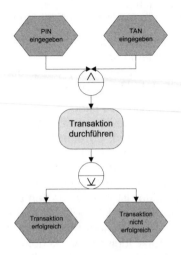

Abbildung 63: Beispiel zur Verwendung von Konnektoren in EPK

Die vorgestellten Funktionsbäume und eEPK eignen sich zur Darstellung sämtlicher Geschäftsprozesse eines Unternehmens. Aufgrund ihrer einfachen und verständlichen Symbolik sowie ihrer relativ exakten Wirklichkeitsbeschreibung bietet sich insbesondere die eEPK für die Gestaltung und Optimierung der Prozesse im Projektgeschäft an. Diese besitzt weiterhin den Vorteil - wie weiter unten noch gezeigt wird - dass sie flexibel als Instrument für das Controlling ausgebaut und eingesetzt werden kann.

Für die Workflow-Darstellung der Geschäftsprozesse mittels EPK werden innerhalb dieser Arbeit folgende Symbole verwendet:

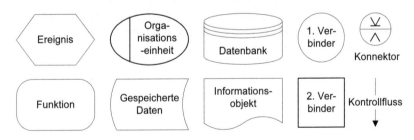

Abbildung 64: Symbole für die Workflow-Modellierung mit EPK[397]

---

[397] Die Symbole weichen teilweise von den bei *Scheer* dargestellten ab. Maßgeblich für die Projektaufgabe ist jedoch die in der Abbildung gemachte Konvention.

Zusätzlich zu den bereits bekannten Symbolen für Ereignis und Funktion werden spezielle Symbole für Organisationseinheiten, elektronische Daten, Datenbanken (auch Anwendungsprogramme) sowie Informationsobjekte (nicht-elektronische Dokumente) gebraucht. Diese Symbole stehen an den jeweiligen Funktionen; sie können nicht an Ereignissen stehen. Der 1. Verbinder steht für die Verbindung von zwei Kernprozessen, während der zweite Verbinder aus einem Kern- in einen Subprozess verweist. Von den Konnektoren ist hier beispielhaft ein Entweder-oder-Eingangs-und-Ausgangs-Konnektor dargestellt. Der Kontrollfluss wird durch Pfeile symbolisiert.

Abschließend wird in Abbildung 65 ein kurzes Beispiel vorgestellt.

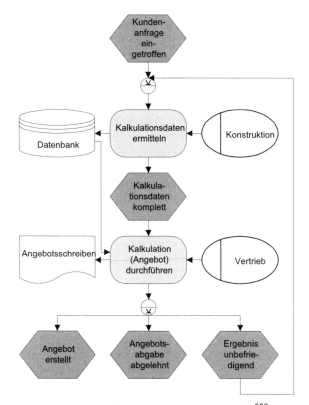

Abbildung 65: Beispiel für eine eEPK[398]

---

[398] In Anlehnung an *Scheer, A.-W.:* Wirtschaftsinformatik - Referenzmodelle für industrielle Geschäftsprozesse, 6. Aufl., Berlin u.a. 1995, S. 52.

3.2.1.3   Controllingorientiertes Workflow-Management

Workflow-Management ist eine Managementmethode zur optimalen Gestaltung von Geschäftsprozessen im Unternehmen, die auf Arbeitsablaufanalysen basiert. Sie unterstützt die Planung, Steuerung, Kontrolle und zum Teil auch die teilautomatisierte Durchführung von wiederkehrenden Geschäftsprozessen und Arbeitsabläufen. In der Planungsphase werden Geschäftsprozesse zunächst modelliert, d.h. mit Strukturdiagrammen, EPK, Datenflussdiagrammen u.ä. graphisch dargestellt. Die Steuerung läuft entweder automatisch mit Hilfe eines workflow-basierten EDV-Programms oder DV-unabhängig nach den vorgegebenen Schritten der Workflow-Planung ab. Die Kontrolle von Geschäftsprozessen ist durch die (elektronische) Dokumentation der Prozesse während ihrer Durchführung möglich. Kenngrößen wie Durchlaufzeiten, Arbeitsbelastungen von Mitarbeitern und die Anzahl der Durchführungen lassen sich zur Output-Kontrolle nutzen.

Ziel des Workflow-Managements ist es, durchgängige Geschäftsprozesse ohne Mehrfacherfassungen und die Gefahr von Dateninkonsistenz, aber gleichzeitig mit einer höheren Automatisierung aufzustellen. Das senkt sowohl die Durchlaufzeiten als auch die Kosten und erhöht die Qualität von Informations- und Kommunikationsprozessen. Die wichtigsten Ziele des Workflow-Managements können wie folgt zusammengefasst werden:

- Ausrichtung auf alle wichtigen Kerngeschäftsprozesse der Wertschöpfungskette im Unternehmen

- Verstärkte Kundenorientierung von Geschäftsprozessen

- Gestaltung effizienter und schnellerer Arbeitsabläufe

- Prozesskostenreduktion

- Steigerung der Prozessqualität

- Herauskristallisierung von Synergiepotentialen

- Minimierung der organisatorischen Schnittstellen und Reduktion des Koordinationsaufwands innerhalb der betrieblichen Abläufe

- Integration in der Informationsverarbeitung durch Vermeidung von Medien- und Anwendungsbrüchen

Der erste Schritt im Workflow-Management beginnt mit der groben Analyse aller wichtigen Kerngeschäftsprozesse der Wertschöpfungskette einer Unternehmung. Je nach wirtschaftlicher Relevanz ist im Sinne eines Rankings zu definieren, welche Geschäftsprozesse zunächst optimiert werden sollen. In erster Linie sind dies unternehmensspezifische Kernprozesse und deren gemeinkostentreibende Randprozesse, bei denen schon im Vorfeld Schwachstellen, Mängel und Rationalisierungspotentiale vermutet werden. Langfristiges Ziel sollte sein, möglichst ganzheitlich alle Unternehmensprozesse zu berücksichtigen.

Bei der Geschäftsprozessmodellierung ist zwischen einem Redesign bzw. einem Reengineering zu unterscheiden (vgl. Kapitel 3.2.1.1.4). Das Reengineering ist dem Redesign immer dann vorzuziehen, wenn man unabhängig vom Ist-Zustand der vorhandenen Geschäftsprozesse völlig neue Geschäftsideen verwirklichen will. Hierbei ist zunächst eine Zielhierarchie der Unternehmung von der Unternehmensführung bis in die Organisationseinheiten zu erstellen, die Maßstab für die kreative Phase der Prozessneugestaltung ist. Steht z.B. die Markt- und Kundenorientierung im Zentrum der Betrachtung, ist vor allem auf Qualität, Service, Schnelligkeit und Kundennähe der Prozesse zu achten. Technische Innovationen, wie z.B. das Internet, bieten zudem Anstöße, traditionelle Geschäftsprozesse durch völlig neue Abläufe umzugestalten und zu optimieren, wie die Thematik des E-Commerce eindrucksvoll zeigt.

Das kreative Resultat des Reengineerings bzw. des Redesigns ist der sog. Workflow, der, wie oben gezeigt, z.B. in Form der eEPK dokumentiert wird. Die Modellierung des Prozessablaufs hilft, redundante Arbeiten zu vermeiden, Durchlaufzeiten und Kosten zu optimieren und gibt eine Ablauf- und Verfahrenssicherheit für den betrachteten Untersuchungsbereich im Projektgeschäft.

3.2.2 Prozessphasenbezogene Controlling-Instrumente

Nach Vorstellung und Eignungsprüfung der Methoden zur Gestaltung und Optimierung von Geschäftsprozessen im Rahmen des Projektgeschäfts werden im Folgenden Controlling-Instrumente für die jeweiligen Prozesse und Hauptphasen eines Projekts aufgezeigt. Controlling-Instrumente dienen dem Projektmanager dazu, jederzeit über den Stand des Projekts Bescheid zu wissen, d.h. sie liefern die notwendigen Informationen zur Planung, Steuerung und Kontrolle des Projekts und des übergreifenden Projektgeschäfts.[399] Folgende Abbildung gibt einen schematischen Überblick über die verschiedenen Instrumente bezogen auf die einzelnen Projektphasen.

---

[399] Nach *Kessler* und *Winkelhofer* sind Controlling-Instrumente z.B. die „Projektziele und Leistungsanforderungen (inhaltliches Controlling), das Budget, die Kalkulation, die Arbeitspakete und Maßnahmen, die Aufträge und Leistungsvereinbarungen (formales Controlling), Vergleichszahlen, der Nachweis der verfügbaren, verbrauchten und noch erforderlichen Mittel und die Liquiditätsrechnung." *Kessler, H.; Winkelhofer, G.*: Projektmanagement, 3. Aufl., Berlin, Heidelberg 2002, S. 51.

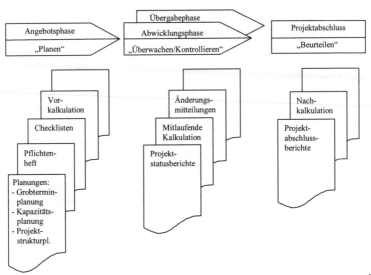

Abbildung 66: Einsatz verschiedener Instrumente im Projektablauf[400]

Die Controlling-Instrumente stehen im Gesamtkontext zur phasenübergreifenden Controlling-Konzeption und bilden damit die Basis für die DV-technische Umsetzung des projektmanagementunterstützenden Controlling-Systems. Die Konzeption orientiert sich dabei an den drei Hauptphasen eines Projekts: Projektvorbereitungs-, Projektabwicklungs- und Projektnachbereitungsphase. Da eine übergreifende Strukturierung der Detailprozesse der einzelnen Phasen sich nicht allgemeingültig aufstellen lässt (vgl. Kapitel 2.6), basiert die Konzeption auf einer exemplarischen Prozessstruktur eines Projekteinzelfertigungsunternehmens des elektronischen Anlagenbaus, die hinsichtlich ihres Praxisbezugs auf andere Unternehmen zu übertragen und entsprechend den individuellen Anforderungen anderer Branchen und Unternehmen anzupassen ist.

Die Darstellung der für alle Phasen entwickelten Workflows mit Hilfe von erweiterten Ereignisgesteuerten Prozessketten-Modellen erfolgt im Text ausführlich exemplarisch für die Angebotsbearbeitung in der Projektvorbereitungsphase. Eine Aufführung aller Projektworkflows hätte den Umfang der Arbeit gesprengt. Deshalb sind die Workflows der anderen Projektphasen komplett dem Anhang zu entnehmen.

---

[400] Entnommen aus *VDMA* (Hrsg.): Projekt-Controlling bei Anlagengeschäften, 4. Aufl., Frankfurt a.M. 1985, S. 31.

3.2.2.1 Projekt-Controlling in der Projektvorbereitungsphase

Die Projektvorbereitungsphase unterteilt sich in zwei Abschnitte. Im ersten Abschnitt, der Projektfindungs- bzw. Akquisitionsphase, wird das Projekt ins Leben gerufen. Hierbei ist vor allem interessant, wie die Unternehmung zu externen oder internen Projektideen bzw. -anfragen kommt. Die zweite Phase ist durch die Angebotsbearbeitung und -überwachung charakterisiert. Es findet eine erste Einschätzung eines Projekts bezüglich seiner Risiken und Chancen statt.

3.2.2.1.1 Projekt-Controlling in der Projektfindungsphase

Den Projektstart bildet die Projektidee, die im Rahmen der Projektvorbereitungsphase schrittweise präzisiert wird.[401] Anders als die extern durch den Markt initiierte Kundenanfrage für ein Projekt beschäftigt sich die Projektfindungsphase mit der Suche nach potentiellen, marktgängigen und möglichst erfolgreichen Projekten. Die Suche nach diesen Projekten wird i.d.R. intern angestoßen, wie bspw. die Entwicklung eines neuen Produkts. Die Projektidee kann zufällig entstehen oder aus der Unzufriedenheit mit dem gegenwärtigen Zustand resultieren. Das Controlling soll hier insbesondere durch das vorhandene Methoden-Know-how, z.B. in Form von qualitativen und quantitativen Schwachstellenanalysen und Standort-, Wettbewerbs-, Risiko-, Machbarkeits-, Szenario- und Simulationsanalysen, wertvolle Unterstützung sowohl bei der Bewertung des Ist-Zustands als auch bei der Beurteilung von potentiellen Marktchancen liefern.

Die Projektidee kann ebenfalls durch eine gezielte Suche mit Hilfe von Kreativitätstechniken gefunden werden. Unter Kreativität ist dabei die „Fähigkeit des Menschen zu verstehen, sich von eingefahrenen Denkstrukturen zu lösen und neue Vorstellungen zu entwickeln."[402] Dieses menschliche Potential kann durch bestimmte Techniken angeregt und erweitert werden. Dabei handelt es sich aber nicht um zufällige Einfälle, sondern um bewusste Problemlösungsprozesse. Trotzdem basiert die Herangehensweise nicht auf logischen Zusammenhängen, sondern auf spielerischer Gestaltung. Der Vorteil dieser Methoden liegt darin, dass das Wissens- und Erfahrungspotential mehrerer Mitarbeiter zusammengeführt wird, und dass versucht wird, neue Ideen und Assoziationen zu finden.[403] Kreativitätstechniken lassen sich nicht nur bei der Ideenfindung, sondern auch bei Feasibility-Studien (interdisziplinäre

---

[401] Vgl. *Platz, J.*: Projektstart, in: *RKW* (Hrsg.): Projektmanagement Fachmann, Bd. 2, 6. Aufl., Eschborn 2001, S. 1053-1080, hier: S. 1057.

[402] *Brand, M.*: Projektmanagement, St. Gallen 1974, S. 21.

[403] Vgl. *Steinbuch, P.A.*: Projektorganisation und Projektmanagement, Ludwigshafen 1998, S. 277.

dung, sondern auch bei Feasibility-Studien (interdisziplinäre Machbarkeitsstudien), bei der Planung von Projektstrukturen und bei der Ursachenanalyse von Abweichungen anwenden.

Kreativität lässt sich in verschiedene Grade einteilen: Kreativität ersten Grades weist einen eher adaptiven Charakter auf, während Kreativität dritten Grades die höchsten Anforderungen an die Problembewältigung stellt (vgl. die folgende Abbildung). Die unterschiedlichen Kreativitätstechniken lassen sich auf bestimmte Prinzipien zurückführen: das Prinzip der Verfremdung, das Prinzip der verzögerten Bewertung und das Prinzip des spielerischen Experimentierens.[404]

Bei dem Prinzip der Verfremdung wird das Problem aus seinem ursprünglichen Sinnzusammenhang herausgenommen und mit anderen Begriffen beschrieben. Verzögerte Bewertung bedeutet, dass zunächst alle Gedanken geäußert werden dürfen und erst zu einem späteren Zeitpunkt eine Bewertung erfolgt. Bei dem Prinzip des spielerischen Experimentierens sollen durch zufällige Kombinationen Entdeckungen gemacht werden, die durch logisches Denken nicht möglich gewesen wären.

Problem Lösung	bekannt	neu
bekannt	Routine	Kreativität 1. Grades
unbekannt	Kreativität 2. Grades	Kreativität 3. Grades

Abbildung 67: Abgrenzung von Kreativität und Routine[405]

In der Literatur findet sich eine Vielzahl an Kreativitätstechniken.[406] Diese lassen sich in zwei Kategorien unterteilen: die intuitiven Methoden und die diskursiven Methoden der Ideenfindung. Die beiden Kategorien unterscheiden sich darin, dass die intuitiven Methoden auf spontanen Eingebungen und der Kreativität der an diesen Verfahren beteiligten Perso-

---

[404] Vgl. *Sell, R.*: Angewandtes Problemlösungsverhalten. Denken und Handeln in komplexen Zusammenhängen, 2. Aufl., Berlin u.a. 1989, S. 78.

[405] Entnommen aus *Corsten, H.*: Projektmanagement, München 2000, S. 115.

[406] Vgl. z.B. *Hauschildt, J.*: Innovationsmanagement, 2. Aufl., München 1997, S. 312ff.; *Schlicksupp, H.*: Innovation, Kreativität und Ideenfindung, 4. Aufl., Würzburg 1992, S. 60ff.

nen beruhen, während die diskursiven Methoden eher auf bewussten logisch-kombinativen Denkprozessen basieren.

Methoden, die vom Controlling durch Anwendungs-Know-how unterstützt werden können, sind dabei im Wesentlichen:

Intuitive Methoden

• Brainstorming

• Methode 6-3-5

• Synektik

• Delphi-Methode

Diskursive Methoden

• Morphologischer Kasten

• Relevanzbaummethode

Ein sehr bekanntes Verfahren der intuitiven Kategorie ist das Brainstorming.[407] Diese Methode ist von *Osborn* eingeführt worden. Es handelt sich hierbei um eine Art „Rundtisch-Diskussion", bei der eine Gruppe von Menschen ein bestimmtes Problem lösen soll, indem die beteiligten Personen ihre Ideen spontan äußern. Für die erfolgreiche Anwendung des Brainstorming sollten vier Grundregeln beachtet werden:

• Jede Kritik ist verboten, d.h. Ideenfindung und Ideenbewertung werden strikt getrennt.

• Jede Idee ist willkommen, und freie Assoziation ist gewünscht.

• Es sollen möglichst viele Ideen gefunden werden.

• Ideen anderer sollen aufgegriffen und weiterverarbeitet werden, d.h. der Einzelne hat kein Urheberrecht.[408]

Das Ziel der Brainstorming-Methode ist der Abbau von Hemmungen bei den Beteiligten und das Fördern von Kreativität durch die Vermeidung von vorschneller Beurteilung oder Kritik. Der Vorteil dieser Methode liegt daher auch darin, dass mit geringem Aufwand viele Ideen zustande kommen, weil psychische Hemmungen abgebaut werden. Als Nachteil

---

[407] Vgl. *Heeg, F.-J.*: Projektmanagement, 2. Aufl., München 1993, S. 135.
[408] Vgl. *Clark, C.H.*: Brainstorming. Methoden der Zusammenarbeit und Ideenfindung, München 1973, S. 48ff.

ist hier die fehlende Systematik zu nennen, die nur durch die Fähigkeit des Gruppenleiters kompensiert werden kann.[409]

Eine andere Methode ist das Brainwriting, auch Methode 6-3-5 genannt. Die Bezeichnung 6-3-5 steht für die einzuhaltenden Regeln bzw. Bedingungen dieser Methode. 6 Teilnehmer sollen hier nämlich in 3 vorgegebene Problemlösungsfelder je eine Idee schreiben. Dafür erhalten sie maximal 5 Minuten Zeit.[410] Nach Ablauf der fünf Minuten werden die Blätter an den Nachbarn weitergegeben, der dann die Aufgabe hat, die Ideen weiterzuentwickeln, zu verändern oder neue Ideen zu finden. Diese sollen dann in der zweiten Zeile des Blattes vermerkt werden. Dies wird so lange fortgesetzt, bis das Blatt gefüllt ist.[411] Den Aufbau des Problemlösungsblatts zeigt Abbildung 68.

Vorteil des Brainwriting ist z.B., dass diese Methode keiner besonderen Moderation bedarf; die Überwachung der Zeitintervalle können die Teilnehmer selbst übernehmen. Das Protokoll entsteht automatisch und es kann nachgewiesen werden, welche Idee von welchem Teilnehmer stammt. Als Nachteil ist anzuführen, dass keine Rückfragen möglich sind, um Missverständnisse zu vermeiden. Außerdem kennt nicht jeder Teilnehmer alle Ideen und das Verfahren ist nicht anonym. Gegenüber dem Brainstorming besteht der Vorteil, dass jeder Teilnehmer den gleichen Beitrag leistet. Beim Brainstorming besteht hingegen die Gefahr, dass dominante Personen die Sitzung beherrschen.[412]

Eine weitere Methode der intuitiven Verfahren ist die Synektik. Diese Methode basiert darauf, dass kreative Prozesse sich oft im Unterbewusstsein abspielen und durch Gedankenverbindungen und Ähnlichkeitsbetrachtungen gefördert werden können. Mit der Synektik wird durch eine mehrfache Verfremdung des gestellten Problems die Ideenfindung angeregt.[413] Die Ideenfindung durch die Synektik läuft in mehreren Phasen ab. Zuerst muss das Problem erkannt, analysiert und definiert werden. Dann soll man sich vom Problem entfernen und es entfremden, d.h. man sucht möglichst weit entfernte Ähnlichkeiten (bei einem technischen Problem wären dies z.B. Ähnlichkeiten in der Natur). Daraufhin sollen Denkverbindungen hergestellt und mögliche Lösungsansätze gefunden werden. Zuletzt müssen die intuitiv bewusst gewordenen Ideen noch ü-

---

[409] Vgl. *Heeg, F.-J.*: Projektmanagement, 2. Aufl., München 1993, S. 136f.

[410] Vgl. *Schilling, G.*: Projektmanagement, Berlin 1999, S. 85.

[411] Vgl. *Burghardt, M.*: Projektmanagement, 2. Aufl., Berlin, München 1993, S. 487.

[412] Vgl. *Bergfeld, H.*: Kreativitätstechniken, in: *RKW* (Hrsg.): Projektmanagement Fachmann, Bd. 2, 6. Aufl., Eschborn 2001, S. 801-834, hier: S. 814f.

[413] Vgl. *Burghardt, M.*: Projektmanagement, 2. Aufl., Berlin, München 1993, S. 489.

berprüft und ausgearbeitet werden.[414] Diese Methode ist vor allem durch die Phase der Verfremdung eher umstritten und wird oft als skurril eingestuft.[415] Synektik sollte, wie das Brainstorming, in einer Gruppe praktiziert werden und ist besonders geeignet für technische Problemstellungen.

Aufgabenstellung:		Blatt-Nr. 2
Ideen zur Gestaltung der Ausstattung von Wohnungen für alte oder gebrechliche Menschen		Datum: 15.02.1995
Keine Türschwellen	Raumklimatisierung	Feste Notrufeinrichtung zur Polizei oder zum DRK
Rutschfeste Bodenbeläge	Lärmgeschützte Fenster	Telefonanschluss in allen Räumen
Weiche, dämpfende Fußböden (Stürze)	Fernbedienung für Licht	Notrufanlage zur Nachbarwohnung
Gepolsterte Wand- und Türkanten	Lampen mit Dämmerstufe (Nachtlicht)	Notrufklingel an der Badewanne
Funksprechanlage zur Haustür	Großzügige Balkons mit Pflanzenanlage	
	Automatische Schiebetüren	Kochherd mit automatischer Zeitschaltung

Abbildung 68: Beispiel für das Brainwriting nach der Methode 635[416]

Eine weitere intuitive Vorgehensweise ist die Delphi-Methode. Hierbei handelt es sich um ein Verfahren zur Informationsgewinnung auf der Grundlage strukturierter Gruppenbefragungen.[417] Es werden zehn bis 20 Teilnehmer als Experten eines Fachgebietes des zur Debatte stehenden Problems ausgewählt und unabhängig voneinander mit Hilfe eines Fragebogens befragt. Die Befragungsergebnisse werden dann von dem sog. Delphisten ausgewertet. Dieser entscheidet auch darüber, welche Ergebnisse an die Experten zurückgegeben werden. Daraufhin wird eine zweite Befragungsrunde eröffnet, in der die ursprünglichen Einschätzun-

---

[414] Vgl. *Bergfeld, H.*: Kreativitätstechniken, in: *RKW* (Hrsg.): Projektmanagement Fachmann, Bd. 2, 6. Aufl., Eschborn 2001, S. 801-834, hier: S. 817.

[415] Vgl. *Schlicksupp, H.*: Innovation, Kreativität und Ideenfindung, 4. Aufl., Würzburg 1992, S. 123.

[416] Entnommen aus *Bergfeld, H.*: Kreativitätstechniken, in: *RKW* (Hrsg.): Projektmanagement Fachmann, Bd. 2, 6. Aufl., Eschborn 2001, S. 801-834, hier: S. 814.

[417] Vgl. *Albach, H.*: Informationsgewinnung durch strukturierte Gruppenbefragung, in: ZfB, 1970, Ergänzungsheft, S. 11-26, hier: S. 17.

gen von den Experten noch einmal überprüft werden sollen.[418] Dies wird so oft wiederholt, bis die einzelnen Meinungen sich angenähert haben und man ein gemeinsames Ergebnis gefunden hat. Wesentliche Merkmale der Delphi-Methode sind also die Anonymität der Teilnehmer, die iterative Befragung mit kontrollierter Rückkoppelung und die Darstellung der Gruppenantwort durch statistische Kennzahlen.[419] Vorteil dieser Methode ist die Möglichkeit, eine größere Anzahl von Experten mit einzubeziehen und somit die Ergebnisse abzusichern. Als Nachteile sind die lange Durchführungsdauer und die Abhängigkeit der Ergebnisqualität von der Eignung des Delphisten zu nennen. Im ungünstigsten Fall kann die Befragung auf zwei gegensätzliche Standpunkte hinauslaufen oder es kann geschehen, dass einige Teilnehmer sich der Meinung der Allgemeinheit anschließen.[420]

Von den diskursiven Verfahren ist das Verfahren der Morphologie am Weitesten verbreitet. Unter Morphologie ist die Lehre von den Gestalten und Formen zu verstehen. Das Ziel einer morphologischen Analyse ist das Finden aller in Frage kommenden Lösungsvarianten zu einem gestellten Problem.[421] Dazu bedient man sich eines morphologischen Kastens (vgl. folgende Abbildung). In diesem Kasten wird das Problem in verschiedene Parameter oder Teilparameter zerlegt. Dazu werden dann bekannte Teillösungen gesucht. Die Parameter werden dabei senkrecht und die Teillösungen waagerecht aufgeführt.[422] Durch die entstehende Matrix können die unterschiedlichen Teillösungen kombiniert und zu neuen Gesamtlösungen zusammengestellt werden. Das Problem bei der Aufstellung eines morphologischen Kastens ist die Auswahl der Parameter. Hierfür gibt es einige Hilfstechniken, wie z.B. Funktions- und Ablaufanalysen, Blockdiagramme, W-Fragen, systemanalytische Überlegungen und Visualisierungen jeder Art.[423] Die Methode des morphologischen Kastens kann für jede Art von Problemen aufgestellt werden und es können sehr viele Informationen in verdichteter Form aufgenommen werden. Außerdem können sehr viele alternative Lösungen dargestellt werden. Als nachteilig erweist sich die Vorabauswahl der Parameter, da hierdurch

---

[418] Vgl. *Bergfeld, H.*: Kreativitätstechniken, in: *RKW* (Hrsg.): Projektmanagement Fachmann, Bd. 2, 6. Aufl., Eschborn 2001, S. 801-834, hier: S. 819.

[419] Vgl. *Corsten, H.*: Projektmanagement, München 2000, S. 124.

[420] Vgl. *Bergfeld, H.*: Kreativitätstechniken, in: *RKW* (Hrsg.): Projektmanagement Fachmann, Bd. 2, 6. Aufl., Eschborn 2001, S. 801-834, hier: S. 820.

[421] Vgl. *Burghardt, M.*: Projektmanagement, 2. Aufl., Berlin, München 1993, S. 491.

[422] Vgl. *Schilling, G.*: Projektmanagement, Berlin 1999, S. 86f.

[423] Vgl. *Bergfeld, H.*: Kreativitätstechniken, in: *RKW* (Hrsg.): Projektmanagement Fachmann, Bd. 2, 6. Aufl., Eschborn 2001, S. 801-834, hier: S. 823.

bereits eine Einschränkung vorgenommen wird.[424] Außerdem wird der Kasten bei umfangreichen Problemstellungen leicht unübersichtlich und es besteht somit die Gefahr, dass die optimale Lösung übersehen wird.

Morphologische Matrix – Verpackung von Waschmittel				
Merkmal	Ausprägung 1	Ausprägung 2	Ausprägung 3	Ausprägung 4
Form	Quader	Zylinder	Tetraeder	Kugel
Material	Pappe	Kunststoff	Folie	Holz
Farbge-bung	Bunt	Schwarz-Weiß	Gold	Regenbogen
Tragehilfe	Henkel	Griffmulde	Schlaufen	Gurt
Verschluss	Deckel	Korken	Gießer	Ventil
Portionie-rung	Becher	Waage	Löffel	Tabletten
Zusatznut-zen	Spielzeug	Schatzkiste	Container	Eimer

Abbildung 69: Morphologische Matrix[425]

Eine weitere diskursive Methode ist die Relevanzbaummethode. Hier wird das Problem als Entscheidungsbaum in einer hierarchischen Struktur beschrieben.[426] Die übergeordneten Bestandteile werden so lange in Einzelteile zerlegt, bis keine weitere Untergliederung mehr möglich ist. Die Grundstruktur eines Relevanzbaums zeigt die folgende Abbildung. Mit Hilfe des Relevanzbaums sollen Alternativen gefunden werden, die zu einer Zielerreichung beitragen sollen.[427] Dies setzt eine klare Definition von Zielen und Maßnahmen voraus.

Ein internes Projekt kann also zufällig durch die Offenlegung von Unzufriedenheiten, Chancen und Bedarfen, z.B. mit Hilfe von Schwachstellenanalysen und Marktstudien, oder durch die systematische Anwendung der beschriebenen Kreativitätsmethoden angestoßen werden. Bei einem externen Projekt werden die Idee und ggf. auch die Projektziele

---

[424] Vgl. *Burghardt, M.*: Projektmanagement, 2. Aufl., Berlin, München 1993, S. 492.

[425] Entnommen aus *Steinbuch, P.A.*: Projektorganisation und Projektmanagement, Ludwigshafen 1998, S. 281.

[426] Vgl. *Bergfeld, H.*: Kreativitätstechniken, in: *RKW* (Hrsg.): Projektmanagement Fachmann, Bd. 2, 6. Aufl., Eschborn 2001, S. 801-834, hier: S. 824.

[427] Vgl. *Corsten, H.*: Projektmanagement, München 2000, S. 136.

bereits vom Auftraggeber mitgeteilt. Dies wird im nächsten Kapitel verdeutlicht.

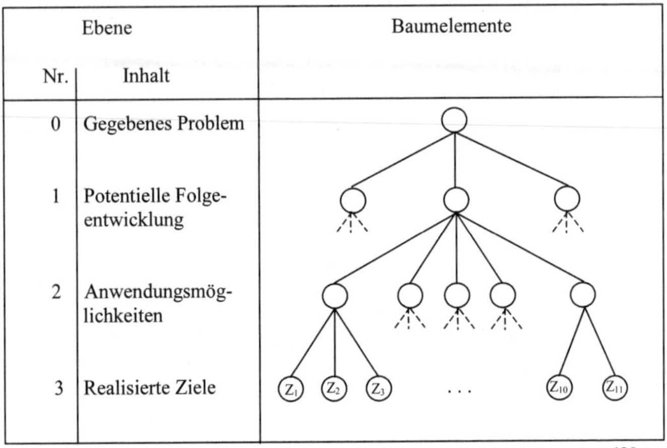

Ebene		Baumelemente
Nr.	Inhalt	
0	Gegebenes Problem	
1	Potentielle Folge-entwicklung	
2	Anwendungsmög-lichkeiten	
3	Realisierte Ziele	Z_1 Z_2 Z_3 ... Z_{10} Z_{11}

Abbildung 70: Grundstruktur eines Relevanzbaums[428]

3.2.2.1.2 Projekt-Controlling in der Akquisitionsphase

In der Akquisitionsphase entsteht der Anlass für ein Projekt. Die Frage, die sich in dieser Phase stellt, lautet: Wie kommt es zu dem Projekt? Hierauf gibt es mehrere Antworten. Bedarfsanforderungen innerhalb eines Unternehmens führen, wie im voranstehenden Kapitel gezeigt, im Rahmen der Projektfindung zu internen Projekten, z.B. der Ablösung einer alten EDV-Anlage aufgrund von erkannten Sicherheitsrisiken und Leistungsdefiziten oder der Produktentwicklung mit Hilfe von Kreativitätstechniken. Im Mittelpunkt der Akquisition steht die Antizipation externer Bedarfsanforderungen. Die Auftraggeber für ein externes Projekt sind außerhalb der Unternehmung zu finden. Es kann sich dabei sowohl um eine Ausschreibung (öffentlich oder privat) eines Projekts handeln als auch um die Anfrage eines Kunden.

Bei einer Ausschreibung liegt die Entscheidung, sich um den Projektauftrag zu bemühen, auf der Seite des späteren Auftragnehmers. Eine Ausschreibung wird öffentlich gemacht, und jeder der sich dazu in der Lage fühlt, die Projektaufgabe zu erfüllen, kann sich bewerben. Die zuständige Stelle entscheidet dann, wer den Zuschlag bekommt. Der Rahmen für das Projektergebnis ist dabei unterschiedlich weit abgesteckt. Bei einem reinen Preiswettbewerb ist das Projektergebnis und der Weg dorthin weitestgehend vorgegeben, die einzelnen Anbieter (Bewerber) unterschei-

---

[428] Entnommen aus *Corsten, H.*: Projektmanagement, München 2000, S. 137.

den sich dann fast ausschließlich im Preis. Eine andere Möglichkeit ist, dass nur das Ziel vorgegeben wird, die Umsetzung aber weitestgehend freigestellt bleibt. Ist dies der Fall, so handelt es sich um einen reinen Ideenwettbewerb.[429]

Bei einem privat initiierten Projekt liegt der erste Schritt fast immer beim Auftraggeber. Dieser wählt ein Unternehmen aus und beauftragt dieses, ihm ein Angebot für das Projekt zu machen. Beide Parteien sind aktiv an der Erstellung des Projektergebnisses beteiligt. Wie weit dem Auftragnehmer bei der Erstellung freie Hand gelassen wird, kann von Projekt zu Projekt unterschiedlich sein. In manchen Fällen hat der Auftraggeber detaillierte Vorstellungen, von dem was am Ende herauskommen soll, er gibt das Ziel und den Weg dahin vor. In anderen Fällen überlässt er die Entscheidungen in Detailfragen dem Auftragnehmer und gibt nur ein Ziel vor, bestimmt aber nicht, wie dieses Ziel erreicht werden soll.[430]

Der Fokus der Akquisition liegt bei der Bearbeitung des Markts unter Beachtung des Wettbewerbs und hier vor allem in der Pflege der Kundenbeziehung.

Projekt-Controlling in der Akquisitionsphase bedeutet vor allem die Bereitstellung von Informationen über mögliche Projekte. Es müssen Instrumente entwickelt werden, mit deren Hilfe eine Unternehmung dazu in der Lage ist, frühzeitig von möglichen Projekten, z.B. über Ausschreibungsverfahren, zu erfahren. Die regionalen sowie die überregionalen Medien sollten regelmäßig nach Hinweisen für größere Vorhaben potentieller Kunden durchsucht werden. Es ist ein Informationspool zu bilden, in den alle Mitarbeiter Informationen über mögliche Projekte eingeben. Jede Information muss hinsichtlich ihrer Relevanz und Auftragserfolgschance überprüft werden. Es ist nicht von Bedeutung, ob die Mitarbeiter ihre Informationen belegen können oder nicht. Die Motivation sich umzuhören kann durch ein Prämiensystem verstärkt werden. Durch die beschriebenen Maßnahmen ist ein Unternehmen dazu in der Lage, bereits auf leichte Signale zu reagieren, und so schneller mit der Marktbearbeitung beginnen zu können.

Die folgende Abbildung zeigt beispielhaft ein Informationsblatt für die Abgabe von Hinweisen.

---

[429] Vgl. *Wehler, Th.*: Angebotserstellung und Angebotskalkulation im Anlagenbau, in: *Reschke, H.; Schelle, H.; Schnopp, R.* (Hrsg.): Handbuch Projektmanagement, Bd. 1, Köln 1989, S. 206.

[430] Vgl. *Andreas, D.; Rademacher, G.; Sauter, B.*: Projekt-Controlling und Projekt-Management im Anlagen- und Systemgeschäft, 5. Aufl., Frankfurt a.M. 1992, S. 64.

Informationsblatt	Datum:
Information:	
Informationsquelle:	
Mitarbeiter:	

Abbildung 71: Beispiel für ein Informationsblatt

Für Kundenanfragen ist in erster Linie der Vertrieb zuständig. Dieser hat durch verschiedene Marketingmaßnahmen dafür Sorge zu tragen, dass das Unternehmen bei der Projektvergabe berücksichtigt wird. Zur Unterstützung des Vertriebs stellt das Controlling die Instrumente des Marketing-Controlling (z.b. Kundendeckungsbeitragsrechnung, ABC-Analyse) und des Strategischen Controlling (z.b. Portfolio-Technik, SWOT-Analyse) zur Verfügung.[431]

Um eine gute Markttransparenz und -bearbeitung zu gewährleisten, sollte jedes evtl. Projekt in einer Datenbank dokumentiert werden (vgl. die folgende Abbildung).

Profit-Center	SAP-Angebots Nr.	Abgabe-Datum	Projektbezeichnung	Auftraggeber	Telefon und Fax	Auftragswahrscheinlichkeit in %	Angebot abgegeben	Angebot abgelehnt	Angebot zum Auftrag	Angebotssumme	Auftragssumme	DB auf GL DB auf EL in %	Bemerkungen (Formularanhangtext)

Abbildung 72: Übersicht über Anfragen und Angebote

Aufgrund der sehr heterogenen und übergreifenden Tätigkeiten und Aktivitäten in der Akquisitionsphase, die z.B. durch den Aufbau eines Marktinformationssystems, die laufende Kundenkontaktpflege sowie die Aufstellung von selektiven Marktanalysen gekennzeichnet ist, wird auf die Aufstellung eines Funktionsbaums sowie Ereignisgesteuerter Prozessketten verzichtet. Diese bilden erst die Grundlage der Controlling-

---

[431] Zu den Bereichen Marketing-Controlling und Strategisches Controlling vgl. *Reichmann, Th.*: Controlling mit Kennzahlen und Managementberichten. Grundlagen einer systemgestützten Controllingkonzeption, 6. Aufl., München 2001, S. 441ff. und S. 539ff.

Konzeption für die Phase der Angebotsbearbeitung, der Projektabwicklung und der Projektnachbereitungsphase. Die neue Methodik des prozessorientierten Controlling mit Hilfe der workflowgestützten Einbindung von Controllinginstrumenten wird ausführlich und detailliert für die Phase der Angebotsbearbeitung entwickelt. Die detaillierten Workflows für die Phasen der Projektabwicklung und der Projektnachbereitungsphase sind dem Anhang zu entnehmen.

3.2.2.1.3 Projekt-Controlling in der Phase der Angebotsbearbeitung

Ziel dieser Phase ist eine effiziente, kundenorientierte, zeit- und kostenoptimale Angebotsbearbeitung zur Generierung wirtschaftlich erfolgreicher Aufträge. Aufgabe der Angebotsbearbeitung ist die gute Vorbereitung der Preisbildung[432] sowie die Durchführung eines reibungslosen, einheitlichen und schnellen Angebotsbearbeitungsprozesses. Die Preisbildung erfolgt unter den folgenden Prämissen:

- Erfassen der technischen, zeitlichen und qualitativen Anforderungen des potentiellen Auftaggebers.

- Abgleich der Anforderungen mit den vorhandenen Ressourcen und dem vorhandenen technischen Know-how.

- Ermittlung der voraussichtlichen Projektkosten und -risiken.

- Festlegung des Preises unter Berücksichtigung der entstehenden Kosten, der angestrebten Gewinne und der Möglichkeit der Auftragserteilung durch den Kunden.

Für die Vereinheitlichung des Angebotsbearbeitungsprozesses müssen die Zuständigkeiten festgelegt werden, z.B.:

- Die Angebotsführende Stelle (AFS) und der Angebotsbearbeiter (AB) sind hauptverantwortlich für den Angebotsbearbeitungsprozess.

- Die AFS koordiniert alle beteiligten Personen und Stellen.

- Der AFS sind schriftlich die Ergebnisse der jeweiligen Bearbeitungsstufe, wie z.B. das Kalkulationsergebnis mitzuteilen und auf Nachfrage mündlich zu erläutern.

- Beim AB sind fehlende Informationen und klarstellende Weisungen einzuholen.

---

[432] Vgl. *Lachnit, L.*: Controllingkonzeption für Unternehmen mit Projektleistungstätigkeit, München 1994, S. 38.

- Die Leiter der AFS sind verantwortlich für die Disposition des Bearbeitungspersonals.

- Alle eingeschalteten Bearbeiter sind verantwortlich für die Prüfung der Ausschreibungs- und Vertragsunterlagen bezüglich ihrer fachlichen Belange.

- Ist der Akquisiteur Ausgangspunkt der Anfrage, so stellt er ein wichtiges Bindeglied während der gesamten Phasen der Angebotsbearbeitung und Projektabwicklung dar.

Der Funktionsbaum für die Angebotsphase gestaltet sich wie folgt:

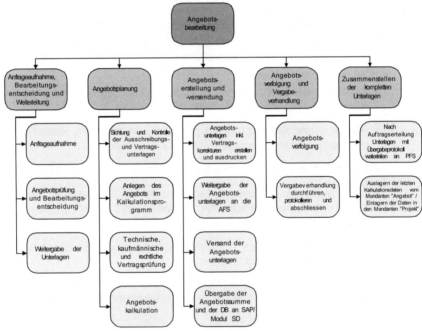

Abbildung 73: Funktionsbaum für die Phase der Angebotsbearbeitung

3.2.2.1.3.1 Anfrageaufnahme, -prüfung und -weiterleitung

Zu Beginn der Anfrageabwicklung stellt sich die Frage, ob die Angebotsabwicklung überhaupt Erfolgschancen für das Unternehmen aufweist, durch die die anfallenden Angebotskosten gerechtfertigt sind. In diesem Sinne ist ein Budget für die Angebotsphase festzulegen. Es dient dazu, die Kosten, die durch die Erstellung eines Angebots entstehen, in einem überschaubaren Rahmen zu halten. Dies ist vor dem Hintergrund wichtig, dass i.d.R. nur ca. 5-10% der abgegebenen Angebote zu einem Auftrag führen. Die Kosten, die für die Erstellung der nicht erfolgreichen Angebote entstehen, müssen durch die erhaltenen Aufträge aufgefangen werden. Dies belastet die Angebotskalkulation zusätzlich. Es ist daher notwendig, diese Kosten möglichst gering zu halten.[433]

Ein Muster-Workflow der Anfrageaufnahme, -prüfung und -weiterleitung ist der folgenden Abbildung zu entnehmen. An ihm sind die wesentlichen Komponenten der phasenbezogenen Projekt-Controlling-Konzeption angelehnt.

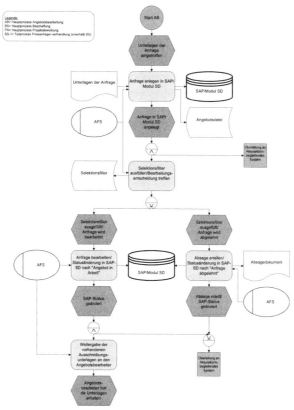

Abbildung 74: Workflow Anfrageaufnahme, -prüfung und -weiterleitung

Das Projekt-Controlling beginnt bereits mit der Aufnahme und Dokumentation der angefallenen Anfragen. Jede Anfrage wird im EDV-System

---

[433] Vgl. *Wehler, Th.*: Angebotserstellung und Angebotskalkulation im Anlagenbau, in: *Reschke, H.; Schelle, H.; Schnopp, R.* (Hrsg.): Handbuch Projektmanagement, Bd. 1, Köln 1989, S. 203.

(hier: SAP/Modul SD) dokumentiert, unabhängig davon, ob sie zu einem späteren Zeitpunkt abgelehnt wird. Sind weitere vertriebsnahe DV-Systeme im Einsatz, so sind die Daten entsprechend abzugleichen, damit Entscheidungen von einem Informationsstand aus getroffen werden können. Zudem ist bei größeren Unternehmen mit mehreren Niederlassungen festzustellen, ob eine ähnliche Anfrage bereits bei einer anderen Organisationseinheit gestellt und bearbeitet wurde. Hier ist dann die Bearbeitungshoheit festzulegen.

Durch die Dokumentation aller Anfragen wird deren gezielte Analyse bzgl. operativer Bearbeitungsentscheidungen, Ablehnungsgründe und potentieller Geschäftsfelder möglich. Die Vergabe einer Angebotsnummer sichert eine strukturierte, vollständige und nachvollziehbare Angebotsbearbeitung von der Kundenanfrage bis zur Auftragserteilung. Zudem wird eine stringente informationstechnische Begleitung eines Projekts möglich, die für das Projektmanagement unerlässlich ist. Diese ermöglicht es den Entscheidungsträgern, insbesondere den vertriebsnahen Mitarbeitern, bspw., Kundeninformationen bezüglich wirtschaftlich interessanter Fragestellungen zu erhalten. Außerdem können Scheinanfragen herausgefiltert werden, deren Bearbeitung in Zukunft unterlassen wird. Zudem ermöglichen statistische Auswertungen, wie z.B. die Kennzahl Hitrate (Erfolgsquote der bearbeiteten Angebote bzw. Anfragen), Aussagen hinsichtlich des Erfolgs der Anfrage- und Angebotsbearbeitung.

Nach der Aufnahme der Anfrage muss per Selektions- und Bewertungsfilter vorab geprüft werden, ob überhaupt ein Angebot erstellt werden soll. Da zu diesem Zeitpunkt noch kein spezielles Projekt-Controlling bestehen kann, wird diese Entscheidung entweder vom Vertriebs-Controlling vorbereitet und getroffen, oder ein spezielles Projektentscheidungsgremium übernimmt diese Aufgabe.[434]

Die Entscheidung über die Erstellung eines Angebots kann bspw. anhand der in der Abbildung 75 dargestellten Checkliste getroffen werden. Eine solche Checkliste ist eine Prüf- und Entscheidungshilfe, um festzustellen, ob die Realisierung einer Anfrage bzw. Projektidee auch wirklich sinnvoll ist, oder ob das mit ihr verbundene Risiko zu hoch ist.[435]

---

[434] Vgl. *Andreas, D.; Rademacher, G.; Sauter, B.*: Projekt-Controlling und Projekt-Management im Anlagen- und Systemgeschäft, 5. Aufl., Frankfurt a.M. 1992, S. 61.

[435] Zu Checklisten für den Baubereich und die Forschung und Entwicklung vgl. *Sommer, H.*: Projektmanagement im Hochbau, Berlin u.a. 1994, S. 23ff.; *Mempel, G.*: Auswahl von F+E-Projekten, in: *Reschke, H.; Schelle, H.; Schnopp, R.*

SELEKTIONSFILTER-CHECKLISTE

Projekt: _____   **Angebotsnr.:** _____

Schlagwort	zu bewertende Parameter	+	0	-	n.a.
Kompetenz	• Kompetenter PL verfügbar ?	☐	☐	☐	☐
	• Kompetente BL verfügbar ?	☐	☐	☐	☐
	• Falls nein, Kooperation mit anderen NL möglich?	☐	☐	☐	☐
	• Spezialistenwissen verfügbar (Solaranlagen, etc.)	☐	☐	☐	☐
	• Nachunternehmereinsatz möglich ?	☐	☐	☐	☐
Kunde	• Erfahrung mit Kunden ?	☐	☐	☐	☐
	• Falls nein, Erfahrung vorhanden ?	☐	☐	☐	☐
	• Bonität des Kunden ?	☐	☐	☐	☐
	• Vorauszahlung des Kunden möglich ?	☐	☐	☐	☐
Projekt	• In NL-Region ?	☐	☐	☐	☐
	• Falls nein, Bindung an Planer/Kunden ?	☐	☐	☐	☐
	• Falls nein, Spezialistenwissen erforderlich ?	☐	☐	☐	☐
	• Bedingungen hinsichtlich Festpreisforderung ?	☐	☐	☐	☐
	• Nachtragsmöglichkeiten ?	☐	☐	☐	☐
	• Höhe der Nebenaufwendungen ?	☐	☐	☐	☐
	• Entfernung Baustelle von Niederlassung ?	☐	☐	☐	☐
	• Optimierungspotential des Projekt ?	☐	☐	☐	☐
Ausschreibung	• Eindeutigkeit (geringes Risiko durch präzise Spezifizierung)	☐	☐	☐	☐
	• Güte der Planung	☐	☐	☐	☐
	• Transparenz und Übersichtlichkeit des LVs?	☐	☐	☐	☐
Übergeordnete Kriterien	• Folgeaufträge möglich ?	☐	☐	☐	☐
	• IEA-Anspruch erfüllt ?	☐	☐	☐	☐
	• Angebot auf Kundenwunsch ?	☐	☐	☐	☐
	• Außergewöhnlich rentable Projekte und Dienstleistung (z.B. Wartung o.ä.) ?	☐	☐	☐	☐
	• Sonstige Kriterien	☐	☐	☐	☐
Größe	• > 0,5 Mio Euro	☐	☐	☐	☐
	• Falls nein, besondere Kundenzwänge vorhanden ?	☐	☐	☐	☐
	• Falls nein, außergewöhnlich rentabel	☐	☐	☐	☐

*n.a.: nicht anwendbar   *+: gut/ja   *0 mittel   *-: schlecht/nein*

Auftragswahrscheinlichkeit   ☐ 10 %   ☐ 50 %   ☐ 90 %

Bearbeitung der Anfrage: ☐ ja   ☐ nein

Kurzbegründung:

_____   _____
(Datum)   (Sel.-Filter-Bearbeiter)

Abbildung 75: Checkliste zur Entscheidung über die Erstellung eines Angebots

Bevor eine Entscheidung getroffen werden kann, ist schließlich eine Vollständigkeitsprüfung der Unterlagen durchzuführen. Da, je nach Projekt, gar nicht von vornherein klar ist, welche Unterlagen benötigt werden, sollten auf Basis der Erfahrungen vorheriger Projekte Checklisten erstellt werden, in denen aufgelistet wird, welche Unterlagen benötigt wurden.

(Hrsg.): Handbuch Projektmanagement, Bd. 1, Köln 1989, S. 181-198, hier: S. 188.

Sind die Unterlagen vollständig, sollte geprüft werden, welche Bedingungen und Voraussetzungen erfüllt sein müssen (K.O.-Kriterien), um einen Auftragszuschlag zu erhalten. Die wichtigsten Kriterien sind:

- Kundenwünsche

  Welches Produkt möchte der Kunde? Wie sind seine Preisvorstellungen einzuordnen? In welchem Zeitraum soll das Projekt liegen?

- Auftragschancen

  Wie groß ist die Wahrscheinlichkeit, den Auftrag zu bekommen? Welche Unternehmen könnten evtl. Konkurrenten sein? Gibt es Gründe, warum man diesen Unternehmen eine Angebotserstellung überlassen sollte? Gibt es Gründe, warum diese Unternehmen im vorhinein schon bestimmte Vorteile haben?

- Unternehmensziele und -strategie

  Passt das Projekt in die Zielstruktur und Strategie der Unternehmung? Wie sind die Gewinnaussichten? In welchem Maße sind die Unternehmenskapazitäten davon betroffen? Sind andere Projekte dann überhaupt noch zu realisieren? Wie passt das Projekt in die Gesamt-, Markt- und Technologiestrategie?[436]

- Besondere Anforderungen an die Projektabwicklung

  In welchem Rahmen liegt das Projekt? Sind z.B. noch Finanzierungsfragen zu klären? Handelt es sich um ein Konsortium, dass das Projekt realisieren soll? Wo ist das Projekt geographisch anzusiedeln und welche Besonderheiten sind damit verbunden? Welche gesetzlichen Anforderungen sind zu berücksichtigen?

- Risiko in der Planung und Realisierbarkeit

  Ist das Projekt überhaupt planbar? Ist das Projekt mit der vorhandenen Technologie des Unternehmens zu realisieren? Welche Risiken sind mit dem Projekt verbunden? Sind die Finanzierungspotentiale ausreichend für das Projekt?[437]

---

[436] Vgl. *Mempel, G.*: Auswahl von F+E-Projekten, in: *Reschke, H.; Schelle, H.; Schnopp, R.* (Hrsg.): Handbuch Projektmanagement, Bd. 1, Köln 1989, S. 181-198, hier: S. 182ff.

[437] Vgl. *Andreas, D.; Rademacher, G.; Sauter, B.*: Projekt-Controlling und Projekt-Management im Anlagen- und Systemgeschäft, 5. Aufl., Frankfurt a.M. 1992, S. 61.

Ein sehr hoher Risikofaktor für das Projektgeschäft ist die Höhe der Kosten für eine Angebotserstellung. Diese sind im hohem Maße davon abhängig, wie viel Vorarbeit zu leisten ist. Hat das Unternehmen schon Erfahrung mit Projekten gleicher Art, so ist das Angebot günstiger zu erstellen, als wenn es sich um ein völlig neuartiges Projekt handelt. Sind im Vorfeld technische Entwicklungen nötig, steigen die Kosten ebenfalls. Können diese Entwicklungen losgelöst vom Projekt nicht weiter verwertet werden, ist eine Weiterverfolgung des Angebots sehr davon abhängig, wie groß die Wahrscheinlichkeit ist, den Zuschlag am Ende auch zu erhalten. Um diese Analyse möglichst effektiv zu gestalten, empfiehlt es sich eine Checkliste, wie z.B. in Abbildung 75 gezeigt, zu erstellen.[438]

Für das Gesamtunternehmen spielt es eine wichtige Rolle, ob der Auftragswert eines Projekts in einem sinnvollen Verhältnis zu den Projektrisiken steht. Dieser Aspekt hat nicht zuletzt durch das KonTraG neue Aufmerksamkeit erfahren. Gerade bei Projekteinzelfertigern entstehen leicht existenzbedrohende Risiken, deren Beobachtung von großer Bedeutung ist. Daher sollte das Risiko-Controlling schon in einer frühen Phase eines Projekts beginnen. Das Risiko-Controlling soll schon hier die für das Risikomanagement (vgl. Kapitel 3.1.9) erforderlichen Informationen und Instrumente zur Verfügung stellen sowie den Risikomanagement-Prozess koordinieren und durch Instrumente unterstützen.

Es besteht allerdings die Möglichkeit, dass der Prestigewert eines Projekts so groß ist, dass ein größeres Risiko billigend in Kauf genommen wird. Ebenso kommt es vor, dass Angebote abgeben werden, weil es sich bei dem Anfrager um einen wichtigen Stammkunden handelt.[439]

Als Hilfsmittel für die Risikoidentifikation und -analyse im Rahmen der Projektvorbereitungsphase sowie den späteren Projektphasen stehen dem Entscheidungsträger hierbei insbesondere Checklisten und ausführliche Projektbeurteilungen und zur Verfügung.[440]

In einer Checkliste (vgl. Abbildung 76) werden sämtliche Merkmale aufgelistet, die von einem Unternehmen für ein Projekt als relevant erachtet werden. Zuerst wird für jedes Merkmal geprüft, ob es von dem zur Disposition stehendem Projekt erfüllt wird. Erfüllt ein Projekt alle Merkmale,

---

[438] Vgl. *Madauss, B.J.*: Handbuch Projektmanagement, 5. Aufl., Stuttgart 1994, S. 370.

[439] Vgl. *Wehler, Th.*: Angebotserstellung und Angebotskalkulation im Anlagenbau, in: *Reschke, H.; Schelle, H.; Schnopp, R.* (Hrsg.): Handbuch Projektmanagement, Bd. 1, Köln 1989, S. 205.

[440] Vgl. *Andreas, D.; Rademacher, G.; Sauter, B.*: Projekt-Controlling und Projekt-Management im Anlagen- und Systemgeschäft, 5. Aufl., Frankfurt a.M. 1992, S. 61.

so kann die Angebotserstellung erfolgen. In einer strengen Auslegung wird jedes Projekt, das mindestens einen Punkt nicht erfüllt, abgelehnt. Dieses Verfahren kann aber entschärft werden, in dem eine bestimmte Mindestmarke gesetzt wird. Außerdem können K.O.-Kriterien eingeführt werden, bei deren Nichterfüllung ein Projekt auf jeden Fall nicht bearbeitet wird.

Checkliste zur Angebotserstellung		
Kriterium	Erfüllt	Nicht erfüllt
A. K.O. Kriterien:		
1. Höhe des eigenen Engineering: > 50 TDM	X	
2. Höhe eigener Lieferanteil: > 500 TDM	X	
3. Geographische Lage: innerhalb NRW	X	
4. Finanzierungswünsche des Kunden: < 10 Jahre	X	
B. Sonstige Kriterien:		
5. Auftragschancen: > 30%		X
6. Bonität des Kunden: durchschnittlich gut	X	
7. Voraussichtliche Auftragserteilung:		
Innerhalb von 6 Monaten	X	
8. Anzahl der mitbietenden Konkurrenz: < 10	X	
9. Durchschnittliche Einschätzung der Konkurrenz		
(im Vergleich zu eigener Einschätzung):		
vergleichbar	X	
10. Gewinnaussichten: durchschnittlich gut		X
Empfehlung zur Angebotserstellung:		

Abbildung 76: Beispiel für eine Checkliste zur Angebotserstellung

Eine ausführliche Projektbeurteilung erfolgt je nach vorliegender Datenlage entweder mit Hilfe von Nutzwert-Analysen (bei qualitativen Informationen) oder durch Wirtschaftlichkeitsrechnungen angelehnt an die bekannten Investitionsrechenverfahren (bei quantifizierbaren Informationen).[441] Da zu diesem Zeitpunkt des Angebotsstadiums i.d.R. kaum quantifizierbares Datenmaterial vorliegt, eignet sich insbesondere die Nutzwertanalyse zur Untersuchung und Bewertung. Hierbei werden zunächst bestimmte Beurteilungskriterien ermittelt, die diesen Projekttyp besonders kennzeichnen. Jedem Kriterium werden bestimmte Ausprägungen zugedacht und jede Ausprägung erhält eine entsprechende Punktzahl. Eine hohe Merkmalserfüllung bedeutet eine hohe Punktzahl, eine niedrige Merkmalserfüllung bedeutet eine niedrige Punktzahl. Die

---

[441] Zur Auswahl von und der Vorgehensweise bei geeigneten Investitionsrechenverfahren und Nutzwertrechnungen vgl. die einschlägige Literatur, z.B. *Blohm, H.; Lüder, K.*: Investition, 8. Aufl., München 1995; *Däumler, K.-D.*: Grundlagen der Investitions- und Wirtschaftlichkeitsrechnung, 10. Aufl., Herne, Berlin 2000; *Hax, H.*: Investitionstheorie, 5. Aufl., Würzburg 1993; *Olfert, K.*: Investition, 8. Aufl., Ludwigshafen 2001 und *Swoboda, P.*: Investition und Finanzierung, 5. Aufl., Göttingen 1996.

Punktzahlen werden in einer Tabelle festgehalten. Da nicht alle Kriterien die gleiche Bedeutung besitzen, werden Gewichte eingeführt, die den entsprechenden Stellenwert repräsentieren. Soll ein bestimmtes Projekt beurteilt werden, so werden die Projektwerte entsprechend der Tabelle benotet. Die Note wird dann mit der Gewichtung multipliziert und es ergibt sich eine Punktzahl für das Kriterium. Fasst man mehrere Kriterien zu einer Kriteriengruppe zusammen, so kann durch Vergleich mit der maximal möglichen Punktzahl ein Erfüllungsgrad für diese Gruppe bestimmt werden. Diesem Prinzip folgend, wird dann der Gesamterfüllungsgrad für das Gesamtprojekt ermittelt. Stehen mehrere Projekte zur Auswahl, so können anhand des Erfüllungsgrads in den jeweiligen Kriteriengruppen, die Stärken und Schwächen der einzelnen Projekte schnell erkannt werden.

Ein praxisbezogenes Beispiel für eine Nutzwertanalyse zeigen die folgenden Abbildungen. Dem Beispiel liegt der Sachverhalt zu Grunde, dass ein Unternehmen sich zwischen den beiden Projekten A und B zu entscheiden hat (vgl. Abbildung 77).

Das Controlling hat für beide Projekte die Merkmalsausprägungen ermittelt. Nach der Bewertung mit Hilfe der Bewertungstabelle ergeben sich die Ergebnisse für Projekt A und B (vgl. Abbildung 78 und Abbildung 79).

Bei einzelner Betrachtung liegen beide Projekte noch in einem annehmbaren Rahmen. Der Erfüllungsgrad liegt bei beiden Projekten deutlich über 50%. Keines der beiden Projekte verstößt gegen ein K.O.-Kriterium.[442] Die Schwächen von Projekt A und Projekt B liegen jeweils in der Kriteriengruppe D. Die Stärken liegen bei Projekt A in den Gruppen C und E. Projekt B ist in den Gruppen A, C und E besonders hervorstechend.

Wenn das Unternehmen zwischen beiden Projekten entscheiden muss, wird es sich für das Projekt B entscheiden, da dieses das Projekt A in jeder Kategorie dominiert.

---

[442] Vgl. *Andreas, D.; Rademacher, G.; Sauter, B.*: Projekt-Controlling und Projekt-Management im Anlagen- und Systemgeschäft, 5. Aufl., Frankfurt a.M. 1992, S. 61.

Kriterium	Gew. %	Benotung 5	4	3	2	1	K.O.
A1 Höhe des eigenen Engineering (in DM)	7,5	> 2 Mio	< 2 Mio	<1 Mio	<500.000	<100.000	<50.000
A2 Höhe eigener Lieferanteil	10,0	>20 Mio	< 20 Mio	<10 Mio	<5 Mio	< 1 Mio	<500.000
A3 Eingliederung in eigenes Lieferprogramm	7,5	sehr gut	gut	mittel	Schlecht	sehr schlecht	-----------
Summe A	25,0						
B1 technische Risiken	8,0	<< ⊙	< ⊙	⊙	> ⊙	>> ⊙	-----------
B2 wirtschaftliche Risiken	8,0	<< ⊙	< ⊙	⊙	> ⊙	>> ⊙	-----------
B3 sonstige Risiken	9,0	<< ⊙	< ⊙	⊙	> ⊙	>> ⊙	-----------
Summe B	25,0						
C1 Finanzierungswünsche des Kunden	4,0	bar	< 2 Jahre	< 5 Jahre	< 8 Jahre	< 12 Jahre	> 12 Jahre
C2 Bonität des Kunden	5,0	Sehr gut	Kreditwürdig	bedingt	Zweifelhaft	Sehr schlecht	-----------
C3 sonst. Sonderwünsche des Kunden	6,0	Unbedeutend	Angemessen	Mittelmäßig	groß	Sehr groß	-----------
Summe C	15,0						
D1 Vorleistungen der Konk.	4,0	keine	Ausschreibungsunterlagen gefordert	Knappe Studie vorgelegt	Angebot vorgelegt	Beratung durchgeführt	-----------
D2 Vorlieferungen der Konk.	4,0	keine	schlecht	normal	gut	Sehr gut	-----------
D3 Anzahl anbietende Firmen	4,0	Nur eig. Haus	< 3	Nur deutsche	Weltweit	Weltweit, auch Billigstanb	-----------
D4 eigene Vorleistungen	4,0	Auschreibungsunterlagen	Feasibility Study	Richtangebot	Beratung	keine	-----------
D5 Beurteilung uns. Vorleist.	4,0	Sehr gut	gut	mittel	schlecht	Keine Vorl.	-----------
D6 eigene Chancen (in %)	5,0	> 80	60-80	30-60	< 30	Praktisch Null	-----------
Summe D	25,0						
E1 vorauss. Auftragserteilung	4,0	Innerhalb 6 Monate	Innerhalb 1 Jahr	Innerhalb 2 Jahre	Innerhalb 3 Jahre	später	-----------
E2 Angebotsabgabe Fristgerecht	3,0	Sicher	Wahrscheinlich	eventuell	Vorauss. nicht	Auch nicht annähernd	-----------
E3 Liefermöglichkeit fristgerecht	3,0	Vor Ablauf der Frist	Terminegerecht	3 Monate später	6 Monate später	Noch später	-----------
Summe E	10,0						
Gesamt	100,0						

Abbildung 77: Beurteilungstabelle für Projekte[443]

---

[443] Entnommen aus *Andreas, D.; Rademacher, G.; Sauter, B.*: Projekt-Controlling und Projekt-Management im Anlagen- und Systemgeschäft, 5. Aufl., Frankfurt a.M. 1992, S. 63.

Projekt A

Kriterium	Gew. %	Beobachteter Zustand	Note	Punktzahl	Erfüllungs-grad
A1 Höhe des eigenen Engineering (in DM)	7,5	250.000	2	15	
A2 Höhe eigener Lieferanteil	10,0	12 Mio DM	4	40	
A3 Eingliederung in eigenes Lieferprogramm	7,5	Mittelmäßig	3	22.5	
Summe A	25,0			77.5	62,0
B1 technische Risiken	8,0	durchschnittlich	3	24	
B2 wirtschaftliche Risiken	8,0	unterdurchschnittlich	4	32	
B3 sonstige Risiken	9.0	durchschnittlich	3	24	
Summe B	25,0			80	64,0
C1 Finanzier.wünsche des Kunden	4,0	18 Monate	4	16	
C2 Bonität des Kunden	5,0	Sehr gut	5	25	
C3 sonst. Sonderwünsche des Kunden	6,0	Angemessen	4	24	
Summe C	15,0			65	86,7
D1 Vorleistungen der Konk.	4,0	Knappe Studie vorgelegt	3	12	
D2 Vorlieferungen der Konk.	4,0	Gute Beurteilung	2	8	
D3 Anzahl anbietende Firmen	4,0	Weltweit auch Billiganb.	1	4	
D4 eigene Vorleistungen	4,0	keine	1	4	
D5 Beurteilung uns. Vorleist.	4.0	Keine Vorlieferungen	1	4	
D6 eigene Chancen (in %)	5,0	25 %	2	10	
Summe D	25,0			42	36,0
E1 vorauss. Auftragserteilung	4,0	In 4 bis 5 Monaten	5	20	
E2 Angebotsabgabe Fristgerecht	3,0	Voraussichtlich nicht	2	8	
E3 Liefermöglichkeit fristgerecht	3,0	Termingerecht	4	12	
Summe E	10,0			40	80,0
Gesamt	100,0			304,5	60,9

Abbildung 78: Bewertung Projekt A

Projekt B

Kriterium	Gew. %	Beobachteter Zustand	Note	Punktzahl	Erfüllungs-grad
A1 Höhe des eigenen Engineering (in DM)	7,5	2,5 Mio	5	37,5	
A2 Höhe eigener Lieferanteil	10,0	60 Mio	5	50	
A3 Eingliederung in eigenes Lieferprogramm	7,5	mittelmäßig	3	22,5	
Summe A	25,0			110	88,0
B1 technische Risiken	8,0	Durchschnittlich	3	24	
B2 wirtschaftliche Risiken	8,0	Unter durchschnittlich	4	32	
B3 sonstige Risiken	9.0	durchschnittlich	3	24	
Summe B	25,0			80	64,0
C1 Finanzier.wünsche des Kunden	4,0	18 Monate	4	16	
C2 Bonität des Kunden	5,0	Sehr gut	5	25	
C3 sonst. Sonderwünsche des Kunden	6,0	Nahezu unbedeutend	5	30	
Summe C	15,0			71	94,7
D1 Vorleistungen der Konk.	4,0	Angebot vorgelegt	2	8	
D2 Vorlieferungen der Konk.	4,0	Normale Beurteilung	3	12	
D3 Anzahl anbietende Firmen	4,0	Weltweit	2	8	
D4 eigene Vorleistungen	4,0	Beratung durchgeführt	2	8	
D5 Beurteilung uns. Vorleist.	4.0	Keine Vorlief. Durch uns	1	4	
D6 eigene Chancen (in %)	5,0	33,3 %	3	15	
Summe D	25,0			55	44,0
E1 vorauss. Auftragserteilung	4,0	In 6 Monaten	5	20	
E2 Angebotsabgabe Fristgerecht	3,0	Sehr wahrscheinlich	4	12	
E3 Liefermöglichkeit Fristgerecht	3,0	termingerecht	4	12	
Summe E	10,0			44	88,0
Gesamt	100,0			360	72,0

Abbildung 79: Bewertung Projekt B[444]

Ein weiteres Werkzeug für die Entscheidungsfindung ist die bereits im Kapitel 3.1.9 diskutierte Risikoanalyse, die die Grundlage für das später einsetzende Risikomanagement und -Controlling bildet.

---

[444] Vgl. *Andreas, D.; Rademacher, G.; Sauter, B.*: Projekt-Controlling und Projekt-Management im Anlagen- und Systemgeschäft, 5. Aufl., Frankfurt a.M. 1992, S. 63.

Da die meisten Details der Angebotserstellung noch nicht vorliegen, wird das Risiko zunächst einmal grob geschätzt. Es genügt, eine Risikocheckliste, der eine sachlogische Gliederung zu Grunde liegt.

Bei der Bearbeitung ist zu prüfen, welche Risiken auftreten können, in welcher Höhe sie entstehen, wie hoch die Eintrittswahrscheinlichkeit ist und wie die Risiken abgesichert werden können. Wie zuvor bereits beschrieben, geht diese Risikoanalyse noch nicht zu sehr ins Detail, da zu diesem Zeitpunkt die Kosten noch zu hoch wären. Es wird in erster Linie auf Erfahrungen mit anderen Projekten zurückgegriffen. Bei der Bearbeitung reicht ein kleines Team oder sogar nur eine Person aus. Umfassendere Expertenbefragungen, wie sie vor allem in der Angebotsphase stattfinden werden, sind zu diesem Zeitpunkt noch nicht durchzuführen.[445]

Zur Vorbereitung der Freigabeentscheidung werden alle bisher gesammelten Informationen noch einmal in übersichtlicher Form - möglichst DV-technisch - zusammengestellt. Soweit bereits möglich sollte hier auch eine erste Schätzung der Kosten für die Erstellung des Angebots aufgenommen werden.

Am Ende der Projektvorbereitungsphase sollte auf Basis der gesammelten Informationen die Entscheidung über die Angebotsbearbeitung fallen. Entschließt sich die Unternehmung, kein Angebot zu erstellen, so sollten die gesammelten Informationen als Vergleichsobjekte für die Projektvorbereitungsphase späterer Projekte aufbewahrt werden. Hat sich das Unternehmen dagegen für die Erstellung eines Angebots entschieden, so erfolgt nun die Anfrageabwicklung. Die erhobenen Daten und Ausschreibungsunterlagen werden an den Angebotsbearbeiter weitergeleitet.

3.2.2.1.3.2 Angebotsplanung

Nachdem die Freigabe zur Angebotserstellung erteilt worden ist, geht das Projekt in die nächste Phase. Jetzt müssen die Grundlagen für den erhofften Auftrag und die anschließende Projektausführung geschaffen werden. Die Vorstellungen, die der Kunde hat, müssen umgesetzt werden. Ein Team (Angebotsführende Stelle), das für das Angebot verantwortlich ist, wird gebildet. Diesem wird ein Angebotsbearbeiter vorangestellt, der, falls er nicht selbst zu dieser zählt, durch die künftige Projektleitung unterstützt wird. Die Aufgaben des Angebotsbearbeiters liegen sowohl in technischen wie auch in kaufmännischen Bereichen. Zudem ist

---

[445] Eine ausführliche Betrachtung des Risiko-Managements wurde bereits im Kapitel 3.1.9 vorgenommen.

er die Schnittstelle zwischen dem Kunden und dem ausführenden Unternehmen.

Neben der Erstellung des technischen Konzepts spielt in dieser Projektphase die Preisermittlung eine wichtige Rolle. In dieser Phase wird die Grundlage für das spätere Projekt-Controlling gelegt. Die wichtigsten Aufgaben des Projekt-Controlling in der Projektplanungsphase bestehen in der Projektplanung und in der Ermittlung und Festlegung des Angebotspreises. Aufgrund der Neuartigkeit, Dauer und Individualität eines Projekts kann der Preis i.d.R. nicht oder nur teilweise aus Vergangenheits- oder Erfahrungswerten abgeleitet werden. Ziel der Preisermittlung ist es, einen Umsatz zu generieren, der mit großer Wahrscheinlichkeit die prognostizierten direkten Projektkosten und einen angemessenen Teil der nicht projektbezogenen Kosten deckt und darüber hinaus einen Gewinnbeitrag leistet. Zur Angebotspreisfindung nutzt der Projektkalkulator die Verfahren der Projektvorkalkulation.

In der Frage inwieweit in der Angebotsphase bereits eine Feinplanung stattzufinden hat, gibt es einen Trade-off zwischen den Interessen des Kunden bzw. Anfragers und denen des Anbieters. Der Kunde hat ein großes Interesse daran, schon zum jetzigen Zeitpunkt eine möglichst genaue Planung zu erhalten, um die verschiedenen Angebote gut beurteilen zu können. Der Anbieter hingegen ist eher bestrebt, möglichst grob zu planen, um die Kosten auch für den Fall, dass das Angebot vom Anfrager abgelehnt wird, möglichst gering zu halten. Dieser Konflikt verstärkt sich noch, wenn das Projekt sehr viel technische Entwicklungsarbeit voraussetzt. Ist das Projekt dagegen eher gewissen Standards unterworfen, so ist die Planung kostengünstiger zu erstellen, und das Risiko des Anbieters geringer.

Es gibt allerdings auch Gründe, die aus der Sicht des Anbieters für eine Feinplanung in der Angebotsphase sprechen. So ist die Kalkulation sehr auf die technische Planung angewiesen. Je genauer diese ist, desto genauer können auch die Kosten geplant werden. Der Angebotspreis hat einen verbindlichen Charakter, d.h. evtl. Preissteigerungen bedürfen im Nachhinein einer Begründung. Liegt diese darin, dass falsch kalkuliert worden ist, so wird zumeist der Anbieter die Mehrkosten tragen müssen. Um Mehrkosten evtl. später auf den Auftraggeber überwälzen zu können, ist dringend zu empfehlen, bereits in dieser Projektphase ein effektives Claimmanagement (vgl. Kapitel 3.1.8) zu integrieren.

Da Angebote ein Verkaufsinstrument und somit auch eine Selbstdarstellung eines Unternehmens sind, sollten sie so genau wie notwendig und so übersichtlich und wirtschaftlich wie möglich sein.[446]

Der Workflow der Angebotsplanung reicht von der Sichtung und Kontrolle der Ausschreibungs- und Vertragsunterlagen bis hin zur Angebotskalkulation, deren Ergebnisse in der nächsten Phase zur Erstellung der Angebotsunterlagen genutzt werden. Der entsprechende Geschäftsprozess-Workflow ist der Abbildung 80 und Abbildung 81 zu entnehmen.

Die Sichtung und Kontrolle der Ausschreibungs- und Vertragsunterlagen umfasst die Dokumentation (Angebotsordner anlegen, DV-technische Dokumentation) sowie die Prüfung auf Vollständigkeit der Unterlagen mit Hilfe geeigneter Checklisten. Sollten sich Defizite ergeben, so sind fehlende oder zusätzliche Unterlagen beim Auftraggeber anzufordern. Bei der Dokumentation kann die Datei, in der die Anfragen aufgenommen wurden, entsprechend weitergeführt werden. Hierdurch ergibt sich ein stringenter Datenfluss (vgl. Abbildung 72).

In dieser Projektphase sollte zudem ein übergeordnetes Angebotsdeckblatt, das einen schnellen Überblick ermöglicht, erstellt werden (vgl. Abbildung 82).

Im Rahmen der technischen, kaufmännischen und rechtlichen Vertragsprüfung erfolgt die Überprüfung und Festlegung des Leistungs- und Bearbeitungsumfanges sowie die Klärung untransparenter Vorgaben. Hieraus ergibt sich die Erarbeitung von entwurfsverträglichen, technisch und wirtschaftlich effizienten und genehmigungsfähigen Vorschlägen und alternativen Sondervorschlägen. Falls notwendig werden dem Angebot zu Grunde liegende Leistungsverzeichnisse erstellt. Zur Vervollständigung der Angebotsdaten werden weitere notwendige Vertragsunterlagen, falls erforderlich, bereitgestellt. In dieser Phase sollte aufgrund seiner Erfahrung und speziellen Kenntnisse die Einbindung des Projektleiters in die Angebotsbearbeitung erfolgen, sofern kein Standardprojekt vorliegt.

Es bietet sich zudem aufgrund der vertragsrechtlichen Risiken an, Fachkräfte bzw. Experten eine Vertragsprüfung durchführen zu lassen, die den Wissensstand über die vertraglichen Pflichten und Rechte transparent macht. Hierdurch werden vom Vertrag abweichende Forderungen erkannt und geklärt. Die Vertragsprüfung bildet ein wesentliches Element für eine reibungslose Angebots- und Auftragsabwicklung.

---

[446] Vgl. *Madauss, B.J.*: Handbuch Projektmanagement, 5. Aufl., Stuttgart 1994, S. 374.

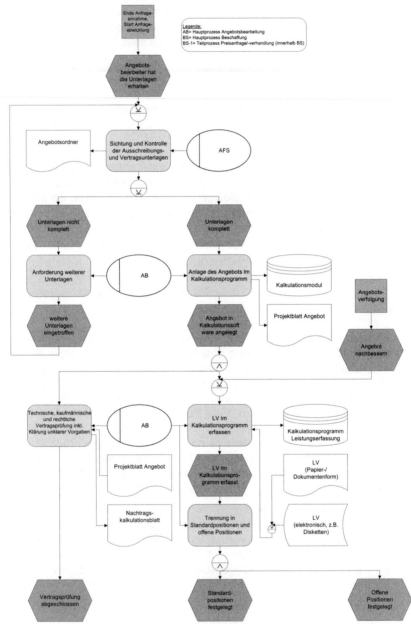

Abbildung 80: Workflow Angebotsplanung, Teil 1

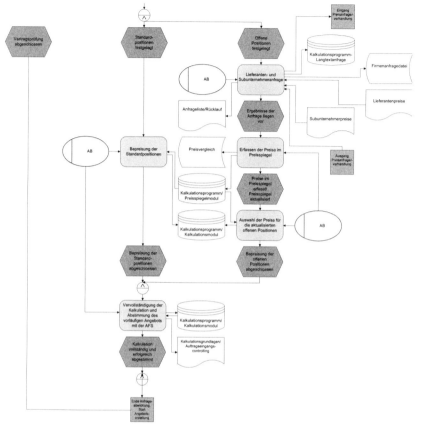

Abbildung 81: Workflow Angebotsplanung, Teil 2

Aufgrund der sehr spezifischen Anforderungen bezüglich der Projektkalkulation (z.B. Einlesen der Leistungsverzeichnisse über die GAEB-Schnittstelle) ist zudem der Einsatz spezieller projektspezifischer Kalkulationssoftwaremodule notwendig. Notwendige Datenabgleiche in einem integrierten Softwaresystem sind unerlässlich.

Im Rahmen der Angebotskalkulation durch den Angebotsbearbeiter der Angebotsführenden Stelle erfolgt die (elektronische) Erfassung des Leistungsverzeichnisses im Kalkulationsprogramm. Sie ist das Resultat des derzeitigen Stands der Projektstrukturplanung und der hiermit zusammenhängenden Leistungspositionen.

PROJEKTBLATT ANGEBOT

NL: _____   **Angebotsnr.:** _____

Projekt: _____   **Datum:** _____

Bearbeiter: _____

Projekt	Bauvorhaben:		
	PLZ des Auftragorts:		
	Ing.-Büro:	Tel.-Nr.:	
	-> Ansprechpartner	Tel.-Nr.:	
	Auftraggeber:	Tel.-Nr.:	
	-> Ansprechpartner	Tel.-Nr.:	
	Architekt:	Tel.-Nr.:	
	-> Ansprechpartner:	Tel.-Nr.:	
Angebot	Abgabe-Datum:	Projektwert VP:	Hinweise:
	Abgabe-Ort:	Mat.Anteil [%]:	
	Uhrzeit:	Lohnanteil [%]:	
	Zuschl.-Frist:		
Vertragsteile	☐ VOB - VOL	☐ techn. Vorbemerkg. des AG	
	☐ BVB des AG	☐ Sonst.:	
	☐ ZVB des AG	☐ alle Vertragsteile liegen vor	
Ausführung	Mont.-Beginn:	vorgesehen für NL	
	Mont.-Ende:	☐ Terminplan liegt nicht vor	
	Bauzeit:		
Festpreis	bis zum:	☐ bis Ende Bauzeit	
	Gleitklausel L ab:		
Vertragsstrafe	je z.B. Tag/Kalenderwoche	☐ ohne Begrenzung	
	% der Auftragssumme	☐ begrenzt auf	
Sonstige Kosten	☐ Abnahme (TÜV-EVU)	☐ Aufzug	
(Umlagen DM/%)	☐ Strom	☐ Bauschild	
	☐ Wasser/Sanitär	☐ Bauwesen-Vers.	
	☐ Müll-Container	☐ Sonst.	
	☐ Baureinigung		
Sicherheits-	Vertr.-Erfüllung	☐ Gewährleistung	
leistung	Vorauszahlg.		
Gewährleistung	☐ VOB / VOL **Beginn der Gewährl.:**	Festinstall. J	
	☐ BGB ☐ Abnahme durch AG	Funktion J	
	☐ Beding. des AG ☐ Inbetriebnahme	bewegl T. J	
		Leuchtm. M	
Zahlung-	☐ VOB / Baufortschritt **ZA-Mindestwert:**	**Zahlungsziel:**	
bedingungen	☐ besondere Regelung		
Bonität	☐ Auskunft liegt vor	☐ AG = öffent.	
	☐ Auskunft vom	☐ Bonität eingeschränkt	

Abbildung 82: Projektangebotsblatt

Für die weitere Bearbeitung ist eine Trennung in Standardpositionen und offene Positionen notwendig. Während die Standardpositionen eine geplante, vorgegebene Bepreisung erhalten,[447] erfolgt für die Bepreisung der offenen Positionen eine entsprechend detaillierte Lieferanten- und Subunternehmeranfrage. Hilfsmittel sind wiederum standardisierte Checklisten, die bezogen auf den Umfang und die Gliederung der Ausschreibungsunterlagen als Richtlinie gelten.

Nach festgelegten Limits bzw. Schwellenwerten, bestimmten Positionen oder per individueller Abstimmung zwischen dem Angebotsbearbeiter und dem Einkauf erfolgt die Klärung, welche Positionen dezentral oder zentral angefragt werden. Im Einzelnen sollen folgende Punkte im Rahmen der Anfrage geprüft werden:

- Leistungsverzeichnispositionen für Anfrage festlegen

- Qualitätsmerkmale festlegen

- Garantie/Gewährleistung festlegen

- Bieterkreis auswählen

- Anfragen versenden

Als zentrale Informationsquelle für die Lieferantenbeurteilung wird ein Lieferanten-Informationssystem aufgebaut, gepflegt und die Lieferanten werden mittels einer Nutzwertanalyse bewertet. Das Sperren und Löschen von nicht mehr als qualitätsfähig eingeschätzten Lieferanten und die mögliche Wiederaufnahme nach deren Sperrung sollte die notwendige Konsequenz sein, die in Abstimmung mit dem Zentraleinkauf vorzunehmen ist.

Das Lieferanten-Informationssystem beinhaltet folgende grundlegende Informationen und kann um Beurteilungskriterien erweitert werden:

- Gewerkebezogene Darstellung von Leistungsbereichen und Produkten der einzelnen Lieferanten
  - Preise
  - Qualität
  - Terminerfüllung.

- Zusammenstellung der Lieferanten nach Regionen/Standorten.

---

[447] Hierbei werden die Preise z.B. aus einem vorab kalkulierten Preisspiegelmodul entnommen.

- Darstellung der Referenzobjekte einschließlich des zuständigen Ansprechpartners sowie des Auftragsvolumens des jeweiligen Lieferanten.

- Bonität.

- Kontaktadressen und serienweise Erstellung von Anschreiben zu den Ausschreibungsunterlagen und Ausschreibungsdeckblättern.

- Empfehlung (vorbehaltlos weiterzuempfehlen/unter Vorbehalt weiterzuempfehlen/nicht weiterzuempfehlen).

Die Beurteilungskriterien werden auf der Lieferantenliste des jeweiligen Projekts eingetragen und an den Einkaufsverantwortlichen weitergeleitet. Änderungen sind im System entsprechend zu pflegen. Nach Abgabe der Anfragen zu den potentiellen Nachunternehmern und Lieferanten sind die Rückläufe zu kontrollieren. Hierbei ist auf Vollständigkeit, technische Plausibilität und rechnerische Richtigkeit zu prüfen. Für in Zukunft standardisierte Leistungspositionen sind die Preise zwecks Preisvergleich im Preisspiegel zu erfassen. Die Verhandlungen und die Auswahl bezüglich der Preise, Leistungen und Konditionen führt der Einkauf. Hierbei wird er unterstützt durch die am Angebot beteiligten Verantwortlichen.

Liegen alle Preis- und Leistungsinformationen vor, erfolgt die Vervollständigung der Kalkulation sowie die Abstimmung und Erstellung des vorläufigen Angebots mit der Angebotsführenden Stelle.

Vor der Darstellung der Workflows Angebotsversendung und -verfolgung soll nun zunächst der wichtige Planungsprozess im Rahmen der Angebotserstellung analysiert werden.

Die Projektleitung bzw. -planung übernimmt in Abstimmung mit der Angebotsführenden Stelle die Aufgabe der Planung des Projektablaufs bezüglich Aufgaben, Terminen, Kosten und Kapazitäten. Die technischen Abteilungen konzentrieren sich auf die fachliche Bearbeitung. Die von der Projektplanung erarbeiteten Unterlagen bilden die bindende Grundlage für die Ausführung der Arbeiten durch die am Projekt beteiligten Mitarbeiter.[448] Dies alles geschieht in einem ständigen Dialog zwischen Kunden und Projektteam. Wichtige Arbeitsfelder des Planungsprozesses sind die Festlegung der Projektorganisation, die Projektstrukturplanung, die Ablauf- und Terminplanung, die Kapazitäts- und Kostenplanung sowie die Finanzplanung.

---

[448] Vgl. *Schmitz, H.; Windhausen, P.M.*: Projektplanung und Projektcontrolling: Planung und Überwachung von besonderen Vorhaben, 3. Aufl., Düsseldorf 1986, S. 41.

3.2.2.1.3.3 Festlegung der Projektorganisation

In Rahmen der Projektplanung sind zunächst projektorganisatorische Entscheidungen zu treffen. Es sind ein Projektleiter bzw. -manager und ein Projektteam auszuwählen. Die Festlegung der zukünftigen Projektleitung kann auch bereits während der Angebotsabwicklung erfolgen, da die für ein Projekt verantwortlichen Personen mit in die Angebotskalkulation eingebunden sein sollten. Die detaillierte Ausgestaltung des Projektteams sowie der Projektorganisation erfolgt aber erst später nach der Beauftragung eines Projekts und der konkreten Projektplanung zu Beginn der Projektabwicklung.

Der Projektleiter muss sowohl wirtschaftliche als auch technische Kenntnisse besitzen. Nach *Litke* muss er „gleichzeitig Führer, Motivator, Trainer, Psychologe und Konfliktmanager sein."[449]

Eine wesentliche Eigenschaft des Projektleiters ist die Teamfähigkeit. Er muss offen auf seine Mitarbeiter zugehen können, diese in ihrem Tun bestätigen, und wenn nötig loben oder tadeln. Er darf seine Interessen nicht in den Vordergrund stellen, darf sie aber auch nicht vernachlässigen. Er muss dazu in der Lage sein, andere zu überzeugen. Komplexes Denken gehört ebenso zu seinen Fähigkeiten, wie eine hohe Frustrationstoleranz. Dies bedeutet, dass er mit Rückschlägen umgehen kann und nicht gleich aufgibt, wenn Misserfolge auftreten. Auf Misserfolge reagiert er eher konstruktiv als destruktiv und kann dies auch an seine Mitarbeiter weitergeben. Risikobereitschaft, Entscheidungswille, Tatendrang sowie der Wille und die Fähigkeit auch in Problemsituationen Lösungen anstatt Schuldige zu finden, prägen ihn. Seine Interessen sollten weitgefächert und nicht fachspezifisch sein. Lösungen sollte er bereits parat haben, bevor sie abgefragt werden. D.h., er muss den Projektstand immer im Blick haben, und gleichzeitig einige Schritte weiterdenken und evtl. zukünftige Geschehnisse in Gedanken vorwegnehmen. Selbstbewusstsein, Fähigkeit zur (Selbst-)Darstellung und Urteilsfähigkeit sind Attribute, die für eine Person in solch einer Führungsrolle absolut erforderlich sind.

Laut *Madauss* ist der Projektleiter „wie ein Firmenchef" anzusehen. Er ist sowohl für die technische wie auch für die administrative Abwicklung eines Projekts verantwortlich. Eine Aufteilung der Kompetenzen in einen wirtschaftlichen und einen technischen Bereich ist so gut wie immer mit einem Effizienzverlust verbunden. Der Steuerungs- und Entscheidungs-

---

[449] Vgl. *Litke, H.-D.*: Projektmanagement: Methoden, Techniken, Verhaltensweisen, 3. Aufl., München, Wien 1995, S. 170.

prozess eines Projekts sollte gesamtheitlich und durch eine Person wahrgenommen werden.[450]

Die Aufgaben des Projektleiters sind im Folgenden dargestellt:[451]

- Formulierung und Prüfung der Projektziele, Festschreibung der vereinbarten Ziele in einem Projektauftrag sowie Einholen der Genehmigung des Auftraggebers.

- Festlegung der Aufbau- und Ablauforganisation des Projekts.

- Bestimmung und Strukturierung der Projektgruppe.

- Führung der Mitarbeiter.

- Strukturplanung des Gesamtprojekts.

- Planung und Überwachung der Termine und Kosten.

- Beschaffung der erforderlichen Ressourcen.

- Installation eines dem Projektgegenstand und der Projektgröße angepassten Planungs-, Überwachungs-, Steuerungs- und Informationssystems.

- Überwachung und Steuerung des Gesamtprojekts.

- Entscheidung über Lösungsalternativen, die sich auf den Projektgegenstand und das Projektvorgehen beziehen.

- Sicherstellung des Informationsaustauschs (Sitzungen, Berichte) und der Dokumentation.

- Delegation von Aufgaben und Vergabe von Teilaufträgen.

- Vorbereitung und Herbeiführung von Entscheidungen (z.B. Entscheidung über die Freigabe von Projektergebnissen).

- Berücksichtigung von Änderungen.

- Koordination aller am Projekt beteiligten Mitarbeiter und Stellen.

- Fortlaufende Beurteilung und Prüfung der Projektwirtschaftlichkeit.

---

[450] Vgl. *Madauss, B.J.*: Handbuch Projektmanagement, 5. Aufl., Stuttgart 1994, S. 87f.

[451] Vgl. *Litke, H.-D.*: Projektmanagement: Methoden, Techniken, Verhaltensweisen, 3. Aufl., München, Wien 1995, S. 175.

- Kontinuierliche Information des übergeordneten Managements bzw. des Auftraggebers zu festgelegten Zeitpunkten bzw. wenn es der Projektablauf erfordert.

Außer einem starken Projektleiter werden weitere Mitglieder in einem starken Team verlangt. Um zu verstehen, was ein Team ausmacht, sollen zunächst die grundlegenden Eigenschaften der Teamarbeit dargestellt werden. Fünf Grundsätze sollten bei der Zusammensetzung eines Teams stets beachtet werden:

- Geringe Anzahl von Personen.

- Sich ergänzende Fähigkeiten der Personen.

- Verpflichtung zu einem gemeinsamen Vorsatz und Leistungszielen.

- Engagement zu einem gemeinsamen Arbeitsansatz.

- Wechselseitige Verantwortlichkeit.

Die Größe eines Teams kann durchaus unterschiedlich sein. Die Praxis hat gezeigt, dass die Mitgliederzahl eines Teams zwischen zwei und 25 liegen sollte. Es sollte darauf geachtet werden, dass mit steigender Mitgliederzahl die Ansprüche an die Teamfähigkeit der Teammitglieder steigen. Die optimale Größe eines Projektteams hängt vom jeweiligen Projekt ab und kann nicht pauschal festgelegt werden. Es muss fallbezogen über eine angemessene Dimensionierung des Projektteams entschieden werden, wobei darauf zu achten ist, dass dem Projektverantwortlichen (Projektleiter) die entsprechenden Mittel zur Verfügung gestellt werden.[452]

Das Team sollte so zusammen gesetzt sein, dass sich die Fähigkeiten der einzelnen Mitglieder ergänzen. Es ist darauf zu achten, dass persönliche Differenzen nicht in die Teamarbeit hinein wirken. Es ist daher von Vorteil, schon im Vorfeld zu klären, ob die einzelnen Teammitglieder auch menschlich zueinander passen.

Aufgaben des Projektteams sind vorrangig die Planung, Steuerung und Integration aller Projektarbeiten im Hinblick auf die zügige Erreichung des Projektziels unter Einbindung aller wichtigen Projektparameter (Systemtechnik, Qualität, Sicherheit, Termine, Kosten, Umweltschutz usw.). Die detaillierten Entwicklungs- und Entwurfsarbeiten sind nicht Aufgabe

---

[452] Vgl. *Litke, H.-D.*: Projektmanagement: Methoden, Techniken, Verhaltensweisen, 3. Aufl., München, Wien 1995, S. 186.

des Projektteams, diese sollten in den einzelnen Fachabteilungen vorgenommen werden.[453]

Ein Problem ergibt sich durch die Kompetenzabgrenzung zwischen Projektteam und den einzelnen Fachbereichen. Die Aufgaben der einzelnen Fachbereiche sind immer ausführungsorientiert, während die des Projektteams planungs-[454] und überwachungsorientiert sind.

Madauss grenzt die Aufgaben des Projektteams und der Fachbereiche wie folgt ab.[455]

Projektteam	Fachbereiche
• Zielsetzung • Erstellung von Projektplänen • Systemanalysen und -auslegung • Funktionssicherheitsanalysen • (Gesamtsystem) • Erstellung von Spezifikationen • Erstellung von Pflichtenheften • Terminplanung und -kontrolle • Kostenplanung und -kontrolle • usw.	• Entwurf und Konstruktion • Mathematische Modelle • Analysen • Laborentwicklungen • Musterbau • Fertigungsplanung • Fertigung • Qualitätskontrolle • Testplanung • Funktionstests • Zusammenbau/Integration • Vorrichtungsbau • usw.

Abbildung 83: Aufgabenverteilung Projektteam und Fachbereiche

Neben dem schon beschriebenen Projektleiter sollten ein Projekt-Controller, ein Projektkaufmann sowie verschiedene Teilprojektleiter das Team sinnvoll ergänzen. Diese sollten aus ihren jeweiligen Fachberei-

---

[453] Vgl. *Madauss, B.J.*: Handbuch Projektmanagement, 5. Aufl., Stuttgart 1994, S. 90.

[454] Im Sinne der Termin- und Ablaufplanung.

[455] Vgl. *Madauss, B.J.*: Handbuch Projektmanagement, 5. Aufl., Stuttgart 1994, S. 90.

chen in der Unternehmung wenn möglich ausgegliedert, und für die Dauer des Projekts dem Projektleiter unterstellt werden. Es wird eine sog. Task-force gebildet.[456] Ein Beispiel für die Zusammensetzung eines Projektteams gibt die Abbildung 84.

Abbildung 84: Organigramm für die Projektleitung[457]

Ähnlich wie die Teilbereichsleiter in den Fachbereichen übernimmt im Baugewerbe der Bauleiter die operativen Leitungsfunktionen auf der Baustelle. Er ist dem Projektleiter unterstellt, der ggf. mehrere Baustellenprojekte parallel abwickelt.

Für die Ausführungen in dieser Arbeit sind neben den Aufgaben des Projektleiters besonders die des Projekt-Controllers interessant.[458] Der Projekt-Controller stellt für die wirtschaftliche Planung, Steuerung und Kontrolle der Projekte entscheidungsrelevante Informationen und geeignete und anwendungsgerechte Methoden, Instrumente und Systeme bereit, die nur dann voll zum Tragen kommen, wenn er auch ein geeignet strukturiertes und schnelles Dokumentations- bzw. Berichtssystem für die Projekte installiert hat.

---

[456] Vgl. *Wehler, Th.*: Angebotserstellung und Angebotskalkulation im Anlagenbau, in: *Reschke, H.; Schelle, H.; Schnopp, R.* (Hrsg.): Handbuch Projektmanagement, Bd. 1, Köln 1989, S. 213.

[457] Vgl. *Rinza, P.*: Projektmanagement. Planung, Überwachung und Steuerung von technischen und nichttechnischen Vorhaben, 3. Aufl., Düsseldorf 1994, S. 153.

[458] Auf die genauere Erläuterung der Aufgaben des Projektkaufmanns und der einzelnen Projektleiter wird verzichtet.

Im Einzelnen hat der Projekt-Controller die folgenden Aufgaben:

- Begleitung des (Teil-)Projekts zur geordneten, wirtschaftlichen, transparenten und vollständigen Projektabwicklung mit Hilfe geeigneter Arbeitssysteme.

- Durchführung von Planungsrechnungen, Soll-Ist-Vergleichen und rechnerische Darstellung von Trendanalysen für die einzelnen Projekte hinsichtlich Terminen, Leistungsfortschritt, Mitteleinsatz, Risiken, Finanzen und Kosten.

- Entwicklung und Pflege eines für alle Projekte eines Geschäftsbereichs geeigneten, einheitlichen Projekt-Informationssystems (z.B. Formblätter, Berichtswesen, EDV-Unterstützung).

- Überwachung der Anwendung der erforderlichen, bereitgestellten Methoden bzw. des Instrumentariums zur strukturierten Projektabwicklung durch den (Teil-)Projektleiter zur Sicherstellung der Transparenz und aktueller Daten über den Status (d.h.: Termine, Fortschritt, Kosten etc.) unter Einbeziehung des Leistungsstatus bei Subunternehmern bzw. Konsortialpartnern.

- Veranlassung der projektbeteiligten Führungskräfte zur rechtzeitigen Durchführung von

  - Analysen der Planungs-Ausgangssituation (Anfrage, Auftrag),

  - Planungen (Projektstruktur, Organisation, Termine, Mitteleinsatz, Kosten, Liquidität),

  - (Eigen-)Kontrollen (periodisch/ereignisorientiert) und

  - Korrektivmaßnahmen (Steuerung), falls erforderlich.

- Unterstützung bei den einzelnen Planungsaufgaben und Federführung der Gesamtprojektplanung sowie -kontrolle in Zusammenarbeit mit dem (Teil-)Projektleiter.

- Unterstützung der Teil- bzw. Fachprojektleiter und Abteilungsleiter bei der (Strukturierung der) Angebots- und Auftragskalkulation sowie der mit- und nachlaufenden Kalkulation gemeinsam mit dem Projektkaufmann.

- Sicherstellen einer geordneten und vollständigen internen Projektdokumentation.

- Informationszentrum für Status und Trend jedes von ihm betreuten Projekts.

Der Projekt-Controller trägt die persönliche Verantwortung für die Sicherstellung der Transparenz des Projektgeschehens und für die bestmögliche Nutzung des von ihm bereitzustellenden und zu pflegenden Instrumentariums.[459] Um diesen Anforderungen gerecht werden zu können, muss der Projekt-Controller mit den dafür erforderlichen Kompetenzen ausgestattet sein. Er muss bei der Auswahl des Personals für das Projekt-Controlling verantwortlich sein sowie bei allen Termin-, Kosten- und Vertragsverhandlungen ein Mitspracherecht haben. Die alleinige Weisungsbefugnis im Bereich des Projekt-Controlling muss in seiner Hand liegen.[460]

3.2.2.1.3.4 Projektziele

Die Festlegung der Projektziele ist ein wichtiger Bestandteil der Projektvorbereitungsphase. In der DIN 69901 werden Projektziele „als nachzuweisendes Ergebnis und vorgegebene Randbedingungen der Gesamtaufgabe eines Projektes" definiert.[461] Sie müssen operational, realisierbar, quantifizierbar und erreichbar sein und während der Planung ständig weiter verfeinert werden. Dabei ist zu beachten, dass viele Ziele gleichzeitig nur selten in vollem Umfang zu realisieren sind (magisches Dreieck).[462] Ziele sollen Kontroll-, Orientierungs-, und Koordinationsfunktionen erfüllen. Sie sollen als Messlatte und Orientierungshilfe dienen, um zu überprüfen, welche Maßnahmen zu treffen sind und ob ein (Teil-)Projekt erfolgreich war. Außerdem sollen sie den Projektmitarbeitern eine einheitliche Richtung weisen. Die einzelnen Tätigkeiten im Unternehmen sollen durch die Zielfestsetzung koordiniert werden und bei Entscheidungen soll die Alternativenauswahl durch die Ziele gesteuert werden. Man kann Ziele in Ergebnis- und Vorgehensziele unterscheiden. Ergebnisziele definieren nur die erwarteten Ergebnisse, während Vorgehensziele eine bestimmte Art des Vorgehens favorisieren (z.B. Beteiligung bestimmter Personengruppen an einem Projekt).[463]

---

[459] Vgl. *Andreas, D.; Rademacher, G.; Sauter, B.*: Projekt-Controlling und Projekt-Management im Anlagen- und Systemgeschäft, 5. Aufl., Frankfurt a.M. 1992, S. 15.

[460] Vgl. *Madauss, B.J.*: Handbuch Projektmanagement, 5. Aufl., Stuttgart 1994, S. 95.

[461] Vgl. DIN-Norm 69901: Projektmanagement, Begriffe, in: DIN Taschenbuch 166, Informationsverarbeitung 4, Berlin, Köln 1981, S. 311ff.

[462] Vgl. *Grau, N.*: Projektziele, in: *RKW* (Hrsg.): Projektmanagement Fachmann, Bd. 1, 6. Aufl., Eschborn 2001, S. 151-184, hier: S. 153.

[463] Vgl. *Litke, H.-D.*: Projektmanagement: Methoden, Techniken, Verhaltensweisen, 3. Aufl., München, Wien 1995, S. 32.

Ein entscheidendes Problem ist die Auswahl der richtigen Ziele. Hierbei kann eine systemorientierte Problem- oder Situationsanalyse helfen.[464] Diese Analyse umfasst folgende Tätigkeiten:[465]

- Genaue Abgrenzung von System und Umwelt.

- Strukturierung des Betrachtungsbereichs.

- Klären von Bedürfnissen, Chancen und unbefriedigenden Situationen.

- Analyse externer Einflussfaktoren.

- Feststellung des Gestaltungsspielraums.

Bei einem externen Projekt können die Ziele aus dem Anforderungskatalog (Lasten- bzw. Pflichtenheft) abgeleitet werden, der vom Auftraggeber bzw. Auftragnehmer erstellt wird.[466]

Der Aufbau eines inhaltlich und zeitlich differenzierten Zielsystems ist Aufgabe des Controlling. Im Rahmen des Zielsystems haben die Ziele eine hierarchische Ordnung. Hier können mehrere Ebenen entwickelt werden, um die Übersicht und Handhabung zu erleichtern. Auf der ersten Ebene können z.B. die Systemziele mit allgemeiner Gültigkeit stehen und auf der zweiten Ebene die Teilziele mit begrenzter Auswirkung. Auf der untersten Ebene stehen dann die operativen Ziele mit nur punktuellem Charakter.[467] Zu beachten ist hierbei, dass die verschiedenen Zielfaktoren in einem gewissen Widerspruch stehen können. Zielkonflikte zwischen Muss-Zielen, die sich gegenseitig ausschließen, müssen eliminiert werden. Muss-Ziele sind Ziele, die unbedingt erreicht werden müssen (kritische Ziele). Sie werden abgegrenzt von den Wunsch-Zielen, die bei Erreichung positiv beurteilt werden.[468]

---

[464] Vgl. *Reschke, H.; Svoboda, M.:* Projektmanagement - Konzeptionelle Grundlagen, Beiträge der Artikelreihe, in: Frankfurter Allgemeine Zeigung (Hrsg.): Blick durch die Wirtschaft, Juni und Juli, 1983.

[465] Vgl. *Kummer, W.; Spühler, R.; Wyssen, R.:* Projektmanagement. Leitfaden zu Methode und Teamführung in der Praxis, Zürich 1986.

[466] Vgl. *Burghardt, M.:* Projektmanagement, 2. Aufl., Berlin, München 1993, S. 42.

[467] Vgl. *Aggteleky, B.:* Zielplanung, in: *Reschke, H.; Schelle, H.; Schnopp, R.* (Hrsg.): Handbuch Projektmanagement, Bd. 1, Köln 1989, S. 81-123, hier: S. 95.

[468] Vgl. *Litke, H.-D.:* Projektmanagement: Methoden, Techniken, Verhaltensweisen, 3. Aufl., München, Wien 1995, S. 33.

3.2.2.1.3.5 Projektstrukturierung und Projektstrukturplan

Nachdem die organisatorischen Fragen und Zielsetzungen innerhalb eines Projekts geklärt sind, erfolgt die Projektstrukturplanung. Hiermit ist vor allem die Feststellung des Leistungsumfangs gemeint, die abhängig von der Art eines Projekts sowie den Vorstellungen und Erwartungen der Projektbeteiligten ist. Unabhängig von der Genauigkeit der Zielvorstellungen, muss in jedem Fall eine verbindliche Auflistung der Forderungen von Auftraggeber und Auftragnehmer, am besten in Form eines Lasten- und Pflichtenhefts, existieren.

Bei einem externen Projekt können die Ziele aus dem Anforderungskatalog (Lastenheft) abgeleitet werden, der vom Auftraggeber erstellt wird. Das Lastenheft muss in ein Pflichtenheft überführt werden, in welchem die technische Umsetzung der Anforderungen durch das Projektteam festgelegt wird.[469] Das Lastenheft enthält alle Anforderungen des Auftraggebers und der zukünftigen Nutzer des Projektergebnisses hinsichtlich Zielen, Liefer- und Leistungsumfang und Randbedingungen (vgl. Abbildung 85).

Das Pflichtenheft (vgl. Abbildung 86) beschreibt die Realisierung aller Anforderungen des Lastenhefts. Im Pflichtenheft werden die Anforderungen detailliert, auf die wirtschaftliche und technische Machbarkeit hin geprüft und das Grobkonzept der Realisierung festgelegt.[470] Hier wird also die Auftragnehmerseite betrachtet.

Das Pflichtenheft enthält eine bindende vertragliche Beschreibung des Liefer- und Leistungsumfangs. Alle vorhergehenden Dokumente (Anfragen, mögliche Angebote, evtl. Besprechungsprotokolle) verlieren mit der Annahme des Pflichtenhefts durch Auftraggeber und -nehmer ihre Gültigkeit. Es bildet die Grundlage für die Realisierung eines Projekts und damit auch für dessen Planung.

Ein Pflichtenheft muss alle zur Verwirklichung einer adäquaten Lösung notwendigen Informationen liefern, und außerdem bei der Abnahme eine eindeutige Aussage erlauben, ob das Projektziel erreicht wurde.[471]

Wichtige Bestandteile des Pflichtenhefts sind die inhaltliche Beschreibung der fachlichen und technischen Lösungen (Elementarfunktionen, Leistungsbeschreibungen, Schnittstellen etc.), Installations-, Betriebs-

---

[469] Vgl. *Burghardt, M.*: Projektmanagement, 2. Aufl., Berlin, München 1993, S. 42.

[470] Vgl. *Platz, J.*: Projektstart, in: *RKW* (Hrsg.): Projektmanagement Fachmann, Bd. 2, 6. Aufl., Eschborn 2001, S. 1053-1080, hier: S. 1065.

[471] Vgl. *Schmitz, H.; Windhausen, P.M.*: Projektplanung und Projektcontrolling: Planung und Überwachung von besonderen Vorhaben, 3. Aufl., Düsseldorf 1986, S. 50.

und Abnahmebedingungen, Vereinbarungen zu Wartungen und Störfällen, festgelegte Termin-, Ressourcen- und Kostenpläne sowie Konstruktionsrichtlinien und Vertragsgrundlagen.[472]

Das Lastenheft			
1 **Überblick über das Projekt**		**7** **Anforderungen an die Qualität**	
1.1	Veranlassung	7.1	Qualitätsmerkmale
1.2	Einbettung in die Strategie	7.2	Qualitätssicherung
1.3	Zielsetzung	7.3	Qualitätsnachweis
1.4	Technische Zusammenhänge	**8**	**Inbetriebnahme und Betrieb**
1.5	Organisatorische Einbettung	8.1	Dokumentation
1.7	Eckdaten des Projekts	8.2	Schulung
2	**Ist-Situation**	8.3	Montage
2.1	Technischer Prozess	8.4	Inbetriebnahme
2.2	Vorhandene Systeme	8.5	Abnahme
2.3	Organisation	8.6	Betrieb und Bedienung
2.4	Mengengerüst	8.7	Instandhaltung
3	**Schnittstellen**	**9**	**Umweltschutz + Außerbetriebnahme**
3.1	Äußere Schnittstellen	**10**	**Projektabwicklung**
3.2	Bedienungs-Schnittstellen	10.1	Projektorganisation
3.3	Innere Schnittstellen	10.2	Projektplanung und -überwachung
4	**Soll-Zustand**	10.3	Personal
4.1	Übersicht Aufgabenstellung	10.4	Lieferanten und Verträge
4.2	Projektziele	10.5	Änderungen
4.3	Detaillierte Aufgabenstellung	**A**	**Anhang**
4.4	Abläufe	A1.	Begriffe und Definitionen
4.5	Mengengerüst	A2.	Gesetze, Normen, Richtlinien
4.6	Ausbaustufen	A3.	Konstruktionsrichtlinien
5	**Anforderungen an die Technik**	A4.	Vertragsgrundlagen
6	**Randbedingungen**		
6.1	Genehmigungswesen		
6.2	Gesetze und Richtlinien		

Abbildung 85: Gliederung eines Lastenhefts[473]

---

[472] Zum Teil existieren für die Formulierung von Pflichtenheften standardisierte Anforderungs- und Stichwortkataloge, wie z.b. das technische CECOMAF-Blatt GT3 003 für die Ausrichtung von Angeboten zu Kälteanlagen. Vgl. *Andreas, D.; Rademacher, G.; Sauter, B.*: Projekt-Controlling und Projekt-Management im Anlagen- und Systemgeschäft, 5. Aufl., Frankfurt a.M. 1992, S. 120.

[473] Entnommen aus *Platz, J.*: Projektstart, in: *RKW* (Hrsg.): Projektmanagement Fachmann, Bd. 2, 6. Aufl., Eschborn 2001, S. 1053-1080, hier: S. 1064.

Das Pflichtenheft			
11	Fachliche/Technische Lösung	19	Projektkalkulation
11.1	Kurzbeschreibung	19.1	Kosten
11.2	Zusammenhang	19.2	Investitionen
11.3	Anlagenstruktur und Installationsbedingungen	19.3	Unteraufträge
11.4	Schnittstellendefinitionen	19.4	Betriebskosten
11.5	Dokumentenplan	19.5	Wirtschaftlichkeitsrechnung
11.6	Störfallanalyse	19.6	Mittelabflussplanung
12	Komponentenbeschreibung	20	Projektplanung und -überwachung
13	Genehmigungsergebnisse	20.1	Terminplan
14	Logistik	20.2	Meilenstein-Entscheidungsplan
15	Test und Abnahme	20.3	Kapazitäts-Einsatzplanung
15.1	Testkonzept	20.4	Berichtsplan
15.2	Testvorbereitung, Durchführung	A	Anhang
16	Inbetriebnahme und Betrieb	A1.	Begriffe und Definitionen
16.1	Betriebs- und Abnahmebedingungen	A2.	Gesetze, Normen, Richtlinien
16.2	Personal und Schulung	A3.	Konstruktionsrichtlinien
16.3	Organisatorische Einbindung	A4.	Vertragsgrundlagen
17	Wartung und Störfälle		
18	Ausschreibung und Lieferanten		
18.1	Ausschreibungsart/Veröffentlichung		
18.2	Lieferantenauswahl-Kriterien (Präqualifikation)		
18.3	Vorbereitung Leistungsverzeichnis		
18.4	Vorbereitung Ausschreibung		

Abbildung 86: Gliederung eines Pflichtenhefts[474]

Eine besondere Aufmerksamkeit sollte der Definition von Schnittstellen im Pflichtenheft zukommen. Hierbei handelt es sich vor allem um die Komponenten, die vom Auftraggeber zur Verfügung gestellt bzw. jene die von Subunternehmern oder Konsortialpartnern bereitgestellt werden.

Ist der Leistungsumfang soweit festgestellt, kann mit der Strukturierung eines Projekts begonnen werden. Diese Aufgabe wird mit Hilfe des Projektstrukturplans erfüllt. Die Aufgabe des Projektstrukturplans ist die Ermittlung des vollständigen, für den Projekterfolg erforderlichen Arbeitsvo-

---

[474] Entnommen aus *Platz, J.*: Projektstart, in: *RKW* (Hrsg.): Projektmanagement Fachmann, Bd. 2, 6. Aufl., Eschborn 2001, S. 1053-1080, hier: S. 1065. Weitere Beispiele sind zu finden bei *Schmitz, H.; Windhausen, P.M.*: Projektplanung und Projektcontrolling: Planung und Überwachung von besonderen Vorhaben, 3. Aufl., Düsseldorf 1986, S. 51.

lumens und dessen Aufteilung in sinnvolle Arbeitspakete.[475] Je früher der Zeitpunkt der Projektstrukturplanung in der Angebotsabwicklungsphase liegt, desto gröber wird der Projektstrukturplan ausfallen. Im Zeitverlauf bis hin zur Projektabwicklungsphase erfolgt die Strukturierung immer detaillierter.

Die Aufgliederung des Projektstrukturplans (vgl.Abbildung 87) erfolgt über mehrere Ebenen hinweg,[476] zunächst in große Teilaufgaben und dann immer tiefgreifender, bis die jeweiligen Teilaufgaben soweit gegliedert sind, dass abgeschlossene, genau definierte Aufgaben vorliegen, die vollständig an eine Arbeitsgruppe oder Abteilung vergeben werden können. Diese untersten Gliederungsteile heißen Arbeitspakete bzw. Vorgänge.[477]

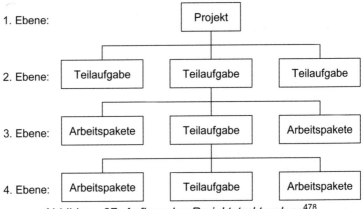

Abbildung 87: Aufbau des Projektstrukturplans[478]

Die einzelnen Arbeitspakete können auf jeder Ebene auftreten. Sie sind nicht weiter sinnvoll aufteilbar. Idealerweise sind sie von einer kleinen Gruppe zu verrichten.[479] Alle Arbeitspakete zusammen beinhalten den

---

[475] Vgl. *Platz, J.*: Produkt- und Projektstrukturpläne als Basis der Strukturplanung, *Reschke, H.; Schelle, H.; Schnopp, R.* (Hrsg.): Handbuch Projektmanagement, Bd. 1, Köln 1989, S. 227-259, hier: S. 232.

[476] Vgl. *Krüger, A.; Schmolke, G.; Vaupel, R.*: Projektmanagement als kundenorientierte Führungskonzeption, Stuttgart 1999, S. 72.

[477] Vgl. *Rinza, P.*: Projektmanagement. Planung, Überwachung und Steuerung von technischen und nichttechnischen Vorhaben, 3. Aufl., Düsseldorf 1994, S. 38.

[478] Entnommen aus *Rinza, P.*: Projektmanagement. Planung, Überwachung und Steuerung von technischen und nichttechnischen Vorhaben, 3. Aufl., Düsseldorf 1994, S. 39.

[479] Vgl. *Krüger, A.; Schmolke, G.; Vaupel, R.*: Projektmanagement als kundenorientierte Führungskonzeption, Stuttgart 1999, S. 72.

gesamten Leistungsumfang eines Projekts.[480] Aus dem Projektstrukturplan wird der exakte Organisationsplan der Aufbauorganisation mit den entsprechenden Verantwortlichkeiten entwickelt, wobei phasenbezogene Änderungen der Organisation bereits berücksichtigt werden.[481]

Der Projektstrukturplan hat eine große Bedeutung. Er bildet die Grundlage für alle weiteren Planungen. Bei der praktischen Erstellung eines Strukturplans stellt sich die Frage nach der optimalen Gliederungstiefe. Wird zu genau strukturiert, wird der Plan zu komplex und verliert die Übersichtlichkeit. Andererseits ist eine zu grobe Strukturierung auch nicht sinnvoll, da ggf. einige Aktivitäten fehlen können. Es ist ein Mittelweg zu finden, der sicher oft auch auf Erfahrungswerten basiert. In Unternehmen, in denen häufig ähnliche Entwicklungen in Form von Projekten durchgeführt werden, bietet es sich daher an, Standard-Projektstrukturpläne zu entwerfen. Diese müssen bei einem neuen Projekt dann nur noch auf dessen Besonderheiten zugeschnitten werden.[482]

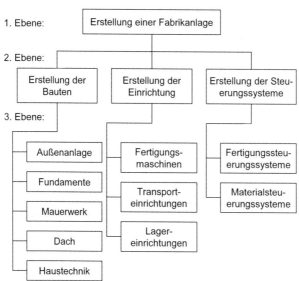

Abbildung 88: Objektorientierter Projektstrukturplan[483]

---

[480] Vgl. *Madauss, B.J.*: Handbuch Projektmanagement, 5. Aufl., Stuttgart 1994, S. 199.

[481] Vgl. *Hügler, G.L.*: Controlling in Projektorganisationen, München 1988, S. 155.

[482] Vgl. *Burghardt, M.*: Projektmanagement, 2. Aufl., Berlin, München 1993, S. 122.

[483] In Anlehnung an *Heeg, F.-J.*: Projektmanagement, 2. Aufl., München 1993, S. 206.

Der Projektstrukturplan erfüllt die folgenden Funktionen:[484]

- Erkennen von Unklarheiten der Zieldefinition.

- Schaffen von Transparenz im Projekt. Das Projekt wird durch die eindeutige Arbeitspaketstruktur überschaubarer.

- Schaffen der Voraussetzungen für eine zielgerichtete Projektplanung und -steuerung.

- Erkennen und Eingrenzen der technischen und wirtschaftlichen Risiken eines Projekts.

- Erkennen der Schwerpunktaufgaben.

- Abgrenzen definierter Verantwortungsbereiche der Projektabwicklung.

- Zuordnung aller Aufgaben zu Aufgabenträgern.

- Schaffen der Voraussetzungen für eine effektive Koordination aller beteiligten Stellen im Projektablauf.

- Erkennen notwendiger Ressourcen und Spezialkenntnisse.

Der Projektstrukturplan kann nach unterschiedlichen Gesichtspunkten gegliedert werden.[485] Bei der funktionsorientierten Gliederung (vgl. Abbildung 89) werden die zur Projektrealisierung erforderlichen Funktionen soweit wie möglich verrichtungsorientiert untergliedert. Bei der objektorientierten Gliederung[486] (vgl. Abbildung 88) werden je nach technischer Struktur alle zum Projekt gehörenden Untersysteme in Baugruppen und Bauteile unterteilt.[487] Erfolgt die Aufstellung des Projektstrukturplans nach den einzelnen Projektphasen, spricht man von einem phasenorientierten oder auch ablauforientierten Strukturplan.[488] Bei dieser

---

[484] Vgl. *Platz, J.*: Produkt- und Projektstrukturpläne als Basis der Strukturplanung, *Reschke, H.; Schelle, H.; Schnopp, R.* (Hrsg.): Handbuch Projektmanagement, Bd. 1, Köln 1989, S. 227-259, hier: S. 242.

[485] Vgl. *Kessler, H.; Winkelhofer, G.*: Projektmanagement, 3. Aufl., Berlin, Heidelberg 2002, S. 236; *Wischnewski, E.*: Aktives Projektmanagement für das Bauwesen, Braunschweig, Wiesbaden 1997, S. 113.

[486] Auch Komponentenorientierung genannt.

[487] Vgl. *Krüger, A.; Schmolke, G.; Vaupel, R.*: Projektmanagement als kundenorientierte Führungskonzeption, Stuttgart 1999, S. 72.

[488] Vgl. *Wischnewski, E.*: Aktives Projektmanagement für das Bauwesen, Braunschweig, Wiesbaden 1997, S. 113.

Möglichkeit spiegeln die oberste Ebene die Prozessabschnitte und die unteren Ebenen die Prozessschritte wider.

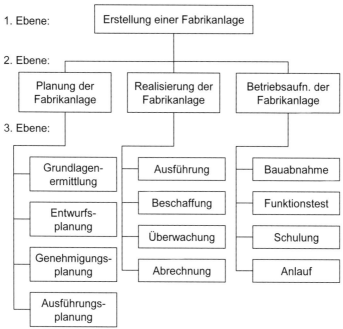

Abbildung 89: Funktionsorientierter Projektstrukturplan[489]

Trennt man die ersten beiden Gliederungsvarianten konsequent, so wird man schnell auf Schwierigkeiten stoßen. Mit einer rein objektorientierten Strukturierung lassen sich die Teilaufgaben, die sich auf den Projektgegenstand als Ganzes oder Untersysteme höherer Gliederungsebenen beziehen (z.B. Gesamtkonzeption, Marktuntersuchungen, Bau von Testeinrichtungen und Prototypen) nicht erfassen. Eine rein funktionsorientierte Strukturierung ist ebenfalls nicht zweckmäßig, da es Funktionen gibt, die sich auf unterschiedliche Teilumfänge bzw. Komponenten des Projektgegenstands beziehen.[490]

In Abwägung der Vor- und Nachteile der objekt- und funktionsorientierten Projektstrukturpläne sollte eine Mischform der beiden Arten gewählt werden. Es hat sich dabei in der Praxis als zweckmäßig erwiesen, in den

---

[489] In Anlehnung an *Heeg, F.-J.*: Projektmanagement, 2. Aufl., München 1993, S. 207.

[490] Vgl. *Hügler, G.L.*: Controlling in Projektorganisationen, München 1988, S. 155.

höheren Ebenen eine Baugruppengliederung zu bevorzugen, während in den unteren Ebenen funktionsorientiert gegliedert wird (vgl. Abbildung 90).

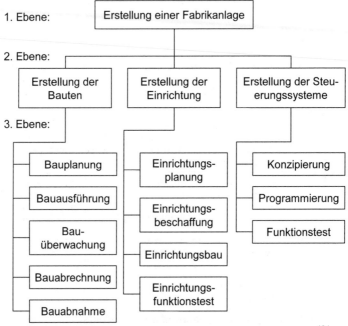

Abbildung 90: Gemischtorientierter Projektstrukturplan[491]

Der Projektstrukturplan ist das zentrale Ordnungsinstrument für die Planung und Realisierung von Projekten. Er wird deshalb auch als der „Plan der Pläne"[492] bezeichnet. Er bildet sowohl die Grundlage für die organisatorischen Prozesse als auch für fast alle nachfolgenden Planungs- und Steuerungsaufgaben im Rahmen des Projektmanagements:[493]

- Auf der Grundlage des Projektstrukturplans wird die zeitliche Reihenfolge der einzelnen Arbeitspakete festgelegt (Projektablaufplanung), der Kapazitätsbedarf geschätzt und die Grobterminierung eines Projekts vorgenommen.

---

[491] In Anlehnung an *Heeg, F.-J.*: Projektmanagement, 2. Aufl., München 1993, S. 208.

[492] *Platz, J.*: Produkt- und Projektstrukturpläne als Basis der Strukturplanung, *Reschke, H.; Schelle, H.; Schnopp, R.* (Hrsg.): Handbuch Projektmanagement, Bd. 1, Köln 1989, S. 227-259, hier: S. 232.

[493] Vgl. *Hügler, G.L.*: Controlling in Projektorganisationen, München 1988, S. 157.

- Aufgrund der Zerlegung in Teilaufgaben und Arbeitspakete wird die Bestimmung von Einzelaktivitäten erleichtert.

- Der Projektstrukturplan bildet die Grundlage für die Identifizierung und Analyse risikoreicher Arbeitspakete.

- Das Ordnungsschema des Projektstrukturplans wird auf das Informations- und Berichtswesen übertragen.

- Der Projektstrukturplan ermöglicht eine arbeitspaketbezogene Kostenplanung und Kontrolle. Die Arbeitspakete können dabei als Unterkostenträger angesehen werden.

- Werden in einer Unternehmung häufig Projekte mit gleichen oder ähnlichen Teilaufgaben abgewickelt, so können in speziellen Datenbanken technische, terminliche und kostenbezogene Erfahrungswerte für die Planung zukünftiger Projekte festgehalten werden.

Erst nach der vollständig abgeschlossenen Entwicklung des Projektstrukturplans kann mit der Definition von Arbeitspaketen begonnen werden. Jedes Arbeitspaket stellt eine echte Aufgabe im Sinne von Arbeit dar.[494] Die DIN 69901 definiert das Arbeitspaket als „Teil des Projektes, der im Projektstrukturplan nicht weiter aufgegliedert ist und auf einer beliebigen Gliederungsebene liegen kann."[495]

Ein Arbeitspaket ist eine in sich geschlossene Arbeitsmenge mit einem vordefinierten, eindeutigen und nachweisbaren Ergebnis.[496] Es sollte darauf geachtet werden, die Arbeitspakete so zu trennen, dass möglichst wenig wechselseitige Abhängigkeiten zwischen ihnen bestehen, und dass jedes Arbeitspaket weitgehend unabhängig von anderen Arbeitspaketen bearbeitet werden kann.[497]

Die Arbeitspaketdefinition im Projektstrukturplan enthält normalerweise die eindeutige Identifizierung eines Arbeitspakets durch eine Arbeitspaketnummer und die möglichst in Tätigkeitsform ausgedrückte Beschreibung des Arbeitspaketinhalts. Zusätzlich ist eine detaillierte und eindeu-

---

[494] Vgl. *Madauss, B.J.*: Handbuch Projektmanagement, 5. Aufl., Stuttgart 1994, S. 199.

[495] DIN-Norm 69901: Projektmanagement, Begriffe, in: DIN Taschenbuch 166, Informationsverarbeitung 4, Berlin, Köln 1981, S. 311ff.

[496] Vgl. *Platz, J.*: Produkt- und Projektstrukturpläne als Basis der Strukturplanung, *Reschke, H.; Schelle, H.; Schnopp, R.* (Hrsg.): Handbuch Projektmanagement, Bd. 1, Köln 1989, S. 227-259, hier: S. 244.

[497] Vgl. *Rinza, P.*: Projektmanagement. Planung, Überwachung und Steuerung von technischen und nichttechnischen Vorhaben, 3. Aufl., Düsseldorf 1994, S. 42.

tige Beschreibung des Arbeitspakets notwendig, um Einzelaufgaben im Projekt delegieren bzw. Aufträge an Dritte vergeben zu können, und um Missverständnissen bei der Projektabwicklung vorzubeugen.[498] Die Arbeitspaketbeschreibung gleicht einer „Mini-Leistungsbeschreibung."[499] Die Arbeitspaketbeschreibung sollte auf einem Formblatt festgehalten werden, dessen Inhalt oft schrittweise aufgebaut wird. Die Abbildung 91 zeigt ein einfaches Beispiel für ein solches Formular.

Arbeitspaket		
Teilprojekt:	Arbeitspaket-Nummer:	Datum: Version:
Leistungsbeschreibung:		
Ergebnis:		
Voraussetzungen:		
Aktivitäten:		
Erforderliche Zulieferer:		
Verantwortlich:		
Aufwand: Plan:_____ Aktuell:_____	Beteiligte Mitarbeiter: _____ _____ _____ _____	Endtermin: Plan:_____ Aktuell:_____ Starttermin:_____

Abbildung 91: Arbeitspaketformular[500]

---

[498] Vgl. *Platz, J.*: Produkt- und Projektstrukturpläne als Basis der Strukturplanung, *Reschke, H.; Schelle, H.; Schnopp, R.* (Hrsg.): Handbuch Projektmanagement, Bd. 1, Köln 1989, S. 227-259, hier: S. 245.

[499] *Madauss, B.J.*: Handbuch Projektmanagement, 5. Aufl., Stuttgart 1994, S. 200.

[500] Entnommen aus *Platz, J.*: Produkt- und Projektstrukturpläne als Basis der Strukturplanung, *Reschke, H.; Schelle, H.; Schnopp, R.* (Hrsg.): Handbuch Projektmanagement, Bd. 1, Köln 1989, S. 227-259, hier: S. 245.

Die Größe (Aufwand, Dauer) eines Arbeitspakets richtet sich nach der Feinheit der Planung und Steuerung und ist stark vom Risiko eines Projekts abhängig. Routinearbeiten können in größere Arbeitspakete zerlegt werden als risikoreiche Projektaufgaben, die detailliert betrachtet werden müssen.[501] Für jedes Arbeitspaket muss es genau eine verantwortliche Stelle geben. Andererseits kann eine Abteilung bzw. eine Gruppe für mehrere Arbeitspakete verantwortlich sein.[502]

Damit die einzelnen Strukturelemente und Arbeitspakete eindeutig identifizierbar sind, müssen diese geschlüsselt werden. Identifizierende numerische und alphanumerische Schlüssel werden unabhängig vom Sachinhalt vergeben. Die erste Stelle des Schlüssels steht dabei für die erste Strukturebene, die zweite repräsentiert die zweite Ebene usw. Die Abbildung 92 soll dies verdeutlichen.

Die Elemente jeder Ebene werden mit laufenden Nummern versehen. Diese vertikalhorizontale Nummerierung identifiziert jedes Element eindeutig und zeigt seine Stellung in der Struktur.[503] Neben dem identifizierenden Schlüssel gibt es den klassifizierenden Schlüssel. Hierbei wird durch den Schlüssel mindestens ein wesentliches Merkmal eines Strukturelements (z.B. Zugehörigkeit zu einer Phase, Abteilung etc.) ausgedrückt. Die systemorientierte Klassifikation zeigt z.B. das System selbst, die Lebensphase des Systems, des Subsystems oder eine Baugruppe. Die projektorientierte Klassifikation kann die Projektkennung, das Teilprojekt, den Meilenstein usw. kenntlich machen.[504] Über den Projektstrukturplan-Schlüssel als integrierenden Projektkode lassen sich andere Kodierungen, z.B. die Dokumentationsnummern, der Kostenschlüssel oder die Gerätebezeichnung vereinigen.

---

[501] Vgl. *Platz, J.*: Produkt- und Projektstrukturpläne als Basis der Strukturplanung, *Reschke, H.; Schelle, H.; Schnopp, R.* (Hrsg.): Handbuch Projektmanagement, Bd. 1, Köln 1989, S. 227-259, hier: S. 246.

[502] Vgl. *Madauss, B.J.*: Handbuch Projektmanagement, 5. Aufl., Stuttgart 1994, S. 200ff.

[503] Vgl. *Andreas, D.; Rademacher, G.; Sauter, B.*: Projekt-Controlling und Projekt-Management im Anlagen- und Systemgeschäft, 5. Aufl., Frankfurt a.M. 1992, S. 67; *Platz, J.*: Produkt- und Projektstrukturpläne als Basis der Strukturplanung, *Reschke, H.; Schelle, H.; Schnopp, R.* (Hrsg.): Handbuch Projektmanagement, Bd. 1, Köln 1989, S. 227-259, hier: S. 256.

[504] Vgl. *Platz, J.*: Produkt- und Projektstrukturpläne als Basis der Strukturplanung, *Reschke, H.; Schelle, H.; Schnopp, R.* (Hrsg.): Handbuch Projektmanagement, Bd. 1, Köln 1989, S. 227-259, hier: S. 257.

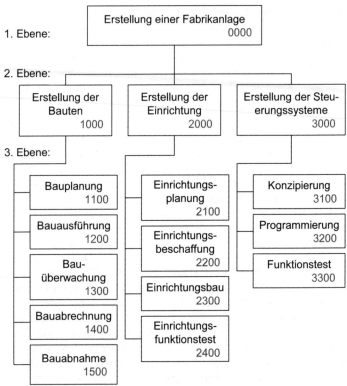

Abbildung 92: Gemischtorientierter Projektstrukturplan mit Schlüsselung

Bei sehr großen, länderübergreifenden Projekten kann der folgende von der ESA im Jahre 1979 entwickelte Projektstrukturplan-Nummernschlüssel eingesetzt werden. Er sieht vor, den Aufbau der Kodierung in vier Blöcke aufzuteilen:[505]

> 1. Block: Gliederung des Hauptprojektstrukturplans (3-stellig)
>
> 2. Block: Hardwaregliederung (3-stellig)
>
> 3. Block: Arbeitspaketcode (2-stellig)
>
> 4. Block: Ländercode (2-stellig)

Da bei unterschiedlichen Projekten die gleichen Tätigkeiten auftreten, ist es vorteilhaft, die verschiedenen Arbeitspakete, die in einem Projekt-

---

[505] Vgl. *Madauss, B.J.*: Handbuch Projektmanagement, 5. Aufl., Stuttgart 1994, S. 202.

strukturplan eines Projekttyps vorkommen, in einer Checkliste zu sammeln. Diese Checkliste kann dann bei nachfolgenden Projekten genutzt werden. Der Planer eines Projekts kann so auf die kumulierten Erfahrungen früherer Projekte zurückgreifen. Für Projekte, die immer wieder gleich ablaufen, kann eine solche Checkliste als Standardstrukturplan angesehen werden. Ein Beispiel für einen solchen Standardstrukturplan ist die DIN 276 für Bauvorhaben. Es darf allerdings nicht übersehen werden, dass für einmalige Projekte Standardstrukturpläne auch hinderlich sein können, da sie die Spezifika der Projekte nicht berücksichtigen und deshalb von wesentlichen Problemen eines Projekts ablenken können.[506]

Bei der Entwicklung eines Projektstrukturplans kommt es immer wieder vor, dass die am Projekt beteiligten Mitarbeiter den einzelnen Elementen des Projektstrukturplans gedanklich unterschiedliche Inhalte zuordnen. Insbesondere wenn die Projektstrukturplanerstellung bereits einige Monate oder Jahre zurück liegt, werden die Projektstrukturplaninhalte oft völlig unterschiedlich interpretiert. Es kann deshalb durchaus geschehen, dass der Auftragnehmer über ein bestimmtes Element völlig andere Vorstellungen hat als der Auftraggeber. Aus diesem Grund ist es sinnvoll, zusätzlich ein dokumentiertes Projektstrukturplan-Inhaltsverzeichnis zu erstellen.[507]

Wichtig bei der Erstellung eines Projektstrukturplans ist die schrittweise Verfeinerung. Mit fortschreitender Planung sollte auch der Strukturplan immer detaillierter werden.[508] Außerdem ist gleichzeitig mit seiner Erstellung auch die Projektorganisation zu betrachten. Jedes genau definierte Arbeitspaket wird, wie oben erwähnt, in die Verantwortung eines Projektmitarbeiters oder eines Teams gelegt.[509] Bereits an dieser Stelle sollte der zeitliche und ressourcenmäßige Aufwand geschätzt werden. Aufgabe des Controlling ist eine Überprüfung dieser Angaben in Bezug auf die Realisierbarkeit.

---

[506] Vgl. *Platz, J.*: Produkt- und Projektstrukturpläne als Basis der Strukturplanung, *Reschke, H.; Schelle, H.; Schnopp, R.* (Hrsg.): Handbuch Projektmanagement, Bd. 1, Köln 1989, S. 227-259, hier: S. 255.

[507] Vgl. *Madauss, B.J.*: Handbuch Projektmanagement, 5. Aufl., Stuttgart 1994, S. 199.

[508] Vgl. *Lachnit, L.*: Controllingkonzeption für Unternehmen mit Projektleistungstätigkeit, München 1994, S. 31.

[509] Vgl. *Krüger, A.; Schmolke, G.; Vaupel, R.*: Projektmanagement als kundenorientierte Führungskonzeption, Stuttgart 1999, S. 72.

3.2.2.1.3.6 Ablauf- und Terminplanung

An die Projektstrukturierung schließt sich, soweit als möglich, die Planung der Termine und Kapazitäten an. Die Planung der Termine und Kapazitäten kann immer nur auf dem derzeitigen Stand des Projektstrukturplans stattfinden. Es ist festzuhalten, dass der Projektstrukturplan sich in einem permanenten Entwicklungsprozess befindet, und dass somit Termine und Kapazitäten für einen längeren Zeitraum immer nur grob geplant werden können. Die jeweilige Feinplanung findet dann immer vor dem jeweiligen Realisierungstermin statt.

Der Projektstrukturplan hat bisher lediglich eine Übersicht über die zu verrichtenden Arbeiten gegeben. Auf dem Projektstrukturplan aufbauend kommen der Termin- und Ablaufplanung folgende Ziele und Aufgaben zu:

- Aufzeigen sämtlicher auszuführender Tätigkeiten (Vorgänge) im Einzelnen in einem noch höheren Detaillierungsgrad.

- Ordnung dieser Vorgänge im Sinne einer Ausführungsreihenfolge.[510] Dazu werden müssen die Arbeitspakete in Tätigkeitsfolgen und -abhängigkeiten aufgegliedert werden.[511]

- Festlegung der Ausführungszeiten für alle Vorgänge; davon ausgehend können evtl. vorhandene zeitliche Spielräume ausgewiesen und diejenigen Vorgänge identifiziert, von deren pünktlicher Durchführung die Einhaltung des Projektendtermins abhängig ist.

Die Ablauf- bzw. Terminplanung liefert gewissermaßen den Fahrplan für die Projektdurchführung.[512] Außerdem bildet sie die Grundlage für eine detaillierte Kosten- und Kapazitätsplanung.[513]

Die Grundelemente zur Beschreibung des Projektablaufs sind Vorgang, Ereignis und Anordnungsbeziehung. Diese Begriffe sind in der DIN 69900 folgendermaßen definiert:[514]

---

[510] Vgl. *Steinbuch, P.A.*: Projektorganisation und Projektmanagement, Ludwigshafen 1998, S. 130ff.

[511] Vgl. *Litke, H.-D.*: Projektmanagement: Methoden, Techniken, Verhaltensweisen, 3. Aufl., München, Wien 1995, S. 104.

[512] Vgl. *Müller, D.*: Methoden der Ablauf- und Terminplanung von Projekten, in: *Reschke, H.; Schelle, H.; Schnopp, R.* (Hrsg.): Handbuch Projektmanagement, Bd. 1, Köln 1989, S. 263-312, hier: S. 264.

[513] Vgl. *Madauss, B.J.*: Handbuch Projektmanagement, 5. Aufl., Stuttgart 1994, S. 202.

[514] DIN-Norm 69900: Netzplantechnik, Teil 1 und 2, Begriffe, in: DIN Taschenbuch 166, Informationsverarbeitung 4, Berlin Köln, 1981.

• Vorgang: Ablaufelement, das ein bestimmtes Geschehen beschreibt. Hierzu gehört auch, dass Anfang und Ende definiert sind.

• Ereignis: Ablaufelement, welches das Eintreten eines bestimmten Zustands beschreibt.

• Anordnungsbeziehung: Quantifizierbare Abhängigkeit zwischen Ereignissen und Vorgängen.

Der letzte Begriff resultiert aus der Tatsache, dass die Vorgänge nicht in beliebiger Reihenfolge ausgeführt werden können. Zwischen den meisten Vorgängen besteht eine technische bzw. inhaltliche Abhängigkeit. Diese besteht darin, dass verschiedene Vorgänge als Vorgänger bzw. Nachfolger anderer vorausgesetzt werden.[515] So sind z.B. die Bauarbeiten von der Baugenehmigung abhängig.

Voraussetzung für die Terminplanung ist die Erstellung der Projektablaufstruktur. Hierbei werden zuerst alle Arbeitspakete in Vorgänge aufgeteilt, mit denen die in den Arbeitspaketbeschreibungen geforderten Leistungen erreicht werden sollen. Danach wird unter Berücksichtigung der einzelnen Anordnungsbeziehungen zwischen den Vorgängen die Struktur der optimalen Aufeinanderfolge der einzelnen Vorgänge bestimmt. Anschließend werden die einzelnen Vorgangszeiten festgelegt und mit Hilfe von Zeitplanungsverfahren die vorläufigen Terminpläne erstellt. Vorläufig sind diese deshalb, weil noch keine Kapazitäts- und Finanzmittelbeschränkungen und noch keine Kostenaspekte berücksichtigt sind.[516] Die Zeit, die für eine Tätigkeit beansprucht wird, ist auch immer von der zur Verfügung stehenden Kapazität abhängig. Es sollte deshalb schon in einem frühen Stadium entschieden werden, ob die Kapazitäten begrenzt zur Verfügung stehen, oder ob im Bedarfsfall flexibel reagiert werden kann.[517]

Ablaufpläne können in vorgangsorientierte und ereignisorientierte Ablaufpläne unterteilt werden. Vorgangsorientierte Ablaufpläne dienen vornehmlich den ausführenden Projektbeteiligten, während ereignisorientierte Ablaufpläne hauptsächlich bei den projektüberwachenden Stellen eingesetzt werden. Gemischtorientierte Ablaufpläne können zwar den ausführenden Stellen sehr nützlich sein, werden aber in der Praxis nur selten verwendet.

---

[515] Vgl. *Heeg, F.-J.*: Projektmanagement, 2. Aufl., München 1993, S. 211.

[516] Vgl. *Hügler, G.L.*: Controlling in Projektorganisationen, München 1988, S. 174.

[517] Vgl. *Litke, H.-D.*: Projektmanagement: Methoden, Techniken, Verhaltensweisen, 3. Aufl., München, Wien 1995, S. 112.

Die Methoden für die Termin- und Ablaufplanung sind vom Controlling bereitzustellen. Folgende Verfahren können angewandt werden:

- Terminplan

- Balkenplantechnik

- Netzplantechnik

- Meilensteinplantechnik

- Transplantechnik

3.2.2.1.3.6.1 Terminliste

Die Terminliste ist eine einfache Auflistung aller Aktivitäten mit den geschätzten Dauern sowie den Start- und Endterminen für jede Aktivität. Sie sollte folgende Spalten enthalten: Vorgang, Dauer mit Zeiteinheit, frühester bzw. spätester Anfangs- und Endtermin sowie Gesamtpuffer in Tagen.[518] Die Zeiteinheit ist üblicherweise Arbeitsstunden oder Arbeitstage. Die Endtermine errechnen sich wie folgt:

$$Endtermin = Anfangstermin + Vorgangsdauer$$

Diese Art der Terminplanung bereitet nur einen geringen Arbeitsaufwand und ist sehr kostengünstig; allerdings ist dieses Verfahren bei alleiniger Anwendung nur für sehr übersichtliche Projekte geeignet, deren einzelne Vorgänge nur sehr gering miteinander verknüpft sind.[519] Außerdem können keine Abhängigkeiten dargestellt werden und eine Listendarstellung kann schnell unübersichtlich werden.[520]

Die Terminliste eignet sich nicht als alleiniges Terminplanungsinstrument für große Projekte, wie sie üblicherweise von Unternehmen mit komplexer Projektfertigung durchgeführt werden. Sie wird aber aufgrund ihrer Darstellungsform als zusätzliches Instrument neben z.B. der Balken- oder Netzplantechnik eingesetzt.

---

[518] Vgl. *Steinbuch, P.A.*: Projektorganisation und Projektmanagement, Ludwigshafen 1998, S. 152f.

[519] Vgl. *Litke, H.-D.*: Projektmanagement: Methoden, Techniken, Verhaltensweisen, 3. Aufl., München, Wien 1995, S. 108.

[520] Vgl. *Litke, H.-D.*: Projektmanagement: Methoden, Techniken, Verhaltensweisen, 3. Aufl., München, Wien 1995, S. 111f.

3.2.2.1.3.6.2 Balkenplantechnik

Bei der Balkenplantechnik werden über einer Zeitachse die einzelnen Vorgänge als Balken aufgetragen. Die Länge eines Balkens entspricht der Dauer eines Vorgangs. Der Anfang eines Balken repräsentiert somit den Beginn eines Vorgangs, während das Ende eines Balkens dem Abschluss eines Vorgangs entspricht. Die Reihenfolge der Balken bestimmt die Ablaufstruktur.[521] Der Balkenplan kann somit auch als Kontrollinstrument zum Vergleich von Soll- und Ist-Terminen dienen.[522]

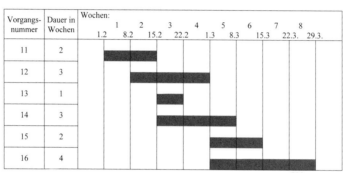

Abbildung 93: Projekttermine als Balkenplan[523]

Es besteht außerdem die Möglichkeit, zusätzlich noch Meilensteine, an denen der Projektfortschritt abgelesen werden kann, im Balkenplan zu vermerken. Nach der DIN 69900, Teil 1, gilt, dass „Meilensteine Ereignisse besonderer Bedeutung sind."[524] Dies können z.B. der Beginn oder das Ende einer Projektphase, wichtige Ergebnisse oder wesentliche Entscheidungen sein. Die Art und Anzahl der Meilensteine ist dem Projekt und der Höhe des Risikos anzupassen. Ein Meilenstein gilt als erreicht, wenn die vorher definierten Ergebnisse vorliegen.[525] Bei der Erreichung eines Meilensteins ist vom Projekt-Controlling die Entscheidung zu treffen, ob das Projekt fortgesetzt werden soll. Außerdem dienen Meilensteine dazu, den Überblick zu behalten und sie erlauben eine bessere Gesamtbeurteilung des Projektablaufs.

---

[521] Vgl. *Schwarze, J.*: Netzplantechnik, Herne, Berlin 1990, S. 14f.

[522] Vgl. *Hügler, G.L.*: Controlling in Projektorganisationen, München 1988, S. 176.

[523] In Anlehnung an *Heeg, F.-J.*: Projektmanagement, 2. Aufl., München 1993, S. 220.

[524] DIN-Norm 69900: Netzplantechnik, Teil 1 und 2, Begriffe, in: DIN Taschenbuch 166, Informationsverarbeitung 4, Berlin Köln, 1981.

[525] Vgl. *Platz, J.; Schmelzer, H.J.*: Projektmanagement in der industriellen Forschung und Entwicklung, Berlin, Heidelberg 1986, S. 110.

Balkendiagramme (auch Gatt-Diagramme genannt) sind durch ihre Übersichtlichkeit und Anschaulichkeit in der Praxis sehr verbreitet. Sie setzen keine besonderen Vorkenntnisse voraus, sind leicht erlernbar, universell einsetzbar und an einem Zeitraster auszurichten, an welchem auch zeitlich parallel laufende Vorgänge erkannt werden können.[526] Nachteilig ist allerdings, dass die Übersichtlichkeit mit zunehmender Projektgröße und bei Planungszeiträumen, die kleiner als eine Woche sind,[527] abnimmt. Die Abhängigkeiten der einzelnen Vorgänge werden durch das Balkendiagramm nicht dargestellt. Der Änderungsaufwand kann bei Balkendiagrammen sehr groß werden. Eine Einsatzmittelplanung ist schwer einzubinden und Zeitreserven sind schlecht zu erkennen.[528]

Um den Nachteil der nicht erkennbaren Abhängigkeiten zu kompensieren, werden die einzelnen Balken oftmals auch durch Pfeile miteinander verbunden, die den Zusammenhang von Vorgängen klarmachen.[529] Diese Art des Balkenplans wird auch vernetzter Balkenplan genannt. Zeitreserven können durch waagerechte, gestrichelte Linien angedeutet werden, die vom Ende eines Balkens bis zum nächsten Balken oder Endtermin gezogen werden. Durch den Einsatz von Hilfsmitteln, wie z.B. Schreib-, Steck-, oder Magnettafeln, können die Pläne einfacher aktualisiert werden. Problematisch ist hierbei allerdings die Vervielfältigung.[530]

Abschließend ist anzumerken, dass die Balkenplantechnik für kleinere und mittlere Projekte durchaus ausreichend ist.[531] Bei größeren Projekten reicht der Informationsgehalt dieser Technik jedoch nicht aus.

---

[526] Vgl. *Burghardt, M.*: Projektmanagement, 2. Aufl., Berlin, München 1993, S. 208f.

[527] Vgl. *Litke, H.-D.*: Projektmanagement: Methoden, Techniken, Verhaltensweisen, 3. Aufl., München, Wien 1995, S. 112.

[528] Vgl. *Krüger, A.; Schmolke, G.; Vaupel, R.*: Projektmanagement als kundenorientierte Führungskonzeption, Stuttgart 1999, S. 85.

[529] Vgl. *Schilling, G.*: Projektmanagement, Berlin 1999, S. 58f. Vgl. hierzu auch die Transplantechnik im Kapitel 3.2.2.1.3.6.5.

[530] Vgl. *Burghardt, M.*: Projektmanagement, 2. Aufl., Berlin, München 1993, S. 209.

[531] Vgl. *Hügler, G.L.*: Controlling in Projektorganisationen, München 1988, S. 176.

3.2.2.1.3.6.3 Netzplantechnik

Eine besonders weit verbreitete Form der Darstellung eines Projektablaufs ist diejenige mit Hilfe eines sog. Netzplans.[532] Abgeleitet ist diese aus der mathematischen Graphentheorie.[533] Die Graphentheorie ist eine Disziplin der Mathematik, welche genutzt wird, um in einer Reihe empirischer Gegebenheiten gleichartige Merkmale und deren Gesetzmäßigkeiten zu studieren und zu dokumentieren.[534] Allgemein versteht man unter einem Graphen „eine (endliche oder unendliche) Menge von Knoten, die durch eine (endliche oder unendliche) Menge von Kanten einander zugeordnet sind."[535]

Die Netzplantechnik als Sammelbegriff umfasst Verfahren zur Planung, Koordinierung und Kontrolle komplexer Abläufe innerhalb eines Projekts, bei dem die einzelnen Operationen zeitlich, kapazitäts- und kostenmäßig aufeinander abgestimmt werden müssen, um ein Endziel termingerecht und wirtschaftlich zu erreichen. Die hierfür einschlägige DIN-Definition lautet: „Netzpläne beinhalten Verfahren zur Analyse, Beschreibung, Planung, Steuerung und Überwachung von Abläufen auf der Grundlage der Graphentheorie, wobei Zeit, Kosten, Einsatzmittel und weitere Einflussgrößen berücksichtigt werden können."[536]

In Netzplanmodellen werden alle Überlegungen, welche die Ablaufplanung eines Projekts betreffen, graphisch festgehalten. Netzplanmodelle sind ausgezeichnete Hilfsmittel für:

- Die Vermittlung eines leicht verständlichen Überblicks über einen Projektablauf als Ganzes,

- die Darstellung von Abläufen bezüglich logischer Folge und gegenseitiger Abhängigkeiten,

- genauere Zeitschätzungen bzw. Terminfestlegungen, sowohl für den gesamten Projektablauf als auch für einzelne Vorgänge,

---

[532] Eine ausführliche Darstellung der Netzplantechnik mit Beispielen ist zu finden bei *Groh, H.; Gutsch, R.W.*: Netzplantechnik – Eine Anleitung zum Projektmanagement für Studium und Praxis, 3. Aufl., Düsseldorf 1982.

[533] Vgl. *Müller, D.*: Methoden der Ablauf- und Terminplanung von Projekten, in: *Reschke, H.; Schelle, H.; Schnopp, R.* (Hrsg.): Handbuch Projektmanagement, Bd. 1, Köln 1989, S. 263-312, hier: S. 268.

[534] Vgl. *Steinbuch, P.A.*: Projektorganisation und Projektmanagement, Ludwigshafen 1998, S. 156.

[535] Vgl. *Schwarze, J.*: Netzplantechnik, Herne, Berlin 1994, S. 23.

[536] DIN-Norm 69900: Netzplantechnik, Teil 1 und 2, Begriffe, in: DIN Taschenbuch 166, Informationsverarbeitung 4, Berlin Köln, 1981.

- das rechtzeitige Erfassen möglicher Störungsfaktoren während der Planung und Ausführung eines Projekts,

- objektive Vergleiche von Termin-, Kosten- und Einsatzmaterialkonsequenzen verschiedener Planungsvarianten,

- die Entlastung von Routinearbeiten für Planungsvorgänge bei größeren Projekten, da Rechner wirtschaftlich für die Planungsvorgänge eingesetzt werden können und

- das Herbeiführen rechtzeitiger Entscheidungen, da mögliche Konsequenzen relativ leicht einsichtig sind.

Ein Netzplan besteht aus Knoten (Elementen) und Kanten (Pfeilen). Bei der Netzplantechnik werden die Arbeitspakete aus dem Projektstrukturplan übernommen und in ihre einzelnen Vorgänge unterteilt. Außerdem gibt es Ereignisse. Dies sind Zeitpunkte, die das Eintreten eines bestimmten Projektzustands markieren. Jedem Vorgang kann ein Startereignis und ein Zielereignis zugeordnet werden. Ereignisse, die besonders wichtig für ein Projekt sind, werden auch hier als Meilensteine bezeichnet (vgl. Kapitel 3.2.2.1.3.6.4). Für die Erstellung eines Netzplans sind die Abhängigkeiten bzw. Reihenfolgebedingungen der einzelnen Vorgänge zu bestimmen. Es müssen also die Vorgänger und Nachfolger jeder Aktivität erfasst werden. Hier bietet sich die Erstellung einer Vorgangsliste an, in der alle Vorgänge mit ihrer Vorgangsnummer, Vorgangsbezeichnung, Vorgangsdauer sowie Vorgängern und Nachfolgern aufgeführt werden.[537] Für die Aufgabenpakete werden sog. Teilnetze erstellt, an denen der Ablauf der einzelnen Vorgänge abgelesen werden kann. Diese Teilnetze werden zum Schluss wieder zu einem Gesamtnetzplan vereinigt, in welchem der gesamte Ablauf eines Projekts geprüft werden kann.[538]

Durch Ermittlung der Vorgangsdauern, Pufferzeiten und Vorgangsbeziehungen lassen sich Engpässe, die Meilensteinerreichung, der kritische Pfad und die Gesamtdauer eines Projekts samt seiner Ressourcenbindung, Kostenentstehung, Ein- und Auszahlungen etc. ableiten. Unter Pufferzeit versteht man die Zeitintervalle, in denen die Vorgänge unter bestimmten Voraussetzungen verschoben werden können. Wenn es keine Pufferzeit gibt, die Termine für die Vorgänge also fix sind, werden diese als kritisch bezeichnet. Der kritische Pfad ist dabei jene Vorgangskette, bei der eine Zeitüberschreitung der Einzelvorgänge den Ab-

---

[537] Vgl. *Heeg, F.-J.*: Projektmanagement, 2. Aufl., München 1993, S. 213.

[538] Vgl. *Litke, H.-D.*: Projektmanagement: Methoden, Techniken, Verhaltensweisen, 3. Aufl., München, Wien 1995, S. 111.

schlusstermin des Gesamtprojekts hinausschiebt. Er zeigt die Engpässe eines Projekts auf und kann in einem Netzplan graphisch besonders hervorgehoben werden.[539]

In einem Netzplan kann auch die Art der Anordnungsbeziehung festgelegt werden. Man unterscheidet Normal-, Anfangs-, End- und Sprungfolgen. Außerdem können die Zeitabstände der Anordnungsbeziehungen angegeben werden. Hierbei kann es sich um Minimal- bzw. Mindestabstände oder um Maximal- bzw. Höchstabstände handeln, die bei der zeitlichen Abfolge der Aktivitäten eingehalten werden müssen.[540]

Die Abbildung 94 zeigt ein einfaches Beispiel eines Netzplans.

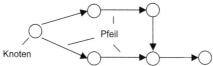

Abbildung 94: Graphische Darstellung eines Netzplans

Je nach Interpretation der Knoten und Pfeile als Vorgänge oder Ereignisse ergibt sich eine der drei in der Praxis vorkommenden Arten von Netzplänen:[541]

- Vorgangspfeiltechnik (z.B. Critical Path Method (CPM))

- Vorgangsknotentechnik (z.B. Metra Potential Method (MPM) oder Precedence Diagramming Method (PDM))

- Ereignisknotentechnik (z.B. Program Evaluation and Review Technique (PERT))[542]

---

[539] Vgl. *Burghardt, M.*: Projektmanagement, 2. Aufl., Berlin, München 1993, S. 201.

[540] Vgl. *Schwarze, J.*: Netzplantechnik, Herne, Berlin 1994, S. 83ff.; *Dräger, E.*: Projektmanagement mit SAP R/3, Bonn 1998, S. 41.

[541] Man unterscheidet bei der Netzplantechnik grundsätzlich zwei Methoden, die deterministische und die probabilistische bzw. stochastische Methode. Zu der erstgenannten zählen z.B. CPM (Critical Path Method) und MPM (Metra Potential Method). Hier sind alle Projektabläufe im vorhinein bereits genau bestimmbar, d.h. alle Vorgänge müssen hintereinander durchlaufen werden. Bei der probabilistischen Methode gibt es verschiedene Möglichkeiten für den weiteren Projektablauf, welche von Wahrscheinlichkeitswerten abhängen. Es müssen hier nicht alle Wege durchlaufen werden. Dies nennt man auch einen Entscheidungsnetzplan. Da diese Netzpläne aufgrund ihrer noch größeren Komplexität nicht in der Praxis Anwendung finden, sollen sie hier nur beispielhaft genannt werden: GERT (Graphical Evaluation and Review Technique) und GAN (Generalized Activity Networks). Vgl. *Burghardt, M.*: Projektmanagement, 2. Aufl., Berlin, München 1993, S. 190.

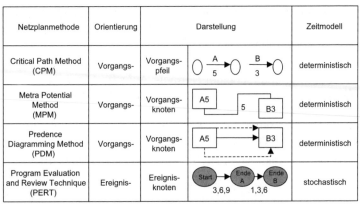

Netzplanmethode	Orientierung	Darstellung		Zeitmodell
Critical Path Method (CPM)	Vorgangs-	Vorgangs-pfeil		deterministisch
Metra Potential Method (MPM)	Vorgangs-	Vorgangs-knoten		deterministisch
Predence Diagramming Method (PDM)	Vorgangs-	Vorgangs-knoten		deterministisch
Program Evaluation and Review Technique (PERT)	Ereignis-	Ereignis-knoten		stochastisch

Abbildung 95: Übersicht über verschiedene Netzplanarten[543]

- Ereignisknotennetzplan

Der Ereignisknotennetzplan beginnt mit dem Startereignis und endet mit dem Zielereignis. Die Ereignisse werden beschrieben und durch Knoten dargestellt.[544]

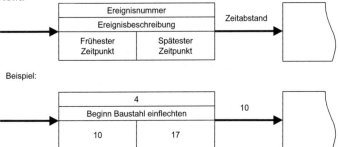

Abbildung 96: Ereignisknoten im Ereignisknotennetzplan[545]

Die Verwendung von Ereignisknotennetzplänen ist auf der projektausführenden Ebene, die detaillierte Ablaufpläne benötigt, ungebräuchlich. Üblicherweise werden Ereignisknotennetzpläne zur Darstellung sog. Meilensteinpläne verwendet (vgl. Kapitel 3.2.2.1.3.6.4). Die historisch erste

---

[542] Vgl. *Heeg, F.-J.*: Projektmanagement, 2. Aufl., München 1993, S. 212.

[543] In Anlehnung an *Steinbuch, P.A.*: Projektorganisation und Projektmanagement, Ludwigshafen 1998, S. 162ff.

[544] Vgl. *Rinza, P.*: Projektmanagement. Planung, Überwachung und Steuerung von technischen und nichttechnischen Vorhaben, 3. Aufl., Düsseldorf 1994, S. 75.

[545] Vgl. *Müller, D.*: Methoden der Ablauf- und Terminplanung von Projekten, in: *Reschke, H.; Schelle, H.; Schnopp, R.* (Hrsg.): Handbuch Projektmanagement, Bd. 1, Köln 1989, S. 263-312, hier: S. 269.

bekannte Methode, die auf Ereignisknotennetzplänen basiert, ist die Programm Evaluation and Review Technique (PERT). Diese wurde 1958 in den USA im Zusammenhang mit dem Polaris-Raketenprojekt entwickelt. Die folgende Abbildung zeigt ein Beispiel für die graphische und tabellarische Darstellung eines Ereignisknotennetzplans.

Ereignis-nummer	Ereignisbeschreibung	Vorgänger/ Zeitabstand	Nachfolger/ Zeitabstand
1	A: Untergrundbefestigung begonnen		2/10 3/10 6/10
2	B: Kraninstallation begonnen	1/10	4/3 5/3
3	C: Beginn von Verschalung von Pfeilern und Widerlagern	1/10	5/15
4	D: Beginn Bau der Hilfskonstruktion	2/3	8/5
5	E: Beginn der Betonlieferung	2/3 3/15	7/2
6	F: Beginn der Einflechtung des Baustahls	1/10	7/10
7	G: Betonierarbeiten beendet	5/2 6/10	8/5
8	H: Beginn der Installation der Träger und Brückentafeln	4/5 7/5	

Netzplan:

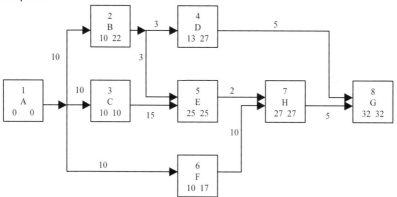

Abbildung 97: Graphische und tabellarische Darstellung eines Ereignisknotennetzplans[546]

---

[546] Entnommen aus *Müller, D.*: Methoden der Ablauf- und Terminplanung von Projekten, in: *Reschke, H.; Schelle, H.; Schnopp, R.* (Hrsg.): Handbuch Projektmanagement, Bd. 1, Köln 1989, S. 263-312, hier: S. 270.

• Vorgangspfeilnetzplan

Diese Art des Netzplans kann leicht aus den Ereignisknotennetzplänen gewonnen werden. Man ergänzt zwischen den einzelnen Knoten einen geeignet definierten Vorgang. Die Bedeutung der einzelnen Ereignisse ist hierbei von eher untergeordneter Rolle, da es sich um einen vorgangsorientierten Netzplan handelt. Die folgende Abbildung soll dies verdeutlichen.

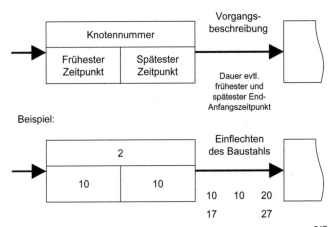

Abbildung 98: Vorgangspfeil im Vorgangspfeilnetzplan[547]

Vorgangspfeilnetzpläne sind besonders häufig im deutschsprachigen Raum verbreitet. Die Critical Path Method (CPM), die in den USA entwickelt wurde, gilt als die erste Netzplanmethode überhaupt. Die folgende Abbildung zeigt ein Beispiel für die graphische und tabellarische Darstellung eines Vorgangspfeilnetzplans.

---

[547] Vgl. *Müller, D.*: Methoden der Ablauf- und Terminplanung von Projekten, in: *Reschke, H.; Schelle, H.; Schnopp, R.* (Hrsg.): Handbuch Projektmanagement, Bd. 1, Köln 1989, S. 263-312, hier: S. 271.

Vorgang	Anfangs knoten	End- knoten	Dauer
A: Befestigen des Untergrundes	1	2	10
B: Aufstellen der Kräne	2	3	3
C: Verschalen von Pfeilern	2	4	15
D: Einflechten des Baustahls	2	6	10
E: Errichten einer Hilfskonstruktion	3	7	5
F: Liefern des Betons	4	5	2
G: Betonieren von Pfeilern und Widerlagern	4	6	2
H: Wartevorgang	6	7	5
I: Auflegen der Träger und Brückentafeln	7	8	15

Netzplan:

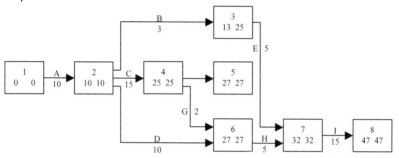

Abbildung 99: Graphische und tabellarische Darstellung eines Vorgangspfeilnetzplans[548]

Der Nachteil der Vorgangspfeilnetzpläne liegt in ihrer relativ großen Inflexibilität. Es gibt nur eine gültige Vorgangsanordnung. Ein Vorgang kann erst beginnen, wenn alle seine Vorgänger beendet sind.

---

[548] Entnommen aus Müller, D.: Methoden der Ablauf- und Terminplanung von Projekten, in: Reschke, H.; Schelle, H.; Schnopp, R. (Hrsg.): Handbuch Projektmanagement, Bd. 1, Köln 1989, S. 263-312, hier: S. 272.

- Vorgangsknotennetzplan

Um der Inflexibilität des Vorgangspfeilnetzplans entgegenzuwirken, können bei den Vorgangsknotennetzplänen neben der Normalfolge (NF)[549] als Anordnungsbeziehung auch noch die Anfangsfolge (AF)[550], die Endfolge (EF)[551] und die Sprungfolge (SF) verwendet werden. Dadurch werden die Vorgänge indirekt durch die Anordnung ihrer Anfangs- und Endereignisse angeordnet. Durch diese zusätzlichen Typen von Anordnungsbeziehungen ist eine wesentlich realitätsnähere Darstellung des Projektablaufs im Netzplanmodell möglich. Die Realitätsnähe kann dadurch erhöht werden, dass, ähnlich wie bei Ereignisknotennetzplänen, Angaben über die zeitlichen Abstände zwischen den durch Anordnungsbeziehungen verbundenen Ereignissen je zweier verschiedener Vorgänge gemacht werden. In der Praxis werden diese zeitlichen Abstände häufig in Form unterer bzw. minimaler und oberer bzw. maximaler Grenzen angegeben. Diese können sowohl negative[552] als auch positive Werte annehmen.[553] Abbildung 100 zeigt die graphische Darstellung von Vorgangsknoten im Vorgangsknotennetzplan.

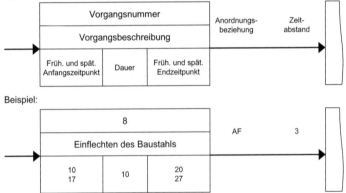

Abbildung 100: Vorgangsknoten im Vorgangsknotennetzplan[554]

---

[549] NF: Vorgang beginnt, nachdem der vorhergehende Vorgang beendet ist.

[550] AF: Vorgang beginnt erst, wenn auch der vorhergehende Vorgang begonnen hat.

[551] EF: Vorgang erst beendet, wenn auch der vorhergehende Vorgang beendet ist.

[552] Bei negativen Werten spricht man von Vorgangsüberlappungen Dies bedeutet ein zeitliches Vorziehen des bedingten Ereignisses gegenüber dem bedingenden Ereignis.

[553] Bei positiven Werten spricht man von Wartezeiten zwischen Vorgängen, genauer zwischen den verbundenen Ereignissen.

[554] Unterschiedliche Netzplantechnik-Darstellungen findet man u.a. bei *Schwarze, J.*: Netzplantechnik, Herne, Berlin 1994; *Krüger, A.; Schmolke, G.; Vaupel, R.*: Pro-

Zeitangaben über dem Pfeil bedeuten minimale, Zeitangaben unter dem Pfeil maximale Werte. Keine Minimumangabe heißt, dass der minimale Wert gleich Null ist, keine Maximumangabe bedeutet, dass der maximale Wert beliebig groß sein kann (keine zeitliche Begrenzung). Keine Angabe über dem Typ der Anordnungsbeziehung bedeutet, dass eine Normalfolge vorliegt.[555] Abbildung 101 soll dies verdeutlichen.

Die historisch erste der inzwischen zahlreichen Methoden auf der Basis von Vorgangsknotennetzplänen war die Metra Potential Methode (MPM), die nur wenig nach der PERT-Methode Ende der 50er Jahre in Frankreich entwickelt wurde; sie kannte als einzige Anordnungsfolge die Anfangsfolge.

Das Vorgangsknotennetz wird in der Praxis am häufigsten verwendet. Es bietet gegenüber den anderen Methoden einige Vorteile. Die Darstellung der Vorgänge ist einfacher, die wichtigsten Informationen (z.B. den kritischen Pfad) findet man hier im Vorgangsknoten selbst und Änderungen sind schnell und ohne Schwierigkeiten möglich.[556]

Der generelle Vorteil der Netzplantechnik gegenüber den anderen Methoden ist, dass sie zeitliche und sachliche Abhängigkeiten darstellt und den einzelnen Aktivitäten auf Basis des Netzplans leicht Ressourcen, Kosten, Finanzen, Risiken etc. zugeordnet werden können. Die Netzplantechnik bietet verschiedene Auswertungsmöglichkeiten und muss aufgrund ihrer Komplexität durch Software unterstützt werden.[557] Nachteilig ist, dass der Änderungsaufwand sehr hoch ist, insbesondere wenn die Software nicht leistungsfähig und bedienungsfreundlich ist, und die Mitarbeiter wenig Know-how in der Anwendung der Methode besitzen. Der zusätzliche Aufwand durch den Einsatz der Netzplantechnik muss mit dem Nutzen, der gewonnen wird, genau verglichen werden. Bei kleineren Projekten ist auf jeden Fall eine andere Methode (z.B. die Balkendiagrammtechnik) vorzuziehen, bei der komplexen Projektferti-

---

jektmanagement als kundenorientierte Führungskonzeption, Stuttgart 1999 und *Schilling, G.*: Projektmanagement, Berlin 1999.

[555] Vgl. *Müller, D.*: Methoden der Ablauf- und Terminplanung von Projekten, in: *Reschke, H.; Schelle, H.; Schnopp, R.* (Hrsg.): Handbuch Projektmanagement, Bd. 1, Köln 1989, S. 263-312, hier: S. 274.

[556] Vgl. *Schwarze, J.*: Netzplantechnik, Herne, Berlin 1990, S. 67f.

[557] Vgl. *Litke, H.-D.*: Projektmanagement: Methoden, Techniken, Verhaltensweisen, 3. Aufl., München, Wien 1995, S. 112.

gung ist die Anwendung der Netzplantechnik jedoch, zumindest für die übergeordnete Projektplanung, unerlässlich.[558]

Vorg. Nr.	Vorgangsbeschreibung	Dauer	Vorgänger AOB	Nachfolger AOB
1	A: Befestigen des Untergrundes	10		3 5 8
3	B: Verschalen der Pfeiler und Widerlager	15	1	7
5	C: Aufstellen der Kräne	3	1	7 9
7	D: Liefern des Betons	2	3 5	AF 11
8	E: Einflechten des Baustahls	10	1	EF 11
9	F: Errichten einer Hilfskonstruktion	5	5	13
11	G: Betonieren der Pfeiler und Wider-lager	2	AF 7 EF 8	13 MI 5
13	H: Auflegen der Träger und Brückentafeln	15	9 11 MI 5	

Netzplan:

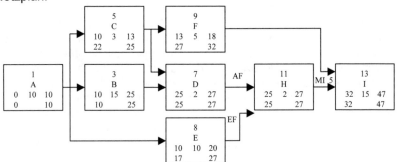

Abbildung 101: Graphische und tabellarische Darstellung eines Vorgangsknotennetzplans[559]

---

[558] Im Gegensatz zum VDMA wird die Netzplantechnik nicht projektweit und bis in die Detailebene favorisiert. Vgl. *VDMA* (Hrsg.): Projekt-Controlling bei Anlagengeschäften, 4. Aufl., Frankfurt a.M. 1985, S. 52.

[559] Entnommen aus *Müller, D.*: Methoden der Ablauf- und Terminplanung von Projekten, in: *Reschke, H.; Schelle, H.; Schnopp, R.* (Hrsg.): Handbuch Projektmanagement, Bd. 1, Köln 1989, S. 263-312, hier: S. 275.

3.2.2.1.3.6.4 Meilensteinplantechnik

Einfache Terminlisten, Balkenpläne und Netzpläne (Ereignisknotennetzpläne) können durch die Anwendung der sog. Meilensteinplantechnik praktikabel verdichtet werden.

Da die Planung im Projekt grundsätzlich mehrgleisig top-down und bottom- up erfolgt, ist eine bessere Projektsteuerung durch gesetzte Meilensteine möglich. Vom Projektmanagement bzw. Projektleiter werden top-down Meilensteine festgesetzt. Sie sind für die Gesamtsteuerung und Gesamttermineinhaltung verantwortlich.

Die Projektmitarbeiter definieren eigenverantwortlich bottom-up Detailschritte zur Erreichung der angestrebten Meilensteine. Zur Abbildung der Meilensteine im Netzplan werden bspw. zentrale Ereignisse oder Vorgänge im Projektablauf als Meilensteine hervorgehoben oder als getrenntes Netz abgebildet.[560] Diese sind i.d.R. als Anfang oder Ende bestimmter Schlüsselvorgänge definiert.[561]

Im Meilensteinplan symbolisiert ein Pfeil alle Vorgänge, die im Netzplan zwischen zwei Meilensteinen liegen.

Meilensteinpläne in Form von Netzplänen und die aus ihnen abgeleiteten Terminlisten ermöglichen einen konzentrierten aber auch zum Teil zu komplexen Überblick über die wichtigsten Zusammenhänge des Projektablaufs. Abbildung 102 soll dies noch einmal verdeutlichen.

Die Meilensteinplantechnik ist aufgrund der Planung und Dokumentation von zentralen Ereignissen aus Sicht des Projekt-Controlling ein wesentlicher Bestandteil der Abweichungsanalyse bei komplexen Projekten und daher unverzichtbar.

---

[560] Vgl. *Lachnit, L.*: Controllingkonzeption für Unternehmen mit Projektleistungstätigkeit, München 1994, S. 35.

[561] Vgl. *Hügler, G.L.*: Controlling in Projektorganisationen, München 1988, S. 178.

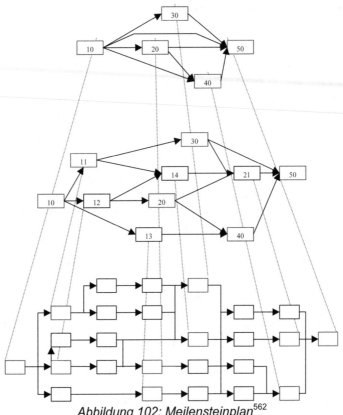

Abbildung 102: Meilensteinplan[562]

3.2.2.1.3.6.5 Transplantechnik

Die Transplantechnik kann als Übergang zwischen Balkendiagramm und Netzplan angesehen werden. Sie wird zumeist bei Projekten angewendet, für die die Netzplantechnik zu aufwendig ist. Die Transplantechnik stellt den zeitlichen Ablauf eines Projekts in ähnlicher Weise wie die Balkenplantechnik dar.[563]

Das folgende Beispiel soll dies verdeutlichen. Es beschreibt den Bau einer Maschinenhalle.

---

[562] Entnommen aus *Lachnit, L.*: Controllingkonzeption für Unternehmen mit Projektleistungstätigkeit, München 1994, S. 34.

[563] Vgl. *Hügler, G.L.*: Controlling in Projektorganisationen, München 1988, S. 180.

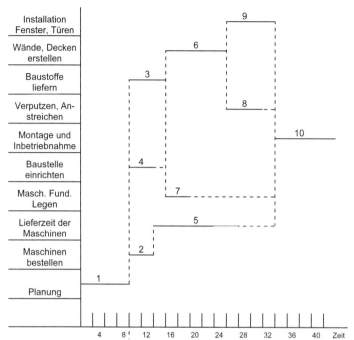

Abbildung 103: Transplan für das Projekt Maschinenhallenbau[564]

Bei der Erstellung eines Transplans wird wie folgt vorgegangen. Das En-de eines Balkens (Vorgang) wird mit dem Anfang aller Balken (Vorgän-ge), die unmittelbar anschließen, durch gestrichelte Linien verbunden. Auf diese Weise können der kritische Pfad und evtl. Zeitreserven erkannt werden.[565]

3.2.2.1.3.6.6 Beurteilung der Terminplanungsinstrumente

Grundsätzlich hängt die Wahl des jeweiligen Instruments zur Ablauf- und Terminplanung sowohl von der Größe und Komplexität als auch von der Gesamtleistung eines Projekts ab. Einfachere Projekte bedienen sich des Termin- bzw. Balkenplans. Komplexe Projekte nutzen je nach Eig-nung die Netzplantechnologie in ihren differenzierten Ausprägungen. Projekte, für die die Termin- und Balkenplanung zu einfach und die Netzplantechnik zu kompliziert ist, nutzen die Transplantechnik. Die Festlegung von Meilensteinen als Plan-, Steuerungs- und Kontrollpunkte

---

[564] Entnommen aus *Lachnit, L.*: Controllingkonzeption für Unternehmen mit Projekt-leistungstätigkeit, München 1994, S. 57ff.

[565] Vgl. *Hügler, G.L.*: Controlling in Projektorganisationen, München 1988, S. 180.

sollte jedoch unabhängig von der Projektgröße bei jedem Projekt erfolgen. Wie viele Meilensteine gesetzt werden, hängt allerdings wieder von der Größe und Komplexität des jeweiligen Projektes ab.

Aufgrund der inhaltlichen und terminlichen Abhängigkeiten und notwendigen Schnittstellen vieler Vorgänge und Arbeitspakete in einem Projekt ergeben sich immer wieder Veränderungen und Verschiebungen im Projekt. Effizientes Projektmanagement soll aber gerade hier Projektlaufzeiten verkürzen und somit Kosten reduzieren.

Zur Lösung dieses Problems wird traditionell die Netzplantechnik vorgeschlagen, da nur diese dazu geeignet ist, Abhängigkeiten systematisch und methodisch einwandfrei abzubilden. Die algorithmengetriebene Methode der Netzplantechnik ist jedoch aufgrund ihrer Pflegeintensität und den hiermit verbundenen kommunikativen Prozessen sehr schwer in der Praxis im Idealzustand umzusetzen. Arbeitet der Projektleiter mit Hilfe der Netzplantechnik eine Projektplanung nach den strengen zeitlichen und inhaltlichen Abhängigkeitsbeziehungen der einzelnen Projektarbeitspakete aus, und werden die einzelnen Vorgänge automatisch terminiert, so ergeben sich bereits durch kleinste Veränderungen im Projekt (vgl. hierzu Kapitel 3.1.5 und 3.1.8) erhebliche Verschiebungen im Netzplan. Die zunächst vorhandene Termin- und Ablauftransparenz durch den Netzplan wird zum unlösbaren Gordischen Knoten.[566]

Die Qualität des Netzplans ist hier sehr kritisch zu hinterfragen, da seine zugrundeliegenden Berechnungsalgorithmen komplex und fehleranfällig sind. Mit Hilfe der EDV sollte diese Fehlerquelle allerdings beherrschbar sein. Die größte Gefahr des Netzplans im Projektablauf ist jedoch die mangelnde Pflege und die fehlende Planung von Projektdetails (Planungslücken), die durch keine noch so gute Berechnung aufgefangen werden können. Bei komplexen Projekten setzt sich ein Projektteam aus vielen Projektmitarbeitern über mehrere Standorte und Arbeitspakete verteilt zusammen. Ergibt sich nur bei einem Mitarbeiter eine Änderung im Projekt, kann das zu Terminverschiebungen in vielen anderen Gewerken führen. Wurden keine Pufferzeiträume in ausreichender Form berücksichtigt, lassen sich durch vorhandene Termin- und Kapazitätsengpässe weitere Terminverschiebungen kaum vermeiden.

Deshalb erscheinen durchaus auch für komplexe Projekte einfache visuelle und kommunikationsgetriebene Terminplanungsinstrumente, wie

---

[566] Der Gordische Knoten an einem Zeus geweihten Streitwagen wurde nicht aufgeknüpft und entzerrt, sondern durch Alexander den Großen mit einem Schwerthieb durchtrennt. Gleiches Schicksal trifft den Netzplan häufig auch im laufendem Projektmanagement. Man trennt sich von ihm.

z.B. die Balken- und die Transplantechnik vorteilhafter als die Netzplantechnik, wenn es darum geht Projekte zu planen, zu steuern und zu kontrollieren. Im Gegensatz zu sehr progressiven Meinungen über die Netzplantechnik ist jedoch für übergeordnete Projektteile die Anwendung der Netzplantechnik in Verbindung mit den gesetzten Meilensteinen sinnvoll. Während der Arbeitspaketverantwortliche verantwortlich für die Detailabwicklung der einzelnen Arbeitspakete ist, trägt der Projektleiter Verantwortung für die Einhaltung der größeren Projektteile und des Gesamtprojekts. Die Bearbeitung von Arbeitspaketen mit Hilfe von Netzplänen ist zu komplex und unwirtschaftlich, auf übergeordneter Ebene des Projekts ist sie hingegen wiederum sinnvoll. Deshalb empfiehlt sich eine kombinierte Anwendung von Balken- und Netzplantechnik, wie sie bereits im Rahmen der Meilenstein- und Transplantechnik gezeigt wurde. Diese erweist sich für die Projektplanung und -abwicklung komplexer Projekte als praktikabel.

Idealerweise sind kommunikative Prozesse zu schaffen, die die Planungen auf unterschiedlichen Verantwortungsebenen miteinander verbinden und Änderungen schnell kommunizieren. D.h. aber nicht, dass Projekt- und Terminänderungen automatisch auf alle Planungsebenen durchgereicht werden, sondern vielmehr dass Interaktionsprozesse angestoßen werden müssen, bei denen sich die Beteiligten mit vorhandenen Engpasssituationen auseinandersetzen müssen. Hierdurch sind die Arbeitspaketverantwortlichen sowie die Projektleitung dazu gezwungen, gemeinsame Lösungen zu finden, die nach einvernehmlicher Absprache in die jeweilige Planungsebene einfließen.

3.2.2.1.3.6.7 Vorgehensweise der Ablaufplanung

Die Auswahl der Instrumente zur Ablauf- und Terminplanung hat gezeigt, dass für Unternehmen mit komplexer Projektfertigung eine Kombination aus Balken- und Netzplantechnik zu bevorzugen ist. Im weiteren Teil der Untersuchung erfolgt die Zerlegung der Vorgehensweise der Ablaufplanung. Die grundsätzliche Frage, die sich dabei stellt ist:

Was ist durch wen in welcher Folge zu planen?[567]

Bei der Erarbeitung des Projektablaufplans sind im Wesentlichen zwei entscheidende Schritte durchzuführen:

- Feststellung aller Vorgänge bzw. Ereignisse.

---

[567] *Schmitz, H.; Windhausen, P.M.*: Projektplanung und Projektcontrolling: Planung und Überwachung von besonderen Vorhaben, 3. Aufl., Düsseldorf 1986, S. 57.

- Feststellung aller Anordnungsbeziehungen, d.h. welche Vorgänge bzw. Ereignisse sind unmittelbar voneinander abhängig und in welcher Weise sind sie dies?[568]

Ausgangspunkt ist grundsätzlich der Projektstrukturplan. Auf der untersten Ebene des Projektstrukturplans sind die Arbeitspakete eines Projekts aufgeführt. Diese müssen zur Erstellung der Ablaufstruktur in Tätigkeitsfolgen und Tätigkeitsabhängigkeiten aufgegliedert werden. Die Analyse der Tätigkeitsfolgen sollte in Zusammenarbeit mit den Fachabteilungen erfolgen, zumal diese auch später für die Einhaltung des festgelegten Ablaufs verantwortlich sind.[569]

Im weiteren Verlauf wird eine grobe und eine detaillierte Ablaufstruktur erarbeitet. Die grobe Ablaufstruktur kann die Form eines ereignisorientierten Netzplans haben. Es handelt sich dann um einen Gesamtüberblick über den Projektablauf mit Meilensteinen, die manchmal, zumindest in einer ganz groben Übersicht, vom Auftraggeber vorgegeben wird. Üblicherweise hat sie aber die Form eines vorgangsorientierten Ablaufplans. Als Vorgänge werden dabei im Allgemeinen die Arbeitspakete des Projektstrukturplans genutzt. evtl. können dabei, je nach Darstellungsform, bereits terminliche Vorgaben zum Ausdruck gebracht werden.

In der detaillierten Ablaufstruktur werden die Vorgänge innerhalb der einzelnen Arbeitspakete angeordnet. Dabei kann jedes einzelne Arbeitspaket als „Miniprojekt" bezeichnet werden, für das ein Arbeitspaketverantwortlicher heranzuziehen ist. Die detaillierte Ablaufstruktur eines gesamten Projekts entsteht dann dadurch, dass die Elemente im grob strukturierten Ablaufplan durch die entsprechenden detaillierten Teilpläne ersetzt und die zwischen den Teilplänen im Detail bestehenden Abhängigkeiten ergänzt werden. Bei lang andauernden Projekten wird die endgültige Detaillierung der später durchzuführenden Arbeitspakete zweckmäßigerweise auch erst später durchgeführt, um die während der Ausführung der früheren Projektanteile gewonnenen Erkenntnisse in die Detailplanung späterer Pakete einfließen lassen zu können. Eine zu früh erarbeitete Detailplanung wäre sonst größtenteils vergeblich und müsste durch eine spätere, aktualisierte und damit realistischere ersetzt werden. Die bei diesem Vorgehen aufgebauten Ablaufpläne sind bezüglich ihrer

---

[568] Vgl. *Müller, D.*: Methoden der Ablauf- und Terminplanung von Projekten, in: *Reschke, H.; Schelle, H.; Schnopp, R.* (Hrsg.): Handbuch Projektmanagement, Bd. 1, Köln 1989, S. 263-312, hier: S. 276.

[569] Vgl. *Litke, H.-D.*: Projektmanagement: Methoden, Techniken, Verhaltensweisen, 3. Aufl., München, Wien 1995, S. 104.

Detaillierung inhomogen.[570] Wie man vorgeht, um vom Projektstruktur-plan zum detaillierten Gesamtnetzplan zu gelangen, zeigt die Abbildung 104.

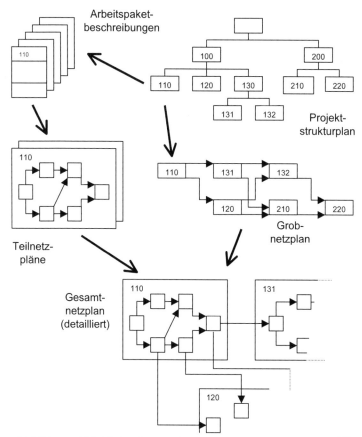

Abbildung 104: Entstehung eines detaillierten Ablaufplans[571]

Im Gegensatz zur dargestellten traditionellen Vorgehensweise der Auf-stellung detaillierter Netzpläne, empfiehlt sich für die Projektpraxis, die übergeordnete Planung auf Netzplanniveau weiterzuführen, während die

---

[570] Vgl. *Schmitz, H.; Windhausen, P.M.*: Projektplanung und Projektcontrolling: Pla-nung und Überwachung von besonderen Vorhaben, 3. Aufl., Düsseldorf 1986, S. 57ff.

[571] Entnommen aus *Lachnit, L.*: Controllingkonzeption für Unternehmen mit Projekt-leistungstätigkeit, München 1994, S. 33.

Detailplanung durch die Arbeitspaketverantwortlichen eigenständig, z.B. mit Hilfe von visuellen Balkenplänen, durchgeführt wird.

Grundvoraussetzung für eine exakte Planung ist nicht nur die genaue Kenntnis des Projekts selber, sondern auch das Wissen um die Einflüsse, die den Ablauf von außen programmieren. So sind z.b. landesspezifische Vorschriften zu beachten. Für den Bau einer Industrieanlage sind z.B. Genehmigungen als Voraussetzung für Tragwerkskonstruktionen, Importlizenzen als Voraussetzung für Lieferungen, Eröffnung von Akkreditiven als Voraussetzung für Bestellungen etc. bei der Planung zu beachten.[572] Die Abbildung 105 zeigt beispielhaft das übergeordnete Zusammenspiel zwischen Bauherr, Planer, Behörde und Unternehmer für den Bau einer Industrieanlage.

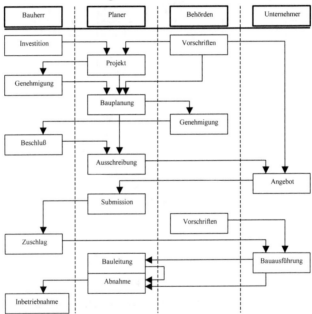

Abbildung 105: Darstellung der übergeordneten Zusammenhänge beim Bau einer Industrieanlage[573]

---

[572] Vgl. *Schmitz, H.; Windhausen, P.M.*: Projektplanung und Projektcontrolling: Planung und Überwachung von besonderen Vorhaben, 3. Aufl., Düsseldorf 1986, S. 58.

[573] Vgl. *Schmitz, H.; Windhausen, P.M.*: Projektplanung und Projektcontrolling: Planung und Überwachung von besonderen Vorhaben, 3. Aufl., Düsseldorf 1986, S. 59.

3.2.2.1.3.6.8 Terminplanung

Bei der Durchführung der Terminplanung geht es darum, den Projektablauf zu terminieren, d.h. für jedes Element des Planungsablaufs muss dessen Zeitdauer geschätzt werden. Die hierbei nötigen Arbeitsschritte werden unter dem Begriff Zeitanalyse oder Projektzeitanalyse[574] zusammengefasst. Die grundsätzliche Frage, die sich stellt, ist:

Was ist durch wen wann zu bearbeiten?[575]

Ergänzt und präzisiert wird diese Frage durch folgende Prüfschritte:[576]

- Wie lange dauert das Projekt oder bestimmte Teile davon?

- Wann sind die einzelnen Vorgänge durchzuführen, bzw. wann sollen die Ereignisse eintreten?

- Welche Termine müssen besonders beachtet werden?

- Gibt es zeitliche Spielräume, wo liegen diese im Projekt, wie groß sind sie und wie können sie disponiert werden?

- Wie sicher sind die ermittelten Zeiten und Termine?

Die folgenden Begriffe spielen bei der Zeitanalyse eine wichtige Rolle:[577]

- Dauer

  Zeitspanne vom Anfang bis zum Ende eines Vorgangs.

- Zeitpunkt

  Festgelegter Punkt im Ablauf, dessen Lage durch Zeiteinheiten beschrieben und auf einen Nullpunkt bezogen ist. Im Rahmen der Zeitanalyse betreffen Zeitpunkte immer das Eintreten eines Ereignisses. Als Nullpunkt wird sehr häufig der Anfang eines Projekts gewählt.

---

[574] Vgl. *Müller, D.*: Methoden der Ablauf- und Terminplanung von Projekten, in: *Reschke, H.; Schelle, H.; Schnopp, R.* (Hrsg.): Handbuch Projektmanagement, Bd. 1, Köln 1989, S. 263-312, hier: S. 284.

[575] *Schmitz, H.; Windhausen, P.M.*: Projektplanung und Projektcontrolling: Planung und Überwachung von besonderen Vorhaben, 3. Aufl., Düsseldorf 1986, S. 72.

[576] Vgl. *Müller, D.*: Methoden der Ablauf- und Terminplanung von Projekten, in: *Reschke, H.; Schelle, H.; Schnopp, R.* (Hrsg.): Handbuch Projektmanagement, Bd. 1, Köln 1989, S. 263-312, hier: S. 284.

[577] Vgl. DIN-Norm 69900: Netzplantechnik, Teil 1 und 2, Begriffe, in: DIN Taschenbuch 166, Informationsverarbeitung 4, Berlin Köln, 1981.

- Termin

  Durch Kalenderdatum und/oder Uhrzeit ausgedrückter Zeitpunkt. Termine ergeben sich aus Zeitpunkten durch Umrechnung in einen Kalender. Diese Umrechnung wird als Kalendrierung bezeichnet. Die zeitliche Lage eines Ereignisses bzw. Vorgangs ist durch die zugeordneten Zeitpunkte bzw. Termine gegeben.

- Pufferzeit

  Zeitspanne, um die - unter bestimmten Voraussetzungen - die Lage eines Ereignisses bzw. Vorgangs verändert oder die Dauer eines Vorgangs verlängert werden kann.

Im ersten Schritt der Zeitanalyse werden die Zeitdauern für alle Vorgänge ermittelt. Dies setzt eine genaue Beschreibung der jeweiligen Arbeitsumfänge und der zur Erledigung vorgesehenen Hilfsmittel voraus. Wenn die Zeitdauern für alle Vorgänge ermittelt sind, kann die Berechnung der Terminsituation beginnen, wobei vorrangig jeweils die frühesten und spätesten Anfangs- und Endzeitpunkte errechnet werden. Damit wird für die einzelnen Vorgänge bekannt, wann sie durchgeführt werden können und wie viel Zeitreserve (Pufferzeit) ihnen zukommt. Ist keine Zeitreserve vorhanden, so handelt es sich um einen kritischen Vorgang. Die Folge der kritischen Vorgänge bildet den kritischen Wert. Der gesamte Terminplan kann nur so gut sein, wie die Bearbeitung der beiden Schritte Ablauf- und Terminplanung es zulässt.[578]

Bei der Zeitschätzung sollten soweit wie möglich, die Zeitdauern ähnlicher Aktivitäten früherer Projekte zu Grunde gelegt werden. Die Schätzungen sollten zudem frei von bestimmten Terminvorstellungen sein, um zu verhindern, dass einige Aktivitäten zu kurz geplant werden, damit ein bestimmtes Termingerüst gehalten werden kann. Als letztes sollte beachtet werden, wie viel Kapazität zur Durchführung einer Aktivität zur Verfügung steht. Zuerst sollte die Schätzung von einer Zuteilung mit unbegrenzter Kapazität ausgehen, um diese dann an die tatsächliche Kapazität anzupassen.

Bei den Verfahren zur Zeitschätzung werden das deterministische, das prohabilistische und das stochastische Verfahren unterschieden. Das deterministische Verfahren sieht eine einzige Zeitdauer für eine Tätigkeit vor, während beim prohabilistischen Verfahren die Zeitdauer für eine Tätigkeit aus drei verschiedenen Zeitschätzungen berechnet wird. Bei der

---

[578] Vgl. *Schmitz, H.; Windhausen, P.M.*: Projektplanung und Projektcontrolling: Planung und Überwachung von besonderen Vorhaben, 3. Aufl., Düsseldorf 1986, S. 72.

stochastischen Methode können Aussagen über die Wahrscheinlichkeit des Einhaltens von Terminen gemacht werden. Da die deterministische Zeitschätzung dem Verlangen nach einer eindeutigen Terminangabe am ehesten gerecht wird, wird sie in der Praxis am häufigsten angetroffen.[579] Da bereits die Netzplantechnik, aufgrund der während der Planung und Durchführung eines Projekts ständig notwendigen Änderungen sehr komplex ist, sind m.E. die deterministischen Verfahren zweckdienlich und praxistauglich.

Die Zeitschätzung sollte die Projektleitung in Zusammenarbeit mit den Fachleuten, die die einzelnen Arbeitspakete später bearbeiten, vornehmen. Dabei muss darauf geachtet werden, dass die Zeitschätzung keine Sicherheitszuschläge enthält, sondern möglichst realistisch vorgenommen wird. Über die Zeiteinheit, in der der Schätzwert angegeben werden soll, lassen sich keine eindeutigen Angaben machen, da diese in erster Linie vom Verwendungszweck und der Komplexität eines Projekts abhängig ist. In der Praxis wird die Zeiteinheit häufig mit 0,5-1% der Projektdauer gewählt. Das bedeutet, dass bei Projekten, die länger als zwei Jahre laufen, die Zeiteinheit Wochen, bei Projekten mit einer Laufzeit um ein Jahr die Zeiteinheit Tag und bei Projekten, bei denen die Laufzeit nur einige Wochen beträgt, die Zeiteinheit Stunde gewählt wird.[580]

Neben der Schätzung von Vorgangsdauern bzw. zeitlichen Abständen zwischen Ereignissen zählt zur Erfassung der zeitlichen Vorgaben auch die Ermittlung aller zeitlichen bzw. terminlichen Restriktionen, die auf ein Projekt extern einwirken. Dazu gehören unter anderem fixe Termine für das Eintreten bestimmter Ereignisse, insbesondere der Endtermin eines Projekts, aber auch bedeutender oder kritischer Teilaufgaben. Es können dabei allerdings nicht nur fixe Termine eine Rolle spielen. Auch Grenzen, wie „bis spätestens..." oder „frühestens ab..." können vorgegeben sein. Außerdem müssen bestimmte Zeitrestriktionen beachtet werden, welche die Arbeiten an einem Projekt temporär unterbrechen können, wie z.B. eine Winterpause oder die Urlaubszeit.[581]

Nach der Ermittlung der Zeitdauern für alle Vorgänge kann die Berechnung der Terminsituation beginnen. Indem, ausgehend vom geplanten

---

[579] Vgl. *Schmitz, H.; Windhausen, P.M.*: Projektplanung und Projektcontrolling: Planung und Überwachung von besonderen Vorhaben, 3. Aufl., Düsseldorf 1986, S. 74.

[580] Vgl. *Rinza, P.*: Projektmanagement. Planung, Überwachung und Steuerung von technischen und nichttechnischen Vorhaben, 3. Aufl., Düsseldorf 1994, S. 78.

[581] Vgl. *Müller, D.*: Methoden der Ablauf- und Terminplanung von Projekten, in: *Reschke, H.; Schelle, H.; Schnopp, R.* (Hrsg.): Handbuch Projektmanagement, Bd. 1, Köln 1989, S. 263-312, hier: S. 286.

Starttermin, die Vorgangsdauern der einzelnen Vorgänge dazu addiert werden, erhält man den jeweiligen frühestmöglichen Start- und Endtermin der einzelnen Vorgänge. Den spätest zulässigen Termin jedes einzelnen Vorgangs erhält man durch Subtraktion der Vorgangsdauern, ausgehend vom frühestmöglichen Endzeitpunkt eines Projekts. Auf diese Weise wird für die einzelnen Vorgänge ermittelt, wann sie durchgeführt werden können und wie viel Pufferzeit bleibt.[582]

Das in Abbildung 106 dargestellte Beispiel zeigt einen Auszug aus dem Terminbericht eines Netzplans.

Vorgang	Frühester Start	Frühestes Ende	Spätester Start	Spätestes Ende	Puffer	Dauer
Vorplanung	1.2.92	13.3.92	13.2.92	25.3.92	8	
Entwurfsplanung	16.3.92	11.5.92	26.3.92	21.5.92	8	
Genehmigungsplanung	12.5.92	4.8.92	22.5.92	14.8.92	8	
Genehmigungspl. Statik	12.5.92	1.9.92	29.5.92	18.9.92	13	
Ausführungsplanung	5.8.92	24.11.92	17.8.92	4.12.92	8	
Baugenehmigung	2.9.92	19.1.93	21.9.92	5.2.93	13	
Ausführungspl. Statik	2.9.92	19.1.93	21.09.92	5.2.93	13	
Ausschreibungen	25.11.92	2.2.93	7.12.92	12.2.93	8	
Baustelleneinrichtung	20.1.93	26.1.93	8.2.93	12.2.93	13	
Abbrucharbeiten HH	15.2.93	26.2.93	15.2.93	26.2.93	0	10
Abbrucharbeiten VH	1.3.93	2.4.93	1.3.93	2.4.93	0	25
Abbrucharbeiten SH	5.4.93	16.4.93	5.4.93	16.4.93	0	10
Installationsschlitze VH	5.4.93	9.4.93	5.4.93	9.4.93	0	5
Installationsschlitze SH	19.4.93	23.4.93	3.5.93	7.5.93	10	5
Fundamente HH	1.3.93	22.4.93	19.5.93	12.7.93	57	39
Decken erneuern	19.4.93	7.5.93	19.4.93	7.5.93	0	10
Treppe Keller SH	19.4.93	30.4.93	26.4.93	7.5.93	5	10
Verstärkung der Statik VH	12.4.93	30.4.93	12.4.93	30.4.93	0	15
Mauerwerk + 1. Decke	23.4.93	13.5.93	13.7.93	2.8.93	57	15
Restaurierung der Decken	3.5.93	14.5.93	3.5.93	14.5.93	0	10

Abbildung 106: Auszug aus dem Terminbericht eines Netzplans für ein Bauprojekt[583]

Es sind die jeweils frühestmöglichen sowie spätest zulässigen Start- und Endtermine angegeben. Außerdem erhält man Informationen über die

---

[582] Vgl. *Schmitz, H.; Windhausen, P.M.*: Projektplanung und Projektcontrolling: Planung und Überwachung von besonderen Vorhaben, 3. Aufl., Düsseldorf 1986, S. 75.

[583] Entnommen aus *Rinza, P.*: Projektmanagement. Planung, Überwachung und Steuerung von technischen und nichttechnischen Vorhaben, 3. Aufl., Düsseldorf 1994, S. 91.

entstandenen Pufferzeiten sowie über die Dauer eines Vorgangs. Die Gestaltung von Pufferzeiten sollte nicht zu eng ausgelegt werden. Wie bereits gezeigt wurde, führen Projektänderungen leicht zu Terminverschiebungen durch Termin- und Kapazitätsengpässe. Bei ausgewogener Planung von Pufferzeiten kann einer solchen Terminverschiebung sinnvoll begegnet werden.

3.2.2.1.3.6.9 Zeitoptimierung

Zweck der Berechnung der Terminsituation ist es, kritische Wege im Netzplan zu erkennen und hieraus resultierende Möglichkeiten für Zeitdauerverkürzungen der kritischen Vorgänge zu finden.[584] Der eigentliche kritische Weg sollte immer zusammen mit den Wegen betrachtet werden, welche die geringste Pufferzeit aufweisen und daher als subkritische Wege bezeichnet werden. Nur wenn die Pufferzeiten des kritischen und der subkritischen Wege möglichst wenig voneinander abweichen, ist der Terminverlauf eines Projekts optimal. Damit dies erreicht wird, kann der Ablauf des Netzplans geändert oder der Zeitbedarf einzelner kritischer Vorgänge gekürzt werden. Die zur Verfügung stehende Kapazität bedingt zumeist die Zeit, die ein bestimmter Vorgang benötigt. Aus diesem Grund sollte bereits zu Beginn eines Projekts feststehen, ob die Kapazität, die für das Projekt zur Verfügung steht, begrenzt ist, oder ob aufgrund von Prioritäten für die Durchführung des Projekts eine größere Kapazität bereitgestellt werden kann. Natürlich ist die Verkürzung eines Vorgangs nicht beliebig mit der Kapazität manipulierbar, sondern es gibt einen natürlichen Rahmen für die Dauer eines Vorgangs. Aus technologischen, verfahrenstechnischen oder sonstigen Gründen ist eine Verkürzung über diese Grenzen hinaus nicht mehr vertretbar oder durchführbar. Die Planung von ausgewogenen Pufferzeiten ist daher vorzuziehen.

Diese Erkenntnis muss bei der Zeitplanung immer beachtet werden. In Grenzfällen, wenn extrem kurze Entwicklungszeiten vorgegeben werden, kann die Planung daher durchaus zu dem Ergebnis kommen, dass ein Projekt aus Termingründen nicht durchführbar ist.[585]

---

[584] Vgl. *Litke, H.-D.*: Projektmanagement: Methoden, Techniken, Verhaltensweisen, 3. Aufl., München, Wien 1995, S. 112.

[585] Vgl. *Litke, H.-D.*: Projektmanagement: Methoden, Techniken, Verhaltensweisen, 3. Aufl., München, Wien 1995, S. 113; *Schmitz, H.; Windhausen, P.M.*: Projektplanung und Projektcontrolling: Planung und Überwachung von besonderen Vorhaben, 3. Aufl., Düsseldorf 1986, S. 77.

3.2.2.1.3.7 Kapazitätsplanung

Für die Durchführung von Vorgängen ist, neben der Angabe einer bestimmten Zeit, die Angabe der erforderlichen Kapazitäten notwendig. Bei der Kapazitätsplanung, oft auch Einsatzmittel- oder Ressourcenplanung genannt, geht es darum, die während der Projektlaufzeit benötigten Ressourcen hinsichtlich der Qualität sowie der Quantität, zu ermitteln.[586] Die Kapazitätsplanung steht mit der Terminplanung in engem Zusammenhang. Die der Kapazitätsplanung zu Grunde liegende Frage lautet:

Was ist durch wen mit welcher Kapazität wann zu bearbeiten?[587]

Die Kapazitätsplanung beinhaltet in erster Linie die Ermittlung des Aufwands, der erforderlich ist, um den einzelnen Vorgang fertig zu stellen. Das bedeutet, dass wenn die erforderlichen Ressourcen von den vorhandenen abweichen, entweder das Angebot an Ressourcen erhöht oder der Projektablauf umgestellt werden muss.[588]

Im Einzelnen ist zwischen den folgenden Kapazitätsarten zu unterscheiden:

- Personal

  Anlagenprojekteure, Konstrukteure, Fertigungspersonal, Testpersonal, Projektplaner, Projektleitungspersonal usw.

- Betriebsmittel (Sachmittel)

  Maschinen, Baugeräte, Montagekräne, Testgeräte, Testanlagen, Rohstoffe usw.

Mit anderen Worten heißt dies, dass der Kapazitätsbedarf sich aus der Anzahl der erforderlichen Personen mit einer bestimmten Qualifikation und der Anzahl von Betriebsmitteln einer bestimmten Art sowie durch den Zeitpunkt und die Dauer ihres Einsatzes zusammensetzt.

Als Grundlage der Kapazitätsplanung dient der Netzplan. Der Kapazitätsbedarf kann dadurch beeinflusst werden, dass bei nichtkritischen Vorgängen die Pufferzeiten des Netzplans genutzt werden und bei kritischen Vorgängen ggf. die Dauern vergrößert oder verkleinert werden, soweit dies technisch möglich und wirtschaftlich sinnvoll ist.[589] Neben

---

[586] Vgl. *Hügler, G.L.*: Controlling in Projektorganisationen, München 1988, S. 181.

[587] Vgl. *Schmitz, H.; Windhausen, P.M.*: Projektplanung und Projektcontrolling: Planung und Überwachung von besonderen Vorhaben, 3. Aufl., Düsseldorf 1986, S. 78; *Hügler, G.L.*: Controlling in Projektorganisationen, München 1988, S. 181.

[588] Vgl. *Litke, H.-D.*: Projektmanagement: Methoden, Techniken, Verhaltensweisen, 3. Aufl., München, Wien 1995, S. 113.

[589] Vgl. *Heeg, F.-J.*: Projektmanagement, 2. Aufl., München 1993, S. 226.

dem Netzplan und dem Balkendiagramm spielt das Kapazitäts- bzw. Belastungsdiagramm (vgl. Abbildung 107) bei der Kapazitätsplanung eine wichtige Rolle.

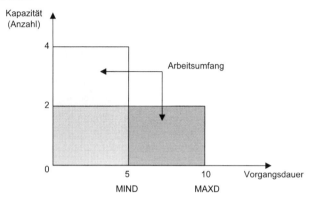

Abbildung 107: Kapazitätsdiagramm eines Vorgangs[590]

Anzahl und Dauer sind quantitative Größen, die im Kapazitätsdiagramm eines Vorgangs dargestellt werden können, wobei die entstehende Fläche dem Arbeitsumfang entspricht.[591] Bleibt der Umfang der Arbeit gleich, lässt sich eine Verkürzung der Vorgangsdauer von der höchstzulässigen Dauer (MAXD) auf die geringste Dauer (MIND) nur über eine Erhöhung der Anzahl an Personal oder an Betriebsmitteln erreichen.

3.2.2.1.3.7.1 Vorgehen bei der Kapazitätsplanung

Zu Beginn der Kapazitätsplanung ist zunächst das Kapazitätsangebot zu ermitteln. Das Kapazitätsangebot ist auf das Leistungsvermögen einer Kapazität bezogen und wird durch die Faktoren Arbeitsbeginn, Arbeitsende, Pausendauer, technische und organisatorische Störungen, den Nutzungsgrad einer Kapazität und die Anzahl der Einzelkapazitäten, aus denen sich eine Kapazität zusammensetzt, bestimmt (vgl. Abbildung 108).[592]

---

[590] Entnommen aus *Heeg, F.-J.*: Projektmanagement, 2. Aufl., München 1993, S. 226.

[591] Vgl. *Heeg, F.-J.*: Projektmanagement, 2. Aufl., München 1993, S. 226.

[592] Vgl. *Wenzel, P.*: Betriebswirtschaftliche Anwendungen des integrierten Systems SAP R/3: Projektstudien, Grundlagen und Anregungen für eine erfolgreiche Praxis, Konstanz 1996, S. 406ff.

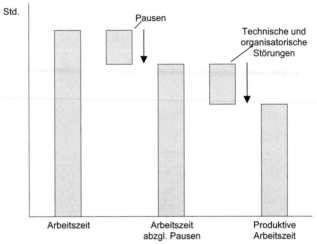

Abbildung 108: Kapazitätsangebot mit der Dimension Zeit

Neben dem Kapazitätsangebot wird der Kapazitätsbedarf benötigt. Der Kapazitätsbedarf gibt an, welche Leistung für die Durchführung eines Vorgangs zu einer bestimmten Zeit benötigt wird. Dafür müssen für die eigenbearbeiteten Vorgänge ein Arbeitsplatz und ein Wert für die Arbeit gepflegt werden.

Werden für die Bearbeitung eines Vorgangs mehrere Ressourcen benötigt, können zu den Vorgängen Arbeitselemente angelegt werden. In den Arbeitselementen werden die gleichen Daten wie in den Vorgängen gepflegt. Der Termin für den Kapazitätsbedarf wird über den Zeitabstand zum Start- bzw. Endtermin des Vorgangs im Terminplan festgelegt. Mit diesen Informationen wird der Kapazitätsbedarf berechnet.

Der Kapazitätsausgleich sollte in verschiedenen Sichten aufgerufen werden können. Hierfür stehen die folgenden Alternativen zur Verfügung:

- Tabellarische Projektplantafel

- Graphische Projektplantafel

- Termin- bzw. Netzplanung

Die einzelnen Kapazitätsanforderungen aller Vorgänge werden anschließend hochgerechnet, so dass der Gesamtkapazitätsbedarf mit der vorhandenen Kapazität verglichen werden kann.[593] Dieser Soll-Ist-Vergleich führt in aller Regel zu der Erkenntnis, dass die geforderte Kapazität höher ist als die vorhandene. Daher muss im Anschluss ein Kapazitätsausgleich erfolgen, dessen Ziel darin besteht, einen akzeptablen Kompromiss zwischen Soll- und Ist-Kapazität zu erreichen.[594] Bei dem Faktor Personal sind z.b. Belastbarkeitsgrenzen oder Urlaub zu berücksichtigen.[595] Um auftretende Kapazitätsspitzen zu glätten, sind für Personalkapazitäten die folgenden Maßnahmen zu prüfen:[596]

- Verschiebung und/oder Dehnung von nicht kritischen Aktivitäten innerhalb der vorgegebenen Pufferzeit.

- Einstellung von neuem Personal.

- Verlängerung der Arbeitszeit, z.B. durch Gleitzeitmodelle oder Überstunden.[597]

- Personalverschiebung innerhalb des Bereichs oder des Unternehmens.

- Verschiebung und/oder zeitliche Dehnung von kritischen Aktivitäten unter Inkaufnahme einer Verschiebung des Endtermins.

- Auftragsvergabe an Fremdfirma.

- Veränderung der Vorgangsdauern.

Zunächst wird der Kapazitätsbedarf aufgrund der durch die Terminplanung bestimmten frühest und spätest zulässigen Ausführungstermine zeitlich eingeplant. Es wird der Bedarf der verschiedenen Vorgänge oder Arbeitspakete an einem oder mehreren Einsatzmitteln pro Zeiteinheit

---

[593] Vgl. *Schmitz, H.; Windhausen, P.M.*: Projektplanung und Projektcontrolling: Planung und Überwachung von besonderen Vorhaben, 3. Aufl., Düsseldorf 1986, S. 78.

[594] Vgl. *Schmitz, H.; Windhausen, P.M.*: Projektplanung und Projektcontrolling: Planung und Überwachung von besonderen Vorhaben, 3. Aufl., Düsseldorf 1986, S. 78.

[595] Vgl. *Rudzki, T.*: Harvard Project Manager, Braunschweig, Wiesbaden 1988, S. 82ff.

[596] Vgl. *Wischnewski, E.*: Modernes Projektmanagement, 7. Aufl., Braunschweig, Wiesbaden 2001, S. 222; *Litke, H.-D.*: Projektmanagement: Methoden, Techniken, Verhaltensweisen, 3. Aufl., München, Wien 1995, S. 114.

[597] Diese Alternative führt allerdings zu höheren Kosten.

summiert. Dieses Vorgehen soll an dem folgenden Beispiel erläutert werden:[598]

Das Beispiel besteht aus fünf Vorgängen, deren Dauer und Bedarf an Einsatzmitteln pro Zeiteinheit gegeben ist. Zusätzlich sind die frühestmöglichen und die spätest zulässigen Anfangs- und Endtermine gegeben. Aus diesen Angaben ergibt sich die jeweilige Pufferzeit. Mit Hilfe dieser Angaben wird der unten abgebildete Netzplan entwickelt (vgl. Abbildung 109).

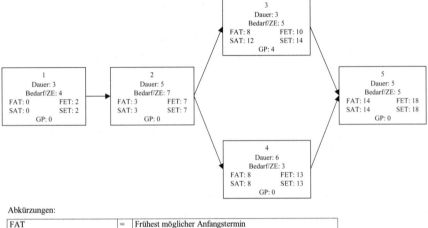

Abbildung 109: Netzplan zur Kapazitätsauslastung

Aus dem Netzplan werden die Kapazitätsdiagramme zur frühesten und zur spätesten Lage abgeleitet (vgl. Abbildung 110 und Abbildung 111).

---

[598] Beispiel in Anlehnung an *Müller-Ettrich, R.*: Einsatzmittelplanung, in: *Reschke, H.; Schelle, H.; Schnopp, R. (Hrsg.)*: Handbuch Projektmanagement, Bd. 1, Köln 1989, S. 313-329, hier: S. 317.

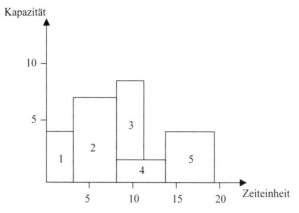

Abbildung 110: Kapazitätsbedarf in frühester Lage

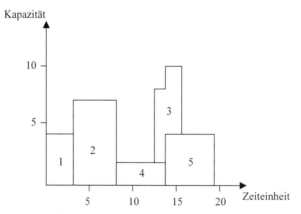

Abbildung 111: Kapazitätsbedarf in spätester Lage

Die Kapazitätsauslastung fällt je nach frühester oder spätester Lage unterschiedlich aus. Zu beachten ist, dass bei der spätest zulässigen Variante eine Verschiebung sofort Auswirkungen auf die Projektdauer hat.

Stellt man diesen Diagrammen nun die maximal vorhandene Kapazität zu den jeweiligen Zeitpunkten gegenüber, so erhält man einen Überblick über die jeweilige Über- bzw. Unterdeckung der jeweiligen Einsatzmittelart (Soll-Ist-Vergleich). Im Beispiel soll diese Höchstgrenze bei sieben Einheiten während der gesamten Laufzeit liegen.

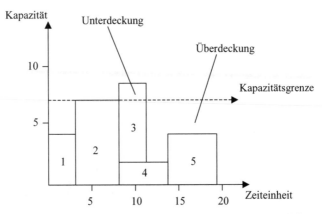

Abbildung 112: Kapazitätsauslastung unter Angabe von Über- und Unterdeckungen[599]

Abbildung 112 zeigt, dass von der 8. bis zur 11. Woche eine Unterdeckung vorliegt. Diese Unterdeckung muss durch die oben aufgeführten Maßnahmen, deren Eignung im Folgenden kurz diskutiert wird, abgedeckt werden.

- Verschiebung und/oder Dehnung von nicht-kritischen Aktivitäten innerhalb der vorgegebenen Pufferzeit.

In diesem Beispiel brächte eine Verschiebung innerhalb der Pufferzeiten keine Lösung, da nur Vorgang 3 eine Pufferzeit aufweist, eine Verschiebung aber keinen Abbau an Unterdeckung erbringen würde. Ein Verschieben zum spätest zulässigen Starttermin würde die Unterdeckung sogar verstärken.

- Einstellung von neuem Personal bzw. Anschaffung von neuer Kapazitätseinheit.

Die Einstellung genau eines neuen Mitarbeiters für den Zeitraum von der 8. bis zur 11. Woche würde die Unterdeckung abbauen. Für den Fall, dass es sich um ein Sachmittel handelt, gibt es die Möglichkeiten, dieses neu zu beschaffen,[600] oder es für den entsprechenden Zeitraum zu leasen.

---

[599] Vgl. *Müller-Ettrich, R.*: Einsatzmittelplanung, in: *Reschke, H.; Schelle, H.; Schnopp, R. (Hrsg.)*: Handbuch Projektmanagement, Bd. 1, Köln 1989, S. 313-329, hier: S. 317ff.

[600] Dies könnte allerdings eine Überdeckung in den Folgezeiten bedeuten.

• Verschiebung innerhalb des Bereichs oder des Unternehmens

Anstatt einen neuen Mitarbeiter einzustellen, könnte das Problem auch gelöst werden, indem man einen Mitarbeiter bzw. das Sachmittel aus einem anderen Unternehmensbereich ausleiht. Dies ist auch aus Kostensicht eine vernünftige Alternative, allerdings setzt sie eine Überdeckung in anderen Unternehmensbereichen voraus.

• Verschiebung und/oder zeitliche Dehnung von kritischen Aktivitäten unter Inkaufnahme einer Verschiebung des Endtermins.

Ist es nicht möglich, die fehlenden Kapazitätseinheiten aufzubringen, so können durch Verschiebung von einzelnen Vorgängen, unter Berücksichtigung ihrer Anordnungsbeziehungen, die Kapazitäten so geplant werden, dass die Unterdeckung nicht mehr auftritt.[601] Bei der Terminierung der einzelnen Vorgänge wird darauf geachtet, dass der Kapazitätsbedarf zur Einplanungszeit nicht die zur Verfügung stehende Kapazität überschreitet. Das kann bedeuten, dass der frühestmögliche Starttermin eines Vorgangs so lange verschoben werden muss, bis er ohne Kapazitätsüberschreitung eingeplant werden kann.[602] Da es in einem Netz häufig Termine gibt, die gleichrangig[603] und aufgrund der Rechenregel gleichzeitig sind, ergibt sich bei solchen Vorgängen die Frage, welcher zuerst eingeplant werden soll. Dies führt zur Einführung einer bestimmten Prioritätenregel, nach der die Reihenfolge solcher Vorgänge bestimmt werden soll. Mögliche und sinnvolle Kriterien für eine solche Prioritätenregel sind bspw.:[604]

- Die kleinste Pufferzeit.

- Die kleinsten frühestmöglichen Anfangstermine.

---

[601] *Corsten* spricht hier von Bedarfsglättung. Vgl. *Corsten, H.:* Projektmanagement, München 2000, S. 190.

[602] Vgl. *Müller-Ettrich, R.:* Einsatzmittelplanung, in: *Reschke, H.; Schelle, H.; Schnopp, R. (Hrsg.):* Handbuch Projektmanagement, Bd. 1, Köln 1989, S. 313-329, hier: S. 320.

[603] Zwei Vorgänge sind gleichrangig, wenn die Zahl der Kanten, die vom Anfangsereignis bis zu diesen durchlaufen werden muss, gleich ist.

[604] Um den Kapazitätsbedarf zu glätten, existieren verschiedene Möglichkeiten, die alle auf mathematischen Probiermethoden basieren. Durch Ausnutzung der Pufferzeiten werden die Vorgänge zeitlich verschoben. Vgl. *Schwarze, J.:* Netzplantechnik, Herne, Berlin 1990, S. 230.

- Die kleinsten spätest zulässigen Anfangstermine.

- Die kleinsten spätest zulässigen Endtermine.[605]

Wählt man als Kriterium für die Prioritätenregel den kleinsten spätest zulässigen Anfangstermin, so kommt man zu dem in Abbildung 113 dargestellten Kapazitätsdiagramm.

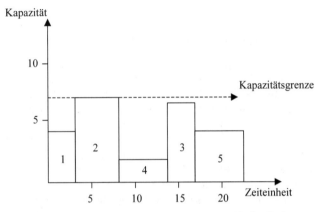

Abbildung 113: Kapazitätsdiagramm nach Optimierung

Es ist zu erkennen, dass die Unterdeckung abgebaut worden ist. Allerdings hat sich die Gesamtdauer des Projekts von 19 auf 22 Einheiten verlängert.

Da auch dies oftmals keine zufriedenstellende Lösung darstellt, bieten sich folgende Alternativen an:

- Auftragsvergabe an Fremdfirma

    Je nach Art der Vorgänge ist auch eine Vergabe an Fremdfirmen denkbar. Dies würde die eigene Kapazität nicht belasten und dennoch zu einem termingerechten Ablauf führen. Allerdings sind bei der Vergabe an Fremdfirmen einige Kriterien zu beachten, wie in den späteren Kapiteln noch deutlich wird.

---

[605] Vgl. *Müller-Ettrich, R.*: Einsatzmittelplanung, in: *Reschke, H.; Schelle, H.; Schnopp, R. (Hrsg.)*: Handbuch Projektmanagement, Bd. 1, Köln 1989, S. 313-329, hier: S. 317ff. Zu den unterschiedlichen Verfahren der Anwendung der Prioritätsregeln (statische, dynamische, serielle oder parallele Verfahren) vgl. *Küpper, W.; Lüder, K.; Streitferdt, L.*: Netzplantechnik, Würzburg, Wien 1975, S. 270ff. oder *Corsten, H.*: Projektmanagement, München 2000, S. 199.

- Veränderung der Vorgangsdauern

Es kann auch überlegt werden, ob es technisch und organisatorisch möglich ist, die nicht ausreichende Kapazität durch eine längere Durchführungsdauer zu kompensieren. Der Vorgang 3 könnte auf diese Weise wie folgt verändert werden.

Dauer Bisher: 3 Arbeitszeiteinheiten
Neu: 4 Arbeitszeiteinheiten

Bedarf Bisher: 5 Mengeneinheiten
Neu: 4 Mengeneinheiten

Daraus ergibt sich folgendes Kapazitätsdiagramm:

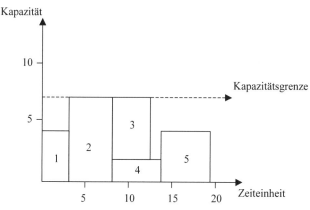

Abbildung 114: Kapazitätsdiagramm nach Vorgangsdaueranpassung

Abschließend verbleibt darauf hinzuweisen, dass für die praktische Umsetzung der Ressourcen- und Kapazitätsplanung in der komplexen Projektfertigung der Einsatz eines EDV-gestützten Planungssystems unerlässlich ist, da hier eine Fülle von Einzeldaten verarbeitet werden müssen.[606]

3.2.2.1.3.7.2 Berichtswesen im Rahmen der Kapazitätsplanung

Um eine detaillierte Analyse der die Auslastung verursachenden Tätigkeiten vornehmen zu können, ist ein kombiniertes Diagramm aus Trans- bzw. Balkenplan und Kapazitätsdiagramm sehr hilfreich. Mittels diesem

---

[606] Vgl. *Müller-Ettrich, R.*: Einsatzmittelplanung, in: *Reschke, H.; Schelle, H.; Schnopp, R. (Hrsg.)*: Handbuch Projektmanagement, Bd. 1, Köln 1989, S. 313-329, hier: S. 324.

kann ermittelt werden, welche Vorgänge im Einzelnen zu einer Spitzenbelastung beitragen. Die Abbildung 115 zeigt ein solches kombiniertes Diagramm.

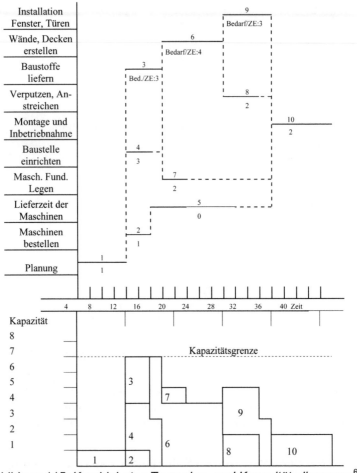

Abbildung 115: Kombiniertes Transplan- und Kapazitätsdiagramm[607]

In den typischen Listen zur Kapazitätsplanung werden der Einsatzmittelbedarf, der Einsatzmittelvorrat und die Differenz zwischen Bedarf und

---

[607] Entnommen aus *Müller-Ettrich, R.*: Einsatzmittelplanung, in: *Reschke, H.; Schelle, H.; Schnopp, R. (Hrsg.)*: Handbuch Projektmanagement, Bd. 1, Köln 1989, S. 313-329, hier: S. 317ff.

Vorrat für bestimmte Zeiträume (z.B. Monate oder Quartale) angegeben. Dies gilt für den Bedarf der Vorgänge eines oder mehrerer Projekte an einem oder mehreren Einsatzmitteln. Die Kapazitätsplanungslisten können pro Mitarbeiter, Abteilung, Geschäftsbereich etc., also für jede Ebene der Unternehmensorganisation erstellt werden.[608]

Das Einplanen des Kapazitätsbedarfs für einen Zeitraum (z.B. für die nächsten Wochen, Monate, Quartale oder die gesamte Projektdauer) und das Gegenüberstellen des vorhandenen bzw. beschaffbaren Vorrats liefern frühzeitig Informationen, durch die Maßnahmen zur Beseitigung von Engpässen eingeleitet werden können. Die Auswirkungen der Maßnahmen lassen sich rechtzeitig abschätzen und zur Entscheidungsfindung nutzen. Allerdings ist auch anzumerken, dass die Verfahren der Kapazitätsoptimierung dann an ihre Grenzen stoßen, wenn verschiedene Termine bereits vertraglich festgelegt worden sind, denn oftmals ist bei Einhaltung der Kapazitätsgrenze eine Verlängerung der Projektdauer unumgänglich.[609]

3.2.2.1.3.8 Kosten- und Erfolgsplanung

Die Kosten- und Erfolgsplanung im Projektgeschäft beinhaltet die Ermittlung aller Leistungen und Kosten, die im Zusammenhang mit der Realisierung eines Projekts anfallen.[610] Die Frage, die sich in diesem Zusammenhang an die Planung stellt, ist:

Welche Leistung ist durch wen mit welchem Budget zu bearbeiten?[611]

Die Minimierung der Projektkosten ist nach Festlegung der Leistungsstruktur eines der drei Hauptziele des Projektmanagements und gleichzeitig je nach Projektungewissheit und Komplexität eine der am schwierigsten zu bestimmenden zukunftsbezogenen Größen.[612]

Die Projektkosten lassen sich einerseits in die Kosten der Eigenleistung (Personal-, Gerätekosten etc.) und andererseits in die von außen bezo-

---

[608] Vgl. *Müller-Ettrich, R.*: Einsatzmittelplanung, in: *Reschke, H.; Schelle, H.; Schnopp, R. (Hrsg.)*: Handbuch Projektmanagement, Bd. 1, Köln 1989, S. 313-329, hier: S. 317ff.

[609] Vgl. *Müller-Ettrich, R.*: Einsatzmittelplanung, in: *Reschke, H.; Schelle, H.; Schnopp, R. (Hrsg.)*: Handbuch Projektmanagement, Bd. 1, Köln 1989, S. 313-329, hier: S. 326.

[610] Vgl. *Litke, H.-D.*: Projektmanagement: Methoden, Techniken, Verhaltensweisen, 3. Aufl., München, Wien 1995, S. 132.

[611] Vgl. *Schmitz, H.; Windhausen, P.M.*: Projektplanung und Projektcontrolling: Planung und Überwachung von besonderen Vorhaben, 3. Aufl., Düsseldorf 1986, S. 80.

[612] Vgl. *Heeg, F.-J.*: Projektmanagement, 2. Aufl., München 1993, S. 231.

genen Sachmittel und Dienstleistungen aufteilen. Für die erstgenannten Aufwendungen sind die Zeit- und Mengenaufwandsschätzungen in Verbindung mit den zu kalkulierenden Preisgerüsten die Grundlage der Kostenermittlung. Für Fremdleistungen sind vorerst Schätzungen oder Erfahrungswerte anzusetzen, die später durch Angaben aus Preisanfragen, Verträgen und Offerten ausgetauscht werden müssen.

Die Rolle der Kostenplanung wird besonders deutlich, wenn man unterstellt, dass der Verkaufserlös für die im Projekt zu erstellende Leistung vorgegeben und nur schwer im Nachhinein zu beeinflussen ist. Das gilt z.B. bei einem mit dem Auftraggeber vereinbarten Selbstkostenpreis. Der Gewinn aus einem Projekt wird dann dadurch maximiert, dass die Kosten minimiert werden.

Die Kostenplanung ist dementsprechend ein sehr wichtiger Bestandteil der Projektvorbereitungsphase, weil hier die Einflussnahme auf die später tatsächlich anfallenden Kosten am größten ist. Deshalb bieten sich hier auch die größten Möglichkeiten für Kosteneinsparungen.[613] Oft können zu diesem Zeitpunkt die Kosten von einzelnen, zum Teil unbestimmten Arbeitspaketen bzw. Komponenten nur geschätzt werden, indem man auf Expertenschätzungen erfahrener Mitarbeiter oder auf bestimmte mathematische Berechnungsmethoden zurückgreift, die im Folgenden entwickelt werden.[614] Grundsätzlich gibt es hier zwei Vorgehensweisen. Zum einen können die Kosten für das gesamte Projekt geschätzt und dieser Wert auf die Arbeitspakete verteilt werden (top-down-Schätzung), zum anderen kann der Aufwand für jedes Arbeitspaket geschätzt und dann die Gesamtsumme gebildet werden (bottom-up-Schätzung).[615] Erstere Methode sollte bei komplexen Projekten lediglich als erster Richtwert verwendet werden. Vorzuziehen ist die zweite Methode, da sie genauere und somit aussagefähigere Werte für die einzelnen Arbeitspakete liefert.

Folgende Abbildung verdeutlicht die Nutzung unterschiedlicher Kalkulationsmethoden und Planungsgrundlagen in den verschiedenen Projekt- bzw. Kalkulationsphasen.

---

[613] Vgl. *Brandenberger, J.; Ruosch, E.*: Projektmanagement im Bauwesen, 1. Aufl., Köln 1974, S. 166.

[614] Zur Vielzahl der Methoden der Kostenplanung vgl. auch *Litke, H.-D.*: Projektmanagement: Methoden, Techniken, Verhaltensweisen, 3. Aufl., München, Wien 1995, S. 119ff. oder *Riedl, J.E.*: Projekt-Controlling in Forschung und Entwicklung, Berlin 1990, S. 78ff.

[615] Vgl. *Frühauf, K.; Ludewig, J.; Sandmayr, H.*: Software-Projektmanagement und -Qualitätssicherung, Stuttgart 1988, S. 41.

Projekt-/Kalkulationsphasen:	Planungsmethode	Planungsbasis
• Vorentscheidungsphase	Kostenplanung mit Nutzungsdaten	Nutzungseinheiten / Nutzfläche / Kostenfläche
• Grundlagenplanung/Nutzerbedarfsprogramm	Kostenplanung mit geometrischen Bezugsgrößen	Bruttogrundfläche BGF / Bruttorauminhalt BGI / Fläche Baugrundstück FGB
• Flächenmodell	Kostenplanung mit Verhältnisgrößen	Kostengruppen-Verhältniszahlen externer Quellen, z.B. DIN 276 / Kosten-Verhältniszahlen externer Quellen nach Leistungsbereichen / Kostengruppen-Verhältniszahlen interner Datenbanken / Kosten-Verhältniszahlen nach Leistungsbereichen interner Datenbanken
• Gebäudemodell		
• Vorplanung		
• Entwurfsplanung		
• Genehmigungsplanung	Kostenplanung mit freien Ansätzen	Schätzungen, Pauschalen, %-Angaben etc.
• Ausführungsplanung	Kostenplanung mit elementorientierten Strukturen	Grobelemente / Gebäudeelemente / Ausführungsarten / CAD-Positionen
• Angebotskalkulation	Kostenplanung mit ausführungsorientierten Strukturen	Leistungsbeschreibung / Leistungseinheiten / Vergabeeinheiten / LV-Titel / LV-Positionen / Projektstrukturplan / Auftragspositionen / Nachtragseinheiten
• Auftragskalkulation		
• Arbeitskalkulation		
• mitlaufende Kalkulation		
• Nachkalkulation	Mitlaufende Kalkulation und Nachkalkulation	Bestellungen/Obligo / Rechnungsbelege / Leistungserfassung / Abrechnung / Restwertermittlung
• Nachtragskalkulation		

(Vertikale Randbeschriftung: Projektentwicklung – Projektplanung – Projektabwicklung; Zeit ↓)

Abbildung 116: Phasenbezogene Planungsmethoden

Die Kostenplanung in den frühen Projektphasen, bspw. der Projektentwicklung oder Entwurfsplanung, ist von besonderer Schwierigkeit, da hier noch keine konkreten Daten in Form von Arbeitspaketen eines Projektstrukturplans vorhanden sind, trotzdem aber bereits wesentliche Investitionsentscheidungen getroffen werden müssen. Sehr wichtig ist daher die Auswahl der Planbasis bzw. Bezugsgrößen (z.B. Anzahl Büroräume, Anzahl Etagen, Kosten je qm Funktions-Sonderbereich, Kosten je Tunnelmeter, Kosten je km Straße, Kosten je qm Brücke, Megawatt elektrische Leistung, Investitionen je t produziertes Material usw.).[616] Zu beachten ist dabei, dass nur normale Zustände berücksichtigt werden. Besondere Umstände müssen zusätzlich erfasst werden. Erst wenn der Projektstrukturplan mit seinen Arbeitspaketen an Form gewinnt oder bereits als konkretes Leistungsverzeichnis vorliegt, lassen sich genaue Kostenplanungen mit Wert- und Mengengerüsten aufstellen.

Der Ablauf der Projektkostenplanung läuft allgemein wie folgt ab: Zuerst sind die Kostenpakete zu strukturieren, die aus dem Projektstruktur- oder Netzplan abgeleitet werden können.[617] Schließlich werden Mengenansätze für Eigenleistungen wie auch für Fremdleistungen sowie die zu

---

[616] Vgl. *Mayer, P.M.; Schub, A.*: Kostendatenbanken und Kostenplanung im Bauwesen, in: *Reschke, H.; Schelle, H.; Schnopp, R.* (Hrsg.): Handbuch Projektmanagement, Bd. 1, Köln 1989, S. 381-404, hier: S. 390.

[617] Vgl. *Schwarze, J.*: Netzplantechnik, Herne, Berlin 1990, S. 195.

tragenden Gemeinkosten ermittelt. Auf dieser Grundlage kann die Kalkulation erfolgen, mit der die Selbstkosten eines Projekts errechnet werden.[618] Bei einer sehr langen Projektdauer müssen weiterhin zeitbedingte Faktoren, wie die Inflationsrate und Tarifsteigerungen, berücksichtigt werden. Bei verkürzten Projektzeiten sind zudem höhere Stundensätze aufgrund der Ausweitungen der Kapazitäten (Überstunden, Wochenendarbeit etc.) zu berücksichtigen.

Bei externen Projekten schließen sich betriebswirtschaftliche Analysen, wie z.b. Cash-Flow-Rechnungen, Deckungsbeitragsrechnungen oder Make-or-buy-Empfehlungen an, mit deren Hilfe die finanziellen Risiken eines Projekts abgewogen werden können (vgl. Kapitel 3.2.2.1.3.8.4). Im nächsten Schritt kann der Angebotspreis ermittelt und den Arbeitspaketen können die verschiedenen Budgets zugeteilt werden.

Bei der Strukturierung der Kostenpakete ist auf das Betriebsabrechnungssystem des jeweiligen Unternehmens zu achten.[619] Die Kostenpakete sollten gemäß Kostenarten-, Kostenstellen- und Kostenträgerrechnung gegliedert werden, d.h. zuerst müssen die gesamten Projektkosten in der Kostenartenrechnung erfasst werden (Trennung nach Einzel- und Gemeinkosten). Die Einzelkosten stehen ursächlich mit der Durchführung eines Vorgangs, Arbeitspakets, Teilprojekts oder Projekts im Zusammenhang (z.B. Material-, Maschinenkosten, Fertigungslöhne) und werden direkt den unterschiedlichen Kostenträgern zugerechnet. Bei der Projektkostenrechnung entspricht ein Projekt einem Kostenträger und wird entsprechend zum zentralen Zurechnungsobjekt.[620] Man kann diesen aber in Unterkostenträger aufteilen (z.B. Projektplanung, Entwicklung, Prototypbau und Erprobung). Die Gemeinkosten werden auf den verschiedenen Kostenstellen (z.B. Konstruktion, Fertigung, Versuch und Projektplanung) gesammelt und mit Hilfe von Verrechnungsgrößen (Stunden, Mengen etc.) verursachungsgerecht auf die Kostenträger verrechnet. Nicht verrechenbare Gemeinkosten werden nicht verrechnet,

---

[618] Vgl. *Litke, H.-D.*: Projektmanagement: Methoden, Techniken, Verhaltensweisen, 3. Aufl., München, Wien 1995, S. 133.

[619] Vgl. *Schmitz, H.; Windhausen, P.M.*: Projektplanung und Projektcontrolling: Planung und Überwachung von besonderen Vorhaben, 3. Aufl., Düsseldorf 1986, S. 87.

[620] Vgl. *Hügler, G.L.*: Controlling in Projektorganisationen, München 1988, S. 188; *Saynisch, M.*: Die Projektkostenrechnung und ihre Integration mit dem betrieblichen Rechnungswesen, in: *Saynisch, M.; Schelle, H.; Schub, A.* (Hrsg.): Projektmanagement, München 1979, S. 245-271, hier: S. 247ff.

sondern mit Hilfe von Soll-Deckungsbeiträgen ausgewiesen.[621] Diese Vorgehensweise wurde bereits im Zusammenhang mit der Projekt- und Ergebnisrechnung (Kapitel 3.1.1) entwickelt.

Alternativ lassen sich Gemeinkosten mittels Zuschlagssätzen auf die Kostenträger verrechnen. Hierzu gibt es allerdings kontroverse Meinungen.

Buch nennt einige Gründe, warum die Zuschlagskalkulation seiner Meinung nach nicht geeignet ist. Zum einen sei die Zuschlagskalkulation aufgrund ihrer rechentechnischen Merkmale für das industrielle Anlagengeschäft ungeeignet, da sie auf einer periodengerechten Abrechnung basiert.[622] Diese ist aber für Projekte, die mehrere Perioden umfassen, nachteilig, da unklar ist, welche Zuschlagssätze verwendet werden sollen, wenn diese für die einzelnen Perioden unterschiedlich sind. Bei Verwendung von Zuschlagssätzen aus der Vergangenheit schlagen sich Rationalisierungsmaßnahmen und Kostenerhöhungen nicht im Angebotspreis nieder.[623] Zum anderen hat der zunehmende Wettbewerb zu erhöhtem Preisdruck geführt, so dass es nicht mehr ausreicht, nur zum Vollkostenpreis anzubieten. Zu dieser Thematik hat die reine Vollkostenrechnung aber keine Entscheidungshilfen anzubieten.

Aus diesen Gründen sollte eine Angebotspreisermittlung mit Hilfe der Einzelkosten- und Deckungsbeitragsanalyse geschehen, wie bereits im Kapitel zur Projekt- und Ergebnisrechnung gezeigt wurde.[624] Dabei werden deckungsbeitragsstufenweise die projektspezifischen Einzelkosten und direkt verrechenbaren Gemeinkosten berücksichtigt. Die sich so ergebenden Deckungsbeiträge nach Einzel- und verrechenbaren Gemeinkosten werden dann um projektspezifische Deckungsbedarfsquoten erweitert, die z.B. nach absatzpolitischen Gesichtspunkten oder dem Tragfähigkeitsprinzip nach Gesamtleistung festgelegt werden. Die Kritik an diesem Ansatz ist bezogen auf die mangelnde Operationalisierbarkeit und die fehlende Kontrollfunktion dieser Vorgehensweise unberechtigt, da sich erstens die Deckungsbedarfe leicht errechnen lassen und zweitens die Verantwortung und Kontrolle der Budgeteinhaltung ohnehin nur

---

[621] Andere Vorgehensweisen, bei denen die Gemeinkosten per Zuschlagssatz auf die Kostenträger geschlüsselt werden, finden sich bei *Burghardt, M.*: Projektmanagement, 2. Aufl., Berlin, München 1993, S. 243ff.

[622] Vgl. *Buch, J.*: Entscheidungsorientierte Projektrechnung, Frankfurt a.M. 1991, S. 119.

[623] Vgl. *Finkenrath, R.*: Das rollierende Budget als Basis flexibler Preispolitik, Zürich 1980, S. 33f.

[624] Vgl. *Buch, J.*: Entscheidungsorientierte Projektrechnung, Frankfurt a.M. 1991, S. 120.

bei den zuordenbaren Einzel- und verrechenbaren Gemeinkosten möglich und sinnvoll ist.[625] Der Ausweis stufenweiser Deckungsbeiträge bis hin zu Deckungsbedarfsquoten ermöglicht Aussagen mit Voll- als auch Teilkostenergebnissen, die zur Planung, Steuerung und Kontrolle unerlässlich sind.

Die Budgetzuteilung (vgl. Kapitel 3.2.2.1.3.8.6) schließt die Phase der Kostenplanung ab. Hier werden den einzelnen Arbeitspaketverantwortlichen Vorgaben über die Höhe der zur Verfügung gestellten Mittel gemacht, deren Einhaltung vom Projekt-Controlling zu überwachen ist.[626]

3.2.2.1.3.8.1 Ablauf der Kostenplanung

Ausgangspunkt für die Kostenplanung ist der Projektstrukturplan. Aus ihm werden die Kostenpakete abgeleitet und strukturiert. Die Strukturierung und der Ausweis der Erlöse und Kosten erfolgt einheitlich nach dem Vorbild der entwickelten Projekt- und Ergebnisrechnung (vgl. Kapitel 3.1.1.2).

Im Anschluss daran werden von den jeweiligen am Projekt beteiligten Abteilungen die Mengensätze, sowohl für Eigenleistungen wie auch für Fremdleistungen, einschließlich Deckungsbedarfen für die Gemeinkosten, ermittelt. Diese sind Grundlage für die Kalkulation. Detaillierungsgrad und Genauigkeit einer Kalkulation hängen vom jeweiligen Projektstand ab. Hat die erste Anfrage eines Kunden noch zu einer unverbindlichen Budgetpreiskalkulation geführt, geht einem verbindlichen Angebot eine entsprechend exakte Kalkulation voraus.[627] Bis zur Auftragskalkulation, die nach der Vertragsunterzeichnung erstellt wird und alle vertraglichen Vereinbarungen beinhaltet, werden mehrere sog. Angebotszwischenkalkulationen erstellt, die den jeweiligen Verhandlungs-

---

[625] Um den Übergang von der periodischen Betriebsabrechnung und der langfristigen Projektrechnung zu bewältigen, schlägt *Plinke* alternativ die Schaffung von Pools als zusätzliche Zurechnungsobjekte vor. Diese Pools erfassen die Projektkosten, die als Gemeinkosten in der periodenbezogenen Betriebsabrechnung verbucht wurden, um sie dann für die Weiterverrechnung auf die Projekte bereitzuhalten. Diese Vorgehenweise ist im Gegensatz zur konzipierten deckungsbeitragsorientierten Projekt- und Ergebnisrechnung umständlich und kompliziert. Vgl. *Plinke, W.*: Ansatzpunkte einer projektorientierten Kosten- und Leistungsrechnung in Unternehmen des langfristigen Anlagenbaus, in: *Kilger, W.; Scheer, A.-W.* (Hrsg.): Rechnungswesen und EDV, 7. Saarbrücker Arbeitstagung, Heidelberg 1986, S. 601-615, hier: S. 608.

[626] Vgl. *Burghardt, M.*: Projektmanagement, 2. Aufl., Berlin, München 1993, S. 251.

[627] Vgl. *Schmitz, H.; Windhausen, P.M.*: Projektplanung und Projektcontrolling: Planung und Überwachung von besonderen Vorhaben, 3. Aufl., Düsseldorf 1986, S. 81.

stand repräsentieren und die laufenden Veränderungen transparent und nachvollziehbar machen sollen.

Damit die finanziellen Risiken eines Projekts ermittelt werden können, werden spätestens in der Angebotskalkulation spezifische betriebswirtschaftliche Analysen durchgeführt. Dies gilt insbesondere für externe Projekte. Auf die Analyse folgt die Phase der Preisgestaltung, welche mit der Festlegung des Angebotspreises beginnt und mit der vertraglichen Fixierung des Verkaufspreises endet. Die Kostenplanung schließt mit der Budgetzuteilung ab. Ein Budget darf im Projektverlauf nur geändert werden, wenn eine Änderung des Leistungsumfangs erfolgt, eine erneute Kostenschätzung realistischere Werte liefert oder die Plan-Kosten für bestimmte Leistungen nicht ausreichen.

Die Abbildung 117 gibt einen Überblick über die einzelnen Schritte der Kostenplanung.

Projektstrukturplan, Terminplan, Kapazitätsplan	

Schritte der Kostenplanung	Planungsergebnisse
1) Strukturierung der Kostenpakete	Kostenstruktur
2) Ermittlung der Mengensätze	Mengenansätze (Stunden, Material,...)
3) Kalkulation	Selbstkosten
4) Betriebswirtschaftliche Analyse	Cash-Flow, Stornorisiko, Deckungsbeitrag, Make-or-buy, Beschaffungsanal.
5) Preisgestaltung und Festlegung	Verkaufspreis
6) Budgetzuteilung	Budgets der leistenden Stellen

Beitrag „Kosten" für Auftragsblätter	

Abbildung 117: Schritte der Kostenplanung[628]

Die für die Durchführung der Aufgabenpakete zuständigen Stellen sind auch gleichzeitig kostenverantwortlich. Ihnen obliegt damit die Verwaltung des zugeteilten Budgets.[629] Aufgrund der spezifischen Anforderun-

---

[628] Entnommen aus *Litke, H.-D.*: Projektmanagement: Methoden, Techniken, Verhaltensweisen, 3. Aufl., München, Wien 1995, S. 132.

[629] Vgl. *Litke, H.-D.*: Projektmanagement: Methoden, Techniken, Verhaltensweisen, 3. Aufl., München, Wien 1995, S. 133; *Schmitz, H.; Windhausen, P.M.*: Projekt-

gen der Kostenplanung in der Projektfertigung bietet es sich an, spezielle Planungstools hierfür einzusetzen. Ein DV-Programm für ein solches Planungssystem wurde im Rahmen dieser Arbeit erstellt (vgl. Kapitel 4.3).

3.2.2.1.3.8.2 Kostenstrukturierung

Die Strukturierung der Kostenpakete erfolgt

*   auf der Basis des Projektstrukturplans,

*   unter Berücksichtigung aller kostenverursachenden Vereinbarungen des vorgesehenen Liefer- und Leistungsumfangs und

*   unter Anwendung des gültigen Rechenwerks (Betriebsabrechnung und Projekt- und Ergebnisrechnung).[630]

Da der Projektstrukturplan alle Lieferungen und Leistungen eines Projekts abdeckt, eignet er sich in idealer Weise zur Strukturierung in Kostenpakete. Die Arbeitspakete (vgl. Kapitel 3.2.2.1.3.4) werden zur Kostenplanung in Kostenpakete umgewandelt.

Die Größe der jeweiligen Kostenpakete ist von der Projektgröße abhängig. Bei einem großen Projekt sollte der Umfang der Kostenpakete etwa bei 1% der Gesamtkosten liegen. Bei einem kleinen Projekt sollten jeweils ca. 5% durch ein Kostenpaket abgedeckt sein. Relativ sind die Kostenpakete eines großen Projekts zwar kleiner, absolut allerdings größer als bei einem kleinen Projekt. Dies ist durch das Delegationsprinzip begründet, welches bei größeren Projekten viel stärker zum Einsatz kommt. Die Abbildung 118 zeigt den allgemeinen Zusammenhang zwischen der Projektgröße und der Größe der Kostenpakete.

Wenn sich die Kostenstruktur am Projektstrukturplan orientiert, ist sichergestellt, dass die zu erbringenden Lieferungen und Leistungen vollständig kostenmäßig abgedeckt sind. Es ist allerdings darauf zu achten, dass auch Kosten entstehen können, die nicht unmittelbar eine Lieferung

---

planung und Projektcontrolling: Planung und Überwachung von besonderen Vorhaben, 3. Aufl., Düsseldorf 1986, S. 110.

[630] Vgl. *Schmitz, H.; Windhausen, P.M.*: Projektplanung und Projektcontrolling: Planung und Überwachung von besonderen Vorhaben, 3. Aufl., Düsseldorf 1986, S. 83. Das gültige Rechenwerk wurde bereits im Kapitel 3.1.1 vorgestellt und für diese Arbeit entwickelt.

oder Leistung darstellen. Um diese „Sammelkosten"[631] muss die Kalkulation ergänzt werden.

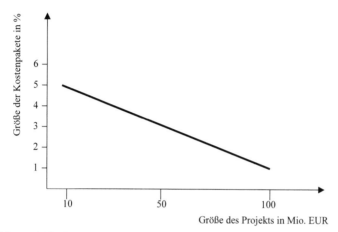

Abbildung 118: Zusammenhang zwischen Projektgröße und Größe der Kostenpakete[632]

Die vollständige Erfassung der Kosten sollte anhand einer Checkliste überprüft werden. Die Abbildung 119 zeigt ein Beispiel für eine Checkliste aus dem Bereich des Anlagenbaus. Sie gibt zusätzlich die Auswirkungen auf die Kostenstruktur an.

---

[631] *Andreas, D.; Rademacher, G.; Sauter, B.*: Projekt-Controlling und Projekt-Management im Anlagen- und Systemgeschäft, 5. Aufl., Frankfurt a.M. 1992, S. 72.

[632] In Anlehnung an *Schmitz, H.; Windhausen, P.M.*: Projektplanung und Projektcontrolling: Planung und Überwachung von besonderen Vorhaben, 3. Aufl., Düsseldorf 1986, S. 84.

Vertragsgegenstand	Sekundäre Auswirkung im Hinblick auf die Kostenstruktur
1. Lieferung und Leistung	
Management	• Planungshaftpflichtversicherung
Engineering	• Planungshaftpflichtversicherung
Fertigung/Lieferung	• Fabrikations-Risikoversicherung
	• Lizenzgebühren
Dokumentation	• Planungshaftpflichtversicherung
Transport	• Transportversicherung
Montage und Inbetriebnahme	• Montageversicherung
Training	• Trainingsversicherung
Treffen mit dem Kunden	• Reisen
	• Reiseversicherung
2. Kontrollen und Abnahmen	
Zeichnungskontrolle	
Fertigungskontrolle	• Nachbesserungsaufwand
Abnahmen und Dokumentation	• Risikozuschlag für Kontrollen und Abnahme
Werksabnahme	
Übergabe der Lieferung und Leistung	
3. Garantien	
Erfüllungsgarantien	• Performance-Bond
Termingarantien	• Pönalen
Gewährleistungen	• Gewährleistungs-Bonds
	• Gewährleistungsaufwand
Haftungen	• Risikozuschlag für Haftung
4. Exportbedingungen	• Ausfuhr-Risikoversicherung
	• Zölle
	• Lokale Steuern
	• Lokale Abgaben
5. Preis- und Zahlungsbedingungen	
Preisart	• Zuschlag für Preisart
Währung	• Kurssicherung
Zahlungen	• Finanzierungskosten
	• Auszahlungsgarantien
	• Kredit-Versicherung
	• Zahlungssicherung
	• Risikozuschlag für verspätete Zahlungen
6. Kündigung des Vertrags	• Storno-Risikozuschlag
7. Sonstiges	• Provisionen
	• Rückstellung für unvorhersehbare, unvermeidbare Probleme

Abbildung 119: Checkliste zur Überprüfung der Vollständigkeit der Kostenstruktur[633]

---

[633] Entnommen aus *Schmitz, H.; Windhausen, P.M.*: Projektplanung und Projektcontrolling: Planung und Überwachung von besonderen Vorhaben, 3. Aufl., Düsseldorf 1986, S. 85f.

Die Projektkosten lassen sich in Einzelkosten der Teilleistungen, übergeordnete Einzelkosten des Projekts und allgemeine Geschäftskosten einteilen. Bei der Projektkostenrechnung entspricht ein Projekt einem Kostenträger.[634] Dieser kann weiter aufgeteilt werden in Unterkostenträger, die den Teilkomponenten des Projekts (z.b. Projektplanung, Entwicklung, Prototypenbau und Erprobung) entsprechen.

Die Einzelkosten der Teilleistung sind dem einzelnen Vorgang (Teilleistung) unmittelbar zuzuordnen. Übergeordnete Einzelkosten des Projekts sind Gemeinkosten der Projektteilleistungen, die nur auf höheren Ebenen des Projektstrukturplans bzw. nur dem Projekt als Ganzes zugerechnet werden können. Sie werden mit Hilfe von Verteilungsverfahren auf diejenigen Entscheidungshierarchieebenen verteilt, denen sie zugeordnet werden können. Anders als in der Praxis häufig zu finden ist, sollte m.E. von einer Verteilung der Gemeinkosten des Projekts per Zuschlag, Schlüsselung oder Umlage auf Einzelpositionen aus internen Steuerungsgründen abgesehen werden. Diese ist nur dann als Ergänzungsrechnung erforderlich, wenn der Auftraggeber Einzelpreise je Leistungsposition verlangt.

Zu der häufig anzutreffenden Zuschlagskalkulation gibt es kontroverse Meinungen.[635] Die allgemeinen Geschäftskosten können einem Projekt bspw. nicht direkt zugerechnet werden, sie dienen vielmehr der Leitung und Verwaltung des Unternehmens als Ganzes oder bestimmten Teilbereichen. Sie werden traditionell aus den Buchführungsunterlagen des Betriebes entnommen und ebenfalls durch Zuschläge auf die Projekte verrechnet.[636]

Handelt es sich hierbei um Kosten des Gesamtunternehmens, so sollte eine Zuschlagsverrechnung nicht erfolgen. Handelt es sich aber z.B. um Kosten einer Projektsparte, so sind sie dieser Sparte im Ergebnis als Einzelkosten anzulasten. Um neben dem Teilkostenergebnis auch ein Vollkostenergebnis auf Projektebene zu ermöglichen, werden nicht gedeckte Gemeinkosten mit Hilfe einer direkten Gemeinkostenverrechnung zugeordnet. Nicht verrechenbare Gemeinkosten werden als Deckungsbedarfsquoten den Ergebnisobjekten zugeordnet. Die direkte Gemeinkostenverrechnung bietet sich überall dort an, wo leistungs- und kostenverursachende Bezugsgrößen gefunden werden können, z.B. geleistete Stunden der allgemeinen Konstruktion. Die restlichen nicht verrechenbaren Gemeinkosten werden nach dem Tragfähigkeitsprinzip den Ergeb-

---

[634] Vgl. *Hügler, G.L.*: Controlling in Projektorganisationen, München 1988, S. 188.

[635] Vgl. S. 261.

[636] Vgl. *Burghardt, M.*: Projektmanagement, 2. Aufl., Berlin, München 1993, S. 243ff.

nisobjekten zugeordnet. Hier bietet sich als Bezugsgröße die Gesamt- bzw. Eigenleistung des Projekts an.

Diese Verrechnungssätze bzw. Deckungsbedarfsquoten werden vom Rechnungswesen ermittelt.[637]

Beispiele für Einzelkosten eines Projekts sind:

- Materialkosten,

- Fertigungslöhne sowie

- Maschinen und Anlagen, wenn sie einem einzelnen Vorgang direkt zuzuordnen sind.

Beispiele für übergeordnete Einzelkosten eines Projektes sind:

- Kosten für die Baustelleneinrichtung (bei einem Bauprojekt),

- Kosten der Projektleitung,

- allgemeine Projektkosten (z.B. Hilfslöhne, Pachten und Mieten) sowie

- Maschinen und Anlagen, wenn sie nur für das Projekt angeschafft worden sind.

Beispiele für allgemeine Geschäftskosten sind:

- Kosten der Unternehmensleitung und -verwaltung,

- Kosten des Bauhofs,

- Steuern und öffentliche Abgaben,

- Kalkulatorische Verzinsung des betriebsnotwendigen Kapitals sowie

- Maschinen und Anlagen, wenn sie aus dem allgemeinen Maschinenpark der Unternehmung stammen.[638]

Die Kostenplanung steht zudem mit der Terminplanung in einem engen Zusammenhang.[639] Bei einer sehr langen Projektdauer muss z.B. die In-

---

[637] Vgl. *Hügler, G.L.*: Controlling in Projektorganisationen, München 1988, S. 188; *Hauptverband der Deutschen Bauindustrie e.V.; Zentralverband des Deutschen Baugewerbes e.V.* (Hrsg.): Kosten- und Leistungsrechnung der Bauunternehmen - KLR Bau, 6. Aufl., Wiesbaden et al. 1995.

[638] Beispiele für die Kosten und Leistungsrechnung der Bauunternehmen finden sich in *Hauptverband der Deutschen Bauindustrie e.V.; Zentralverband des Deutschen Baugewerbes e.V.* (Hrsg.): Kosten- und Leistungsrechnung der Bauunternehmen - KLR Bau, 6. Aufl., Wiesbaden et al. 1995.

flationsrate berücksichtigt werden. Lang andauernde Projekte sind meist auch sehr kostenintensiv, da Leistungen zum Teil vorfinanziert werden und die fixen Kosten während der gesamten Projektdauer gedeckt sein müssen. Neben dem Projektstrukturplan sollte als Basis für die Kostenplanung aus diesem Grund auch der Netzplan eingesetzt werden. Dies wird in der Praxis allerdings nur selten so gehandhabt. Der Grund hierfür liegt zum einen darin, dass eine automatisierte Übernahme der Kostendaten aus dem betrieblichen Rechnungswesen bis vor kurzem nicht möglich oder nur mit einem viel höheren Aufwand manuell zu leisten war.

Mittlerweile existieren allerdings EDV-Programme, die eine automatische Einspeisung der Daten aus dem Rechnungswesen in die Netzplanprogramme ermöglichen, wodurch der Kostenverlauf über die Zeitachse erfasst und verfolgt werden kann. Zum anderen ist die Bevorzugung von Projektstrukturplänen darin begründet, dass der Detaillierungsgrad der Netzpläne zumeist zu fein ist.

Wie zuvor bereits formuliert, wird bei der Kostenstrukturierung auf das im übrigen Unternehmen gültige Betriebsabrechnungssystem eingegangen. In der betriebswirtschaftlichen Kostenrechnung wird üblicherweise in Kostenarten-, Kostenstellen- und Kostenträgerrechnung unterschieden.

Die Kostenträgerrechnung ist als Projektkostenrechnung (Auftragsbezogene Rechnung) auszugestalten, da das periodenbezogene Rechnungswesen i.d.R. nicht dazu in der Lage ist, die erforderlichen Kosteninformationen für ein Projekt bereitzustellen. In der Projektkostenrechnung werden die Projekte bzw. Projektteilleistungen zum zentralen Zurechnungsobjekt.[640]

Die Kostenartenrechnung, die am Anfang der Kostenrechnung steht, erfasst sämtliche Kosten gruppiert nach Kostenarten. Bei der Kostenstellenrechnung wird der Gesamtbetrieb nach räumlichen, organisatorischen und funktionellen Merkmalen in die einzelnen Kostenstellen unterteilt. Mit Hilfe der Kostenstellenrechnung sollen die primären Gemeinkosten auf den Kostenstellen erfasst, die innerbetriebliche Leistungsverrechnung durchgeführt, die Kalkulationssätze zur Weiterverrechnung der variablen Gemeinkosten auf die Kostenträger ermittelt und Informationen über die Wirtschaftlichkeit des Produktionsvollzugs gewonnen werden. Um den Übergang von der periodischen Betriebsabrechnung zur langfristigen

---

[639] Vgl. *Schwarze, J.*: Netzplantechnik, Herne, Berlin 1994, S. 195.

[640] Vgl. *Saynisch, M.*: Die Projektkostenrechnung und ihre Integration mit dem betrieblichen Rechnungswesen, in: *Saynisch, M.; Schelle, H.; Schub, A.* (Hrsg.): Projektmanagement, München 1979, S. 245-271, hier: S. 247ff.

Projektrechnung zu bewältigen, schlägt *Plinke* die Schaffung von Pools als zusätzliche Zurechnungsobjekte vor.[641] Diese Pools erfassen die Projektkosten, die als Gemeinkosten in der periodenbezogenen Betriebsabrechnung verbucht wurden, um sie für die Weiterverrechnung auf die Projekte bereitzuhalten. Die Kostenträgerrechnung dient, aufbauend auf der Kostenarten- und Kostenstellenrechnung, der Abrechnung der betrieblichen Leistungen auf die Projekte bzw. Projektteilleistungen.

Kostenstellen		Kosten-stellen-Nr.	Verrech-nungssätze
a) Konstruktion	aa) Bereichskostenstelle	3000	--
	ab) Maschinenbau	3010	80 €/h
	ac) Stahlbau	3020	83 €/h
	ad) Elektrik	3030	85 €/h
	ae) Hydraulik	3040	82 €/h
b) Fertigung	ba) Bereichskostenstelle	4000	--
	bb) Schlosserei	4010	2,10 €/h
	bc) Schweißerei	4020	1,70 €/h
	bd) Dreherei	4030	2,50 €/h
	be) Fräserei	4040	2,80 €/h
	bf) Stahlbau	4050	1,90 €/h
	bg) Zusammenbau	4060	1,50 €/h
c) Projektplanung	ca) Bereichskostenstelle	5000	79 €/h

Abbildung 120: Kostenstellen mit dazugehörigen Verrechnungssätzen[642]

Abbildung 120 zeigt ein Beispiel für eine Kostenstellengliederung. Zusätzlich zu den einzelnen Kostenstellen sind die Kostenstellen-Nummern sowie die entsprechenden Verrechnungssätze angegeben.

Abbildung 121 zeigt eine Kostenträgergliederung, die auf dem im Kapitel 3.2.2.1.3.4 vorgestellten gemischtorientierten Projektstrukturplan beruht.

---

[641] Vgl. *Plinke, W.*: Ansatzpunkte einer projektorientierten Kosten- und Leistungsrechnung in Unternehmen des langfristigen Anlagenbaus, in: *Kilger, W.; Scheer, A.-W.* (Hrsg.): Rechnungswesen und EDV, 7. Saarbrücker Arbeitstagung, Heidelberg 1986, S. 601-615, hier: S. 608.

[642] Entnommen wie Abbildung 121 aus *Schmitz, H.; Windhausen, P.M.*: Projektplanung und Projektcontrolling, 3. Aufl., Düsseldorf 1986, S. 88f.

Betriebliche Leistung		Kostenträger-Nr.
1. Erstellung der Bauten	Bauplanung	1 001
	Bauausführung	1 002
	Bauüberwachung	1 003
	Bauabrechnung	1 004
2. Erstellung der Einrichtung	Einrichtungsplan	2 001
	Einrichtungsbeschaffung	2 002
	Einrichtungsbau	2 003
	Einrichtungsfunktionstest	2 004
3. Erstellung der Steuerungssysteme	Konzipierung	3 001
	Programmierung	3 002
	Funktionstest	3 003

Abbildung 121: Kostenträgergliederung

3.2.2.1.3.8.3 Kalkulation

Nachdem die Kostenstruktur festgelegt ist, müssen von den jeweils leistenden Stellen die Mengenansätze, das sog. Mengengerüst, ermittelt werden. Dieses wird benötigt, um im Zuge der Angebotskalkulation die Selbstkosten und daran anschließend die Herstellkosten zu ermitteln.

3.2.2.1.3.8.3.1 Ermittlungen zur Kalkulation

Die Erstellung des Mengengerüsts geschieht mit der Berechnung von Stunden- und Leistungssätzen.[643] Ein Stundensatz gibt an, wie viel Arbeitszeit für eine Einheit eines bestimmten Outputs benötigt wird. So bedeutet z.b. ein Stundensatz von 0,03 für die Verschalung einer Betonfläche, dass pro qm Schalfläche 0,03 Stunden bzw. 1,8 Minuten benötigt werden. Ein Leistungssatz gibt an, wie viel Output innerhalb einer vorgegebenen Zeiteinheit erstellt werden kann. Auf das Beispiel der Schalfläche übertragen, bedeutet dies, dass innerhalb einer Stunde 33,33 qm Schalfläche erstellt werden. Der Stundensatz wird hauptsächlich für lohnintensive Arbeiten genutzt, während der Leistungssatz vor allem für maschinenintensive Arbeiten herangezogen wird. Sind z.B. für ein Bauprojekt 1000 qm Schalfläche eingeplant, so ist ein Zeitaufwand von 30 Stunden zu veranschlagen. Dieser Wert wird dann bei der Kalkulation für das Kostenpaket Verschalung benutzt.

Um zu den richtigen Stunden- und Leistungssätzen zu kommen, wird auf die Erfahrungen der Vergangenheit zurückgegriffen. Sowohl die persön-

---

[643] Vgl. *Hauptverband der Deutschen Bauindustrie e.V.; Zentralverband des Deutschen Baugewerbes e.V.* (Hrsg.): Kosten- und Leistungsrechnung der Bauunternehmen - KLR Bau, 6. Aufl., Wiesbaden et al. 1995.

lichen Erfahrungen des Kalkulators kommen dabei zum Zuge als auch die gesammelten Erfahrungen der Unternehmung, die in den Nachkalkulationen und Dokumentationen vergangener Projekte zu finden sind. Ein Problem bei der Verwendung von Erfahrungswerten besteht allerdings darin, dass die ermittelten Werte nicht unbesehen verwendet werden dürfen. Jedes Projekt hat seine speziellen Eigenschaften, die berücksichtigt werden müssen. Ein Beispiel für die normierte Erfassung der Kalkulationsgrundlagen zeigt die Abbildung 122.

Die Kalkulation beginnt mit der Mittellohnberechnung. Der Mittellohn wird hierbei als das arithmetische Mittel sämtlicher an einem Projekt oder an Teilprojekten voraussichtlich entstehender Lohnkosten je Arbeitsstunde und Tätigkeitsgruppe verstanden. Es ist auch möglich, die erforderlichen Lohnstunden der benötigten Arbeiter in den einzelnen Lohngruppen spezifiziert anzugeben. Es lässt sich allerdings im Voraus nicht genau vorhersagen, wie groß der Anteil der jeweiligen Arbeiter an den einzelnen Teilleistungen ist. Von daher hat es sich, zumindest bei Bauprojekten, empfohlen, mit einem Mittellohn je Tätigkeitsgruppe zu rechnen. In der Praxis hat es sich bewährt, die Lohnzusatzkosten und die Lohnnebenkosten ebenfalls in die Mittellohnberechnung mit einzubeziehen und sie auf diese Weise aus dem Gemeinkostenblock herauszunehmen.

Wahlweise kann der Mittellohn mit oder ohne anteilige Aufsichtskosten berechnet werden. Ohne anteilige Aufsichtskosten zu rechnen, empfiehlt sich insbesondere dann, wenn das aufsichtsführende Personal mit der Aufsicht über mehrere Projekte beschäftigt ist. In diesem Fall werden die Gehälter bei den Gemeinkosten als Baustellengehälter kalkuliert.[644]

Es ergeben sich somit folgende Formeln zur Berechnung des Mittellohns:

- Mittellöhne ohne anteilige Aufsichtskosten

$$ML\ (A) = \frac{\textit{Summe der Löhne der gewerblichen Arbeitnehmer}}{\textit{Lohnstunden der gewerblichen Arbeitnehmer}}$$

$$ML\ (AS) = ML\ (A) + \textit{Lohnzusatzkosten in \%}$$

$$ML(ASL) = ML\ (AS) + \textit{Lohnnebenkosten}\ (LNK)\ \textit{in \%}$$

---

[644] Vgl. *Hauptverband der Deutschen Bauindustrie e.V.; Zentralverband des Deutschen Baugewerbes e.V.* (Hrsg.): Kosten- und Leistungsrechnung der Bauunternehmen - KLR Bau, 6. Aufl., Wiesbaden et al. 1995, S. 20.

KALKULATIONSGRUNDLAGEN

NL: _____   Angebotsnummer: _____
Projekt: _____   Datum: _____

Kalkulationsverantwortlicher/Zuschlagsatzfestlegung: _____

Angebotsbearbeiter: _____

1. Kalkulationsvorgaben zur Kostenermittlung

1.1. Minutensatz Eigenmontage EK bestimmen

jetziger Std.satz Eigenlohn (lt. Liste)   [ ] [€/h]
+ Teuerungszuschlag   _____   +[ ] [€/h]
= Std.satz Eigenlohn   =[ ] [€/h]

+ Nebenkosten Nahmontage (siehe Tabellen Datei 'q.\param\kalk_tab.xls')

Auslös.zone	_____			[ ]	[€/Tag]
Fahrgeldzone	_____ :	Anteil Fahrer	0,25	----,----> [ ]	[€/Tag]
Fahrgeld	_____ [€/km] x		[km/Tag]	'----> [ ]	[€/Tag]
Wegezeit	_____ h x Eigenlohn	nur Fahrer	ja	----'----> [ ]	[€/Tag]
Sonstiges (Höhe, Schmutz, etc.)				[ ]	[€/Tag]
				= [ ]	[€/Tag]
Arbeitsstunden/Tag		/ _____ 7,40 [h/Tag]		+ [ ]	[€/h]

+ Nebenkosten Fernmontage

Fernauslösung	_____ [€/kal.Tag]	1,4 Faktor	[ ]	[€/Tag]
Fahrgeld	_____ [€/km] x	[km/Tag]	'----> [ ]	[€/Tag]
Leihwagenkosten	_____ [€/kal.Tag]	1,4	'----> [ ]	[€/Tag]
Übernachtungskosten	_____ [€/kal.Tag]	1,4	[ ]	[€/Tag]
			= [ ]	[€/Tag]
Arbeitsstunden/Tag	/ _____ 7,40 [h/Tag]		+ [ ]	[€/h]

= Stundensatz Eigenmontage EK   =[ ] [€/h]
= Minutensatz Eigenmontage EK   [ ] [€/min]

1.2. weitere Minutensätze

Std.satz Leiharbeiter   [ ] [€/h]
    [ ] [€/min]

Std.satz Subunternehmer   [ ] [€/h]
    [ ] [€/min]

2. Baustellenfaktor festlegen   Baustellenfaktor: 1,00

3. Zuschläge für VP festsetzen

Metallzuschlag Cu/Pb/Al : [ ] [ ]

Inst.mat.:[ ]	Lichtruf:[ ]	akt.Geräte:[ ]	Verteilung:[ ]
Leitungen:[ ]	TK-Anl:[ ]	LWL:[ ]	Brandmeld:[ ]
Leuchten:[ ]	ELA:[ ]	**sonstige Materialien:**[ ]

: [ ]   : [ ]   : [ ]
: [ ]   : [ ]   : [ ]
: [ ]   : [ ]   : [ ]

eigene Montageleistungen: [ ]
Leiharbeiterleistungen: [ ]
Subunternehmerleistungen: [ ]

Abbildung 122: Beispiel für die normierte Erfassung von Kalkulationsgrundlagen

- Mittellöhne mit anteiligen Aufsichtskosten

$$ML_1\ (AP) = \frac{Summe\ der\ Löhne\ und\ Gehälter\ Aufsichtspersonal}{Lohnstunden\ ohne\ Polierstunden}$$

$$ML_2\ (APS) = ML_1 + Lohnzusatzkosten\ in\ \%$$

$$ML_3\ (APSL) = ML_2 + Lohnnebenkosten\ in\ \%$$

Abbildung 123 zeigt ein Schema zur Mittellohnberechnung:

Aufsicht	Stundenlohn						Gesamt	
	€/ Monat	Ver-mög.bi ldung	Zula-gen/Üb erstd.	Ge-samt	Mon. Arbeits zeit in h*	Lohn pro Stunde (5/6)	Anzahl	€/h (7 * 8)
1	2	3	4	5	6	7	8	9
							Gesamt:	

* kann individuell verändert werden

Belegschaft	Stundenlohn						Gesamt	
	a)	b)	c)	d)	e)	f)	An-zahl	€/h (7*8)
1	2	3	4	5	6	7	8	9
Vermögensbildung = ∑ Spalte 8 * 0,25 = 32 * 0,25								
						Gesamt:		

a) Gesamttarifstundenlohn
b) Stammarbeitszulagen
c) Überstunden Zuschlag in % von 2 u. 3*
d) Erschwerniszuschlag
e) Zuschlag für Nacht-, Sonn- und Feiertagsschichten
f) Lohn pro Stunde (∑ 2-6)

Abbildung 123: Schema zur Mittellohnberechnung[645]

[645] Entnommen aus *Hauptverband der Deutschen Bauindustrie e.V.; Zentralverband des Deutschen Baugewerbes e.V.* (Hrsg.): Kosten- und Leistungsrechnung der Bauunternehmen - KLR Bau, 6. Aufl., Wiesbaden et al. 1995, S. 21.

Die Berechnung des in der Spalte c) zu erfassenden Überstundenzuschlags wird folgendermaßen durchgeführt:

$$\frac{\text{Überstunden pro Woche}}{\text{Gesamtstunden pro Woche}} = \frac{6h * 100}{45h} = 13{,}3 \%$$

- Mittellohn ohne anteilige Aufsichtskosten:

Mittellohn (A):	Σ Spalte 9/Σ Spalte 8 (Belegschaft)
Mittellohn (AS):	Mittellohn (A) + Lohnzusatzkosten
Mittellohn (ASL):	Mittellohn (AS) + LNK

- Mittellohn mit anteiligen Aufsichtskosten:

Mittellohn (Arbeitspaket):	(Σ Spalte 9 (Belegschaft) + Σ Spalte 9 (Aufsicht) /Σ Spalte 8 (Belegschaft)
Mittellohn (APS):	Mittellohn (Arbeitspaket) + Lohnzusatzkost.
Mittellohn (APSL):	Mittellohn (APS) + LNK

Im nächsten Schritt sind die Stoffkosten zu ermitteln. Bei der Berechnung der Stoffkosten sind die Kosten frei Projektstandort anzusetzen. Zusätzlich sind Bruch-, Verschnitt- oder Streuverluste zu berücksichtigen.

Nebensächliche Stoffe, wie z.B. Nägel oder Schrauben, können anhand von Erfahrungswerten geschätzt und dann als Gemeinkosten verrechnet werden. Die Abbildung 124 zeigt ein Muster zur Stoffkostenberechnung.

Für die Berechnung der Gerätekosten existieren zwei Wege. Entweder können diese in den Gemeinkosten verrechnet oder bei den Kosten der einzelnen Teilleistungen abgerechnet werden. Die Gerätekosten setzen sich aus den folgenden Bestandteilen zusammen:

- Abschreibung und Verzinsung
- Reparaturkosten sowie Lohnzusatz- und Lohnnebenkosten für den Lohnkostenanteil der Reparaturkosten
- Kosten der Betriebsmittel und Schmierstoffe
- Ladekosten, Frachten und Fuhrkosten
- Auf- und Abbaukosten der Geräte
- Versicherungskosten für die Geräte
- Bedienungskosten für die Geräte

Bezeichnung des Stoffes						
Lieferwerk						
Frachtkilometer						
Ungef. Gesamtmenge						
Einheit						
	Std.	Lohn €	Stoff-kosten €	Std.	Lohn €	Stoffkos-ten €
Preis ab Werk						
+ Frachten						
+ Fuhrkosten						
...						
= Preis frei Bau						
Abladen und Stapeln						
Verlust						
Summen						
Kosten/Einheit (= Lohn + Stoffkosten) = €			€			

Abbildung 124: Kalkulationsformular nach KLR Bau[646]

Bei dem konventionellen Verfahren werden die Gerätekosten in dem Gemeinkostenblock eines Projekts erfasst und im Umlageverfahren gleichmäßig auf alle Teilleistungen verrechnet. Dies führt zu Ungenauigkeiten in der Kostenberechnung der einzelnen Teilleistungen, da hier unter Umständen Kosten verrechnet werden, die bei einer anderen Teilleistung angefallen sind. Genauer ist das Verfahren, die Kosten jeweils in der einzelnen Teilleistung zu berechnen. In diesem Fall werden die Kosten verursachungsgerecht ermittelt.

Ein Projekt stellt zumeist auch eine Finanzierungsaufgabe dar. Dies gilt nicht nur für den Auftraggeber, der letztlich die Kosten des Projekts zu finanzieren hat, sondern auch für den Auftragnehmer, der evtl. gewisse Tätigkeiten vorfinanzieren muss. Hierbei fallen kalkulatorische Zinsen an, die in der Kalkulation mitberücksichtigt werden müssen. Die Höhe der kalkulatorischen Zinsen ist abhängig von

- der Höhe des Zinssatzes am Geld- bzw. Kapitalmarkt,

- dem Ausmaß der nötigen Vorbereitungen zur Projektausführung,

---

[646] Entnommen aus *Hauptverband der Deutschen Bauindustrie e.V.; Zentralverband des Deutschen Baugewerbes e.V.* (Hrsg.): Kosten- und Leistungsrechnung der Bauunternehmen - KLR Bau, 6. Aufl., Wiesbaden et al. 1995, S. 25.

- dem Verlauf der Rechnungsstellung,

- den Vorauszahlungen des Auftraggebers sowie

- der Zahlungsmoral des Auftraggebers.

3.2.2.1.3.8.3.2 Vorgehensweise und Verfahren der Kalkulation

Im Gegensatz zum klassischen Serien- und Massenfertiger stehen die zu erbringenden Leistungen beim Einzelauftrags- bzw. Projektfertiger nicht mit genügender Genauigkeit fest. Für die größtenteils heterogene Projekt- bzw. Auftragsstruktur liegen im Voraus keine bekannten Stücklisten bzw. Bau- und Arbeitspläne vor, die für eine Planung der Kostenstruktur mit dem Ergebnis hinreichend genauer Stückkosten und Kalkulationsvorgaben genutzt werden könnten. Auf bereits erstellte Kalkulationen kann i.d.R. bei einer Neukalkulation nur bedingt zurückgegriffen werden. Um die Steuerungs- und Koordinationsfunktion im Hinblick auf eine wirtschaftliche Leistungserbringung und Produktivitätsoptimierung erfüllen zu können, muss demnach die Planungsfunktion bei einem Projektauftragsfertiger intensiver betrieben werden, was bedeutet, dass jedes einzelne Bauprojekt bzw. jeder Einzelauftrag gesondert zu planen und zu steuern ist. Abbildung 125 zeigt die Vorgehensweise der Kalkulation sowie ihre Stadien für einen Projektfertiger.

Für ein leistungsfähiges Projekt- bzw. Einzelauftrags-Controlling führen die Unternehmen mit Einzelauftrags- und Projektfertigung sowohl Vor- und Nachkalkulationen als auch Mitlaufende Kalkulationen durch. Bei der Vorkalkulation werden die Angebotsvorkalkulation und die Auftrags- bzw. Arbeitsvorkalkulation unterschieden. Zunächst wird aufgrund einer Kundenanfrage eine auf Erfahrungs- und Schätzwerten basierende Angebotsvorkalkulation erstellt, die während der Vertragsverhandlungen bei anfallenden Änderungen ggf. in Form einer Auftragskalkulation angepasst werden muss. Nach Auftragseingang erfolgt schließlich eine genaue Arbeitskalkulation, die auf einer genauen Arbeitsvorbereitung basiert. Während der Leistungserstellung erfolgen laufende Zwischenkalkulationen in Form von Soll-Ist-Vergleichen. Nach Fertigstellung werden die Projekt- bzw. Auftragsleistungen nachkalkuliert. Sollten sich während der Leistungserstellung zudem Änderungen bei einzelnen Leistungen ergeben, die nicht vertraglich vereinbart wurden, oder sich die Grundlagen der Preisermittlung geändert haben, so sind entsprechende Nachtrags- bzw. Änderungskalkulationen zu erstellen.[647]

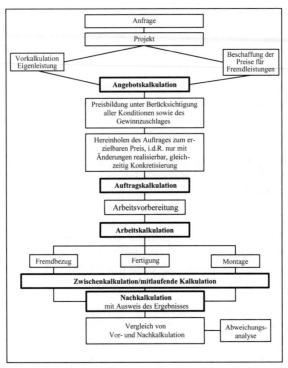

Abbildung 125: Kalkulationsstadien der Einzelauftrags- bzw. Projektfertigung[648]

Es existieren mehrere mögliche Verfahren für die Kalkulation. Hier soll auf die Kalkulation mit vorbestimmten Deckungsbedarfsquoten in Form von Solldeckungsbedarfen eingegangen werden.

---

[647] Detaillierte Beschreibungen der Kalkulation bei Einzelauftrags- und Projektfertigern sind z.B. zu finden bei *Drees, G.; Bahner, A.*: Kalkulation von Baupreisen, 4. Aufl., Wiesbaden 1996, S. 19ff.; *Prange, H.; Leimböck, E.; Klaus, U.R.*: Baukalkulation unter Berücksichtigung der KLR Bau und VOB, 9. Aufl., Wiesbaden 1995, S. 3ff.; *Hauptverband der Deutschen Bauindustrie e.V.; Zentralverband des Deutschen Baugewerbes e.V.* (Hrsg.): Kosten- und Leistungsrechnung der Bauunternehmen - KLR Bau, 6. Aufl., Wiesbaden et al. 1995, S. 32ff.

[648] Vgl. *Plinke, W.*: Industrielle Kostenrechnung für Ingenieure, Berlin, Heidelberg 1991, S. 189.

Hierbei unterscheidet man wiederum in Kalkulationen mit einer Solldeckungsbedarfsquote als Zuschlagssatz und in Kalkulationen mit mehreren Solldeckungsbedarfsquoten. Im ersten Fall werden die verbrauchten Betriebs- und Verwaltungsgemeinkosten zur Summe der Gesamtleistung oder der Projekteinzelkosten in Beziehung gesetzt und in einer Soll-Deckungsbedarfsquote ausgedrückt. Die Quoten werden wie folgt berechnet:

$$\text{Soll} - \text{Deckungsbedarfsquote} = \frac{\text{Betriebs} - \text{und Verwaltungsgemeinkosten}}{\text{Pr ojekteinzelkosten}} * 100$$

oder

$$\text{Soll} - \text{Deckungsbedarfsquote} = \frac{\text{Betriebs} - \text{und Verwaltungsgemeinkosten}}{\text{Gesamtleistung}} * 100$$

Bei der Kalkulation mit mehreren Quoten werden verschiedene Sätze auf die oben angegebene Weise berechnet. Allerdings werden die Betriebs- und Verwaltungsgemeinkosten in zusätzliche Blöcke, wie z.B. Stoffkosten, Gerätekosten oder Nachunternehmerleistungen bzw. Gesamt- oder Einzelleistungen, aufgeteilt. Die differenzierte Kalkulation ist jedoch nur dann anwendbar, wenn sich die Gemeinkostenblöcke auch zu den jeweiligen Einzelkosten bzw. Einzelleistungen zuordnen lassen.

Die Strukturierung der Kalkulation erfolgt unter Berücksichtigung eines Risikozuschlags und des angestrebten Gewinns als progressive Angebotsendsummenkalkulation. Hierbei werden die gleichen Kalkulationszeiten verwandt, die in der retrograden Darstellung der deckungsbeitragsorientierten Projekt- und Ergebnisrechnung bereits gezeigt wurden (vgl. Kapitel 3.1.1.2). Im Rahmen des Auftragseingangs-Controlling ist zudem in gleicher Struktur (vgl. Abbildung 126) die Kalkulation samt ihrer Planungsansätze zu dokumentieren. Diese Vorgehensweise hilft, im Management-Regelkreis die Verantwortlichkeit bezüglich später zu ermittelnder Soll-Ist-Abweichungen klar durch Unterschrift zu benennen. Hinsichtlich der Genehmigung der Auftragsannahme sind hierbei Schwellenwerte zu prüfen, ab denen die Niederlassungsleiter die Hauptniederlassungsleiter oder die Geschäftsführung involvieren müssen. Als Schwellenwerte bieten sich an

- Projektergebnis/Gesamtleistung

- Projektergebnis/Eigenleistung

- Deckungsbeitrag 1/Gesamtleistung

Die Konkretisierung der Chancen dient dem Zweck, ordentliche Begründungen für die Erzielung von Chancen aufzunehmen (z.B. Materialeinsparungen, niedrigere Einkaufspreise). Weiterhin sind Gründe für die Auftragsannahme (z.B. Aufbau eines neuen Geschäftsfelds oder wichtiger Kunde mit anderen Hauptgeschäften) zu nennen, insbesondere wenn bereits negative Projektergebnisse kalkuliert wurden.

AUFTRAGEINGANGSCONTROLLING

[alle Zahlen in €]

NL: _____   **Projekt:** _____

Datum: _____   **Angebotsnummer:** _____

Projektnummer: _____

		Ist	% der GL	% der EL
(1)	Gesamtleistung vor Nachlaß			
(2)	- Nachlaß, Bauumlagen			
(3)	= **Gesamtleistung nach Nachlaß, Bauumlagen**			
(4)	- Materialkosten			
(5)	- sonst. dir. Kosten (z.B. Baust.einr., Finanz.kosten)			
(6)	- Subunternehmerkosten			
(7)	= **Eigenleistung**			
(8)	- Leasingkosten			
(9)	- produktive Personalkosten (u.a. BL, PL, int. Planungsleist.)			
(10)	+ **Deckungsbeitrag 1**			
(11)	+ Chancen			
(12)	- zusätzliche Verpflichtungen			
(13)	- kalkulatorische Zinsen			
(14)	= **Projektergebnis**			
(15)	- Deckungsbedarf 15,0%			
(16)	= **Ergebnis zu VK**			

	Kriterium 1A	Proj.erg./GL > 14,5%
oder	**Kriterium 1B**	Proj.erg./GL > 10% und Proj.erg./EL > 40%
und	**Kriterium 2**	DB1/GL > 5%

Konkretisierung Chancen: _____

_____

_____

Gründe Auftragsannahme: _____

_____

Angebotsbearbeiter _____

NL-Leiter _____

HNL-Leiter _____

GF _____

Abbildung 126: Auftragseingangs-Controlling

3.2.2.1.3.8.4 Betriebswirtschaftliche Analysen

Spätestens mit der Angebotskalkulation sind bestimmte betriebswirtschaftliche Analysen vorzunehmen, die die Erfolgschancen und Risiken eines Angebots aufdecken. Dies sind insbesondere Cash Flow-Rechnungen, Storno-Risiko-Rechnungen, Deckungsbeitragsanalysen, Make or buy-Analysen und Beschaffungsanalysen.

Bis auf die Cash Flow-Rechnung werden diese Instrumente im Folgenden beschrieben. Die projektbezogene Cash-Flow-Rechnung wird im Kapitel 3.2.2.1.3.9 dargestellt.

3.2.2.1.3.8.4.1 Storno-Risiko-Rechnungen

Die Storno-Risiko-Rechnung ist eine spezielle Risikobetrachtung des Ausfallrisikos im Rahmen des Risikomanagements (vgl. Kapitel 3.1.9). Vorwiegend bei Auslandsprojekten ist aufgrund politischer Entwicklungen das Risiko der Stornierung eines Auftrags nicht zu vernachlässigen. Auch wenn die Möglichkeit besteht, durch den Abschluss einer Exportversicherung das Risiko zu mindern, bleibt ein gewisses Restrisiko beim Lieferanten.

Zur Bestimmung des Restrisikos muss man den kumulativen Einnahmen die kumulativen Kosten, als beim Lieferanten und Unterlieferanten bis zum Stornozeitpunkt nachweisbare Kosten, gegenüberstellen.[649] Abbildung 127 soll diesen Zusammenhang verdeutlichen.

90% der Kosten werden im Regelfall von der Exportversicherung übernommen. Die restlichen 10% müssen allerdings vom Auftragnehmer übernommen werden. Dieser kann entweder durch kalkulatorische Zuschläge oder Durchstellung des Risikos an seine Unterlieferanten das Restrisiko minimieren.

In dem Beispiel der Abbildung 127 ergibt sich ein Stornorisiko bis ungefähr zur Hälfte der Projektlaufzeit. In dieser Phase liegen die Kosten über den Einnahmen. In der zweiten Hälfte liegen die Einnahmen oberhalb der Kosten, so dass hier kein Risiko mehr besteht.

---

[649] Vgl. *Schmitz, H.; Windhausen, P.M.*: Projektplanung und Projektcontrolling: Planung und Überwachung von besonderen Vorhaben, 3. Aufl., Düsseldorf 1986, S. 100.

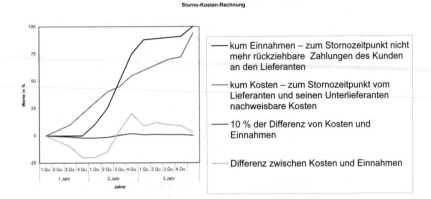

Abbildung 127: Storno-Kosten-Rechnung[650]

3.2.2.1.3.8.4.2 Deckungsbeitragsanalysen

Im Allgemeinen werden für die Abgabe eines verbindlichen Angebots die vollen Selbstkosten zzgl. eines angemessenen Gewinns kalkuliert. Das bedeutet, dass der Erlös so groß ist, dass er nicht nur die variablen Kosten, sondern auch die fixen Kosten abdeckt und ein Gewinn realisiert werden kann. Dennoch kann es aber in bestimmten Fällen sinnvoll sein, Erlöse zu realisieren, die unterhalb der Selbstkosten liegen. Dies kann z.B. durch firmenpolitische Gründe bedingt sein, wenn einem Projekt ein gewisser Prestigewert zugeordnet wird, so dass die Bereitschaft besteht, dafür auf Gewinn zu verzichten bzw. sogar einen kalkulierbaren Verlust in Kauf zu nehmen. Um eine adäquate kostenrechnerische Entscheidung treffen zu können, berechnet man projektspezifische Deckungsbeiträge. Der Deckungsbeitrag ergibt sich aus der Differenz zwischen dem Erlös und den direkt zuordenbaren Einzelkosten eines Projekts. Mit anderen Worten ist der Deckungsbeitrag der Anteil des Erlöses, der die Kosten abdeckt, die nicht direkt einem Kostenträger zuzuordnen sind.

Die Deckungsbeitragsrechnung gibt dem Unternehmen zusätzlich Informationen für die nach Angebotsabgabe anstehenden Vertragsverhandlungen. Der Verhandlungsführer kann dadurch bestimmte Preisuntergrenzen festlegen, die nicht unterschritten werden dürfen. Es könnte z.B. eine Situation entstehen, in der es vertretbar erscheint, dass der De-

---

[650] In Anlehnung an *Schmitz, H.; Windhausen, P.M.*: Projektplanung und Projektcontrolling: Planung und Überwachung von besonderen Vorhaben, 3. Aufl., Düsseldorf 1986, S. 100.

ckungsbeitrag nur einen bestimmten Teil der Gemeinkosten abdeckt. Andererseits sollten Situationen vermieden werden, in denen der Erlös nicht einmal dazu ausreicht, die Einzelkosten zu decken. Um hierüber informiert zu sein, muss der Projektleitung eine Deckungsbeitragsanalyse vorliegen.[651] Die Ausgestaltung der Deckungsbeitragsanalyse erfolgt im übergreifenden Rechenwerk der Projekt- und Ergebnisrechnung, deren Gestaltung bereits im Kapitel 3.1.1 im Rahmen der projektübergreifenden Controlling-Konzeption ausführlich beschrieben wurde. Hier wurde bereits darauf hingewiesen, dass neben dem teilkostenorientierten Ausweis von Projektdeckungsbeiträgen parallel auch vollkostenorientierte Projektergebnisse als Steuerungsgröße auszuweisen sind. Um zu einem Projektergebnis nach Vollkosten zu kommen, werden sog. Soll-Deckungsbedarfsquoten abgezogen, die im Rechenwerk des Projektfertigers als Gemeinkostenzuschläge auf Basis der Gesamtleistung oder der Einzelkosten eines Projekts ermittelt werden.

3.2.2.1.3.8.4.3 Make or buy- und Beschaffungsanalysen

Make or buy-Analysen dienen dazu, Entscheidungen über den Fremdbezug bzw. die Eigenfertigung bestimmter Leistungen zu treffen. In einem Projekt kann dies bedeuten, dass bestimmte Arbeitspakete an Fremdfirmen zur Bearbeitung vergeben werden. Grundsätzlich ist der Einkauf der Eigenfertigung vorzuziehen, wenn er die geringeren Kosten verursacht. Ein einfacher Kosten-/Preisvergleich ist hier allerdings nicht ausreichend. Die kostenmäßigen Konsequenzen des Fremdbezugs ergeben sich aus der Erfassung der Kosten, die bei Fremdbezug entstehen oder durch Fremdbezug wegfallen bzw. eingespart werden können und anschließendem Vergleich mit der Preisobergrenze für die Eigenfertigung.[652] Zu berücksichtigen ist allerdings, dass durch die Vergabe an Fremdfirmen in dem Gesamtunternehmen Potentiale ungenutzt bleiben können, die den Preisvorteil des Fremdbezugs schmälern.

---

[651] Vgl. *Schmitz, H.; Windhausen, P.M.*: Projektplanung und Projektcontrolling: Planung und Überwachung von besonderen Vorhaben, 3. Aufl., Düsseldorf 1986, S. 101f.; *Reichmann, Th.*: Controlling mit Kennzahlen und Managementberichten. Grundlagen einer systemgestützten Controllingkonzeption, 6. Aufl., München 200, S. 446ff.

[652] Vgl. *Reichmann, Th.*: Controlling mit Kennzahlen und Managementberichten. Grundlagen einer systemgestützten Controllingkonzeption, 6. Aufl., München 2001, S. 351ff.; *Reichmann, Th.*: Kosten und Preisgrenzen. Die Bestimmung von Preisuntergrenzen und Preisobergrenzen im Industriebetrieb, Wiesbaden 1973, S. 111ff.

Die im Rahmen der Projekt- und Ergebnisrechnung (vgl. Kapitel 3.1.1) vorgestellte Deckungsbeitrags- und Kennzahlenrechnung sowie eine parallele Kapazitätsanlayse zeigen diesen Effekt genau an. Aufgrund der zumeist niedrigeren Subunternehmerkosten steigt der Projektdeckungsbeitrag mit dem parallelen Effekt, dass die Eigenleistung (Wertschöpfung des Projektfertigers) sinkt. Diese Rechnung geht nur dann auf, wenn die gesamte Projektstundenauslastungsquote der Geräte bzw. Mitarbeiter auch gegeben ist. Ist dies nicht der Fall, müssen für die Vergleichsrechnung höhere Quoten für nicht verrechnete Kapazitätskosten, im Wesentlichen Personal- und Gerätekosten, berücksichtigt werden. Mit Hilfe dieser Kenngrößen erhält die Unternehmensführung im Zusammenspiel mit den Projektverantwortlichen ein Steuerungsinstrument, das es bei Auslastungsspitzen oder -einbrüchen ermöglicht, durch gezielten Einsatz oder Verminderung von Leasingkräften bzw. kompletter Fremdvergabe an Subunternehmer, die Beschäftigungsauslastung auf einem angestrebten Niveau zu halten.

Um einerseits das Risiko, dass sich aus der Beschaffung ergibt, frühzeitig zu erfassen und andererseits die sich aus einer sorgfältigen Lieferantenauswahl ergebenden Einkaufsvorteile in der Kalkulation zu berücksichtigen, sollten schon in der Planungsphase Beschaffungsanalysen durchgeführt werden. Neben den Einkaufspreisen sollten bei einer Beschaffungsanalyse insbesondere die folgenden Punkte berücksichtigt werden:[653]

- Bezüglich der angebotenen Produkte
  - Leistungsfähigkeit und Quantität
  - Bedienbarkeit und Ergonomie
  - Zuverlässigkeit
  - Wartungs- und Instandsetzungsfreundlichkeit
  - Betriebskosten
- Bezüglich der anbietenden Unternehmen
  - Bonität
  - Leistungsfähigkeit hinsichtlich des angebotenen Produkts (z.B. Menge)

---

[653] Vgl. *Schmitz, H.; Windhausen, P.M.*: Projektplanung und Projektcontrolling: Planung und Überwachung von besonderen Vorhaben, 3. Aufl., Düsseldorf 1986, S. 104f.

- Transport

- Sortiment

- Serviceleistungen

Als Instrumente zur Beschaffungsanalyse bieten sich besonders die Nutzwertanalyse, die Profilanalyse und die ABC-Analyse an.

Die Nutzwertanalyse wurde bereits an anderer Stelle erläutert (vgl. Kapitel 3.2.2.1.3.2). Bei der Profilanalyse handelt es sich um eine Lieferantenanalyse, die artverwandt mit der Nutzwertanalyse ist. Dabei wird jedem Anbieter und seinen jeweiligen Produkten bezüglich bestimmter Anforderungsmerkmale ein Wert zugeordnet. Die einzelnen Profile der in Frage kommenden Lieferanten werden zunächst mit einem Mindestanforderungsprofil und anschließend untereinander verglichen. Das Beispiel in Abbildung 128 zeigt, dass Fremdfirma A trotz des höheren Preises die bessere Alternative bietet. Fremdfirma B bleibt in den meisten Punkten hinter den Mindestanforderungen zurück.

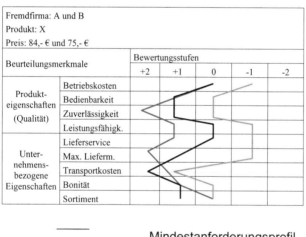

Abbildung 128: Profilanalyse

Die ABC-Analyse (vgl. Abbildung 129) richtet sich auf die Produkte. Mit ihrer Hilfe ist es möglich, die Aufmerksamkeit im Beschaffungsbereich vornehmlich auf die Produkte zu lenken, die einen überdurchschnittlich hohen Anteil an den Gesamtbeschaffungskosten haben. In der Durchführung werden zunächst die jeweils benötigten Mengen mit ihren Einkaufspreisen multipliziert. Der so ermittelte Beschaffungswert dient dann als Einstufungskriterium in der ABC-Analyse. Alle Positionen können wertmäßig in fallender Reihenfolge sortiert werden. Daraus ergeben sich drei Gruppen von Produkten. Die A-Güter weisen den höchsten Beschaffungswert auf, sind aber mengenmäßig eher gering vertreten. Die B-Güter sind mengenmäßig stärker, aber wertmäßig geringer vertreten. Am häufigsten kommen die C-Güter vor, die aber den geringsten Beschaffungswert haben. Empirische Studien haben gezeigt, dass 80-90% des gesamten Beschaffungswerts von ca. 50% der Produkte (A- und B-Güter) gedeckt werden.[654]

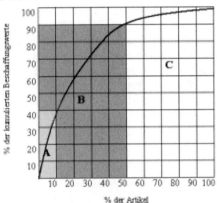

Abbildung 129: ABC-Analyse[655]

3.2.2.1.3.8.5 Preisgestaltung und -festlegung

Die wichtigste Aufgabe der Preisgestaltung ist die Festlegung der Preisart. Diese hat einen großen Einfluss auf die Kalkulation. Verschiedene Punkte müssen bei der Preisgestaltung berücksichtigt werden.

Zum einen ist die Verbindlichkeit des Preisangebots festzuschreiben. Hierbei unterscheidet man in Richtpreise und bindende Preise. Der Richtpreis gibt zunächst eine unverbindliche Empfehlung und behält sich eine Anpassung bis zum endgültigen Vertragsabschluss vor. Beim bindenden Preis gibt der Anbieter ein verbindliches Angebot ab, welches bei Vertragsabschluss immer gültig sein muss.

---

[654] Vgl. *Reichmann, Th.*: Controlling mit Kennzahlen und Managementberichten. Grundlagen einer systemgestützten Controllingkonzeption, 6. Aufl., München 2001, S. 350.

[655] Entnommen aus *Reichmann, Th.*: Controlling mit Kennzahlen und Managementberichten. Grundlagen einer systemgestützten Controllingkonzeption, 6. Aufl., München 2001, S. 351.

Neben der Verbindlichkeit spielt die Preissteigerung eine große Rolle. Der eskalierte Preis beinhaltet in fester Form die Preissteigerungen der Folgejahre, ohne dabei auf die tatsächlichen Steigerungen einzugehen. Es bleibt ein Risiko auf beiden Seiten bestehen. Der Anbieter sieht sich der Gefahr gegenüber, die tatsächlichen Preissteigerungen nicht komplett abzufangen, während der Nachfrager befürchten muss, dass die kalkulierte Preissteigerung den tatsächlichen Wert übersteigt. Diese Gefahr wird durch den Gleitpreis eingedämmt. Dieser sieht eine rückwirkende Anpassung an die tatsächlich vorhandene Preissteigerung vor. Dieses wird durch die sog. Preisgleitklausel, die von der Projektplanung mitkalkuliert werden muss, erreicht.

Auch die Art des Inkassos unterscheidet die verschiedenen Preise. Wird im Falle eines Barpreises die Summe unmittelbar nach Erhalt bzw. Übergabe der Ware vom Käufer bezahlt, so erfolgt im Fall eines Kreditverkaufs die Bezahlung erst zu einem späteren Zeitpunkt. Für den gewährten Kredit muss der Käufer zusätzlich Zinsen bezahlen.

Das nächste Kriterium ist der Umfang des Preises. Zum einen können für jede Teilleistung Einzelpreise veranschlagt werden, deren Summe den Gesamtpreis ausmacht. Jeder Einzelpreis wird hierbei genau einer bestimmten Teilleistung zugeordnet. Da in die Einzelpreise der Leistungspositionen allerdings geschlüsselte Gemeinkosten eingehen, sind diese Einzelpreise zur internen Kostensteuerung unbrauchbar. Beim Pauschal- oder Gesamtpreis wird im Gegensatz zu den Einzelpreisen für den gesamten Liefer- bzw. Leistungsumfang ein Preis angesetzt.

Aufgrund des hohen Wettbewerbs und den damit verbundenen Preiskämpfen ist die Kostentransparenz unerlässlich. Im Rahmen der klassischen Vorgehensweise erfolgt die Preisfestsetzung zumeist anhand ermittelter Selbstkostenpreise in Anlehnung an die dargestellte Angebotsendsummenkalkulation. Dieses Verfahren wird insbesondere bei der Bearbeitung von öffentlichen Aufträgen verwendet. Der Auftragnehmer hat hierbei nach einem vorgegebenen Schema[656] den Preis zu kalkulieren und dem Auftraggeber gegenüber offenzulegen.[657] Bei der Selbstkostenermittlung werden die Projekteinzelkosten direkt und die zu tragenden Projektgemeinkosten i.d.R. per Zuschlag berechnet. Sollten prozessorientierte Verrechnungssätze für Gemeinkostenbereiche ermittelbar sein, so kann die Gemeinkostenzurechnung für diese Bereiche ver-

---

[656] Siehe VOPR (Verordnung über öffentliches Preisrecht) 30/53.
[657] Vgl. *Schmitz, H.; Windhausen, P.M.*: Projektplanung und Projektcontrolling: Planung und Überwachung von besonderen Vorhaben, 3. Aufl., Düsseldorf 1986, S. 106.

bessert werden.[658] Beispiel hierfür ist die Verrechnung der indirekten Kostenstellen, wie z.b. Werkstätten und Angebotsabteilungen, anhand von geplanten und erfassten Werkstatt- bzw. Kalkulationsstunden. Je nach Höhe des Risikos eines Projekts und der erwarteten Mindestrendite fällt die Höhe des Gewinnzuschlags für ein Projekt aus.

Flankierend hierzu führt die retrograde Sichtweise der vorgestellten Deckungsbeitragsanalyse ausgehend von einem Zielpreis zum erzielbaren Projekt-Deckungsbeitrag bzw. nach Abzug der Soll-Deckungsbeiträge zum vollkostenorientierten Projektergebnis.

Sinnvoll ist zudem die marktorientierte Preisbildung, deren Nutzung die Implementierung eines Target Costing[659] voraussetzt. Im Gegensatz zu den stärker unternehmensintern ausgerichteten Systemen der Kostenrechnung stellt sich beim Target Costing nicht mehr die Frage, „Wie teuer wird das Projekt?", sondern die Frage „Wie teuer darf das Projekt höchstens sein, damit es am Markt wettbewerbsfähig ist?". Die Gegenüberstellung von Zielkosten (d.h. vom Markt erlaubten Kosten) und den aus der betrieblichen Kostenplanung ableitbaren Selbstkosten (drifting costs) zeigt, ob zwischen marktakzeptablen Kosten und interner Kostenvorgabe eine Kostenlücke (target cost gap) besteht. Zur Schließung dieser Kostenlücke sind umfangreiche organisatorische Maßnahmen erforderlich, wie z.B. Straffung der Wertschöpfungskette durch Outsourcing von Nebenleistungen, Verbesserung von Prozessabläufen durch Wertanalyse, kostengünstigere Planung usw. Die höchste Einflussnahme auf die Kostenstruktur besteht im Projekt dann, wenn noch während der Projektplanung die mit dem Projektentwurf verbundenen, später nicht mehr

---

[658] Zur Prozeßkostenrechnung vgl. z.B. *Cooper, R.; Kaplan, S.*: Measure Costs Right: Make the Right Decisions, in: HBR, 1988, S. 96-103; *Horváth, P.; Mayer, R.*: Prozeßkostenrechnung - Der neue Weg zu mehr Kostentransparenz und wirkungsvolleren Unternehmensstrategien, in: ZfC, 1989, H. 4, S. 214-219 und speziell für die Baubranche *Breuninger, B.*: Prozeßkostenmanagement in Bauunternehmen: Gewinn- und Wertsteigerung durch Kosten- und Leistungstransparenz, Wiesbaden 1996.

[659] Zur Ausgestaltung des Target Costing vgl. u.a. *Sakurai, M.*: Target Costing and How to Use it, in: Journal of Cost Management, 1989, H. 2, S. 39-50; *Horváth, P.; Niemand, S.; Wolbold, M.*: Target Costing - State-of-the-Art, in: *Horváth, P.* (Hrsg.): Target Costing, Stuttgart 1993, S. 1-27; *Niemand, S.*: Target Costing für industrielle Dienstleistungen, München 1996; *Seidenschwarz, W.*: Target Costing, Verbindliche Umsetzung marktorientierter Strategien, in: KRP, 1994, H. 1, S. 74-83; *Renner, A.; Sauter, R.*: Targetmanager. Erste Standardsoftware zur Unterstützung des gesamten Target Costing-Prozesses, in: ZfC, 1997, H. 1, S. 64-71; *Tani, T.; Horváth, P.; Wangenheim, S.*: Genka Kikaku und marktorientiertes Zielkostenmanagement, in: ZfC, 1996, H. 2, S. 80-89; *Seidenschwarz, W.*: Target Costing: Marktorientiertes Zielkostenmanagement, München 1993.

disponierbaren Kosten (wie z.B. Entscheidungen über Projektkomponenten), bei der Zielkostenfestlegung berücksichtigt werden. Deshalb beginnt die Zielkostenfestlegung bereits in der Entwicklungs- und Konstruktionsphase und begleitet den gesamten Wertschöpfungsprozess.

3.2.2.1.3.8.6 Budgetzuteilung

Die Budgetzuteilung schließt die Phase der Kostenplanung ab und ist bereits Bestandteil der Projektabwicklungsphase, da sie sich, im Sinne einer Arbeitskalkulation, von der Angebotskalkulation durch ihre Verbindlichkeit von der bisherigen Kostenplanung unterscheidet.[660] Aus Gründen der zusammenhängenden Darstellung wird sie aber bereits hier vorgestellt. Das Budget der Arbeitskalkulation ist der von der Projektleitung verabschiedete Rahmen für die Entwicklung der Projektkosten in einem bestimmten Zeitraum. Die Zuteilung ist jedoch kein isolierter Vorgang, sondern steht im Zusammenhang mit der Vergabe der zu bearbeitenden Aufgabenpakete und Terminvorgaben an die jeweiligen Fachabteilungen und ausführenden Organe.

Der Budgetzuteilung liegt das Prinzip der Delegation zu Grunde, das intern mit dem Projektteilverantwortlichen ausgehandelt wurde. Die Verantwortung für die Planung und die Einhaltung der Budgets obliegt den leistenden Stellen. Demgegenüber liegt die Verantwortung für das Zusammenfahren der Einzelbudgets und für das Harmonisieren des Projektbudgets bei der Projektleitung. Daher erfolgt die Verabschiedung der Einzelbudgets gemeinschaftlich durch die jeweils zuständige leistende Stelle und die Projektleitung.

Mit der Budgetzuteilung wird der leistenden Stelle auch die Aufgabe übertragen, die Kosten des ihr zugeteilten Budgets in der Realisierungsphase zu überwachen. Daneben ist es Aufgabe der Projektleitung und des Projekt-Controlling, das Projektbudget insgesamt zu überwachen.[661]

---

[660] Vgl. *Burghardt, M.*: Projektmanagement, 2. Aufl., Berlin, München 1993, S. 251.

[661] Vgl. *Schmitz, H.; Windhausen, P.M.*: Projektplanung und Projektcontrolling: Planung und Überwachung von besonderen Vorhaben, 3. Aufl., Düsseldorf 1986, S. 110.

3.2.2.1.3.9 Finanzplanung und Cash-Flow-Rechnung

Die in den vorigen Kapiteln beschriebenen Instrumente sind vorrangig auf die Rentabilitäts- und Wirtschaftlichkeitsziele eines Unternehmens mit komplexer Projektfertigung ausgerichtet, deren Erreichung für eine mittel- und langfristige Existenzsicherung auf Dauer gewährleistet sein muss. Eine kurzfristige Existenzbedrohung kann für ein Unternehmen mit Projektfertigung vor allem von der finanziellen Seite der Projekte ausgehen. Bei einer auftretenden Illiquidität und nicht rechtzeitig vorhandener Möglichkeiten zu deren Beseitigung ist die Existenz eines Unternehmens hochgradig gefährdet, denn nach § 102 der Konkursordnung stellt die Zahlungsunfähigkeit einen Konkursgrund dar.[662] Die Unternehmensleitung muss also laufend, gewissermaßen täglich, bemüht sein, die permanente Zahlungsfähigkeit sicherzustellen. Dazu genügt es nicht, durch Bildung der statischen bilanziellen Strukturkennzahlen die Liquidität zu kontrollieren, da dies eine vergangenheits- und nur stichtagsbezogene Betrachtung ist, die keine geeigneten Rückschlüsse auf die zukünftige Liquidität erlaubt.[663]

Gerade in Unternehmen mit komplexer Projektfertigung spiegeln diese Kennzahlen auch nicht die wirklichen Verhältnisse wider, bedingt durch die, aufgrund der saisonalen Schwankungen, besonders variierenden Bestände an liquiden Mitteln. Hinzu kommt noch, dass die öffentlichen Auftraggeber zum Ende des Jahres versuchen, möglichst viel von ihren Etatmitteln auszugeben.[664] Solche Kennzahlen sind demnach für die Steuerung der Liquidität in operativer Hinsicht ungeeignet. Vielmehr hat man sich zur Sicherung der kurzfristigen Zahlungsfähigkeit an zahlungsstromorientierten Größen zu richten, denn nur so können im Zeitablauf vorkommende, teilweise erhebliche Schwankungen rechtzeitig erkannt und dann entsprechend behandelt werden.[665] Gründe für Schwankungen sind vor allem die erhebliche Vorfinanzierung der Projekte und time-lags zwischen Auszahlungen und Zahlungseingängen.

---

[662] Vgl. *Talaj, R.*: Operatives Controlling für bauführende Unternehmen, Wiesbaden 1993, S. 29.

[663] Vgl *Wöhe, G.; Bilstein, J.*: Grundzüge der Unternehmensfinanzierung, München 1994, S. 25f.

[664] Vgl. *Mielicki, U.*: Externe Analyse der Jahresabschlüsse von Bauunternehmen, in: Betriebswirtschaftliches Institut der Westdeutschen Bauindustrie (Hrsg.): Bauwirtschaftliche Informationen 1993, Düsseldorf 1993, S. 36-40, hier: S. 31.

[665] Vgl. *Talaj, R.*: Operatives Controlling für bauführende Unternehmen, Wiesbaden 1993, S. 30f.

Aus diesem Grunde empfiehlt sich die Planung, Kontrolle und Steuerung der Liquidität und Finanzen mit Hilfe der Kennzahl Cash-Flow und speziell für Projektfertiger mit Hilfe der Kennzahl Projekt-Cash-Flow.

Im Allgemeinen versteht man unter dem Cash-Flow die Finanzmittel, die für Investitionen, Schuldentilgungen, Dividendenzahlungen und Aufstockungen der Liquiditätsbestände genutzt werden können. Als zentrale Größe für die Liquiditätsplanung und Liquiditätsbeurteilung gilt er als Indiz für die Schuldentilgungskraft einer Unternehmung.[666]

Im Zusammenhang mit Projekten bedeutet dies, dass mit Hilfe von Cash-Flow-Rechnungen der Finanzierungsverlauf eines Projekts betrachtet werden kann. Hierfür bietet sich im Gegensatz zu einer überschlägigen retrograden Ermittlung, wie sie im Rahmen der Bilanzanalyse verwendet wird, eine direkte Projekt-Cash-Flow-Ermittlung, basierend auf einem Projektfinanzplan, an.[667] Der Cash-Flow ergibt sich dann aus dem Differenzbetrag der kumulierten Einnahmen bzw. dem zahlungsbegleitender Ertrag und der kumulierten Ausgaben bzw. dem zahlungsbegleitenden Aufwand eines Projekts.[668]

---

[666] Vgl. *Reichmann, Th.*: Controlling mit Kennzahlen und Managementberichten. Grundlagen einer systemgestützten Controllingkonzeption, 6. Aufl., München 2001, S. 823ff.; *Corsten, H.*: Projektmanagement, München 2000, S. 104.

[667] Der Cash Flow wird, wie in der externen Bilanzanalyse weitgehend üblich, indirekt, vereinfacht und retrograd ausgehend vom Jahresüberschuss ermittelt. Zur Kritik und Aussagefähigkeit einer solchen Cash Flow-Kennziffer vgl. insbesondere *Leffson, U.*: Cash Flow - weder Erfolgs- noch Finanzierungsindikator, in: *Forster, K.-H.* (Hrsg.): Aktuelle Fragen der Unternehmensfinanzierung und Unternehmensbewertung, Stuttgart 1970, S. 108-127, hier: S. 113; *Hahn, D.*: PuK. Planung und Kontrolle. Planungs- und Kontrollsysteme. Planungs- und Kontrollrechnung. Controllingkonzepte, Wiesbaden 1996, S. 433-435; *Jüsten, W.*: Cash-Flow und Unternehmensbeurteilung, Berlin 1975, S. 82-121; *Chmielewicz, K.*: Finanzplanung, in: *Albers, W.* u.a. (Hrsg.): HdWW, Bd. 3, Stuttgart, New York 1981, S. 83-97, hier: S. 93f.; *Weber, H.K.*: Rentabilität, Produktivität, Liquidität der Unternehmung, Stuttgart 1983, S. 109f. Als Beispiel für einen indirekten Cash-Flow möge folgende Formel gelten: Cash Flow = Jahresüberschuss + Nettoerhöhungen der Pensionsrückstellungen + Zuweisungen zur Unterstützungskasse + Nettoerhöhungen anderer langfristiger Rückstellungen + negativer Saldo aus a.o. Ergebnis ./. positiver Saldo aus a.o. Ergebnis + Abschreibungen und Wertberichtigung auf das Sachanlagevermögen (ohne Sonderabschreibungen). Vgl. *Gesamtverband der Deutschen Industrie*: Exposé für die Vergabe von Schuldscheindarlehen, Karlsruhe 1976, S. 11 und S. 15.

[668] Vgl. *Schmitz, H.; Windhausen, P.M.*: Projektplanung und Projektcontrolling: Planung und Überwachung von besonderen Vorhaben, 3. Aufl., Düsseldorf 1986, S. 97f.

Der Projekt-Cash-Flow in einfacher Form wird folgendermaßen berechnet:

Bruttoerlös (bzw. -einnahmen)

- Erlösminderungen

= Nettoerlös (bzw. -einnahmen)

- betriebsnotwendige Ausgaben (Personal-, Materialausgaben, Fremdkapitalzinsen, Versicherungen etc.)

= Projekt-Cash-Flow vor Steuern

- Steuern

= Projekt -Cash-Flow nach Steuern

Die Relation von Projekt-Cash-Flow zu Wertschöpfung ist ein Indikator für die aus der Wertschöpfung gewonnene Finanzierungskraft. Der Projekt-Cash-Flow weist als wichtige Kenngröße den laufenden projektbezogenen Zahlungsüberschuss, in der Literatur auch Umsatzüberschuss genannt,[669] aus.

Häufig muss das Unternehmen mit Projektfertigung in Vorfinanzierung gehen. In manchen Fällen geht zunächst eine Anzahlung des Kunden einem Projekt voraus, die zu diesem Zeitpunkt eine Überdeckung hervorruft. Im weiteren Verlauf wird diese aber schnell durch eine Unterdeckung abgelöst, so dass zur Zwischenfinanzierung evtl. fremde Finanzressourcen in Anspruch genommen werden müssen. Der Deckungsausgleich findet entweder am Ende (bei Übernahme durch den Kunden) statt oder es werden Zwischenzahlungen in bestimmten Abständen vereinbart. Diese Zeitpunkte können durch das Erreichen bestimmter Meilensteine bestimmt werden. Der Finanzierungsverlauf eines Projekts ist insgesamt als positiv zu betrachten, wenn die aus den Überdeckungen folgenden Zinseinnahmen größer sind als die durch Unterdeckungen notwendigen Zinsausgaben.

Die Abbildung 130 zeigt ein Beispiel für eine Cash-Flow-Rechnung.

---

[669] Vgl. z.B. *Coenenberg, A.G.*: Jahresabschluß und Jahresabschlußanalyse, 13. Aufl., Landsberg a.L. 1992, S. 605ff.; *Lachnit, L.*: Systemorientierte Jahresabschlußanalyse, Wiesbaden 1979, S. 224ff.

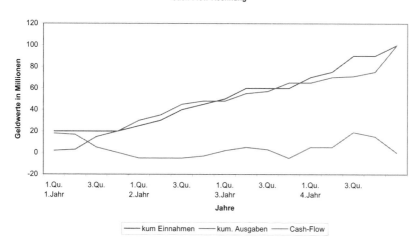

Abbildung 130: Cash-Flow-Rechnung[670]

Die durchschnittliche Projektkapitalbindung, die sich aus dem laufenden Projekt-Cash-Flow berechnen lässt, wird zur Berechnung der kalkulatorischen Zinsen herangezogen. Die Anwendung moderner betrieblicher Cash-Flow-Verfahren, wie z.B. des Discounted Cash-Flow-Verfahrens, ist für das Projektgeschäft im Einzelnen zu komplex und daher nicht empfehlenswert.[671]

Der Zinssatz zur Bewertung der kalkulatorischen Zinsen ergibt sich aus der Herkunft des für das Projekt zur Verfügung stehenden Kapitals. Handelt es sich bei der Projektfinanzierung um eine spezielle Fremd- oder Eigenkapitalfinanzierung, ist der entsprechende Fremdkapitalzinssatz oder die erwartete Mindestverzinsung des Eigenkapitalgebers anzusetzen.

---

[670] In Anlehnung an *Schmitz, H.; Windhausen, P.M.*: Projektplanung und Projektcontrolling: Planung und Überwachung von besonderen Vorhaben, 3. Aufl., Düsseldorf 1986, S. 99.

[671] Vgl. *Bender, J.; Lorson, P.*: Verfahren der Unternehmensbewertung (IV): Discounted-Cash Flow Verfahren und Anmerkungen zu Shareholder-Value-Konzepten, in: BuW, 1997, S. 1-9.

Handelt es sich um eine Mischfinanzierung, so erfolgt die Bestimmung des Diskontierungszinssatzes anhand eines gewichteten Gesamtkapital-kostensatzes, wie z.B. des **W**eighted **A**verage **C**ost of **C**apital (WACC).[672]

Der Gesamtkapitalkostensatz ergibt sich bei dieser Methode aus den gewichteten Eigen- und Fremdkapitalkostensätzen. Die Gewichtungsfaktoren ergeben sich anhand der jeweiligen anteiligen Finanzierungsform von Fremd- und Eigenkapital.[673] Aufgrund der Dauer einiger Projekte von mehreren Jahren sind zudem die Steuereffekte bei der Projektfinanzierung zu berücksichtigen.[674] Die international allgemein gültige Formel zur Berechnung des gewichteten Gesamtkapitalkostensatzes unter Berücksichtigung der Steuer muss in Deutschland, aufgrund der Gewerbeertragsteuer, um den Term (1- [0,5*h*m/(1+h*m)] statt (1-s) korrigiert werden:

$$k_{GK} = k_{EK} * (EK/GK) + k_{FK} * (FK/GK) * (1\text{-}s)$$

mit:

k_{GK} = Gewichteter Gesamtkapitalkostensatz
k_{FK} = Fremdkapitalkostensatz
k_{EK} = Eigenkapitalkostensatz
s = Grenzsteuersatz des Unternehmens
FK = Anteiliger fremdfinanzierter Projektwert
EK = Anteiliger eigenfinanzierter Projektwert
GK = FK+EK = gesamter Projektwert

Weiterhin lassen sich auch Risikoeffekte unterschiedlicher Projekte bei der Zinsberechnung berücksichtigen. Ähnlich wie beim CAPM (Capital Asset Pricing Model)[675] setzt sich die erwartete Projektrendite für die An-

---

[672] Vgl. *Pape, U.*: Wertorientierte Unternehmensführung und Controlling, Sternenfels 1997, S. 113.

[673] Vgl. *Copeland, T.; Koller, T.; Murrin, J.*: Unternehmenswert: Methoden und Strategien für eine wertorientierte Unternehmensführung, Frankfurt a.M. u.a. 1998, S. 260.

[674] Vgl. *Reichmann, Th.*: Controlling mit Kennzahlen und Managementberichten. Grundlagen einer systemgestützten Controllingkonzeption, 6. Aufl., München 2001, S. 723ff.

[675] Vgl. *Klien, W.*: Wertsteigerungsanalyse und Messung von Managementleistungen, Wiesbaden 1995, S. 112; *Copeland, T.; Koller, T.; Murrin, J.*: Unternehmenswert: Methoden und Strategien für eine wertorientierte Unternehmensführung, Frankfurt a.M. u.a. 1998, S. 277ff.; *Rappaport, A.*: Shareholder Value: Wertsteigerung als Maßstab für die Unternehmensführung, Stuttgart 1994, S. 58ff.; *Bühner, R.*: Das Management-Wert-Konzept, Stuttgart 1990, S. 40ff.; *Süchting, J.*: Finanzmanagement, Wiesbaden 1995, S. 373.

leger (EP(r_i) = Eigenkapitalkosten des Projekts) aus der Rendite für risikolose Anlagen (r_f) und einem Risikozuschlag (β^*r_{mp}) für die Übernahme des Projektrisikos zusammen. Die Ermittlung kann anhand der folgenden Formel nachvollzogen werden:[676]

$$k_{EK} = EP(r_i) = r_f + \beta^*r_{mp}$$

mit:

$r_p = (EP(r_{mp})-r_f)$
$\beta = COV\ (r_i, r_{mp})/VAR\ (r_{mp})$

Die vom CAPM auf das Projektgeschäft übertragene Idee ist, dass sich die Höhe des Risikozuschlags für ein bestimmtes Projekt über den Kapitalmarkt bestimmen lässt.[677] Zur Berechnung der vom Kapitalgeber geforderten Projektrisikoprämie (β^*r_{mp}) muss zuerst die durchschnittliche Risikoprämie des Markts, hier bezogen auf das Projektgeschäft (r_{mp}), bestimmt werden. Diese wird durch Bildung der Differenz aus der vom Anleger geforderten Rendite für das am Markt platzierte Projektgeschäft (r_m) und der risikolosen Alternativrendite (r_f) ermittelt.[678] Um den projektindividuellen Risikozuschlag zu erhalten, wird die Projektrisikoprämie mit einem Risikofaktor Beta (β) gewichtet, wobei dieser die Sensitivität der Rendite des betrachteten Projekts auf Änderungen der durchschnittlichen Projektrendite am Markt beschreibt, indem er das Ausmaß der Renditeschwankungen eines einzelnen Projekts im Verhältnis zur Veränderung der Marktrendite im Projektgeschäft angibt.[679]

Der Betafaktor wird mathematisch aus dem Verhältnis der Kovarianz der Marktrendite im Projektgeschäft mit der Projektrendite (COV (r_i,r_{mp})) zu der Varianz der Rendite der Marktrendite im Projektgeschäft (VAR (r_{mp})) bestimmt. Betriebswirtschaftlich bedeutet bspw. ein Beta von 1.2, dass bei einer Bewegung des Marktindexes im Projektgeschäft um 1% nach unten (oben) die entsprechende Projektrendite um 1.2% fällt (steigt).[680] Allgemein ausgedrückt bedeutet ein Betawert, der größer (kleiner) als 1 ist, dass die Rendite eines Projekts auf Marktveränderungen stärker

---

[676] Vgl. *Süchting, J.*: Finanzmanagement, Wiesbaden 1995, S. 374.

[677] Vgl. *Bühner, R.*: Kapitalmarktorientierte Unternehmenssteuerung, in: WiSt, 1996, S. 335-338, hier: S. 337.

[678] Vgl. *Albrecht, T.*: Was wissen wir über die Höhe der Marktrisikoprämie bei Aktien? in: BFuP, 1997, S. 567-579, hier: S. 568.

[679] Vgl. *Klien, W.*: Wertsteigerungsanalyse und Messung von Managementleistungen, Wiesbaden 1995, S. 119.

[680] Vgl. *Löhnert, P.*: Shareholder Value: Reflexion der Adaptionsmöglichkeiten in Deutschland, München 1996, S. 19.

(schwächer) reagiert als die Rendite des Markts im Projektgeschäft. Der Eigenkapitalgeber fordert entsprechend aufgrund dieses höheren Risikos für das Projekt eine höhere (niedrigere) Risikoprämie als die durchschnittliche Marktrendite im Projektgeschäft. Zur Fundierung des Betafaktors im Rahmen der gezeigten Berechnung ist die Bewertung des einzelnen Projektrisikos und des durchschnittlichen Marktrisikos im Projektgeschäft durch das Risikomanagement (vgl. Kapitel 3.1.9) zu bestimmen. Hier werden die unterschiedlichen Projektrisiken in Anlehnung an die Eintrittswahrscheinlichkeit des Risikos und das Risikoausmaß differenziert bewertet.

Um die Kennzahl Projekt-Cash-Flow genau planen, steuern und kontrollieren zu können, soll im Folgenden der Zahlungsfluss und dessen Detailbestimmung genauer untersucht werden.

Je nach Branche und Umfeld des Projektfertigers sind Vorauszahlungen seitens der Auftraggeber unüblich oder nur geringfügig.[681] Die VOB für Bauunternehmen sieht z.B. lediglich Abschlagszahlungen in Höhe der nachgewiesenen Leistungen vor.[682] Diese sind nach 18 Werktagen fällig. Restzahlungen auf Schlussrechnungen sind nach zwei Monaten fällig.[683] Aufgrund dieser Zahlungsrichtlinie der VOB ergeben sich für ein Bauprojekt modellhaft folgende Verläufe der Zahlungsströme:

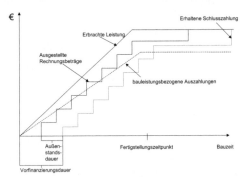

Abbildung 131: Zahlungsströme eines Bauprojekts[684]

Der Vorfinanzierungszeitraum setzt sich also zusammen aus dem Produktionszeitraum bis zur Stellung einer Rechnung über die erbrachte

---

[681] Vgl. *Leimböck, E.; Schönnenbeck, H.*: KLR Bau in Baubilanz. Grundlagen - Zusammenhänge - Auswertungen, Wiesbaden 1992, S. 4.

[682] Vgl. VOB/B § 16 Abs. 1 (1).

[683] Vgl. VOB/B § 16 Abs. 3 (1).

[684] In Anlehnung an *Seeling, R.*: Unternehmensplanung im Baubetrieb, Stuttgart 1995, S. 149.

Leistung und einer Außenstandsdauer, also der Zeit von der Rechnungslegung bis zur Bezahlung durch den Auftraggeber. Hinzu kommt, dass die Auftraggeber i.d.r. die gestellten Rechnungen nicht voll, sondern unter Abzug von Sicherheitsbeträgen begleichen.[685] Ferner zeigt die Praxis, dass die Rechnungen sehr oft auch erst weit nach ihrer Fälligkeit zur Zahlung durch den Auftraggeber kommen. Eine sehr schlechte Zahlungsmoral ist dabei gerade bei den öffentlichen Auftraggebern, von denen vor allem die Baubranche in erheblichem Maße abhängt, festzustellen. Dabei sind Überziehungsfristen von mehr als 30 Tagen keine Seltenheit. Verschärft werden die zuvor geschilderten Liquiditätsprobleme durch die Gegebenheit, dass eine extreme Abhängigkeit von relativ wenigen und im Verhältnis zu Größe und Umsatz oft großen Aufträgen und somit zu wenigen Auftraggebern und deren Zahlungsfähigkeit und -moral besteht.[686]

Den diskontinuierlich eingehenden Einzahlungen stehen jedoch relativ stetige und an den Gesamtkosten gemessen auch hohe, regelmäßige Auszahlungsströme gegenüber. Diese stark auftragsbezogene Abhängigkeit der Ein- und Auszahlungen erfordert im Vergleich zu anderen Unternehmenstypen auch eigene Lösungen für die finanzielle Steuerung der Projekte und des Gesamtunternehmens.[687] Insbesondere bei der Ermittlung der kurzfristigen Liquidität von Projekten sind einige für die Liquiditätssteuerung wesentliche Besonderheiten bei der Ermittlung des Projekt-Cash-Flows hervorzuheben.[688]

Wegen der Bedeutung und des Einflusses der auf die einzelnen Projekte bezogenen Zahlungsströme ist eine Unterscheidung in Projekt- und Unternehmensebene bei der Planung der kurzfristigen Liquidität erforderlich.[689] Auf der Projektebene sollte von den fortlaufend aktualisierten Arbeitskalkulationen und Projektterminplänen ausgegangen werden. Die bereinigten, zumeist zahlungsstrombedingten Kosten und Erlöse werden

---

[685] Vgl. *Leimböck, E.; Schönnenbeck, H.*: KLR Bau in Baubilanz. Grundlagen - Zusammenhänge - Auswertungen, Wiesbaden 1992, S. 4.

[686] Vgl. z.B. *o.V.*: Liquiditätssicherung der mittelständischen Bauunternehmung, *Betriebswirtschaftliches Institut der Westdeutschen Bauindustrie* (Hrsg.), Düsseldorf 1987, S. 9.

[687] Vgl. *Maurer, G.J.U.*: Unternehmenssteuerung im mittelständischen Bauunternehmen, Diss., Stuttgart 1994, S. 132; *Lachnit, L.; Ammann, H.; Becker, B.*: Modell zur Erfolgs- und Finanzlenkung bei Einzelfertigung (PROCON), in: *Lachnit, L.* (Hrsg.): Controllingsysteme für ein PC-gestütztes Erfolgs- und Finanzmanagement, München 1992, S. 119-150, hier: S. 126.

[688] Vgl. hierzu die Ausführungen zum Projekt-Cash-Flow im Kapitel 3.2.2.1.3.9.

[689] Vgl. *Maurer, G.J.U.*: Unternehmenssteuerung im mittelständischen Bauunternehmen, Diss., Stuttgart 1994, S. 132ff.

dann über alle Projekte hinweg für jede Hierarchieebene des Unternehmens verdichtet und mit den Zahlungsströmen der jeweiligen Ebene (z.B. investitionsbedingte Zahlungen, Steuern, Mieten, Versicherungsbeiträge, Finanztransaktionen) zusammengeführt.[690] Das gewährleistet, dass die Liquidität auf Gesamtunternehmensebene geplant werden kann und bei auftretenden Abweichungen, diese bis auf Projektebene zurückverfolgt und gezielte Steuerungsmaßnahmen ergriffen werden können.

Bei der Planung der projektbezogenen Liquidität sind weiterhin folgende Besonderheiten zu beachten. Die in der Arbeitskalkulation gemäß Leistungsfortschritt geplanten Personalkosten sind nicht bereits im Zeitpunkt ihrer Kostenwirksamkeit mit entsprechenden Ausgaben verbunden. Lohnzahlungen werden vielmehr einmal im Monat geleistet. Dies gilt natürlich auch für die Sozialkosten. Weihnachts- und Urlaubsgeld fallen hingegen in ganz anderen Zeiträumen an. Aufgrund der Personalkostenintensität der Unternehmen mit Projektgeschäft sind auch Tariferhöhungen und Sonderzahlungen (z.B. Provisionen und Prämien) in die Planung mit einzubeziehen.

Eine ähnlich differenzierte Planung ist bei den Kosten für Materialien und Fremdleistungen vorzunehmen. Auch hier verteilt sich der Werteverzehr auf einen anderen Zeitraum als deren Liquiditätswirksamkeit.[691] *Maurer* berücksichtigt diesen Unterschied nicht, sondern unterstellt vereinfachend Übereinstimmung zwischen den Zahlungen und den gemäß Kostenplanung berücksichtigten Materialkosten. Nach Ansicht des Verfassers ist dieses Vorgehen zwar bei unbedeutenden Positionen pragmatisch, jedoch bei vielen Materialpositionen nicht korrekt, da sie einen nicht unerheblichen Teil der Gesamtprojektkosten ausmachen. Bedeutsame Materialpositionen sollten demnach differenziert betrachtet werden. So kann es vorkommen, dass größere Materiallieferungen bereits zu einem Zeitpunkt erfolgen, der erheblich vor dem entsprechenden Materialverbrauch liegt; andererseits gibt es Fälle, wo die Lieferung genau im Augenblick des Einbaus erfolgt.[692] Manche Positionen werden durch einen Zentraleinkauf aufgrund günstiger Einkaufskonditionen bestellt. Andere Positionen werden dezentral durch die Projektmitarbeiter beschafft. Bei der Planung des Projekt-Cash-Flows sollte also besser auf eine genaue Materialbedarfs- und -bestellplanung auf Basis des Projektzeitplans zurückgegriffen und die dort fixierten Liefertermine sollten zu Grunde gelegt und um die geplanten Zahlungsziele verlängert werden.

---

[690] Vgl. *Rheindorf, M.*: Controlling in der Bauindustrie, Diss., Bonn 1991, S. 134f.

[691] Vgl. *Maurer, G.J.U.*: Unternehmenssteuerung im mittelständischen Bauunternehmen, Diss., Stuttgart 1994, S. 145.

[692] Vgl. *Rheindorf, M.*: Controlling in der Bauindustrie, Diss., Bonn 1991, S. 153.

Die Erfassung des realisierten Projekt-Cash-Flows ergibt sich durch die Rückmeldung der jeweiligen Zahlungsausgänge. Die gleiche Vorgehensweise sollte bei Leistungen von Nach- und Fremdunternehmen verwendet werden.

Der Ansatz von erforderlichen Auszahlungen für die durch die Hilfs- und Nebenbetriebe erbrachten innerbetrieblichen Leistungen erscheint nach Ansicht des Verfassers wenig sinnvoll.[693] Hier sind, da es sich um von den Projektleistungen weitgehend unabhängige Auszahlungen handelt, die jeweiligen Kostenstellen und Bereiche separat zu betrachten und die Zahlungswirksamkeit ist an den Kosten der geplanten Kapazitäten auszurichten, natürlich auch hier unter Berücksichtigung der Zeitunterschiede bspw. bei den Lohnzahlungen. Durch die Trennung von projektbezogenen Cash-Flows und dem Finanzierungsbedarf indirekter Bereiche auf den jeweiligen Unternehmensebenen wird zudem die Abstimmung mit der Jahresfinanzplanung erleichtert, da diese Bereiche ohnehin kapazitäts- und nicht projektbezogen geplant werden.

Diese Verfahrensweise vereinfacht die Planung, Kontrolle und Steuerung, da man für die durch die Projekte verursachten Ein- und Auszahlungen all diejenigen Erlöse und Kosten zu Grunde legen kann, die im

---

[693] *Mauer* schlägt dies jedoch vor. (Vgl. *Maurer, G.J.U.*: Unternehmenssteuerung im mittelständischen Bauunternehmen, Diss., Stuttgart 1994, S. 141f.) *Rheindorf* überträgt das sogar auf die Umlage der allgemeinen Geschäftskosten. (Vgl. *Rheindorf, M.*: Controlling in der Bauindustrie, Diss., Bonn 1991, S. 154f.(Beide begründen dies mit dem so möglichen Ausweis des Finanzierungsbedarfs und gebundenen Kapitals für jedes einzelne Projekt und der Ermittlung der Projektliquidität. (Vgl. *Rheindorf, M.*: Controlling in der Bauindustrie, Diss., Bonn 1991, S. 134f. und *Maurer, G.J.U.*: Unternehmenssteuerung im mittelständischen Bauunternehmen, Diss., Stuttgart 1994, S. 142.) Nach Meinung des Verfassers wird die Planung unnötig verkompliziert und gewinnt zudem nicht an Aussagewert, da das Projekt de facto nur durch beinflussbare Positionen die Liquidität beeinflussen kann. Liquiditätsveränderungen der indirekten Bereiche verändern die Liquidität auf Gesamtunternehmensebene. (Vgl. dazu auch *Lachnit, L.; Ammann, H.; Becker, B.*: Modell zur Erfolgs- und Finanzlenkung bei Einzelfertigung (PROCON), in: *Lachnit, L.* (Hrsg.): Controllingsysteme für ein PC-gestütztes Erfolgs- und Finanzmanagement, München 1992, S. 119-150, hier: S. 131.) Diese Tatsache erkennt auch *Maurer* an, indem er sagt, dass eine spartenweise Zusammenführung der Liquidität nicht erfolgt, da die Sparten über keine eigene Liquidität verfügen, sondern nur die Zahlungsfähigkeit des Gesamtunternehmens zu sichern ist. (Vgl. *Maurer, G.J.U.*: Unternehmenssteuerung im mittelständischen Bauunternehmen, Diss., Stuttgart 1994, S. 132f.) Hier liegt nach Ansicht des Verfassers eine inkonsequente Behandlung dieser jeweiligen Bereiche vor. Darüber hinaus erscheint es fragwürdig, solche Kostenbestandteile, die auf das Unternehmen bezogen als fix zu betrachten sind (z.B. allg. Geschäftskosten), als Finanzierungsbedarf eines einzelnen Projekts zu bezeichnen.

Rahmen der Arbeitskalkulation und Deckungsbeitragsrechnung als aus-
zahlungswirksam klassifiziert werden. Alle anderen Kosten und Erlöse
sind, hinsichtlich ihrer Zahlung, auf der jeweiligen Unternehmensebene
zu planen, zu steuern und zu kontrollieren.

Die Einzahlungen sind selbstverständlich gekürzt um die Erlösschmälerungen von der Auftragsseite her zu betrachten und an den abrechenba-
ren Leistungsfortschritt gekoppelt. Es sind die Termine für die Stellung
der Anzahlungs-, Abschlags-, Teil- und Schlussrechnungen zu fixieren.
Der Zahlungseingang ist unter Beachtung der Fälligkeiten und - aus Vor-
sichtsgründen - den erfahrungsgemäßen Überziehungszeiträumen sowie
der Verminderung um Sicherheitsbehalte und Rechnungsabstriche terminlich zu planen.[694]

3.2.2.1.3.10 Angebotsversendung, -verfolgung und Vertragsver-handlung

Nachdem die Vertragsprüfung und die Kalkulation und somit die Angebotsplanung erfolgreich abgeschlossen sind, werden die Angebotsunterlagen nach formalisierten Kriterien erstellt und versendet. Zu beachten
ist hierbei die Komplettierung der Angebotsunterlagen sowie die Übertragung der wichtigsten Daten in das führende und akquisitionsbeglei-
tende DV-System (vgl. den in der Abbildung 132 dargestellten
Workflow).

Sind alle erforderlichen Planungen vollzogen, gilt es die Angebotsabgabe zu verfolgen (vgl.Abbildung 133). Hierfür bieten sich einfache Formulare oder Checklisten (ggf. DV-gestützt) an (vgl. Abbildung 126). Je
nachdem wie die Anfrage entstanden ist, wird über die Auftragsvergabe
entschieden. Bei einem internen Projekt werden diese Unterlagen in dem
entscheidungsbefugten Gremium erörtert und anschließend wird entschieden, ob und ggf. in welcher Form das Projekt durchgeführt wird. Bei
externen Projekten wird von dem außenstehenden Auftraggeber entschieden, welchem Anbieter der Auftrag erteilt werden soll.

Hat die Unternehmung ein positives Feedback bezüglich der Erstofferte
erhalten, so folgt die Phase der Vertragsverhandlungen. Der Projektvertrag ist das Bindeglied zwischen Auftraggeber und Auftragnehmer. In
ihm sind die Leistungen und Verpflichtungen beider Parteien sowie die
juristischen Regelungen festgelegt.

---

[694] Vgl. *Maurer, G.J.U.*: Unternehmenssteuerung im mittelständischen Bauunternehmen, Diss., Stuttgart 1994, S. 135.

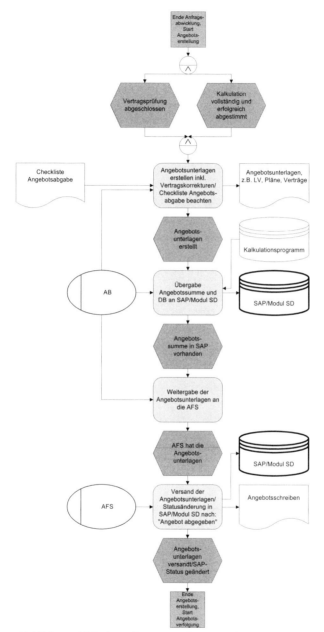

Abbildung 132: Angebotserstellung und -versendung

ANGEBOTSVERFOLGUNG UND AUSWERTUNG

NL: _____ Angebotsnr.: _____

Projekt: _____ Datum: _____

Verfolger: _____

Projekt	Bauvorhaben:	
	Ing.-Büro:	Tel.-Nr.:
	-> Ansprechpartner	Tel.-Nr.:
	Auftraggeber:	Tel.-Nr.:
	-> Ansprechpartner	Tel.-Nr.:
	Architekt:	Tel.-Nr.:
	-> Ansprechpartner:	Tel.-Nr.:
Angebot	Abgabe-Datum: Zuschl.-Frist:	Abgabe-Ort:
Anbietende Firmen / Submissions- ergebnis	1. 2. 3. 4. 5. 6. 7. 8. 9. 10. 11. 12. 13. 14. 15.	

Angebots- verfolgung	Inhalt des Gesprächs	gesprochen mit	Datum / Kurzz.

Auftrag erhalten: ☐ ja ☐ nein

_____   _____
(Datum)   (Unterschrift Ang.verfolger)

Abbildung 133: Angebotsverfolgung und -auswertung

Probleme entstehen vor allem bei umfangreichen Projekten, in denen die Standpunkte mehrerer am Projekt Beteiligter zusammengefasst werden müssen. Diese Probleme können durch einen modularen Vertragsaufbau bewältigt werden. Hierbei können die einzelnen Spezialisten erst einmal die Verhandlungen getrennt führen. Im Anschluss daran wird dann der

Vertrag im Gremium verhandelt.[695] Diese Aufgabe wird sowohl vom Vertrieb der Unternehmung als auch vom Projektmanagement übernommen. Außerdem werden Geschäftsleitung, Techniker und Rechtsabteilung bzw. Rechtsexperten mit in die Verhandlungen einbezogen.[696] Ein modularer Projektvertrag kann sich an folgender Gliederung orientieren:[697]

- Hauptteil des Vertrags

  - Definitionen

  - Lieferungen und Leistungen (Bezug zum Pflichtenheft)

  - Preis- und Zahlungsbedingungen

  - Allgemeine Vorkehrungen (anzuwendende Regeln, Sprache usw.)

  - Spezielle Garantien

  - Gesetzliche Vorkehrungen (anzuwendendes Gesetz, Steuern und Zölle, Rücktrittsrecht usw.)

  - Projektdurchführung (generelle Konditionen, Aufgabenübertragung, Unterauftragnehmer)

  - Projektabnahme

  - Sonstige Konditionen

- Anlagen zum Vertrag

  - Leistungsverzeichnis

    - Generelle Anforderungen

    - Lieferungen und Leistungen

    - Projektleitung

    - Termine

---

[695] Vgl. *Andreas, D.; Rademacher, G.; Sauter, B.*: Projekt-Controlling und Projekt-Management im Anlagen- und Systemgeschäft, 5. Aufl., Frankfurt a.M. 1992, S. 75.

[696] Vgl. *Andreas, D.; Rademacher, G.; Sauter, B.*: Projekt-Controlling und Projekt-Management im Anlagen- und Systemgeschäft, 5. Aufl., Frankfurt a.M. 1992, S. 75.

[697] Vgl. *Madauss, B.J.*: Handbuch Projektmanagement, 5. Aufl., Stuttgart 1994, S. 343f.; *Madauss, B.J.*: Planung und Überwachung von Forschungs- und Entwicklungsprojekten, Bad Aibling 1982, S. VII 15-16.

304 Konzeption eines prozess- und controllingorientierten Projektmanagements

   - Projektdokumentation

   - usw.

- Systemspezifikationen

- Sonstige (spezielle Anlagen entsprechend der jeweiligen Erfordernisse)

Dem Controlling kommt wiederum die Aufgabe zu, den Verantwortlichen Instrumente an die Hand zu geben, mit deren Hilfe Entscheidungen getroffen und Maßnahmen eingeleitet werden können. Dabei muss besonders auf die Vollständigkeit geachtet werden. Regelungen, die im Vertrag unberücksichtigt bleiben, können im weiteren Projektverlauf zu Schwierigkeiten führen. Die Erfahrungen aus früheren Projekten können auch hier zu einer Checkliste zusammengefasst werden.

Diese Checkliste sollte alle bei der Vertragsgestaltung zu beachtenden Punkte beinhalten. Natürlich werden nicht alle Punkte zur Zufriedenheit des Unternehmens erfüllt, ist doch anzunehmen, dass auch der Verhandlungspartner über eine entsprechende Checkliste, die auf seine Bedürfnisse abgestellt ist, verfügt.

Sinn und Zweck einer solchen Checkliste ist es aber auch nicht, dafür zu sorgen, dass alle Punkte erfüllt werden, sondern dass alle Punkte während der Vertragsverhandlungen erörtert werden, und jeweils eine Lösung gefunden wird, die den Vorstellungen aller Beteiligten gerecht wird. Selbstverständlich ist dies nicht immer möglich, deshalb müssen Schwerpunkte herausgestellt werden, für deren Erfüllung man bereit ist, in anderen Fragen Einschränkungen einzugehen.

Ist die erste Verhandlungsrunde nicht erfolgreich, wird sie entweder ohne Ergebnis abgebrochen oder es wird eine weitere Verhandlungsrunde vereinbart. Dieser Zyklus erfolgt solange, bis der Auftragabschluss erreicht oder endgültig verworfen wird.

Bei erfolgreichem Auftragsabschluss erfolgt eine Statusänderung des Angebots zum Auftrag im DV-System sowie eine Zusammenstellung der kompletten Unterlagen durch die Angebotsführende Stelle (AFS). Die Auftragsunterlagen sind zu prüfen und mit Übergabeprotokoll weiterzuleiten an die Projektführende Stelle (PFS). Wichtige, insbesondere qualitative Informationen sollten zudem als kurze Notiz vom Angebotsbearbeiter an die PFS weitergeleitet werden. Die Kalkulationsdaten (Auftragskalkulation) vom letzten vertragsgebundenen Angebot sowie die dazugehörigen Daten werden jetzt schließlich als Projektgrundlage herangezogen und sind daher DV-technisch in den beteiligten Systemen festzuschreiben. Die Workflows der zuletzt betrachteten Phasen wurden wie folgt entwickelt.

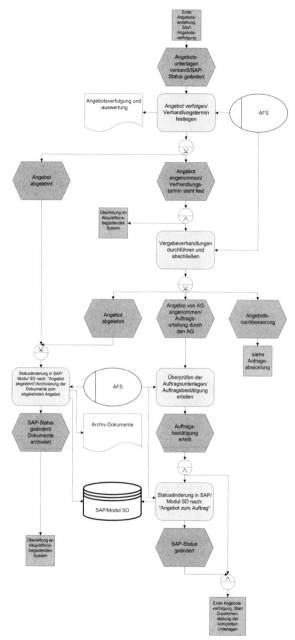

Abbildung 134: Workflow Angebotsverfolgung und
Vertragsverhandlungen

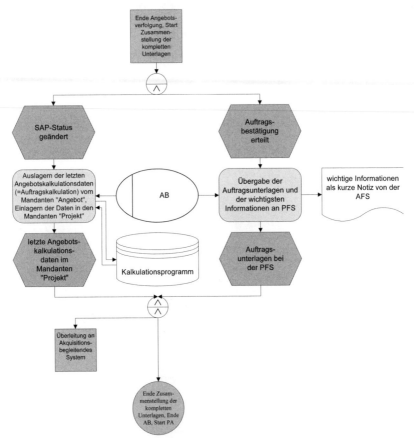

Abbildung 135: Workflow Zusammenstellung und Weitergabe der
Auftragsdokumente

3.2.2.2 Projekt-Controlling in der Projektabwicklungsphase

Ist der Zuschlag an das Unternehmen gegangen und die Projektaufnah-
me (vgl. Abbildung 136) dokumentiert, beginnt die Realisationsphase.
Die Phase der Projektrealisation startet mit dem Projektbeginn und endet
mit der Fertigstellung sowie der damit verbundenen Übergabe an den
Kunden. Die erste Teilphase startet damit, dass die einzelnen internen
und externen Arbeitsaufträge vergeben werden. Das bedeutet, dass die
einzelnen, am Projekt beteiligten internen Mitarbeiter und Abteilungen
über ihre Aufgaben zu informieren sind. Extern müssen die Fremdfirmen
und evtl. Partnerfirmen, die Leistungen für das Projekt erbringen sollen
oder direkt am Projekt beteiligt sind, die entsprechenden Aufträge erhalten.

Nachdem dies vollzogen ist, kann die Erstellung des eigentlichen Projektgegenstands beginnen. Hier gilt es für das Projektmanagement und das Projekt-Controlling, die Arbeiten und Sollvorgaben zu überwachen und ggf. Steuerungsmaßnahmen einzuleiten. Die Aufgabe des Projekt-Controlling in dieser Phase beinhaltet die Überwachung und Kontrolle des Projektablaufs, denn die Pläne wären bedeutungslos, wenn ihre Umsetzung nicht kontrolliert würde und entdeckte Abweichungen nicht Konsequenzen in Form von Maßnahmen nach sich ziehen würden.[698]

Das Hauptziel der Projektabwicklung ist die konsequente Umsetzung der vereinbarten Auftraggeber-Qualitätsanforderungen zu den geforderten Terminen. Dies wird erreicht durch ein laufendes, systematisches Lenken und Überwachen der Projektausführung. Eine Übereinstimmung der ausgeführten Leistungen mit den vertraglich vereinbarten Qualitätsanforderungen ist anzustreben, und bei aufgetretenen Abweichungen sind entsprechende Korrekturmaßnahmen einzuleiten.

Im Hinblick auf die konsequente Qualitätssicherung innerhalb des Prozesses der Projektabwicklung sind folgende Aufgaben zu beachten:

- Vertragliche Vorgaben mit auszuführenden Leistungen sind regelmäßig auf Übereinstimmung zu prüfen. Dies ist die Grundlage für eine hohe Ausführungsqualität (vgl. Kapitel 3.1.6) und eine störungsfreie Projektdurchführung (vgl. die Kapitel 3.1.7 und 3.1.8).

- Ein gut eingeführtes Informations- und Berichtswesen und ein angemessener Schriftwechsel sollen die Erfüllung von Qualitätsanforderungen, das Sichern deren Vergütung, das Minimieren der Kosten sowie das Sichern der Ermittlung und Auswertung wichtiger Daten belegen (vgl. Kapitel 3.1.2).

- Die fertig gestellte Leistung ist mit der vertraglich vereinbarten Qualität zu vergleichen und dem Auftraggeber mängelfrei zu übergeben (vgl. Kapitel 3.1.6).

- Die Abnahme stellt eine abschließende Kontrolle dar.

---

[698] Vgl. *Offermann, A.*: Projekt-Controlling bei der Entwicklung neuer Produkte, Frankfurt a.M. 1985, S. 406; *Allgeier, G.*: Controlling als Führungsinstrument im Bauindustrieunternehmen, in: *Refisch, B.* (Hrsg.): Planung, Steuerung und Kontrolle im Bauunternehmen, Düsseldorf 1987, S. 73-94, hier: S. 83; *Blecken, U.; Oepen, R.*: Zielgerichtete Steuerung der Prozesse zur Vermeidung von Fehlern, in: Bauwirtschaft, 1994, H. 11, S. 34-39, hier: S. 35; *Sommer, H.*: Projektmanagement im Hochbau, Berlin u.a. 1994, S. 151.

PROJEKTMELDUNG

ZUGANGSMELDUNG / ÄNDERUNGSMELDUNG / AUSMELDUNG   **Z/Ä/A**

Datum:

- bei Zugangsmeldung: Zugangsdatum (im SAP Feld Starttermin):   -
- bei Ausmeldung: Ausmeldedatum (im SAP Feld Endtermin):   -

Projekt	Angebotsnummer:		
	NL:		
	Projektnummer:		
	Projektname:		
	PLZ des Auftragsorts:		
Auftraggeber	Name:		
Verantwortliche	PL:		
	PK:		
Termine	Ausführungsbeginn Plan:		Fertigstellung Plan:
	Ausführungsbeginn Prognose:		Fertigstellung Prognose:
	Datum der Festpreisbindung		
	Material:		Montage:
Prognose-	GL vor Nachlaß, Umlagen:		- Leasingkosten:
ergebnis-	- Nachlaß, Umlagen		- prod. Personalkosten:
rechnung	= GL nach Nachlaß, Umlagen		= Deckungsbeitrag 1
(immer Projekt-	- Materialkosten		+ Chancen
lebensdauerwerte)	- sonstige direkte Kosten:		- zus. Verpflichtungen
	- Subunternehmermontage:		- kalk. Zinsen
	= Eigenleistung		= Projektergebnis
Baustellenstd.	prod. Stunden eigen:		Leasingstd. extern, intern:
Projekt-	Kalk. anhand kundenseitigem LV	j/n	ARGE: keine/still/BGB	keine
klassifizierung	Auftrag nach Aufmaß/pauschal	A/p		

	Auftraggebertyp (A-Schlüssel)		*Bautyp (B-Schlüssel)*	
	- GU	A1	- Verwaltungsgebäude	B1
	- produzierende Industrie	A2	- Bank/Vers.gebäude/Sparkasse	B2
	- Handel	A3	- Produktionsstätte	B3
	- öffentliche Auftraggeber	A4	- Krankenhaus/Klinik/RZ	B4
	- gemeinnützige Auftraggeber	A5	- Schule/Universität	B5
	- Banken/Versicherungen	A6	- Seniorenheim	B6
	- private Auftraggeber	A7	- Wohnungsbau	B7
	- Konz. Energie	K1	- Hotel/Ferienheim	B8
	- Konz Bergbau/Rohstoffe	K2	- Leitstelle	B9
	- Konz Mineralöl/Chemie	K3	- Militärische Anlage	B10
	- Konz Entsorgung	K4	- Logistikzentrum	B11
	- Konz MAG	K5	- Einkaufszentrum/Kaufhaus	B12
	- Konz Bau	K6	- Sportstätte/Freizeitanlage	B13
	- sonstige Tochterunternehmen	K7	- Versammlungsstätte/Stadthalle	B14
	- HNL intern	R1	- Ausstellungsstätte/Messen	B15
	- Unternehmensintern	R2	- Kraftwerk/Energieanlagen	B16
			- Kläranlage/Wasser-/Abwasseranl.	B17
			- Flughafen/Bahnhof/Verk.betr.	B18
*	Leistungspaket (C-Schlüssel)		- Parkgarage	B19
	- Elektropaket (I/E/S)	C1	- Rechenzentrum	B20
	- TGU (gesamte Technik)	C2	- Theater/Bibl./Museum/Kino	B21
	- ElektraCOM (D/K/S)	C3	- Telekommun. Infrastruktur	B22
			- Vollzugsanstalten	B23
			- Ortsnetzbau	B24
			- Kundendienst	B25
			- Beleuchtung	B26
			- kirchl. Einrichtungen	B27
			- Elektroinstallation	B28
			- Materialverkauf	B29

Abbildung 136: Meldeblatt für das Berichtswesen

Der Funktionsbaum der Projektphase ist sehr umfangreich und wird daher nur in den Hauptfunktionen dargestellt. Eine ausführliche Darstellung der einzelnen Prozesse sowie die detaillierte Entwicklung der workflowgestützten Controllingelemente sind dem Anhang zu entnehmen.

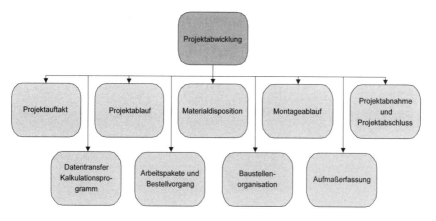

Abbildung 137: Funktionsbaum Projektabwicklung

Im Mittelpunkt der Projektabwicklung sind im Folgenden die Controlling-instrumente des Projektauftakts, der Planung, Steuerung und Kontrolle eines Projekts, der Dokumentation und Berichterstattung sowie der Projektabnahme zu entwickeln. Phasenübergreifende Prozesse und Controllinginstrumente, die im Rahmen der Projektabwicklungsphase schwerpunktmäßig zur Geltung kommen, wie z.B. das Konfigurations- und Änderungsmanagement und das Claimmanagement, wurden bereits im Kapitel 3.1 im Rahmen des Unternehmens-Controlling vorgestellt. Auf eine redundante Darstellung wird deshalb hier verzichtet.

3.2.2.2.1 Projektauftakt

In der Literatur meist übergangen, finden bereits zu Beginn der Projektabwicklung in den Projektauftaktgesprächen controllingrelevante Aufgaben statt. Tätigkeiten wie die Sichtung der Projektunterlagen und die Überprüfung auf Vollständigkeit sowie die Ergänzung wichtiger Informationen, z.B. in Form kurzer Notizen, sind von der Angebotsführenden Stelle für den Projektleiter bereitzustellen. Dies ist insbesondere dann wichtig, wenn die Verantwortlichkeit wechselt und der Projektleiter bisher nicht oder nur wenig in die Angebotsphase eingebunden wurde. Der Projektleiter beginnt mit der Sichtung und Prüfung der Projektunterlagen mit Vertragswerk und klärt unklare Positionen. Dies ist zwingend notwendig, da die Vertragserfüllung von ihm laufend projektbegleitend überprüft werden muss.

Die neue Methodik des prozessorientierten Controlling mit Hilfe der workflowgestützten Einbindung von Controllinginstrumenten wird weiterhin für jeden Teilprozess der Phasen Projektabwicklung und Projektnachbereitungsphase entwickelt, wie es die Abbildung 138 für den Teilprozess Projektauftakt zeigt. Die im Rahmen der Projektvorbereitungs- und Angebotsphase entwickelte Vorgehensweise wird konsequent auf alle weiteren Haupt- und Teilprozesse angewendet. Die kompletten und detailliert ausgearbeiteten Workflows sind dem Anhang zu entnehmen.

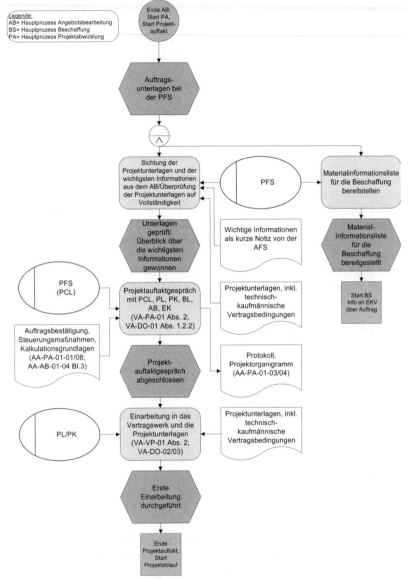

Abbildung 138: Workflow Projektauftakt

Eine weitere Aufgabe für das Projekt-Controlling beim Projektstart besteht darin, dass es zu überprüfen hat, ob alle Voraussetzungen für eine erfolgreiche Projektdurchführung geschaffen worden sind. Dazu gehört z.B. die Errichtung einer geeigneten Projektorganisation und der Aufbau eines Projektteams. Als Instrument ist hier eine Checkliste zu empfehlen, die Punkt für Punkt abgearbeitet werden kann (vgl. Abbildung 139[699]).

Anschließend wird zunächst ein internes Projektauftaktgespräch vom Projektleiter initiiert, an dem alle wichtigen projektbeteiligten Personen des Unternehmens (z.B. Profit-Center-Leiter, Projekt-Kaufmann, Projekt-Controller, Bauleiter, Angebotsbearbeiter, Einkäufer etc.) teilnehmen sollten. Die wichtigsten Informationen des internen Projektauftaktgesprächs sind zu protokollieren. Es dient vor allem der Vorbereitung des Projektbeginns und des Kundenauftaktgesprächs, wobei hier bereits kritische Elemente des Projekts, wie z.B. knappe Ressourcen, Genehmigungsverfahren, Baustelleneinrichtung, Aufmaß- und Abnahmemodalitäten vorbesprochen werden sollten. Zudem wird ein Projektorganigramm verabschiedet (vgl. Abbildung 140), das die Verantwortlichen festlegt.

Weitere Inhalte des Projektauftaktgesprächs sind:

- Vorstellung bzw. Aufteilung der Leistungsverzeichnispositionen (Arbeitspakete etc.).

- Durchsprache der Qualitätsmerkmale.

- Vorstellung der Projektbesonderheiten, der Drittgewerke und deren Ansprechpartner sowie Klärung der Schnittstellen.

- Feststellung der Vollständigkeit bzw. Qualität der Pläne.

- Erläuterung der Terminplanung.

- Einbindung der Subunternehmer, Klärung der Schnittstellen (z.B. Materialbestellungen und -ausgabe auf der Baustelle), Festlegen der Ansprechpartner.

- Abwicklung und Bedeutung des Aufmaßprozesses.

- Initiieren der Auftragsbestätigung.

- Klärung der Kontaktaufnahme mit dem Auftraggeber.

- Klärung bzw. Standardisierung der Dokumentations- (Papier und DV-Ablage) und Kommunikationswege im Projekt.

---

[699] Entnommen aus *Platz, J.*: Projektstart, in: *RKW* (Hrsg.): Projektmanagement Fachmann, Bd. 2, 6. Aufl., Eschborn 2001, S. 1053-1080, hier: S. 1060.

Nr.	Prüfpunkt	Ja	Nein	Bemerkung
1. Haben Sie die Randbedingungen des Projekts geklärt?				
1.1	Projekt entspricht Strategie?			
1.2	Priorität des Projekts?			
1.3	Promotor des Projekts?			
1.4	Zwänge des Auftraggebers?			
2. Sind die Ziele des Projekts geklärt?				
2.1	Schriftlich, klar?			
2.2	Detailliert, operational?			
2.3	Einigkeit zu den Zielen erzielt?			
2.4	Ziele von allen Betroffenen akzeptiert?			
3. Liegt das technische Lösungskonzept vor?				
3.1	Abgrenzung des Ergebnisses?			
3.2	Technologien klar?			
3.3	Elemente der Lösung/Teilprojekte?			
3.4	Schnittstellen?			
4. Ist die Projektorganisation geklärt?				
4.1	Rolle des Projektleiters?			
4.2	Sind alle Betroffenen beteiligt?			
4.3	Entscheidungswege klar?			
4.4	Übergeordnete Gremien?			
5. Ist das Projektteam richtig installiert?				
5.1	Notwendiges Know-how im Produkt?			
5.2	Welche Meilenstein-Entscheidungen?			
5.3	Parallele Teilprozesse nötig?			
5.4	Änderungsverfahren klar?			
6. Ist der Projektablauf festgelegt?				
6.1	Meilensteine definiert?			
6.2	Welche Meilenstein-Entscheidungen?			
6.3	Parallele Teilprozesse nötig?			
6.4	Änderungsverfahren klar?			
7. Wie sieht die Terminplanung aus?				
7.1	Vorgegebene Termine?			
7.2	Welche Kostenwerte sind vergeben?			
7.3	Finanzierung steht?			
7.4	Welche Priorität haben die Kosten?			
8. Wie sieht die Kostenplanung aus?				
8.1	Kosten je Abteilung geplant?			
8.2	Welche Kostenwerte sind vorgegeben?			
8.3	Finanzierung steht?			
8.4	Welche Priorität haben die Kosten?			
9. Wie werden Aufträge vergeben?				
9.1	Richtiger Auftragnehmer (UAN)?			
9.2	Einsatzmittelbedarf geklärt?			
9.3	Wer erhält Aufträge?			
9.4	Sind Verträge geklärt?			
10. Wie sieht die Überwachung des Projekts aus?				
10.1	Wer erhält wann Berichte?			
10.2	Wie, mit welchem Inhalt?			
10.3	Wer fällt Änderungsentscheidungen?			
10.4	Welche Daten haben Priorität?			

Abbildung 139: Checkliste – Voraussetzungen für den Projektstart

Für die Steuerung der Projekte bietet sich bereits hier an, jede Einzelmaßnahme (z.B. Arbeitspaket) hinsichtlich Verantwortlichkeit, Durchführungszeitraum und Ergebnis zu dokumentieren.

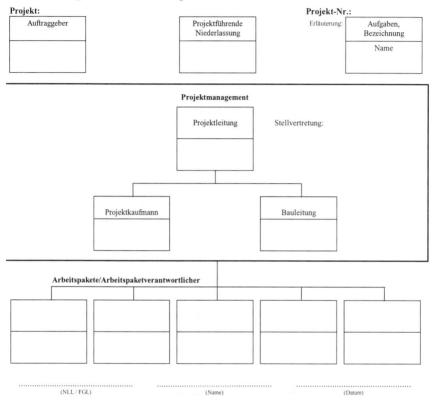

Abbildung 140: Projektorganigramm

Falls der Projektleiter nicht bereits in der Angebotsphase die Vertragsausgestaltung und das Angebot mit begleitet hat, ist seine Einarbeitung in das Vertragswerk und die Projektunterlagen unerlässlich. Mit Hilfe von Checklisten kann das Controlling hier wiederum gute Unterstützung leisten. Die Anforderungsprofile sind nach technischen, kaufmännischen, rechtlichen und vertragsbedingten Kriterien zu unterscheiden:

• Technische Anforderungen

    • Überprüfen der Unterlagen auf Vollständigkeit.

    • Feststellen der Ausschreibungsinhalte

- Einheitspreisvertrag

- Pauschalvertrag/Funktionalbeschreibung

- Planungsleistungen.

- Grobe Mengen-/Massenüberprüfung und -vergleiche.

- Vereinbarkeit der Ausschreibungsunterlagen mit Gesetzen, Verordnungen, Normen, Regeln der Technik.

- Prüfen, ob die in den Plänen dargestellten Leistungsinhalte in den Leistungsbeschreibungen enthalten bzw. in den Positionen erfasst sind.

- Prüfen der Pläne und Beschreibungen nach funktionalen und wirtschaftlichen Aspekten (z.B. Funktionsfähigkeit des Entwurfs, Flächen für Baustelleneinrichtung und Anfahrbarkeit des Baugeländes).

- Prüfen der Vorgaben auf umweltbelastete Materialien, geforderte Prüfungen und Nachweise, Brandschutz, TÜV- oder Sachverständigen-Abnahmen.

- Überprüfen der technischen Machbarkeit bezüglich vorgegebener Termine sowie beschriebener Projektierungen und Techniken.

- Kaufmännische und rechtliche Anforderungen

  - Überprüfen von Gewährleistungsfristen.

  - Überprüfen der Gewährleistung (z.B. laut VOB bzw. BGB).

  - Überprüfen von Zahlungsmodalitäten.

  - Überprüfen von Bürgschaften (Umfang/Art).

  - Überprüfen der Rangfolge der Vertragsunterlagen.

  - Überprüfen von Vertragsstrafen.

  - Überprüfen von Versicherungen.

  - Überprüfen der Übernahme von Gebühren und Prüfkosten.

  - Überprüfen von Abnahmemodalitäten.

  - Überprüfen von Bauherrenliquidität/Finanzierungsbürgschaft.

  - Überprüfen von bevollmächtigten Vertretern des Bauherrn.

- Änderungen der Vertragsunterlagen

  - Im Zuge der Vertragsverhandlungen Aufzeigen erkannter Risiken und Erfassung veränderter bzw. vereinbarter Regelungen in Protokollen.

  - Korrekturen, der bei der Vertragsprüfung festgestellten kritischen Punkte.

  - Ausarbeiten von Nachtragsangeboten.

  - Im Zuge der Verhandlungen Klärung kritischer Punkte und Ausräumen von Unklarheiten.

Aus datentechnischer Sicht ist vor dem Start des Projektablaufs die letzte Angebotskalkulation als Auftragskalkulation festzuschreiben. Dies ist zwingend erforderlich, da etwaige Änderungen in der Auftragskalkulation Planungsabweichungen und -fehler der Angebotsphase und der Projektabwicklungsphase zeigen können. Zu Beginn des Projektablaufs wird die Auftragskalkulation um etwaig notwendige Änderungen ergänzt. Ab diesem Zeitpunkt spricht man von der Arbeitskalkulation. Sind, wie in der Unternehmenspraxis häufig zu finden ist, mehrere DV-Programme für die Projektkalkulation und die Unternehmenskostenrechnung im Einsatz, empfiehlt sich eine zeitaktuelle und automatische Anpassung der Daten in den verschiedenen Systemen.

3.2.2.2.2 Planung, Kontrolle und Steuerung

Im Mittelpunkt der Projektabwicklung steht die Planung, Kontrolle und Steuerung der Kosten, Leistungen, Ergebnisse, Finanzen, Termine und der eingesetzten Ressourcen während der Projektdurchführung. Um dies zu unterstützen, ist die Errichtung eines Informationssystems und die daraus resultierende Informationsversorgung der am Projekt beteiligten Personen durch das Controlling notwendig (vgl. Kapitel 3.1.2). Die Planungsaktivitäten hinsichtlich der genannten Größen, die eine optimale Projektabwicklung bieten sollen,[700] erweisen sich nur dann als sinnvoll, wenn die Werte ständig kontrolliert werden. Nur auf diese Weise kann die zielgerichtete Steuerung des Projektablaufs garantiert werden. Planung, Kontrolle und Steuerung müssen koordiniert werden und zwar in dem Sinne, dass für die geplanten Größen auch zugehörige Ist-Werte ermittelt werden können. Diese Daten werden im Zuge der Kontrolle verglichen, auftretende Abweichungen werden analysiert und darauf basierend Steuerungsmaßnahmen entwickelt. Die Kontrolle beinhaltet die laufende Prüfung und Gegenüberstellung der Projektparameter. Das Ziel

---

[700] Vgl. *Sommer, H.*: Projektmanagement im Hochbau, Berlin u.a. 1994, S. 151.

besteht letzten Endes darin, zu überprüfen, ob Planungsziele eingehalten oder über- bzw. unterschritten werden. Die Steuerung als eigentlicher Kern des Projekt-Controlling[701] beinhaltet alle Maßnahmen, die der erfolgreichen Durchführung dienlich sein können. Dazu gehören Anweisungen an die im Projekt tätigen Mitarbeiter aufgrund von Vorgaben, genauso wie Entscheidungen des Projektleiters oder der Geschäftsführung, die als Maßnahmen zum Zwecke der Steuerung umgesetzt werden.[702]

Es wäre an dieser Stelle falsch, anzunehmen, dass im Projektablauf neben Kontroll- und Steuerungsaktivitäten Planungshandlungen keinerlei Rolle mehr spielen würden. Während der Durchführung eines Projekts treten immer häufiger diverse, den Ablauf störende Umstände auf, die z.b. der Auftraggeber, der Lieferant oder die Unternehmung selbst zu vertreten hat. Dazu gehören auf Seiten des Kunden Veränderungen der vertraglichen Leistung oder Behinderungen, wie z.B. fehlende Baugenehmigungen.[703]

Solche Ereignisse können wiederholt zu Veränderungen innerhalb des Projektablaufs und der Ressourcenplanung und somit in der Arbeitskalkulation und damit verbunden in der Auftragssumme und den Herstellkosten führen. Dabei ist insbesondere die Weiterentwicklung der Arbeitskalkulation interessant. Während die ursprüngliche Arbeitskalkulation auf der Vertragskalkulation (Auftragskalkulation) und der ersten Projektplanung zu Beginn eines Projekts beruht, stellt die aufgrund von Änderungen dynamisch fortgeschriebene Arbeitskalkulation[704] die Grundlage für die Arbeitsvorgabe, die Leistungsbewertung sowie sich anschließende Soll-Ist-Vergleiche dar. Damit bleibt festzustellen, dass im Weiteren nicht mehr die Plan-Daten die Basis für die diversen Projektparametervergleiche innerhalb der Realisationsphase darstellen. Vielmehr verkörpern die Soll-Daten, die aus Planungsänderungen resultieren, die

---

[701] Vgl. *Allgeier, G.*: Controlling als Führungsinstrument im Bauindustrieunternehmen, in: *Refisch, B.* (Hrsg.): Planung, Steuerung und Kontrolle im Bauunternehmen, Düsseldorf 1987, S. 73-94, hier: S. 83; *Blecken, U.; Oepen, R.*: Zielgerichtete Steuerung der Prozesse zur Vermeidung von Fehlern, in: Bauwirtschaft, 1994, H. 11, S. 34-39, hier: S. 35.

[702] Vgl. *Schmitz, H.; Windhausen, P.M.*: Projektplanung und Projektcontrolling: Planung und Überwachung von besonderen Vorhaben, 3. Aufl., Düsseldorf 1986, S. 137.

[703] Vgl. hierzu *Kuhne, V.; Mitschein, A.*: Bauablaufstörungen und ihre Konsequenzen. Was ist dem Bauunternehmer zuzumuten?, in: Bauwirtschaft, 1999, H. 3, S. 22-24.

[704] Vgl. *Oepen, R.*: Die drei Sichtweisen der Arbeitskalkulation im Projekt-Controlling, in: *Betriebswirtschaftliches Institut der Bauindustrie* (Hrsg.): Bauwirtschaftliche Informationen, 1997, S. 22-27, hier: S. 24.

entsprechende Grundlage. Die ermittelten Plan-Daten, die zwar ebenfalls das Fundament für Vergleiche darstellen können, sollen hingegen bei den weiteren Betrachtungen eine untergeordnete Rolle spielen. Sie werden allenfalls bei der primär in der Nachrealisationsphase stattfindenden Prüfung der Plan-Daten von Interesse sein. Dabei wird kontrolliert, inwieweit die Plan-Daten mit den tatsächlich realisierten Zahlen übereinstimmen. Dieses Vorgehen ist mit dem Ziel verbunden, zukünftige Projekte besser zu kalkulieren und anbieten zu können.

Es ist durchaus nicht ganz eindeutig, wann und in welchem Umfang die Planungen zu einem Projekt erfolgen sollen. Es stellt sich die Frage, ob die Planungen bereits in der Angebotsphase soweit zu erstellen sind, dass sie bei der Auftragserteilung bereits vollständig vorhanden sind, oder es besser ist, in der Angebotsphase zunächst nur grob zu planen, und dann zu Beginn der Realisationsphase, nach Auftragserhalt, die Feinplanung durchzuführen.

Diese Frage wurde schon im vorherigen Kapitel angedeutet, aber noch nicht zufriedenstellend beantwortet. Das Problem liegt bei den unterschiedlichen Interessenlagen der Auftraggeber und der Auftragnehmer. Das Interesse der Auftraggeber geht dahin, dass man eine möglichst umfangreiche Planung schon im Vorfeld haben möchte, um verschiedene Angebote besser beurteilen zu können. Die Interessen der Auftragnehmer sind zweigeteilt. Zum einen möchte man möglichst grob planen, um das Angebot möglichst kostengünstig zu erstellen. Auf der anderen Seite ist es für die Kalkulation günstiger, schon sehr früh mit einer möglichst genauen Planung zu beginnen.[705] Da der Konkurrenzdruck, gerade im Hinblick auf internationale Projekte, sehr groß ist, sollte man den Aufwand für die Angebotserstellung den Kundenanforderungen und der Auftragswahrscheinlichkeit anpassen.[706]

Für die Planung nach Auftragserteilung gilt aber nichts anderes als für eine Planung vor Auftragserteilung. Das bedeutet, dass falls die Planung in der Angebotsphase nur grob ausgeführt worden ist, jetzt die entsprechenden Feinplanungen zu unternehmen sind. Die entsprechenden Hilfsmittel sind bereits aus der Angebotsphase bekannt.

Es bleibt schließlich festzuhalten, dass, egal ob vor oder nach Auftragserhalt eine detaillierte Feinplanung erfolgt, auf jeden Fall zu Beginn der

---

[705] Vgl. *Schmitz, H.; Windhausen, P.M.*: Projektplanung und Projektcontrolling: Planung und Überwachung von besonderen Vorhaben, 3. Aufl., Düsseldorf 1986, S. 39.

[706] Vgl. *Madauss, B.J.*: Handbuch Projektmanagement, 5. Aufl., Stuttgart 1994, S. 374.

eigentlichen Projektabwicklung die Planung feststehen muss. Dies gilt zumindest insoweit, als die Planungsstrukturen feststehen müssen. In den vorherigen Kapiteln ist bereits ausgeführt worden, dass unter Umständen die Planung immer wieder dem aktuellen Stand angepasst werden muss. Weiterhin gibt es den Fall, dass ein bestimmter Abschnitt erst geplant werden kann, wenn vorgelagerte Arbeitspakete abgeschlossen sind, da die Planung dieses Abschnitts auf den vorgelagerten Planungsabschnitten basiert.

Es wird deutlich, dass die Planungen mit Abschluss der Angebotsphase nicht beendet sind. Die Angebotsphase ist also nicht mit der Planungsphase gleichzusetzen. Diese erstreckt sich vielmehr über die Angebots- und Realisationsphase.

Die Planung kann den Projektablauf immer nur antizipieren, daher wird sie immer mit Fehlern behaftet sein. Diese führen zu Abweichungen zwischen dem realen Projekt und der Planung.[707] Ein zentrales Aufgabengebiet für Projektmanagement und -Controlling in der Abwicklungsphase ist daher die laufende Kontrolle und Steuerung der Projektabwicklung. Hierzu werden in den Bereichen der organisatorischen Abwicklung (Termine, Kapazitäten, technische Erstellung) die schon bekannten Instrumente, wie Projektstrukturplan, Balkendiagramme und Netzpläne, verwendet. Im wertmäßigen Bereich werden Informationen und Berichte, wie z.B. die Mitlaufende Kalkulation und Projektstatusberichte genutzt.[708]

Ausgehend von den Planungsunterlagen werden die sich aus der Projektdurchführung ergebenden Ist-Werte in den Bereichen Ablauf, Termine, Kapazitäten und Kosten mit den Soll-Werten verglichen.[709] Die Überwachung bezieht sich einerseits auf den Projektgegenstand und andererseits auf den Projektablauf.[710]

Die technische Projektabwicklung bezieht sich auf den Projektgegenstand. Es ist die technische Umsetzung der in dem Auftrag festgelegten

---

[707] Vgl. *Platz, J.*: Aufgaben der Projektsteuerung - Ein Überblick, in: *Reschke, H.; Schelle, H.; Schnopp, R.* (Hrsg.): Handbuch Projektmanagement, Bd. 2, Köln 1989, S. 633-660, hier: S. 634.

[708] Vgl. *Lachnit, L.*: Controllingkonzeption für Unternehmen mit Projektleistungstätigkeit, München 1994, S. 44.

[709] Vgl. *Schmitz, H.; Windhausen, P.M.*: Projektplanung und Projektcontrolling: Planung und Überwachung von besonderen Vorhaben, 3. Aufl., Düsseldorf 1986, S. 114.

[710] Vgl. *Litke, H.-D.*: Projektmanagement: Methoden, Techniken, Verhaltensweisen, 3. Aufl., München, Wien 1995, S. 159.

Funktions-, Leistungs- und Qualitätsanforderungen.[711] Aufgabe des Controlling hierbei ist vor allem, einen „geordneten Projektgesamtablauf sicherzustellen."[712] Erreicht wird dieser geordnete Ablauf durch die aufeinander aufbauenden Arbeitspakete, die durch eine formale Prozedur schrittweise freizugeben sind. Es ist zu überprüfen, ob die jeweils erzielten Ergebnisse dem Zeit- und Kostenaufwand gerecht werden. Selbst bei zeit- und kostengerechter Abwicklung kann es vorkommen, dass die für das Projekt gesteckten Ziele nicht erreicht werden und nur durch erheblichen Zeit und Kostenzuschuss alle Spezifikationen erfüllt werden können.[713] Die Überwachung des Projektablaufs bezieht sich auf Termine, Kapazitäten und Kosten.

Die Überwachung der einzelnen Aspekte muss immer miteinander kommunizieren, d.h. es muss immer der Zusammenhang zwischen technischer Erstellung, Terminen, Kapazitäten und Kosten beachtet werden. Eine jeweils voneinander getrennt betrachtete Analyse würde zu einer geringeren Effektivität des Projektmanagements und -Controlling führen.

Um eine effektive Projektüberwachung zu gewährleisten sind realitätsbezogene, vollständige und prüfbare Planvorgaben sowie aktuelle Ist-Daten Grundvoraussetzungen. Der formalisierte Kontrollprozess gliedert sich daher in vier Phasen:[714]

1. Phase: Erfassung des aktuellen Projektstands durch Festlegung der Ist-Daten

2. Phase: Soll-Ist-Vergleich: Feststellung der Abweichungen zwischen Soll- und Ist-Werten (Abweichungsanalyse)

3. Phase: Analyse und Bewertung: Festlegung der Gründe für Abweichungen zwischen Soll- und Ist-Werten

4. Phase: Aufzeigen alternativer Korrekturmaßnahmen zur Behebung der Differenz.

---

[711] Vgl. *Litke, H.-D.*: Projektmanagement: Methoden, Techniken, Verhaltensweisen, 3. Aufl., München, Wien 1995, S. 159.

[712] *Andreas, D.; Rademacher, G.; Sauter, B.*: Projekt-Controlling und Projekt-Management im Anlagen- und Systemgeschäft, 5. Aufl., Frankfurt a.M. 1992, S. 77.

[713] Vgl. *Rinza, P.*: Projektmanagement. Planung, Überwachung und Steuerung von technischen und nichttechnischen Vorhaben, 3. Aufl., Düsseldorf 1994, S. 33.

[714] In abgewandelter Form zu *Dräger, E.*: Projektmanagement mit SAP R/3, Bonn 1998, S. 28. Vgl. auch *Brandenberger, J.; Ruosch, E.*: Projektmanagement im Bauwesen, 1. Aufl., Köln 1974, S. 102.

Die festgestellten Abweichungen können folgende Ursachen haben:

- Unrealistische Planung (z.B. falsche Einschätzung der Komplexität eines Projekts, unzureichende Planungserfahrung, fehlende Vergangenheitswerte)

- Unvorhersehbare Änderungen im Projektablauf (z.B. neue Erkenntnisse, neue Vorgehensalternativen, Verschiebung von Prioritäten)

- Fehler in der Arbeitsausführung (z.B. ungenügende Arbeitseffizienz, ungenügende Qualität der Arbeitsergebnisse)

Eine zentrale Rolle im Rahmen der Überwachung kommt dem Projektmanagement und -Controlling zu. Es reicht allerdings nicht aus, sich ausschließlich auf die Instrumente der Projektüberwachung zu verlassen. Das Management bzw. die Projektleiter müssen mit den einzelnen Vorgängen innerhalb eines Projekts jederzeit so vertraut sein, dass sie Abweichungen schon frühzeitig erkennen und Lösungen in die Wege leiten können. Hierbei können Frühwarninformationen Hilfestellung leisten (vgl. Kapitel 3.1.3).

Die Überwachung muss in bestimmten zeitlichen Abständen erfolgen. Für Projekte mit langen Laufzeiten sollte eine Intervalllänge von vier Wochen eingehalten werden, während bei kürzeren Projekten oder in kritischen Durchführungsphasen Kontrollen zwei oder dreimal monatlich erfolgen sollten.[715] Daneben ist auch eine laufende Kontrolle denkbar.[716]

Das Vorgehen bei der Projektkontrolle und -steuerung sollte in Anlehnung an den Managementregelkreis durchgeführt werden (vgl. Abbildung 11).

Die einzelnen Prozessschritte im Rahmen der Projektabwicklung sind, aufgrund der Größe und komplexen Zusammenhänge, den detaillierten Workflow-Abbildungen des Anhangs zu entnehmen. An dieser Stelle sei nur auf die wichtigsten Aktivitäten in der Projektabwicklung hingewiesen:

- Aufbau und Pflege der Arbeitskalkulation

- Preisanfragen bzw. Verhandlungen für fremde Leistungen

- Grobe bis feine Termin-, Ablauf- und Projektstrukturplanung

- Anpassung der Leistungsverzeichnisse

---

[715] Vgl. *Litke, H.-D.*: Projektmanagement: Methoden, Techniken, Verhaltensweisen, 3. Aufl., München, Wien 1995, S. 160.

[716] Vgl. *Rinza, P.*: Projektmanagement. Planung, Überwachung und Steuerung von technischen und nichttechnischen Vorhaben, 3. Aufl., Düsseldorf 1994, S. 31.

- Aufstellung von intern verhandelbaren Budgets für einzelne Projektteile
- Festlegung von Zielvereinbarungen für das Gesamtprojekt und Projektteile
- Erstellung von Materialbedarfslisten und Materialdisposition
- Durchführung von Kundengesprächen
- Definition von Arbeitspaketen und Ressourcenzuordnung
- Subunternehmerauswahl und -einbindung
- Disposition von Mitarbeitern und anderen Projektressourcen
- Projekt- bzw. Baustellenorganisation und -einrichtung
- Projektablauf- bzw. Ausführungsplanung
- Einholen der Kundenfreigabe
- Überwachung der Materiallieferungen und sonstigen Fremdleistungen
- Projektdurchführung und -überwachung
- Erfassung und Erstellung zeitnaher Stundennachweise und Aufmaße
- Laufende Kontrollen durch Soll-Ist-Vergleiche bzgl. Ausführung, Terminen, Kosten, Qualität, Finanzen etc.
- Durchführung von Projektstatusgesprächen
- Regelung und Festlegung von Abhängigkeiten und Schnittstellen
- Nachpflegen und Änderungsmanagement der Projektdaten, Termine, Kosten etc.
- Pflegen von Projektdokumentation und Berichtswesen
- Projektabnahme und -abschlussarbeiten
- Erstellung der Teilschluss- bzw. Schlussrechnung
- Erstellung der Schlussdokumentation
- Führen von externen und internen Projektabschlussgesprächen
- Archivieren der Projektdaten

Im Rahmen der Projektabwicklung sollen nun die Kontrolle und Steuerung der Leistungen, der Termine, der Kapazitäten, der Kosten und Ergebnisse sowie der Finanzen im Mittelpunkt der Betrachtung stehen.

3.2.2.2.2.1 Leistungskontrolle und -steuerung

Die Form der Kontrolle und Steuerung der Leistung bezieht sich sowohl auf die Qualität wie auch auf die Quantität der zu erbringenden Leistung. Die Kontrolle und Steuerung der qualitativen Leistung wird im Rahmen des bereits dargestellten Qualitätsmanagements ausgefüllt (vgl. Kapitel 3.1.6).

Im Weiteren konzentriert sich die Überwachungsaufgabe hier auf das mengenmäßige Niveau der Projektleistung. Die Ermittlung der Ist- sowie der Soll-Leistung eines Projekts ist kritisch zu hinterfragen. Wie bereits im Rahmen der Arbeitskalkulation angemerkt, ist für die realitätsnahe Leistungsermittlung das Arbeiten mit Unterpositionen unabdingbar. Dem entgegen steht eine Leistungsdefinition, die als Basis für die teilweise Fakturierung eines Auftrags genutzt wird. Danach setzt sich die Leistung eines Projekts zusammen aus den erbrachten Leistungsmengen multipliziert mit den jeweiligen Einheitspreisen, wobei diese Werte aus der Angebots- bzw. Auftragskalkulation stammen.

Der Einsatz dieser Form der Leistungsdefinition (hier **Leistungsdefinition I** genannt) ist als sinnvoll zu bezeichnen, weil dem Kunden nur die vertraglich vereinbarten, bereits gefertigten, Positionen des Leistungsverzeichnisses in Rechnung zu stellen sind.[717] Anzumerken ist, dass zu den vereinbarten Leistungen ebenfalls die nach Vertragsabschluss hinzukommenden Änderungen gehören. Wurden einzelne Leistungen erst zum Teil erbracht, so stellen diese keine abrechnungsfähigen Positionsleistungen dar. Somit dient eine solche Form der Leistungsdefinition, die weder die Ermittlung der tatsächlichen Leistungen noch der damit verbundenen Kosten ermöglicht, in keiner Weise den leistungs- und kostenorientierten Soll-Ist-Vergleichen während der Projektzeit. Dies resultiert vor allem aus den Fehlern der Einheitspreisbildung in der Angebotskalkulation. Aus diesen Gründen ist eine alternative Leistungsdefinition zu entwickeln, die der internen Leistungsbestimmung aber auch der Ermittlung der Kosten und Ergebnisse sowie der sich anschließenden Kontrolle in einer geeigneteren Weise nützt.

---

[717] Vgl. *Prange, H.; Leimböck, E.; Klaus, U.R.*: Baukalkulation unter Berücksichtigung der KLR Bau und VOB, 9. Aufl., Wiesbaden 1995, S. 79.

Es empfiehlt sich daher, eine Leistungsdefinition zu nutzen,[718] bei der die Bewertung der geleisteten Mengen laut Leistungsverzeichnis mit ggf. geänderten Leistungspositionen und internen Positionen auf Basis der Soll-Herstellkosten der Arbeitskalkulation unter Hinzurechnung eines Deckungsbedarfs erfolgt. Dieser sog. Soll-Deckungsbedarf deckt, wie bereits im Kapitel 3.1.1 ausgeführt, die nicht zuordenbaren Gemeinkosten, da der Deckungsbeitrag nach Abzug der Herstellkosten nur die Einzelkosten enthält. Der Soll-Deckungsbeitrag wird absolut berechnet als Differenz der geänderten Auftragssumme abzüglich der geänderten Herstellkosten per Stichtag.

Für die Berechnung der Leistung gilt folglich:

Leistungsdefinition II = (geleistete Mengen * Einzelkosten der Leistungsverzeichnispositionen + geleistete Mengen * Einzelkosten der internen Positionen) * (1 + Deckungsbedarf in %).

Diese Definition von Leistung, die auf der weitergeführten Arbeitskalkulation beruht und Änderungen der Herstellkosten oder der Auftragssumme durch den Deckungsbedarf erfasst, kann folglich als Basis zur richtigen Leistungsermittlung eines Projekts angesehen werden. Durch diese Methodik sind sowohl Voll- als auch Teilkostenergebnisse ausweis- und analysierbar. Sie ist die Grundlage für entsprechende Vergleiche per Stichtag (während der gesamten Projektphasen).

Im Hinblick auf die noch anzusprechende Kosten- und Ergebniskontrolle sei bereits angemerkt, dass sich die Soll-Herstellkosten der erstellten Leistung per Stichtag aus den erbrachten Leistungen multipliziert mit den Soll-Kosten der Positionen des aktualisierten Leistungsverzeichnisses inklusive der internen Positionen ergeben. Die Ermittlung der Soll-Kosten ist folglich mit der Leistungsbestimmung verbunden. Als Konsequenz kann die stichtagsbezogene Leistungsermittlung als das Herzstück der projektbezogenen und gesamtunternehmensbezogenen Kosten- und Leistungsrechnung bezeichnet werden.[719]

Vergleiche der erbrachten mit den zu erbringenden Leistungen können allerdings nicht losgelöst von anderen Projektparametern durchgeführt werden. So erfolgt der Soll-Ist-Leistungsvergleich, der zu bestimmten

---

[718] Vgl. *Oepen, R.:* Die drei Sichtweisen der Arbeitskalkulation im Projekt-Controlling, in: *Betriebswirtschaftliches Institut der Bauindustrie* (Hrsg.): Bauwirtschaftliche Informationen, 1997, S. 22-27, hier: S. 26.

[719] Vgl. *Prange, H.; Leimböck, E.; Klaus, U.R.:* Baukalkulation unter Berücksichtigung der KLR Bau und VOB, 9. Aufl., Wiesbaden 1995, S. 152.

Zeitpunkten vorgenommen wird, stets auf der Grundlage des Terminplans. Würde man keinen Termin fixieren, zu dem die Soll- und die Ist-
Leistung ermittelt werden, wäre ein daraus resultierender Vergleich bedeutungslos. Die zu erbringende Soll-Leistung zu bestimmten Stichtagen
wird anhand von Terminplänen, die auch die Abläufe enthalten, festgelegt. Dies geschieht unter Beachtung von Veränderungen, die u.a. die
Soll-Leistung und die Termine beeinflussen können. Aufgrund der intensiven Abhängigkeiten zwischen Leistung und Terminen bieten sich für
die Durchführung von Leistungsvergleichen Diagramme an, welche die
Soll- und Ist-Leistungen in Abhängigkeit von der Zeit aufzeigen.[720] Die an
späterer Stelle aufgeführte Projekt-Status-Analyse (PSA) stellt ein solches Instrumente der integrierten Projektkontrolle und -steuerung dar.[721]

3.2.2.2.2.2 Terminkontrolle und -steuerung

Grundlage der Terminkontrolle und -steuerung ist die Information über
den Projektstand zum jeweiligen Zeitpunkt. Diese sog. Fortschrittsmes-
sung findet i.d.R. am Ende von bestimmten Prozessablaufschritten anhand der gesetzten Meilensteine statt. Der Projektfortschritt wird definiert
als „Maßangaben über den Stand des Projektes (Projektstatus) hinsichtlich Zielerreichung zu einem bestimmten Projektzeitpunkt (Stichtag) im
Vergleich zur Planung."[722] Eine einmalige Abweichung vom Plantermin
lässt zwar noch nicht auf eine Verschiebung des Endtermins schließen,
werden allerdings des öfteren Termine nicht eingehalten, so ist zu befürchten, dass dies auch Auswirkungen auf den Endtermin haben wird.[723]

Im Rahmen der durchzuführenden Terminmeldungen innerhalb von
Fortschrittsberichten kann zwischen laufendem und periodischem Nach-
führen unterschieden werden. Die erste der beiden Meldearten erfolgt
sofort nach Beginn bzw. zum Ende von Vorgängen, wobei ein solches
Vorgehen als Ausnahme angesehen werden kann. Es ist nur bei kritischen Vorgängen, deren terminliche Abweichung den Endtermin eines

---

[720] Vgl. *Brandenberger, J.; Ruosch, E.*: Projektmanagement im Bauwesen, 1. Aufl.,
Köln 1974, S. 97. Der Leistungsparameter wird in Zeit- und Kostenparameter ü-
bersetzt und entsprechend kontrolliert.

[721] Vgl. *Schmitz, H.; Windhausen, P.M.*: Projektplanung und Projektcontrolling: Planung und Überwachung von besonderen Vorhaben, 3. Aufl., Düsseldorf 1986, S.
136.

[722] *Motzel, E.*: Fortschrittskontrolle bei Investitionsprojekten, in: *Schelle, H.; Resch-
ke, H.; Schnopp, R.* (Hrsg.): Projekte erfolgreich managen, Köln 1994. Ähnlich
Lachnit, L.: Controllingkonzeption für Unternehmen mit Projektleistungstätigkeit,
München 1994, S. 44.

[723] Vgl. *Litke, H.-D.*: Projektmanagement: Methoden, Techniken, Verhaltensweisen,
3. Aufl., München, Wien 1995, S. 161.

Projekts gefährden würde, sinnvoll. Dagegen werden die periodischen Meldungen zu festgelegten Zeitpunkten bzw. in vorher bestimmten Zeitabständen durchgeführt, die in Abhängigkeit vom Projekt und seinen Arbeitspaketen zwischen einer Woche und einem Monat liegen.[724]

Der Überwachungsvorgang selbst besteht zum einen aus der schriftlichen Abfrage von Projektfortschrittsdaten und zum anderen aus einer Kontrolle des Projektfortschritts vor Ort. Im Regelfall wird die Kontrolle aber nur durch schriftliche Abfrage vollzogen. Die Verantwortung für die Richtigkeit der Angaben liegt bei den beteiligten Stellen.[725] Folgende Abbildung zeigt die Überwachung des Projektablaufs für ein Bauprojekt.

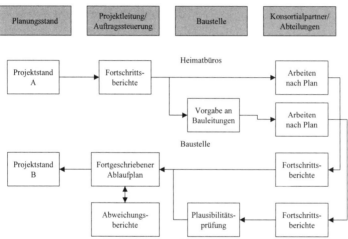

Abbildung 141: Ablauf des Überwachungsvorgangs[726]

Die durchzuführenden Terminkontrollen sollten nicht nur rückwirkenden Charakter besitzen. Vielmehr spielt der vorausschauende Blick auf die zukünftigen Termine noch nicht begonnener Arbeiten eine wichtige Rol-

---

[724] Vgl. *Brandenberger, J.; Ruosch, E.*: Ablaufplanung im Bauwesen, 3. Aufl., Zürich 1993, S. 125.

[725] Vgl. *Schmitz, H.; Windhausen, P.M.*: Projektplanung und Projektcontrolling: Planung und Überwachung von besonderen Vorhaben, 3. Aufl., Düsseldorf 1986, S. 117; *Litke, H.-D.*: Projektmanagement: Methoden, Techniken, Verhaltensweisen, 3. Aufl., München, Wien 1995, S. 160.

[726] Entnommen aus *Schmitz, H.; Windhausen, P.M.*: Projektplanung und Projektcontrolling: Planung und Überwachung von besonderen Vorhaben, 3. Aufl., Düsseldorf 1986, S. 118.

le.[727] Um die zeitliche Entwicklung eines Projekts vorausblickend sehen und bei Abweichungen präventiv steuern zu können, besteht der Überwachungszeitraum aus einem vergangenheitsorientierten (Entwicklung bis zum derzeitigen Projektstatus) und einem vorausschauenden Intervall (Erwartung bis zum Projektende).

Für den Fortschrittsbericht müssen von den eigenen Fachabteilungen bzw. Konsortialpartnern die folgenden Angaben gemacht werden:

- Zeitpunkt (Rückmeldetermin), auf den sich die Meldungen beziehen.

- Geplante Anfangs- und Endtermine.

- Ist-Anfangstermin, zu dem der Vorgang begonnen wurde.

- Ist-Endtermin, zu dem der Vorgang beendet wurde.

- Voraussichtliche Restdauer der zum Stichtag noch nicht abgeschlossenen Vorgänge sowie dazugehörige erwartete Endtermine.

- Fortschritts- bzw. Fertigstellungsgrad: Der Fertigstellungsgrad quantifiziert prozentual das bereits abgearbeitete Vorgangsvolumen. (Als Bemessungsgrundlagen dienen übliche Messgrößen, wie z.B. die Anzahl der zu erstellenden Zeichnungen, die Bearbeitungsstunden etc.)[728]

$$\text{Fertigstellungsgrad} = \frac{\text{Bereits abgearbeitetes Arbeitsvolumen des Vorgangs}}{\text{Gesamtes Arbeitsvolumen des Vorgangs}} * 100$$

Mit den ermittelten Daten wird der Terminplan neu berechnet. Der Projektleiter beurteilt die Terminsituation. In den Fällen, in denen er glaubt, die Terminabwiechungen würden sich zu sehr häufen, beruft er eine Entscheidungssitzung des Projektteams ein, in der über mögliche Maßnahmen und Alternativen diskutiert und entschieden wird.

Für die Ist-Termindatenerfassung und die sich anschließende Kontrolle können, wie auch für die Termin- und Ablaufplanung, Darstellungsme-

---

[727] Vgl. *Müller, D.*: Methoden der Ablauf- und Terminplanung von Projekten, in: *Schelle, H.; Rescke, H.; Schnopp, R.; Schub, A.* (Hrsg.): Projekte erfolgreich managen, Bd. 1, Köln 1994, S. 1-72, hier: S. 64.

[728] Vgl. *Schmitz, H.; Windhausen, P.M.*: Projektplanung und Projektcontrolling: Planung und Überwachung von besonderen Vorhaben, 3. Aufl., Düsseldorf 1986, S. 119.

thoden wie die bereits angeführten tabellarischen Terminpläne, Netzpläne, Balkendiagramme oder Meilensteinpläne eingesetzt werden (vgl. Kapitel 3.2.2.1.3.6).[729] Diese Instrumente stellen gleichzeitig einen Teil des projektorientierten Berichtswesens dar. Tabellarische Terminpläne bieten sich als DV-Ausdrucke an, um Soll-Ist-Vergleiche durchzuführen und vorhandene Pufferzeiten und Engpässe zu entdecken. Der Soll-Ist-Vergleich kann aber auch mit Hilfe von Balken-, Netz- oder Meilensteinplänen erfolgen.[730]

Balkendiagramme stellen als graphisches Vergleichsinstrument ein Mittel dar, mit dem der Projektstatus visuell übersichtlich beschrieben werden kann. In der Literatur wird teilweise die Meinung vertreten, dass Balkenpläne der exakten Ermittlung des Projektstatus nur unzureichend genügen, da sie aufgrund ihrer globalen Darstellungsweise nicht ausreichend detailliert sind und eher zu einem subjektiven Projektstatus führen.[731] Nach Meinung des Verfassers dürften DV-gestützte Balkendiagramme zumindest zu einer Abschwächung des ersten Kritikpunkts führen.[732]

Der Netzplan gilt, wegen seines hohen Detaillierungsgrads, als Instrument zur genauen Ermittlung des Projektstatus, was wiederum exakte Vergleiche und Analysen ermöglicht.[733] Neben den bereits angeführten Nachteilen von Netzplänen (vor allem die Komplexität) fällt insbesondere auf, dass sich in den Vorgangsknotennetzplänen laufende Vorgänge nur recht schwierig darstellen lassen. Hilfreich wäre in diesem Fall die Darstellung des Netzplans als Balkendiagramm oder die Einführung eines Zeitmaßstabs in den Netzplan.[734] Im zweiten Fall fixiert man als Soll-Vorgabe für die Arbeitsvorgänge eine vorbestimmte Datumslinie, die zugleich den Berichtsstichtag darstellt.[735] Dies würde für die Kontrolle innerhalb der Netzpläne implizieren, dass alle Vorgänge, die bis zum Stichtag abgearbeitet wurden, ihren Vorgaben (Soll) entsprechen, wohingegen zu bearbeitende Vorgänge, die den Stichtag nicht erreichen oder überschreiten, einen Vorsprung bzw. eine Verzögerung aufweisen. Terminvorgaben und Änderungen von der Ursprungsplanung können

---

[729] Vgl. hierzu *Wischnewski, E.*: Aktives Projektmanagement für das Bauwesen, Braunschweig, Wiesbaden 1997, S. 186ff.

[730] Vgl. *Felske, P.*: Integrierte Projektsteuerung, in: *RKW* (Hrsg.): Projektmanagement Fachmann, Bd. 2, 6. Aufl., Eschborn 2001, S. 719-772, hier: S. 745ff.

[731] Vgl. *Madauss, B.J.*: Handbuch Projektmanagement, 5. Aufl., Stuttgart 1994, S. 230.

[732] Vgl. hierzu die Ausführungen im Kapitel 3.2.2.1.3.6.2.

[733] Vgl. *Hügler, G.L.*: Controlling in Projektorganisationen, München 1988, S. 193.

[734] Vgl. *Brandenberger, J.; Ruosch, E.*: Ablaufplanung im Bauwesen, 3. Aufl., Zürich 1993, S. 125f.

[735] Vgl. *Schilling, G.*: Projektmanagement, Berlin 1999, S. 59.

dabei ebenso dargestellt werden wie Pufferzeiten, Meilensteinerreichungen, Trends und Terminüberschreitungen sowie angearbeitete und kritische Vorgänge.[736] Auf diese Weise ist es möglich, die Terminmeldungen

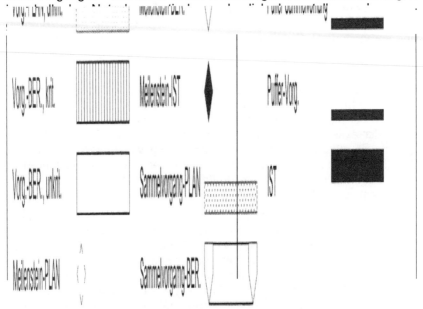

Abbildung 142: Fortschrittsüberwachung

Integrierte Meilensteinpläne sind ein weiteres Mittel, um die realisierten Vorgangstermine zu kontrollieren. Gemäß den Planungen wird dabei geprüft, inwieweit Meilensteine, die zum Berichtszeitpunkt angestrebt wurden, auch tatsächlich erreicht worden sind.[737] Hierbei wird auf das Erreichen der Meilensteine abgezielt. Es wird also kein numerischer Wert (Fertigstellungsgrad) ermittelt, sondern die erreichten und abgenommenen Meilensteine werden aufgelistet. Für diese Methode kann ein spezielles Hilfsmittel, die Meilenstein-Trendanalyse, herangezogen werden.[738]

Die Trendanalyse ist ein Instrument, das genutzt werden kann, um Auswirkungen von Terminabweichungen auf die Endtermine von Projekten

---

[736] Vgl. *Burghardt, M.*: Projektmanagement, 2. Aufl., Berlin, München 1993, S. 291.

[737] Vgl. *Burghardt, M.*: Projektmanagement, 2. Aufl., Berlin, München 1993, S. 316.

[738] Vgl. *Platz, J.*: Aufgaben der Projektsteuerung - Ein Überblick, in: *Reschke, H.; Schelle, H.; Schnopp, R.* (Hrsg.): Handbuch Projektmanagement, Bd. 2, Köln 1989, S. 633-660, hier: S. 648.

oder Teilen von Projekten zu erkennen, in welche vergangenheitsbezogene, bereits realisierte sowie zukünftige Daten mit eingehen. Trendanalysen können im Rahmen der Terminkontrolle als Termin- und Meilenstein-Trendanalysen eingesetzt werden. Während bei erstgenannten Typus der terminliche Trend von bspw. einzelnen Teilprojekten betrachtet wird, konzentriert sich der zweite Typus auf den Trend von Meilensteinen. Bei Verzögerungen werden zugleich Gründe für diese angegeben und mögliche Maßnahmen zur Behebung vorgeschlagen. Die Abbildung 143 zeigt eine Termin-Trendanalyse. Während auf der waagerechten Achse die Berichtszeitpunkte aufgetragen sind, erfolgt auf der senkrechten Achse die Angabe der Planungszeitpunkte.

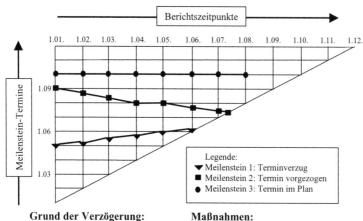

Grund der Verzögerung:

- Spezifikationsänderung
- Verschiebung des Konstruktionstermins
- Verzögerung der Anlieferung von Unterauftragnehmerteilen.

Maßnahmen:

- Erstellung eines Neuentwurfs
- Erstellung eines neuen Zeitplans unter Ausnutzung bisheriger Pufferzeiten
- Montagearbeit im Schichtbetrieb.

Abbildung 143: Termin-Trend-Analyse[739]

---

[739] Vgl. *Schmitz, H.; Windhausen, P.M.*: Projektplanung und Projektcontrolling: Planung und Überwachung von besonderen Vorhaben, 3. Aufl., Düsseldorf 1986, S. 122; *Platz, J.*: Aufgaben der Projektsteuerung - Ein Überblick, in: *Reschke, H.; Schelle, H.; Schnopp, R.* (Hrsg.): Handbuch Projektmanagement, Bd. 2, Köln 1989, S. 633-660, hier: S. 648; *Litke, H.-D.*: Projektmanagement: Methoden, Techniken, Verhaltensweisen, 3. Aufl., München, Wien 1995, S. 162.

Die Kurven sind wie folgt zu interpretieren:

- Kurve verläuft waagerecht: Termin wird eingehalten
- Kurve verläuft steigend: Termin wird überschritten
- Kurve verläuft fallend: Termin wird unterschritten

Außerdem können folgende Aussagen bezüglich der Terminsituation entnommen werden:

- Tendenziell fallende Verläufe

    Weisen alle Arbeitspakete fallende Verläufe auf, wurde offenkundig zu pessimistisch geplant. Künftige Aussagen bei der Terminplanung sollten daher genauestens geprüft werden.

- Tendenziell waagerechte Verläufe

    Dies sollte der idealtypische Verlauf eines Projekts sein. Mit sehr großer Wahrscheinlichkeit wird hier der Endtermin eingehalten.

- Tendenziell steigende Verläufe

    Wenn sich dieser Trend abzeichnet, bedeutet dies für ein Projekt immer ein Alarmsignal. Hier wurde offensichtlich zu optimistisch geplant. Das Aufgabevolumen wurde unterschätzt und/oder Termine wurden unrealistisch geplant. Terminaussagen lassen sich nicht einhalten, der Endtermin wird sich verzögern. Es sind ggf. zusätzliche, in der Planung nicht berücksichtigte Arbeiten zur Bewältigung des Arbeitspakets notwendig oder verspätet eintreffende Daten oder Materialien führen zur Verlängerung des Projekts.[740]

Für im Berichtszeitpunkt bereits begonnene aber noch nicht beendete Vorgänge ist es sinnvoll, sog. Fortschrittsgrade zu definieren. Die Kennzahl, die üblicherweise als Anhaltspunkt für den Fortschritt eines Projekts genannt wird, ist der Fortschrittsgrad (FGR). Es handelt sich hierbei um eine Prozentzahl, die die Zielerreichung zu einem bestimmten Zeitpunkt widerspiegelt. Unterschieden werden der Plan- und der Ist-Fortschrittsgrad. Der Plan-Fortschrittsgrad bezieht sich auf die geplanten Größen zu einem bestimmten Zeitpunkt, der Ist-Fortschrittsgrad bezieht

---

[740] Vgl. *Litke, H.-D.*: Projektmanagement: Methoden, Techniken, Verhaltensweisen, 3. Aufl., München, Wien 1995, S. 163.

sich auf die tatsächlichen Werte.[741] Wenn man die zum Ist-Fortschrittsgrad zugehörigen Kosten ermitteln will, erhält man den Fertigstellungswert, der wie folgt berechnet wird:

Fertigstellungswert (FW) = geplante Gesamtkosten * Ist-FGR

Die Berechnung des Fortschrittsgrads kann auch für einen Soll-Wird-Vergleich herangezogen werden. Die Wird-Zahlen stehen hierbei für die zukünftige Planrealisierung. Es wird also eine Hochrechnung auf Basis des Ist-Fortschrittsgrads durchgeführt, mit der Aussagen über die Planerreichung getroffen werden können.[742] Der erwartete Fertigstellungswert ergibt sich aus dem aktuellen Fertigstellungswert und den geplanten Werten für die noch abzuwickelnden Projektteile.

Mit Hilfe des Fertigstellungsgrads kann eine Abweichungsanalyse erstellt werden, die Auskunft darüber gibt, ob die geplanten Kosten und Termine eingehalten werden können (vgl. Abbildung 144).[743]

Das Problem bei dieser Methode liegt in der Bestimmung des Fortschrittsgrads. Dieser soll die bisher erbrachte Leistung in Bezug zur insgesamt zu erstellenden Leistung darstellen. Die Leistung ist aber nicht direkt messbar, sondern muss geschätzt werden. Die Qualität der Abweichungsanalyse hängt also von der Genauigkeit der Schätzung ab. In der Praxis wird eine Abschätzung der Fortschrittgrade häufig in 10%-Schritten realisiert. Aber auch gröbere Schätzungen, wie die Unterteilung in 0% (noch nicht begonnen), 50% (Vorgang in Arbeit) und 100% (Vorgang beendet) werden vorgenommen.[744] Zusammen mit den Ist-Daten und den geschätzten Zahlen bieten diese Fertigstellungsgrade die Basis für die vorausschauende Soll-Termin-Feststellung von begonnenen Vorgängen oder ganzen Arbeitspaketen. Daher sollten diese kritisch untersucht werden. Bei der subjektiven Schätzung des Projektfortschritts kommt es in der Unternehmenspraxis oft zum sog. 90%-Syndrom.[745] Der Fertigstellungsgrad wird hierbei zu hoch eingeschätzt bzw. der Aufwand für die noch ausstehende Arbeit wird unterschätzt. Auch der Leistungs-

---

[741] Vgl. *Motzel, E.*: Leistungsbewertung und Projektfortschritt, in: *RKW* (Hrsg.): Projektmanagement Fachmann, Bd. 2, 6. Aufl., Eschborn 2001, S. 687-718, hier: S. 690.

[742] Vgl. *Corsten, H.*: Projektmanagement, München 2000, S. 229.

[743] Vgl. *Corsten, H.*: Projektmanagement, München 2000, S. 226f.

[744] Vgl. *Wischnewski, E.*: Aktives Projektmanagement für das Bauwesen, Braunschweig, Wiesbaden 1997, S. 163.

[745] Vgl. *Motzel, E.*: Leistungsbewertung und Projektfortschritt, in: *RKW* (Hrsg.): Projektmanagement Fachmann, Bd. 2, 6. Aufl., Eschborn 2001, S. 687-718, hier: S. 701.

druck von Seiten der Auftraggeber spielt dabei eine Rolle. Deshalb besteht die Möglichkeit, dass bis zum Erreichen des geplanten Termins keine Planabweichung festgestellt wird, obwohl der Plan tatsächlich bereits lange überschritten war.[746] Um dies zu vermeiden, müssen objektivierbare Sachverhalte herangezogen werden, wie z.B. der absolute Fertigstellungsgrad, bei welchem die vollständig fertig gestellten Arbeitspakete ins Verhältnis zu den noch nicht fertig gestellten gesetzt werden.

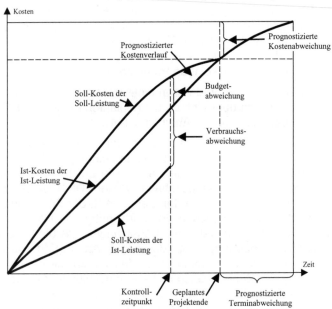

Abbildung 144: Integrierte, mitlaufende Kontrolle von Kosten, Leistungen und Terminen[747]

Im Modul PS von SAP R/3 ist es mit der Projektplantafel möglich, Vorgänge nach zwei unterschiedlichen Methoden zurückzumelden.[748] Auf der einen Seite kann dies im Rahmen der angezeigten Projektstruktur für die einzelnen angezeigten Vorgänge geschehen. Andererseits kann die Rückmeldung alternativ über den Netzplan erfolgen. Zwar besteht mit dieser zweiten Methode die Möglichkeit, Vorgänge gesammelt zu erfassen, allerdings dürfte sich die dafür notwendige Kenntnis der Netzplan-

[746] Vgl. *Burghardt, M.*: Projektmanagement, 2. Aufl., Berlin, München 1993, S. 315.

[747] Entnommen aus *Steinle, C.; Bruch, H.; Lawa, D.*: Projekt Management, 2. Aufl., Frankfurt a.M. 1998, S. 142.

[748] Vgl. *Dräger, E.*: Projektmanagement mit SAP R/3, Bonn 1998, S. 169.

und Vorgangsnummern als nachteilig erweisen. Beide Methoden bieten neben der Erfassung der Anfangs- und Endtermine von Vorgängen die Gelegenheit, den Fertigstellungsgrad mit einzugeben.

Eine Terminabweichung ist häufig die größte Gefahr bei der Projektdurchführung, da sie erhebliche Mehrkosten nach sich ziehen kann (z.b. Vertragsstrafen). Die Überwachung der Einhaltung der Termine ist daher sehr wichtig. Basis für den Soll-Ist-Vergleich ist der Terminplan und die regelmäßige Erfassung der Ist-Leistungen.[749] Dies kann durch Meldungen der Fachabteilungen oder durch einen von der Projektleitung eingesetzten Terminüberwacher geschehen. Die Besonderheit bei der Gegenüberstellung der Soll- und Ist-Werte bei der Terminkontrolle liegt darin, dass die Ist-Werte nur voraussichtliche Ist-Werte sind, denn sichere Ist-Werte liegen erst nach der Projektbeendigung vor.[750] Um einen schnellen Überblick über die kritischen Termine zu erhalten, ist es sinnvoll, neben den kompletten Terminübersichtslisten auch noch sog. Rückstandsübersichten bzw. Negativlisten zu führen, in denen nur Arbeitspakete mit kritischen Terminen enthalten sind.

Nachdem festgestellte Abweichungen zwischen den Soll- und Ist-Terminen entsprechend aufgezeigt und auch erste Auswirkungen auf den restlichen Projektablauf analysiert worden sind, folgt im nächsten Schritt die Suche nach den Ursachen. Prinzipiell beruhen Terminverzögerungen auf unzureichenden Kapazitäten. Dies ist vor dem engen Zusammenhang zwischen dem Termin- und dem Kapazitätsparameter nicht weiter verwunderlich. Unterzieht man die Terminabweichung einer näheren Untersuchung, so zeigt sich, abgesehen von einer falschen Ermittlung der Ist-Daten, dass die Gründe entweder in einer fehlerhaften Planung der Termine oder in einer Änderung der Rahmenbedingungen liegen. Änderungen der Rahmenbedingungen treten auf, wenn sich die vertraglich festgelegten Leistungen ändern oder fest eingeplante Kapazitäten ausfallen.[751]

Steuerungsmaßnahmen haben sich an den im Rahmen der Abweichungsanalyse ermittelten Ursachen für Terminverschiebungen zu orientieren. Bei der Erarbeitung von möglichen Steuerungsmaßnahmen ist es zweckmäßig, zu prüfen, welchen Einfluss Maßnahmen auf die Termine aber auch auf andere Projektparameter, wie z.B. Kosten, haben. Die

---

[749] Vgl. *Mörsdorf, M.*: Konzeption und Aufgaben des Projektcontrolling, Wiesbaden 1998, S. 314.

[750] Vgl. *Burghardt, M.*: Projektmanagement, 2. Aufl., Berlin, München 1993, S. 286f.

[751] Vgl. *Platz, J.*: Aufgaben der Projektsteuerung - Ein Überblick, in: *Schelle, H.; Rescke, H.; Schnopp, R.; Schub, A.* (Hrsg.): Projekte erfolgreich managen, Bd. 2, Köln 1994, S. 1-29, hier: S. 20f.

daraus resultierenden evtl. Konsequenzen müssen den für die Einleitung von Steuerungsmaßnahmen zuständigen Instanzen im Rahmen des Berichtswesens dargelegt werden. Eine direkte Steuerung des Termins ist nicht möglich, weil sich die einzusetzenden Maßnahmen nicht direkt auf den Termin beziehen können. Vielmehr ist eine Einflussnahme auf die Faktoren notwendig, die den Termin letzten Endes bestimmen. Dies sind, in Analogie zu den Ursachen, die geforderte Leistung sowie der dazugehörige Aufwand, die Produktivität und die Kapazität.[752] Wenn davon ausgegangen wird, dass ein Ziel weder nicht erreicht noch überschritten werden soll, spielt die Dosierung der Maßnahmen eine entscheidende Rolle.[753] Es gibt eine Vielzahl von Maßnahmen zur Leistungssteigerung, Aufwandsreduzierung, Produktivitätserhöhung und Kapazitätserhöhung, auf die an dieser Stelle auf die einschlägige Literatur verwiesen wird.[754] Als ein Beispiel sei die Anordnung von Überstunden genannt, die zu einer Kapazitätserhöhung führt und folglich terminliche Engpässe beseitigen hilft. Auf der anderen Seite, und dies zeigt die Integrität der Parameter, resultiert daraus zumeist eine Erhöhung der Lohnkosten.

3.2.2.2.2.3 Kontrolle und Steuerung der Ressourcen und Kapazitäten

Die Aufgabe der Kapazitätskontrolle besteht darin, sicherzustellen, dass ausreichend Ressourcen, also Arbeitskräfte, Geräte und Materialien zur Durchführung der zu erledigenden Arbeiten zur Verfügung stehen. Des Weiteren ist für eine gleichmäßige Auslastung der gesamten Ressourcen, insbesondere vor dem Hintergrund der Existenz mehrerer Projekte zu sorgen.[755] Zu diesem Zweck werden die Ist-Arbeits- und Gerätestunden den vorbestimmten Soll-Stunden für Vorgänge gegenübergestellt.

---

[752] Vgl. *Platz, J.*: Aufgaben der Projektsteuerung - Ein Überblick, in: *Schelle, H.; Rescke, H.; Schnopp, R.; Schub, A.* (Hrsg.): Projekte erfolgreich managen, Bd. 2, Köln 1994, S. 1-29, hier: S. 23f.

[753] Vgl. *Wischnewski, E.*: Aktives Projektmanagement für das Bauwesen, Braunschweig, Wiesbaden 1997, S. 244ff.

[754] Vgl. hierzu *Platz, J.*: Aufgaben der Projektsteuerung - Ein Überblick, in: *Schelle, H.; Rescke, H.; Schnopp, R.; Schub, A.* (Hrsg.): Projekte erfolgreich managen, Bd. 2, Köln 1994, S. 1-29, hier: S. 24ff.; *Wischnewski, E.*: Aktives Projektmanagement für das Bauwesen, Braunschweig, Wiesbaden 1997, S. 246ff.

[755] Vgl. *Brandenberger, J.; Ruosch, E.*: Ablaufplanung im Bauwesen, 3. Aufl., Zürich 1993, S. 126; *Blödorn, H.*: DV-gestütztes Projektmanagement. Enormer Wettbewerb zwingt zu strukturierter Vorgehensweise, in: Bauwirtschaft, 1996, H. 7, S. 21-22, hier: S. 22.

Die Überwachung der Materialien, insbesondere der Bestellungen und des Lagerbestands zum Zweck der Versorgung der Projektvorhaben sowie die Kontrolle des Materialverbrauchs übernimmt die Materialwirtschaft in Zusammenarbeit mit dem Einkauf und Bestellwesen.[756]

Zur Steuerung der Ressourcen und Kapazitäten ist während der Projektdurchführung in periodischen Abständen eine Kontrolle der genutzten Ressourcen und Kapazitäten sowie eine Überarbeitung der jeweiligen Ressourcen- und Kapazitätspläne notwendig.[757]

Eine Steuerung der Kapazitäten findet in dem Sinne statt, dass versucht wird, Engpässe zu verhindern, um Abweichungen auf anderen Gebieten, z.B. Terminabweichungen, zu beheben. Die Kapazitätsanpassung dient daher mehr als Instrument zum Ausgleich von Terminschwankungen, denn als eigenständige Steuerung.

Dennoch sollten die Abweichungen der Ist-Werte von den Plan-Werten dokumentiert werden. Ein Kapazitätsabweichungs-Diagramm (vgl. Abbildung 145) bietet eine gute Methode, um diese Aufgabe zu erfüllen.

Eine Pluskapazität bedeutet einen zu hohen, eine Minuskapazität einen zu niedrigen Verbrauch, z.B. gemessen in der Leistungseinheit Stunden. Durch Aufsummieren der monatlichen Abweichungen erhält man die kumulative Abweichung. Ist diese negativ oder gleich Null, so sind Kapazitätsreserven vorhanden, ist sie positiv, sind die vorhandenen Plankapazitäten überschritten. In diesem Fall sollte die Projektleitung zu entsprechenden Maßnahmen greifen. Diese Maßnahmen sollten aber immer unter Berücksichtigung der Termin- und Kostensituation gewählt werden.[758]

---

[756] Vgl. hierzu *Wischnewski, E.*: Aktives Projektmanagement für das Bauwesen, Braunschweig, Wiesbaden 1997, S. 167ff. und S. 202ff.; *Hauptverband der Deutschen Bauindustrie e.V.; Zentralverband des Deutschen Baugewerbes e.V.* (Hrsg.): Kosten- und Leistungsrechnung der Bauunternehmen - KLR Bau, 6. Aufl., Wiesbaden et al. 1995, S. 103.

[757] Vgl. *Hügler, G.L.*: Controlling in Projektorganisationen, München 1988, S. 193.

[758] Vgl. *Schmitz, H.; Windhausen, P.M.*: Projektplanung und Projektcontrolling: Planung und Überwachung von besonderen Vorhaben, 3. Aufl., Düsseldorf 1986, S. 121 und S. 123. Vergleiche hierzu auch die Ausführungen im Kapitel 3.2.2.1.3.7.

Stundenverbrauch gegenüber Plan-stunden	Berichtsquartale								
	1	2	3	4	5	6	7	8	9
Absolut	-100	150	50	140	50	50	140		
Kumulativ	-100	-250	-200	-60	-15	35	175		

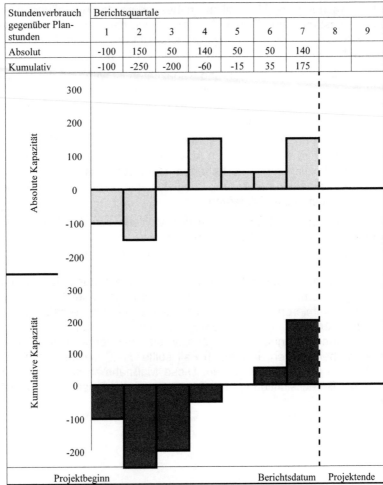

Abbildung 145: Kapazitätsabweichungs-Diagramm[759]

---

[759] Entnommen aus *Schmitz, H.; Windhausen, P.M.*: Projektplanung und Projekt-controlling: Planung und Überwachung von besonderen Vorhaben, 3. Aufl., Düsseldorf 1986, S. 123.

3.2.2.2.2.4 Kontrolle und Steuerung von Kosten und Erfolg

Die Kontrolle und Steuerung von Kosten und Erfolg ist während der Realisationsphase neben der Terminkontrolle und -steuerung die wichtigste Aufgabe des Projektmanagements und -Controlling. Besonders deutlich wird dies bei Projekten mit komplexer Struktur, langer Erstellungsdauer und hohem Wertvolumen. Bei derartigen Projekten reichen einfache Soll-Ist-Vergleiche nicht mehr aus, sondern es wird ein systematisches Vorgehen erforderlich, welches die relevanten Kostenentstehungen erfasst, im Zeitablauf fortentwickelt und damit einen aktuellen sowie prognostisch verlängerbaren Gesamteindruck vom Kosten- und Erfolgsstand des Projekts vermittelt.[760]

Diese Aufgabe erfüllt die sog. Mitlaufende Kalkulation (MIKA). Darunter versteht man die regelmäßige Gegenüberstellung der Summe von tatsächlich angefallenen und noch zu erwartenden Kosten einerseits (Ist/erwartetes Ist) und der aktualisierten Auftragskalkulation andererseits.[761] Die Auftrags- bzw. Vertragskalkulation ist die zum Zeitpunkt des Vertragsabschlusses gültige Angebotskalkulation, dies kann entweder die unveränderte oder eine aufgrund der Auftragsverhandlungen abgeänderte Angebotskalkulation sein.[762]

Die Aufgaben der MIKA sind in erster Linie, Planabweichungen frühzeitig sichtbar zu machen, und den Informationsstand für das Projektmanagement und andere Beteiligte über den jeweiligen Auftragsstatus und das zu erwartende Ergebnis zu verbessern.

Es können neben der aktualisierten Kalkulation auch die Werte der ursprünglichen Angebotskalkulation sowie die entsprechenden Umsatzzahlen mitgeführt werden. Die Abbildung 146 gibt einen Überblick über den Inhalt der MIKA.

---

[760] Vgl. *Lachnit, L.*: Controllingkonzeption für Unternehmen mit Projektleistungstätigkeit, München 1994, S. 45.

[761] Vgl. *Andreas, D.; Rademacher, G.; Sauter, B.*: Projekt-Controlling und Projekt-Management im Anlagen- und Systemgeschäft, 5. Aufl., Frankfurt a.M. 1992, S. 79.

[762] Vgl. *Hauptverband der Deutschen Bauindustrie e.V.; Zentralverband des Deutschen Baugewerbes e.V.* (Hrsg.): Kosten- und Leistungsrechnung der Bauunternehmen - KLR Bau, 6. Aufl., Wiesbaden et al. 1995, S. 34.

Kalkulations-position	Vorkalkulation	Aktualisierte Vorkalkulation	Obligo
1	2	3	4
Umsatzerlöse Materialkosten Fertigungskosten Montagekosten etc.	Soll-Werte nach Kalkulations-positionen	Vorkalkulation +/- genehmigte Änderungen	Veranlasste, aber noch nicht ge-buchte Kosten
Ist-Werte	Noch verfügbar	Noch zu veranlas-sen	Statistischer Teil
5	6 = 3 - (4 + 5)	7	8
Erlöse Gebuchte Kosten	Akt. Vorkalkula-tion abzgl. Sum-me aus Obligo und Ist-Kosten	Angaben der Auf-tragsabwicklung	Konstruktions-Std. Fertigungs-Std. Montage-Std.

Abbildung 146: Aufbau der MIKA[763]

Kalkulati-ons-position	Vorkalkulation				
	Angebots-kalkulation (nachricht-lich)	Auftrags-kalkulation	Vertrags-änderungen	Umdisposi-tionen	Aktuali-sierte Auf-tragskalku-lation = 2 +3 + 4
	1	2	3	4	5

Mitlaufende Kalkulation (MIKA)					
Aufgelau-fene Kos-ten	Kosten-mehr. (+), -mind. (-)	Disponier-te Kosten	Noch zu erwarten-de Kosten	Kosten-mehr. (+) -mind. (-) (in 8 u. 9)	Kostensta-tus = 6 +8 +9 + 10
6	7	8	9	10	11

Abbildung 147: Formular für die MIKA[764]

---

[763] Entnommen aus *Lachnit, L.*: Controllingkonzeption für Unternehmen mit Projekt-leistungstätigkeit, München 1994, S. 45.

Die folgenden Schritte, die auf dem in Abbildung 147 gezeigten Formular für die MIKA beruhen, sollen das Vorgehen bei der MIKA erläutern:

1. Es werden die Werte aus der Angebotskalkulation bzw. aus der zum Zeitpunkt des Vertragsabschlusses gültigen Auftragskalkulation übernommen (Plan-Werte) (vgl. Abbildung 147, Ziffer 1 und 2).

2. Im zweiten Schritt werden die Kostenänderungen erfasst. Diese können sowohl negativ (Kostenminderung) als auch positiv (Kostenmehrung) sein. Ein weiterer Unterschied liegt darin, ob sie der Auftragskalkulation zurechenbar sind, oder anderenfalls erst in der Zwischenkalkulation Berücksichtigung finden.[765]
Die Änderungen der Auftragskalkulation wiederum unterscheiden sich in echte Vertragsänderungen (vgl. Abbildung 147, Ziffer 3), also vom Kunden akzeptierte Vertragsänderungen (Preisgleitungen), lieferantenbedingte Änderungen (z.B. führt die Nicht-Einhaltung von Terminzusagen zu erhöhten Kapitalbindungskosten), vom Unternehmen selbst zu vertretene Änderungen (z.B. durch die Beseitigung fehlerhafter Arbeiten) oder in Umdispositionen (z.B. ein teureres Material wird verwendet, Pönalen werden fällig und eine Risikoposition wurde hierfür gebildet) (vgl. Abbildung 147, Ziffer 4). Das Ergebnis dieses Schritts ist die aktualisierte Auftragskalkulation mit Soll-Werten (vgl. Abbildung 147, Ziffer 5).

3. Ermittlung der aufgelaufenen Kosten (vgl. Abbildung 147, Ziffer 6).

Diese ergeben sich in erster Linie aus:

- Gebuchten Eingangsrechnungen

- Ingenieuraufwand

- Fremdleistungen

- Abrechnungen der eigenen Fertigung (z.B. Personal- und Materialaufwand)

- Sondereinzelkosten (z.B. Frachten, Zölle)

---

[764] Entnommen aus *Andreas, D.; Rademacher, G.; Sauter, B.*: Projekt-Controlling und Projekt-Management im Anlagen- und Systemgeschäft, 5. Aufl., Frankfurt a.M. 1992, S. 80.

[765] Vgl. *Schmitz, H.; Windhausen, P.M.*: Projektplanung und Projektcontrolling: Planung und Überwachung von besonderen Vorhaben, 3. Aufl., Düsseldorf 1986, S. 124.

Die Kostenmehrungen bzw. -minderungen der aufgelaufenen Kosten (vgl. Abbildung 147, Ziffer 8) sind die Abweichungen von den Soll-Werten der Kosten bis hierher.[766]

4. Ermittlung der disponierten Kosten (vgl. Abbildung 147, Ziffer 9).

Die disponierten Kosten sind die Kosten, die bereits veranlasst worden, aber noch nicht buchungsfähig sind. Da sie schon veranlasst sind, kann es als sicher betrachtet werden, dass sie anfallen werden. Sie bestehen unter anderem aus:

- Dem Bestellobligo des Einkaufs,

- dem Vorrat, der von der Arbeitsvorbereitung bewerteten Werkstattaufträgen und

- den sonstigen in Auftrag gegebenen Lieferungen und Leistungen.

5. Ermittlung der noch zu erwarteten Kosten (vgl. Abbildung 147, Ziffer 9).

Die noch zu erwarteten Kosten werden aus der Differenz der Summe der aus der Auftragskalkulation bekannten Gesamtkosten (vgl. Abbildung 147, Ziffer 5) zzgl. der Kostenmehrung und abzüglich der Kostenminderung (vgl. Abbildung 147, Ziffer 7) und den aufgelaufenen und bereits disponierten Kosten (vgl. Abbildung 147, Ziffer 6 und 8) errechnet. Es sind die Kosten, die laut Plan für die ausstehenden Projektarbeitspakete noch anfallen werden.[767]

6. Ermittlung der Kostenminderungen bzw. -mehrungen in den disponierten und zukünftig noch zu erwartenden Kosten (vgl. Abbildung 147, Ziffer 10).

Soweit zukünftige Kostenänderungen bei den disponierten und bei den noch zu erwartenden Kosten zu diesem Zeitpunkt abzusehen sind, sind diese hier festzuhalten.

---

[766] Vgl. *Andreas, D.; Rademacher, G.; Sauter, B.*: Projekt-Controlling und Projekt-Management im Anlagen- und Systemgeschäft, 5. Aufl., Frankfurt a.M. 1992, S. 81.

[767] Vgl. *Schmitz, H.; Windhausen, P.M.*: Projektplanung und Projektcontrolling: Planung und Überwachung von besonderen Vorhaben, 3. Aufl., Düsseldorf 1986, S. 126.

7. Ermittlung des Kostenstatus.

Der Kostenstatus beinhaltet die bis zu diesem Zeitpunkt erkennbaren Ist-Gesamtkosten des Projekts.[768]

8. Ermittlung der Kostenabweichung.

Der Unterschiedsbetrag zwischen den angepassten Plan-Gesamtkosten und den Ist-Gesamtkosten ist die Kostenabweichung (Soll-Ist-Vergleich).[769]

Die Abbildung 148 gibt einen Überblick darüber, wie die Kosten bei der MIKA kalkuliert werden.

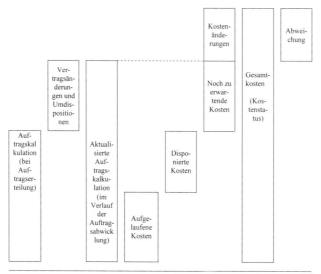

Abbildung 148: Grundschema der MIKA[770]

---

[768] Vgl. *Andreas, D.; Rademacher, G.; Sauter, B.*: Projekt-Controlling und Projekt-Management im Anlagen- und Systemgeschäft, 5. Aufl., Frankfurt a.M. 1992, S. 81.

[769] Andere Autoren sprechen vereinfacht auch von Plan-Ist-Abweichungen. Sie unterschlagen die Differenzierung von angepassten Plan-Kosten (Soll-Kosten) und ursprünglichen Plan-Kosten. Vgl. z.B. *Krüger, A.; Schmolke, G.; Vaupel, R.*: Projektmanagement als kundenorientierte Führungskonzeption, Stuttgart 1999, S. 142.

[770] Vgl. *Lachnit, L.*: Controllingkonzeption für Unternehmen mit Projektleistungstätigkeit, München 1994 S. 46; *Schmitz, H.; Windhausen, P.M.*: Projektplanung und Projektcontrolling: Planung und Überwachung von besonderen Vorhaben, 3. Aufl., Düsseldorf 1986, S. 124.

Die MIKA muss über den Zeitverlauf des Projekts fortgeschrieben werden. Die so erhaltenen Daten der Zwischenkalkulationen mehrerer Kalkulationszeiträume können graphisch in einem sog. Kosten-Balkendiagramm veranschaulicht werden.

Die Darstellung der Plan-, Soll- und Ist-Kosten über die jeweilige Projektdauer kumuliert, bietet einen gut überschaubaren Überblick über die zeitliche Kostenentwicklung. Die Abbildung 149 zeigt ein solches Kosten-Balkendiagramm.

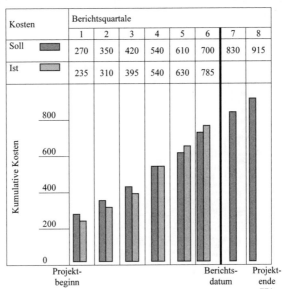

Abbildung 149: Kosten-Balkendiagramm[771]

Eine wichtige Voraussetzung für das Funktionieren der Mitlaufenden Kalkulation ist eine ständige Aktualisierung der Auftragskalkulation. Jede Änderung muss unverzüglich gemeldet und mitberücksichtigt werden.[772] Die folgende Übersicht zeigt mögliche Aktualisierungsanlässe.

---

[771] Entnommen aus *Schmitz, H.; Windhausen, P.M.*: Projektplanung und Projektcontrolling: Planung und Überwachung von besonderen Vorhaben, 3. Aufl., Düsseldorf 1986, S. 132.

[772] Vgl. *Andreas, D.; Rademacher, G.; Sauter, B.*: Projekt-Controlling und Projekt-Management im Anlagen- und Systemgeschäft, 5. Aufl., Frankfurt a.M. 1992, S. 79.

Teilprojekt/ Arbeitspaket	Kalkulationsposition	Änderungsanlässe und -auslöser
Hardware	- Material	Konstruktion: Mengengerüst Werkstoffe Beschaffung: spez. Kosten
	- Fertigung	Konstruktion: Toleranzen Herstellungsverfahren Arbeitsvorbereitung: Planzeiten Werkzeuge Personaleinsatz Kapazitätsplanung: Fremdbezug Verlagerung in nicht vorgesehene Produktionsstätten
	- Sonderkosten der Fertigung	Konstruktion: Nicht geplanter Modelleinsatz
Engineering	- Personal	Kapazitätsplanung: Höherer Personalaufwand (quantitativ und qualitativ)
	- EDV	Engineering: Höherer Nachweisaufwand Höherer Auslegungsaufwand
	- Reisen	Projektmanagement: Höherer Abstimmungsaufwand, z.B. mit Konsortium, Kunde oder Lizenzgeber.
Baustelleneinrichtung	- Beschaffung/Material	Montageplanung: Z.B. größere/kleinere Hebezeuge zusätzliche Positionen, zunächst nicht absehbar
	-Fremdleistungen/ Eigenleistungen	Baustellenleitung/Fachbauleitung: Unvorhergesehener Mehrbedarf an Material und Leistungen höherer übergeordneter Personalbedarf (quantitativ und qualitativ)
Sammelkosten des Projekts	- Risiken	Geschäftsleitung/Projektmanagement: Umdisposition von Risiken in entsprechende Kalkulationspositionen
	- Finanzierungskosten	Finanzabteilung: Z.B. höhere Zinssätze
	- Frachtkosten	Konstruktion: Z.B. Überschreiten kritischer Abmessungen und Gewichte

Abbildung 150: Aktualisierungsanlässe der MIKA[773]

---

[773] Entnommen aus *Andreas, D.; Rademacher, G.; Sauter, B.*: Projekt-Controlling und Projekt-Management im Anlagen- und Systemgeschäft, 5. Aufl., Frankfurt a.M. 1992, S. 78.

Die Änderungen müssen in einer sog. Änderungsmitteilung angegeben werden. Als Kostenänderung gelten leistungs- oder bewertungsseitig verursachte Kosten, die in der aktualisierten Angebotskalkulation nicht enthalten sind und daher getrennt ausgewiesen werden müssen.[774]

Das System der Änderungsmitteilungen basiert auf dem Prinzip der Bringschuld, d.h. jeder Projektbeteiligte, der eine Änderung erkennt oder verursacht, ist dazu verpflichtet, diese unverzüglich anzugeben.

Im Hinblick auf die unterschiedlichen Interessen des Auftragnehmers und des Auftraggebers ist es wichtig, die Kostenänderungsmitteilungen möglichst zu dokumentieren, um sie bei evtl. Auseinandersetzungen dem Kunden vorlegen zu können. Die verschiedenen Interessen sind darin begründet, dass der Auftragnehmer möglichst alle Kostenmehrungen verrechnen möchte, während der Auftraggeber die Kostenmehrungen vollständig abwehren möchte (vlg. die Ausführungen des Kapitels 3.1.8).

Nicht alle Änderungen sind dem Auftraggeber anzurechnen. Vereinbarungen zwischen Auftraggeber und Auftragnehmer müssen zeigen, inwieweit es sich um verrechenbare Kostenänderungen handelt, die nicht nur zu einer Änderung der jeweiligen Position in der Kalkulation, sondern auch zu einer Änderung des Preises führen, oder ob es nicht verrechenbare Änderungen sind, die lediglich die Kalkulationssumme ändern, aber keinerlei Auswirkungen auf den Preis haben.[775]

Die Abbildung 151 gibt einen Überblick über die Verrechnungsmöglichkeiten von Änderungen. Dabei kommt es darauf an, ob diese vom Auftraggeber veranlasst wurden, oder ob der Auftragnehmer für sie verantwortlich ist.

Die Projekt-Deckungsbeitragsrechnung zeigt ergänzend zur Mitlaufenden Kalkulation die Gemeinkostendeckungsfähigkeit und die Ertragskraft der einzelnen Projekte an. Das Rechenwerk zur Deckungsbeitragsrechnung, das bereits im Kapitel 3.1.1 entwickelt wurde, und das der Kalkulation sind aufeinander abzustimmen und im Rahmen der Projektkontrolle und -steuerung kombiniert einzusetzen.

---

[774] Vgl. *Lachnit, L.*: Controllingkonzeption für Unternehmen mit Projektleistungstätigkeit, München 1994, S. 47.

[775] Vgl. *Lachnit, L.*: Controllingkonzeption für Unternehmen mit Projektleistungstätigkeit, München 1994, S. 47.

	Nicht verrechenbar	Verrechenbar
Auftraggeber-bedingt	• Nachforderungen des Kunden, die als Kulanz gewertet werden müssen • Absprache zwischen Kunden und nicht kompetenten Stellen des eigenen Hauses	• Nachforderungen des Kunden, die über den Vertrag hinaus gehen
Auftragnehmer-bedingt	• Verkaufsförderungsmaßnahmen • Beseitigung von Vertragsmängeln (sowohl gegenüber Kunden als auch gegenüber Unterlieferanten)	• Technische Änderungen, die vom Kunden als Mehrleistung gegenüber dem Vertrag akzeptiert werden

Abbildung 151: Verrechnungsmöglichkeiten von Änderungen[776]

3.2.2.2.2.5 Integrierte Projektsteuerung und -kontrolle von Kosten, Leistungen und Terminen

Eine sinnvolle Kontrolle und Steuerung in einem Projekt kann nur integriert erfolgen. So sind bspw. Kostenabweichungen mit den entsprechenden Terminabweichungen zu vergleichen. Nur auf dieser Basis können entwickelte Gegensteuerungsmaßnahmen erfolgreich eingesetzt werden.

Abgesehen von der Tatsache, dass die integrierte Betrachtung durch DV-Einsatz unterstützt werden sollte,[777] finden drei Instrumente Beachtung, die eine solche Vorgehensweise ermöglichen. Die Earned-Value-Analyse (EVA), welche die Leistungs-, Kosten- und Zeitabweichungen aufzeigt, die Projekt-Status-Analyse (PSA), die als graphisches Mittel die Möglichkeit bietet, Termin- und Kostenabweichungen darzustellen sowie die Kosten-Meilenstein-Trendanalyse, die eine Erweiterung der Meilenstein-Trendanalyse um Kostengesichtspunkte darstellt. Alle drei aufgeführten Instrumente können für einzelne Arbeitspakete oder für ein gesamtes Projekt durchgeführt werden.

---

[776] Vgl. *Schmitz, H.; Windhausen, P.M.*: Projektplanung und Projektcontrolling: Planung und Überwachung von besonderen Vorhaben, 3. Aufl., Düsseldorf 1986, S. 126; *Andreas, D.; Rademacher, G.; Sauter, B.*: Projekt-Controlling und Projekt-Management im Anlagen- und Systemgeschäft, 5. Aufl., Frankfurt a.M. 1992, S. 79.

[777] Vgl. *Brandenberger, J.; Ruosch, E.*: Ablaufplanung im Bauwesen, 3. Aufl., Zürich 1993, S. 130.

3.2.2.2.2.5.1 Earned-Value-Analyse

Eine kombinierte Veranschaulichung der Kosten- und Projektentwicklung ist mit Hilfe von Kosten-Kurvendiagrammen (vgl. Abbildung 152) möglich. Hierbei werden die kumulierten Kosten in Abhängigkeit des Projektverlaufs in Form einer Kurve dargestellt.

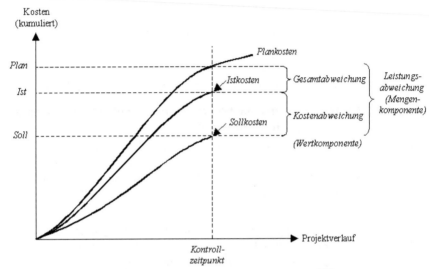

Abbildung 152: Kosten-Kurvendiagramm[778]

Die Abweichungsanalyse der gezeigten Kostenkurven besteht vor allem in der Differenzierung und Untersuchung der möglichen Gründe für diese Abweichungen. Gründe für Kostenabweichungen sind z.B. Fehlbuchungen, Verschiebungen von Aktivitäten aus Termingründen und Erhöhungen der Kapazitäten.[779] Bei der Vielzahl verschiedener Möglichkeiten ist eine genaue Analyse der Ursachen gefordert. Hierzu reicht aber eine isolierte Kostenbetrachtung nicht aus, da diese keine Aussagen darüber gibt, ob die Abweichung aus einer vom Plan abweichenden Effizienz oder einem vom Plan zurückbleibenden Leistungsfortschritt resultiert. Aus diesen Gründen sollte eine integrierte Kosten- und Leistungsanalyse

---

[778] Entnommen aus *Krüger, A.; Schmolke, G.; Vaupel, R.*: Projektmanagement als kundenorientierte Führungskonzeption, Stuttgart 1999, S. 147. Vgl. auch *Schmitz, H.; Windhausen, P.M.*: Projektplanung und Projektcontrolling: Planung und Überwachung von besonderen Vorhaben, 3. Aufl., Düsseldorf 1986, S. 133.

[779] Vgl. *Felske, P.*: Integrierte Projektsteuerung, in: *RKW* (Hrsg.): Projektmanagement Fachmann, Bd. 2, 6. Aufl., Eschborn 2001, S. 719-772, hier: S. 750f.

(Earned-Value-Analyse) durchgeführt werden.[780] Der Earned-Value („verdiente Wert") ist der Betrag der Budgetkosten, der anhand des Prozentsatzes der aktuell erledigten Arbeit errechnet wird.[781] Dazu müssen außerdem die Soll-Kosten errechnet werden, die die Kosten für die bisher tatsächlich erbrachte Leistung laut aktualisiertem Plan widerspiegeln (Ist-Leistung zu Plan-Kosten).

$$Soll\text{-}Kosten = (RG_i * BK_i)^{782}$$

Ermittelt man nun die Differenz zwischen Ist- und Soll-Kosten, erhält man die Kostenabweichung (Wertkomponente), wohingegen die Differenz zwischen Soll- und Plan-Kosten die Leistungsabweichung (Mengenkomponente) wiedergibt. Anhand der Leistungsabweichung kann man erkennen, ob der Projektfortschritt vom Plan abweicht und anhand der Kostenabweichung (Verbrauchsabweichung), ob die Wirtschaftlichkeit eines Projekts dem Plan entspricht. Bei Abweichungen müssen geeignete Steuerungsmaßnahmen ergriffen werden, um zu den Planzahlen zurückzukehren.[783] Ist dies nicht mehr möglich, ist zu überlegen, ob ein Projektabbruch oder die Fortführung weniger verlustreich für die Unternehmung ist. Durch die Nutzung der EVA ist ebenfalls die integrierte Betrachtung der, aus den Trendanalysen stammenden, voraussichtlichen Abweichungen möglich.[784]

Außerdem können bei der Earned-Value-Analyse Kennzahlen ermittelt werden, die Auskunft über den Zustand eines Projekts geben. Hierzu gehören die Zeitplan-Kennzahl und die Kosten-Kennzahl. Die Zeitplan-Kennzahl (SPI = Schedule Performance Index) spiegelt das Verhältnis zwischen der erbrachten und der geplanten Leistung wider, d.h. die Soll-Kosten werden ins Verhältnis zu den Plan-Kosten gesetzt. Der SPI sollte nicht kleiner als 100 sein, denn ein Wert kleiner als 100 bedeutet einen Leistungsrückstand für das Projekt gegenüber dem Plan.[785]

---

[780] Vgl. *Krüger, A.; Schmolke, G.; Vaupel, R.*: Projektmanagement als kundenorientierte Führungskonzeption, Stuttgart 1999, S. 147ff.

[781] Vgl. *Felske, P.*: Integrierte Projektsteuerung, in: *RKW* (Hrsg.): Projektmanagement Fachmann, Bd. 2, 6. Aufl., Eschborn 2001, S. 719-772, hier: S. 758.

[782] Hierbei steht RG für den Realisierungsgrad, BK für die Plan-Kosten und i für die Teilkomponenten (z.B. Arbeitspakete).

[783] Vgl. *Felske, P.*: Integrierte Projektsteuerung, in: *RKW* (Hrsg.): Projektmanagement Fachmann, Bd. 2, 6. Aufl., Eschborn 2001, S. 719-772, hier: S. 764ff.

[784] Vgl. *Hahn, D.*: PuK. Planung und Kontrolle. Planungs- und Kontrollsysteme. Planungs- und Kontrollrechnung. Controllingkonzepte, Wiesbaden 1996, S. 627-628.

[785] Vgl. URL: http://www.projectmagazine.com vom 12.08.2002.

Die Kostenplan-Kennzahl (API = Actual Performance Index) gibt für den Stichtag an, wie viel Prozent der Plan-Kosten durch die aktuellen Ist-Kosten bereits aufgebraucht worden sind, d.h. hier werden die aktuellen Ist-Kosten ins Verhältnis zu den Plan-Kosten gesetzt. Hierbei bedeutet eine Kennzahl, die größer ist als 100 eine voraussichtliche bzw. bereits eingetretene Kostenüberschreitung. Zusätzlich kann auch noch ein Wirtschaftlichkeits- oder Effizienz-Faktor (CPI = Cost Performance Index) gebildet werden, der das Verhältnis der Soll-Kosten zu den tatsächlich angefallenen Ist-Kosten angibt.[786] Ist dieser Faktor größer als 100, bedeutet dies einen zeitlichen Leistungsvorsprung gegenüber dem Plan. Außerdem können die voraussichtlich erwarteten, geschätzten Gesamtkosten bei Fertigstellung (Estimate at Completion) ermittelt werden. Hierzu müssen die geplanten Gesamtkosten bei Fertigstellung mit den aktuellen Ist-Kosten zum Stichtag multipliziert und durch die Soll-Kosten zum Stichtag dividiert werden.[787]

Kritisch angemerkt werden muss, dass die Eignung der Earned-Value-Analyse von der Schätzung des Fertigstellungsgrads abhängt. Ist dieser nicht korrekt geschätzt worden, werden auch die Aussagen aus der Earned-Value-Analyse zweifelhaft. Außerdem ist der Aufwand der integrierten Leistungsanalyse sehr hoch und bei einigen komplexen Projekten kann dieser den Nutzen übersteigen.[788]

3.2.2.2.2.5.2 Kosten-Meilenstein-Trendanalyse

Die Kosten-Meilenstein-Trendanalyse (KMTA) ist eine Weiterentwicklung der Meilenstein-Trendanalyse (vgl. Kapitel 3.2.2.2.2.2). Bei der KMTA wird zusätzlich zum Terminverlauf auch der Kostenverlauf eines Projekts in einem Trenddiagramm dargestellt (vgl. Abbildung 153). Es handelt sich hierbei also um ein Instrument, bei dem eine integrierte Betrachtung von Kosten und Terminen angestrebt wird. Dazu wird über dem Meilenstein-Diagramm ein weiteres Diagramm mit identischer Zeitachse erstellt. In diesem wird die Entwicklung der Plan-Kosten für die verschiedenen Meilensteine dargestellt.[789] Dadurch wird eine gemeinsame Analyse der Kosten- und Terminentwicklung ermöglicht. Termine und Kosten

---

[786] Vgl. *Felske, P.*: Integrierte Projektsteuerung, in: *RKW* (Hrsg.): Projektmanagement Fachmann, Bd. 2, 6. Aufl., Eschborn 2001, S. 719-772, hier: S. 761.

[787] Vgl. *Felske, P.*: Integrierte Projektsteuerung, in: *RKW* (Hrsg.): Projektmanagement Fachmann, Bd. 2, 6. Aufl., Eschborn 2001, S. 719-772, hier: S. 760.

[788] Vgl. *Krüger, A.; Schmolke, G.; Vaupel, R.*: Projektmanagement als kundenorientierte Führungskonzeption, Stuttgart 1999, S. 152f.

[789] Vgl. *Krüger, A.; Schmolke, G.; Vaupel, R.*: Projektmanagement als kundenorientierte Führungskonzeption, Stuttgart 1999, S. 164.

stehen in einem engen Zusammenhang und Abweichungen bei der Terminentwicklung führen häufig auch zu einer Abweichung bei der Kostenentwicklung.[790] Um dies zu verhindern, ist ein schnelles Gegensteuern erforderlich.

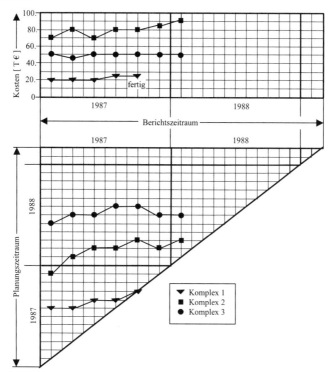

Abbildung 153: Kombinierte Kosten-/Meilenstein-Trendanalyse[791]

Die Vorteile einer Kosten-Trendanalyse liegen darin, dass sie einfach und schnell zu erstellen ist, dass sie übersichtlich ist, und dass Kostenabweichungen auf einen Blick erkannt werden können. Sie liefert eine deutliche Frühwarnung, schärft das Kostenbewusstsein und fördert das Teambewusstsein. Allerdings können auch einige Nachteile angeführt werden. So sind die bereits angesprochenen Probleme bei der Fertigstellungswertermittlung auch hier nicht ausgeschlossen und zukünftig zu

---

[790] Vgl. *Schmitz, H.; Windhausen, P.M.*: Projektplanung und Projektcontrolling: Planung und Überwachung von besonderen Vorhaben, 3. Aufl., Düsseldorf 1986, S. 135ff.

[791] Entnommen aus *Burghardt, M.*: Projektmanagement, 2. Aufl., Berlin, München 1993, S. 312.

erwartende Kostensteigerungen und/oder Kostensenkungen werden nicht berücksichtigt. Außerdem reicht die Trendkurve allein nicht aus, Kommentare und Hintergrundinformationen sind erforderlich, um angemessene Entscheidungen treffen zu können.[792]

3.2.2.2.2.5.3 Projekt-Status-Analyse

Die Projekt-Status-Analyse (PSA) bietet im Vergleich zur EVA nur die Möglichkeit, Termin- und Kostenkontrollen integriert vorzunehmen. Leistungsabweichungen können nicht explizit vorgenommen werden. Vielmehr wird angenommen, dass die Terminsituation den erreichten Arbeitsfortschritt widerspiegelt. Termin- und Kostenabweichungen werden innerhalb der PSA in einer zweidimensionalen Matrix dargestellt (vgl. Abbildung 154).

Auf der Basis der Positionen einzelner Arbeitspakete oder des Projekts innerhalb dieser Matrix wird die dazugehörige terminliche oder kostenmäßige Situation abgeleitet. Je nachdem in welchem Quadranten sich ein Element befindet, kann entschieden werden, welche Kombination von Abweichungen vorliegt. Während positive Abweichungen eine Überschreitung der geplanten Termine und Kosten implizieren, deuten negative Abweichungen auf eine entsprechende Unterschreitung hin. Die folgende Abbildung macht z.b. deutlich, dass für das Arbeitspaket 1 (AP 1) die momentane Situation, bezogen auf die betrachteten Parameter, als kritisch anzusehen ist, weil sowohl die geplanten Kosten als auch die vorbestimmten Termine überschritten werden. Als vorteilhaft ist bei der PSA anzusehen, dass der momentane Projektstatus auch für mehrere Projekte oder Arbeitspakete, wie in der Abbildung zu sehen ist, dargestellt werden kann.[793]

Des Weiteren können innerhalb der eingesetzten Matrix auch die entsprechenden Trends der Projekte bezüglich Termin- und Kostenabweichungen abgebildet werden.[794] Diese Trends werden bspw. über sog. Trendpfeile dargestellt. Die Richtung und die Länge dieser Pfeile zeigen dabei die zu erwartende Entwicklung des Projekts an. Da die PSA außerdem sogar Budgets einzelner Elemente oder den dazugehörigen

---

[792] Vgl. *Felske, P.*: Integrierte Projektsteuerung, in: *RKW* (Hrsg.): Projektmanagement Fachmann, Bd. 2, 6. Aufl., Eschborn 2001, S. 719-772, hier: S. 758.

[793] Vgl. *Wünnenberg, H.*: Die Projekt-Status-Analyse (PSA), in: *Schelle, H.; Rescke, H.; Schnopp, R.; Schub, A.* (Hrsg.): Projekte erfolgreich managen, Bd. 2, Köln 1994, S. 1-21, hier: S. 4.

[794] Vgl hierzu *Wünnenberg, H.*: Die Projekt-Status-Analyse (PSA), in: *Schelle, H.; Rescke, H.; Schnopp, R.; Schub, A.* (Hrsg.): Projekte erfolgreich managen, Bd. 2, Köln 1994, S. 1-21, hier: S. 2ff.

Fortschritt aufzeigen kann, wird dieses Instrument aufgrund seiner Aussagefähigkeit und seiner Übersichtlichkeit als unvergleichbar angesehen. Termin- und Kostenabweichungen sowie zukünftige Trends werden trefflich visualisiert, so dass letztlich, in Ergänzung zur Termintrendanalyse und Mitlaufenden Kalkulation, ein aussagefähiges Frühwarninstrument gegeben ist. [795]

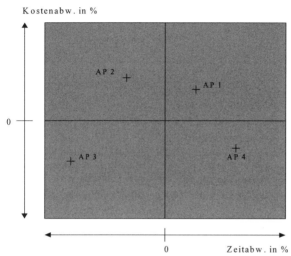

Abbildung 154: Projekt-Status-Analyse innerhalb einer zweidimensionalen Matrix[796]

3.2.2.2.2.6 Finanzkontrolle und -steuerung

Zur ständigen Sicherung und Optimierung der Unternehmensliquidität in Abhängigkeit von der Projektfinanzierung sind die aufgestellten Liquiditätspläne und Cash-Flow-Rechnungen der Projekte (vgl. Kapitel 3.2.2.1.3.9) laufend mit den tatsächlichen Zahlungsströmen abzugleichen.

Außer dem laufendem Vergleich der geplanten Finanzströme mit den Ist-Werten sind bei auftretenden Abweichungen Maßnahmen zu ergreifen.

---

[795] Vgl. *Wünnenberg, H.*: Die Projekt-Status-Analyse (PSA), in: *Schelle, H.; Rescke, H.; Schnopp, R.; Schub, A.* (Hrsg.): Projekte erfolgreich managen, Bd. 2, Köln 1994, S. 1-21, hier: S. 17.

[796] In Anlehnung an *Wünnenberg, H.*: Die Projekt-Status-Analyse (PSA), in: *Schelle, H.; Rescke, H.; Schnopp, R.; Schub, A.* (Hrsg.): Projekte erfolgreich managen, Bd. 2, Köln 1994, S. 1-21, hier: S. 2.

Sie erstrecken sich im Regelfall eines Liquiditätsengpasses auf die Mobilisierung von Reserven im Bereich der Einzahlungsseite. Dabei sollte z.b. laufend die Möglichkeit einer Beschleunigung der Rechnungsstellung überprüft werden, und zwar unabhängig von der jeweiligen Liquiditätslage.[797]

Auf der Gesamtunternehmensebene sollte stets das Verhältnis von nicht schlussabgerechneten Leistungen zur Summe der erhaltenen und angeforderten, noch offenen Abschlagszahlungen überwacht werden, um somit das Aufmaß dieser Komponente der Vorleistung einschätzen zu können.[798] Hierzu sind, unter Berücksichtigung der betrieblichen Besonderheiten, Zielwerte vorzugeben. Eine Maßnahme zur Motivation zügiger Rechnungsstellung für die verantwortlichen Bereiche ist die Belastung der Projekte mit kalkulatorischen Zinsen für das gebundene Kapital. Hierbei ist die Kapitalbindung der Forderungen auf der Kundenseite korrigiert um das zur Verfügung stehende Kapital aus den Verbindlichkeiten aus Lieferungen und Leistungen je Verantwortungsbereich zu ermitteln und mit einem gewichteten Kapitalzinssatz zu bewerten.[799] Gestaltungsspielräume der Verantwortungsträger sind in diesem Fall die Kunden- und Lieferantenauswahl anhand gezielter Beurteilungsanalysen, die Konditionengestaltung (hinsichtlich Skonti und Boni), ein gezieltes Mahnwesen und der Einsatz von Regulierungsinstitutionen.

Weiterhin empfiehlt sich, eine Risikovorsorge für Forderungsausfälle in Form von kalkulatorischen Wagnissen zu bilden, um risikobehaftete Geschäftsfelder adäquat kostenrechnerisch zu berücksichtigen.

Erhalten die verantwortlichen Projektleiter, Niederlassungsleiter etc. eine erfolgsabhängige Vergütung auf Basis der Soll-Deckungsbeiträge der jeweiligen Projekte bzw. der jeweiligen Organisationseinheit, wird diese durch den Ansatz kalkulatorischer Zinsen verursachungsgerecht gemindert, was ein starkes Interesse an zeitnaher Abrechnung und Einhaltung von günstigen Zahlungszielen bedeutet.

---

[797] Vgl. *Hedfeld, K.-P.*: Zu späte Rechnungsstellung gibt Liquiditätsprobleme, in: *Hedfeld, K.-P.* (Hrsg.): 10 Schwachstellen in der Ablauforganisation eines Bauunternehmens, Eschborn 1994, S. S. 43f.

[798] Vgl. *Schröcksnadl, F.*: Finanzwesen, in: *Gesellschaft zur Förderung des Deutschen Baugewerbes mbH* (Hrsg.): BAUORG-Unternehmerhandbuch für Bauorganisation und Betriebsführung, Bonn 1995, S. IX/1-29, hier: S. IX/9; *Rheindorf, M.*: Controlling in der Bauindustrie, Diss., Bonn 1991, S. 175f.

[799] Im Gegensatz zu *Schröcksnadl* (vgl. *Schröcksnadl, F.*: Finanzwesen, in: *Gesellschaft zur Förderung des Deutschen Baugewerbes mbH* (Hrsg.): BAUORG-Unternehmerhandbuch für Bauorganisation und Betriebsführung, Bonn 1995, S. IX/1-29, hier: S. IX/10 und IX/25) geht dieser Ansatz weiter.

Ferner sollte auf Unternehmensebene zur Beurteilung des aktuellen Zahlungsverhaltens und zur Wahrung der Möglichkeiten der Einflussnahme auf das Mahnwesen die Höhe der offenstehenden Forderungen aus Abschlags-, Teil- und Schlussrechnungen verfolgt werden. Erhöht sich diese Zahl bei etwa gleicher Leistung sehr stark, lässt das auf eine längere durchschnittliche Debitorenlaufzeit schließen, welche es durch geeignete Maßnahmen, wie ein gezielt dosiertes Mahnwesen, zu verkürzen gilt.[800] Wichtig ist hierbei auch die übergeordnete Beurteilung und Klassifikation der Geschäftspartner hinsichtlich Bonität, Zahlungsverhalten, Kreditwürdigkeit, Insolvenzgefahr etc. um Zahlungsausfälle, die voll ins Ergebnis schlagen, zu vermeiden. Helfen können hierbei auch die Auskünfte von Wirtschaftsdiensten und Kreditauskunftsgesellschaften.[801]

Ebenso kann eine Absicherung der Zahlungsansprüche durch Verlangen einer Zahlungsbürgschaft, z.B. begründet durch § 648 a BGB, unter bestimmten Voraussetzungen erreicht werden.[802] Bezogen auf das Baugewerbe kann dies z.B. die Nachteile der nicht gegebenen Möglichkeit der Vereinbarung eines Eigentumsvorbehalts und der mangelnden Absicherungsgelegenheiten durch eine Bauhandwerkersicherungshypothek gemäß § 648 BGB abmildern.[803] In diesem Fall müssen die Projektleitung und das Vertragsmanagement (vgl. Kapitel 3.1.7) sehr stark zusammenarbeiten, um etwaige Risiken aufzudecken und zu vermeiden. Kostenrechnerisch sind Zahlungsansprüche in Form einer Risikovorsorge abzubilden.

Durch stufenweise Verdichtung der Liquiditätsdaten von der Projektebene über die jeweiligen Unternehmensebenen hinweg bis zum Unternehmensgesamtergebnis besteht jederzeit die Gelegenheit, bei Bedarf und vorliegenden Abweichungen, diese bis auf die Projektebene wieder zurückzuverfolgen.

Weitere Maßnahmen zur Beseitigung von vorliegenden Liquiditätslücken bzw. -überhängen können der folgenden Abbildung entnommen werden.

---

[800] Vgl. *o.V.*: Führungskennzahlen in der Bauwirtschaft. Bearbeitet vom Arbeitskreis Führungszahlen, in: *Gesellschaft zur Förderung des Deutschen Baugewerbes mbH* (Hrsg.): BAUORG-Unternehmerhandbuch für Bauorganisation und Betriebsführung, Bonn 1995, S. XVIII/1-37, hier: S. XVIII/22.

[801] Vgl. *Talaj, R.*: Operatives Controlling für bauführende Unternehmen, Wiesbaden 1993, S. 160.

[802] Sog. Bauhandwerkersicherungsgesetz.

[803] Vgl. *Voigt, H.*: Handbuch zur Krisenvorsorge und- bewältigung im Bauunternehmen, Hannover (ohne Jahresangabe), S. 55f.

Maßnahmen der Liquiditätsteuerung		
Bei Überdeckung (Mittelabschöpfung)		
	Einzahlungsseite	**Auszahlungsseite**
Projekt	- Stundung von Forderungen - Gewährung von Zahlungszielen	- Skontoausnutzung
Unter-nehmen	- Stundung von Forderungen - Gewährung von Zahlungszielen	- Skontoausnutzung - Sachinvestition - Finanzinvestition - Vorzeitige Tilgung - Kurzfristige Anlagen - Gewinnausschüttung/Privatentnahmen
Bei Unterdeckung (Mittelzuführung)		
	Einzahlungsseite	**Auszahlungsseite**
Projekt	- Vorauszahlung vereinbaren - Zügige Rechnungsstellung - Verkürzung von Zahlungsfristen (evtl. Skontogewährung)	- Inanspruchnahme von Lieferantenkrediten (Zahlungsziele) - Ausschöpfung von Zahlungszielen bei Nach- und Fremdunternehmen
Unter-nehmen	- Mahnwesen - Desinvestition (Sach- und Finanzbe-reich) - Erweiterung der Kreditlimits - Darlehensaufnahme - Eigenkapitalzuführung - Factoring	- Verschiebung/Streichung von Investitionen - Reduzierung der Bevorratung - Reduzierung von Gewinnausschüttun-gen/Privatentnahmen - Einsparungen im Personalbereich (z.B. Kür-zung übertariflicher Leistungen)

Abbildung 155: Maßnahmen der Liquiditätssteuerung[804]

3.2.2.2.2.7 Dokumentation und Berichterstattung

Grundlage für das Gelingen eines Projekts ist die intakte Kommunikation zwischen den einzelnen Projektbeteiligten. Diese sollte sich aber nicht nur auf ein permanentes Miteinanderreden der einzelnen Mitarbeiter be-schränken, sondern bedarf eines funktionierenden Dokumentations- und Berichtswesens.

3.2.2.2.2.7.1 Dokumentation

Zweck der Dokumentation ist es zum einen, für die eigene Unterneh-mung, durch eine geordnete und vollständige Sammlung aller relevanten kommerziellen und technischen Projektdaten, den Stand eines Projekts transparenter zu machen. Dies wird als interne Dokumentation bezeich-net. Zum anderen sollen dem Auftraggeber, entsprechend dem vertrag-lich vorgegebenen Rahmen, die für die Errichtung und den Betrieb not-

---

[804] In Anlehnung an *Maurer, G.J.U.*: Unternehmenssteuerung im mittelständischen Bauunternehmen, Diss., Stuttgart 1994, S. 162.

wendigen und zweckmäßigen Informationen gegeben werden. Dies wird als Lieferantendokumentation bezeichnet.[805]

Die Grundlage des Informationsverfahrens bildet der Verteiler der Unterlagen. Im Verteiler wird von Beginn an festgelegt, welche der Planungsunterlagen welcher Stelle zur Kenntnisnahme oder Genehmigung vorgelegt werden.[806]

In der Projektakte sind alle projektbezogenen Dokumente zur Rechenschaft im Original aufzubewahren. Sie ist allen verantwortlichen Mitarbeitern zugänglich, dabei dienen die Originale zur Ansicht, während zur Bearbeitung grundsätzlich nur Kopien verwendet werden.

Um Projektdokumente besser identifizieren zu können, ist ein effizientes Dokumenten- und Informationsmanagement zu implementieren, das inhaltlich wirtschaftlich zu strukturieren und mit Hilfe geeigneter Informationssysteme abzubilden und zu unterstützen ist. Während ein moderner Vorschlag zur intranetgestützten Dokumentation im Kapitel 4 erfolgt, soll hier zunächst die strukturelle und inhaltliche Komponente im Vordergrund stehen.

Projektdokumente lassen sich in bestimmte Dokumentarten unterscheiden:

• Vertragsgrundlagen technischer und kommerzieller Art (einschließlich Angebot)

• Projektaufträge und Beschlüsse der Projektverantwortlichen

• Besprechungsprotokolle

• Arbeits- und Verfahrensanweisungen/Formblätter

• Unterlagen zur Auftragskalkulation, Mitlaufenden Kalkulation und Nachkalkulation

• Planungsunterlagen zu Technik, Qualität, Kapazitäten und Terminen etc. (z.B. Zeichnungen, Pläne, Stücklisten, Leistungsverzeichnisse u.ä.)

---

[805] Vgl. *Andreas, D.; Rademacher, G.; Sauter, B.*: Projekt-Controlling und Projekt-Management im Anlagen- und Systemgeschäft, 5. Aufl., Frankfurt a.M. 1992, S. 94.

[806] Vgl. *Schmitz, H.; Windhausen, P.M.*: Projektplanung und Projektcontrolling: Planung und Überwachung von besonderen Vorhaben, 3. Aufl., Düsseldorf 1986, S. 150.

- Berichte des Projektberichtswesens (z.B. Termin-/Fortschritts-berichte, Projektstatusberichte, Abschlussberichte, Kennzahlen-berichte etc.)

- Störfallmeldungen[807]

- Handbücher, Beschreibungen, Lieferdokumentationen, Bedie-nungsvorschriften, Instandhaltungs- und Wartungsvorschriften usw.

Eine effiziente Dokumentationskontrolle setzt ein wirkungsvolles Doku-mentationsnummern-System voraus. Dieses sollte mindestens drei Be-dingungen erfüllen:

- Schaffung eines Ordnungssystems

- Einmalige Identifikation eines Dokuments

- Identifikation des Dokumentationsstatus

In der wissenschaftlichen Literatur nur selten erwähnt, in der Praxis je-doch bewährt, hat sich die Unterscheidung zwischen Arbeits- und Ver-fahrensanweisungen sowie DV-Anweisungen in Anlehnung an moderne Qualitätsinformationssysteme. Während Verfahrensanweisungen als Me-ta-Information Erklärungen für Projektabläufe, Hintergrundinformationen und Hilfestellungen zu Projektabläufen und der Anwendung von Projekt-instrumenten (z.B. Projektdokumenten) geben, stellen Arbeitsanweisun-gen konkrete Projektdokumente dar, die in den jeweiligen Projektphasen eingesetzt werden. Ergänzt werden diese um zielgerichtete DV-Anweisungen, die den notwendigen Informationsfluss des Projekts in den vorhandenen Informationssystemen sicherstellen (vgl. hierzu Kapitel 4.5.2).

Die Schaffung eines Ordnungssystems ist besonders wichtig für die Festlegung von Suchkriterien der Projektdokumente. Dokument- und Anweisungsart sind dabei zentrale Gliederungskriterien. Weitere wichtige Sortierkriterien sind

- der Dokumentationsersteller und

- die Projektstrukturplan-Zuordnung.

---

[807] Vgl. *Andreas, D.; Rademacher, G.; Sauter, B.*: Projekt-Controlling und Projekt-Management im Anlagen- und Systemgeschäft, 5. Aufl., Frankfurt a.M. 1992, S. 96.

Die Projektstrukturplan-Zuordnung setzt nicht voraus, dass die volle Länge des Projektstrukturplans in die Dokumentationsnummer übernommen wird. Vielmehr sollte sich die Projektstrukturplan-Zuordnung nur auf die unbedingt notwendigen Ebenen des Projektstrukturplans beziehen. Meist reichen drei bis vier Projektstrukturplan-Ebenen aus.

Am Ende des Dokumentations-Nummernsystems ist der jeweilige Dokumentationsstatus anzuzeigen. I.d.R. handelt es sich dabei um einen zweistelligen Code. Die erste Stelle gibt Auskunft über die Ausgabe, die zweite Stelle bezeichnet den Änderungszustand (z.B. noch nicht freigegeben, teilfertig, erledigt) innerhalb einer Ausgabe.

Außerdem ist zu beachten, dass das Dokumentations-Nummernsystem eines Projekts die bereits in der Unternehmung vorhandenen Nummernsysteme oder andere Normungen nicht völlig außer Acht lassen sollte. Die unterschiedlichen Systeme sollten aneinander angepasst werden.[808]

Jedes offizielle und in der Projektakte geführte Dokument muss entweder durch die Projektleitung oder, in Einzelfällen, durch nachgeordnete Stellen freigegeben werden. Viele Dokumente müssen vor ihrer Freigabe von mehreren Stellen geprüft werden. Der Prüfungs- und Freigabemodus ist für die einzelnen Dokumente detailliert und eindeutig festzulegen.

Neben den offiziellen Dokumenten existieren meist noch eine Anzahl inoffizieller Projektdokumente, die lediglich Informationscharakter besitzen. Die Erstellung dieser nicht vorgeplanten Dokumente stellt eine sinnvolle Ergänzung dar. Sie haben den Sinn, bestimmte Vorgänge zu dokumentieren und sollten deshalb unbedingt durch das Dokumentations-Nummernsystem mit erfasst werden. Inoffizielle Dokumente bedürfen allerdings nicht der Freigabe und der Statuskontrolle.

Vielfach sind die Anforderungen an die Projektdokumentation so umfangreich, dass im Rahmen der Projektstrukturierung auch für die Projektdokumentation ein Arbeitspaket vorgesehen wird.[809] Aufgrund der Komplexität der Informationen bietet sich heute ein elektronisches Dokumentenmanagement- und Archivierungssystem an.

Die Dokumentationsabteilung eines Projekts ist für die Festlegung des Verteilungsschlüssels, die in Abstimmung mit der Projektleitung erfolgen muss, zuständig. Zusätzlich sollte die Verteilung der Dokumente über-

---

[808] Vgl. *Madauss, B.J.*: Handbuch Projektmanagement, 5. Aufl., Stuttgart 1994, S. 326.

[809] Vgl. *Andreas, D.; Rademacher, G.; Sauter, B.*: Projekt-Controlling und Projekt-Management im Anlagen- und Systemgeschäft, 5. Aufl., Frankfurt a.M. 1992, S. 94.

wacht werden, so dass es jederzeit möglich ist, zu bestimmen, wer welches Dokument wann erhalten hat.[810]

Grundsätzlich sollte bei jedem Projekt eine möglichst elektronische Projektakte angelegt und über die Dauer des Projekts gepflegt werden.

Die Lieferdokumentation, die für den Auftraggeber gedacht ist, lässt sich in drei Phasen einteilen. Die erste Phase beschreibt das Vorprojekt.[811] Dabei werden mindestens die folgenden Dokumente verlangt:

- Gesamtlayout

- Technologische Verfahren

- Bautechnischer Ausführungsteil

- Maschinentechnischer Ausführungsteil

- Elektrotechnischer Ausführungsteil

- Mess- und regeltechnischer Ausführungsteil

Die zweite Phase umfasst eine ausführliche Dokumentation der Realisation des Projekts. Für ein Bauprojekt sollten z.B. zumindest die folgenden Dokumente enthalten sein:

- Detail-Engineering und seine Ausführung mit

  - spezifiertem Layout,

  - Terminplanung,

  - Kapazitätsplanung,

  - Kostenplanung,

  - Zeichnungen und

  - Stücklisten.

- Bauleistung mit

  - bautechnischer Grundplanung,

  - Bauausführung und

  - Bauüberwachung

---

[810] Vgl. *Madauss, B.J.*: Handbuch Projektmanagement, 5. Aufl., Stuttgart 1994, S. 327.

[811] Hiermit sind evtl. zur Erstellung eines Projekts notwendige technische Entwicklungen gemeint.

- Montage und Inbetriebnahme mit

  - Anweisungen für Montage und Inbetriebnahme,

  - Hinweisen zur Störfallbeseitigung sowie

  - Leistungstest und Produktion.

In der dritten Phase wird eine Dokumentation zur Bedienung, Wartung und Instandhaltung erwartet. Dazu gehören

- ausführliche Bedienungsvorschriften für die Gesamtanlage, die Einzelmaschinen und -aggregate,

- Wartungsvorschriften und

- Instandhaltungsvorschriften.[812]

Diese Zusammensetzung kann sich je nach Projekttyp (z.B. Softwareprojekt, Schiffs- und Anlagenbauprojekt) ändern.

3.2.2.2.2.7.2 Berichterstattung

Die Projektberichterstattung dient dazu, allen Projektbeteiligten - angefangen bei der Geschäftsleitung über das Projektmanagement bis hin zu den Arbeitspaket-Verantwortlichen - einen Überblick über den jeweiligen Projektstand (Ist-Aufnahme) und der zukünftig prognostizierten Projektentwicklung (Forecast) zu vorher festgelegten Zeitpunkten als Entscheidungsgrundlage für notwendige Maßnahmen und Handlungen zur Projektsteuerung zu geben. Die Grundstruktur eines Berichtssystems ist vom projektbezogenen Controlling zu entwickeln (vgl. hierzu Kapitel 3.1.2). Es muss zu Beginn eines Projekts bzw. für die folgende Projektphase auf Grundlage der Projektorganisationsstruktur und der definierten Zuständigkeiten feststellen, wer von wem zu welchen Zeitpunkt welche Informationen zu bekommen hat.[813]

Es lassen sich vier Grundtypen von Projektberichten unterscheiden.[814] Bis auf die Ad-hoc-Berichte haben diese einen formalen Charakter, da sie nach vorgegebenen Regeln und Richtlinien erarbeitet werden.

---

[812] Vgl. *Andreas, D.; Rademacher, G.; Sauter, B.*: Projekt-Controlling und Projekt-Management im Anlagen- und Systemgeschäft, 5. Aufl., Frankfurt a.M. 1992, S. 96f.

[813] Vgl. *Hügler, G.L.*: Controlling in Projektorganisationen, München 1988, S. 199.

[814] Andere ähnliche Einteilungen von Berichtsarten finden sich z.B. bei *Schmitz, H.; Windhausen, P.M.*: Projektplanung und Projektcontrolling: Planung und Überwachung von besonderen Vorhaben, 3. Aufl., Düsseldorf 1986, S. 152ff.

- Projektstandardberichte

  Machen turnusmäßig einem vorbestimmten Empfängerkreis alle relevanten Projektinformationen zugänglich. Zentral ist hierbei der zusammenfassende Projektstatusbericht. Je nach Informationstiefe lassen sich Kurzberichte in übersichtlicher Form und umfangreiche Berichte in ausführlicher Form unterscheiden.

- Projektsonderberichte

  Unterrichten bei Bedarf und unverzüglich über den Projektverlauf und über erkennbare, relevante Planabweichungen sachlicher, terminlicher und kostenmäßiger Art.

- Abschlussberichte

  Dokumentieren die gemachten Erfahrungen und sprechen Empfehlungen für die zukünftige Bearbeitung aus.

- Zusätzliche Ad-hoc-Berichte

  Stellen einen akuten und aktuellen Informationsbedarf des Berichtsempfängers dar, der nicht aus dem Standardberichtswesen gedeckt wird. Da der Grundbedarf der Informationen durch ein Standardberichtswesen gedeckt sein sollte, ist der Anteil der aufwendigen Ad-hoc-Berichterstattung möglichst gering zu halten. Bei Häufung der Ad-hoc-Berichte ist das Standardberichtswesen zu überprüfen und ggf. um fehlende Informationen zu ergänzen.

Zu Beginn eines Projekts ist festzulegen, welche Voraussetzungen erfüllt sein müssen, damit ein Sonderbericht angefertigt werden muss. Diese Voraussetzungen können sein:

- Technische (sachliche) Abweichungen, die eine Verweigerung der Leistungsabnahme zur Folge haben.

- Terminliche Abweichungen, die eine Überschreitung vertraglicher Termine bewirken.

- Abweichungen jeglicher Art, die z.B. eine Überschreitung des Projektbudgets, eine Qualitätsminderung, Finanzengpässe u.ä. zur Folge haben.

Wie bereits im Rahmen des Frühwarninformationssystems gezeigt wurde, bieten sich für Projektsonderberichte die eindeutige Definition von Schwellenwerten und ein entscheidungsbezogenes Regelwerk der Prüfungsabläufe in den festzulegenden Hierarchieebenen mit und ohne Einschaltung von zentralen Gremien bzw. Institutionen an.

Neben den aufgetretenen Abweichungen sind Ursachen und weiterführende Probleme sowie Vorschläge und Maßnahmen zu deren Behebung aufzunehmen (vgl. die folgende Abbildung).

Projektsonderbericht	Projekt:

Aufgetretene Probleme:
Es sind Probleme aufgetreten beim Arbeitspaket _____
+ die eine Änderung der Projektstruktur verlangen
+ die technische oder sachliche Änderungen zur Folge haben
+ die eine Terminverschiebung um _____ Tage hervorrufen
+ die eine wesentliche Veränderung der Kapazitäten hervorrufen
+ die eine Überschreitung des Kostenpakets um voraussichtlich _____ % hervorrufen
+ die eine Mitwirkung des Kunden verlangen

2. Vorgesehene Maßnahmen:

Aussteller: Verteiler:
Datum:

Abbildung 156: Projektsonderbericht[815]

Projektstandardberichte untergliedern sich in Kurzberichte (vgl. Abbildung 157), in denen die wichtigsten Aussagen über den jeweiligen Projektstand verdichtet werden, und ausführliche Berichte, die im sog. Projektstatusbericht zusammengefasst werden (vgl. Abbildung 158).

Für die Kurzberichterstattung zu empfehlen ist u.a. das vorgestellte Spitzenkennzahlenblatt des kennzahlengestützten Frühwarninstrumentariums (vgl. Kapitel 3.1.3). Dieses sollte um wichtige textliche Informationen, z.B. über erledigte Tätigkeiten sowie bedeutsame Störungen, ergänzt werden.

Detaillierte Angaben werden im Projektstatusbericht berichtet. Der Sinn und Zweck des Projektstatusberichts ist neben der Schaffung von Transparenz, die Analyse aller gravierenden - bereits eingetretenen oder drohenden - Abweichungen und deren möglichen Auswirkungen auf ein

---

[815] Entnommen aus *Schmitz, H.; Windhausen, P.M.*: Projektplanung und Projektcontrolling: Planung und Überwachung von besonderen Vorhaben, 3. Aufl., Düsseldorf 1986, S. 153.

Projekt. Dies muss möglichst kontinuierlich geschehen, damit evtl. Gegenmaßnahmen rechtzeitig eingeleitet werden können.

Projektkurzbericht	Projekt:

Sachstand:

____Projekt läuft planmäßig ab
____Schwierigkeiten erkennbar
____Schwierigkeiten aufgetaucht, aber beherrscht
____Schwierigkeiten aufgetaucht und keine Lösung erkennbar

$$\text{Sachstand} = \frac{\text{Erbrachte Leistung}}{\text{Geplante Leistung}} = \underline{\qquad} \%$$

Termine:

____Projekt läuft planmäßig
____Termine, die nicht auf dem kritischen Weg liegen, müssen verschoben werden
____Termine auf dem kritischen Pfad müssen verschoben werden; Endtermin kann vermutlich trotzdem eingehalten werden
____Ablauf des Projekts muss neu geplant werden; Terminaussagen daher im Moment nicht möglich
____Endtermin kann nicht gehalten werden

$$\text{Terminstand} = \frac{(\text{Geplante Ergebnisse} - \text{restliche Ergebnisse}) * 100}{\text{Geplante Ergebnisse}} = \underline{\qquad} \%$$

Kosten:

____Plan-Kosten sind eingehalten
____Überschreitung der Plan-Kosten in einzelnen Aufgabenpaketen erkennbar; Gesamtkosten können vermutlich trotzdem eingehalten werden
____Gesamtkosten können vermutlich nicht eingehalten werden

$$\text{Kosten} = \frac{(\text{geplante Kosten} - \text{restliche Kosten}) * 100}{\text{Geplante Kosten}} = \underline{\qquad} \%$$

Aussteller:	Verteiler:
Datum:	

Abbildung 157: Exemplarischer Projektkurzbericht[816]

Im Bereich der öffentlichen Hand wird der Auftragnehmer zumeist dazu verpflichtet, mit vorgefertigten Formularblättern über den Projektstand zu berichten.

Die Berichterstattung sollte in aller Regel vom Controlling unter Rückgriff auf die Statusmeldungen einzelner Funktionsverantwortlicher zusammengestellt werden. Es ist sinnvoll, die einzelnen Berichte auf die jeweiligen Empfänger abzustimmen. Dies kann z.B. durch unterschiedliche Verdichtungsstufen je nach Hierarchieebene des Projektstrukturplans, der Projektorganisation oder der Unternehmenshierarchie erreicht werden. Kundenspezifische Belange können ebenfalls besonders berücksichtigt werden.

---

[816] Entnommen aus *Schmitz, H.; Windhausen, P.M.*: Projektplanung und Projektcontrolling: Planung und Überwachung von besonderen Vorhaben, 3. Aufl., Düsseldorf 1986, S. 155.

Projektstatusbericht Berichtszeitraum vom bis	Projekt:
Federführende Abteilung: Kostenträger:	Blatt 1 Von:
Gesamtbetrag des Projekts: € In den Vorjahren verbraucht: € Für dieses Geschäftsjahr bewilligt: € Bis zum _____ verbraucht: €	Auftraggeber: Vertragslaufzeit bis: Die im Berichtszeitraum vorge- sehenen Arbeiten wurden: _____ vollständig ausgeführt _____ teilweise ausgeführt
Bitte den Bericht in folgender Anordnung schreiben: Zusammenfassung Vorgesehene Arbeiten im kommenden Projektablauf Berichtszeitraum Erreichter Projektstand Patentlage Begründung von Planabweichungen Sonstiges	
1. Zusammenfassung: 	
Aussteller: Datum:	Verteiler:

Abbildung 158: Exemplarischer Teil eines Projektstatusberichts[817]

Der Projektstatusbericht sollte unabhängig von seinen Verdichtungsstufen ein Deckblatt mit den wichtigsten Informationen enthalten. Dies ist vor allem für die Geschäftsleitung von besonderer Bedeutung, die sich in angemessener Form und ohne großen Aufwand einen Überblick über das Projekt zu verschaffen hat. Die Geschäftsleitung hat neben zahlreichen Projekten auch andere Aufgaben zu erfüllen, und interessiert sich nicht für alle einzelnen Fakten.

Im Gegensatz zum dargestellten Deckblatt eines Projektstatusberichts empfiehlt sich m.E. das Spitzenkennzahlenblatt des Frühwarninstrumentariums. Die elektronische Bereitstellung sowie tiefergehende Drill-Down-Analysen zu Detailinformationen in den jeweiligen Analysefeldern Termine, Kosten, Finanzen, Qualität und Leistung, Kapazitäten, Vertragssituation, Claims etc. runden einen guten Projektstatusbericht ab. Vor allem die projektbezogene Ergebnisrechnung als Teil des bewerteten Projektstatusberichts ist als zentrale Informationsquelle zur Steuerung heranzuziehen (vgl. Kapitel 3.1.1, Abbildung 14 und Abbildung 15). Die Projektrechnungen sollten zudem, wie in der Kurzberichterstattung, durch wich-

---

[817] Entnommen aus *Schmitz, H.; Windhausen, P.M.*: Projektplanung und Projektcontrolling: Planung und Überwachung von besonderen Vorhaben, 3. Aufl., Düsseldorf 1986, S. 156. Vgl. auch *Wischnewski, E.*: Aktives Projektmanagement für das Bauwesen, Braunschweig, Wiesbaden 1997, S. 208.

tige Informationen z.B. über erledigte Tätigkeiten (Meilensteine) und bedeutsame Störungen informieren.

Darüber hinaus existieren einige generelle Anforderungen an die Berichterstattung:

- Höchstmaß an Aktualität, Kontinuität, Einheitlichkeit und Klarheit.

- Darstellung von Fakten ohne Schuldzuweisungen.

- Nicht nur Dokumentation eingetretener Ereignisse, sondern Aufzeigen geeigneter Korrektur- bzw. Steuerungsmaßnahmen.

- Weitgehende Visualisierung.[818]

- Konzentration auf wenige bedeutsame Kenngrößen auf dem Deckblatt.

- Interne und externe Orientierung.

- Verknüpfung mit dem Projektmanagementregelkreis (Planung, Kontrolle, Steuerung).

- Projektberichte sollten nicht nur Zeitpunktbetrachtungen, sondern auch Zeitraumbetrachtungen sowie Trend- und Erwartungsrechnungen ermöglichen.

- Verantwortungszuordnung und Entscheidungsorientierung (Hierarchie- und Entscheidungsebenenorientierung). Projektberichte sind Gegenstand der regelmäßigen Projektreviews.

Der Projektstatusbericht ist als unbedingt notwendig für ein Projekt anzusehen, dennoch kann er den Einsatz von Projektbesprechungen nicht ersetzen. Durch mündliche Berichterstattung kann schnell gehandelt und somit ein etwaiger Schaden bereits vor dessen Entstehung gebannt werden.

Mindestbestandteile des Projektstatusberichts sind:[819]

- Deckblatt mit Spitzenkennzahlen und den wichtigsten Projektinformationen.[820]

---

[818] Vgl. *Andreas, D.; Rademacher, G.; Sauter, B.*: Projekt-Controlling und Projekt-Management im Anlagen- und Systemgeschäft, 5. Aufl., Frankfurt a.M. 1992, S. 93.

[819] In erweiterter Form zu *VDMA* (Hrsg.): Projekt-Controlling bei Anlagengeschäften, 4. Aufl., Frankfurt a.M. 1985, S. 89ff.

[820] Zu Kennzahlen allgemein und speziell im Projektgeschäft vgl. *Reichmann, Th.*: Controlling mit Kennzahlen und Managementberichten. Grundlagen einer sys-

- Stand der Arbeit (hinsichtlich Qualität und Fertigstellungsgrad) des gesamten Projekts sowie einzelner gewichtiger Arbeitspakete.

- Angaben über durchgeführte oder voraussichtliche Änderungen mit den dazugehörigen Ursachen, Störungen und Konsequenzen.

- Darstellung des Terminstatus sowie Trendentwicklungen hinsichtlich des Projektendtermins.

- Beschreibung des Kostenstatus und der Kostenstruktur, insbesondere anhand der Erkenntnisse aus der Mitlaufenden Kalkulation.

- Das sich aufgrund der erbrachten Leistungen und der dazugehörigen Kosten abzeichnende Ergebnis.

- Darstellung der bestehenden und zukünftigen Kapazitätssituation.

- Finanzstatus und Projekt-Cash-Flow.

- Risiko- und Chancenbeurteilung des Projekts.

Der Projektabschlussbericht ist eine Art Projektstatusbericht zum Zeitpunkt der Übergabe.[821] Er soll positive und negative Erfahrungen für zukünftige Projekte aufbereiten. Dies soll dazu führen, dass das Projektmanagement in Zukunft effektiver arbeiten kann (vgl. Kapitel 3.2.2.3.1).

Ein positiver Effekt der Berichterstattung ist, dass sie den übrigen Fachabteilungen zeigt, dass das Projekt-Controlling kein Selbstzweck ist, sondern ein Instrument, dass in erheblichen Maße zum Erfolg von Pro-

---

temgestützten Controllingkonzeption, 6. Aufl., München 2001; *Reichmann, Th.; Lachnit, L.*: Planung, Steuerung und Kontrolle mit Hilfe von Kennzahlen, in: ZfbF, 1976, S. 705-723; *Ragg, A.*: So erhalten sie optimale Kennzahlen, in: Baugewerbe, 1997, H. 7, S. 46-48; *George, G.*: Kennzahlen für das Projektmanagement, Frankfurt a.M. 1999, S. 123ff.; *Abresch, J.-P.*: Projektumfeld und Stakeholder, in: *RKW* (Hrsg.): Projektmanagement Fachmann, Bd. 1, 6. Aufl., Eschborn 2001, S. 59-86, hier: S. 64ff.; *Gentner, A.*: Entwurf eines Kennzahlensystems zur Effektivitäts- und Effizienzsteigerung von Entwicklungsprojekten, München 1994, S. 128ff.; *Burghardt, M.*: Projektmanagement, 2. Aufl., Berlin, München 1993, S. 400ff.; *Rinza, P.*: Projektmanagement. Planung, Überwachung und Steuerung von technischen und nichttechnischen Vorhaben, 3. Aufl., Düsseldorf 1994, S. 99ff.

[821] Vgl. *Lachnit, L.*: Controllingkonzeption für Unternehmen mit Projektleistungstätigkeit, München 1994, S. 47.

jekten beiträgt. Vorteilhaft scheint dabei besonders, dass die Mitarbeiter durch die laufende Unterrichtung über den Projektfortschritt motiviert sind, die Probleme eines Projekts allen zugänglich gemacht werden, dadurch die Problembewältigung einfacher und schneller erfolgt, und das Wissen und die Erfahrung der einzelnen Beteiligten effizienter genutzt werden.[822]

Für die Integration der gewonnenen Informationen des Projektberichtswesens sowie für die sich anschließende Verdichtung ist der DV-Einsatz unerlässlich (vgl. hierzu Kapitel 4). Das eingesetzte DV-System muss flexibel sein, wenn neben standardisierten Berichten auch die Erzeugung von selektierten Berichten ermöglicht werden soll.[823] Für die Darstellung der Berichte sollten Instrumente wie Tabellen, Netzpläne oder Diagramme vorhanden sein. In SAP R/3® wird bspw. zwischen Strukturübersichtsberichten und strukturorientierten Berichten unterschieden.[824] Während Strukturübersichtsberichte sich auf Termine oder Fortschrittsgrade beziehen, beinhalten die strukturorientierten Berichte in erster Linie kaufmännische Informationen.

3.2.2.2.2.8 Projektabnahme

Am Ende der Abwicklungsphase steht die Projektabnahme. Diese lässt sich in zwei Teile gliedern. Zum einen in die Projektabnahme im engeren Sinne, womit die tatsächliche Abnahme der einzelnen Leistungen gemeint ist, zum anderen in die Projektfakturierung. Im Vorfeld bzw. während der Abnahmephase sind zudem aus akquisitorischer Sicht spätestens Anschluss-, Service-, Wartungs- und Instandhaltungsverträge zu sichern.

3.2.2.2.2.8.1 Projektabnahme im engeren Sinne

Die Projektabnahme im engeren Sinne beinhaltet drei unterschiedliche Ebenen der Abnahme. Auf der ersten Ebene werden die Fremdleistungen der Unterlieferanten abgenommen. Danach werden die einzelnen Teilprojekte geprüft und schließlich erfolgt die Gesamtabnahme des Projekts durch den Auftraggeber. Vor der externen Abnahme sollte aus Controlling-Sicht jedoch stets eine interne Vorabprüfung der jeweiligen Teil- bzw. Gesamtleistung erfolgen, um im Vorfeld unnötige Überra-

---

[822] Vgl. *Schmitz, H.; Windhausen, P.M.*: Projektplanung und Projektcontrolling: Planung und Überwachung von besonderen Vorhaben, 3. Aufl., Düsseldorf 1986. S. 157f.

[823] Vgl. *Dräger, E.*: Projektmanagement mit SAP R/3, Bonn 1998, S. 52f.

[824] Vgl. *Dräger, E.*: Projektmanagement mit SAP R/3, Bonn 1998, S. 53f.

schungen, z.B. durch vermeidbare Fehlerquellen und Qualitätsmängel, zu vermeiden.

Zur Überprüfung der Vollständigkeit der Leistung eignen sich Checklisten und Abnahmeberichte.

Projekt:

Projekt-Nr.:

Bearbeiter:

1. Allgemein	J	N		J	N		J	N	erl./HZ
a Bestandspläne	☐	☐	b Verteilerpläne	☐	☐	c Errichterbescheinig.	☐	☐	
d Schutzmaßnahme	☐	☐	e Art	☐	☐	f Messprotokoll	☐	☐	
g Brandschutz	☐	☐	h Einweisungsbesch.	☐	☐	i Leitungsverlegung	☐	☐	
k TÜV-Abnahme	☐	☐	l Sachverst. Abnahme	☐	☐	m Bedienungsanleit.	☐	☐	
n Funktionsprüfung	☐	☐	o			p	☐	☐	
2. Stromversorgung	**J**	**N**		**J**	**N**		**J**	**N**	**erl./HZ**
a Hauptverteilung	☐	☐	b Einstellung LS Schutz	☐	☐	c Sicherung HA	☐	☐	
d Selektivität	☐	☐	e Innerer Blitzschutz	☐	☐	f Potentialausgleich	☐	☐	
g Unterverteilung 1	☐	☐	h Unterverteilung 2	☐	☐	i Unterverteilung 3	☐	☐	
k	☐	☐	l			m	☐	☐	
n	☐	☐	o			p	☐	☐	
3. Verteilungen	**J**	**N**		**J**	**N**		**J**	**N**	**erl./HZ**
a Gehäuse	☐	☐	b Schutzart	☐	☐	c Einspeisung	☐	☐	
d Verdrahtung	☐	☐	e Platzreserve	☐	☐	f Beschriftung	☐	☐	
g Plantasche	☐	☐	h Verteilungsplan	☐	☐	i Legende	☐	☐	
k	☐	☐	l			m	☐	☐	
n	☐	☐	o			p	☐	☐	
4. Verlegesysteme	**J**	**N**		**J**	**N**		**J**	**N**	**erl./HZ**
a Kabelrinnenmontage	☐	☐	b Füllfaktor	☐	☐	c Trennstege	☐	☐	
d Montage FB-Kanal	☐	☐	e Abmessung FB-Kan.	☐	☐	f Trennstege	☐	☐	
g Abdeckung FB-Kanal	☐	☐	h Stoßstellen	☐	☐	i Anzahl Steckdosen	☐	☐	
k	☐	☐	l			m	☐	☐	
n	☐	☐	o			p	☐	☐	
5. Installationsgeräte	**J**	**N**			**J**	**N**		**J**	**N**	**erl./HZ**
a Installationsgeräte	☐	☐	b Fabr.:	☐	☐	c Typ:	☐	☐	
d Farbe	☐	☐	e Beschriftung	☐	☐	f Schutzart	☐	☐	
g Anzahl	☐	☐	h Abzweigdosen	☐	☐	i Zugentl. u. P. Dosen	☐	☐	
k	☐	☐	l			m	☐	☐	
n	☐	☐	o			p	☐	☐	
6. Leuchten	**J**	**N**		**J**	**N**		**J**	**N**	**erl./HZ**
a Beleuchtungsstärke	☐	☐	b Blendungsbegrenz.	☐	☐	c Lichtfarbe	☐	☐	
d Kompensation	☐	☐	e VVG	☐	☐	f Lichtstrom	☐	☐	
g VDE Zeichen	☐	☐	h Funkentstört	☐	☐	i Befestigung	☐	☐	
k Spannung NV-Lampe	☐	☐	l NV-Trafos VDE?	☐	☐	m NV-Trafos befestigt?	☐	☐	
n	☐	☐	o			p	☐	☐	

Abbildung 159: Checkliste zur Abnahme

Die Abnahme erfolgt durch einen Soll-Ist-Vergleich der erstellten Leistung. Grundlage sind hierbei die im Pflichtenheft und in der Auftragsspezifikation geforderten Leistungen. Die Ergebnisse der Abnahme werden im Projektabnahmebericht aufgezeichnet. Entspricht die Leistung eines Unterlieferanten nicht der geforderten, müssen die Abweichungen unverzüglich nachgebessert werden. Die Kosten, die durch Nachbesserungen und Fehler des Subunternehmers entstehen, sind auf diesen zu überwälzen.

Die Abnahme der Fremdleistungen muss nicht immer am Projektende anfallen. Es ist denkbar, dass während der Realisationsphase einzelne Teilleistungen, auf denen andere Leistungen aufbauen, die erst zu einem späteren Zeitpunkt im Projektverlauf anfallen, von Fremdunternehmen bearbeitet werden, so dass die Abnahme zu dem Zeitpunkt geschehen muss, der für die Fertigstellung der Teilleistungen vereinbart war.

Nach der internen Abnahme erfolgt die externe Abnahme von Teilleistungen bzw. Teilprojekten. Der Auftraggeber sendet hierzu, wenn er die Teilabnahmen nicht selbst durchführt, einen zur Abnahme bevollmächtigten Vertreter. Zusammen überprüfen dann Projektleiter und Bevollmächtigter die einzelnen Teile des Projekts.

Wiederum wird ein Soll-Ist-Vergleich durchgeführt, dessen Ergebnisse im Übergabe- bzw. Übernahmeprotokoll protokolliert werden.[825] Im Übergabeprotokoll werden die Inhalte und Modalitäten der Übergabe für beide Parteien verbindlich dokumentiert. Das Übernahmeprotokoll gewährleistet, dass bis auf erkannte Mängel keine Ansprüche gegenüber dem Projektauftragnehmer mehr bestehen. Um die Erreichung der Ziele festzustellen, wird ggf. zusätzlich ein Abnahmetest durchgeführt, ein Prototyp installiert oder Forschungsberichte veröffentlicht.[826] Die konkrete Ausgestaltung richtet sich nach dem entwickelten Produkt. Sollten auch diesmal Abweichungen festgestellt werden, so müssen auch diese nachgebessert werden. Sind alle Mängel behoben, hat der Bevollmächtigte die Teilabnahme zu bestätigen. Am Ende der Teilabnahme steht die Teilschlussrechnung, es werden die Kosten der Teilleistung berechnet.

Nach der internen vorbereitenden Gesamtabnahme findet die Abnahme des Gesamtprojekts i.d.R. gemeinsam mit dem Auftraggeber statt. Die einzelnen Berichte der Teilabnahmen müssen bereitgestellt werden. Der Auftraggeber besichtigt die Leistung. Festgestellte Mängel werden protokolliert und ggf. nachgebessert oder im Abschlussbericht vermerkt und in der Fakturierung berücksichtigt. Der abschließende Gesamtabnahmebericht wird mit dem Abnahmedatum versehen und vom Auftraggeber bestätigt. Damit ist die Projektabnahme beendet.

---

[825] Vgl. *Burghardt, M.*: Projektmanagement, 2. Aufl., Berlin, München 1993, S. 385.

[826] Vgl. *Heeg, F.-J.*: Projektmanagement, 2. Aufl., München 1993, S. 274f.

Die folgenden Punkte sollten im Abnahmebericht dokumentiert werden:

- Was wurde abgenommen?
- Von wem erfolgte die Abnahme?
- Wann ist die Abnahme vorgenommen worden?
- Wo und in welcher Art bestehen Differenzen zum Pflichtenheft?
- Welche Maßnahmen erfolgen zur Behebung der Differenzen?
- Bis wann müssen die Maßnahmen beendet sein?
- Welchen Aufwand bedeuten die Maßnahmen?
- Wer muss diese Maßnahmen durchführen?
- Welche Hilfsmittel sind notwendig?
- Wer übernimmt die Kosten?

3.2.2.2.2.8.2 Projektfakturierung und Übergabe

Ist die Abnahme beendet, kann die Fakturierung des Projekts beginnen, d.h. es wird die Schlussrechnung erstellt. Die Schlussrechnung basiert auf der Auftragskalkulation aktualisiert um die Bestandteile, die noch nachträglich hinzugefügt wurden, d.h. die Änderungen, die vom Auftraggeber genehmigt wurden und deshalb mit in den Preis gerechnet werden müssen. Nicht berücksichtigt werden die Änderungen, die vom Auftraggeber nicht genehmigt wurden bzw. deren Entstehung er nicht zu vertreten hat (z.B. die mehrfache Bearbeitung einzelner Teilleistungen). Man kann die Projektfakturierung als die letzte Kalkulation der Mitlaufenden Kalkulation ansehen. Das Verfahren ist das gleiche, allerdings werden in die Zukunft weisende Überlegungen diesmal nicht berücksichtigt.

Die Realisationsphase endet mit der endgültigen Übergabe an den und der Einweisung (hinsichtlich Bedienung, Instandhaltung, Wartung etc.) des Auftraggebers. Übergabe und Einweisung erfolgen je nach Bedeutung des Ergebnisses in einem offiziellen Rahmen und können getrennt oder auch zusammen durchgeführt werden. Die das Projekt betreffenden Unterlagen werden überreicht, gleichzeitig beginnt mit der Übergabe die Gewährleistungszeit, deren Ende in den vertraglichen Vereinbarungen festgelegt wurde. Änderungen von Gewährleistungszeiträumen sind nur dann zu gewähren, wenn diese aufgrund von Änderungen der Leistungsspezifikationen erfolgen.

3.2.2.3 Projekt-Controlling in der Projektnachbereitungsphase

Die Nachbereitungsphase zeichnet sich dadurch aus, dass das eigentliche Projekt beendet ist. Die Leistungen sind erfüllt und abgenommen. Es können aber durchaus noch einige vertraglich vereinbarte Leistungen, wie z.B. Schulungen für das Personal, offen sein. Auf der anderen Seite beginnt für das projektleistungserstellende Unternehmen die zukunftsorientierte Auswertungsphase des Projekts.

Im Mittelpunkt dieser Phase steht die Erstellung des Projektabschlussberichts, die Reflektion und Auswertung der Projektergebnisse für zukünftige Projekte und Aufgaben, die Sicherung des erworbenen Know-hows und die Entlastung der Projektleitung.[827] Außerdem können sich an die Projektbearbeitung weitere Aufträge, wie z.B. Nachtrags-, Service-, Wartungs- und Instandhaltungsaufträge sowie Betreibermodelle, anschließen.

Die Wartung und der Service sind von nicht zu vernachlässigender Bedeutung, da sie mitunter bis zu 10% des gesamten Leistungsumfangs ausmachen können. Daher ist es notwendig, diese rechtzeitig vor Projektende zu sichern. So ist z.B. denkbar, dass die Unternehmung die Wartung komplett oder teilweise übernimmt. Bei Betreibermodellen im Rahmen einer Projektentwicklung wird sogar die Nutzung des Projektergebnisses vom Auftragnehmer für den Auftraggeber wahrgenommen. Die Projektentwicklung ist häufig in der Immobilienwirtschaft anzutreffen. Hier sei auf die weiterführende Literatur verwiesen.[828]

---

[827] In erweiterter Form zu *Krüger, A.; Schmolke, G.; Vaupel, R.*: Projektmanagement als kundenorientierte Führungskonzeption, Stuttgart 1999, S. 168ff. und *Kessler, H.; Winkelhofer, G.*: Projektmanagement, 3. Aufl., Berlin, Heidelberg 2002, S. 128.

[828] Vgl. zu Projektentwicklung und Betreibermodellen z.B. *Diederichs, C.J.*: Grundlagen der Projektentwicklung, in: *Schulte, K.-W.* (Hrsg.): Handbuch Immobilien-Projektentwicklung, Köln 1996, S. 17-80; *Alfen, H.W.*: Projektentwicklung Infrastruktur als Geschäftsfeld der Bauindustrie (Teil 1), in: Management/Baubetriebswirtschaft, 1999, H. 4, S. 16-18; *Schulte, K.-W.* (Hrsg.): Handbuch Immobilien-Projektentwicklung, Köln 1996; *Staender, L.; Kötter, R.*: Gewerbeimmobilien, in: *Kühne-Büning, L.; Heuer, J.H.B.*: Grundlagen der Wohnungs- und Immobilienwirtschaft, Frankfurt a.M., 1994, S. 587-621, hier: S. 592ff.; *Schnermann, J.*: Projektentwicklung für Gewerbe-Immobilien, in: *Falk, B. (Hrsg.)*: Gewerbe-Immobilien, Landsberg/Lech 1994, S. 359-372; *Bone-Winkel, S.*: Das strategische Management von offenen Immobilienfonds unter besonderer Berücksichtigung der Projektentwicklung von Gewerbeimmobilien, Köln 1994, zugl.: Oestrich-Winkel, European Business School, Diss., 1994; *Schütz, U.*: Projektentwicklung von Verwaltungsgebäuden, Renningen-Malmsheim 1994; *Kyrein, R.*: Immobilien, Köln 1999.

3.2.2.3.1 Projektabschlussbericht

Als letztes Glied in der Kette der Projektstatusberichte steht der Projektabschlussbericht mit den jeweils zugehörigen Projektauswertungen und Dokumentationen.[829] Er gilt als der Projektstatusbericht zum Zeitpunkt der Übergabe.[830] Bei der vergangenheitsorientierten Analyse und Erstellung des Berichts wird das laufende Projekt-Controlling zum zukunftsorientierten Projekt-Controlling, da nun nicht mehr das Projekt im Vordergrund steht, sondern die Erfahrungen, die aus diesem Projekt für andere, bereits begonnene oder in der Zukunft liegende Projekte gewonnen werden können.[831]

Bei der Ex-Post-Analyse eines Projekts sollte auf die folgenden Punkte geachtet werden:

- Auftragsorganisation.

- Projektplanung und -steuerung.

- Terminliches sowie finanz- und kostenmäßiges Ergebnis inklusive Nachkalkulation (Fortführung der Mitlaufenden Kalkulation).[832]

- Einkauf, Beschaffung und Versorgung des Projekts.

- Qualitätssicherung.

- Projektausführung, Montage und Inbetriebnahme inklusive neuer angewandter Verfahren.

- Dokumentation der provisorischen und endgültigen Abnahme.

Dabei sollte jedes Kapitel folgendermaßen gegliedert sein:

- Planung

- Ist-Datenerfassung und Abweichungen

- Erkenntnisse bei der Durchführung

- Empfehlungen[833]

---

[829] Vgl. *Krüger, A.; Schmolke, G.; Vaupel, R.*: Projektmanagement als kundenorientierte Führungskonzeption, Stuttgart 1999, S. 170.

[830] Vgl. *Lachnit, L.*: Controllingkonzeption für Unternehmen mit Projektleistungstätigkeit, München 1994, S. 47.

[831] Vgl. *Andreas, D.; Rademacher, G.; Sauter, B.*: Projekt-Controlling und Projekt-Management im Anlagen- und Systemgeschäft, 5. Aufl., Frankfurt a.M. 1992, S. 98.

[832] Vgl. *Corsten, H.*: Projektmanagement, München 2000, S. 32f.

Bei den Plan-Daten handelt es sich um die Ausgangsdaten der Erstplanung (technische Mengengerüste) und der Startkalkulation (bewertete Mengengerüste hier in Form der angepassten Arbeitskalkulation) ergänzt um etwaige während des Projekts angefallene Änderungs- und Nachtragspositionen (Revised Budget). Ausgangsbasis für die Ermittlung der Abweichungen ist die vollständige Erfassung der Ist-Daten, die erst nach Abschluss aller Arbeiten erfolgen kann. Wichtig bei der Erfassung der Ist-Daten ist, dass Plan- und Ist-Datenstrukturebenen sowohl bei den technischen als auch bei den bewerteten Mengengerüsten identisch sind. So muss vor allem die Nachkalkulation im Detaillierungsgrad und der Kalkulationsstruktur den vorhergehenden Kalkulationen entsprechen, ansonsten wäre kein eindeutiger Vergleich möglich.

Dem Soll-Ist-Vergleich muss eine Abweichungsanalyse folgen, in der die Ursachen für Abweichungen erläutert werden.[834] Hierbei ist eine Unterteilung in vermeidbare und unvermeidbare Ursachen zu empfehlen, denn falls es sich um einen grundsätzlichen Mangel gehandelt hat, ist es wichtig, diesen zu erkennen und schriftlich festzuhalten, um diese Erkenntnis für spätere Projekte nutzen zu können. Die Abweichungen sind deshalb in einem Abweichungsanalysebericht festzuhalten. Dieser ist sowohl für die interne Projektabschlusssitzung als auch für den Aufbau einer Erfahrungsdatenbank von Nutzen.[835]

Die obigen Ausführungen gelten entsprechend für die zuvor entwickelte Deckungsbeitragsrechnung (vgl. Kapitel 3.1.1) und das frühwarnorientierte Projektkennzahlensystem (vgl. Kapitel 3.1.3). Mit Hilfe der Kennzahlenanalyse lassen sich Aussagen über die Wirtschaftlichkeit, Rentabilität und Liquidität eines Projekts kompakt darstellen. Der Erfolg eines Projekts kann differenziert anhand der entwickelten Deckungsbeitragsstufen bis zum Projektergebnis ermittelt werden.[836]

Weitere Erfahrungen, die aus der Projektanalyse gewonnen werden, dienen dazu, die Bearbeitung von Projekten zu standardisieren. Es können Standard-Baugruppen oder Standard-Projektstrukturpläne erstellt werden. Im technischen Bereich werden sich die Erkenntnisse vor allem

---

[833] Vgl. *Schmitz, H.; Windhausen, P.M.*: Projektplanung und Projektcontrolling: Planung und Überwachung von besonderen Vorhaben, 3. Aufl., Düsseldorf 1986, S. 157.

[834] Vgl. *Riedl, J.E.*: Projekt-Controlling in Forschung und Entwicklung, Berlin 1990, S. 168f.

[835] Vgl. *Burghardt, M.*: Projektmanagement, 2. Aufl., Berlin, München 1993, S. 395ff.

[836] Vgl. *Buch, J.*: Entscheidungsorientierte Projektrechnung, Frankfurt a.M. 1991, S. 179.

in Form von sichereren Vorhersagen im Bereich des Mengengerüsts niederschlagen.

Analysedaten aus der Nachkalkulation können für zukünftige Vorkalkulationen äußerst wichtig sein, und sollten daher in einer Datenbank gesammelt werden. Die angefallenen Ist-Kosten müssen allerdings unter Umständen in die normalisierten Kosten umgewandelt werden. Das bedeutet, dass bestimmte Besonderheiten, die ausschließlich in diesem Projekt gegolten haben, in Werte überführt werden müssen, die bei normalen Verhältnissen erreicht worden wären. Dies gilt in beide Richtungen. Es sind sowohl die Kosten, die zu niedrigeren Kosten geführt haben, zu addieren, als auch jene, die zu höheren Kosten geführt haben, zu subtrahieren. Dies soll an zwei Beispielen erläutert werden:

- Der Preis für einen Werkstoff fällt besonders günstig aus, da ein Unterlieferant zu einem besonders günstigen Einstandspreis liefert, den er nicht nochmals zugestehen wird.

- Ein besonders hoher Termindruck hat dazu geführt, einen Lieferanten auszuwählen, der einen besonders hohen Preis verlangt.

Außerdem können mit Hilfe von Datenbanken bestimmte Informationen und Erfahrungen gespeichert werden. Diese Erfahrungen beziehen sich vor allem auf:

- Länderbesonderheiten

  Länderrecht, internationales Recht, Währungsfragen, politische Entwicklung sowie Steuer- und Zollaspekte.

- Finanzierungsmodalitäten

  Zahlungsbedingungen, Zinsniveau und Währungsparitäten.

- Lieferantenmerkmale

  Zuverlässigkeit, Vertragstreue und Bonität.

- Konsortialfragen

  Zuverlässigkeit, Vertragstreue, Bonität und vertragliche Leistungsabgrenzung.

- Kundenmerkmale

Zahlungsverhalten, Vertragstreue, Kooperationsverhalten und Kundenbedeutung im Hinblick auf die eigene Vertriebsstrategie.[837]

3.2.2.3.2 Projektreflektion und -auswertung

Neben dem Projektabschlussbericht, der das Projekt aus der projektinternen Sicht beurteilt, kann das Projekt noch aus einer projektübergreifenden Sicht analysiert werden. Dazu ist es angebracht, den Projektverlauf nach Projektabschluss aus der Sicht anderer Personen bzw. Institutionen zu reflektieren und zu analysieren.[838] Es werden vor allem die in der Abbildung 160 dargestellten Personen und Institutionen herangezogen.

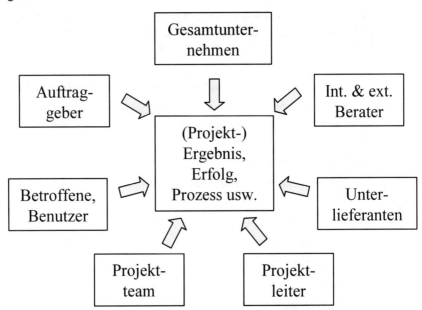

Abbildung 160: Zielgruppen der Projektauswertung

Projektabschlussgespräche runden sowohl intern als auch extern die Erkenntnisse und Projektergebnisse ab, und geben Raum für zukünftige Transaktionen und Verbesserungen.

---

[837] Vgl. *Andreas, D.; Rademacher, G.; Sauter, B.*: Projekt-Controlling und Projekt-Management im Anlagen- und Systemgeschäft, 5. Aufl., Frankfurt a.M. 1992, S. 98ff.

[838] Vgl. *Keßler, H., Winkelhofer, G.*: Projektmanagement: Leitfaden zur Steuerung und Führung von Projekten. Berlin u.a. 1997, S. 217.

Für die Auswertung des Projekterfolgs und -verlaufs sind folgende Fragen von besonderem Interesse:

- Wurden die Projektziele erreicht?
- Wurden die Projektbedingungen eingehalten?
- Wurden die Termine, Finanzen und Kosten eingehalten?
- Wurde die definierte Qualität erreicht?
- Was waren die Hauptprobleme im Projektverlauf?
- Wie verliefen die einzelnen Phasen und Arbeitsschritte?
- Wo wurden bewusst oder unbewusst Abweichungen davon gemacht?
- War die Projektdokumentation ausreichend?
- War die Projekterfahrung bei den Beteiligten ausreichend?
- War die Projektorganisation aufgabengerecht gewählt?
- Welche Entscheidungen wurden im Team getroffen? Welche vom Auftraggeber?
- Wie verlief die Zusammenarbeit im Team? Wie verlief die Zusammenarbeit mit dem Auftraggeber? Wie verlief die Zusammenarbeit mit den Partnern bzw. Unterlieferanten?
- Was war gut?
- Was war weniger gut?
- Was sollte beim nächsten Mal anders gemacht werden?

Die Auswertung sollte je nach Projektgröße entweder in Workshops (bei großen Projekten) oder in der Form einer schriftlichen Befragung mittels Fragebögen (bei kleinen Projekten) stattfinden.[839] Vorteil dieser Methode ist, dass auch qualitative Bewertungen des Projekts möglich werden, die mit Hilfe von Nutzwertrechnungen operationalisiert werden können.[840]

---

[839] Vgl. *Patzak, G.; Rattay, G.*: Projektmanagement. Leitfaden zum Management von Projekten, Projektportfolios und projektorientierten Unternehmen, Wien 1996, S. 401f.

[840] Vgl. *Schelle, H.*: Projektabschluss und -auswertung, in: *RKW* (Hrsg.): Projektmanagement Fachmann, Bd. 2, 6. Aufl., Eschborn 2001, S. 1185-1206, hier: S. 1194ff.

3.2.2.3.3 Entlastung der Projektleitung

Die Entlastung der Projektleitung ist die letzte Aktivität im Projektverlauf. Sie ist je nachdem wer den Projektauftrag gegeben hat, vom Auftraggeber oder Gesamtunternehmen vorzunehmen.

Die Entlastung der Projektleitung umfasst:

- Die terminliche Entlastung,

- die budgetmäßige Entlastung,

- die fachliche Entlastung und

- die personelle Entlastung.

Mit der Entlastung von Projektleitung und Projektteam sollten folgende Fragen beantwortet werden:

- Welche positiven und negativen Terminabweichungen gab es?

- Welche positiven und negativen Kostenabweichungen gab es?

- Welche definierten Anforderungen wurden erfüllt, welche nicht?

- Welche personellen Veränderungen gab es im Projekt?

- Welche Ursachen haben zu diesen Abweichungen geführt?

Wichtig im Vorfeld der Projektentlastung ist zudem, die Folgeaktivitäten für Projektleitung und Ressourcen frühzeitig zu definieren, damit möglichst wenig Reibungsverluste und Leerkapazitäten in einer Übergangsphase zum nächsten Projekt bzw. bei der Eingliederung in Tätigkeiten der Funktionsbereiche entstehen. Zur Sicherung der Ergebnisse ist der Know-how-Transfer einzuleiten. Außerdem sind entsprechende Dokumentations-, Kommunikations- und Archivierungsprozesse einzuleiten.

3.2.2.3.4 Serviceleistungen und Wartungsvereinbarungen

Da die Leistungen und Produkte, die durch Projektbearbeitung erstellt werden, sehr oft komplizierte Technik enthalten, ist die Schulung des Bedienungs- und Wartungspersonals bzw. die Durchführung von Wartungs- und Instandhaltungsleistungen oftmals Bestandteil der Projektaufträge bzw. wird als Anschlussgeschäft generiert.[841]

Dies kann sich durchaus über einen längeren Zeitraum erstrecken, oder sogar eine permanente Einrichtung werden. Dazu werden dann be-

---

[841] Vgl. *Rinza, P.*: Projektmanagement. Planung, Überwachung und Steuerung von technischen und nichttechnischen Vorhaben, 3. Aufl., Düsseldorf 1994, S. 107.

stimmte Mitarbeiter, die während der gesamten Laufzeit mit dem Projekt vertraut waren, verpflichtet. Die eigentliche Projektleitung hat mit dieser Aufgabe nichts weiter zu tun, vielmehr wird diese von Fachleuten für die Personalschulung ausgeführt.

Die Schulung des Personals kann auch in die Abwicklungsphase mit einbezogen werden. Dies geschieht dann in Form eines speziellen Arbeitspakets, welches parallel zu Erstellung bearbeitet wird. Es unterliegt in diesem Fall der Kontrolle und Steuerung der Projektleitung.

Die Qualitätssicherungsarbeiten in der Nachrealisationsphase sollen zum einen der Einhaltung der geplanten Qualität dienen und zum anderen dafür sorgen, dass auftretende Fehler erfasst und zur Verbesserung des Produkts sowie als Grundlage für die Entwicklung von Folgeprojekten ausgewertet werden.

Die geplante Qualität kann durch folgende Maßnahmen eingehalten werden. Die Güte der Ersatzteile muss vorher festgelegt und durch regelmäßige Kontrollen geprüft werden. Die Reparatur- und Wartungsarbeiten müssen ebenfalls überwacht werden.[842] Grundsätzlich ist bei der Strukturierung der Serviceleistungen, Instandhaltungs- und Wartungsarbeiten so vorzugehen, als handele es sich um ein neues Projekt. Es muss ein verantwortliches Team gebildet werden, das dann das Vorgehen in der Projektnutzungsphase plant.

Die Service- bzw. Instandhaltungs- oder Wartungsverträge sollten genau festlegen, welche Aufgaben im Vertragsfall zu übernehmen sind. Dies können z.B. diverse Fehlerbehebungen oder Systemanpassungen bei Software-Produkten sein.[843] Besonders wichtig ist hier auch die Festlegung der verantwortlichen Personen für die Wartung und Pflege, denn die Projektorganisation wird mit dem Projektende aufgelöst und die Wartungsansprüche folgen meist erst später.

---

[842] Vgl. *Rinza, P.*: Projektmanagement. Planung, Überwachung und Steuerung von technischen und nichttechnischen Vorhaben, 3. Aufl., Düsseldorf 1994, S. 107.
[843] Vgl. *Burghardt, M.*: Projektmanagement, 2. Aufl., Berlin, München 1993, S. 387.

4 DV-Implementierung des Projektmanagementsystems

Obwohl festzustellen ist, dass der Einsatz von Projekt-Software die Produktivität der Projektmitarbeiter erhöht,[844] war bis in die 80er Jahre die Unterstützung des Projektmanagements durch DV-Instrumente nur sehr wenig verbreitet. Dies lag daran, dass Projekte durch ihre spezifischen Eigenheiten nur wenige Möglichkeiten für den Einsatz entsprechender Instrumente boten.

Im Verlauf eines Projekts kommt es zwangsläufig immer wieder zu Änderungen. Die Entscheidungswege müssen sehr kurz gehalten werden, um ein effizientes Funktionieren zu garantieren. Die älteren DV-Systeme waren zu schwerfällig. Die Zeit, die zwischen Datenerfassung und Datenauswertung lag, betrug oft mehrere Wochen, was für ein Projekt nicht tragbar ist. Aufgrund der Tatsache, dass der Ort der Projektdurchführung, z.B. im Baugewerbe, dezentral und veränderlich ist, war ohne die heute möglichen DV-Speicherungs- und -Übertragungssysteme (z.B. Laptops mit Telefonschnittstelle), eine Papier-Dokumentation unumgänglich. Inzwischen ist die Entwicklung im Bereich von DV-Systemen allerdings so weit fortgeschritten, dass diese wirtschaftlich vertretbar auszuwählen und einzuführen sind, ohne dass umfangreiche Anpassungen technischer und organisatorischer Art notwendig werden.[845]

Die Umsetzung des hier entwickelten prozessorientierten Controlling-Systems für Unternehmen mit komplexer Projektfertigung ist aufgrund der hiermit verbundenen Informationsvielfalt und Koordination nicht ohne DV-Unterstützung möglich.

Im zunehmenden Wettbewerb, insbesondere bei Projektfertigern, der sich z.B. in der Bauwirtschaft im steigenden Kostendruck sowie dem Zwang nach kürzeren Bauzeiten zeigt, müssen die im Unternehmen ablaufenden Prozesse optimiert werden.[846] Das betrifft die Planung, Steuerung, Kontrolle und Koordination der Projekte im Projekt-Controlling, im Multiprojekt-Controlling und im Rahmen des gesamten Unternehmens-Controlling. Aus diesem Grunde soll im Folgenden die DV-Umsetzung

---

[844] Vgl. *Dworatschek, S.*: Projektmanagement-Software, in: *Reschke, H.; Schelle, H.; Schnopp, R.* (Hrsg.): Handbuch Projektmanagement, Bd. 2, Köln 1989, S. 793-832, hier: S. 797.

[845] Vgl. *Litke, H.-D.*: Projektmanagement: Methoden, Techniken, Verhaltensweisen, 3. Aufl., München, Wien 1995, S. 253.

[846] Vgl. *Blödorn, H.*: DV-gestütztes Projektmanagement. Enormer Wettbewerb zwingt zu strukturierter Vorgehensweise, in: Bauwirtschaft, 1996, H. 7, S. 21-22, hier: S. 21.

eines solchen Systems mit den wesentlichen Informationsverflechtungen und Informationsflüssen an einem Beispielunternehmen des elektrotechnischen Anlagenbaus mit exemplarisch ausgewählten EDV-Systemen systematisch vorgestellt werden. Die entwickelte betriebswirtschaftliche Gesamtkonzeption sowie die EDV-Systemausgestaltung wurden in der Unternehmenspraxis in großen Teilen erfolgreich umgesetzt. Die hierbei ursprünglich in der Unternehmung eingesetzten Softwarelösungen wurden im Kern gegen eine leistungsfähigere ERP-Standardsoftware ausgetauscht,[847] die um spezielle Komponenten für das Projektgeschäft erweitert wurde. Die Migration geschah unternehmensweit in einer Aktion, um aus Sicht der Unternehmensführung einen klaren Schnitt zu ziehen und somit jegliche Ausweichmöglichkeiten der Benutzer auf das alte System auszuschließen.

In empirischen Untersuchungen hat sich gezeigt, dass die wichtigsten Gründe für die Einführung eines solchen DV-Systems in der termingerechten Leistungserstellung, der Steuerung des Arbeitsablaufs, der Einhaltung des Kostenrahmens und der Festigung des Kostenbewusstseins liegen.[848]

Traditionelle DV-Systeme zur Lösung von projektorientierten Aufgaben werden in Netzplantechnik-Programme, Systeme zur Produktionsplanung und -steuerung (PPS) und Projektmanagement-Systeme unterteilt.[849] Die **Netzplantechnik** dient in erster Linie der Erfüllung von Projektstrukturierungs-, Terminierungs- und Kapazitätsaufgaben im Rahmen des Projektmanagements und -Controlling. **PPS-Systeme** beinhalten mehr Funktionalität als die Netzplantechnik-Software. Wie auch die Netzplantechnik aus der industriell geprägten Produktionsplanung und -steuerung stammend, erfüllen PPS-Systeme zwar Planungs- und Steuerungsaufgaben hinsichtlich Terminen, Kapazitäten und Mengen. Kritisch anzumerken ist allerdings, dass ökonomische Größen, wie Kosten, nur am Rande beachtet oder, wie Umsätze, Deckungsbeiträge oder Liquidität, gänzlich außer Acht gelassen werden. **Projektmanagement-Systeme** (PMS) sind so konzipiert, dass sie bei der Erfüllung der Projektmanagement- und Projekt-Controllingaufgaben sinnvolle Unterstützung bieten können und somit neben technischen Aufgaben auch verstärkt kaufmännische Aufgaben und Führungsaufgaben unterstützen.

---

[847] ERP steht für „Enterprise Resource Planning".

[848] Vgl. *Dworatschek, S.*: Projektmanagement-Software, in: *Schelle, H.; Rescke, H.; Schnopp, R.; Schub, A.* (Hrsg.): Projekte erfolgreich managen, Bd. 2, Köln 1994, S. 1-26, hier: S. 5.

[849] Vgl. *Lachnit, L.*: Controllingkonzeption für Unternehmen mit Projektleistungstätigkeit, München 1994, S. 72ff.

Die PMS bestehen schon aufgrund der Vielfalt der zu erfüllenden Aufgaben aus mehreren Software-Bausteinen, wie z.b. Netzplan-, Textverarbeitungs-, Tabellenkalkulations- und Lernhilfen-Software.[850] Des Weiteren hat ein den Ablauf eines Projekts förderndes PMS weitere Vorgaben zu erfüllen, wie:

- Schaffung eines integrierten Projektmanagements und -Controlling in dem Sinne, dass die Betrachtung der Kosten, Leistungen, Termine, Ressourcen etc. in einem System ermöglicht wird.

- Implementierung eines modularen Aufbaus gemäß den zu erledigenden Aufgaben. Daraus resultieren Module wie das Projektstrukturplan-, Terminplan-, Kosten-, Dokumentations-, Action Item-, Kostenschätz- und Informationsmodul.[851]

- Verbesserung des Informations- und Kommunikationsflusses zwischen den an einem Projekt Beteiligten und somit Verbesserung der Entscheidungsunterstützung.

- Wirtschaftlichkeit des DV-Einsatzes.

Neben den zahlreichen auf dem Markt vorhandenen Lösungsanbietern für Projektmanagement-Systeme stellt die Komponente Projektsystem (PS) im Standardsoftware-System R/3 der SAP AG ein Beispiel für ein PMS dar.[852] Das SAP R/3-System an sich basiert auf einer dreistufigen

---

[850] Vgl. *Lachnit, L.*: Controllingkonzeption für Unternehmen mit Projektleistungstätigkeit, München 1994, S. 75.

[851] Vgl. *Madauss, B.J.*: Handbuch Projektmanagement, 5. Aufl., Stuttgart 1994, S. 471ff.

[852] Einen Teilausschnitt ausgewählter Lösungsanbieter derzeit vorhandener Projektmanagement-Software mitsamt Produkten zeigt folgende Aufzählung: Acos Projektmanagement GmbH: ACOS Compact®, ACOS PULS 1®; Actano GmbH: RPlan; Agresso GmbH: Agresso Projekt; Artemis International GmbH: Business Management Architecture™; Asta Development GmbH: Easyplan, Powerproject, Enterprise, Sigecontrol, Tilos, Humanwork, Meridian Project Pack; Atoss Software GmbH: Project & Performance Management; Augeo Software: Augeo5™; BBL-Software GmbH: >Projekta<®; Boost GmbH: Ingeni; Connectivity GmbH: ConAktiv PROJEKT; Crest Software: CS Project Lite, CS Project Professional, Project Manager's Assistant; e-Gip Software AG: egip; IFS Deutschland GmbH & Co. KG: IFS Engineering & Project Delivery; Intermet GmbH: ANTILOPE, Project Enterprise Consolidator; Intraware AG: OCTOProject; Microsoft Corporation: Project 2000, Project Cenral, Project Professional 2002; NIKU Software GmbH: Niku Portfolio Manager; Palmway: PPMS®; Pavone AG: PAVONE Project Management; Planta GmbH: PPMS; PlanView GmbH: PlanView Project Management; Proalpha Software AG: proALPHA® Projektmanagement; Projektron GmbH: Pro-

Client/Server-Architektur, die, verbunden mit dem Ziel, Datensysteme unabhängig und dezentral zu nutzen, zu einer optimalen Nutzung der Rechnerkapazitäten auf allen Ebenen führen soll.[853] SAP R/3 kann als integrierte Software bezeichnet werden, weil die einzelnen betriebswirtschaftlichen und technischen Komponenten des Systems untereinander verbunden werden können und somit Informationen komponentenübergreifend ausgetauscht und verarbeitet werden können. Für den Projektfertiger besteht eine solche Integration z.b. aus den Komponenten des Projektsystems PS und den betriebswirtschaftlichen Komponenten, wie CO (Controlling) und FI (Finanzbuchhaltung) oder logistischen Komponenten, wie MM (Materialwirtschaft) und SD (Vertrieb). Ferner bietet die R/3-Software offene Schnittstellen an, wodurch dem Anwender Verbindungen zu anderen externen Programmen, wie spezielle Projektmanagementsoftware (z.b. MS Project®) oder Tabellenkalkulationsprogramme (z.b. MS Excel®) offen stehen.[854]

Auch wenn das PS-Modul im Rahmen von SAP R/3, bezogen auf seine Leistungsmerkmale, den Anforderungen und Aufgaben von Unternehmen mit Projektfertigung mehr und mehr entspricht,[855] gibt es wirtschaftliche und inhaltliche Gründe, auf spezialisierte Software für Projektfertiger auszuweichen.[856] SAP R/3 entwickelt seine volle Leistungsfähigkeit z.b. erst bei der Integration vieler Komponenten. Dies führt bei mittelständischen Betrieben zu hohen Einführungs- und Betriebskosten der Software, die ökonomisch nicht sinnvoll sind.

Andererseits entsprechen die gebotenen Funktionen nicht allen Anforderungen von Unternehmen mit Projektfertigung. Höhere bzw. spezielle Anforderungen stellt der Projektfertiger vor allem in den Bereichen der Leistungsverzeichnisse (GAEB-Schnittstelle zum Einlesen der Leistungsver-

---

jektron BCS; Pus GmbH: PQM; Scitor Projekt- und Prozessmanagement GmbH: Scitor PS Suite, Scitor Project Scheduler, Scitor Project Communicator, OPX2; Softwerft GmbH: SOFT:TIME ZEITLEISTUNGSMANAGEMENT.

[853] Vgl. *Wangenheim, S.v.; Stoi, R.*: Das System SAP R/3, in: ZfC, 1995, H. 4, S. 208-215, hier: S. 208f.

[854] MS Projekt® und MS Excel® sind eingetragene Warenzeichen der Microsoft Corporation.

[855] Vgl. *Wienhold, K.; Schön, D.*: Montagestundensatzorientierte Projekt- und Ergebnisrechnung. Ein innovatives Instrument für das Bau- und Baunebengewerbe, in: ZfC, 1997, H. 4, S. 226-234, hier: S. 234.

[856] Zur Wahl der Software vgl. *Michel, R.M.*: Projektcontrolling und Reporting, 2. Aufl., Heidelberg 1996, S. 251ff.; *Schmitz, W.*: Zwischen Anschaffungs- und Betriebskosten. Neue Kriterien der EDV-Auswahl, in: Bauwirtschaft, 1997, H. 9, S. 22-24.

zeichnisse),[857] der Projektkalkulation und Projektplanung sowie der Netzplantechnik. Hier bieten sich spezielle, am Markt angebotene Kalkulations-, Planungs- bzw. Netzplan-Softwarelösungen an, die speziell auf die Bedürfnisse der Branchen des Projektfertigers zugeschnitten sind.[858] Im Baugewerbe gibt es z.B. eine Vielzahl von Bausoftware, wie Power Project, pro-Bau/S®,[859] oder Bausoft, für die Kalkulation, den Einkauf oder auch die Einsatzplanung. Im Gegensatz zu den großen integrierten ERP-Standardsystemen, stellen diese jedoch hochspezialisierte Insellösungen dar, die in das DV-Gesamtkonzept zu integrieren sind.[860]

Solange die ERP-Standardsysteme nicht alle wichtigen Funktionen für Projektfertiger integriert anbieten, ist für Unternehmen mit komplexer Projektfertigung eine Symbiose aus ERP-Standardsystem und spezialisierter Software zu entwickeln.

An eine solche integrierte Systemlösung sind zunächst allgemeine System-Anforderungen zu stellen:[861]

- Das Datenvolumen muss minimiert werden.

- Ein wirtschaftlicher Einsatz muss gewährleistet sein.

- Das DV-System muss leicht in die Unternehmensorganisation integrierbar sein.

- Es muss leicht erweiterbar sein.

- Die Informationsdichte muss nach der Entscheidungsqualität und dem Informationslevel differenziert sein.

- Das Informationssystem muss so flexibel sein, dass Änderungen von Reports und Auswertungen kurzfristig möglich sind.

---

[857] Vgl. *GAEB (Gemeinsamer Ausschuss Elektronik im Bauwesen)*: Regelungen für den Datenaustausch Leistungsverzeichnis, 2. Aufl., Berlin 1995 und *GAEB (Gemeinsamer Ausschuss Elektronik im Bauwesen)*: Erläuterungen zu den Regelungen für den Datenaustausch Leistungsverzeichnis, 2. Aufl., Berlin 1995.

[858] Vgl. *Michel, R.M.*: Projektcontrolling und Reporting, 2. Aufl., Heidelberg 1996, S. 253.

[859] ProBau/S ist ein eingetragenes Warenzeichen der Husemann & Fritz - EDV Organisations- und Beratungs GmbH, Bielefeld.

[860] Vgl. *Wienhold, K.; Schön, D.*: Montagestundensatzorientierte Projekt- und Ergebnisrechnung. Ein innovatives Instrument für das Bau- und Baunebengewerbe, in: ZfC, 1997, H. 4, S. 226-234, hier: S. 234.

[861] Vgl. *Litke, H.-D.*: Projektmanagement: Methoden, Techniken, Verhaltensweisen, 3. Aufl., München, Wien 1995, S. 254.

- Das System sollte methodisch einfach und leicht zu handhaben sein.

- Bei der Planung und Berichterstattung muss es unterstützend wirken.

- Durch die DV sollte eine Eindämmung der Papierflut erfolgen.

Neben diesen allgemeinen Anforderungen muss es eine Vielzahl von Aufgaben innerhalb der Projektbearbeitung erfüllen können, die bei der Softwareauswahl in Form eines Pflichtenhefts dokumentiert werden. Es muss als Planungs-, Steuerungs-, Kontroll- sowie Dokumentationsinstrument fungieren. Die folgende Auflistung gibt einen Überblick über die zentralen Aufgaben eines Projektfertigers:[862]

- Planungsaufgaben

  - Projektstruktur- und -ablaufplanung

  - Terminplanung

  - Kapazitätsplanung

  - Kosten- und Erfolgsplanung

  - Risikoplanung

  - Cash-Flow-Planung

- Steuerungsaufgaben

  - Aufzeigen des Projektfortschritts

  - Aufzeigen von Entscheidungsgrundlagen, auch durch Ermittlung von Alternativen bei Problemlösungen, z.B. durch Simulationsrechnungen

  - Aufzeigen von Risiken und Kostenentwicklungen durch Trend- und Prognoserechnungen

  - Optimierung des zeitbezogenen Finanzbedarfs zur Minimierung von Finanzierungskosten

- Kontroll- und Dokumentationsaufgaben

  - Terminkontrolle

  - Kapazitätskontrolle

---

[862] Vgl. *Litke, H.-D.*: Projektmanagement: Methoden, Techniken, Verhaltensweisen, 3. Aufl., München, Wien 1995, S. 255.

- Kosten- und Erfolgskontrolle

- Automatische Erstellung von Managementinformationen auf verdichteter Ebene

- Automatische Ermittlung des Projektfortschritts zur Dokumentation für die Rechnungslegung und Rechnungsverfolgung

- Projektdokumentation und Ergebnisverwaltung

- Risikokontrolle

- Fortschrittsberichterstattung

- Zeichnungsdokumentation

- Dokumentation von Lieferungen und Leistungen inklusive Vortragsdokumentation

- Speicherung von Projektdaten zur späteren Auswertung, Aufbereitung und Nutzung für Folgeprojekte

- Materialmanagement inklusive der Transportlogik sowie Lagerhaltung, soweit im Projektgeschäft erforderlich

Der Einsatz einer integrierten Systemlösung hat für Unternehmen mit Projektfertigung eine Reihe von Vorteilen. Der Schwerpunkt liegt dabei eindeutig in der Planungsphase eines Projekts. Gerade die Planungen der Projektstruktur, Termine, Kapazitäten und Kosten sind geeignet für eine Bearbeitung mit DV-Systemen. Laut *Wulffen* liegen die Vorteile in den folgenden Punkten.[863]

- Für die Projektplanung generell:

  - Schnellere Angebotserstellung

  - Höhere Planungsgenauigkeit

  - Bessere Strukturierung der Projektvorhaben in Teilaufgaben mit wohl definiertem Ziel

  - Klare Vorgaben an die Projektbeteiligten, Abgrenzung der Aufgaben und Verantwortung der Projektbeteiligten

  - Bildung von Erfahrungswerten und damit realistischeren Plan-Werten

---

[863] Vgl. *Wulffen, H.A.*: Computergestützte Projekt-Management-Systeme - Was leisten sie?, in: Management-Zeitschrift, 1987, H. 6. S. 293-299.

- Erfassung der wichtigsten Projekteinflussgrößen
- Schnelle Verfügbarkeit der Projektdaten
- Verbesserung der Kommunikation der Projektteilnehmer
- Rechtzeitige und angemessene Information aller Beteiligten
- Erhöhung der Transparenz und Überblick über den Projektstand
- Straffe Projektverfolgung und damit Leistungsverfolgung
- Reduzierung des Planungs- und Steuerungsaufwands (z.B. weniger Zeitaufwand für Besprechungen)
- Möglichkeit zur Multiprojektplanung
- Für die Terminplanung:
  - Ermittlung realistischer Projekttermine
  - Hohe Termintreue
  - Verkürzung der Projektdurchlaufzeit
  - Bessere Terminabsprachen zwischen den Beteiligten
- Für die Kapazitätsplanung:
  - Realistische Kapazitätsplanung und damit verbunden bessere Kapazitätsauslastung
  - Rationellerer Einsatzmitteleinsatz
  - Erkennen von Engpässen
- Für die Kostenplanung:
  - Verursachungsgerechte Kostenzuteilung
  - Realistischere Vorkalkulation bzw. Budgeterstellung
  - Einhaltung des Projektbudgets
  - Ermittlung der je Projekt angefallenen Kosten
  - Vermeidung von Konventionalstrafen
  - Senkung der Kapitalbindung
- Für die Projektüberwachung und -steuerung:
  - Zeitnahe Projektüberwachung
  - Schnellere Reaktion auf Veränderungen im Projektablauf
  - Vorgabegerechte Projektsteuerung

- Verbesserter Überblick über den Projektfortschritt

- Erkennen der ablaufzeitbestimmenden Vorgänge

- Erhöhte Transparenz des Projektablaufs

- Weniger Hektik bei der Projektabwicklung

- Für die Projektkostenverfolgung:

  - Abgrenzung, Kontrolle und Steuerung aller geplanten und ausgeführten Eigen- und Fremdleistungen sowie Fremdlieferungen

  - Lückenlose Projekterfassung mit jederzeit rekonstruierbarer, transparenter Darstellung der im Projektverlauf angefallenen Kostenänderungen

  - Feststellung des Abwicklungsstands nach technisch-wissenschaftlichen Kriterien entsprechend des Leistungsfortschritts

  - Eindeutige Zuordnung von Kosten- und Ergebnisverantwortlichkeit der planenden, abwickelnden, überwachenden und steuernden Ingenieurgruppen

Um wichtige Schwerpunkte der Controllingfunktionalität des Projektmanagementsystems herauszuarbeiten soll im Folgenden die EDV-Gesamtkonzeption mit dem zentralen ERP-System und den Spezialkomponenten für die Projektfertigung vorgestellt werden. Anschließend werden speziell die Planungs- und Frühwarninformationssysteme als wichtige Elemente der Planung, Steuerung und Kontrolle eines Projektfertigers analysiert. Zum Schluss wird das entwickelte, übergreifende, intranetgestützte und prozessorientierte Informations- und Koordinationssystem vorgestellt, das die einzelnen EDV-Komponenten miteinander verbindet.

3.1 EDV-Gesamtkonzeption

Den Rahmen für die EDV-Gesamtkonzeption bildet ein übergreifendes, intranetgestütztes und prozessorientiertes Informations- und Koordinationssystem. Gegenüber den bisher in der Literatur zu findenden, mehrdimensionalen, controllingorientierten EDV-Konzeptionen mit den Dimensionen Zeitbezug, Entscheidungsebene, Systemebene (Erfassungs-, Administrations-, Dispositions-, Abrechnungs- und Führungsinformationssysteme), Inhalte, Bereiche etc.[864] wird eine neue Dimension, die Ablauf- bzw. Prozessorientierung, stärker in die DV-Konzeption mit einbezogen. Im Rahmen dieses Konzepts steht der Prozess mit seinen entscheidungsorientierten Ereignissen im Mittelpunkt der Konzeption. Der Grund hierfür ist naheliegend. Wirtschaftliche Entscheidungen werden zwar in der jeweiligen Entscheidungsebene getroffen, maßgeblich ist hierfür jedoch der Gesamtzusammenhang der Entscheidungshierarchie im Geschäftsprozess.

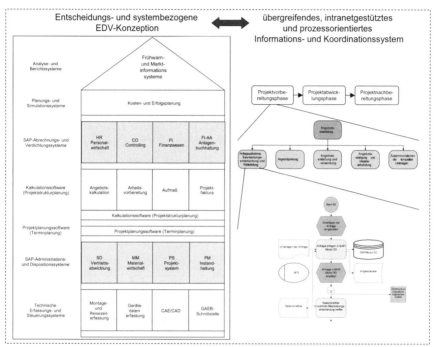

Abbildung 161: Prozess- und entscheidungsebenenbezogene EDV-Gesamtkonzeption

Die Komponentensicht der EDV-Gesamtkonzeption zeigt neben dem übergreifenden, intranetgestützten und prozessorientierten Informations- und Koordinationssystem die wesentlichen Systemkomponenten. Aufgrund der weiter oben aufgezeigten Mängel derzeit vorhandener ERP-Standardsysteme wird im Rahmen dieser Arbeit eine EDV-

---

[864] Vgl. z.B. *Reichmann, Th.*: Controlling mit Kennzahlen und Managementberichten. Grundlagen einer systemgestützten Controllingkonzeption, 6. Aufl., München 2001, S. 12.

Gesamtkonzeption entwickelt, die neben den Standardfunktionalitäten auch weitere wichtige Funktionen für Projekteinzelfertiger mit Hilfe von speziellen, auf die Projektfertigung zugeschnittenen Softwareprogrammen abdeckt.

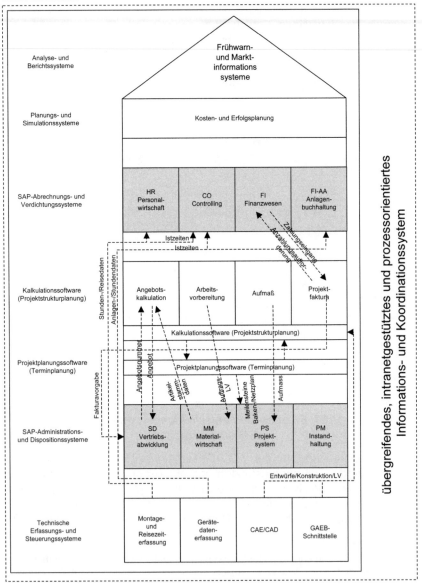

Abbildung 162: Komponentensicht der EDV-Gesamtkonzeption

Stellt man das zentrale Standardsystem in den Mittelpunkt der EDV-Gesamtkonzeption, so ergibt sich folgendes Bild.

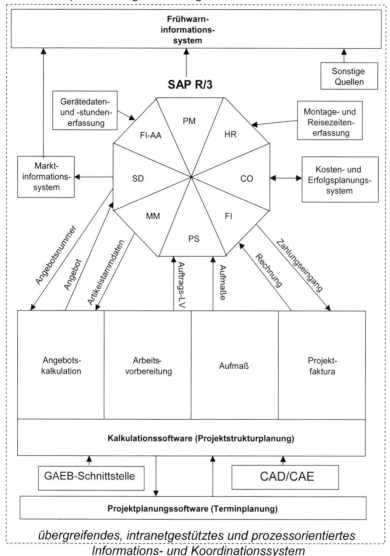

Abbildung 163: EDV-Gesamtkonzeption aus der Sicht der zentralen Standardsoftware

Als Beispiel für ein zentrales Standardsystem für ein Unternehmen mit komplexer Projektfertigung soll hier das von der SAP AG angebotene

Software-System R/3 dienen. Zum Einsatz kommen die Komponenten FI-AA (Anlagenwirtschaft), PM (Instandhaltung/Wartung), HR (Personalwirtschaft), CO (Controlling), FI (Finanzwesen), PS (Projektsystem), MM (Materialwirtschaft) und SD (Vertrieb).

Zur Kalkulation, Arbeitsvorbereitung, Aufmaßerfassung und Projektfaktura werden nicht die von SAP zur Verfügung gestellten Komponenten PS bzw. SD verwendet, da der hier verwendete Menüaufbau logisch und arbeitstechnisch nicht den üblichen Denkmustern bzw. Verfahrensweisen entspricht. Daher wurde die projektspezifische Kalkulations- und Planungssoftware Pro-Bau/S® eingesetzt. Bei dieser erfolgt die Erfassung zeilenmäßig, was dem Aufbau eines Leistungsverzeichnisses bzw. Projektstrukturplans im Projektgeschäft entspricht und so eine wesentliche Zeitersparnis darstellt, da bekannte und logische Denkmuster keiner Veränderung bedürfen. Fremde Leistungsverzeichnisse lassen sich über die GAEB-Schnittstelle einlesen. Werden für Design und Entwurf CAD- und CAE-Systeme eingesetzt, werden die Datengerüste für die Projektstrukturplanung an das Kalkulationssystem übergeben.

Für die Termin- und Ablaufplanung wird eine weitere spezielle Projektplanungssoftware herangezogen. Für die Abbildung komplexer Projektabläufe reicht, wie gezeigt, die Kombination von einfachen Instrumenten (Balkenpläne) bis hin zu komplexen Instrumenten der Terminplanung (Netzplantechnik) in Verbindung mit der Meilensteinplantechnik aus (vgl. Kapitel 3.2.2.1.3.6.6). Während die Netzplantechnik in Verbindung mit den gesetzten Meilensteinen für übergeordnete Projektteile Anwendung findet, ist die Detailplanung und -abwicklung der einzelnen Arbeitspakete über die Netzplantechnik zu schwerfällig und pflegeintensiv. Für die Einhaltung der Arbeitspakete und deren Detailplanung reichen einfache, visuell unterlegte Instrumente wie die Balken- und die Transplantechnik in Verbindung mit der Meilensteinplantechnik aus.

Die Verbindung der jeweiligen Verantwortungsebenen erfolgt idealerweise durch kommunikative Prozesse, die im Rahmen der Workflowmodellierung des übergreifenden, intranetgestützten und prozessorientierten Informations- und Koordinationssystem zu schaffen sind. Änderungen in einem Projekt sind hierüber schnell zu kommunizieren und abzustimmen. Im Gegensatz zu traditionellen Systemen werden Projekt- und Terminänderungen nicht automatisch auf alle Planungsebenen durchgereicht. Dies dazu führte dazu, dass Pläne nicht mehr transparent waren. Hier werden stattdessen im Vorfeld Kommunikationsvorgänge angestoßen, bei denen die Projektverantwortlichen unterschiedlicher Projektebenen bezüglich vorhandener Kapazitäten und Engpässe anfragen und sich untereinander abstimmen müssen. Erst nach Einigung werden die Pläne auf den jeweiligen Ebenen angepasst. Hierdurch werden Änderungen im Projekt transparenter und wirtschaftlicher verfolgt.

Die übergeordnete Projektterminplanung mit Hilfe von Netzplänen erfolgt im Projektsystem des zentralen Softwaresystems, während für die Detailprojektplanung, z.b. das Produkt MS Project der Firma Microsoft ausreicht.[865]

Auch wenn die Projektstrukturplanung und die Termin- und Ablaufplanung von den speziellen Systemen vorgegeben werden, bleibt das führende System die zentrale Kernkomponente PS. In dieser wird die Projektstruktur- und Terminplanung mit Hilfe bidirektionaler Schnittstelle ständig aktualisiert, so dass die Systemkomponenten mit den gleichen konsistenten und abgestimmten Daten arbeiten. Das SAP-Modul dient hier lediglich als Datensammler und erweist gerade hier seine Stärken gegenüber den dezentralen Spezialkomponenten, die wiederum in ihrer Flexibilität und Funktionalität Vorteile besitzen.

Das Kalkulationstool wurde genau an die Bedürfnisse des betrachteten Unternehmens angepasst, so dass die in dem Unternehmen entwickelten Verfahrensanweisungen für das Projektmanagement mit Hilfe dieses Tools für den Anwender problemlos umsetzbar sind. Dies betrifft insbesondere die Projektstrukturplanung (vgl. Kapitel 3.2.2.1.3.5), die Termin- und Ablaufplanung (vgl. Kapitel 3.2.2.1.3.6), die Kapazitätsplanung (vgl. Kapitel 3.2.2.1.3.7) sowie die Überwachung, Steuerung und Fortschrittsanalyse mit Vergleich von Basisplan-Daten und aktualisierten Soll- bzw. Ist-Daten sowie die Darstellung des objektiven und subjektiven Terminverzugs (vgl. Kapitel 3.2.2.2.2).

Da die Aufführung der kompletten Funktionalität sowohl des ERP-Systems als auch der Spezialsysteme nicht Gegenstand dieser Arbeit sein kann, sollen hier zielgerichtet besonders die Komponenten und Verbindungen hervorgehoben werden, die neben der Standardfunktionalität insbesondere für Unternehmen mit komplexer Projektfertigung von besonderer Bedeutung sind. In den folgenden Kapiteln sollen deshalb speziell die Funktion und Nutzung des Kalkulationssystems und schließlich der Daten- und Informationsfluss mit den anderen Komponenten entwickelt werden.

---

[865] Mittlerweile existieren eine Reihe von Programmen zur Projektbearbeitung. Eines davon ist der von Microsoft erstellte Projektmanager MS Project. Dieser läuft unter Windows und ist voll kompatibel zu MS Office. Die Stärken des Projektmanagers liegen in der hochauflösenden Graphikdarstellung und in der relativ einfachen Handhabung. Es besteht die Möglichkeit, Eingaben und Auswertungen mit MS Access so zu programmieren, dass um MS Project eine Umgebung geschaffen wird, die den individuellen Bedürfnissen der Unternehmung entspricht. Vgl. *Wischnewski, E.*: Modernes Projektmanagement, 5. Aufl., Braunschweig, Wiesbaden 1996, S. 139.

Bedeutsam für die Controllingfunktionalität des Projektmanagementsystems im Rahmen des Managementregelkreises ist weiterhin die Schaffung von flexiblen Planungswerkzeugen und aussagefähigen Führungsinformationssystemen. Aus diesem Grunde sollen in den weiteren Kapiteln das entwickelte, übergreifende Planungs- und Frühwarninstrumentarium im Zusammenspiel mit den Kernkomponenten des Controlling und des Projektsystems sowie das übergreifende, intranetgestützte und prozessorientierte Informations- und Koordinationssystem vorgestellt werden.

Weitere grundlegende Systeme, wie die Personalwirtschaft, die Materialwirtschaft, die Instandhaltung, das Finanzwesen, spezielle Marktinformationssysteme, die Erfassungssysteme der Geräte- und Montagezeiten etc., die dem Gesamtkonzept zu Grunde liegen, werden nicht speziell behandelt, sind aber im Zusammenhang mit der EDV-Gesamtkonzeption zu berücksichtigen.

4.1 Kalkulationssystem

Das eingesetzte Kalkulationssystem ist ein Teil des vom Hersteller angebotenen ERP-Systems für das Projektgeschäft, hier speziell ausgerichtet auf das Baugewerbe. Es werden nur die Komponenten des Kalkulationssystems eingesetzt, die aus Sicht des EDV-Gesamtkonzepts benötigt werden. Übrige Funktionalität wird entsprechend durch das Standardsystem SAP und seine Komponenten (vor allem das Projektsystem PS) sowie die Projektplanungssoftware (Terminplanung) abgedeckt.

Das Kalkulationssystem deckt folgende Komponenten ab:

- Angebotskalkulation

- Arbeitsvorbereitung

- Aufmaß

- Projektfaktura

Die Aufgaben und der Ablauf der eingesetzten Komponenten des Kalkulationssystems sowie die Informationsverbindung zum Projektsystem (PS) und dem Projektplanungssystem (Terminplanung) sind der folgenden Abbildung zu entnehmen.

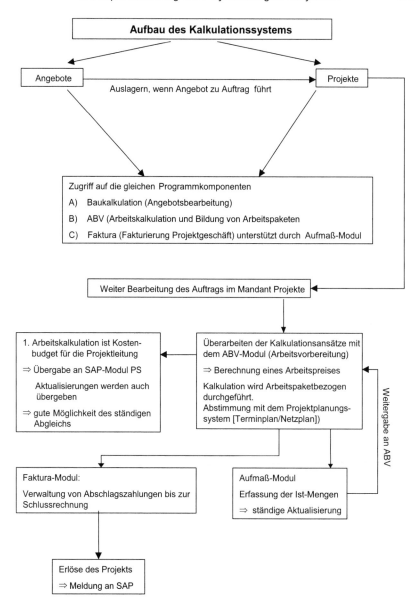

Abbildung 164: Aufgaben und Ablauf des Kalkulationssystem

Die einzelnen Aufgabenschritte sollen, in Anlehnung an die bisherige wissenschaftliche Bearbeitung, prozessorientiert nach den verschiedenen Phasen des Projektgeschäfts untersucht werden. Als Phasen sollen hier vor allem die Angebotsbearbeitung und die Projektabwicklung inklusive der Beschaffung betrachtet werden.

Hierbei ist die Phase der Angebotsbearbeitung in Zusammenhang mit dem Projekt-Controlling in der Vorbereitungsphase und die Phase Projektabwicklung in Zusammenhang mit dem Projekt-Controlling in der Abwicklungsphase zu sehen. Auf eine Betrachtung der Nachbereitungsphase kann in diesem Zusammenhang verzichtet werden, da die Kalkulationssoftware hierzu zwar die notwendigen Daten zur Verfügung stellt, diese aber mit dem Ende der Abwicklungsphase feststehen und nicht mehr im Kalkulationssystem verändert werden. Die im Kalkulationssystem erzeugte letzte Kalkulation wird als Nachkalkulation an das SAP-System übergeben, und ist mit Hilfe der eingesetzten Komponenten PS und CO zu analysieren.

Zur Bearbeitung der Projekte wurden zwei Mandanten eingerichtet. Zum einen der Mandant Angebote, zum anderen der Mandant Projekte. Bei beiden ist eine weitere Untergliederung problemlos möglich, so dass auch mit Teilprojekten gearbeitet werden kann. Beide Mandanten greifen auf dieselbe Programmfunktionalität zu. Dies sind Angebotskalkulation, Arbeitsvorbereitung, Aufmaß und Projektfaktura. Die Funktionen der Programme, die Kommunikation zwischen ihnen und die Kommunikation mit den anderen eingesetzten Programmen wird anhand der einzelnen Phasen in den folgenden Kapiteln beschrieben.

4.1.1 Kalkulation in der Phase Angebotsbearbeitung

Die Angebotsbearbeitung beginnt mit der Erfassung der Angebotsdaten in der SAP-Komponente SD (Vertrieb). Die Anlage der Daten erfolgt im SAP-System, weil nur so die Datenkonsistenz in dieser Systemumgebung sichergestellt werden kann. Von dort werden die Grunddaten des Angebots, wie z.B.:

- Angebotsnummer,

- Kundenanschrift und

- Projektbezeichnung,

in das Kalkulationssystem importiert, und es kann mit der eigentlichen Angebotsbearbeitung begonnen werden.[866] Als erstes muss für die Kalkulation eine Datengrundlage geschaffen werden. Diese Datengrundlage ist das Leistungsverzeichnis mit den vom Auftraggeber für das Projekt

---

[866] An dieser Stelle findet ebenfalls ein Datenabgleich mit dem Marktinformationssystem statt.

gewünschten Merkmalen. Das Leistungsverzeichnis wird meist von Datenträgern, die der Auftraggeber zur Verfügung stellt, über Standardschnittstellen, wie z.b. die GAEB-Schnittstelle oder die Schnittstellen zu den eingesetzten CAE- und CAD-Programmen, eingelesen. Nun ist im System eingestellt, was für das Projekt aus technischer Sicht verlangt wird. Die Hoheit über die Projektstrukturplanung liegt somit im Kalkulationsmodul. Sollten Modifikationen zum Leistungsverzeichnis notwendig sein, können diese abgeändert werden.

Die Vorteile des EDV-Einsatzes im Planungsbereich liegen vor allem in der Beschleunigung der Angebotserstellung. Dieser Punkt ist wichtig, da für die Angebotsabgabe meist nur eine bestimmte Frist gegeben ist. Neben der höheren Bearbeitungsgeschwindigkeit bietet eine DV-gestützte Planung eine höhere Planungsgenauigkeit sowie eine bessere Strukturierung der Projektvorhaben, was eine Erhöhung der Transparenz und einen besseren Überblick über den Projektstand mit sich bringt. Durch die Speicherung von Erfahrungswerten zurückliegender Projekte gelangt man zu realistischen Plan-Werten. Dies betrifft alle Formen der Planung, nicht nur die Strukturplanung. Insbesondere für die Termin- und Kostenplanung sind Erfahrungswerte sehr wichtig.[867]

Das zentrale Instrument in der systemunterstützten Projektplanung ist der Projektstrukturplan mit seinen einzelnen Arbeitspaketen. Neue Projektstrukturdaten sowie Änderungen im Projektstrukturplan werden regelmäßig mit dem Projektsystem (PS) des zentralen R/3-Systems abgeglichen. Den einzelnen Projektteilen bzw. Teilaufgaben werden Arbeitspakete zugeordnet, die im Projektsystem (PS) Projektstrukturplan-Elemente genannt werden.

Nachdem die Struktur steht, können den Arbeitspakten (PSP-Elementen) weitere projektspezifische Grunddaten und Attribute zugeordnet werden, bspw. die zuständigen Organisationseinheiten und Zuständigkeiten, Projektdokumente, Termine, Netzplaninformationen und Meilensteine sowie Kosten und Leistungen.

Aus betriebswirtschaftlicher Sicht schließt sich nach der Aufstellung der Mengengerüste die Preisinformation bezüglich der zu erbringenden Leistungen an. Um auch diese adäquat und permanent erfassen und benutzen zu können, steht in dem beschriebenen Kalkulationssystem ein Preisspiegelmodul zur Verfügung, welches, um eine sinnvolle Nutzung möglich zu machen, ständig kontrolliert und aktualisiert werden muss. Die Preisdaten werden aus dem SAP MM-Modul importiert. Einzig für

---

[867] Vgl. *Wulffen, H.A.*: Computergestützte Projekt-Management-Systeme - Was leisten sie?, in: Management-Zeitschrift, 1987, H. 6. S. 293-299.

nicht standardmäßige Leistungen (Spezialaggregate und vor allem Subunternehmerleistungen) muss eine Anfrage bezüglich des Preises gestartet werden. Diese Anfrage wird vom Kalkulator an den Einkauf gesandt.

Stehen sowohl die technischen als auch die wertmäßigen Daten zur Verfügung, kann mit der eigentlichen Kalkulation begonnen werden. An dieser Stelle kommt somit zum ersten Mal das Kalkulationsmodul zum Einsatz, in dem die Preise für die offenen Positionen ausgewählt werden. Die Bepreisung der Standardfunktionen erfolgt automatisch mit den Daten aus der MM-Komponente des R/3-Systems.

Aufgrund der schrittweisen Verfeinerung der Projektplanung muss die Kostenplanung in verschiedenen Feinheitsgraden zugelassen werden.

Die Kostenschätzung in Anlehnung an den Projektstrukturplan und seine Positionen ist die einfachste Art der Kostenplanung. Sie ist eine kostenartenunabhängige Planungsform, bei der die Plan-Werte hierarchisch erfasst und dargestellt werden. Diese Art der Planung ist allerdings sehr ungenau und dient zumeist nur als Planungsplattform.

Die Kostenplanung nach Kostenarten (Detailplanung) wird eingesetzt, wenn genaue Informationen vorliegen. Sie umfasst die kostenartenbezogene Planung von Primärkosten, Erlösen und Sekundärkosten über die Leistungsverrechnung.

Liegen Informationen über Bezugsquellen, Mengen und Preise vor, wird die Einzelkalkulation als feinste Planungsmethode für die Projektkostenplanung verwendet.

Die drei Planungsformen können für ein Kostenpaket nicht nur alternativ, sondern auch additiv angewandt werden. Es können je nach Informationsstand eine oder mehrere Planungsformen eingesetzt werden. Z.B. kann für bestimmte Teilaufgaben eines Kostenpakets eine Einzelkalkulation oder Kostenartenplanung vorgenommen werden und für die übrigen Teilaufgaben eine globale Schätzung.

Die Möglichkeit alle drei Planungsformen additiv zu verwenden und mehrere Planversionen zu erstellen, erlaubt eine flexible Projektkostenplanung.

Nach der Komplettierung der Kalkulation erfolgt eine Abstimmung des Angebots mit der Angebotsführenden Stelle (AFS). Sollten sich hier noch Änderungen bezüglich der Bepreisung einiger Positionen ergeben, sei es aus geschäftspolitischen oder auftragstaktischen Gründen, so sind diese neuen Preise manuell nachzupflegen Dies geschieht direkt in der Kalkulation, so dass bei einem späteren Drill-down immer auf diesen Preis zurückgegriffen werden kann. Die Standardpreise bleiben unverändert.

Im nächsten Schritt werden die Angebotsunterlagen inklusive der Vertragsunterlagen erstellt, ausgedruckt und versandt. Ist dies geschehen, wird der Status des Projekts auf „Angebot abgegeben" geändert. Die Statusänderung im SAP-System erfolgt über eine Schnittstelle zum SD-Modul. Gleichzeitig mit der Statusänderung erfolgt eine Übergabe der Angebotssumme und der geplanten Deckungsbeiträge an das SD-Modul.

Die weiteren Schritte der Angebotsbearbeitung werden jetzt ebenfalls im Kalkulationssystem durchgeführt. Sollte das Angebot abgelehnt werden, erfolgt eine Änderung des Status auf „Angebot abgelehnt". Dies wird ebenfalls an das SAP SD-Modul gesandt. Gleichzeitig werden die Unterlagen des abgelehnten Angebots archiviert.

Im Falle des Zuschlags wird der Status auf „Angebot zum Auftrag" geändert. Auch diese Statusmeldung muss selbstverständlich an das SD-Modul weitergegeben werden. Innerhalb des Kalkulationssystems werden die Angebotskalkulationsdaten jetzt nicht mehr im Mandant Angebote, sondern im Mandant Projekte geführt.

4.1.2 Kalkulation in der Phase Projektabwicklung

Die Projektabwicklung beginnt mit der Arbeitsvorbereitung. Zu Beginn der Arbeitsvorbereitung benötigt das Kalkulationssystem die Daten, mit denen das Projekt vorbereitet werden kann. Diese werden aus der letzten Angebotskalkulation entnommen, die Grundlage der Vertragskalkulation geworden ist. Diese Grunddaten dienen zur Anfertigung der Arbeitskalkulation und werden aus Gründen der Datenkonsistenz in das SAP-Modul PS exportiert und in ihren jeweiligen Planversionen gespeichert.[868] In der Struktur des Leistungsverzeichnisses handelt sich hierbei um den Projektstrukturplan mit seinen Projektstrukturplanelementen zum Projekt.

Die Arbeitskalkulation wird im Kalkulationsmodul durchgeführt.[869] Hierbei werden im ersten Schritt die Kalkulationsansätze der Angebotskalkulation bezüglich neuer Erkenntnisse der Konstruktion und Projektleitung überdacht. Änderungen in der Arbeitskalkulation können sich z.B. ergeben aus

---

[868] Die verschiedenen Kostenplanungen können im Projektsystem als Planversionen abgelegt werden. Mit Hilfe des Systems ist es möglich, die einzelnen Planversionen zu ändern, zu kopieren und im Informationssystem miteinander zu vergleichen.

[869] Die Möglichkeit der schrittweisen Verfeinerung der Projektkostenplanung gilt hier in der gleichen Weise, wie sie bereits im Rahmen der Angebotskalkulation ausgeführt wurde.

- neu geschätzten, voraussichtlichen Abrechnungsmengen (Plan-mengen),

- dem Austausch von Eigenleistung gegen Fremdleistung oder umgekehrt,

- den aktualisierten Preisgerüsten (z.B. neue Vergabepreise) etc.

Für die Praxis bedeutet das Überarbeiten sämtlicher Kalkulationssätze, dass sich für das Projekt ein Arbeitspreis ergibt. Der Preis, der Vertrags-grundlage geworden ist, jedoch weiter Bestand hat, so dass schon jetzt ein Vergleich der ursprünglichen Kalkulation mit den aktuellen Preisen durchführbar ist und evtl. Abweichungen zur Angebotskalkulation bereits jetzt erkennbar und transparent sind. Alle Änderungen müssen in das Leistungsverzeichnis übernommen werden und in allen betroffenen Sys-temen in unterschiedlichen Planständen (Planversionen) konsistent fort-geschrieben werden.

Bei jeder neuen Kalkulation bzw. Auswertung ergibt sich das Problem, dass das Gesamtaufkommen an Daten für das Unternehmen sowohl von der betriebswirtschaftlichen als auch von der technischen Seite her in einem praktikablen Rahmen gehalten werden muss. Daher kann mit Si-cherheit die Betrachtung eines kompletten Leistungsverzeichnisses für einen Auftrag nicht in Frage kommen. Sinnvoller erscheint es aus die-sem Grund, den Auftrag während der Arbeitsvorbereitung zusätzlich zur Arbeitskalkulation in sinnvolle Arbeitspakete zu unterteilen, die mit den anteilig geplanten Mengen und Kalkulationssätzen gefüllt, eine Aussage über den Umfang jedes Arbeitspakets zulassen.

Bevor allerdings eine Einteilung des Leistungsverzeichnisses in ver-schiedene Arbeitspakete vorgenommen werden kann, muss zumindest eine grobe Termin-, Ablauf- und Strukturplanung vorgenommen werden, da Arbeitspakete einen bestimmten Terminrahmen haben müssen, in-nerhalb dessen sie fertig gestellt sein sollten.

Die grobe Strukturierung und Planung eines Projekts wird in unserem Beispielunternehmen mit dem Projektplanungssystem (Terminplanung) durchgeführt. Dazu müssen die Projektdaten über eine bidirektionale Schnittstelle vom PS-Modul in das Projektplanungssystem exportiert werden. Hier kommen die bereits vorgestellten Methoden der Terminpla-nung, insbesondere der Balken-, Transplan-, Meilenstein- und Netzplan-technik, zum Einsatz (vgl. Kapitel 3.2.2.1.3.6).

Ist die Terminplanung beendet, so werden die strukturierten Daten an das PS-Modul zurückgereicht und stehen zur weiteren Verarbeitung zu einzelnen Arbeitspaketen zur Verfügung. Im Kalkulationssystem werden sinnvolle Arbeitspakete von einzelnen, klar abgegrenzten Projektab-schnitten gebildet. Diese Arbeitspakete sollten durch deutliche Meilensteine, wie etwa Beginn der Arbeiten in Stockwerk 1 (Startpunkt des Projektabschnitts) und Ende der Arbeiten in Stockwerk 1 (Endpunkt des Projektabschnitts), gekennzeichnet sein. Nachdem ein Projekt in Arbeitspakete, die nicht zu klein sein sollten, eingeteilt worden ist, werden die Positionen des Leistungsverzeichnisses den verschiedenen Arbeitspaketen zugeordnet.

Das gesamte Leistungsverzeichnis, die Arbeitspakete des Leistungsverzeichnisses, die Materialinformationsliste und die Bedarfsanforderungen werden über eine Schnittstelle vom Kalkulationssystem in das SAP-Modul PS exportiert, um die Projektleitung mit ständig aktuellen Daten zu versorgen. Die aktualisierten Soll-Kosten-Betrachtungen können nun mit den Daten der Finanzbuchhaltung, der Lohnbuchhaltung etc. abgeglichen und für verschiedenste Auswertungen über den bisherigen Projektstand genutzt werden.

Mit dem Abschluss der ersten Arbeitskalkulation werden alle Projektdaten der Arbeitsvorbereitung archiviert. Systemintern wird das Projekt abgeschlossen, so dass eine Änderung der Daten nur noch über Nachtragspositionen, also mit getrenntem Ausweis, möglich ist. Die grundlegende Arbeitskalkulation dient als Vergleichsgrundlage während der Abwicklung des Projekts. Im SAP-Modul PS wird ebenfalls eine Buchungssperre eingegeben, so dass auch hier die Datenintegrität gewährleistet ist.

Die Positionierung der Beschaffung ist aufgrund der Rückwärtsterminierung und Bedeutung der zu beschaffenden Ressourcen nicht eindeutig zu terminieren. Bei wichtigen und zeitlich dringenden Ressourcen muss der Beschaffungsprozess noch vor der eigentlichen Phase Projektabwicklung in Gang gesetzt werden, da es sonst zu Engpässen bei der Projektabwicklung kommen kann.

Grundsätzlich bietet es sich an, die Bestellpositionen in zu verhandelnde und nicht zu verhandelnde Positionen zu trennen, um eine hohe Wirtschaftlichkeit im Einkauf zu erreichen. Die Bedarfsanforderung wird über eine Schnittstelle an das SAP-Modul MM übergeben. Sie wird im R/3-System kurz BANF genannt. Der Beschaffungsprozess kann auf dieser Grundlage beginnen.

Während der Projektabwicklung werden sich vermutlich weitere Änderungen ergeben, die ebenfalls im Modul Arbeitsvorbereitung eingepflegt werden müssen, so dass auch die Leistungsverzeichnisse, die Materialdispositionslisten und die BANF überarbeitet werden müssen. Auch die Einbindung von Nachträgen erfordert eine Aktualisierung. Diese immer wiederkehrende, meist positive Änderung verändert auch das Budget des Projekts im Hinblick auf zusätzliche Erlöse, jedoch auch steigende Kosten und wird deshalb getrennt vom ursprünglichen Planansatz aus-

gewiesen. Änderungen und Nachträge machen wiederum einen Datenabgleich mit den jeweils betroffenen Komponenten des SAP-Systems
(PS, CO) und dem Projektplanungssystem (Terminplan/Netzplan) erforderlich, um den Entscheidungsträgern, vor allem den Projektleitern und
Arbeitspaketverantwortlichen, transparente Entscheidungsunterstützung
durch das Reporting zu ermöglichen.

Ändern sich die Mengenansätze bei den Bedarfsanforderungen, ist e-
benfalls ein Abgleich in der Komponente Materialwirtschaft (MM) notwendig, da weitere Beschaffungen durch den Einkauf notwendig sind.
Die Erfordernis zusätzlicher Bedarfe wird von den jeweiligen Baustellen
per E-Mail übermittelt und vom E-Mail-Server direkt in das SAP-System
als Bedarfsanforderung weitergeleitet.

Die Erfassung der Montage- bzw. Gerätestunden erfolgt traditionell über
Montagestundenzettel bzw. Gerätestundennachweise. Dies mag bei der
angestrebten DV-technischen Lösung altmodisch erscheinen, wird jedoch dann verständlich, wenn man bedenkt, dass das Beispielunternehmen in der Baubranche tätig ist. Da hier eine ständige Zusammenarbeit mit Subunternehmern erfolgt, bedarf jeder Stundenzettel der Ab-
zeichnung des Baustellenleiters, was bei einer DV-technischen Erfassung nur mit hohem technischen Aufwand möglich ist. Daher ist es wirtschaftlicher, die Stundenzettel dezentral manuell und später zentral DV-
mäßig zu erfassen. Dies bedeutet zwar die Hinnahme einer gewissen
Verzögerung bei der Erfassung, was aber durch die bessere Kontrolle
mehr als ausgeglichen wird. Erfasst werden die Stundenzettel aus Au-
tomatisierungsgründen mit einem Scanner. Hierfür bietet es sich an, visuell geführte Formulare einzusetzen, so dass eine saubere Datenauf-
nahme gewährleistet ist. Nach Aufnahme der Daten werden diese an die
jeweilige datenführende Komponente HR (Personalwirtschaft) oder FI-
AA (Anlagenwirtschaft) und schließlich an die weiteren Komponenten PS
(Projektsystem) bzw. PM (Instandhaltung/Wartung) über die Leistungsverrechnung im Controlling (CO) weitergegeben und dort verarbeitet.

Neben der Kostenkontierung auf die Projektstrukturplanelemente können
die Kosten auch über den Netzplan zugeordnet werden. Wenn ein Netzplan angelegt wird, ermittelt das System bei jeder nachfolgenden Änderung die Plan-Kosten. Je nach Netzplanart werden die Kosten entweder
auf den Netzplankopf oder auf den Vorgängen fortgeschrieben.

Bei der Steuerung des Projekts liegen die Aufgaben des Systems vor
allem im Aufzeigen des Projektfortschritts. Weiterhin müssen Instrumente für die Entscheidungsunterstützung, wie z.B. Simulations-, Trend- und
Prognoserechnungen, bereitgestellt werden. Als Kontrollinstrument muss
das System die einzelnen Verfahren der Termin-, Kapazitäts- und Kostenkontrolle bieten. Aufgabe der Dokumentation ist es zudem, alle während des Projekts angefallenen wichtigen Projektdaten zu speichern und

vom System zur späteren Auswertung, Aufbereitung und Nutzung für Folgeprojekte zu sichern und archivieren.

Das Projektsystem (PS) dient als Informationssystem zur Auswertung des Projekts. Es ermöglicht, die Daten von Projekten im Dialog flexibel auszuwerten und darzustellen. Das Informationssystem gibt Auskunft über den Stand eines Projekts und unterstützt die zielgerichtete Leitung des Projekts. Es liefert in unterschiedlichen Detaillierungsgraden und Verdichtungen die jeweils aktuellen Daten zu:

- Budgets,

- Kosten bzw. Erlösen,

- Finanzen,

- Terminen und Ressourcen sowie

- Fortschrittsanalysen.

Der wichtigste Bericht in Form einer Deckungsbeitragsrechnung ist der im Rahmen der Konzeption entwickelte Projekt- und Ergebnisbericht (vgl. Kapitel 3.1.1). Die Grundlage für die Ermittlung der Daten im Informationssystem ist die logische Datenbank Projektsystem (PSJ). Über das Customizing wird festgelegt, welche Daten selektiert werden, in welcher Sicht die Daten dargestellt werden und wie die Felder in den Übersichten des Informationssystems dargestellt werden. Die einzelnen Berichte lassen sich im Informationssystem über einen individuell zu gestaltenden Berichtsbaum abrufen. Weitere wichtige Reports sind Auswertungen zum Projektfortschritt, zu Projektstrukturen, zu Terminen, zu Kosten, zu Erlösen, zum Budget, zu Finanzen sowie eingesetzten Ressourcen.

Die Erfassung der Aufmaße ist eine Projektzustandsbestimmung und zieht eine erste Fakturierung nach sich. Daher müssen die per Hand bzw. Datenträger erfassten Aufmaße aus dem Modul Aufmaße an das Modul Faktura übergeben werden. Das Modul Faktura dient der Verwaltung der Abschlagszahlungen bis hin zur Schlussrechnung. Jede Fakturierung (Rechnung bzw. Abschlagszahlung) wird der SAP-Komponente SD (Vertrieb/Faktura) bzw. FI (Finanzwesen) als Zahlungsanforderung übergeben. Die Rechnungsstellung erfolgt über das SAP-System.

4.2 Daten- und Informationsflusskonzept

Aufgrund der nicht vorhandenen bzw. geeigneten Gesamtfunktionalität eines ERP-Standardsystems für die Projektfertigung ist die Gestaltung des Daten- und Informationsflusses zwischen den eingesetzten Spezial- und Standard-Komponenten in der EDV-Gesamtkonzeption von besonderer Bedeutung. Folgende Darstellung zeigt den Daten- und Informationsfluss im Rahmen der vorgestellten EDV-Gesamtkonzeption.

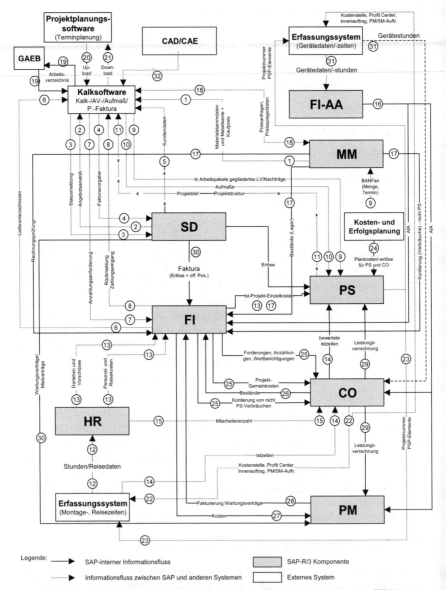

Abbildung 165: Daten- und Informationsflusskonzept in der EDV-Gesamtkonzeption

Grundsätzlich gilt dabei die Aussage, dass mit der Zunahme der Funktionalität eines ERP-Standardsystems bezüglich der Funktionalität im Projektgeschäft in der Zukunft mehr und mehr externe Spezialfunktionalität wegfallen und im ERP-Standardsystem abgedeckt wird. Dies bedeutet natürlich auch die Verlagerung der externen Schnittstelle zu einer internen Schnittstelle im Daten- und Informationsflusskonzept. Die im Folgenden entwickelten Informationsbeziehungen sind dementsprechend sowohl in der Kombinationslösung zwischen Spezial- und Standardsystem als auch in einem ganzheitlichen ERP-System mit geeigneter Projektfunktionalität notwendig. Ausgeklammert bleiben hierbei zunächst die Informationsbeziehungen zu den Analyse- und Berichtssystemen. Das Datenkonzept zum Frühwarninformationssystem soll an späterer Stelle aufgezeigt werden.

Die wichtigsten Informationsschnittstellen zwischen den einzelnen Komponenten der EDV-Gesamtkonzeption werden im Folgenden beschrieben. Unterschieden werden hierbei SAP-interne Schnittstellen und Schnittstellen zwischen dem SAP-System und anderen Systemen.

- Schnittstelle 01

Aufgabe der Schnittstelle 01 ist die Übermittlung der Materialstammdaten und Kalkulationspreise von der SAP-Komponente MM zum Kalkulationssystem.

- Schnittstelle 02

Die Schnittstelle 02 stellt die Verbindung zwischen der SAP-Komponente SD und dem Kalkulationssystem her. Sie importiert die Daten des Angebots in das Kalkulationssystem. Angebotsführendes System ist SD. Durch die Schnittstelle entfällt das umständliche Weiterleiten von Angebotsfaxen und die doppelte Pflege von Grunddaten, wie Angebotsnummer, Kundenanschrift sowie Projektbezeichnung, da diese durch den Import der SAP-Daten automatisch gefüllt bzw. abgeglichen werden. Sowohl die Nummernvergabe als auch die Eingabe der Angebotsdaten in das SAP-System sollte am Ort der Angebotserstellung, also dezentral, geschehen.

- Schnittstelle 03

Durch die Schnittstelle 03 wird vom Kalkulationssystem ausgehend im SAP-Modul SD eine Statusänderung vorgenommen (z.B. Angebot angenommen, Angebot abgelehnt, Angebot erfolgreich etc.).

- Schnittstelle 04

Die Schnittstelle 04 importiert von der Kalkulationsumgebung die Fakturavorgabe in das SAP-Modul SD. Über diese Schnittstelle werden Rechnungen, Teilschlussrechnungen oder Schlussrechnungen an das SAP-System übergeben. Bei einer Rechnung, Schlussrechnung oder Teilschlussrechnung wird ein Auftrag angelegt, der dann über die Komponente SD fakturiert werden kann. Dabei dienen die Ausdrucke aus dem Faktura-Programm lediglich als Anlage zum SAP-Rechnungsblatt. Bei Abschlagszahlungen gelten die Ausdrucke des Kalkulationssystems als Beleg.

- Schnittstelle 05

Schnittstelle 05 exportiert aus dem SAP-Modul SD die Kundendaten in das Kalkulationssystem.

- Schnittstelle 06

Durch die Schnittstelle 06 werden aus dem SAP-Modul FI die Lieferantenadressen in das Kalkulationssystem exportiert.

- Schnittstelle 07

Schnittstelle 07 liefert aus dem Kalkulationssystem eine Anzahlungsaufforderung an das SAP-Modul FI. Im SAP-System wird bei einer Abschlagszahlung eine Buchung erzeugt.

- Schnittstelle 08

Schnittstelle 08 liefert an das Kalkulationssystem aus dem SAP-Modul FI die Rückmeldung des Zahlungseingangs. Über diese Schnittstelle werden sowohl Zahlungseingänge als auch Stornierungen oder andere Veränderungen, die im SAP zu den Projekten erfolgten, an das Kalkulationssystem übergeben.

- Schnittstelle 09

Schnittstelle 09 liefert für das SAP-Modul PS ein in Arbeitspakete gegliedertes Leistungsverzeichnis bzw. Nachträge (Projektübergabe). Hieraus werden für das SAP-Modul MM die BANF gegliedert nach Menge und Termin abgeleitet. Das Leistungsverzeichnis mündet im Projektstrukturplan und seinen Elementen im SAP-System.

Wenn das Angebot beauftragt wird, wird gleichzeitig die Kalkulation in die Arbeitsvorbereitung kopiert. Mit dem erstmaligen Anstoßen der Schnittstelle 09 werden neben den Mengengerüsten des Leistungsverzeichnisses die bewerteten Ursprungskalkulationsdaten in der konzipierten Projekt- und Ergebnisrechnung (vgl. zur Systematik Kapitel 3.1.1) in der Komponente PS eingestellt.

Nachdem in der Arbeitsvorbereitung alle Zuschläge auf Null gesetzt wurden, aus den Umlagepositionen Normalpositionen gemacht wurden und der Projektleiter sein Wissen (in Form von Mengenveränderungen oder Preisveränderungen) in das Projekt eingebracht hat, wird das zweite Mal die Schnittstelle 09 angestoßen. Hierdurch werden die Prognosespalte und die Budgetspalte in der Projekt- und Ergebnisrechnung gefüllt.

Nach jeder Veränderung in der Arbeitsvorbereitung wird die Schnittstelle 09 automatisch angestoßen. Dadurch wird jedes Mal die Prognose geändert. Ursprungskalkulation und Budget werden davon nicht beeinflusst.

- Schnittstelle 10

Nachdem die Aufmaße im Maßenmodul erzeugt wurden, können diese über die Schnittstelle ebenfalls an das SAP-System übergeben werden. Dies setzt voraus, dass die Aufmaße arbeitspaketbezogen erstellt wurden und in der Kalkulation mit SAP-Artikeln gearbeitet wurde. Über Schnittstelle 10 werden die Aufmaße aus dem Kalkulationssystem an das SAP-Modul PS geliefert.

- Schnittstelle 11

Von der Schnittstelle 11 können aus dem SAP-Modul PS die Projektdefinition und die Projektstruktur an das Kalkulationssystem geliefert bzw. abgeglichen werden.

- Schnittstelle 12

Die Schnittstelle 12 überträgt die Montagestunden und Reisezeiten an das Personalabrechnungssystem (HR) und das Controlling (CO).

- SAP-interne Schnittstelle 13

Die interne SAP-Schnittstelle 13 überträgt Personal- und Reisekosten sowie Darlehen und Vorschüsse an Mitarbeiter von der Personalwirtschaft (HR) an das Finanzwesen (FI). Personalkosten werden über die PSP-Element-Kontierung an das Projektsystem (PS) weitergeleitet.

- Schnittstelle 14

Die Schnittstelle 14 überträgt die Montagestunden und Reisezeiten an das Personalabrechnungssystem (HR) und das Controlling (CO). Vom Controlling (CO) werden diese bewertet und an die Projektstrukturplanelemente des Projektsystems (PS) weitergereicht.

- Schnittstelle 15

Die Schnittstelle 15 überträgt die Mitarbeiterzahlen an das Controlling (CO).

- SAP-interne Schnittstelle 16

Die interne SAP-Schnittstelle 16 überträgt die bilanziellen bzw. kalkulatorischen AfA sowie die kalkulatorischen Zinsen je Vermögensposition an das Finanzwesen (FI) bzw. das Controlling (CO) und das Instandhaltungswesen (PM).

- **SAP-interne Schnittstelle 17**

Die interne SAP-Schnittstelle 17 überträgt die Bestellungen (Obligos), die kontierten Verbräuche an Materialpositionen sowie deren Bestände an das Finanzwesen (FI). Materialkosten und Obligos werden über die PSP-Element-Kontierung an das Projektsystem (PS) weitergeleitet. Die Lieferantenadressen für die Bestellung und Rechnungsprüfung liegen den Komponenten Materialwirtschaft und Finanzbuchhaltung zentral im SAP-System vor.

- **Schnittstelle 18**

Die Schnittstelle 18 verbindet das SAP-Modul MM und die Kalkulationssoftware zum Zwecke des Austauschs von Preisanfragen und Preisspiegeldaten. Zur Unterstützung von Preisdaten können auch fremde Preislisten über externe Schnittstellen angebunden und abgeglichen werden.

- **Schnittstelle 19**

Über die Schnittstelle 19 lassen sich Leistungs- bzw. Arbeitsverzeichnisse für die unmittelbare Projektabwicklung einlesen (z.B. mit Hilfe der GAEB-Schnittstelle) und für die Projektleitung bzw. andere Adressaten (Kunden, Subunternehmer etc.) herunterladen bzw. ausdrucken. Änderungen können wiederum mittels der Schnittstelle 09 mit den anderen Komponenten abgeglichen werden.

- **Schnittstelle 20 und 21**

Des Weiteren sind Download- und Upload-Schnittstellen von der Kalkulationssoftware zur Projektplanungssoftware (Terminplanung) einzurichten und mit der Komponente PS abzugleichen (Schnittstelle 09).

- **Schnittstelle 22**

Über Schnittstelle 22 übergibt CO an das Erfassungssystem für Montage- und Reisezeiten bzw. Gerätedaten die Kontierungsobjekte (Kostenstelle, Profit-Center, Innenauftrag, Wartungsauftrag (PM)).

- **Schnittstelle 23**

Die Projektstrukturelemente werden dem Erfassungssystem für Montage- und Reisezeiten bzw. Gerätedaten übermittelt.

- **Schnittstelle 24**

Für die Planung wird ein spezielles Kosten- und Erfolgs-Planungssystem (vgl. Kapitel 4.3) eingesetzt, welches über Up- und Downloadfunktionalität zu SAP R/3 verfügt. Geplante Einzelkosten und -erlöse werden vom Kosten- und Erfolgsplanungssystem über die PSP-Elemente-Kontierung an PS übermittelt. Geplante Gemeinkosten und -erlöse werden vom Kosten- und Erfolgs-Planungssystem an die jeweiligen Kontierungsobjekte

(Kostenstelle, Innenauftrag etc.) in CO übermittelt. Wartungskosten werden an die PM-Aufträge übermittelt.

- SAP-interne Schnittstelle 25

Die interne SAP-Schnittstelle 25 überträgt Projektgemeinkosten vom Finanzwesen (FI) an die Kontierungsobjekte (Kostenstelle, Innenauftrag) im Controlling (CO). Zudem werden Forderungen, Anzahlungen und Wertberichtigungen sowie Verbräuche, die nicht PSP-Elementbezogen gebucht werden, entsprechend kontiert.

- SAP-interne Schnittstelle 26

Die interne SAP-Schnittstelle 26 überträgt die bewertete, angearbeitete Leistung (Bestände) von der Komponente CO an die Komponente FI.

- SAP-interne Schnittstelle 27

Die interne SAP-Schnittstelle 27 überträgt kontierte Kosten auf die Wartungsaufträge der Komponente PM (Instandhaltung).

- SAP-interne Schnittstelle 28

Die interne SAP-Schnittstelle 28 stößt die Fakturierung von Wartungsverträgen im PM an und übermittelt diese an das Modul Finanzwesen.

- SAP-interne Schnittstelle 29

Die interne SAP-Schnittstelle 29 führt die innerbetriebliche Leistungsverrechnung in der Komponente Controlling (CO) durch und verrechnet die Gemeinkosten an die Projektaufträge (Kontierung auf PSP-Elementen) bzw. Wartungsaufträge.

- SAP-interne Schnittstelle 30

Die interne SAP-Schnittstelle 30 stößt die Faktura in der Vertriebsabwicklung (SD) an und führt die Ertrags- bwz. Erlöskontierung in den jeweiligen betroffenen Komponenten durch (Ertragsbuchung in FI, Erlöskontierung Wartungs- bzw. Mietverträge in PM, Erlöskontierung auf PSP-Element in PS).

- Schnittstelle 31

Die Schnittstelle 31 überträgt die Gerätestunden und -daten an die Anlagenwirtschaft (FI-AA) und das Controlling (CO).

- Schnittstelle 32

Die Schnittstelle 32 überträgt die Entwurfs- und Konstruktionsdaten an die Kalkulationssoftware.

Das vorgestellte Daten- und Informationsflusskonzept verbindet derzeit die Vorteile der eingesetzten Softwarekomponenten und nimmt daher einige pflegeintensive externe Schnittstellen in Kauf. In Zukunft ist davon auszugehen, dass mehr und mehr Funktionalität für Projektfertiger in den

Branchenlösungen großer Standardsoftwareprodukte (z.B. in SAP-Enterprise, dem Nachfolgeprodukt des R/3-Systems der SAP AG) verfügbar werden, so dass bei Einsatz dieser neuen Applikationsbausteine nach und nach externe Schnittstellen wegfallen, die durch interne, nicht mehr vom Anwender wahrnehmbare Schnittstellen ersetzt werden.

4.3 DV-gestützte Kosten- und Erfolgsplanung

Im Gegensatz zu der reinen Projektplanung einzelner Projekte, die über die Funktionalität des Kalkulationssystems (vgl. Kapitel 4.1) geplant werden, sind bei einer übergreifenden DV-gestützten Kosten- und Erfolgsplanung für Unternehmen mit komplexer Projektfertigung Kapazitätsabstimmungsprobleme und anfallende Kosten- und Leistungsströme sämtlicher Projekte aller Art zu berücksichtigen, die aufgrund unterschiedlicher Fertigstellungsgrade und Gesamtlaufzeiten der Projekte in die Planungsperiode fallen. Die übergreifende Projektplanung stellt dabei das wichtigste Bindeglied zwischen der Einzelprojektplanung, der projektübergreifenden Ressourcenplanung und der periodischen Gemeinkosten- und Ergebnisplanung der einzelnen Standorte der Unternehmung dar. Während für industrielle Betriebe mit Serien- und Sortenfertigung in der betriebswirtschaftlichen Literatur und in der betrieblichen Praxis differenzierte Planungs-, Steuerungs- und Kontrollinstrumente zur Verfügung stehen,[870] finden sich für komplexe Projektfertiger bisher nur DV-Lösungen, bei denen die Durchführung eines einzelnen Projekts im Vordergrund steht.

Vor allem die langen, aperiodischen Projektzyklen, das hohe Auftragsvolumen und die Komplexität der Projekte machen die Planung, Steuerung und Kontrolle schwierig, wenn gleichzeitig die sonstigen Unternehmensprozesse in den indirekten Leistungsbereichen, wie z.B. den Werkstätten und Bauhöfen, berücksichtigt werden sollen.[871] Zur Erreichung ökonomischer Transparenz werden aus der Sicht des Projekt-Controlling demnach DV-gestützte Planungs- und Kontrollsysteme gefordert, die ausgehend von einem Einzelprojekt systematisch projektbezogene, projekt-

---

[870]   Vgl. z.B. Oepen, R.: Baustellencontrolling auf der Basis moderner EDV-Systeme, in: Betriebswirtschaftliches Institut der Bauindustrie (Hrsg.): Bauwirtschaftliche Information 1994/95, S. 45-51; Seeling, R.: Projektsteuerung im Bauwesen, Stuttgart 1996 und Wirth, V.; Seifert, G.: Baustellen-Controlling, 2. Aufl., Renningen-Malmsheim 1995.

[871]   Vgl. Madauss, B.J.: Handbuch Projektmanagement, 5. Aufl., Stuttgart 1994, S. 9.

übergreifende und unternehmensbezogene Kosten- und Erfolgsziele aller Unternehmensprozesse abstimmen und koordinieren.[872]

Diese Anforderung lässt sich nur durch ein DV-gestütztes Projekt- und Ergebnisplanungssystem erfüllen, das über den Projektbezug hinaus auch projektübergreifende Planungskomponenten besitzt. Das hierfür entwickelte DV-gestützte Kosten- und Erfolgsplanungssystem wurde speziell für Projektfertiger im Bauhaupt- und Baunebengewerbe mit Hilfe des Tabellenkalkulationsprogramms MS Excel entworfen. Das Konzept der DV-gestützten Kosten- und Erfolgsprojektplanung basiert auf der betriebswirtschaftlichen Konzeption der Projekt- und Ergebnisrechnung, die bereits im Kapitel 3.1.1 vorgestellt wurde. Die Applikation besteht aus folgenden Modulen, die in der Startmaske des Kosten- und Erfolgsprojektplanungssystems zu erkennen sind (vgl. die folgende Abbildung).

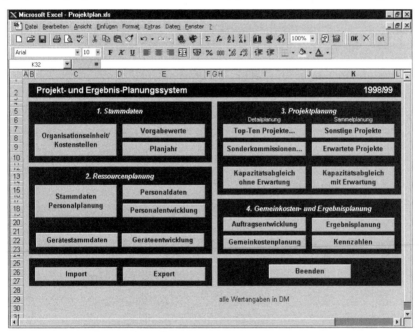

Abbildung 166: Startmaske des Planungssystems

---

[872] Vgl. *Pradel, M.*: Multiprojektcontrolling - Mehr Effizienz im Projektmanagement, in: ZfC, 1997, H. 2, S. 102-109; *Lachnit, L.*: Controllingkonzeption für Unternehmen mit Projektleistungstätigkeit, München 1994, S. 19f.

4.3.1 Pflege der Stammdaten und Ressourcenplanung

Der Planungsablauf mit dem Planungssystem beginnt mit der Anlage bzw. Aktualisierung der Stammdaten im **Stammdatenmodul**. Hierbei werden die wichtigsten Stammdaten für die Planung, die Kostenstellen- und Organisationsstruktur, bestimmte Vorgabewerte für die Planung (z.B. zu erreichende Deckungsbedarfsquoten für die Gemeinkosten der Zentrale) und sonstige Planungsstammdaten neu angelegt bzw. aus den vorgelagerten Systemen mit Hilfe eines Importdatentransfers (z.B. aus dem SAP R/3-Modul CO) eingestellt.

Die **Personalplanung** umfasst die Eingabe bzw. Übernahme der Stammdaten für die Personalplanung (Tarifsteigerung, Mittellöhne, An- zahl Arbeitsstunden pro Tag, Urlaub etc.), die Pflege der einzelnen Per- sonaldaten und die Planung der Personalentwicklung für den Planungs- zeitraum. Da sie die Grundlage für die Projektplanung und den Kapazi- tätsabgleich für die übergreifende Projekt- und Ergebnisplanung bilden, müssen die zum größten Teil voreingestellten Personaldaten vor der Projektplanung gepflegt werden. Zusätzlich zu den in der Abbildung 167 zu sehenden Eingaben (Tätigkeit, Arbeitsaufteilung etc.) sind Angaben über Teilzeitarbeit, Eintritts- und Austrittsdaten sowie andere statistische Personaldaten anzugeben. Für die Kapazitätsberechnung im Rahmen der Personalentwicklung können hier außerdem Neueinstellungen ge- plant werden.

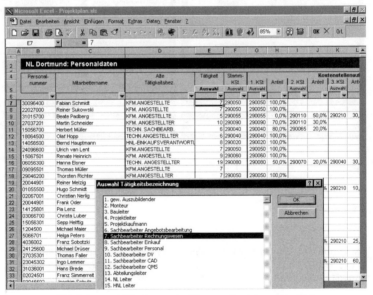

Abbildung 167: Ausschnitt aus der Personalliste

Neben der Personalplanung ist für einen Projektfertiger, wie z.B. ein Bauunternehmen, der eine große Anzahl Betriebsmittel und Maschinen einsetzt, eine **Geräteplanung** zu implementieren, die Funktionen zur Eingabe bzw. Übernahme der Gerätestammdaten (z.B. durchschnittliche Nutzungsdauer und Abschreibungsbeträge) sowie die Pflege der jeweiligen Gerätegruppen im Gerätepool enthält. Ähnlich wie bei der Planung des Personaleinsatzes erfolgt bei der Gerätenutzung die Bewertung der geplanten Maschineneinsatzzeiten mit Hilfe der durchschnittlichen Stunden- oder Tagessätze für die jeweils gebildeten Gerätegruppen. Abbildung 168 zeigt einen exemplarischen Ausschnitt aus den Gerätestammdaten.

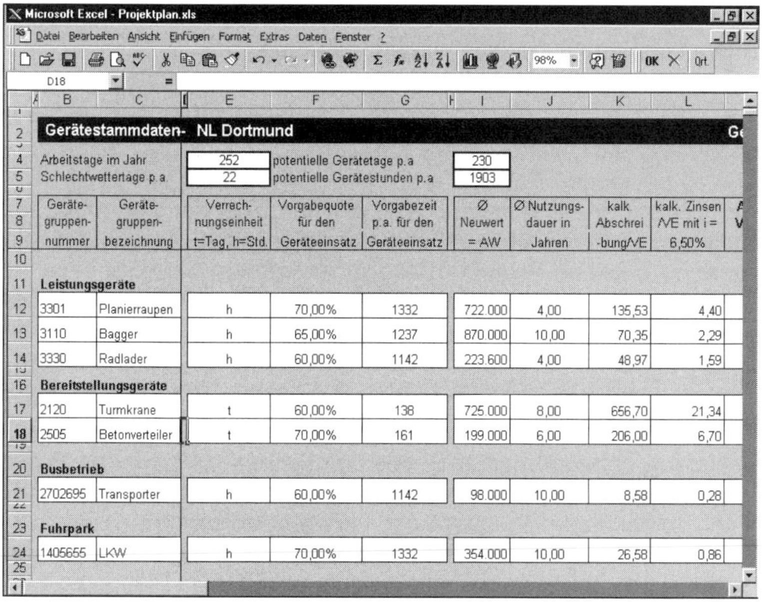
Microsoft Excel - Projektplan.xls

Gerätestammdaten- NL Dortmund

Arbeitstage im Jahr 252 — potentielle Gerätetage p.a 230

Schlechtwettertage p.a 22 — potentielle Gerätestunden p.a 1903

Geräte-gruppen-nummer	Geräte-gruppen-bezeichnung	Verrech-nungseinheit t=Tag, h=Std.	Vorgabequote für den Geräteeinsatz	Vorgabezeit p.a. für den Geräteeinsatz	Ø Neuwert = AW	Ø Nutzungs-dauer in Jahren	kalk Abschrei-bung/VE	kalk. Zinsen /VE mit i = 6,50%
Leistungsgeräte								
3301	Planierraupen	h	70,00%	1332	722.000	4,00	135,53	4,40
3110	Bagger	h	65,00%	1237	870.000	10,00	70,35	2,29
3330	Radlader	h	60,00%	1142	223.600	4,00	48,97	1,59
Bereitstellungsgeräte								
2120	Turmkrane	t	60,00%	138	725.000	8,00	656,70	21,34
2505	Betonverteiler	t	70,00%	161	199.000	6,00	206,00	6,70
Busbetrieb								
2702695	Transporter	h	60,00%	1142	98.000	10,00	8,58	0,28
Fuhrpark								
1405655	LKW	h	70,00%	1332	354.000	10,00	26,58	0,86

Abbildung 168: Ausschnitt aus den Gerätestammdaten

In der Praxis stellen Prüfungsroutinen sicher, dass ein Gerät oder eine Gerätegruppe nur dann verplant wird, wenn dessen bzw. deren Verfügbarkeit sichergestellt ist. Somit kann frühzeitig erkannt werden, ob der Geräteeinsatz evtl. mit Wartungsterminen u.ä. kollidiert. Sind mehrere gleichwertige Geräte alternativ verfügbar, so wird das Gerät gewählt, das räumlich am günstigsten zum zukünftigen Einsatzort stationiert ist. Die Gerätebelegung lässt sich am einfachsten graphisch mittels eines Balkendiagramms darstellen.

4.3.2 Differenzierungsmerkmale für die Projektplanung

Bei der unternehmensbezogenen und bereichsübergreifenden Projektplanung sind folgende zeitliche, volumenmäßige, repräsentative und inhaltliche Differenzierungen zu berücksichtigen.

- Differenzierung nach der Zeit

Projekte werden i.d.R. über einen größeren Zeitraum und zum Teil über mehrere Jahre abgewickelt, d.h. nur Anteile der an der gesamten Projektlaufzeit orientierten Projektgrößen sind im Planungsjahr relevant. Im Rahmen der zeitlichen Abgrenzung der Planungsperiode sind speziell diejenigen Mengen und Wertgrößen periodenorientiert (jahres- und monatsbezogen) zu planen, die in den **Planungszeitraum** hineinfallen.

- Differenzierung nach Volumen und Bedeutung

Bei Projektunternehmen mit vielen operativen Niederlassungen wird eine große Anzahl von einzelnen Projekten bearbeitet. Eine auf der Projektebene ansetzende, praktikable Planung muss jedoch die Menge der detailliert zu planenden Projekte reduzieren. Dies kann über die detaillierte Berücksichtigung der volumenmäßig größten bzw. der wertmäßig repräsentativsten Projekte erfolgen. Diese zu planenden, typischen Projekte können als **Top-Ten-Projekte** bezeichnet werden. Mit Hilfe einer ABC-Klassifizierung der Projekte im Hinblick auf die zu erstellende Projektbauleistung werden zunächst die volumenmäßig größten Projekte ermittelt. Dabei ist jedoch nicht die Projektgesamtleistung, sondern die im Planungszeitraum wirksam werdende Gesamt- bzw. Eigenleistung als Planbasis zu verwenden.

Projekte von untergeordneter Bedeutung können als **sonstige Projekte** in einer gesammelten Position geplant werden. Darüber hinaus sind neben den vorhandenen Projekten auch **erwartete Projekte** zu berücksichtigen, die sich noch in der Ausschreibungs- bzw. Angebotsphase befinden bzw. über zukünftige Ausschreibungen für den Planungszeitraum relevant werden. Als Vorschlag und somit als Planungsgrundlage für die Kosten- und Leistungsstruktur der sonstigen und erwarteten Projekte kann die Kosten- und Leistungsstruktur der signifikanten Projekte herangezogen werden.

- Differenzierung nach Projekttyp

Für die Vollständigkeit und Akzeptanz der Planung ist es wichtig, dass alle Leistungen eines Bauunternehmens so in der Planung berücksichtigt werden, dass ihr unterschiedliches Kosten- und Leistungsgefüge differenziert abgebildet werden kann. Zum einen müssen dabei die unterschiedlichen Geschäftsfelder beachtet werden, da unterschiedliche Projektaufgabenstellungen unterschiedliche Anforderungen an die Planung stellen können. Weiterhin existieren neben dem **Kernleistungsgeschäft** der Projektabwicklung eine Reihe von Nebengeschäften und **Dienstleis-tungen**, wie Wartungs-, Instandhaltungs- und Serviceleistungen, die aufgrund ihrer vertraglichen Regelung und klar definierten Leistungs-struktur periodenbezogen unter der Rubrik **Sonderkommissionen** ge-plant werden können.

4.3.3 Geschäftsfeldbezogene Projektplanung

Im **Projektplanungsmodul** erfolgt die detaillierte, periodenorientierte Planung von geschäftsfeldbezogenen Projekten. Für die **Detailprojekt-planung** der **Top-Ten-Projekte** erstellt das System nach Auswahl des zu planenden Projekts aus der Projektliste ein entsprechendes voreinge-stelltes Planungstabellenblatt, das die Ausgangsdaten aus dem Projekt-Controlling des Standardsoftwareprogramms (z.B. SAP R/3) sowie wei-tere Vorgabewerte enthält.

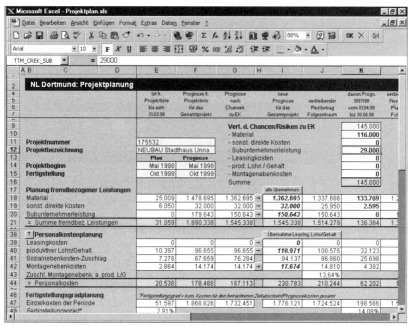

Abbildung 169: Ausschnitt aus der Projektplanung der Top-Ten-Projekte

Der Aufwand für die Planung eines Projekts ist demnach abhängig vom Stand der Vorbereitung der Prognose-Daten aus dem Projekt-Controlling.

Im Rahmen der Projektplanung werden zunächst **fremdbezogene Leis-tungen,** z.B. die Materialkosten und die Subunternehmerleistungen, geplant. Dazu können in der Spalte „neue Prognose" die Werte des Projekt-Controlling per Button übernommen bzw. bei Bedarf überschrieben werden. Weiterhin hat der Planer die Aufgabe, je abzugrenzendem Zeitabschnitt (Prognosezeitraum vor und nach dem Planungsjahr, Prognose des Plangeschäftsjahrs), die jeweilige Kostenposition periodenbezogen zu planen.

Zielsetzung der **Personal-** und ggf. der **Geräteplanung** ist es, die Planung der Projektpersonal- und Projektgerätekosten auf der Basis geplanter produktiver Montagestunden differenziert nach Mitarbeiterkategorien bzw. nach gebildeten Gerätegruppen vorzunehmen. Dazu kann der Planer die zur Bearbeitung des Projekts benötigte Anzahl der produktiven Stunden je Mitarbeiterkategorie bzw. Gerätekategorie periodisch planen. Der Anwender erhält adäquat zu den fremdbezogenen Leistungen eine differenzierte, periodische Prozenteingabemaske für die jeweilige Ressourcenkategorie.

Der Zuschlagssatz für die Personal- und Sozialnebenkosten errechnet sich automatisch auf der Basis des in den Stammdaten festgelegten Zuschlagswerts. Die Planung der Montagenebenkosten (Reisekosten, Fahrtgelder, Auslösungen) erfolgt über einen Prozentsatz in Bezug zu den direkten Personalkosten.

	verbleibender Restbetrag Planjahr + Folgejahr	davon Progn. 98/99 Gesamtjahr	Quartal 1 30.09.	Quartal 2 31.12.	1999/99 Quartal 3 31.03.	Quartal 4 30.06.
NL Dortmund: Projektplanung						
= Summe fremdbez. Leistungen	1.377.916	1.377.916	206.687	688.958	482.270	0
Personalstunden je Tätigkeit						
Leasingkräfte		0	0	0	0	0
Monteure		400	150	150	80	20
gewerbl. Auszubildende		0	0	0	0	0
Bauleiter		1.290	500	500	240	50
Projektleiter		550	110	190	100	150
prod. Stunden		2.240	760	840	420	220
Personalkostenplanung je Tätigkeits...						
Leasingkräfte		0	0	0	0	0
Monteure		9.231	3.462	3.462	1.846	462
gewerbl. Auszubildende		0	0	0	0	0
Bauleiter		37.595	14.572	14.572	6.994	1.457
Projektleiter		17.744	3.549	6.130	3.226	4.839
Personalkostenplanung						
Leasingkosten	0	0	0	0	0	0
produktiver Lohn/Gehalt	76.452	64.571	21.583	24.164	12.067	6.758
Sozialnebenkosten-Zuschlag	61.162	51.657	17.266	19.331	9.654	5.407
Montagenebenkosten	10.428	8.808	2.944	3.296	1.646	922
Zuschl. Montagenebenk. a. prod. L/G						
= Personalkosten	148.042	125.036	41.792	46.790	23.367	13.086
Fertigstellungsgradplanung						
Einzelkosten der Periode	1.525.958	1.502.952	248.480	735.748	505.637	13.086

Abbildung 170: Ressourcenbedarfs- und -kostenplanung am Beispiel Personal

Um die auf der Basis der produktiven Ressourcenstunden geplanten Kapazitäten zu bewerten, werden die geplanten produktiven Montagestunden mit dem Mittellohn der Mitarbeiterkategorie bzw. dem durchschnittlichen Planverrechnungssatz der Gerätekategorie multipliziert.

Im Rahmen der Planung der Kosten der Eigenleistung erfolgt nun durch den Anwender der Abgleich der geplanten Personal- und Geräteressourcenkosten laut Projektliste des Projekt-Controlling mit den hier im Projektblatt geplanten und bewerteten Ressourcenzeiten. Durch diese Vergleichsmöglichkeit erhält der Planer einen sehr guten Anhaltspunkt zur Genauigkeit seiner im Projekt-Controlling vorkalkulierten Werte. Weichen die kalkulierten Werte des Projekt-Controlling von den hier im Projektblatt zeitmäßig geplanten Werten ab, so kann dies verschiedenste Gründe haben, z.B.:

- Der kalkulierte Mittellohn bzw. der kalkulierte durchschnittliche Planverrechnungssatz stimmt nicht mit dem tatsächlich benötigten Wert überein.

- Die im Leistungsverzeichnis angegebenen Zeitwerte je Position sind nicht identisch mit denen, die tatsächlich benötigt werden.

- Die geplanten Stunden bzw. Einsatzzeiten je Mitarbeiterkategorie bzw. Gerätekategorie sind zu hoch oder zu niedrig eingeschätzt worden.

- Die geplante Fremd- und Eigenleistungsquote bei der Projektleistung kann nicht eingehalten werden, so dass Verschiebungen in der Kostenstruktur zu Differenzen führen.

Im nächsten Planungsschritt kann der Planer die voreingestellte Gesamtleistung des Projekts aus dem Projekt-Controlling entweder übernehmen oder überschreiben, falls zu erwarten ist, dass die Gesamtleistung des Projekts höher oder niedriger ausfällt. Anschließend erfolgt die Planung der Umsätze bzw. Erlöse aus Teilschlussrechnungen in den jeweiligen Perioden.

Da bei einem Projekteinzelfertiger aufgrund der langen Projektlaufzeiten die Leistungserstellung und Erlöserzielung - es sei denn, es wurden Teilschlussrechnungen vereinbart - zeitlich weit auseinander liegen, ist es für die Planung und Erfassung des richtigen Periodenerfolgs (Gesamtleistung abzgl. Gesamtkosten) wichtig, neben den Umsätzen die teilfertigen Bauleistungen (Bestandsveränderungen) richtig zu bemessen. Hierbei können zwei Verfahren angewendet werden. Entweder die **Completed-Contract-Methode** oder die **Percentage-of-Completion-Methode**. In Anlehnung an das Realisationsprinzip werden bei der ersten Methode die teilfertigen Bauleistungen ausschließlich mit den hierfür angefallenen (Einzel-)Kosten bewertet und die Erlöse erst in der Periode ausgewiesen, in der der Umsatz erzielt wird, also das Projekt fertig gestellt ist und abgerechnet werden kann. Hierdurch fehlen vor Projektabschluss in den jeweils betrachteten Perioden Ergebnisinformationen, da auf einen vorgezogenen Gewinnausweis in der Bestandsbewertung verzichtet wird.[873] Bei der Percentage-of-Completion-Methode wird dagegen mit kalkulatorischen Erlösen gearbeitet, indem in die Bestandsveränderung prognostizierte anteilige Gemeinkostenanteile und evtl. ein Gewinnbestandteil der erbrachten Teilleistungen mit Hilfe des prognostizierten Fertigstellungsgrads bezogen auf die Gesamtprojektlaufzeit einbezogen werden. Im gezeigten DV-Beispiel wird aufgrund des kostenrechnerisch besseren Erfolgsausweises die zuletzt genannte Methode verwendet.

NL Dortmund: Projektplanung			1998/99			
	davon Progn. 98/99 Gesamtjahr	Quartal 1 30.09.	1998/99 Quartal 2 31.12.	Quartal 3 31.03.	Quartal 4 30.06.	verbleibender Restbetrag Folgejahre
Fertigstellungsgradplanung						
Einzelkosten der Periode	1.506.632	252.160	735.748	505.637	13.086	19.326
Einzelkosten (kumuliert)	1.756.795	502.323	1.238.071	1.743.708	1.756.795	1.776.121
Fertigstellungsgrad*	98,91%	28,28%	69,71%	98,18%	98,91%	100,00%
Gesamtleistung der Periode	1.611.715	269.747	787.064	540.904	13.999	20.674
Gesamtleistung der Periode (kum.)	1.879.326	537.359	1.324.423	1.865.327	1.879.326	1.900.000
Umsatz der Periode	1.900.000	0	0	1.900.000	0	0
Umsatz (kumuliert)	1.900.000	0	0	1.900.000	1.900.000	1.900.000
Bestandsveränderung der Periode	-288.285	269.747	787.064	-1.359.096	13.999	20.674
Bestand am Ende der Periode	-20.674	537.359	1.324.423	-34.673	-20.674	0
MOR-Deckungsbeitragsschema						
Umsatz	1.900.000	0	0	1.900.000	0	0
+ Bestandsv. lt. Fertigstellungsgrad	-288.285	269.747	787.064	-1.359.096	13.999	20.674
= Gesamtleistung	1.611.715	269.747	787.064	540.904	13.999	20.674
- Material	1.203.917	180.588	601.959	421.371	0	0
- sonstige direkte Kosten	23.355	3.503	11.678	8.174	0	0
- Subunternehmerleistung	150.643	22.596	75.322	52.725	0	0
= Eigenleistung	233.799	63.060	98.107	58.633	13.999	20.674
- Leasingkosten	3.680	3.680	0	0	0	-3.680
- produktiver Lohn/Gehalt	64.571	21.583	24.164	12.067	6.758	11.881
- Sozialnebenkosten-Zuschlag	51.657	17.266	19.331	9.654	5.407	9.505
- Montagenebenkosten	8.808	2.944	3.296	1.646	922	1.621
= DB Projektergebnis	105.083	17.587	51.316	35.267	913	1.348
- Deckungsbedarf	93.520	25.224	39.243	23.453	5.600	8.270
= Projektvollkostenergebnis	11.563	-7.637	12.074	11.813	-4.687	-6.922
Arbeitsvorrat am Ende der Periode	20.674	1.362.641	575.577	34.673	20.674	

Abbildung 171: Gesamtleistungs-, Umsatz- und Bestandsplanung sowie Deckungsbeitragsrechnung

Im Anschluss an die Projektplanung erfolgt die einheitliche Planergebnisdarstellung des Projekts in Form der **Projekt- und Ergebnisrechnung** (vgl. Kapitel 3.1.1.2). Hierbei werden die geplante Gesamtleistung, die geplante Eigenleistung sowie der stufenweise ermittelte Deckungs-

---

[873] Vgl. *Helm, K.F.*: Ergebniscontrolling für Projekte, in: KRP, 1993, Sonderheft 1, S. 46-54, hier: S. 46ff.

beitrag des Projekts ausgewiesen.[874] Zur Berücksichtigung der Gemein-kosten wird schließlich ein prozentual vorgegebener Deckungsbedarf he-rangezogen, um ein Projektvollkostenergebnis ausweisen zu können.

Die Detailplanung für **Sonderkommissionen,** wie z.B. Instandhaltungs-und Wartungsdienstleistungen, erfolgt prinzipiell nach der gleichen Vor-gehensweise wie die Projektplanung der Top-Ten-Projekte. Es gibt aller-dings eine Ausnahme. Da Sonderkommissionen i.d.R. mit einem festen zeitlichen (meist jahresbezogenen) Rahmenvertrag abgeschlossen wer-den, entfällt bei der Planung dieser Dienstleistungsprojekte die zeitliche Abgrenzung bei der Planung.

Die Sammelplanung der **sonstigen Projekte** berücksichtigt alle Projek-te, die aufgrund ihres Volumens bzw. aufgrund ihrer geringen Bedeutung nicht bei den signifikanten Projekten geplant wurden. Ausgangswert für die retrograde Planung der übrigen Projekte ist der geplante Anteil der Gesamtleistung der übrigen Projekte sowie die Kostenstrukturvorgabe der geplanten Top-Ten-Projekte, die ggf. durch den Planungsanwender zu korrigieren ist.

Im Planungszeitraum sind weiterhin die heute noch nicht vorliegenden, **erwarteten Projekte** zu berücksichtigen, indem die bereits abgegebe-nen offenen Angebote mit einem Prozentsatz des wahrscheinlichen Auf-tragseingangs (Frage nach der Angebotserfolgsquote) berücksichtigt werden. Ergänzend werden Auftragseingänge berücksichtigt, zu denen bisher noch keine Angebote existieren. Die entsprechenden Gesamtleis-tungswerte werden anschließend genauso wie bei den sonstigen Projek-ten mit Hilfe von prozentualen Kostenstrukturvorgaben der Top-Ten-Projekte den einzelnen Kostenarten zugeordnet. Die Bedarfsplanung des eingesetzten Personals bzw. der eingesetzten Geräte erfolgt für die übri-gen und die zu erwartenden Projekte retrograd auf der Grundlage der geplanten Personal- bzw. Gerätedaten der jeweiligen Niederlassung.

---

[874] Vgl. *Wienhold, K.; Schön, D.*: Montagestundensatzorientierte Projekt- und Ergeb-nisrechnung. Ein innovatives Instrument für das Bau- und Baunebengewerbe, in: ZfC, 1997, H. 4, S. 226-234, hier: S. 226ff.

EPM_FSG_UMS_GJ = 17000000

NL Dortmund: Planung erwarteter Projekte

Sozialnebenk.-Zuschlag	80%
Leasing-Stundensatz →	40,00
Deckungsbedarf	40%
Gewinn in % der EL	10%

	Kostenstruktur der erwarteten Projekte	Prognose für das ges. erwartete Auftragsvol.	davon Progn. 97/98 Gesamtjahr	Quartal 1 30.09.	Quartal 2 31.12.	Quartal 3 31.03.	Quartal 4 30.06.
21 Ausgangswert Gesamtleistung der Periode		23.500.000	20.000.000	1.000.000	2.000.000	8.000.000	8.000.000
22 Ausgangswert Deckungsbeitrag		3.551.172	3.022.274	151.114	302.227	1.208.910	1.208.910
23 Ausgangswert zur Kostenplanung		19.948.828	16.977.726	848.886	1.697.773	6.791.090	6.791.090
25 Planung fremdbezogener Leistungen							
26 Material	53,80% ←	10.733.073	9.134.530	456.727	913.453	3.653.812	3.653.812
27 sonst. direkte Kosten	2,85% ←	568.393	483.738	24.187	48.374	193.495	193.495
28 Subunternehmerleistung	25,55% ←	5.096.190	4.337.183	216.859	433.718	1.734.873	1.734.873
29 = Summe fremdbez. Leistungen	82,20%	16.397.655	13.955.451	697.773	1.395.545	5.582.181	5.582.181
46 Personalkostenplanung							
47 Leasingkosten	1,49% ←	297.613	253.288	12.664	25.329	101.315	101.315
48 produktiver Lohn/Gehalt	8,24% ←	1.644.118	1.399.249	69.962	139.925	559.700	559.700
49 Sozialnebenkosten-Zuschlag	6,59%	1.315.294	1.119.399	55.970	111.940	447.760	447.760
50 Montagenebenkosten	1,47% ←	293.977	250.193	12.510	25.019	100.077	100.077
51 Zuschl. Montagenebenk. a. prod. L/G							
52 = Personalkosten	17,80%	3.551.002	3.022.129	151.106	302.213	1.208.852	1.208.852
54 Fertigstellungsgradplanung							
55 Einzelkosten der Periode	100,00%	19.948.657	16.977.581	848.879	1.697.758	6.791.032	6.791.032
56 Einzelkosten (kumuliert)			16.977.581	848.879	2.546.637	9.337.669	16.128.702
57 Fertigstellungsgrad*			85,11%	4,26%	12,77%	46,81%	80,85%
58 Gesamtleistung der Periode		23.500.000	20.000.000	1.000.000	2.000.000	8.000.000	8.000.000
59 Gesamtleistung der Periode (kum.)			20.000.000	1.000.000	3.000.000	11.000.000	19.000.000
60 Umsatz der Periode			17.000.000	4.250.000	4.250.000	4.250.000	4.250.000
61 Umsatz (kumuliert)			17.000.000	4.250.000	8.500.000	12.750.000	17.000.000
62 Bestandsveränderung der Periode			3.000.000	-3.250.000	-2.250.000	3.750.000	3.750.000
63 Bestand am Ende der Periode			3.000.000	-3.250.000	-5.500.000	-1.750.000	2.000.000

Abbildung 172: Planung der erwarteten Projekte mit Hilfe der Kostenstrukturvorgabe

4.3.4 Kapazitätsauslastungsgradplanung der Ressourcen

Die Planung der Kapazitätsauslastung stellt den Abschluss der Multiprojektplanung dar und steht als Bindeglied zwischen der Projekt- und der
Ressourcenplanung. Nach Abschluss der Projektplanung kann mit Hilfe
der **Kapazitätsplanung** analysiert werden, inwieweit die geplante Be-
schäftigungslage der einbezogenen Projekte die Ressourcen der Organisationseinheit auslastet. Hierzu werden die zur Bearbeitung der Projekte benötigten Stunden zunächst im Rahmen des Kapazitätsabgleichs mit
den auf der Basis der **Personal- und Gerätedaten** erfassten Kapazitäten der Niederlassung abgeglichen. Kommt es zu einer Über- bzw. Unterdeckung der geplanten Kapazitäten, so kann durch eine Wiederho-
lungsplanung mittels Mehr- bzw. Minderberücksichtigung von Sub- und
Leasingkräften bzw. Fremdgeräten bzw. durch eine Anpassung der Ressourcen oder der geplanten Projektleistungen eine optimale Auslastung
der eigenen eingesetzten Kapazitäten erreicht werden.

NL Dortmund: Kapazitätsabgleich (mit Erwartung)						1998/99

| Mo | Azu | BL | PL | | Progn. 37/99 vom 01.04.98 bis 30.06.98 | 1998/99 Prognose Gesamtjahr | 1999/99 1. Quartal 30.09. 2. Quartal 31.12. 3. Quartal 31.03. 4. Quartal 30.06. | | | |

108	Übersicht Monteure						
109	Anzahl Vollarbeitszeitkräfte laut Personaldaten	30,5		30,5	30,5	32,5	32,5
110	Potentielle Personalstunden laut Personaldaten	13.013	52.403	11.656	13.013	13.626	14.108
111	Summe der geplanten produktiven Montagestunden	12.384	49.658	11.105	12.776	13.368	12.408
112	Nicht produktive Arbeitsstunden	630	2.745	550	237	257	1.700
113	Personalstunden produktiv laut Vorgabewert	13.013	52.403	11.656	13.013	13.626	14.108
115	Produktive Personalkosten	280.191	1.146.042	256.292	294.864	308.520	286.365
116	Nicht produktive Personalkosten	14.253	63.341	12.702	5.469	5.941	39.228
118	Auslastung zur geplanten Vorgabe	95,16%	94,76%	95,28%	98,18%	98,11%	87,95%
121	Übersicht gewerbliche Auszubildende						
122	Anzahl Vollarbeitszeitkräfte laut Personaldaten	16,0		18,0	18,0	16,0	16,0
123	Potentielle Personalstunden laut Personaldaten	6.502	26.869	6.551	7.314	6.389	6.615
124	Summe der geplanten produktiven Montagestunden	2.842	12.318	2.956	3.339	3.236	2.786
125	Nicht produktive Arbeitsstunden	3.659	14.551	3.595	3.975	3.152	3.828
126	Personalstunden produktiv laut Vorgabewert	3.251	13.434	3.276	3.657	3.194	3.307
128	Produktive Personalkosten	16.656	73.627	17.668	19.958	19.345	16.655
129	Nicht produktive Personalkosten	21.444	86.973	21.489	23.761	18.841	22.882
131	Auslastung zur geplanten Vorgabe	87,43%	91,69%	90,24%	91,30%	101,32%	84,25%
134	Übersicht Bauleiter						
135	Anzahl Vollarbeitszeitkräfte laut Personaldaten	21,8		21,8	21,8	21,8	21,8

Abbildung 173: Kapazitätsauslastungsgradplanung Personal

4.3.5 Gemeinkostenplanung und Auftragsentwicklungsplanung

In der **Gemeinkostenplanung** erfolgt die **Planung** der Hilfs- und Nebenbetriebe sowie der Verwaltung. Hierbei ist vor allem die Leistungserstellung der Hilfsbetriebe und der administrativen Leistungsstellen wertmäßig abzubilden. Die in der Gemeinkostenplanung berechneten Werte werden als Verwaltungsgemeinkosten, Projektgemeinkosten, sonstige Gemeinkosten und nicht projektbezogene Personal- und Gerätekosten in die Ergebnisrechnung verrechnet.

In der **Auftragsentwicklung** wird der konsolidierte Auftragsvorrat der jeweiligen geplanten Projektkategorien (z.B. nach Geschäftsfeldern) angezeigt. Die Summe des Auftragsvorrats wird weiterhin prozentual zur geplanten Gesamtleistung des Planjahrs ins Verhältnis gesetzt, um hierdurch die Auftragsreichweite der Planperiode in Monaten berechnen zu können. Die Auftragsreichweite stellt eine Kennzahl zur Beurteilung der aktuellen Auftragslage dar. Sie gibt Auskunft über die Länge des Zeitraums, der zur Abarbeitung aller bestehenden und erwarteten Projekte bei geplanter Auslastung erforderlich ist, ohne dass die Kapazitäten durch neu hinzugekommene Projekte beansprucht werden.

4.3.6 Ergebnis- und Kennzahlenplanung

Im Rahmen der Ergebnisplanung werden die Informationen der bisherigen Planungsschritte in der entwickelten Deckungsbeitragsrechnungsstruktur zusammengefasst.

NL Dortmund: Ergebnisplanung				1998/99
	Progn. 98/99 Gesamtjahr	1. Quartal 30.09.	2. Quartal 31.12.	Progn. 98/99 3. Quartal 31.03.	4. Quartal 30.06.

		C	D		K	L M	N	O	P
8	Umsatz				37.986.550	5.471.893	18.558.137	8.021.893	5.934.62
9	+ Bestandsveränderung				-10.731.270	-1.945.814	-13.243.150	1.484.788	2.972.90
10	= Gesamtleistung				27.255.279	3.526.078	5.314.987	9.506.681	8.907.53
12	- Material				12.751.358	1.215.192	2.310.406	4.595.202	4.173.83
13	- Sonstige direkte Kosten				803.548	98.533	160.014	264.494	256.32
14	- Subunternehmerleistung				5.927.789	817.160	1.124.745	1.910.875	1.858.15
15	= Eigenleistung				7.772.584	1.395.193	1.719.823	2.736.109	2.619.23
17	- Leasingkosten				302.581	38.154	50.818	106.805	106.80
18	- Produktive Personalkosten				2.154.419	400.295	471.744	654.208	628.17
19	- Sozialnebenkosten-Zuschlag				1.723.535	320.236	377.395	523.366	502.53
20	- Montagenebenkosten				282.895	26.391	39.049	107.454	110.00
21	= Deckungsbeitrag 1 Projekt				3.309.153	610.118	780.817	1.344.277	1.271.71
23	- Personalgemeinkosten (inkl. Sozialk.)				1.653.716	538.980	557.111	230.460	327.16
24	- Sonstige Personalkosten				10.000	2.500	2.500	2.500	2.50
25	- Sonstige Gemeinkosten der NL				578.000	144.500	144.500	144.500	144.50
26	= Deckungsbeitrag Profit Center				1.067.437	-75.862	76.706	966.817	797.55
38	- Deckungsbedarf	10,00%			777.258	139.519	171.982	273.611	261.92
39	= Operatives Ergebnis				290.179	-215.382	-95.277	693.206	535.62

Abbildung 174: Ergebnisplanung

Zur Deckung der übergeordneten Gemeinkosten der Zentrale und der Hauptniederlassungen wird für die jeweilige Niederlassung ein prozentualer **Deckungsbedarf** herangezogen. Dieser wird im Stammdatenmodul für die Niederlassung vorgegeben. Hierdurch wird ein rechnerisches und operatives Vollkostenergebnis der betrachteten Organisationseinheit ermöglicht (vgl. Abbildung 174).

Das **Kennzahlenmodul** führt die in den zuvor behandelten Tabellen eingegebenen und erarbeiteten Informationen zu entscheidungsrelevanten Steuerungsgrößen zusammen. Die Leistung des Kennzahlenmoduls besteht insofern in der Bereitstellung verdichteter Führungsinformationen zur Vermittlung eines Gesamtbilds der Projekt- bzw. Niederlassungssituation und zur Veranlassung geeigneter Korrekturmaßnahmen beim Auftreten unerwünschter Entwicklungen.[875] Die Kennzahlen dienen als Plan-Kenngrößen bereits im Vorfeld zur Projektsteuerung und Unternehmensausrichtung und sind an den Frühwarnindikatoren angelehnt, die bereits im Kapitel 3.1.3 vorgestellt wurden.

4.3.7 Planverdichtung und Planungsintegration

Liegen die Planergebnisse der einzelnen Organisationseinheiten vor, so werden diese in einem **Planverdichtungstool** entsprechend der spezifischen Organisationsstruktur verdichtet. Für die **Planungsintegration** zu vor- und nachgelagerten Systemen (z.B. SAP-Modul CO) stehen sowohl Import- als auch Exportfunktionen zur Verfügung, mit denen die geplanten Daten transferiert werden können.

4.3.8 Bewertung der DV-gestützten Kosten- und Erfolgsplanung

Die Ausführungen haben gezeigt, dass ein übergreifendes DV-gestütztes Planungsmodul für die Kosten- und Erfolgsplanung der Projekte und der Unternehmung als Ganzes ein wichtiger Baustein für ein modernes Kosten- und Erfolgs-Controlling eines Unternehmens mit komplexer Projektfertigung ist. Das vorgestellte Planungssystem gibt schon während des Planungsprozesses den Entscheidungsträgern verschiedenster Hierarchieebenen wichtige Informationen und Anhaltspunkte, die für die Disposition projektspezifischer Einsatzfaktoren wichtig sind. Zusammenfassend zeichnet sich das vorgestellte Planungssystem vor allem durch folgende Punkte aus:

- Das Planungssystem ist auf die Besonderheiten eines Projektfertigers zugeschnitten, so dass eine Akzeptanz der Planung auf allen Ebenen der Unternehmung gewährleistet ist.

- Die Multiprojekt- und Ergebnisplanung ermöglicht eine gezielte Ressourcenoptimierung und Kapazitätsauslastungssteuerung.

- Mit Hilfe der übergreifenden Kosten- und Erfolgsplanung erhalten die Entscheidungsträger wichtige Anhaltsgrößen zur Substitutionssteuerung selbsterstellter und fremdbezogener Leistungen.

- Durch die objektorientierte Planung und die Integration der mengenmäßigen Personalplanung (ggf. erweiterbar um die Geräte-

---

[875] Vgl. *Wienhold, K.; Schön, D.*: Montagestundensatzorientierte Projekt- und Ergebnisrechnung. Ein innovatives Instrument für das Bau- und Baunebengewerbe, in: ZfC, 1997, H. 4, S. 226-234, hier: S. 232f.

planung) mit der wertmäßigen Kostenplanung ermöglicht das Planungssystem eine Vielzahl an Simulationsfunktionen (Veränderung der Ressourcenstruktur, Veränderung der Projektkostenstruktur, Veränderung der Gesamtleistungsstruktur), die zur Steuerung der Standorte unmittelbar genutzt werden können.

- Durch die deckungsbeitragsorientierte Multiprojektplanung erhält man einen schnellen und kompakten Erfolgsüberblick aller Geschäftsfelder und Standorte.

4.4 Frühwarninformationssystem

Das bereits im Kapitel 3.1.3 entwickelte Frühwarninformationssystem soll für das Management und Controlling des Projektgeschäfts vor allem die wertschöpfungsphasenbezogenen Indikatoren des Projektgeschäfts rechtzeitig signalisieren, so dass ein zielgerichtetes Projektmanagement bezüglich identifizierter Störpotentiale sowie Chancen und Risiken ermöglicht wird. Hier soll nun die DV-technische Implementierung im Vordergrund der Arbeit stehen. Die inhaltliche Konzeption des Frühwarninformationssystems sowie die Kennzahlen der Analysefelder sind dem Kapitel 3.1.3 zu entnehmen. Das Frühwarninformationssystem im Projektgeschäft zielt auf eine aktuelle Versorgung des Managements und der operativen Leitungsfunktionen mit unternehmens-, bereichs- und projektbezogenen Frühwarninformationen ab. Hierfür unterscheidet das Unternehmen die Analysefelder Unternehmens-Controlling und Projekt-Controlling (Abbildung 175).

Die Architektur des Frühwarninformationssystems besteht standardmäßig aus einem Data Warehouse sowie einem Front End-System mit entsprechenden Analysemöglichkeiten. Aus der Definition von Berichten und Kennzahlen wird zunächst der Bedarf an relevanten Eingangsdaten des Systems ermittelt. Die für ein erfolgs- und risikoorientiertes Reporting und Steuerungsinstrumentarium erforderliche Informationsbasis ist durch die Komplexität der Projekte im Unternehmen weit gestreut.

In einer informationstechnologischen Analyse des Umfelds ist anschließend zu klären, welche vorhandenen Datenquellen die entsprechenden Basisdaten zur Verfügung stellen können. Mit Hilfe von Transformations- und Extraktionsprogrammen werden die erforderlichen Basisdaten des Data Warehouse aus den operativen Vorsystemen der Unternehmung für das System bereitgestellt. Die Transformations- und Extraktionsprogramme bereiten dabei die Daten aus den operativen Vorsystemen für die weitere Verwendung auf. Die Data Warehouse-Datenbank stellt schließlich die harmonisierten Daten für die Nutzung des Front End-Systems zur Verfügung.

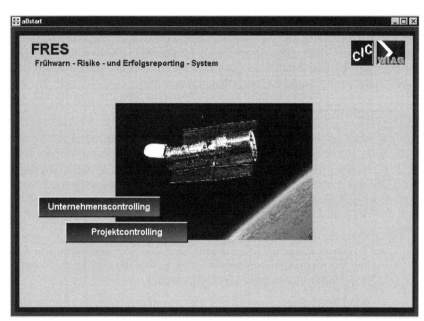

Abbildung 175: Startseite des Frühwarninformationssystems (Front End)

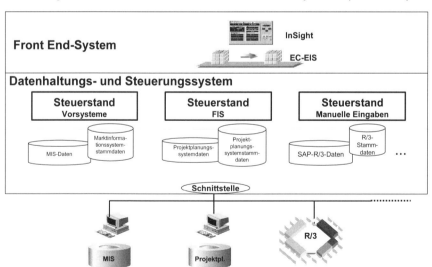

Abbildung 176: DV-Konzeption des Frühwarninformationssystems

Mit Hilfe eines Informationsflusskonzepts wurden die benötigten Daten für die zu ermittelnden Kenngrößen des Frühwarninformationssystems modelliert. Die technische Umsetzung erfolgt wie erwähnt in zwei Systemebenen. Unterschieden werden müssen das Front End-System und das Datenhaltungs- und Steuerungssystem.

4.4.1 Datenhaltungs- und Steuerungssystem

Für die technische Umsetzung der Datensammlung der Inputgrößen der einzelnen Kennzahlen des Frühwarninformationssystems wurde eine EC-EIS-Lösung (Enterprise Controlling - Executive Information System) der SAP AG gewählt. Mit Blick auf die momentane DV-Landschaft bietet sich aus heutiger Sicht auch das Business Information Warehouse (BW) der SAP AG an. Die Datenversorgung des EC-EIS erfolgt über folgende Wege:

- Importschnittstellen-Programme für Nicht-SAP-Systeme, wie z.B. das Marktinformationssystem, das Kalkulationssystem und das Projektplanungssystem (Terminplanung).

- Beschaffungsprogramme für die Komponenten des SAP R/3-Systems.

- Manuelle Datenerfassung für zusätzliche, nicht vorrätige Informationen.

Die Stammdaten des Frühwarnsystems werden neben der Verprobung der zulässigen Daten auch für die Harmonisierung der Daten aus den Vorsystemen benötigt.

Die Stammdatenpflege erfolgt über eine Pflegeoberfläche durch Mitarbeiter der Unternehmung. Es handelt sich hierbei u.a. um die Gesamtprojektzuordnung der zulässigen Angebote und Aufträge zum Gesamtprojekt, die insbesondere bei der erstmaligen Pflege des Systems notwendig ist.

Für die benötigten Stammdaten des SAP R/3-Systems werden keine gesonderten Stammdaten im System hinterlegt, da auf SAP-Standardfelder der Vorsysteme online durchgegriffen wird. Soweit Stammdaten aus SAP-Fremdsystemen verarbeitet werden müssen und diese sich nicht mit denen aus dem SAP-System decken, werden im SAP-System Dictionary-Tabellen im Kundennamensraum angelegt. Für den Grundaufbau der jeweiligen Tabelle wird ein Schnittstellen-Programm bereitgestellt. Die weitere Pflege der Daten erfolgt manuell über eine Pflegeoberfläche.

Neben der weitestgehend maschinellen Versorgung von Stammdaten ist es jedoch nötig, Stammdaten manuell zu erfassen, wenn diese in keinem

Vorsystem abgelegt sind. Die Erfassung der Daten erfolgt in diesem Fall über eine Pflegeoberfläche.

Die Bewegungsdaten werden periodisch von den Vorsystemen zur Verfügung gestellt. Sie werden zur Prüfung und Harmonisierung in Dictionary-Tabellen im Kundennamensraum gespeichert. Diese Datenredundanz im SAP-System wird bewusst in Kauf genommen, um über einen konsistenten Datenbestand zu verfügen. Das Lesen der Daten direkt aus den Ursprungssystemen stößt mit heutiger Technologie noch an seine Grenzen und ist aufgrund seiner Instabilität abzulehnen.

Das Laden der SAP-fremden Daten in das SAP EC-EIS erfolgt über ein speziell geschriebenes Programm, das folgende Aufgaben erfüllt (vgl. Abbildung 177):

- Auswahl der Datenquellen mit Kontrollkästchen und Filedirectory.

- Dokumentation abgewiesener Quellen durch die Prüfung.

- Archivierung der geladenen Daten in den Storage-Tabellen, um die Konsistenz des Berichtswesens zu garantieren.

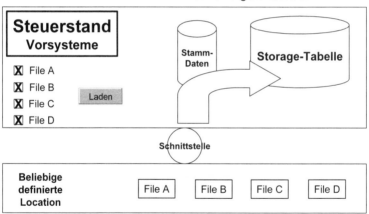

Abbildung 177: Steuerstand der Vorsysteme

Der gesamte Prozess der Datenbeschaffung wird vom Verantwortlichen (Administrator) über eine Oberfläche gesteuert und kontrolliert. Hier werden Ladevorgänge angestoßen und dokumentiert und die Validierung der Daten wird durchgeführt. Dateninkonsistenzen zwischen den unterschiedlichen Daten werden in Protokollen dokumentiert und können über eine Pflegeoberfläche korrigiert werden (vgl. Abbildung 178). Änderungen werden im System dokumentiert.

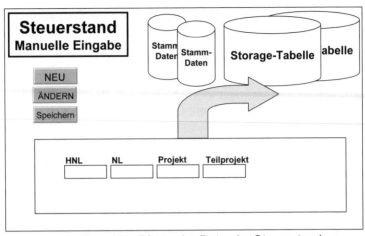

Abbildung 178: Pflege der Daten im Steuerstand

Daten, die dem Berichtswesen zugeführt werden sollen, müssen durch den Administrator pro Datenpaket geschlossen werden. Geschlossene Datenpakete können nicht mehr geändert werden. Dem Berichtswesen können nur geschlossene Datenpakete (lock) zugeführt werden, um sicherzustellen, dass Bewegungsdaten und Berichtsdaten nicht auseinander laufen. Ist es dennoch notwendig, die Daten der Storage-Tabellen nachträglich zu bearbeiten, wird zunächst das Datenpaket im SAP EC-EIS gelöscht (unlock). Danach kann das in den Storage-Tabellen entsprechend geschlossene Datenpaket durch den Administrator geöffnet und bearbeitet werden. So wird programmtechnisch ein konsistenter Datenbestand sichergestellt.

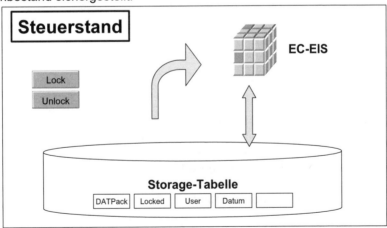

Abbildung 179: Datenzuführung im Steuerstand

Nach festzulegenden Zeitpunkten werden die Daten für das Frühwarnsystem sukzessive bereitgestellt. Am Periodenanfang sind dies vor allem die Daten aus dem Marktinformationssystem, dem SAP R/3-System, dem Kalkulationssystem und dem Projektplanungssystem (Terminplanung). Durch die sukzessive Verbesserung der Daten aus den Vorsystemen nimmt die Güte der Informationen im Laufe des Monats zu, wenn entsprechende Schnittstellen angestoßen wurden. Das Monatsreporting des Frühwarninformationssystems ist somit periodengenau.

4.4.2 Front End-System

Für die Front End-Lösung sind Systeme zu empfehlen, bei denen bei dem zu erwartenden Datenvolumen mit kurzen Antwortzeiten gerechnet werden kann, da die Akzeptanz eines Frühwarnberichtswesens in hohem Maße von der Performance lebt. Die Front End-Umsetzung des Systems erfolgt mit Hilfe einer Executive Cockpit-Lösung auf der Komplementär-Software InSight/DynaSight der Firma Arcplan.[876] Mit diesem Produkt wird eine Oberfläche erstellt, die die Logik für das Reporting enthält, die bereits inhaltlich im Kapitel 3.1.3 für das Unternehmens- und Projekt-Controlling entwickelt wurde:

- Darstellung von grundlegenden Projektinformationen
- Kennzahlendarstellung in tabellarischer Berichtsform
- Qualitative Betrachtungen (Soft Facts)
- Drill-Down-Funktionalität
- Color Coding anhand definierter Schwellenwerte
- Graphische Darstellungen (z.B. strategische Portfolioanalyse)
- Benutzerindividueller Kennzahlenbericht

Das Reporting wird durch folgende Funktionen unterstützt:

- Selektions- und Filterfunktionen
- Sortierfunktionen

---

[876] Alternativ bietet sich für SAP EC-EIS das ActiveExcel an. Aufbauend auf diesem AddOn wird ein MS VisualBasic-Programm geschrieben, das die Logik der Reporting-Oberfläche enthält.

Im Front End werden neben den reinen Management- und Kennzahlen-berichten der Berichtsstand und die Datenversorgungsaktualität der Schnittstellen angezeigt.

Weiterhin wird ein gestuftes Berechtigungskonzept hinterlegt, das die Dateneinsicht im Reporting regelt. Desgleichen wird ein Berechtigungs-konzept auf der Administrationsebene erstellt. Von Seiten der Unter-nehmung wird zumeist in diesem Zusammenhang gewünscht, dass Da-tenzugriffe unberechtigter Personen auf andere Projekt- und Unterneh-mensdaten verhindert werden.

Das Frühwarnsystem unterstützt verschiedene Sichten auf den Daten-bestand, d.h. detaillierte Informationen der Unternehmung, Hauptnieder-lassungen, Geschäftsbereiche und Projekte werden schrittweise nach dem Drill-Down-Prinzip auf verschiedenen Verdichtungsstufen bereitge-stellt. Individuelle Auswahlmöglichkeiten entscheidungsebenenbezoge-ner Informationsbedarfe sowie die schwellenwertbezogene Aufbereitung von führungs- und steuerungsrelevanten Daten bieten eine höchstmögli-che Funktionalität.

Im Bereich des Projekt-Controlling besteht zunächst die Möglichkeit, durch die Wahl unterschiedlicher Selektionskriterien individuell ge-wünschte Projekte zu filtern. Der User kann bspw. zwischen Teilprojek-ten und Gesamtprojekten zu unterschiedlichen Zeitpunkten (Periode und Jahr) wählen. Eine weitere Selektionsmöglichkeit liegt in der Auswahl der jeweiligen rechtlichen Einheit (Einzelgesellschaft, SGE etc.). Darüber hinaus können durch die Auswahl der Projektstati Projekte, die sich noch in der Angebotsphase befinden, näher betrachtet oder aber Projekte, welche sich bereits in der Abwicklungsphase befinden, abgerufen wer-den.

Eine weitere Auswertungsmöglichkeit besteht in der Schwellenwertselek-tion erfolgskritischer Kennzahlen durch Datenfilter. Durch die entspre-chende Eingabe eines Intervalls (in Form von Schwellenwerten) können innerhalb zuvor definierter Kennzahlen gewünschte Informationen genau determiniert werden.

Im Bereich des Unternehmens-Controlling bestehen die gleichen Drill-Down-Möglichkeiten wie für das Projekt-Controlling. Neben den zeitli-chen Dimensionen (Periode und Jahr) können auch in diesem Bereich Informationen über rechtliche Einheiten bzw. Strategische Geschäftsein-heiten abgerufen werden.

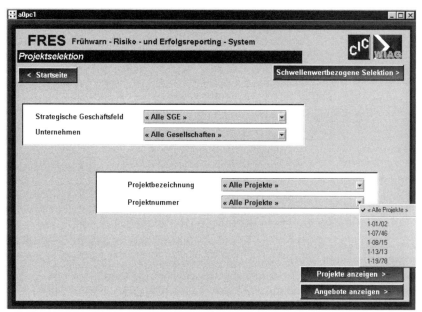

Abbildung 180: Selektionskriterien

Im Frühwarninformationssystem sind neben vielen graphischen und rechentechnischen Funktionen und Darstellungsformen folgende spezielle Funktionalitäten hervorzuheben:

- Color Coding

- Trendindikatorenmodelle

Die umfassenden Informationen des Frühwarninformationssystems werden durch ein Color Coding aufbereitet, um dem User einen erleichterten Überblick über die risiko- bzw. chancenrelevanten Tatbestände zu ermöglichen. Der Hintergrund besteht darin, bei Aufruf einer Kennzahlenübersicht eine schnelle Kategorisierung komplexer Zahlendarstellungen zu ermöglichen, um eine Fokussierung auf kritische Sachverhalte zu erreichen.

Das System nimmt an dieser Stelle Bewertungen der Projekte vor, welche durch unterschiedliche farbige Kennzeichnungen veranschaulicht werden (Ampelfunktion).

Die Visualisierung kritischer Größen wird durch die Hinterlegung der entsprechenden Kennzahlen mit den Farben rot (sehr kritischer Wert), gelb (kritischer Wert) und grün (unkritischer Wert) bewerkstelligt.

| :: d1Otop1 | | | | | | | | | | | _ □ × |

FRES Frühwarn - Risiko - und Erfolgsreporting - System

Spitzenkennzahlen Projektcontrolling (Konsolidiert)

< Selektion	Eckwerte		Angebotsphase		Projektphase					
			Frühindikatoren		Auftrags-erfolg	Finanzen	Wert-schöpfung	Fremd-leistung	Chance/Risiko	Projekt-fortschritt
1999/2000	Projektwert	Projekt-ergebnis	Soft-Facts	DB / AW	DB / PW	Cash-Flow	ΔELK	ΔFLK	ΔRisiko-vorsorge	Termin-verz. ges.
April	(Prog.)	(Prog.)		(AK)	(Prog.)	(Ist)	(Prog.-ArK)	(Prog.-ArK)	(Prog.-ArK)	(Prog.)
Projekt Sensortechnik Malmö	13.684 T€	-1.850 T€	•	0,00%	-13,52%	-125 T€	832 T€	1.582 T€	-227 T€	30 Tg
Projekt Gerüstbau Aue	2.236 T€	286 T€	•	3,86%	12,79%	969 T€	-141 T€	-97 T€	47 T€	119 Tg
Projekt Anlagenbau Hoyerswerda	39.774 T€	-23.291 T€	•	-18,56%	-58,56%	-4.711 T€	12.776 T€	4.832 T€	3.753 T€	100 Tg
Projekt Verschaltung Sydney	10.292 T€	849 T€	•	5,03%	8,25%	2.673 T€	-649 T€	-48 T€	0 T€	60 Tg
Projekt Netzwerktechnik Lima	63.725 T€	703 T€	•	1,85%	1,10%	1.954 T€	-9.088 T€	465 T€	0 T€	0 Tg

Abbildung 181: Color Coding der Kennzahlenberichte

Die Zuordnung der farbigen Markierungen zu den Basiskennzahlen erfolgt dabei über vordefinierte Schwellenwerte und Kennzahlengewichtungen. Diese stellen Grenzen dar, welche die Kennzeichnung der Kennzahlen als sehr kritisch, kritisch und unkritisch determinieren und dementsprechend kennzahlenspezifisch eingestellt werden müssen. Durch die unterschiedliche Gewichtung der verschiedenen Kennzahlen innerhalb der Kennzahlenbereiche wird ein Rahmen geschaffen, um zum einen der unterschiedlichen Relevanz verschiedener Kriterien und zum anderen den subjektiven Bedürfnissen der Berichtsempfänger Rechnung zu tragen.

Sowohl Spitzenkennzahlen als auch Kennzahlen der darunter liegenden Ebenen werden zur einfachen Visualisierung mit einem Color Coding versehen. Das zu einer Spitzenkennzahl gehörige Color Coding ergibt sich durch einen Mix aus den hierarchisch niedriger angeordneten Kennzahlen des entsprechenden Kennzahlenbereichs.

Zum einen wird hierbei eine Zuordnungsmatrix genutzt, die in Abhängigkeit der farbigen Ausprägung der Kennzahlen des jeweiligen Kennzahlenbereichs ein Color Coding für die Spitzenkennzahl vorgibt. Zum anderen wird innerhalb der Zuordnungsmatrix eine Gewichtung der verschiedenen Kennzahlen implementiert, um somit der unterschiedlichen Relevanz der Kennzahlen Rechnung zu tragen. Der Indexwert der Gewichtung liegt bei 1. Eine höhere bzw. niedrigere Gewichtung der entsprechenden Kennzahl wird durch die Eintragung eines höheren bzw. niedrigeren Gewichts erreicht. Wird als Kennzahlengewicht 0 eingestellt, so wird diese Kennzahl als nicht relevant betrachtet.

Color Coding für Spitzenkennzahlen

Rot 0

	Grün 0%	Grün 1-25%	Grün 26-50%	Grün 51-75%	Grün 76-99%	Grün 100%
Gelb 0%						Grün
Gelb 1-25%				Grün	Grün	
Gelb 26-50%			Gelb	Gelb		
Gelb 51-75%		Gelb	Gelb			
Gelb 76-99%		Gelb				
Gelb 100%	Gelb					

Rot 1-25

	Grün 0%	Grün 1-25%	Grün 26-50%	Grün 51-75%	Grün 76-99%	Grün 100%
Gelb 0%						
Gelb 1-25%			Gelb	Gelb	Grün	
Gelb 26-50%		Gelb	Gelb	Gelb		
Gelb 51-75%	Rot	Rot	Gellb			
Gelb 76-99%	Rot	Rot				
Gelb 100%						

Rot 26-50

	Grün 0%	Grün 1-25%	Grün 26-50%	Grün 51-75%	Grün 76-99%	Grün 100%
Gelb 0%			Rot	Rot		
Gelb 1-25%		Rot	Rot	Rot		
Gelb 26-50%	Rot	Rot	Rot			
Gelb 51-75%	Rot	Rot				
Gelb 76-99%						
Gelb 100%						

Rot 51-75

	Grün 0%	Grün 1-25%	Grün 26-50%	Grün 51-75%	Grün 76-99%	Grün 100%
Gelb 0%		Rot	Rot	Rot		
Gelb 1-25%	Rot	Rot	Rot			
Gelb 26-50%	Rot	Rot				
Gelb 51-75%						
Gelb 76-99%						
Gelb 100%						

Rot 76-99

	Grün 0%	Grün 1-25%	Grün 26-50%	Grün 51-75%	Grün 76-99%	Grün 100%
Gelb 0%		Rot				
Gelb 1-25%	Rot	Rot				
Gelb 26-50%						
Gelb 51-75%						
Gelb 76-99%						
Gelb 100%						

Rot 100

	Grün 0%	Grün 1-25%	Grün 26-50%	Grün 51-75%	Grün 76-99%	Grün 100%
Gelb 0%						
Gelb 1-25%						
Gelb 26-50%						
Gelb 51-75%						
Gelb 76-99%						
Gelb 100%						

Abbildung 182: Zuordnungsmatrix

Betrachtet wird in der Zuordnungsmatrix ergo die mit dem entsprechenden Kennzahlengewicht multiplizierte Häufigkeit von „roten", „gelben" und „grünen" Kennzahlen bezüglich der gesamten Summe der Kennzahlengewichte eines Kennzahlenbereichs in einer dreidimensionalen Matrix, wodurch jede mögliche Konstellation innerhalb eines Kennzahlenbereichs erfasst wird. Zur Vereinfachung werden die relativen, gewichteten Häufigkeiten in Intervallen zusammengefasst. Um möglichst eindeutige und exakte Ergebnisse zu erhalten, sollten die Intervalle der Zuordnungsmatrix ausreichend klein gehalten werden. Im oben angeführten Beispiel (vgl. Abbildung 182) wurden Intervalle der Größe 25% gewählt. Je enger die Intervalle gewählt werden, desto exakter ist die Zuordnung der jeweiligen Farbzustände möglich.

Anzumerken ist, dass die durch die Zuordnungsmatrix vorzugebenden farbigen Darstellungen bei der erstmaligen Systemkonfiguration frei zu vergeben sind. Die Darstellung einer Spitzenkennzahl als sehr kritisch, kritisch oder unkritisch in Folge einer bestimmten Konstellation innerhalb des Kennzahlenbereichs sollte demnach von den Präferenzen der Berichtsempfänger ausgehen und entsprechend einmalig im Frühwarnsystem hinterlegt werden.

Zeitreihen- und Trendindikatorbetrachtungen visualisieren zu erwartende Verläufe der Ergebnismessgrößen. Diese werden derart angelegt, dass sie auf Basis der Entwicklung vergangener Perioden einen Prognosewert ermitteln. Da die Zuhilfenahme historischer Entwicklungen allerdings hier die Gefahr birgt, dass die Tendenzen früher Perioden für ein Projekt über Gebühr berücksichtigt werden, sind die Entwicklungen der letzten Perioden einer Zeitreihe bei der Ermittlung eines wahrscheinlichen Endwerts zu berücksichtigen.

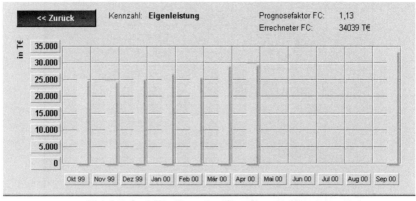

Abbildung 183: Trendindikatorbetrachtungen

Basis des Models sind alle bereits berichteten Forecastwerte, um somit auf der historischen Entwicklung aller bisher gemachten Schätzungen aufzubauen.

Basierend auf diesen Vorgaben wird nun in einem ersten Schritt eine Abweichung bzw. ein Fehlerfaktor ermittelt, der sich jeweils aus der Abweichung zur Vorperiode eines jeden Monats ergibt. Für den Fall, dass ein neues „revised budget" (durch z.B. Nachträge geändertes Budget) vorliegt, wird aufgrund der geänderten Ausgangssituation für die Ermittlung des Fehlerfaktors der Folgeperiode nicht auf den Forecast der Vorperiode zurückgegriffen, sondern einmalig auf das neue „revised budget" Der Fehlerfaktor wird nun entsprechend der Annahme, dass die Genauigkeit der Forecastermittlung im Projektverlauf stetig zunimmt, wie folgt gewichtet:

Die Gewichte für i = 2,...,n sind auf folgende Berechnung zurückzuführen:

$$Wni = \left(\frac{W_{n1}}{W_{i1}} - \frac{W_{ni}}{W_{i-1,1}} \right) = \alpha^{n-i} - \alpha^{n-i+1} = \alpha^{n-i}(1-\alpha) \quad \text{und}$$

Gewichte für i = 1:

$$W_{n1} = \left(\frac{W_{n1}}{W_{11}} \right) = \alpha^{n-1}$$

mit

W_{ni} = Gewicht des i-ten Arguments, für den Fall, dass die Aggregationskardinalität gleich n ist.

n = Anzahl der für die Projektfertigstellung notwendigen Perioden.

i = Periode, bis zu der Ist-Daten und damit auch Forecasts vorliegen.

$\alpha\infty$ = Wert, mit dem die Verteilung der Gewichtung gesteuert wird. (Die letzte Periode für die Forecastwerte berichtet wurden, wird jeweils mit dem Faktor 1-α gewichtet, die vorletzte Gewichtung beträgt dann (1-α)/2 usw.)

Somit ist sichergestellt, dass die Summe der Gewichtungsfaktoren immer gleich 1 ist.

Welche Auswirkung die Auswahl unterschiedlicher Alpha auf die Entwicklung der Gewichtung der einzelnen Fehlerindikatoren hat, lässt sich anschaulich aus der folgenden Graphik entnehmen.

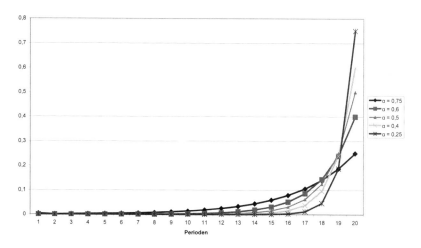

Abbildung 184: Entwicklung der Gewichtungsfaktoren unterschiedlicher Alpha bei 20 Betrachtungsperioden

Hier wird deutlich, dass der Gewichtungsfaktor für die letzte Periode, für die bereits Forecastwerte verfügbar sind, umso geringer ist, je höher ein Alpha gewählt wird. Wesentlich für die einheitliche Interpretationsmöglichkeit innerhalb des Systems ist, dass die Entscheidung für ein Alpha nur einmal getroffen wird und dann für die weiteren Betrachtungen anderer Projekte konstant bleibt.

Zur Summe der gewichteten Fehlerfaktoren wird nun 1 addiert und die sich ergebende Summe mit der Differenz aus der Anzahl der Gesamtperioden (Anzahl der Monate für die Abwicklung eines Projekts) und der Anzahl der Perioden, für die bereits Forecastwerte berichtet wurden, potenziert, so dass sich ein Multiplikator ergibt:

$$\text{Multiplikator} = \left(\sum x_i + 1 \right)^{n-i}$$

Dieser wird in einem letzten Schritt mit der letzten verfügbaren Schätzung des Forecasts multipliziert. Das Produkt ist der errechnete Forecast:

$$\text{Errechneter Forecast} = \text{Multiplikator} * \text{letzter Forecast}$$

Der errechnete Forecast gibt an, wie sich die betrachtete Erlös- oder Kostenposition bis zum Projektabschluss entwickeln wird, wenn davon ausgegangen wird, dass Ungenauigkeiten der Vergangenheit auch in der Zukunft auftreten werden und die Genauigkeit der Forecastermittlung stetig zunimmt.

4.4.3 Bewertung des Frühwarninformationssystems

Das vorgestellte Frühwarninformationssystem stellt ein offenes, flexibles und erweiterungsfähiges Steuerungsinstrumentarium für das Management in Unternehmen mit komplexer Projektfertigung dar. Es schafft Transparenz und Konsistenz sowie Einheitlichkeit im Rahmen des Berichtswesens.

Das dargestellte Frühwarninformationssystem zeichnet sich vor allem durch die ganzheitliche Betrachtung vorlaufender Indikatoren und Erfolgsfaktoren der Projektwertschöpfungskette und Unternehmensbereiche aus. Die entscheidungsebenenbezogene Aufbereitung führungs- und steuerungsrelevanter Informationen bei Berücksichtigung monetärer und nicht-monetärer Größen und deren wirtschaftlicher Abhängigkeiten bietet dem Management einen fundierten Einblick über die Einzelprojekte und alle relevanten Unternehmensbereiche. Die durch das System gewährleistete Transparenz hinsichtlich Chancen und Risiken bietet für Projektfertiger eine maßgebliche Erleichterung für die Bewältigung strategischer wie operativer Herausforderungen.

4.5 Internetgestütztes Informations- und Kommunikationssystem

Das im Laufe dieser Arbeit entwickelte übergreifende, intranetgestützte und prozessorientierte Informations- und Koordinationssystem stellt die Rahmenkomponente der EDV-Gesamtkonzeption dar. Es erweitert die bisher aufgestellte EDV-Gesamtkonzeption für einen Projektfertiger im Hinblick auf Qualitätsorientierung und Geschäftsprozesse.

Total Quality Management (TQM) und Prozessorientierung sind in den letzten Jahren zu Schlagworten modern geführter Organisationen avanciert.[877] Angetrieben vom Paradigmenwechsel im Marketing[878] begannen viele Unternehmen, ihre Geschäftsprozesse neu zu überdenken und ihre Strukturen entsprechend auszurichten. Der Kunde sollte neben produktbezogener Qualität auch eine Art ideeller Qualität erwerben, die sich in Verfahren und Organisation der Unternehmen niederschlägt. Dies war die Geburtsstunde der Normenreihe DIN EN ISO 9000ff.[879], mit der die International Organization for Standardization (ISO) neue Maßstäbe im Qualitätsmanagement setzte.[880] Darüber hinaus sind zur konkreten Anwendung noch eine Reihe weiterer Normen relevant, darunter z.B. auch die DIN ISO 10013 zur Erstellung von QM-Handbüchern.[881]

Ein Qualitätsmanagement, das sich an den Geschäftsprozessen des Unternehmens orientiert, stellt dabei eine völlig neue Herausforderung für die verantwortlichen Manager dar. Durch die Dokumentation, die externe Normung und die Einhaltung von Geschäftsprozessen im Rahmen der Unternehmensorganisation sollte u.a. mit der dafür erreichten Zertifizierung ein positiver Wettbewerbsfaktor geschaffen werden. Der Kunde sollte beim Nachweis einer angemessenen Qualitätsfähigkeit leichter ein

---

[877] Vgl. *Müri, P.*: Prozessorientierung - der Schlüssel zum neuen Management, in: IO Management Zeitschrift, 1994, H. 5, S. 27.

[878] Zu neuen Paradigmen in der Marketingtheorie und insbesondere zum prozessorientierten Ansatz vgl. *Meffert, H.*: Marketing - Grundlagen marktorientierter Unternehmensführung: Konzepte, Instrumente, Praxisbeispiele, 8. Aufl., Wiesbaden 1998, S. 18ff.

[879] DIN EN ISO 9000ff. steht für die Normenreihe Deutsche Industrie Norm, Europäische Norm, Norm der International Organization for Standardization (ISO) mit der Indizierung 9000-9004, herausgegeben vom Technischen Komitee der ISO.

[880] Vgl. *Ketting, M.*: Geschichte des Qualitätsmanagements, in: *Masing, W.* (Hrsg.): Handbuch Qualitätsmanagement, 4. Aufl., München, Wien 1999, S. 17-30, hier: S. 29.

[881] Zu den weiteren Normen vgl. *Malorny, C.*: TQM umsetzen - Der Weg zur Business Excellence, Stuttgart 1996, S. 15. Zum Thema QM-Handbücher vgl. Kapitel 4.5.1.

Vertrauen zum Unternehmen aufbauen.[882] Heute dreht sich dieser Wettbewerbsvorteil fast zu einer Wettbewerbspflicht, da viele Geschäftsabschlüsse ohne Zertifizierung kaum mehr erzielbar sind.

Die Zertifizierung läuft dabei im Allgemeinen gemäß des folgenden Schemas ab:

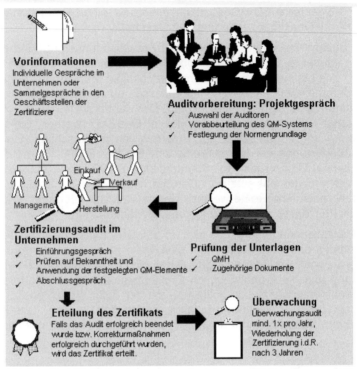

Abbildung 185: Vorgehensweise bei der Zertifizierung von QM-Systemen[883]

Zentrales Element von QM-Systemen und der damit verbundenen Zertifizierung ist - wie aus obiger Darstellung ersichtlich - das Qualitätsmanagementhandbuch des Unternehmens.

---

[882] Vgl. *Malorny, C.*: TQM umsetzen - Der Weg zur Business Excellence, Stuttgart 1996, S. 25; *Seibert, S.*: Technisches Management - Innovationsmanagement, Projektmanagement, Qualitätsmanagement, Stuttgart, Leipzig 1998, S. 447.

[883] Modifizierte Darstellung in Anlehnung an die Ausführungen von *Pärsch, J.G.*: Zertifizierung von Qualitätsmanagementsystemen, in: *Masing, W.* (Hrsg.): Handbuch Qualitätsmanagement, 4. Aufl., München 1999, S. 193-202, hier: S. 195ff.

Intern gilt es im Rahmen der Zertifizierung, Prozess- und Organisations-qualität transparent und vollständig zu dokumentieren, damit eine stringente, ablaufbezogene Versorgung mit entsprechenden Informationen auf allen Ebenen der Unternehmung sichergestellt werden kann. Dieser traditionelle Fokus von Qualitätssicherungssystemen ist für Controlling-Zwecke jedoch unzureichend.[884] Daher soll im Rahmen dieser Arbeit der Ansatz der Ablauforientierung und Dokumentation durch die Entscheidungsunterstützung durch hierarchieadäquate Informationen und die wirtschaftliche Gestaltung von Unternehmensabläufen erweitert werden. Durch die konsequente Nutzung informationstechnologischer Möglichkeiten, wie z.B. der Internet- bzw. Intranettechnologie, kann auch das Qualitätsmanagement einen wichtigen Beitrag zur entscheidungsebenen-bezogenen Informationsversorgung leisten, die von modernen Controlling-Konzeptionen heute gefordert wird.[885]

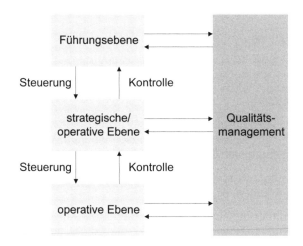

Abbildung 186: Qualitätsmanagement als homogener Bestandteil der Controlling-Konzeption

---

[884] Zur Kritik an Qualitätsmanagement-System-Zertifikaten und ihrer Aussagekraft vgl. insbesondere *Malorny, C.*: TQM umsetzen - Der Weg zur Business Excellence, Stuttgart 1996, S. 55ff.

[885] Vgl. *Reichmann, Th.*: Controlling mit Kennzahlen und Managementberichten. Grundlagen einer systemgestützten Controllingkonzeption, 6. Aufl., München 2001, S. 8ff.

Die EDV-Gesamtkonzeption zeigt anhand der Entwicklung eines HTML-gestützten und workfloworientierten Qualitätsmanagementhandbuchs auf, inwieweit sich Qualitätsmanagement und Prozessorientierung für ein Unternehmen mit komplexer Projektfertigung so kombinieren lassen, dass sowohl die externen Anforderungen (Einhaltung von Normen für die Zertifizierung) als auch die internen Anforderungen des Controlling und Managements (Entscheidungsunterstützung, wirtschaftliche Gestaltung von Geschäftsprozessen, Kundenorientierung, Mitarbeiterunterstützung etc.) effizient erfüllt werden können.

4.5.1 Zielsetzung

Die meisten zertifizierten Unternehmen haben ihre wesentlichen Kernprozesse in einem Qualitätsmanagementhandbuch (QMH) niedergelegt, das auf die Verfahrens- und Organisationsstruktur zum Zeitpunkt der Erstellung ausgerichtet ist. Im Einzelnen gibt das QMH einen Überblick über:[886]

- Die Zielsetzungen und die Qualitätspolitik des Unternehmens,

- den Stellenwert der Qualität im Wertegefüge,

- die Aufbauorganisation des Unternehmens (z.B. mittels Organigrammen),

- die Ablauforganisation des Unternehmens (z.B. mittels Arbeitsablauf- bzw. Prozessbeschreibungen) verbunden mit der Festlegung von Verantwortlichkeiten und Zuständigkeiten und

- die Organisation von Einzeltätigkeiten und bereichsübergreifenden Arbeiten.

Daneben enthält das QMH noch Verfahrens-, Arbeits- und Prüfanweisungen. Verfahrensanweisungen (VA), die für alle qualitätsbeeinflussenden Abläufe im Unternehmen erstellt werden müssen, enthalten genaue Beschreibungen der Abläufe, Zuständigkeiten und Schnittstellen des Bereichs, für den sie angefertigt werden. Arbeitsanweisungen (AA) beschreiben hingegen die Hilfsmittel für bestimmte Tätigkeiten an einem Arbeitsplatz und Kriterien zu deren Einsatz. Für Qualitätsprüfungen heißen diese Anweisungen Prüfanweisungen.[887]

---

[886] In Anlehnung an *Pfeifer, T.*: Qualitätsmanagement - Strategien, Methoden, Techniken, 2. Aufl., München, Wien 1996, S. 389

[887] Vgl. *Seibert, S.*: Technisches Management - Innovationsmanagement, Projektmanagement, Qualitätsmanagement, Stuttgart, Leipzig 1998, S. 452f.

Dem Aufwand für die Erstellung und Pflege des QMH stehen folgende Vorteile der Nutzung entgegen:[888]

• Die Einarbeitung neuer Mitarbeiter wird vereinfacht oder beschleunigt.

• In Haftungsfällen ist die Wahrnehmung der unternehmerischen Sorgfaltspflicht leichter nachweisbar.

• Die QM-Elemente sind transparent im Rahmen des Gesamtsystems dargestellt.

• Team- und Projektarbeit wird durch geklärte Zuständigkeiten beschleunigt.

Das QMH besteht häufig aus einem Ordner, der sämtliche Beschreibungen, Ablaufdiagramme und Anweisungen in Papierform i.d.R. im Format DIN A4 enthält. Der Nutzungsgrad eines solchen papiergestützten QMH für interne Zwecke ist sehr gering, da es üblicherweise nur sporadisch als Nachschlagewerk eingesetzt wird. Änderungen bringen durch die dezentrale Informationshaltung einen hohen Aufwand mit sich. Zudem ist die Konsistenz der Informationen nicht sichergestellt. Eine Version des QMH ist keineswegs eine endgültige. Um eine Wiedererlangung der Zertifizierung zu erreichen, müssen alle Elemente periodisch aktualisiert und das QMH muss ggf. neu aufgelegt werden.[889] Aufgrund dieses Dilemmas bietet sich die Möglichkeit einer konzeptionellen Überarbeitung des QMH an, die folgende Vorteile mit sich bringt:

• Neuausrichtung der Vorgangsbeschreibungen an neu zu gestaltenden wirtschaftlichen Geschäftsprozessen (Redesign) mit Hilfe des Business Process Reengineerings (vgl. Kapitel 3.2.1.1).

• Modellierung der Geschäftsprozesse mit Hilfe von erweiterten Ereignisgesteuerten Prozessketten (Workflowdarstellung) (vgl. Kapitel 3.2.1.2).

• EDV-technische Abbildung des QMH zur besseren Pflege und Nutzung mit Internet-/Intranettechnologie.

---

[888] Vgl. *Pfeifer, T.*: Qualitätsmanagement - Strategien, Methoden, Techniken, 2. Aufl., München, Wien 1996, S. 399f.

[889] Vgl. *Pärsch, J.G.*: Zertifizierung von Qualitätsmanagementsystemen, in: *Masing, W.* (Hrsg.): Handbuch Qualitätsmanagement, 4. Aufl., München 1999, S. 193-202, hier: S. 199; *Malorny, C.*: TQM umsetzen - Der Weg zur Business Excellence, Stuttgart 1996, S. 53; *Seibert, S.*: Technisches Management - Innovationsmanagement, Projektmanagement, Qualitätsmanagement, Stuttgart, Leipzig 1998, S. 467.

- Integration von Arbeits-, Verfahrens-, Prüf- und DV-Anweisungen mit dem modellierten Workflow in einem zentralen System.

- Ablauforganisatorische Unterstützung durch workflowgestützte Koordination.

- Transparente und benutzerfreundliche Dokumentation der Kernprozesse:

  - Konsistenz, Vollständigkeit und Richtigkeit der Abläufe.

  - Übersichtlichkeit und Einheitlichkeit der Abläufe.

  - Flexibilität und Erweiterungsfähigkeit der Dokumentation.

  - Qualitative Verbesserung und Ergänzung der vorhandenen Workflows.

Die Neuausrichtung der Geschäftsprozesse sollte durch sorgfältige Analysen in Prozessaudits geschehen. Dabei handelt es sich um unabhängige und systematische Untersuchungen von Aktivitäten „hinsichtlich der sachgerechten Anwendung spezifizierter Vorgehensweisen und der Erzielung spezifizierter Ergebnisse"[890] im Hinblick auf die Prozesse der Unternehmung. Diese werden auf Einhaltung der Verfahrensvorschriften sowie auf Zweckmäßigkeit, Sicherheit und Wirtschaftlichkeit überprüft.[891] Konkret geht es darum, festzustellen, was durch wen „wo und wie getan werden muss, welche [...] Dokumente zu benutzen sind und wie dies gelenkt und aufgezeichnet werden muß."[892] Ein wichtiges Instrument in diesen als Third-Party-Audits[893] bezeichneten Teamsitzungen ist die computergestützte Visualisierung der Geschäftsprozesse mit Workflows, die in das QMH einzubinden sind.

---

[890] *Seibert, S.*: Technisches Management - Innovationsmanagement, Projektmanagement, Qualitätsmanagement, Stuttgart; Leipzig 1998, S. 453.

[891] Vgl. *Seibert, S.*: Technisches Management - Innovationsmanagement, Projektmanagement, Qualitätsmanagement, Stuttgart; Leipzig 1998, S. 454.

[892] *Herrmann, J.*: Qualitätsaudit, in: *Masing, W.* (Hrsg.): Handbuch Qualitätsmanagement, 4. Aufl., München, Wien 1999, S. 175-192, hier: S. 188.

[893] Third-Party-Audits sind Projektteamsitzungen, die von einer von Lieferant (der Firma) und Kunden (Second-Party) unabhängigen Stelle geleitet werden. Vgl. *Deutsches Institut für Normung e.V.*: DIN EN ISO 9000-1 - Normen zum Qualitätsmanagement und zur Qualitätssicherung/QM-Darlegung, Teil 1: Leitfaden zur Auswahl und Anwendung, Berlin 1994, S. 18f.

4.5.2 Intranetgestützte Implementierung

Die Entwicklung des Intranets und seiner zu Grunde liegenden Technologie geht zurück auf die Entwicklung des Internets. Das Internet ist ein weltweites Netz von Computern, das ursprünglich einer Idee des US-Militärs entsprang. Später wurden in kleineren Netzen Universitäten miteinander verbunden, um Rechnerkapazitäten gemeinsam zu nutzen. Im Zuge der technologischen Entwicklung der letzten zwei Jahrzehnte wuchsen diese Netze schließlich zu dem zusammen, was heute als Internet bezeichnet wird. Das Internet ist global, d.h. weltweit umspannend, und macht sich das plattformunabhängige Konzept des TCP/IP-Protokolls zunutze. Dabei handelt es sich um ein Verständigungskonzept zwischen Computern in einem Netzwerk, das Informationen durch Zerlegung in kleine Pakete überträgt.[894] Zusätzlich sorgt das HTTP-Protokoll dafür, dass ein einheitliches Dateiformat die Kommunikation auch zwischen Nutzern unterschiedlicher Systeme ermöglicht (z.B. zwischen U-NIX- und Windows-Rechnern).[895] Die Idee, diese Technologie auch für nicht-weltumspannende Netzwerke zu nutzen (sozusagen ein back-to-the-roots-Gedanke), führte zum Konzept des Intranets. Das Intranet ist „ein lokales Computer-Netzwerk, dessen Kommunikationsprotokoll TCP/IP bildet und in dem die angeschlossenen Rechner mit bereits im Internet verwendeten Standards untereinander Daten austauschen."[896] Intranets sorgen damit für den Daten- und Informationsaustausch im Unternehmen selbst. Die wichtigsten Vorteile finden sich bei *Pott*:[897]

- Erhebliche Kostenreduzierung gegenüber dem konventionellem Austausch von Daten und Informationen.

- Geringerer Administrationsbedarf, bspw. gegenüber Client-Server-Lösungen.

- Geringerer Installationsaufwand.

- Hohes Maß an systemübergreifender Kompatibilität. (Durch die Verwendung des HTTP-Protokolls.)

- Geringe Entwicklungskosten durch freie Portierbarkeit eigener Anwendungen.

---

[894] Vgl. *Kretschmer, B.*: Das Internet Dschungelbuch, Düsseldorf 1995, S. 27f.

[895] Vgl. *Pott, O.*: SmartBooks Intranet-Bibel - Das Standardwerk zur Intranet-Praxis, Kilchberg 1998, S. 4f.

[896] *Pott, O.*: SmartBooks Intranet-Bibel - Das Standardwerk zur Intranet-Praxis, Kilchberg 1998, S. 2.

[897] Vgl. *Pott, O.*: SmartBooks Intranet-Bibel - Das Standardwerk zur Intranet-Praxis, Kilchberg 1998, S. 3ff.

- Hohe Programmstabilität.

- Integration in das Internet bzw. die weltweite Kommunikation im WAN (Wide Area Network).

Diese teilweise betriebswirtschaftlichen Vorteile für sich genommen erzeugen allerdings noch keinen Nutzen für ein Unternehmen. Neben kommunikationstechnischen und infrastrukturellen Aspekten muss auch ein Informationsmanagementkonzept mit einer anwendungsorientierten Sicht existieren.[898] Ein Überblick über Anwendungskonzepte findet sich bei *Döge*. Dieser unterscheidet neben dem Begriff Intranet auch noch die Begriffe IntraWeb und Extranet. Das IntraWeb ist sozusagen der „kleinere Bruder" des Intranets auf Abteilungs- oder Unternehmensteilebene.[899] Beim Extranet hingegen handelt es sich um eine physisch offene Struktur. Unternehmensintern, z.B. über mehrere Niederlassungen hinweg, entsteht so das sog. Virtual Private Network (VPN), unternehmensextern wird darunter die betriebliche Nutzung des Internets verstanden.[900]

Das bereits oben erwähnte HTML-Format definiert die Standard-Beschreibungssprache für Dokumente im Internet bzw. Intranet. HTML steht für **H**ypertext **M**arkup **L**anguage, eine Auszeichnungssprache, die auf dem Hypertext-Prinzip beruht. Sie besitzt folgende Vorteile gegenüber vielen anderen Softwarelösungen:[901]

- Das HTML-Format ist plattformunabhängig und damit für verschiedenste Anwendungen auf unterschiedlichen Betriebssystemen zu handhaben.

- HTML-Dokumente bestehen aus einfachem ASCII-Text und sind dadurch auf verschiedenen Systemen mit einfachen Text-Editoren zu erstellen bzw. zu verändern.

- HTML-Dokumente sind hypermediafähig, d.h. sie können Verweise zu anderen Dokumenten, Bildern und Dateien in einem Netzwerk enthalten, die durch einen simplen Mausklick im Browser aktiviert werden können.

---

[898] Vgl. *Döge, M.*: Intranet: Einsatzmöglichkeiten, Planung, Fallstudien, Köln 1997, S. 20.

[899] Vgl. *Döge, M.*: Intranet: Einsatzmöglichkeiten, Planung, Fallstudien, Köln 1997, S. 21.

[900] Vgl. *Döge, M.*: Intranet: Einsatzmöglichkeiten, Planung, Fallstudien, Köln 1997, S. 22ff.

[901] Vgl. *Born, G.*: HTML 4 - Kompendium, München 1998, S. 34f.

- HTML ist für zukünftige Erweiterungen ausgelegt und bietet schon gegenwärtig umfangreiche Möglichkeiten, Multimedia- oder Viewer- bzw. PlugIn-Content zu managen.

Anwendungskonzepte			
IntraWeb		Intranet	Extranet
IntraWeb Publishing	Intra GroupWeb	IntraWeb Warehousing	Electronic Commerce
Information auf Abruf (Mitarbeiterselbstbedienung)	Information auf Abruf	Gemeinsame Informationsbasis	Produkt- und Katalogpräsentation
Informationsbereitstellung	Vereinheitlichung der Bedienoberflächen	Interdisziplinäre Zusammenarbeit	Micro-Marketing
Informationssuche	Entscheidungsvorbereitung	Prozessorientierte Zusammenarbeit mit Geschäftspartnern	Beziehungsmarketing
Informations-Broking	Knowledge Management	Interne und externe Vertriebsunterstützung	Kundenselbstbedienung
Vereinheitlichung der Dokumentenformate	Informations-Broking		Kaufabwicklung
			Bestellverfolgung
			Elektronische Bezahlung
			Beschwerdemanagement

Abbildung 187: Anwendungskonzepte für Intranet und Extranet[902]

4.5.3 Integrative Implementierung

Das intranetgestützte und prozessorientierte Informations- und Koordinationssystem als Rahmenkomponente der EDV-Gesamtkonzeption wurde aus einem integrativen Ansatz verschiedenster vorhandener Methoden und Instrumente entwickelt. Im Einzelnen sind dies das Qualitätsmanagementhandbuch, die Prozessgestaltung und das Redesign aus dem Business Process Reenginering, die eEPK-Modelle aus dem ARIS-Modell und die HTML-gestützte Intranettechnologie.

IKS steht für Informations- und Kommunikationssystem und bezeichnet das Systemkonzept, unter dem das Qualitätsmanagementhandbuch in seiner Erweiterungsform implementiert wird. Das Handbuch wird in wesentlichen Teilen, insbesondere in der Benutzerführung, HTML-gestützt erstellt. Sämtliche Anweisungen (Arbeits-, Verfahrens-, Prüf- und DV-

---

[902] Vgl. *Döge, M.*: Intranet: Einsatzmöglichkeiten, Planung, Fallstudien, Köln 1997, S. 25.

Anweisungen) werden als PDF-Dokumente über Hyperlinks eingebunden und können mit dem entsprechenden Viewer der Firma Adobe betrachtet werden.[903] Basis für die Ablaufdarstellung sind zentrale Prozesstabellen, die bis auf Aktivitätenebene strukturiert sind und entsprechende Verweise zu Qualitätsdokumenten enthalten.

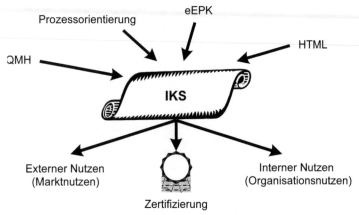

Abbildung 188: Integrationskonzept zur Projektaufgabe

Die zu Grunde liegenden Ist-Geschäftsprozesse wurden in Prozess-Audits bzw. –Workshops interaktiv mit Hilfe von erweiterten Ereignisgesteuerten Prozessketten aufgenommen und mit Hilfe der Methoden des Business Process Reengineerings wirtschaftlich optimiert. Die Rahmenbedingungen wurden durch betriebswirtschaftliche und sicherungstechnische Maßgaben des Controlling und des Qualitätswesens, insbesondere unter Berücksichtigung der normenmäßigen Anforderungen an ein QMH, abgesteckt.

Im Mittelpunkt der Gestaltung und Dokumentation des Informations- und Kommunikationssystems stand die Verbesserung der Kernprozesse Angebotsabwicklung, Projektabwicklung und Beschaffung des Unternehmens, die bereits in den Phasen des Projektgeschäfts,

- Projektvorbereitungsphase (Kapitel 3.2.2.1),

- Projektabwicklungsphase (Kapitel 3.2.2.2) und

- Projektnachbereitungsphase (Kapitel 3.2.2.3),

---

[903] Adobe®'s Acrobat™ ermöglicht mit seinem speziellen PDF-Format als Maker das Konvertieren beliebiger Dokumente in hochwertige Druckvorlagen, die dann mit dem kostenlosen Reader betrachtet werden können.

detailliert analysiert wurden. Die wichtigsten Workflows (eEPK-Modelle) der Kernprozesse sind dem Anhang zu entnehmen.

Die Erfassung der Prozesse und Prozessbesonderheiten sowie eine intensive Dokumentenanalyse und Expertenbefragung bildeten den Ausgangspunkt zur Erstellung des HTML-gestützten und workfloworientierten QMH. Die Bezeichnung des intranetgestützten und prozessorientierten Informations- und Kommunikationssystems im Rahmen der EDV-Gesamtkonzeption lautet IMS-H (Integriertes Managementsystem-Handbuch).

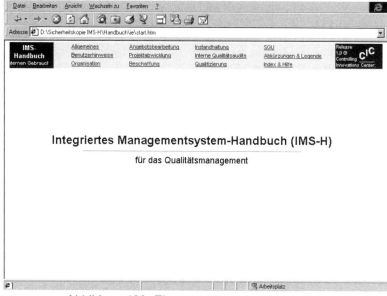

Abbildung 189: Eingangsbildschirm des IMS-H

Im Eingangsbildschirm der entwickelten Anwendung, der in der obigen Abbildung dargestellt ist, werden die einzelnen Kapitel über die Menüleiste am oberen Rand aufgerufen.[904] Neben den ersten drei Kapiteln (Allgemeines, Benutzerhinweise und Organisation) können die erläuterten Kernprozesse über die Menüpunkte Angebotsbearbeitung, Projektabwicklung und Beschaffung aufgerufen werden. Es folgen weitere Kapitel zu Instandhaltung, internen Qualitätsaudits, Mitarbeiterqualifizierung sowie Sicherheits-, Gesundheits- und Umweltschutz (SGU), die im Rah-

---

[904] Nicht zu verwechseln mit der Menüleiste des Browsers, die vom eigentlichen HTML-Inhalt durch die Adresszeile getrennt ist.

men dieser Arbeit nicht weiter behandelt werden sollen. Der Menüpunkt Abkürzungen & Legende enthält alle zum Projektgeschäft der Unternehmung gehörenden Abkürzungen sowie eine Symbol-Legende zu den Workflows. Unter Index & Hilfe kann schließlich ein Verzeichnis aller Anweisungen sowie eine Benutzerhilfe aufgerufen werden. Hierunter finden sich ebenfalls die Vorgaben zum Änderungsdienst und eine Anweisung zur Pflege des IMS-H.

Die Integration der drei vorgestellten Kernprozesse findet durch Prozessablauftabellen statt. Dabei handelt es sich um strukturierte Prozessschritte (Aktivitäten), die den Ablauf des operativen Geschäfts möglichst umfassend abbilden. Da jedoch eine Nummerierung immer nur linear sein kann, müssen hier Abstriche bezüglich der Darstellung paralleler oder sich ausschließender Aktivitäten gemacht werden. Insgesamt werden jedoch alle vorkommenden Aktivitäten erfasst und mit den zuständigen Organisationseinheiten sowie allen relevanten Anweisungen dargestellt.

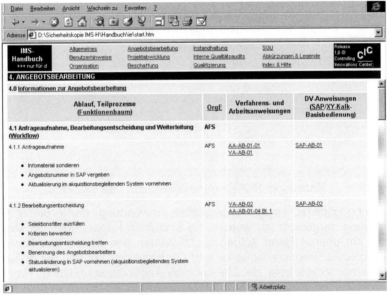

Abbildung 190: Prozessablauftabelle

Die exemplarische Darstellung in der obigen Abbildung bezieht sich auf die Projektphase Angebotsbearbeitung. Erkennbar sind die Bezeichnungen der verschiedenen Anweisungen, die bei Anklicken entsprechend aufgerufen werden. Die Hyperlinks zu einem Funktionsbaum oder einem Workflow führen zu entsprechenden Funktions- bzw. eEPK-Prüfroutinen, die als GIF[905]-Dateien eingebaut wurden (vgl. auch die Funktionsbäume und Workflow-Darstellungen im Kapitel 3.2.2.1.3). Neben den Verfahrens- und Arbeitsanweisungen zu den einzelnen Prozessen lassen sich auch die DV-Anweisungen des SAP-Systems bzw. des Kalkulationsprogramms durch entsprechende Links aufrufen. Bei Bedarf können die Anwendungen mit den entsprechenden Funktionen des Softwareprogramms direkt aus dem IMS-H aufgerufen werden. Das gilt sowohl für das SAP R/3-System und seine Komponenten, wie auch für das Kalkulations-, Projektplanungs-, und Frühwarninformationssystem.

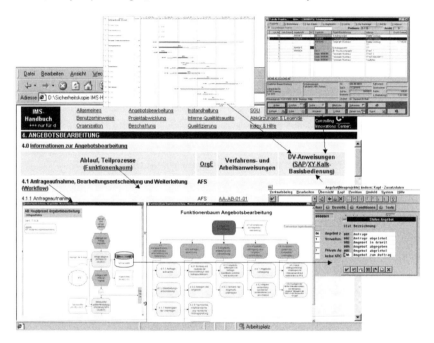

Abbildung 191: Systemintegration in der EDV-Gesamtkonzeption

Der Informations-Link, der hier für die Angebotsbearbeitung mit 4.0 bezeichnet ist, existiert für alle drei Prozesse. Er führt kompakt die Ziele und Aufgaben des jeweiligen Prozesses auf. In der folgenden Abbildung wird er exemplarisch für die Projektabwicklung gezeigt:

---

[905] GIF ist die Abkürzung für Graphics Interchange Format.

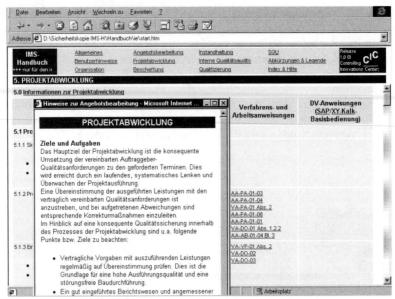

Abbildung 192: Hinweise zur Projektabwicklung

Über den Link OrgE lässt sich zusätzlich ein Fenster mit Informationen über die für die Organisationseinheiten verwendeten Abkürzungen aufrufen.

Abbildung 193: Fenster mit Informationen über die für die Organisationseinheiten verwendeten Abkürzungen

Da die Anweisungen in ihren Originalformaten (z.B. MS Word, MS Excel etc.) erhalten bleiben sollten, wurde hier das PDF-Format zur Einbindung in den Browser gewählt. Neben den Anweisungen wurden aber auch die Inhalte der sonstigen IMS-H-Kapitel als PDF-Dokumente integriert. Die leicht zu handhabende Pflege und die günstige Installation des Acrobat

Reader-Plug-Ins in allen Niederlassungen waren hier die entscheidenden Aspekte.

Ein Beispiel für das Aufrufen einer Anweisung (hier die Verfahrensanweisung zur Vertragsprüfung) ist in folgender Abbildung dargestellt:

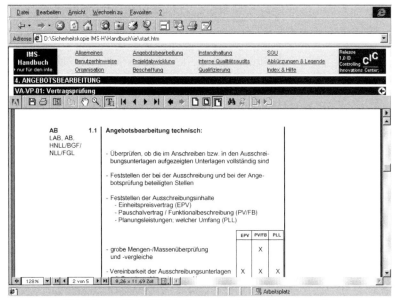

Abbildung 194: Einbindung von PDF-Dokumenten

4.5.4 Bewertung des Informations- und Kommunikationssystems

Mit dem intranetgestützten Informations- und Kommunikationssystem in der entwickelten Form wird vor allem das Ziel der umfassenden und leicht zu handhabenden Prozessunterstützung und -steuerung erreicht. Die globale Erreichbarkeit des Systems und die leichte Integration in die PC-Umgebung des Benutzers erhöhen die Anwendungshäufigkeit und den Anwendungsnutzen gegenüber traditionellen Qualitätsmanagement-Handbüchern. Moderne Technologie führt den Benutzer schnell an das gewünschte Ziel, und ein mühseliges Blättern und Suchen in dicken Aktenordnern, die unter Umständen gerade ein Kollege benutzt, entfällt. Die leichte Pflegbarkeit wurde durch die Integration des PDF-Formats erreicht, in das die Originaldokumente in wenigen Sekunden konvertiert werden können. Sollten dennoch größere Änderungen (z.B. die Integration eines neuen Prozesses) anstehen, sind diese durchaus mit Standard-HTML-Kenntnissen zu bewältigen. Hier übertrifft der erreichbare Nutzen eindeutig den Aufwand.

Besonders hervorzuheben ist der integrative und erweiterte Ansatz gegenüber herkömmlichen EDV-Konzeptionen. Durch das übergreifende, integrierte, intranetgestützte Informations- und Kommunikationssystem lassen sich Geschäftsprozesse effizient unterstützen. Gezielte Dokumentationen, Hintergrundinformationen und DV-Anwendungen lassen sich kompakt über eine Navigationssteuerung bedienen.

Der Schritt zu einem HTML-gestützten und workfloworientierten QMH war vergleichsweise klein, hat aber erstaunliche Möglichkeiten der Prozessdokumentation offenbart, wie sie kein Unternehmen mit herkömmlicher Dokumentationsphilosophie aufweisen kann. Die Bedeutung der Kernprozesse ist in diesem Zusammenhang von entscheidender Natur, denn diese stellen den Rahmen aller Entscheidungen und in gewisser Hinsicht den Fahrplan dar, nach dem das Management Kunden, Mitarbeiter und die eigenen Erfolgserwartungen befriedigt, und in dem der entscheidende Funken Know-how steckt, der das Unternehmen von seiner Konkurrenz unterscheidet.

5 Zusammenfassung und Ausblick

Für Unternehmen mit komplexer Projektfertigung zeigte sich in der Ausgangssituation dieser Arbeit, dass zwar viele Instrumente und Methoden für das Einzelprojektmanagement, wie z.b. die Erstellung von Projektstruktur- und Netzplänen, existieren, hingegen integrative, projektphasenbezogene und projektphasenübergreifende Instrumente zum Projektmanagement und -Controlling nur rudimentär zu finden sind. Mit dem Aufbau eines modularen, prozess- und controllingorientierten Projektmanagementsystems für komplexe Projektfertiger zeigt die Arbeit einen umfassenden konzeptionellen und systemweiten Lösungsansatz, der von der betriebswirtschaftlichen Konzeption bis hin zu einer praxistauglichen EDV-technischen Umsetzung reicht. Im Vordergrund stand dabei die Entwicklung eines praxistauglichen Projektmanagementsystems, dass die projektphasenbezogenen und -übergreifenden Aufgaben eines Unternehmens mit komplexer Projektfertigung effizient und anwendungsfreundlich löst.

Aufbauend auf den Grundlagen des Projektmanagements entwickelt die Konzeption zunächst einen umfangreichen Werkzeugkasten für die prozessphasenübergreifenden Aufgaben. Im Rahmen des Unternehmens-Controlling steht hierbei das zentrale Rechenwerk der Projekt- und Ergebnisrechnung im Mittelpunkt der Konzeption. Als elementares Analyse- und Steuerungsinstrument gibt die Projekt- und Ergebnisrechnung vor allem den Entscheidungsträgern verschiedenster Hierarchieebenen Informationen, die für die Disposition projektspezifischer Einsatzfaktoren wichtig sind. Vor allem durch die Transparenz der in der Projektdurchführungsphase am stärksten zu beeinflussenden Montage-, Geräte- und Projektmanagementleistungen ist eine systematische Lenkung durch gezielte Substitution von Fremd- bzw. Eigenleistung möglich, so dass hohe Auslastungsquoten der eigenen personellen Ressourcen und Betriebsmittel angestrebt werden.

Hervorzuheben ist vor allem die Erhöhung der Leistungsfähigkeit und Produktivität durch die Schaffung selbständig operierender Organisationseinheiten, die Ergebnisverantwortlichkeit besitzen. Durch den gezielten stufenorientierten Ergebnis- und Deckungsbeitragsausweis in Verbindung mit gezielten ergebnisorientierten Vergütungs- und Prämienzahlungen an die verantwortlichen Entscheidungsträger kann auf Dauer die Effizienz der Projekt- und Unternehmensleistungen gesteigert werden.

Um kurzfristig und sicher auf die Dynamik der Märkte reagieren zu können, ist in Unternehmen mit Projektgeschäft zudem ein Instrumentarium unentbehrlich, das dem Management einen schnellen Überblick über die Situation der Einzelprojekte und ihrer projektübergreifenden Geschäftsfelder und Bereiche hinsichtlich Entscheidungen und Steuerungsmaß-

nahmen vermittelt. Die meisten der in der Unternehmenspraxis eingesetzten Informationssysteme sind durch die Vernachlässigung vorlaufender Indikatoren sowie damit verbundener Chancen- und Risikopotentiale gekennzeichnet. I.d.R. greifen die derzeit am Markt erhältlichen
Systeme nur auf traditionelle Ergebnismessgrößen zu. Aus diesem
Grunde wird für das Top-Management eines Projektfertigers ein DV-
gestütztes Frühwarninformationssystems entwickelt, das die erforderliche Integration weicher sowie harter Unternehmens- und Projektkenn-
größen vornimmt und damit das frühzeitige Aufspüren von Chancen und
Risiken in den einzelnen Wertschöpfungsphasen der Projekte der jeweiligen Organisationsbereiche der Unternehmung ermöglicht sowie deren
Erfolgswirkung aufzeigt. Die entscheidungsebenenbezogene Aufbereitung führungs- und steuerungsrelevanter Informationen bei Berücksichtigung monetärer und nicht-monetärer Größen und deren wirtschaftlicher
Abhängigkeiten bietet dem Management einen fundierten Überblick über
die Einzelprojekte und alle relevanten Unternehmensbereiche.

Das vorgestellte Frühwarninformationssystem und die Projekt- und Ergebnisrechnung stellen ein offenes, flexibles und erweiterungsfähiges
Berichtswesen für den Projektfertiger dar, das Transparenz schafft und
Konsistenz sowie Einheitlichkeit gewährleistet. Beide Instrumente sind
periodenübergreifend, multiprojekt- und mehrjahresfähig.

Durch längere, risikoreichere und komplexere Projekte ist es notwendig
geworden, umfassende betriebswirtschaftliche Konzepte zu entwickeln
und Instrumente einzuführen, die sowohl bei der Planung, Steuerung
und Überwachung eines Projekts als auch der Projektgesamtheit und der
Unternehmung helfen. Im Rahmen der Arbeit werden daher die projekt-
phasenübergreifenden Instrumente (Multiprojekt-Controlling, Konfigurati-
ons- und Änderungsmanagement, Qualitätsmanagement, Vertragsmanagement, Claimmanagement und Risikomanagement) in einen integrativen Gesamtkontext gebracht und nicht, wie in der Literatur häufig zu
finden ist, einzeln und voneinander losgelöst dargestellt.

Das Multiprojekt-Controlling hat hierbei terminliche Koordinations- und
Kapazitätsabstimmungsprobleme aufgrund der unterschiedlichen Fertigstellungsgrade und Phasen der Projekte in einer Periode zu lösen und
stellt somit die Verbindung zwischen dem Einzelprojekt- und dem Unternehmens-Controlling dar.

Vor allem sich schnell ändernde Umweltbedingungen führen zu einer
Vielzahl an Änderungen, die im Projekt nachgehalten werden müssen.
Daher ist die Einführung eines angemessenen Konfigurations- und Än-
derungsmanagements unerlässlich.

Die Qualitätssicherung hat die Aufgabe, die Projektanforderungen der
Kunden und sonstigen Projektadressaten sicherzustellen, indem sie die

Planung, Steuerung und Kontrolle der Projektergebnisse phasenüber-greifend durchführt. In der Projektvorbereitungsphase erfolgt die Quali-tätsplanung, bei der die Qualitätsmerkmale für ein Produkt festgelegt werden. Während der Projektdurchführung und anschließenden Nutzung muss die Qualität gelenkt und überprüft werden.

Auch das vorgestellte Vertragsmanagement ist ein phasenübergreifen-des Instrument. In der Projektvorbereitungsphase wird das Angebot hin-sichtlich seiner vertragsrechtlichen Wirkung ausgestaltet und geprüft. Während der Projektrealisationsphase und der Projektnachbereitungs-phase hat das Vertragsmanagement die Aufgabe, die vertraglich zu Grunde liegenden Rahmenbedingungen, Rechte und Pflichten zu verfol-gen.

Das Claimmanagement beinhaltet alle Aktivitäten, die darauf abzielen, nicht selbst verschuldete Mehrkosten aufzudecken und soweit wie mög-lich für die Bildung von Nachträgen oder die Überwälzung auf Dritte zu nutzen.

Das Risikomanagement hat die Aufgabe, zukünftige risikobehaftete Ent-wicklungen im Projektgeschäft frühestmöglich zu entdecken, zu untersu-chen, zu bewerten, zu steuern und fortlaufend zu kontrollieren.

Im Gegensatz zu den zumeist funktional orientierten betriebwirtschaftli-chen Konzepten für Projekteinzelfertiger wird im weiteren Verlauf der Un-tersuchung ein prozessorientiertes Managementkonzept für die komple-xe Projektfertigung aufgebaut, dass sich an den Hauptgeschäftsprozes-sen des Projektfertigers orientiert.

Aufbauend auf den grundlegenden Methoden der Prozessgestaltung (A-RIS-Modell und eEPK-Workflow-Modelle) und -optimierung (Business Process Reengineering) wird für die Projekthauptphasen (Projektvorbe-reitungsphase, Projektabwicklungsphase und Projektnachbereitungs-phase) eine prozessorientierte Controlling-Konzeption für das Projekt-managementsystem entwickelt. Die umfassende Untersuchung ordnet dabei jede Teilaufgabe im Rahmen des Planungs-, Steuerungs- und Kontrollprozesses eines Projektfertigers konsequent in die Ablaufstruktur eines Projektfertigers ein. Hierfür wird konsequent die Workflowtechnik, genauer gesagt die erweiterten Ereignisgesteuerten Prozessketten-Modelle, genutzt. Hierbei werden alle kritischen Erfolgsfaktoren (Termi-ne, Leistungen, Qualität, Ressourcen, Risiken, Kosten, Finanzen und Ergebnis) des Projektgeschäfts systematisch durch den Einsatz geeigne-ter Instrumente (z.B. Meilensteinpläne, Kalkulationen, Kapazitätsplanun-gen, Risk-Maps, Projekt-Cash-Flow-Rechnungen, Storno-Risiko-Rech-nungen, Deckungsbeitragsanalysen, Earned-Value-Analysen, Projekt-Status-Analysen, Kennzahlenanalysen etc.) berücksichtigt. Die Bedeu-tung der Kernprozesse ist in diesem Zusammenhang von entscheidender Natur, denn diese stellen den Rahmen aller Entscheidungen und in gewisser Hinsicht den Fahrplan dar, nach dem das Management Kunden, Mitarbeiter und die eigenen Erfolgserwartungen befriedigt, und in dem der entscheidende Funken Know-how steckt, der das Unternehmen vom Wettbewerber unterscheidet.

Mit der Entscheidung, die bestehende projektbezogene Kostenrechnung zu einem modernen projektphasenbezogenen Controlling umzustrukturieren, ist gleichzeitig die Fragestellung verknüpft, ob die neue Controlling-Konzeption mit der bestehenden Hard- und Softwarestruktur überhaupt wirtschaftlich umgesetzt werden kann. Vielfach trifft man in den Unternehmen mit komplexer Projektfertigung veraltete nicht integrierte Software- und Hardwarestrukturen an. Hierbei sind sowohl projektspezifische als auch allgemeine Softwarepakte im Einsatz. Aus diesem Grunde wird für die Umsetzung eine leistungsfähige EDV-Gesamtkonzeption entwickelt, mit der sich die einzelnen konzeptionellen Bausteine des prozess- und controllingorientierten Projektmanagementsystems realisieren lassen. Hierbei war sicherzustellen, dass die jeweiligen Softwarebausteine einheitlich auf den Ebenen der Unternehmung, in denen sie zur Entscheidungsunterstützung benötigt werden, zur Verfügung stehen. Sie sind integrativ miteinander zu verknüpfen, so dass redundante Datenhaltung und doppelte Datenerfassung möglichst nicht mehr notwendig sind. Auf grundlegendes Basisdatenmaterial, wie z.B. Kunden-, Lieferanten-, Material-, Montagezeit- und Preisinformationen, sollte ein direkter Zugriff entsprechender Abteilungen möglich sein.

Ferner sollten die jeweiligen Softwaremodule alle notwendigen Informations- und Kommunikationsflüsse, die für das gesamte Projekt- und Unternehmens-Controlling notwendig sind, abbilden. Hierzu gehört insbesondere die Unterstützung projektspezifischer Aufgaben und Leistungsprozesse (z.B. maschinelles Einlesen von Leistungsverzeichnissen, Durchführung positionsorientierter Preisänderungskalkulationen, kontinuierliche Angebotsverfolgung, projektspezifische Planungs- und Steuerungsinstrumente).

Aufgrund der hohen Integrationsfähigkeit können die Software-Module der SAP R/3-Familie die wesentlichen Aufgaben und Anforderungen eines Projektfertigers erfüllen.[906] Sind zusätzlich projektspezifische Anforderungen (z.B. positionsorientierte Preisänderungskalkulationen, maschinelles Einlesen von Leistungsverzeichnissen) zu erfüllen, so kann es erforderlich sein, zusätzlich zum SAP-Standard entsprechende projekt-

---

[906] Vgl. *Wienhold, K.; Baumgärtner, J.:* Turnaround-Management in einem ostdeutschen Unternehmen, in: ZfC, 1995, S. 30-41.

spezifische Softwaremodule im DV-Gesamtkonzept zu berücksichtigen. In Zukunft lässt sich hier vor allem durch die weitere Integration bzw. Öffnung der Softwarekomponenten ein wesentlicher Leistungsfortschritt erwarten.

Die Ausführungen haben gezeigt, dass ein multiprojekt- und ergebnisorientiertes Planungsmodul innerhalb der montagestundensatzorientierten Projekt- und Ergebnisrechnung ein wichtiger Baustein für das Kosten- und Erfolgs-Controlling eines Projekteinzelauftragsfertigers ist. Als elementares Analyse- und Steuerungsinstrument gibt das vorgestellte Planungssystem schon während des Planungsprozesses den Entscheidungsträgern verschiedenster Hierarchieebenen wichtige Informationen und Anhaltspunkte, die für die Disposition bauspezifischer Einsatzfaktoren wichtig sind. Zusammengefasst zeichnet sich das vorgestellte Multiprojekt- und Ergebnisplanungssystem vor allem durch folgende Punkte aus:

- Das Planungssystem ist auf die Besonderheiten eines Projekteinzelfertiger zugeschnitten, so dass eine Akzeptanz zur Planung auf allen Ebenen der Unternehmung gewährleistet ist.

- Durch die objektorientierte Planung und Integration der mengenmäßigen Ressourcenplanung (Personal- und Gerätekapazitäten) mit der wertmäßigen Kostenplanung ermöglicht das Planungssystem eine Vielzahl an Simulationsfunktionen (Veränderung der Ressourcenstruktur, Veränderung der Projektkostenstruktur, Veränderung der Gesamtleistungsstruktur), die zur Steuerung der Standorte unmittelbar genutzt werden können.

- Planungsfehler und falsche Planergebnisse lassen sich leicht vermeiden und erkennen, da die wichtigsten Kosteneinflussfaktoren explizit geplant und somit kontrolliert werden können. Werden bspw. die Projektergebnisse im Rahmen der Multiprojektplanung kalkulatorisch günstig geplant, indem viele Fremdleistungen (Fremdgeräte und Subunternehmer) statt eigener Ressourcen geplant werden, so erkennt der Planer im Kapazitätsabgleich, dass die vorhandenen Personal- und Gerätekapazitäten nicht ausgelastet sind. Dieses Phänomen ist bei der Kalkulation von Projekten häufig zu finden, da Fremdleistungen oftmals vom Marktpreis her günstiger eingekauft werden können und eine geringere Projektbelastung der zu kalkulierenden Leistungspositionen mit sich bringen, die wiederum in Summe ausschlaggebend für die Auftragsannahme eines Projekts sind. Diese Vorgehensweise ist allerdings aus betriebswirtschaftlicher Sicht nicht vertretbar, da eigene Ressourcen nicht ausgelastet werden und somit nicht gedeckte Fixkostenpotentiale entstehen.

- Mit Hilfe der Multiprojekt- und Ergebnisplanung erhalten die leitenden und führenden Personen der Unternehmung erstmalig ein übergreifendes Steuerungsinstrument, mit dem sie auf der einen Seite eine kapazitätsoptimierende Ressourcenplanung durchführen können und auf der anderen Seite wichtige Anhaltsgrößen zur Substitutionssteuerung selbsterstellter und fremdbezogener Leistungen erhalten.

- Die deckungsbeitragsorientierte Multiprojektplanung ermöglicht einen schnellen und kompakten Erfolgsüberblick aller Geschäftsfelder und Standorte, die auf allen hierarchischen Ebenen der Unternehmung analysiert und verglichen werden können.

Die Entwicklung des intranetgestützten und workfloworientierten Informations- und Kommunikationssystems als Rahmenanwendung für die EDV-Gesamtkonzeption hat verdeutlicht, wie eine Integration der Prozessorientierung in das Qualitätsmanagement traditioneller Projektfertiger mit Hilfe moderner Informationstechnologie vollzogen werden kann. Dabei werden Merkmale wie Prozess-, Kunden- und Mitarbeiterorientierung neu definiert und zur Maxime einer umfassenden Unternehmenssteuerung erhoben. Die konsequente Prozessorientierung unterstützt dabei die Strategie, Qualität und Leistung durch transparente Informationspolitik zu erzeugen. Mitarbeiter und Management können ihre operativen Tätigkeiten bzw. Führungsaufgaben nur dann effizient wahrnehmen, wenn eine entscheidungsebenenbezogene Informationsversorgung sichergestellt ist. Moderne Methoden und Instrumente, wie das ARIS-Konzept oder die Intranettechnologie, bieten dabei konzeptionelle und technische Unterstützung, um Informationssysteme konsistent und praktikabel zu gestalten und zu administrieren.

Die Ausschöpfung der Möglichkeiten wurde im Rahmen dieser Untersuchung noch lange nicht ausgereizt. Insbesondere auf den Gebieten der automatischen, workflowgesteuerten Abwicklung von Projektaufgaben, dem elektronischen Dokumentenmanagement, dem rechnergestützten Claim- und Risikomanagement und der komfortablen Konfigurations- und Änderungssteuerung im Projektablauf sind in Zukunft noch wesentliche Entwicklungssprünge und Innovationspotenziale zu erwarten.

6 Abkürzungsverzeichnis

AA	=	Arbeitsanweisung
AB	=	Angebotsbearbeiter
Abs.	=	Absatz
ABV	=	Angebotsverarbeitung
abzgl.	=	abzüglich
AF	=	Anfangsfolge
AfA	=	Absetzung für Abnutzung
AFS	=	Angebotsführende Stelle
AG	=	Aktiengesellschaft
AG	=	Auftraggeber
AktG	=	Aktiengesetz
AM	=	Asset management
AP	=	Arbeitspaket
API	=	Actual Performance Index
ARIS	=	Architektur integrierter Informationssysteme
ASCII	=	American Standard Code of Information Interchange
Aufl.	=	Auflage
BANF	=	Bedarfsanforderung
Bd.	=	Band
BFuP	=	Betriebswirtschaftliche Forschung und Praxis
BGB	=	Bürgerliches Gesetzbuch
BL	=	Bauleiter/Bauleitung
BPR	=	Business Process Reengineering
BR	=	Business Reengineering
BW	=	Business Information Warehouse
bzgl.	=	bezüglich

bzw.	=	beziehungsweise
CAD	=	Computer Aided Design
CAE	=	Computer Aided Engineering
CAPM	=	Capital Asset Pricing Model
CO	=	Cost
CPI	=	Cost Performance Index
CPM	=	Critical Path Method
DB	=	Der Betrieb
DIN	=	Deutsche Industrie Norm
DV	=	Datenverarbeitung
EC-EIS	=	Enterprise Controlling - Executive Information System
EDV	=	Elektronische Datenverarbeitung
eEPK	=	erweiterte Ereignisgesteuerte Prozesskette
EF	=	Endfolge
EK	=	Einkauf
EKV	=	Einkaufsverantwortlicher
EN	=	Europäische Norm
EPK	=	Ereignisgesteuerte Prozesskette
ERP	=	Enterprise Resource Planning
Etc.	=	et cetera
et al.	=	et alii
EVA	=	Earned-Value-Analyse
evtl.	=	eventuell
f.	=	folgende
FAT	=	Frühestmöglicher Anfangstermin
F&E	=	Forschung und Entwicklung
FET	=	Frühestmöglicher Endtermin

ff.	=	fortfolgende
FGR	=	Fortschrittsgrad
FI	=	Finance
FW	=	Fertigstellungswert
GAEB	=	Gemeinsamer Ausschuss Elektronik im Bauwesen
GAN	=	Generalized Activity Networks
GERT	=	Graphical Evaluation and Review Technique
Ggf.	=	gegebenenfalls
GIF	=	Graphics Interchange Format
GmbH	=	Gesellschaft mit beschränkter Haftung
GP	=	Gesamter Puffer
GU	=	Generalunternehmer
H.	=	Heft
HGB	=	Handelsgesetzbuch
HNL	=	Hauptniederlassung
Hrsg.	=	Herausgeber
HTML	=	Hypertext Markup Language
HTTP	=	Hypertext Transfer Protocol
i.d.R.	=	In der Regel
i.e.S.	=	Im engeren Sinne
IKS	=	Informations- und Kommunikationssystem
IMS-H	=	Integriertes Managementsystem-Handbuch
ISO	=	International Organization for Standardization
IT	=	Informationstechnik
IuK	=	Information und Kommunikation
i.w.S.	=	Im weiteren Sinne
Jg.	=	Jahrgang

KMTA	=	Kosten-Meilenstein-Trendanalyse
KonTraG	=	Gesetz zur Kontrolle und Transparenz im Unternehmensbereich
KRP	=	Kostenrechnungspraxis
LV	=	Leistungsverzeichnis
MA	=	Mitarbeiter
MAXD	=	höchstzulässige Dauer
MIKA	=	Mitlaufende Kalkulation
MIND	=	geringste Dauer
MM	=	Material management
MO	=	Monteur
MPM	=	Metra Potential Method
MSV	=	Materialstammverantwortlicher
NF	=	Normalfolge
NL	=	Niederlassung
PC	=	Personal Computer
PCL	=	Profit-Center-Leiter
PDF	=	Portable Document File
PDM	=	Precedence Diagramming Method
PERT	=	Program Evaluation and Review Technique
PFS	=	Projektführende Stelle
PK	=	Projektkaufmann
PL	=	Projektleiter
PM/SM	=	Project and service management
PMS	=	Projektmanagement-Systeme
PPS	=	Produktionsplanung und -steuerung
PS	=	Project system
PSA	=	Projekt-Status-Analyse

PSJ	=	logische Datenbank Projektsystem
PSP	=	Projekt-Struktur-Plan
QFD	=	Quality Function Deployment
QM	=	Qualitätsmanagement
qm	=	Quadratmeter
QMH	=	Qualitätsmanagementhandbuch
QSB	=	Qualitätssicherungsbeauftragter
QSL	=	Qualitätssicherungsleiter
QMS	=	Qualitätsmanagement-System
RE	=	Reverse Engineering
Reko	=	Rechnungskontrolle
ROCE	=	Return on Capital Employed
S.	=	Seite
SAT	=	Spätest zulässiger Anfangstermin
SD	=	Sales and distribution
SET	=	Spätest zulässiger Endtermin
SF	=	Sprungfolge
SGE	=	Strategische Geschäfteinheit
SGU	=	Sicherheits-, Gesundheits- und Umweltschutz
sog.	=	sogenannte
SPI	=	Schedule Performance Index
Sub	=	Subunternehmer
SWOT	=	Strengths Weaknesses Opportunities Threats
t	=	Tonne
TCP/IP	=	Transmission Control Protocol/Internet Protocol
TQM	=	Total Quality Management
u.a.	=	und andere

u.ä.	=	und ähnliche
VA	=	Verfahrensanweisung
Vgl.	=	Vergleiche
VOB/A	=	Verdingungsordnung für Bauleistungen Teil A
VOB/B	=	Verdingungsordnung für Bauleistungen Teil B
VPN	=	Virtual Private Network
VR	=	Versicherungsrundschau
WACC	=	Weighted Average Cost of Capital
WAN	=	Wide Area Network
WFMS	=	Workflow Management Systeme
z.B.	=	zum Beispiel
ZfB	=	Zeitschrift für Betriebswirtschaft
ZfbF	=	Zeitschrift für betriebswirtschaftliche Forschung
ZfC	=	Zeitschrift für Controlling
ZfP	=	Zeitschrift für Planung
zzgl.	=	zuzüglich

7 Anhang

Für die Workflowdarstellung wurden die folgenden Symbole verwendet:

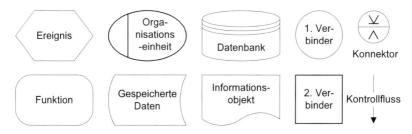

Abbildung 195: Symbole für die Workflowdarstellung

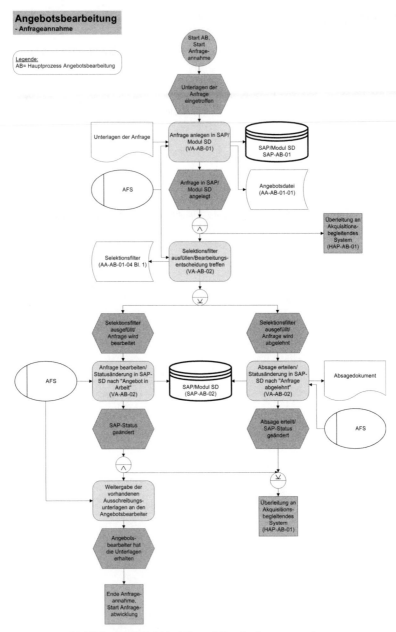

Abbildung 196: Workflow AB - Anfrageannahme

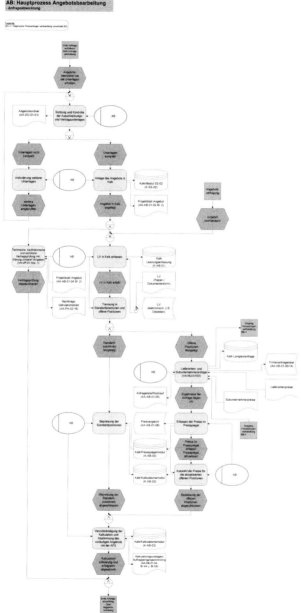

Abbildung 197: Workflow AB - Anfrageabwicklung

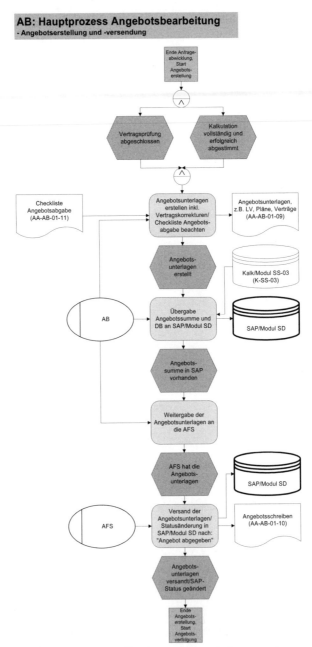

Abbildung 198: Workflow AB - Angebotserstellung und -versendung

Abbildung 199: Workflow AB - Angebotsverfolgung und Vergabeverhandlung

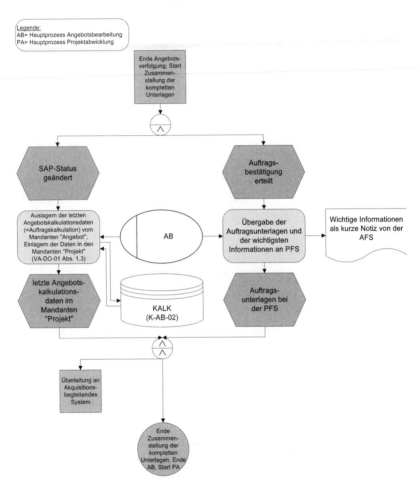

Abbildung 200: Workflow AB - Zusammenstellung der kompletten Unterlagen

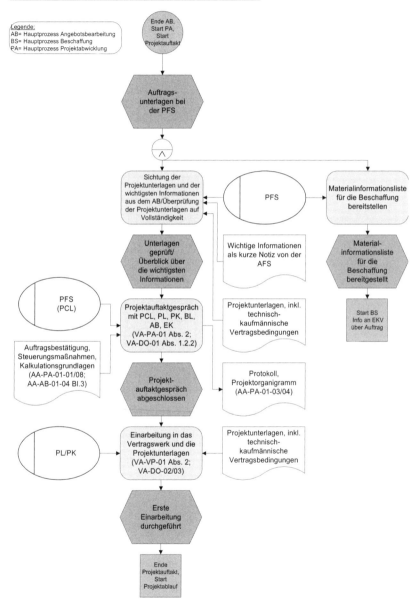

Abbildung 201: Workflow PA - Projektauftakt

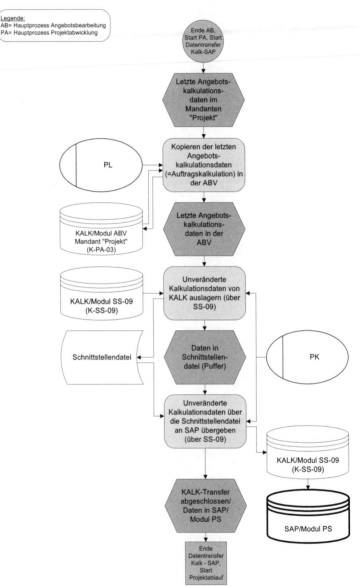

Abbildung 202: Workflow PA - Datentransfer Kalkulationsprogramm - SAP

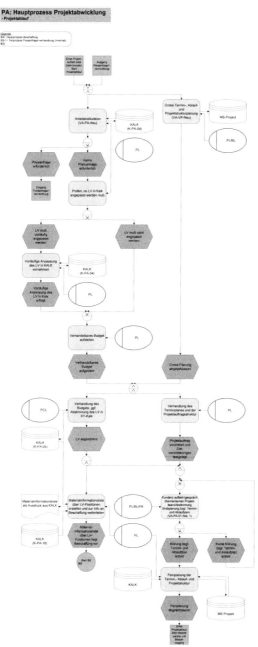

Abbildung 203: Workflow PA - Projektablauf

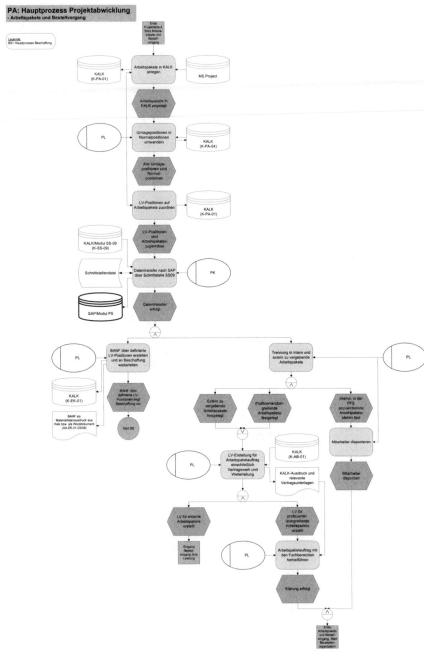

Abbildung 204: Workflow PA - Arbeitspakete und Bestellvorgang

PA: Hauptprozess Projektabwicklung
- Baustellenorganisation

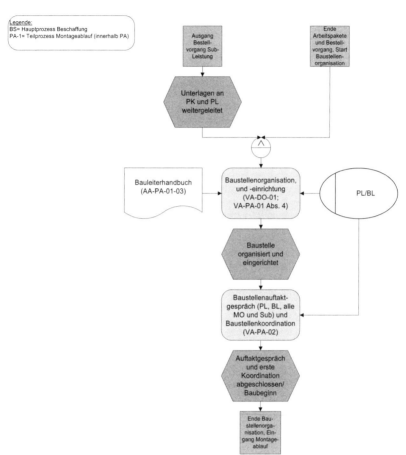

Abbildung 205: Workflow PA - Baustellenorganisation

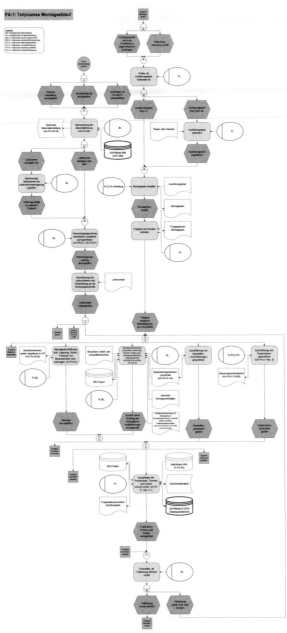

Abbildung 206: Workflow PA - Montageablauf

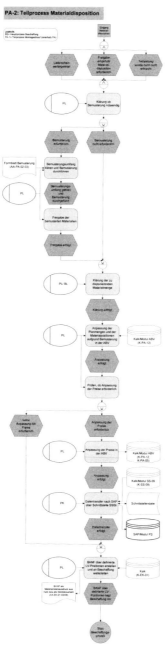

Abbildung 207: Workflow PA - Materialdisposition

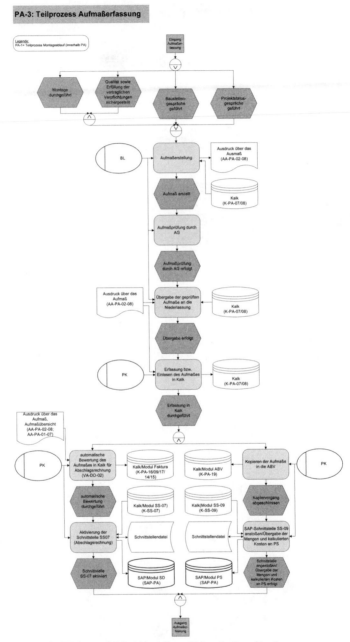

Abbildung 208: Workflow PA - Aufmaßerfassung

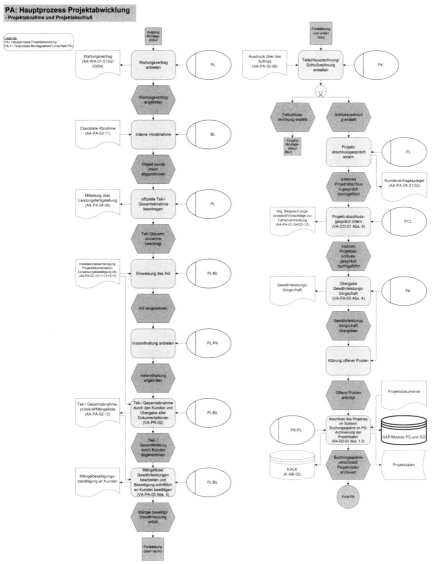

Abbildung 209: Workflow PA - Projektabnahme und -abschluss

BS: Hauptprozess Beschaffung
- Materialinformationsliste

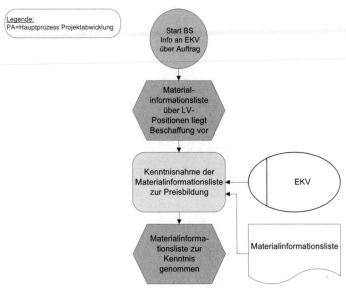

Abbildung 210: Workflow BS - Materialinformationsliste

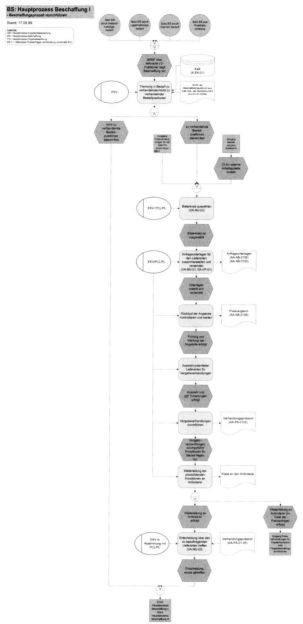

Abbildung 211: Workflow BS - Beschaffungsprozess durchführen, Teil I

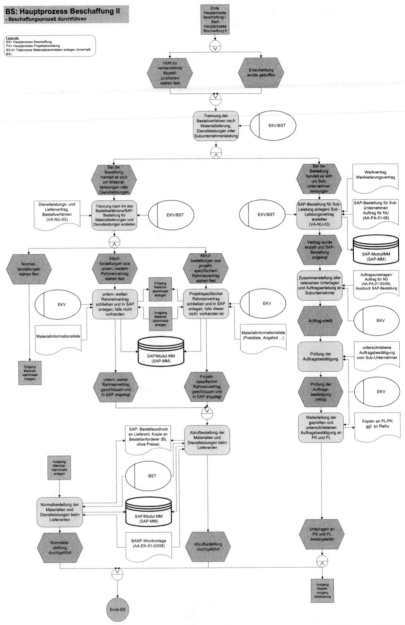

Abbildung 212: Workflow BS - Beschaffungsprozess durchführen, Teil II

BS-1: Teilprozess Preisanfrage/-verhandlung

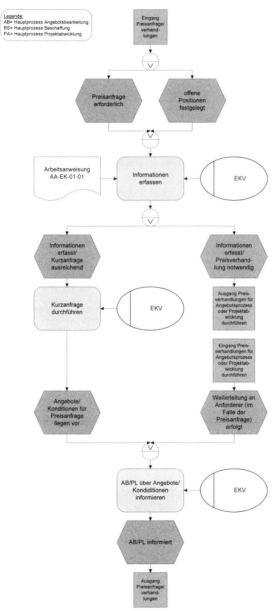

Abbildung 213: Workflow BS - Preisanfrage/-verhandlung

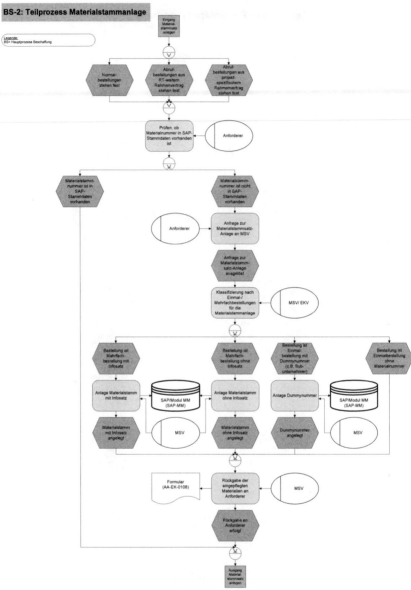

Abbildung 214: Workflow BS - Materialstammanlage

8 Literaturverzeichnis

Abresch, J.-P.: Projektumfeld und Stakeholder, in: *RKW* (Hrsg.): Projektmanagement Fachmann, Bd. 1, 6. Aufl., Eschborn 2001, S. 59-86.

Adam, D.: Produktions-Management, 9. Aufl., Wiesbaden 1998.

Aggteleky, B.: Zielplanung, in: *Reschke, H.; Schelle, H.; Schnopp, R.* (Hrsg.): Handbuch Projektmanagement, Bd. 1, Köln 1989, S. 81-123.

Albach, H.: Informationsgewinnung durch strukturierte Gruppenbefragung, in: ZfB, 1970, Ergänzungsheft, S. 11-26.

Albrecht, T.: Was wissen wir über die Höhe der Marktrisikoprämie bei Aktien? in: BFuP, 1997, S. 567-579.

Alfen, H.W.: Projektentwicklung Infrastruktur als Geschäftsfeld der Bauindustrie (Teil 1), in: Management/Baubetriebswirtschaft, 1999, H. 4, S. 16-18.

Allgeier, G.: Controlling als Führungsinstrument im Bauindustrieunternehmen, in: *Refisch, B.* (Hrsg.): Planung, Steuerung und Kontrolle im Bauunternehmen, Düsseldorf 1987, S. 73-94.

Alter, R.: Integriertes Projektcontrolling, Gießen 1991.

Andreas, D.; Rademacher, G.; Sauter, B.: Projekt-Controlling und Projekt-Management im Anlagen- und Systemgeschäft, 5. Aufl., Frankfurt a.M. 1992.

Anthony, R.N.; Dearden, J.: Management Control Systems, 3. Aufl., Homewood 1976.

Baetge, J.: Instrumente eines effizienten Risikomanagement und Controlling, in: *Reichmann, Th.* (Hrsg.): Tagungsband 13. Deutscher Controlling Congress, München 1998, S. 63-87.

Baetge, J.; Jerschensky, A.: Frühwarnsysteme als Instrumente eines effizienten Risikomanagement und -Controlling, in: ZfC, 1999, S. 171-176.

Bartel, S.; Pannenbäcker, K.: Produkt- und Projektdokumentation, in: *Reschke, H.; Schelle, H.; Schnopp, R.* (Hrsg.): Handbuch Projektmanagement, Bd. 2, Köln 1989, S. 591-607.

Bauer, H.: Baubetrieb, 2. Aufl., Berlin 1995.

Behaneck, M.: Elektronischer Terminplaner. So bekommen Sie Ihre Termine in den Griff, in: Baugewerbe, 1997, H. 13/14, S. 44-48.

Bender, J.; Lorson, P.: Verfahren der Unternehmensbewertung (IV): Discounted-Cash Flow Verfahren und Anmerkungen zu Shareholder-Value-Konzepten, in: BuW, 1997, S. 1-9.

Berg, H.; Meissner, H.G.; Schünnemann, W.: Märkte in Europa. Strategien für das Marketing, Stuttgart 1990.

Bergfeld, H.: Kreativitätstechniken, in: *RKW* (Hrsg.): Projektmanagement Fachmann, Bd. 2, 6. Aufl., Eschborn 2001, S. 801-834.

Berndt, R. (Hrsg.): Business Reengineering - Effizientes Neugestalten von Geschäftsprozessen, Berlin, Heidelberg, New York 1997.

Berztiss, A.: Software methods for business reengineering, Berlin u.a. 1995.

Betriebswirtschaftlicher Ausschuß des Zentralverbandes Elektrotechnik und Elektronikindustrie (ZVEI) e.V. (Hrsg.): ZVEI-Kennzahlensystem. Ein Instrument zur Unternehmenssteuerung, 4. Aufl., Frankfurt a.M. 1989.

Beyene, M.: Rechnergestützte Baustelleneinsatzplanung, in: Baumarkt, 1999, H. 4, S. 68-70.

Binner, H.F.: Organisations- und Unternehmensmanagement - Von der Funktionsorientierung zur Prozeßorientierung, München, Wien 1998.

Bitz, H.: Risikomanagement nach KonTraG, Stuttgart 2000.

Blecken, U.: Die Finanzbuchhaltung im Netzwerk der EDV, in: Baugewerbe, 1994, H. 20, S. 92-94.

Blecken, U.; Oepen, R.: Zielgerichtete Steuerung der Prozesse zur Vermeidung von Fehlern, in: Bauwirtschaft, 1994, H. 11, S. 34-39.

Blohm, H.; Lüder, K.: Investition, 8. Aufl., München 1995.

Blödorn, H.: Bauzeitenplanung mit Hilfe von Power Project. Wettbewerbsvorteil durch Schnelligkeit, in: Bauwirtschaft, 1992, H. 7, S. 67-69.

Blödorn, H.: DV-gestütztes Projektmanagement. Enormer Wettbewerb zwingt zu strukturierter Vorgehensweise, in: Bauwirtschaft, 1996, H. 7, S. 21-22.

Böker, L.: Vertragsrecht und Claimmanagement - Leitfaden für Praktiker, Mannheim 1996.

Bone-Winkel, S.: Das strategische Management von offenen Immobilien-fonds unter besonderer Berücksichtigung der Projektentwicklung von Gewerbeimmobilien, Köln 1994, zugl.: Oestrich-Winkel, European Business School, Diss., 1994.

Born, G.: HTML 4 - Kompendium, München 1998.

Brand, M.: Projektmanagement, St. Gallen 1974.

Brandenberger, J.; Ruosch, E.: Projektmanagement im Bauwesen, 1. Aufl., Köln 1974.

Brandenberger, J.; Ruosch, E.: Ablaufplanung im Bauwesen, 3. Aufl., Zürich 1993.

Braun, H.: Risikomanagement, Darmstadt 1984.

Breuninger, B.: Prozeßkostenmanagement in Bauunternehmen: Gewinn- und Wertsteigerung durch Kosten- und Leistungstransparenz, Wiesbaden 1996.

Bronner, R.: Komplexität, in: *Frese E.* (Hrsg.): Handwörterbuch der Organisation, 3. Aufl., Stuttgart 1992, Sp. 1121-1130.

Buch, J.: Entscheidungsorientierte Projektrechnung, Frankfurt a.M. 1991.

Bühner, R.: Das Management-Wert-Konzept, Stuttgart 1990.

Bühner, R.: Kapitalmarktorientierte Unternehmenssteuerung, in: WiSt, 1996, S. 335-338.

Bühner, R.: Betriebswirtschaftliche Organisationslehre, 8. Aufl., München 1996.

Bühring, R.: Der Generalunternehmer als Projektmanager und Garant für die Vetragserfüllung bei komplexen Bauvorhaben, in: *VDI-Gesellschaft Bautechnik* (Hrsg.): Projektmanagement beim Bauen. Für Industrie, Gewerbe, Kommune, Düsseldorf 1992, S. 93-122.

Burghardt, M.: Projektmanagement, 2. Aufl., Berlin, München 1993.

Burmeister, H.; Knoll, P.: Parametrische Kostenschätzverfahren, in: *Reschke, H.; Schelle, H.; Schnopp, R.* (Hrsg.): Handbuch Projektmanagement, Bd. 1, Köln 1989, S. 367-380.

BT-DrS. 13/9712, S. 15, Begründung zu § 91 II AktG.

Chmielewicz, K.: Finanzplanung, in: *Albers, W.* u.a. (Hrsg.): HdWW, Bd. 3, Stuttgart, New York 1981, S. 83-97.

Clark, C.H.: Brainstorming. Methoden der Zusammenarbeit und Ideenfindung, München 1973.

Cramer, J.: Handbuch der Bauaufnahme - Aufmaß und Befund, Stuttgart 1984.

Coenenberg, A.G.: Jahresabschluß und Jahresabschlußanalyse, 13. Aufl., Landsberg a.L. 1992, S. 1027.

Cooper, R.; Kaplan, S.: Measure Costs Right: Make the Right Decisions, in: HBR, 1988, S. 96-103.

Copeland, T.; Koller, T.; Murrin, J.: Unternehmenswert: Methoden und Strategien für eine wertorientierte Unternehmensführung, Frankfurt a.M. u.a. 1998.

Corsten, H.: Projektmanagement, München 2000.

Czempirek, K.: Risikomanagement und Unternehmensführung, in: VR, 1993, S. 177-185.

Daube, C.H.: Neue Regeln für ein modernes Risikomanagement, in: *Reichmann, Th.* (Hrsg.): Tagungsband 13. Deutscher Controlling Congress, München 1998, S. 89-101.

Däumler, K.-D.: Grundlagen der Investitions- und Wirtschaftlichkeitsrechnung, 10. Aufl., Herne, Berlin 2000.

Davenport, T.H.: Process Innovation - Reengineering Work through Information Technology, Boston 1993.

Demmer, C.; Gloger, A.; Hoerner, R.: Erfolgreiche Reengineering-Praxis in Deutschland - Die Vorbildunternehmen, Düsseldorf, München 1996.

Deutsches Institut für Normung e.V.: DIN EN ISO 9000-1 - Normen zum Qualitätsmanagement und zur Qualitätssicherung/QM-Darlegung, Teil 1: Leitfaden zur Auswahl und Anwendung, Berlin 1994.

Diederichs, C.J.: Grundlagen der Projektentwicklung, in: *Schulte, K.-W.* (Hrsg.): Handbuch Immobilien-Projektentwicklung, Köln 1996, S. 17-80.

Diederichs, C.J.; Ziegler, F.: Prozeßorientierte Managementsysteme im Bauwesen, in: Bauwirtschaft, 1997, H. 5, S. 23-27.

DIN 55350 Teil 11, Begriffe der Qualitätssicherung und Statistik.

DIN-Norm 69900: Netzplantechnik, Teil 1 und 2, Begriffe, in: DIN Taschenbuch 166, Informationsverarbeitung 4, Berlin Köln, 1981.

DIN-Norm 69901: Projektmanagement, Begriffe, in: DIN Taschenbuch 166, Informationsverarbeitung 4, Berlin, Köln 1981.

Döge, M.: Intranet: Einsatzmöglichkeiten, Planung, Fallstudien, Köln 1997.

Dörrenberg, F.E.: Informations- und Berichtswesen, in: *RKW* (Hrsg.): Projektmanagement Fachmann, Bd. 2, 6. Aufl., Eschborn 2001, S. 1117-1151.

Dorin, I.: Multiprojektplanung in der Angebotsphase, in: *Saynisch, M.; Schelle, H.; Schub, A.* (Hrsg.): Projektmanagement, München 1979, S. 229-243.

Doujak, A.; Rattay, G.: Phasenbezogenes Personalmanagement in Projekten, in: *Gareis, R.* (Hrsg.): Projekte und Personal. Projektmanagementtag 1990, Wien 1991, S. 109-116.

Dräger, E.: Projektmanagement mit SAP R/3, Bonn 1998.

Drees, G.; Bahner, A.: Kalkulation von Baupreisen, 4. Aufl., Wiesbaden 1996.

Dreger, W.: Projekt-Management. Planung und Abwicklung von Projekten, Wiesbaden, Berlin 1975.

Dücker, R.: Das Gesetz zur Kontrolle und Transparenz im Unternehmensbereich. Weiterentwicklung der deutschen Rechnungslegung und Abschlußprüfung, in: NWB, 1998, H. 21, Fach 18, S. 3593-3600.

Dworatschek, S.: Projektmanagement-Software, in: *Reschke, H.; Schelle, H.; Schnopp, R.* (Hrsg.): Handbuch Projektmanagement, Bd. 2, Köln 1989, S. 793-832.

Dworatschek, S.: Projektmanagement-Software, in: *Schelle, H.; Rescke, H.; Schnopp, R.; Schub, A.* (Hrsg.): Projekte erfolgreich managen, Bd. 2, Köln 1994, S. 1-26.

Ebert, Ch.; Dumke, R.: Software-Metriken in der Praxis. Einführung und Anwendung von Software-Metriken in der industriellen Praxis. Berlin u.a. 1996.

Etzel, H.-J.: IT-Projektmanagement - Fallstricke und Erfolgsfaktoren, Heidelberg 2000.

Fally, M.: Von der Idee zur Risikopolitik. Der Weg der STE-WEAG/Energie STEIERMARK zum angewandten, betrieblichen Risk-Management, in: *Hinterhuber, H.; Sauerwein, E.; Fohler-Norek, C.* (Hrsg.): Betriebliches Risikomanagement, Wien 1998, S. 219-229.

Famy, D.: Grundfragen des Risk Management, in: *Goetzke, W.; Sieben, G.* (Hrsg.): Risk Management - Strategien zur Risikobeherrschung, Köln 1979, S. 11-37.

Fasse, F.-W.: Risk-Management im strategischen internationalen Marketing, Hamburg 1995.

Felske, P.: Integrierte Projektsteuerung, in: *RKW* (Hrsg.): Projektmanagement Fachmann, Bd. 2, 6. Aufl., Eschborn 2001, S. 719-772.

Finkenrath, R.: Das rollierende Budget als Basis flexibler Preispolitik, Zürich 1980.

Fitznar, W.: SAP-R-3-Einführung: Grundlagen, Anwendung, Bedienung, München 1996.

Franke, A.: Risikomanagement von Projekten, in: *Reschke, H.; Schelle, H.; Schnopp, R.* (Hrsg.): Handbuch Projektmanagement, Bd. 2, Köln 1989, S. 611-629.

Franke, A.: Risiko-Controlling bei Projekten des Industrieanlagenbaus, in: ZfC, 1997, H. 3, S. 170-179.

Frehr, H.-U.: Total Quality Management, in: *Masing, W.* (Hrsg.): Handbuch Qualitätsmanagement, 4. Aufl., München, Wien 1999, S. 31-48.

Frese, E.: Projekte in Unternehmungen als organisatorisches Problem, in: *Frese, E.* (Hrsg.): Projektorganisation. Theoretische Grundlagen und praktische Gestaltung, Dortmund 1980.

Frese, E.: Grundlagen der Organisation. Konzept - Prinzipien - Strukturen, 7. Aufl., Wiesbaden 1998.

Frühauf, K.; Ludewig, J.; Sandmayr, H.: Software-Projektmanagement und -Qualitätssicherung, Stuttgart 1988.

GAEB (Gemeinsamer Ausschuss Elektronik im Bauwesen): Regelungen für den Datenaustausch Leistungsverzeichnis, 2. Aufl., Berlin 1995.

GAEB (Gemeinsamer Ausschuss Elektronik im Bauwesen): Erläuterungen zu den Regelungen für den Datenaustausch Leistungsverzeichnis, 2. Aufl., Berlin 1995.

Gaitanides, M.; Scholz, R.; Vrohlings, A.; Raster, M.: Prozeßmanagement. Konzepte, Umsetzungen und Erfahrungen des Reengineering, München 1994.

Gemünden, H. G.: Erfolgsfaktoren des Projektmanagements - eine kritische Bestandsaufnahme der empirischen Untersuchungen, in: Projektmanagement, 1990, H. 1&2, S. 4-15.

Gentner, A.: Entwurf eines Kennzahlensystems zur Effektivitäts- und Effizienzsteigerung von Entwicklungsprojekten, München 1994.

George, G.: Kennzahlen für das Projektmanagement, Frankfurt a.M. 1999.

Gesamtverband der Deutschen Industrie: Exposé für die Vergabe von Schuldscheindarlehen, Karlsruhe 1976.

Gesetz zur Kontrolle und Transparenz im Unternehmensbereich (KonTraG) – Gesetz vom 27.04.1998, BGBl I, Jg. 1998, S. 784-794 vom 30.04.1998.

Giese, R.: Die Prüfung des Risikomanagementsystems einer Unternehmung durch den Abschlußprüfer gemäß KonTraG, in: WPg, 1998, S. 451-458.

Gilhofer, R.P.: Von der Kostenstelle zum Profitcenter, in: Bauwirtschaft, 1999, H. 2, S. 12-13.

Gloger, A.: Reengineering für unternehmerische Fitneß, in: *Demmer, C.; Gloger, A.; Hoerner, R.* (Hrsg.): Erfolgreiche Reengineering-Praxis in Deutschland - Die Vorbildunternehmen Düsseldorf, München 1996, S. 25-40.

Grau, N.: Projektziele, in: *RKW* (Hrsg.): Projektmanagement Fachmann, Bd. 1, 5. Aufl., Eschborn 1998, S. 151-184.

Grau, N.: Projektziele, in: *RKW* (Hrsg.): Projektmanagement Fachmann, Bd. 1, 6. Aufl., Eschborn 2001, S. 151-184.

Groh, H.; Gutsch, R.W.: Netzplantechnik – Eine Anleitung zum Projektmanagement für Studium und Praxis, 3. Aufl., Düsseldorf 1982.

Guserl, R.: Risiko-Management im industriellen Anlagengeschäft, in: ZfB, 1996, S. 519-534.

Guserl, R.: Controllingsystem und Risiko-Management bei projektorientierten Unternehmen, in: ZfC, 11.Jg (1999), H. 8/9, S. 425-430.

Hahn, D.: Zum Inhalt und Umfang der Unternehmensanalyse als bisheriges und zukünftiges Aufgabengebiet des Wirtschaftsprüfers, in: *Bernd Aschfalk* u.a. (Hrsg): Unternehmensprüfung und -beratung. Festschrift zum 60. Geburtstag von Bernhard Hartmann, Freiburg i.Br. 1976, S. 31-53.

Hahn, D.: Planung und Kontrolle als Führungsaufgaben in Bauunternehmen, in: *Refisch, B.* (Hrsg.): Planung, Steuerung und Kontrolle im Bauunternehmen, Düsseldorf 1987, S. 11-54.

Hahn, D.: PuK. Planung und Kontrolle. Planungs- und Kontrollsysteme. Planungs- und Kontrollrechnung. Controllingkonzepte, Wiesbaden 1996.

Haller, M.: Risiko-Management - Eckpunkte eines integrierten Konzepts, in: *Jacob, H. (Hrsg.):* Risiko-Management, Wiesbaden 1986, S. 7-43.

Hamann, M.: Claimmanagement, in: *Reschke, H.; Schelle, H.; Schnopp, R.* (Hrsg.): Handbuch Projektmanagement, Bd. 2, Köln 1989, S. 979-990.

Hammer, M.: Das prozesszentrierte Unternehmen - Die Arbeitswelt nach dem Reengineering, Frankfurt, New York 1997.

Hammer, M.; Champy, J.: Business Reengineering - Die Radikalkur für das Unternehmen, München 1993.

Hammer, M.; Stanton, S.A.: Die Reengineering Revolution - Handbuch für die Praxis, Frankfurt, New York 1995.

Hauptverband der Deutschen Bauindustrie e.V.; Zentralverband des Deutschen Baugewerbes e.V. (Hrsg.): Kosten- und Leistungsrechnung der Bauunternehmen - KLR Bau, 6. Aufl., Wiesbaden et al. 1995.

Hauschildt, J.: Innovationsmanagement, 2. Aufl., München 1997.

Hax, H.: Investitionstheorie, 5. Aufl., Würzburg 1993.

Hedfeld, K.-P.: Zu späte Rechnungsstellung gibt Liquiditätsprobleme, in: *Hedfeld, K.-P.* (Hrsg.): 10 Schwachstellen in der Ablauforganisation eines Bauunternehmens, Eschborn 1994.

Heeg, F.-J.: Projektmanagement, 2. Aufl., München 1993.

Heeg, F.-J.; Frieß, P.M.: Projektstrukturierung, in: *RKW* (Hrsg.): Projektmanagement Fachmann, Bd. 1, 5. Aufl., Eschborn 1998, S. 493-518.

Heilmann, M.L.: Geschäftsprozeß-Controlling, Bern u.a. 1996.

Heinrich, L.J.; Roithmayr, F.: Wirtschaftsinformatik-Lexikon, 6. Aufl., München 1998.

Heitkamp, E.; Meyer, I.; Oepen, R.: Leistung ist der Maßstab der Wirtschaftlichkeit, in: Bauwirtschaft, 1996, H. 9, S. 72-75.

Helm, K.F.: Ergebniscontrolling für Projekte, in: KRP, 1993, Sonderheft 1, S. 46-54.

Helmke, S.; Risse, R.: Chancen- und Risikomanagement im Konzern *Deutsche Post AG*, in: KRP, 1999, S. 277-283.

Herht, B.: SAP-R-3-Basissystem: Systemarchitektur, Administration, ABAP/4-Programmierung, München 1996.

Herrmann, J.: Risk Management in einem internationalen Konzern, in: *Jacob, H. (Hrsg.)*: Risiko-Management, Wiesbaden 1986, S. 45-79.

Herrmann, J.: Qualitätsaudit, in: *Masing, W.* (Hrsg.): Handbuch Qualitätsmanagement, 4. Aufl., München, Wien 1999, S. 175-192.

Heuer, G.C.: Projektmanagement, Würzburg 1979.

Heuser, H. W.: Planen und Zeichnen am Bildschirm, in: Baugewerbe, 1995, H. 18, S. 38-40.

Hoehne, J.: Projektphasen und -lebenszyklus, in: *RKW* (Hrsg.): Projektmanagement Fachmann, Bd. 1, 5. Aufl., Eschborn 1998, S. 217-248.

Hoehne, J.: Projektphasen und -lebenszyklus, in: RKW (Hrsg.): Projektmanagement Fachmann, Bd. 1, 6. Aufl., Eschborn 2001, S. 217-248.

Höffken, E.: Das Anlagengeschäft im Jahresabschluß, in: *Funk, J.; Laßmann, G.* (Hrsg.): Langfristiges Anlagengeschäft - Risikomanagement und Controlling, Düsseldorf 1986.

Hornung, K.: Risk Management auf der Basis von Risk-Reward-Ratios, in: *Lachnit, L.; Lange, C.; Palloks, M.* (Hrsg.): Zukunftsfähiges Controlling. Konzeptionen, Umsetzungen, Praxiserfahrungen, München 1998, S. 275-293.

Hornung, K.; Reichmann, Th.; Diederichs, M.: Risikomanagement - Teil I: Konzeptionelle Ansätze zur pragmatischen Realisierung gesetzlicher Anforderungen, in: ZfC, 1999, S. 317-325.

Horváth, P.; Mayer, R.: Prozeßkostenrechnung - Der neue Weg zu mehr Kostentransparenz und wirkungsvolleren Unternehmensstrategien, in: ZfC, 1989, H. 4, S. 214-219.

Horváth, P.; Niemand, S.; Wolbold, M.: Target Costing - State-of-the-Art, in: Horváth, P. (Hrsg.): Target Costing, Stuttgart 1993, S. 1-27.

Hummel, S.: Die Forderung nach entscheidungsrelevanten Kostenrechnungsinformationen, in: Männel, W. (Hrsg.): Handbuch Kostenrechnung, Wiesbaden 1992, S. 76-83.

Hummel, S.; Männel, W.: Kostenrechnung, Bd. 1, Grundlagen, Aufbau und Anwendung, 4. Aufl., Wiesbaden 1986.

Hummel, S.; Männel, W.: Kostenrechnung, Bd. 2, Moderne Verfahren und Systeme, 3. Aufl., Wiesbaden 1983.

Hupe, M.: Steuerung und Kontrolle internationaler Projektfinanzierungen, Frankfurt u.a. 1995.

Hügler, G.L.: Controlling in Projektorganisationen, München 1988.

Institut für Wirtschaftsforschung: Die Bauwirtschaft in Westdeutschland im Juni 1996. Ergebnisse aus dem ifo Konjunkturtest vom 19. Juli 1996.

Jablonski, S.: Workflow-Management, in: Mertens, P. (Hrsg.): Lexikon der Wirtschaftsinformatik, 3. Aufl., Berlin u.a. 1997, S. 444f.

Jablonski, S.; Böhm, M.; Schulze, W. (Hrsg.): Workflow Management - Entwicklung von Anwendungen und Systemen - Facetten einer neuen Technologie, Heidelberg 1997.

Jehle, E.: Divisionskalkulation, in: Chmielewicz, K., Schweitzer, M.: HWR, 3. Aufl., Stuttgart 1993, Sp. 381.

Jehle, E.: Kostenfrüherkennung und Kostenfrühkontrolle, in: v. Kortzfleisch, G.; Kaluza, B. (Hrsg.): Internationale und nationale Problemfelder der Betriebswirtschaft, Berlin 1984, S. 263-285.

Jehle, E.: Supply Chain-Controlling mit Basicis? in: Reichmann, Th.; Gesellschaft für Controlling e.V (Hrsg.): 17. Deutscher Controlling Congress, S. 247 –261.

Jehle, E.; Willeke, M.: Value Management und Kaizen als Instrumente des Kostenmanagement, in: KRP, 40. Jg., Nr. 5, 1996, S. 255-260.

Jüsten, W.: Cash-Flow und Unternehmensbeurteilung, Berlin 1975.

Kaestner, R.: Systemdenken und Projektmanagement, in: *RKW* (Hrsg.): Projektmanagement Fachmann, Bd. 1, 5. Aufl., Eschborn 1998, S. 89-117.

Kamiske, G.F. (Hrsg.): Die Hohe Schule des Total Quality Management, Springer Verlag, Berlin, Heidelberg, New York 1994.

Kessler, H.; Winkelhofer, G.: Projektmanagement, 3. Aufl., Berlin, Heidelberg 2002.

Ketting, M.: Geschichte des Qualitätsmanagements, in: *Masing, W.* (Hrsg.): Handbuch Qualitätsmanagement, 4. Aufl., München, Wien 1999, S. 17-30.

Keßler, H., Winkelhofer, G.: Projektmanagement: Leitfaden zur Steuerung und Führung von Projekten, Berlin u.a. 1997.

Klien, W.: Wertsteigerungsanalyse und Messung von Managementleistungen, Wiesbaden 1995.

Koch, H.: Steuerung einer mittelständischen Bauunternehmung mittels Planung und Kontrolle, in: *Refisch, B.* (Hrsg.): Planung, Steuerung und Kontrolle im Bauunternehmen, Düsseldorf 1987, S. 55-72.

Kosiol, E.: Organisation der Unternehmung, 1. Aufl., Wiesbaden 1962.

Kosiol, E.: Organisation der Unternehmung, 2. Aufl., Wiesbaden 1976.

Köhler, T.R.: Internet-Projektmanagement, München 2002.

KPMG: Checkliste zur Erfüllung der Anforderungen durch das KonTraG und das KapAEG, http://www.kpmg.de/library/docs/IRM_neu_checkliste.pdf vom 16.11.1999.

KPMG: Integriertes Risikomanagement, http://www.kpmg.de/library/docs/IRM.pdf vom 16.11.1999.

Kraus, G.; Westermann, R.: Projektmanagement mit System, 3. Aufl., Wiesbaden 1998.

Kretschmer, B.: Das Internet Dschungelbuch, Düsseldorf 1995.

Kromschröder, B.; Lück, W.: Grundsätze risikoorientierter Unternehmensüberwachung, in: DB, 1998, S. 1573-1576.

Krüger, A.; Schmolke, G.; Vaupel, R.: Projektmanagement als kundenorientierte Führungskonzeption, Stuttgart 1999.

Küpper, H. U.; Weber, J.: Grundbegriffe des Controlling, Stuttgart 1995.

Kuhne, V.; Mitschein, A.: Bauablaufstörungen und ihre Konsequenzen. Was ist dem Bauunternehmer zuzumuten?, in: Bauwirtschaft, 1999, H. 3, S. 22-24.

Staender, L.; Kötter, R.: Gewerbeimmobilien, in: *Kühne-Büning, L.; Heuer, J.H.B.:* Grundlagen der Wohnungs- und Immobilienwirtschaft, Frankfurt a.M., 1994, S. 587-621.

Küpper, W.; Lüder, K.; Streitferdt, L.: Netzplantechnik, Würzburg, Wien 1975.

Küting, K.: Kennzahlensysteme in der betrieblichen Praxis, in: WiSt, 1983, S. 291-296, hier: S. 292ff.

Kummer, W.; Spühler, R.; Wyssen, R.: Projektmanagement. Leitfaden zu Methode und Teamführung in der Praxis, Zürich 1986.

Kyrein, R.: Immobilien, Köln 1999.

Lachnit, L.: Systemorientierte Jahresabschlußanalyse, Wiesbaden 1979.

Lachnit, L.: Controllingkonzeption für Unternehmen mit Projektleistungstätigkeit, München 1994.

Lachnit, L.; Ammann, H.; Becker, B.: Modell zur Erfolgs- und Finanzlenkung bei Einzelfertigung (PROCON), in: *Lachnit, L.* (Hrsg.): Controllingsysteme für ein PC-gestütztes Erfolgs- und Finanzmanagement, München 1992, S. 119-150.

Leffson, U.: Cash Flow - weder Erfolgs- noch Finanzierungsindikator, in: *Forster, K.-H.* (Hrsg.): Aktuelle Fragen der Unternehmensfinanzierung und Unternehmensbewertung, Stuttgart 1970, S. 108-127.

Lehner, F.; Auer-Rizzi, W.; Bauer R.: Organisationslehre für Wirtschaftsinformatiker, München, Wien 1991.

Leimböck, E.; Schönnenbeck, H.: KLR Bau in Baubilanz. Grundlagen - Zusammenhänge - Auswertungen, Wiesbaden 1992.

Litke, H.-D.: Projektmanagement: Methoden, Techniken, Verhaltensweisen, 3. Aufl., München, Wien 1995.

Löhnert, P.: Shareholder Value: Reflexion der Adaptionsmöglichkeiten in Deutschland, München 1996.

Lück, W.: Elemente eines Risiko-Managementsystems. Die Notwendigkeit eines Risiko-Managementsystems durch den Entwurf eines Gesetzes zur Kontrolle und Transparenz im Unternehmensbereich (KonTraG), in: DB, 1998, S. 8-13.

Lück, W.: Der Umgang mit unternehmerischen Risiken durch ein Risikomanagementsystem und durch ein Überwachungssystem. Anforderungen durch das KonTraG und Umsetzung in der betrieblichen Praxis, in: DB, 1998, S. 1925-1930.

Lück, W.: Betriebswirtschaftliche Aspekte der Einrichtung eines Überwachungssystems und eines Risikomanagementsystems, in: *Dörner, D.; Menold, D.; Pfitzer, N.*: Reform des Aktienrechts, der Rechnungslegung und Prüfung. KonTraG – KapAEG – EuroEG – StückAG, Stuttgart 1999, S. 139-176.

Madauss, B.J.: Planung und Überwachung von Forschungs- und Entwicklungsprojekten, Bad Aibling 1982.

Madauss, B.J.: Handbuch Projektmanagement, 5. Aufl., Stuttgart 1994.

Madauss, B.J.: Handbuch Projektmanagement, 6. Aufl., Stuttgart 2000.

Mäder, L.: Projektcontrolling. Über den Projekterfolg zum besseren Unternehmensergebnis, in: Management Zeitschrift, 1993, H. 3, S. 49-55.

Malorny, C.: TQM umsetzen - Der Weg zur Business Excellence, Stuttgart 1996.

Masing, W. (Hrsg.): Handbuch Qualitätsmanagement, 4. Aufl., München, Wien 1999.

Maurer, G.J.U.: Unternehmenssteuerung im mittelständischen Bauunternehmen, Diss., Stuttgart 1994.

Mayer, P.M.; Schub, A.: Kostendatenbanken und Kostenplanung im Bauwesen, in: *Reschke, H.; Schelle, H.; Schnopp, R.* (Hrsg.): Handbuch Projektmanagement, Bd. 1, Köln 1989, S. 381-404.

Meffert, H.: Marketing - Grundlagen marktorientierter Unternehmensführung: Konzepte, Instrumente, Praxisbeispiele, 8. Aufl., Wiesbaden 1998.

Mempel, G.: Auswahl von F+E-Projekten, in: *Reschke, H.; Schelle, H.; Schnopp, R.* (Hrsg.): Handbuch Projektmanagement, Bd. 1, Köln 1989, S. 181-198.

Mertens, P. (Hrsg.): Lexikon der Wirtschaftsinformatik, 3. Aufl., Berlin, Heidelberg, New York 1997.

Michel, R.M.: Projektcontrolling und Reporting, 2. Aufl., Heidelberg 1996.

Mielicki, U.: Externe Analyse der Jahresabschlüsse von Bauunternehmen, in: Betriebswirtschaftliches Institut der Westdeutschen Bauindustrie (Hrsg.): Bauwirtschaftliche Informationen 1993, Düsseldorf 1993, S. 36-40.

Mischak, R.F.: Business Reengineering - Der Weg vom funktions- zum prozeßorientierten Denken im Unternehmen, in: *Berndt, R.* (Hrsg.): Business Reengineering - Effizientes Neugestalten von Geschäftsprozessen, Berlin u.a 1997, S. 3-18.

Möller, D. A.; Kalusche, W.: Planungs- und Bauökonomie, Bd. 2, Grundlagen der wirtschaftlichen Bauausführung, 3. Aufl., München 1996.

Mörsdorf, M.: Konzeption und Aufgaben des Projektcontrolling, Wiesbaden 1998.

Motzel, E.: Fortschrittskontrolle bei Investitionsprojekten, in: *Schelle, H.; Reschke, H.; Schnopp, R.* (Hrsg.): Projekte erfolgreich managen, Köln 1994.

Motzel, E.: Leistungsbewertung und Projektfortschritt, in: *RKW* (Hrsg.): Projektmanagement Fachmann, Bd. 2, 6. Aufl., Eschborn 2001, S. 687-718.

Müller, D.: Methoden der Ablauf- und Terminplanung von Projekten, in: *Reschke, H.; Schelle, H.; Schnopp, R.* (Hrsg.): Handbuch Projektmanagement, Bd. 1, Köln 1989, S. 263-312.

Müller, D.: Methoden der Ablauf- und Terminplanung von Projekten, in: *Schelle, H.; Rescke, H.; Schnopp, R.; Schub, A.* (Hrsg.): Projekte erfolgreich managen, Bd. 1, Köln 1994, S. 1-72.

Müller-Ettrich, R.: Einsatzmittelplanung, in: *Reschke, H.; Schelle, H.; Schnopp, R. (Hrsg.)*: Handbuch Projektmanagement, Bd. 1, Köln 1989, S. 313-329.

Müller-Ettrich, R.: Stand und Probleme der projektbezogenen Einsatzmittelplanung, in: *Schelle, H.; Rescke, H.; Schnopp, R.; Schub, A.* (Hrsg.): Projekte erfolgreich managen, Bd. 2, Köln 1994, S. 1-35.

Müri, P.: Prozessorientierung - der Schlüssel zum neuen Management, in: IO Management Zeitschrift, 1994, H. 5, S. 27.

Nagel, M.: Strategisches Wettbewerbsinstrument, in: Bauwirtschaft, 1998, H. 12, S. 51-52.

Niemand, S.: Target Costing für industrielle Dienstleistungen, München 1996.

Nippa, M.; Picot, A.: Prozeßmanagement und Reengineering - Die Praxis im deutschsprachigen Raum, 2. Aufl., Frankfurt a.M., New York 1996.

Nippa, M.: Anforderungen an das Management prozeßorientierter Unternehmen, in: *Nippa, M.; Picot, A.* (Hrsg.): Prozeßmanagement und Reengineering - Die Praxis im deutschsprachigen Raum, 2. Aufl., Frankfurt a.M., New York 1996, S. 39-58.

Nüttgens, M.: Hypermediabasiertes Informationsmanagement, in: *Scheer, A.-W.* (Hrsg.): Handbuch Informationsmanagement - Aufgaben - Konzepte - Praxislösungen, Wiesbaden 1993, S. 899-922.

Oepen, R.: Baustellencontrolling auf der Basis moderner EDV-Systeme, in: *Betriebswirtschaftliches Institut der Bauindustrie* (Hrsg.): Bauwirtschaftliche Information 1994/95, S. 45-51.

Oepen, R.: Die drei Sichtweisen der Arbeitskalkulation im Projekt-Controlling, in: *Betriebswirtschaftliches Institut der Bauindustrie* (Hrsg.): Bauwirtschaftliche Informationen, 1997, S. 22-27.

Österle, H.: Business Engineering - Prozeß- und Systementwicklung, Bd. 1, 2. Aufl., Berlin u.a. 1995.

Offermann, A.: Projekt-Controlling bei der Entwicklung neuer Produkte, Frankfurt a.M. 1985.

Olfert, K.: Investition, 8. Aufl., Ludwigshafen 2001.

Olschowy, R.C.: Der Hebel zur Kostenreduktion, in: Baugewerbe, 1996, H. 20, S. 58-64.

Osterloh, M.; Frost, J.: Prozeßmanagement als Kernkompetenz - Wie Sie Business Reengineering strategisch nutzen können, Wiesbaden 1996.

Ottmann, R.: Qualitätsmanagement, in: *RKW* (Hrsg.): Projektmanagement Fachmann, Bd. 2, 6. Aufl., Eschborn 2001, S. 917-960.

o.V.: Liquiditätssicherung der mittelständischen Bauunternehmung, *Betriebswirtschaftliches Institut der Westdeutschen Bauindustrie* (Hrsg.), Düsseldorf 1987.

o.V.: Führungskennzahlen in der Bauwirtschaft. Bearbeitet vom Arbeitskreis Führungszahlen, in: *Gesellschaft zur Förderung des Deutschen Baugewerbes mbH* (Hrsg.): BAUORG-Unternehmerhandbuch für Bauorganisation und Betriebsführung, Bonn 1995, S. XVIII/1-37.

o.V.: Endsummenkalkulation in der Angebotsphase. Reduziert das Risiko von Kalkulationsfehlern, in: Bauwirtschaft, 1995, H. 7, S. 22-23.

o.V.: So haben Sie Ihre Arbeitszeitwerte immer im Griff!, in: Baugewerbe, 1995, H. 13/14, S. 43.

o.V.: Personaleinsatz mit Köpfchen, in: Baugewerbe, 1997, H. 20, S. 83-84.

o.V.: Der Bau braucht eine neue Datenqualität. Interview mit Dr. K. Schiller, Dr. Schiller & Partner GmbH, Dresden, in: Bauwirtschaft, 1998, H. 10, S. 21-22.

o.V.: Die Zukunft erleben, in: Bauwirtschaft, 1999, H. 2, S. 14-15.

o.V.: Das Baugewerbe befürchtet den Verlust von 50.000 Arbeitsplätzen, in: Frankfurter Allgemeine Zeitung vom 16.3.1999.

Pärsch, J.G.: Zertifizierung von Qualitätsmanagementsystemen, in: *Masing, W.* (Hrsg.): Handbuch Qualitätsmanagement, 4. Aufl., München 1999, S. 193-202.

Pape, U.: Wertorientierte Unternehmensführung und Controlling, Sternenfels 1997.

Patzak, G.; Rattay, G.: Projektmanagement. Leitfaden zum Management von Projekten, Projektportfolios und projektorientierten Unternehmen, Wien 1996.

Pfeifer, T.: Qualitätsmanagement - Strategien, Methoden, Techniken, 2. Aufl., München, Wien 1996.

Pfitzer, N.: Risikomanagement aus Sicht der Wirtschaftsprüfung, in: *Reichmann, Th.* (Hrsg.): Tagungsband 14. Deutscher Controlling Congress, München 1999, S. 161-182.

Picot, A.; Sennawald, N.: Das Internet als betriebswirtschaftliches Informations- und Kommunikationsmedium, in: *Reichmann, Th.*: Globale Datennetze - innovative Potentiale für Informationsmanagement und Controlling, München 1998, S. 59-90.

Pietsch, W.: Methodik des betrieblichen Software-Projektmanagements, Berlin, New York 1992.

Pinkenburg, H.F.W.: Projektmanagement als Führungskonzeption in Prozessen tiefgreifenden organisatorischen Wandels, München 1980.

Platz, J.: Produkt- und Projektstrukturpläne als Basis der Strukturplanung, *Reschke, H.; Schelle, H.; Schnopp, R.* (Hrsg.): Handbuch Projektmanagement, Bd. 1, Köln 1989, S. 227-259.

Platz, J.: Aufgaben der Projektsteuerung - Ein Überblick, in: *Reschke, H.; Schelle, H.; Schnopp, R.* (Hrsg.): Handbuch Projektmanagement, Bd. 2, Köln 1989, S. 633-660.

Platz, J.: Projektmanagement erfolgreich einführen, in: Projektmanagement, 1992, H. 2, S. 6-12.

Platz, J.: Projektstart, in: *RKW* (Hrsg.): Projektmanagement Fachmann, Bd. 2, 6. Aufl., Eschborn 2001, S. 1053-1080.

Platz, J.; Schmelzer, H.J.: Projektmanagement in der industriellen Forschung und Entwicklung, Berlin, Heidelberg 1986.

Plinke, W.: Ansatzpunkte einer projektorientierten Kosten- und Leistungsrechnung in Unternehmen des langfristigen Anlagenbaus, in: *Kilger, W.; Scheer, A.-W.* (Hrsg.): Rechnungswesen und EDV, 7. Saarbrücker Arbeitstagung, Heidelberg 1986, S. 601-615.

Plinke, W.: Industrielle Kostenrechnung für Ingenieure, Berlin, Heidelberg 1991.

Pollanz, M.: Konzeptionelle Überlegungen zur Einrichtung und Prüfung eines Risikomanagementsystems. Droht eine Mega-Erwartungslücke?, in: DB, 1999, S. 393-399.

Pott, O.: SmartBooks Intranet-Bibel - Das Standardwerk zur Intranet-Praxis, Kilchberg 1998.

Pradel, M.: Multiprojektcontrolling - Mehr Effizienz im Projektmanagement, in: ZfC, 1997, H. 2, S. 102-109.

Prange, H.; Leimböck, E.; Klaus, U.R.: Baukalkulation unter Berücksichtigung der KLR Bau und VOB, 9. Aufl., Wiesbaden 1995.

Pritzer, B.: Risikomanagement als wettbewerbliche Notwendigkeit, in: *Saitz, B.; Braun, F.* (Hrsg.): Das Kontroll- und Transparenzgesetz. Herausforderungen und Chancen für das Risikomanagement, Wiesbaden 1999, S. 145-167.

Rabe, P.; Lohmann, H.: Grundlagen, praktische Durchführung der Kalkulation, 2. Aufl., Berlin 1989.

Ragg, A.: So erhalten sie optimale Kennzahlen, in: Baugewerbe, 1997, H. 7, S. 46-48.

Rappaport, A.: Shareholder Value: Wertsteigerung als Maßstab für die Unternehmensführung, Stuttgart 1994.

Reichmann, Th.: Kosten und Preisgrenzen. Die Bestimmung von Preisuntergrenzen und Preisobergrenzen im Industriebetrieb, Wiesbaden 1973.

Reichmann, Th.: Controlling mit Kennzahlen und Managementberichten. Grundlagen einer systemgestützten Controllingkonzeption, 5. Aufl., München 1997.

Reichmann, Th.: Controlling mit Kennzahlen und Managementberichten. Grundlagen einer systemgestützten Controllingkonzeption, 6. Aufl., München 2001.

Reichmann, Th.: Globale Datennetze - innovative Potentiale für Informationsmanagement und Controlling, München 1998.

Reichmann, Th.: Kosten- und Preisgrenzen, die Ermittlung von Preisobergrenzen und Preisuntergrenzen im Industriebetrieb, Wiesbaden 1973.

Reichmann, Th.; Lachnit, L.: Planung, Steuerung und Kontrolle mit Hilfe von Kennzahlen, in: ZfbF, 1976, S. 705-723.

Reimers, R.: Kostensteuerungssysteme für industrielle Bauvorhaben, in: *VDI-Gesellschaft Bautechnik* (Hrsg.): Projektmanagement beim Bauen. Für Industrie, Gewerbe, Kommune, Düsseldorf 1992, S. 173-184.

Renner, A.; Sauter, R.: Targetmanager. Erste Standardsoftware zur Unterstützung des gesamten Target Costing-Prozesses, in: ZfC, 1997, H. 1, S. 64-71.

Reschke, H.; Svoboda, M.: Projektmanagement - Konzeptionelle Grundlagen, Beiträge der Artikelreihe, in: Frankfurter Allgemeine Zeigung (Hrsg.): Blick durch die Wirtschaft, Juni und Juli, 1983, S. 58.

Rheindorf, M.: Controlling in der Bauindustrie, Diss., Bonn 1991.

Riebel, P.: Einzelkosten- und Deckungsbeitragsrechnung, 6. Aufl., Wiesbaden 1991.

Riedl, J.E.: Projekt-Controlling in Forschung und Entwicklung, Berlin 1990.

Rinza, P.: Projektmanagement. Planung, Überwachung und Steuerung von technischen und nichttechnischen Vorhaben, 3. Aufl., Düsseldorf 1994.

Rösch, P.: So verdienen Sie Ihr Geld beim Einkauf, in: Baugewerbe, 1995, H. 8.

Rohrschneider, U.: Risikomanagement, in: *RKW* (Hrsg.): Projektmanagement Fachmann, Bd. 2, 6. Aufl., Eschborn 2001, S. 1081-1116.

Rudzki, T.: Harvard Project Manager, Braunschweig, Wiesbaden 1988.

Russow, M.: Gut geplant ist halb gewonnen, in: Baugewerbe, 1993, H. 19.

Russow, M.: Wie sie die Baustelle im Griff behalten, in: Baugewerbe, 1993, H. 20, S. 65-67.

Saam, W.: Eine starke Gemeinschaft, in: Baugewerbe, 1995, H. 8, S. 64-65.

Saam, W.: Die Talfahrt ist noch nicht beendet, in: Baugewerbe, 1997, H. 23/24.

Saitz, B.: Risikomanagement als umfassende Aufgabe der Unternehmensleitung, in: *Saitz, B.; Braun, F.* (Hrsg.): Das Kontroll- und Transparenzgesetz. Herausforderungen und Chancen für das Risikomanagement, Wiesbaden 1999, S. 69-98.

Sakurai, M.: Target Costing and How to Use it, in: Journal of Cost Management, 1989, H. 2, S. 39-50.

SAP AG: SAP Docu-Print 3.1, 1997.

Sauerwein, E.; Thurner, M.: Der Risiko-Management-Prozeß im Überblick, in: _Hinterhuber, H.; Sauerwein, E.; Fohler-Norek, C._ (Hrsg.): Betriebliches Risikomanagement, Wien 1998, S. 19-39.

Saynisch, M.: Grundlagen des phasenweisen Projektablaufes, in: _Saynisch, M.; Schelle, H.; Schub, A._ (Hrsg.): Projektmanagement, München 1979, S. 33-58.

Saynisch, M.: Die Projektkostenrechnung und ihre Integration mit dem betrieblichen Rechnungswesen, in: _Saynisch, M.; Schelle, H.; Schub, A._ (Hrsg.): Projektmanagement, München 1979, S. 245-271.

Saynisch, M.: Konfigurationsmanagement, Köln 1984.

Saynisch, M.: Konfigurationsmanagement, in: _Reschke, H.; Schelle, H.; Schnopp, R._ (Hrsg.): Handbuch Projektmanagement, Bd. 2, Köln 1989, S. 561-589.

Saynisch, M.: Konfigurationsmanagement: Konzepte, Methoden, Anwendungen und Trends, in: _Schelle, H.; Reschke, H.; Schnopp, R._ (Hrsg.): Projekte erfolgreich managen, Köln 1994.

Saynisch, M.; Bürgers, H.: Konfigurations- und Änderungsmanagement, in: _RKW_ (Hrsg.): Projektmanagement Fachmann, Bd. 2, 6. Aufl., Eschborn 2001, S. 1001-1028.

Seeling, R.: Unternehmensplanung im Baubetrieb, Stuttgart 1995.

Seeling, R.: Projektsteuerung im Bauwesen, Stuttgart 1996.

Schäl, T.: Workflow management technology for process organizations, Berlin u.a. 1996.

Scharpf, P.: Die Sorgfaltspflichten des Geschäftsführers einer GmbH. Pflicht zur Einrichtung eines Risikomanagement- und Überwachungssystems aufgrund der geplanten Änderung des AktG auch für den GmbH-Geschäftsführer, in: DB, 1997, S. 737-743.

Scheer, A.-W.: Wirtschaftsinformatik - Referenzmodelle für industrielle Geschäftsprozesse, 6. Aufl., Berlin u.a. 1995.

Scheer, A.-W. (Hrsg.): Handbuch Informationsmanagement - Aufgaben - Konzepte - Praxislösungen, Wiesbaden 1993.

Scheer, A.-W.: ARIS - Vom Geschäftsprozeß zum Anwendungssystem, 3. Aufl., Berlin u.a. 1998.

Scheer, A.-W.: ARIS-Modellierungsmethoden - Metamodelle und Anwendungen, 3. Aufl., Berlin u.a. 1998.

Schelle, H.: Projekte und Projektmanagement, in: *RKW (Hrsg.):* Projektmanagement Fachmann, Bd. 1, 6. Aufl., Eschborn 2001, S. 25-58.

Schelle, H.: Projektabschluss und -auswertung, in: *RKW* (Hrsg.): Projektmanagement Fachmann, Bd. 2, 6. Aufl., Eschborn 2001, S. 1185-1206.

Schenk, A.: Techniken der Risikoidentifikation, in: *Hinterhuber, H.; Sauerwein, E.; Fohler-Norek, C.* (Hrsg.): Betriebliches Risikomanagement, Wien 1998, S. 43-62.

Schilling, G.: Projektmanagement, Berlin 1999.

Schlicksupp, H.: Innovation, Kreativität und Ideenfindung, 4. Aufl., Würzburg 1992.

Schmalzl, B.; Schröder, J.: Managementkonzepte im Wettstreit - Total Quality Management vs. Business Process Reengineering, München 1998.

Schmelzer, H.J.: Organisation und Controlling der Entwicklung von Serienprodukten, Diss. Karlsruhe 1991.

Schmitz, W.: Zwischen Anschaffungs- und Betriebskosten. Neue Kriterien der EDV-Auswahl, in: Bauwirtschaft, 1997, H. 9, S. 22-24.

Schmitz, H.; Windhausen, P.M.: Projektplanung und Projektcontrolling: Planung und Überwachung von besonderen Vorhaben, 3. Aufl., Düsseldorf 1986.

Schnermann, J.: Projektentwicklung für Gewerbe-Immobilien, in: *Falk, B. (Hrsg.):* Gewerbe-Immobilien, Landsberg/Lech 1994, S. 359-372.

Schönbach, G.: Projektbegleitende Qualitätssicherung, in: *Reschke, H.; Schelle, H.; Schnopp, R.* (Hrsg.): Handbuch Projektmanagement, Bd. 2, Köln 1989, S. 473-492.

Schott, J.: Die Lösung für einen optimalen Einkauf, in: Baugewerbe, 1995, H. 7.

Schröcksnadl, F.: Finanzwesen, in: Gesellschaft zur Förderung des Deutschen Baugewerbes mbH (Hrsg.): BAUORG-Unternehmerhandbuch für Bauorganisation und Betriebsführung, Bonn 1995, S. IX/1-29.

Schub, A.: Phasenweiser Projektablauf bei Bauvorhaben, in: *Saynisch, M.; Schelle, H.; Schub, A.* (Hrsg.): Projektmanagement, München 1979, S. 59-83.

Schütz, U.: Projektentwicklung von Verwaltungsgebäuden, Renningen-Malmsheim 1994.

Schulte, K.-W. (Hrsg.): Handbuch Immobilien-Projektentwicklung, Köln 1996.

Schwarze, J.: Netzplantechnik, Herne, Berlin 1990.

Schwarze, J.: Netzplantechnik, Herne, Berlin 1994.

Schwarze, J.: Einführung in die Wirtschaftsinformatik, 4. Aufl., Herne, Berlin 1997.

Seeling, R.: Projektsteuerung im Bauwesen, Stuttgart 1996.

Seghezzi, H.D.: Konzepte-Modelle-Systeme, in: *Masing, W.* (Hrsg.): Handbuch Qualitätsmanagement, 4. Aufl., München, Wien 1999, S. 103-126.

Sehlhoff, G.: Wie Bauleistung zeitnah und optimal beherrschbar wird, in: Bauwirtschaft, 1997, H. 4, S. 17-20.

Seibert, S.: Technisches Management - Innovationsmanagement, Projektmanagement, Qualitätsmanagement, Stuttgart, Leipzig 1998.

Seidenschwarz, W.: Target Costing: Marktorientiertes Zielkostenmanagement, München 1993.

Seidenschwarz, W.: Target Costing, Verbindliche Umsetzung marktorientierter Strategien, in: KRP, 1994, H. 1, S. 74-83.

Seiler, R.: Expertensyteme im Projektmanagement, in: *Reschke, H.; Schelle, H.; Schnopp, R.* (Hrsg.): Handbuch Projektmanagement, Bd. 2, Köln 1989, S. 811-832.

Sell, R.: Angewandtes Problemlösungsverhalten. Denken und Handeln in komplexen Zusammenhängen, 2. Aufl., Berlin u.a. 1989.

Servatius, H.-G.: Reengineering-Programme umsetzen - Von erstarrten Strukturen zu fließenden Prozessen, Stuttgart 1994.

Solaro et al.: Projekt-Controlling, in: *Mörsdorf, M.* (Hrsg.): Konzeption und Aufgaben des Projektcontrolling, Wiesbaden 1998.

Sommer, H.: Projektmanagement im Hochbau, Berlin u.a. 1994.

Stahlknecht, P.; Hasenkamp, U.: Einführung in die Wirtschaftsinformatik, 8. Aufl., Berlin u.a. 1997.

Steinbuch, P.A.: Projektorganisation und Projektmanagement, Ludwigshafen 1998.

Steinbuch, P.A.: Projektorganisation und Projektmanagement, 2. Aufl., Ludwigshafen 2000.

Steinle, C.; Bruch, H.; Lawa, D.: Projekt Management, 2. Aufl., Frankfurt a.M. 1998.

Steinle, C.; Thiem, H.; Bosch, T.: Chancen- und Risikenmanagement: Konzeption, Ausgestaltungsformen und Umsetzungshinweise, in: ZfP, 1997, S. 359-373.

Sting, R.: Kostenermittlung und Kostenkontrolle von Bauleistungen, Berlin 1991.

Süchting, J.: Finanzmanagement, Wiesbaden 1995.

Swoboda, P.: Investition und Finanzierung, 5. Aufl., Göttingen 1996.

Talaj, R.: Operatives Controlling für bauführende Unternehmen, Wiesbaden 1993.

Tani, T.; Horváth, P.; Wangenheim, S.: Genka Kikaku und marktorientiertes Zielkostenmanagement, in: ZfC, 1996, H. 2, S. 80-89.

Theis, C.: Qualitätsmanagement zwischenbetrieblicher Kooperationen, Diss., Aachen 1997.

Töpfer, A.: Schnittstellenmanagement in Projekten, in: *Streich, R.K.; Marquardt, M.; Sanden, H.* (Hrsg.): Projektmanagement, Stuttgart 1996, S. 119-136.

Tomys, A.-K.: Kostenorientiertes Qualitätsmanagement - Qualitätscontrolling zur ständigen Verbesserung der Unternehmensprozesse, München, Wien 1995.

URL: http://www.projectmagazine.com vom 12.08.2002.

VDMA (Hrsg.): Projekt-Controlling bei Anlagengeschäften, 4. Aufl., Frankfurt a.M. 1985.

VOB/B § 16 Abs. 1 (1).

VOB/B § 16 Abs. 3 (1).

Vogler, M.; Gundert, M.: Einführung von Risikomanagementsystemen. Hinweise zur praktischen Ausgestaltung, in: DB, 1998, S. 2377-2383.

Voigt, H.: Handbuch zur Krisenvorsorge und- bewältigung im Bauunternehmen, Hannover (ohne Jahresangabe).

Vossen, G.; Becker, J.: Geschäftsprozeßmodellierung und Workflow-Management - Modelle, Methoden, Werkzeuge, Bonn, Albany 1996.

Waldner, G.: ISO 9000 Zertifikat - und was dann?, in: *Kamiske, G.F.* (Hrsg.): Die Hohe Schule des Total Quality Management, Berlin, Heidelberg, New York 1994, S. 274-288.

Wangenheim, S.v.; Stoi, R.: Das System SAP R/3, in: ZfC, 1995, H. 4, S. 208-215.

Weber, H.K.: Rentabilität, Produktivität, Liquidität der Unternehmung, Stuttgart 1983.

Weber, K.E.: Vertragsrechtliche Fragen, in: *Reschke, H.; Schelle, H.; Schnopp, R.* (Hrsg.): Handbuch Projektmanagement, Bd. 2, Köln 1989, S. 945-977.

Weber, K.E.: Vertragsinhalte und -management, in: *RKW* (Hrsg.): Projektmanagement Fachmann, Bd. 2, 6. Aufl., Eschborn 2001, S. 961-1000.

Wedemeier, T.: Unternehmen mit unterschiedlicher Auftragsstruktur, Wiesbaden 1994.

Wehking, F.: Projektfortschrittsmessung und -berichterstattung bei F+E-Projekten, in: *Reschke, H.; Schelle, H.; Schnopp, R.* (Hrsg.): Handbuch Projektmanagement, Bd. 1, Köln 1989, S. 493-558.

Wehler, Th.: Angebotserstellung und Angebotskalkulation im Anlagenbau, in: *Reschke, H.; Schelle, H.; Schnopp, R.* (Hrsg.): Handbuch Projektmanagement, Bd. 1, Köln 1989, S. 199-228.

Welge, M. K.: Unternehmensführung, Bd. 1, Planung, Stuttgart 1985.

Wenzel, P.: Betriebswirtschaftliche Anwendungen des integrierten Systems SAP R/3: Projektstudien, Grundlagen und Anregungen für eine erfolgreiche Praxis, Konstanz 1996.

Wenzel, P.: SAP-R-3-Anwendungen und Steuerung betriebswirtschaftlich-integrierter Geschäftsprozesse mit ausgewählten R/3-Modulen, Braunschweig, Wiesbaden, 1997.

Wiemers, B.: Kosten- und Leistungskontrolle durch Soll/Ist-Vergleich im bauindustriellen Großbetrieb, in: *Refisch, B.* (Hrsg.): Praktische Kosten- und Leistungskontrolle im Baubetrieb, Düsseldorf 1980, S. 35-67.

Wienhold, K.: Aufgaben, Instrumente, Ergebnisse und Wirkung des Produktions-Controlling am Beispiel der Produktionsbetriebe eines Industrieunternehmens, in: *Reichmann, Th.* (Hrsg.): Controlling-Praxis. Erfolgsorientierte Unternehmenssteuerung, München 1988, S. 171-188.

Wienhold, K.; Baumgärtner, J.: Turnaround-Management in einem ostdeutschen Unternehmen, in: ZfC, 1995, S. 30-41.

Wienhold, K.; Schön, D.: Montagestundensatzorientierte Projekt- und Ergebnisrechnung im Bau- und Baunebengewerbe, in: *Gesellschaft für Controlling* e.V.; *Reichmann Th.* (Hrsg.): Beiträge zum Controlling Nr. 60, 1997, S. 1-15.

Wienhold, K.; Schön, D.: Montagestundensatzorientierte Projekt- und Ergebnisrechnung. Ein innovatives Instrument für das Bau- und Baunebengewerbe, in: ZfC, 1997, H. 4, S. 226-234.

Wienhold, K.; Schön, D.: DV-gestützte Projekt- und Ergebnisplanung im Baugewerbe, in: ZfC, 1998, H. 5, S. 296-304.

Wienhold, K.; Schön, D.: Projekt- und Ergebnisrechnung mit Kapazitätsoptimierung des Personaleinsatzes in der Baubranche, in: *Reichmann, Th.; Palloks, M.* (Hrsg.): Kostenmanagement und Controlling, Frankfurt a. M. 1998, S. 87-103.

Wildemann, H.: Kosten- und Leistungsbeurteilung von Qualitätssicherungssystemen, in: ZfB, 1992, S. 761-782.

Wildemann, H. (Hrsg.): Controlling im TQM - Methoden und Instrumente zur Verbesserung der Unternehmensqualität, Berlin, Heidelberg, New York 1996.

Wildemann H.; Keller S.: Konzeption und Aufgabenfelder des Qualitätscontrollings, in: *Wildemann, H.* (Hrsg.): Controlling im TQM - Methoden und Instrumente zur Verbesserung der Unternehmensqualität, Berlin, Heidelberg, New York 1996, S. 1-10.

Wirth, V.; Seifert, G.: Baustellen-Controlling, 2. Aufl., Renningen-Malmsheim 1995.

Wischnewski, E.: Modernes Projektmanagement, 5. Aufl., Braunschweig, Wiesbaden 1996.

Wischnewski, E.: Aktives Projektmanagement für das Bauwesen, Braunschweig, Wiesbaden 1997.

Wischnewski, E.: Modernes Projektmanagement, 7. Aufl., Braunschweig, Wiesbaden 2001.

Witte, H.W.: Verschenken sie kein Geld an Ihre Auftraggeber, in: Baugewerbe, 1995, H. 6, S. 149-152.

Wittmann, E.: Organisatorische Einbindung des Risikomanagements, in: *Saitz, B.; Braun, F.* (Hrsg.): Das Kontroll- und Transparenzgesetz. Herausforderungen und Chancen für das Risikomanagement, Wiesbaden 1999, S. 129-143.

Wöhe, G.; Bilstein, J.: Grundzüge der Unternehmensfinanzierung, München 1994.

Wulffen, H.A.: Computergestützte Projekt-Management-Systeme - Was leisten sie?, in: Management-Zeitschrift, 1987, H. 6. S. 293-299.

Wünnenberg, H.: Die Projekt-Status-Analyse (PSA), in: *Schelle, H.; Rescke, H.; Schnopp, R.; Schub, A.* (Hrsg.): Projekte erfolgreich managen, Bd. 2, Köln 1994, S. 1-21.

Zentralverband *des Deutschen Baugewerbes*; *Hauptverband der Deutschen Bauindustrie* (Hrsg.): Gemeinsamer baustatischer Rundschreibedienst zu den Insolvenzen im Baugewerbe (V 4) vom 11.06.1996.

Zielasek, G.: Projektmanagement - Erfolgreich durch Aktivierung aller Unternehmensebenen, Berlin, Heidelberg, New York 1995.

Zur, E.: Projekt-Controlling, in: *Spremann, K.; Zur, E.* (Hrsg.): Controlling, Wiesbaden, 1992.

SCHRIFTEN ZUM CONTROLLING

Herausgegeben von Prof. Dr. Thomas Reichmann

Band 1 Wilfried Geiß: Betriebswirtschaftliche Kennzahlen: Theoretische Grundlagen einer problemorientierten Kennzahlenanwendung. 1986.

Band 2 Roland Rick-Lenze: Controllingsystem in der Elektroindustrie. Struktur und Aufbau eines DV-gestützten Informationssystems. 1987.

Band 3 Hugo Fiege: Informationssysteme in Gütertransportketten. System-, Kosten- und Leistungsanalyse auf der Grundlage eines unternehmensübergreifenden Informationssystems. 1987.

Band 4 Hermann J. Richter: Theoretische Grundlagen des Controlling. Strukturkriterien für die Entwicklung von Controlling-Konzeptionen. 1987.

Band 5 Detlef Hesse: Vertriebs-Controlling in Versicherungsunternehmen. 1988. 2., unveränderte Auflage 1991.

Band 6 Helmut Ammann: PC-gestützte Systeme der Erfolgslenkung. Anwendungsmöglichkeiten und Ausgestaltung in Klein- und Mittelbetrieben. 1989.

Band 7 Roland Keller: Deckungsbeitragsrechnung in der mittelständischen Bauindustrie. Integrierte Grundrechnungen als Ausgangsbasis für ein effizientes Controlling. 1989.

Band 8 Michael Kohler: Mehrjährig schwebende Geschäfte des Industrieanlagenbaus. Bilanzielle Behandlung in Deutschland, Frankreich, Großbritannien, Japan und den USA unter Berücksichtigung steuerlicher Auswirkungen. 1989.

Band 9 Ulrike Hesse: Technologie-Controlling. Eine Konzeption zur Steuerung technologischer Innovationen. 1990.

Band 10 Rainer Lochthowe: Logistik-Controlling. Entwicklung flexibilitätsorientierter Strukturen und Methoden zur ganzheitlichen Planung, Steuerung und Kontrolle der Unternehmenslogistik. 1990.

Band 11 Monika Palloks: Marketing-Controlling. Konzeption zur entscheidungsbezogenen Informationsversorgung des operativen und strategischen Marketing-Management. 1991.

Band 12 Bernhard Becker: Ausgestaltung einer integrierten Erfolgs- und Finanzlenkung mit Hilfe von Expertensystem-Komponenten. 1993.

Band 13 Herbert Krause: Konzeptionelle Grundlagen eines Logistikinformationssystems. Logistikverfahrens- und -kapazitätsoptimierung, dargestellt am Beispiel Flüssiggas und artverwandte Güter. 1994.

Band 14 Martin Georg Nonnenmacher: Informationsmodellierung unter Nutzung von Referenzmodellen. Die Nutzung von Referenzmodellen zur Implementierung industriebetrieblicher Informationssysteme. 1994.

Band 15 Lutz Krüger: Fixkostenmanagement als Controllingaufgabe. Betriebswirtschaftliche Grundlagen und DV-orientiertes Informationsmodell. 1996.

Band 16 Anette von Ahsen: Total Quality Management. Komponenten und organisatorische Umsetzung einer unternehmensweiten Qualitätskonzeption. 1996.

Band 17 Achim Schröder: Investition und Finanzierung bei Umweltschutzprojekten. Entwicklung eines fünfstufigen erweiterten Wirtschaftlichkeitsanalysemodells (FEWA) zur Bewertung von Umweltschutzinvestitionen. 1996.

Band 18 Thomas Reichmann / Monika Palloks (Hrsg.): Kostenmanagement und Controlling. 1998.

Band 19 Kai Spieker: Operatives Produktions-Controlling. Unter besonderer Berücksichtigung des Mittelstandes. 1998.

Band 20 Burkhard Fritz: DV-gestützte Führungsinformationssysteme. Konzeptionelle Anforderungen und Gestaltungsmöglichkeiten. 1999.

CONTROLLING SCHRIFTEN

Herausgegeben von Prof. Dr. Thomas Reichmann

Band 21 Ralph Neukirchen: Controlling-Konzeption zur wertorientierten Ressourcenallokation innerhalb strategischer Geschäftseinheiten. Am Beispiel der Industriegüterbranche. 2000.

Band 22 Dietmar Schön: Neue Entwicklungen in der DV-gestützten Kosten- und Leistungsplanung. Methoden, Instrumente und branchenbezogene Weiterentwicklungen. 1999.

Band 23 Uwe Stremme: Internationales Strategisches Produktionsmanagement. 2000.

Band 24 Dirk Nölken: Controlling mit Intranet- und Business Intelligence Lösungen. 2002.

Band 25 Herbert Daldrup: Externes Umweltschutz-Reporting im Rahmen eines stakeholderorientierten Controlling. 2002.

CONTROLLING UND MANAGEMENT

Herausgegeben von Prof. Dr. Thomas Reichmann und
Prof. Dr. Martin K. Welge

Die Reihe "Controlling und Management" ist auf das Spannungsfeld zwischen Theorie und Praxis gerichtet. Es sollen Entwicklungen aus den Bereichen Rechnungswesen und Controlling aufgegriffen und kritisch diskutiert werden.

Band 26 Mathias Baer: Kooperationen und Konvergenz. 2004.

Band 27 Klaus Wienhold: Prozess- und controllingorientiertes Projektmanagement für komplexe Projektfertigung. 2004.

www.peterlange.de